基础神经科学教程

第 2 版

主　编　薛一雪
副主编　刘丽波
编　委　（按姓氏拼音排序）
安　平（中国医科大学）
谷艳婷（沈阳药科大学）
焦海霞（福建医科大学）
蔺　扬（中国医科大学）
刘丽波（中国医科大学）
马　珺（中国医科大学）
马　腾（中国医科大学）
尚　超（中国医科大学）
王　萍（中国医科大学）
薛一雪（中国医科大学）
杨智航（沈阳医学院）
赵丽妮（沈阳医学院）

科学出版社
北　京

内 容 简 介

神经科学是多学科、多层次的综合学科，本书介绍神经科学领域中的基础神经科学部分，共十二章，内容涵盖了基础神经科学的重要方面，从神经系统的基本组成单位神经元到神经系统的发育、变性；从神经系统的解剖结构到脑的代谢特点和信号传递；从神经营养因子、神经肽到神经干细胞；从感觉、运动及其调控到脑的高级功能、神经内分泌系统网格调节；系统阐述了基础神经科学的基本概念、神经系统的基本结构和功能相关的分子机制。作者应用生动的实例、制作精良的插图、流畅的文笔，按照严密的逻辑顺序，将基础神经科学的基本内容和原理与近年飞速发展的相关研究进展紧密地组织在一起，形成了一本对相关领域的学生、教师和研究人员具有参考价值的基础神经科学教程。

图书在版编目（CIP）数据

基础神经科学教程 / 薛一雪主编. —2版. —北京：科学出版社，2018.9
ISBN 978-7-03-058794-7

Ⅰ. ①基… Ⅱ. ①薛… Ⅲ. ①神经生理学–医药院校–教材 Ⅳ. ①R338

中国版本图书馆CIP数据核字（2018）第209821号

责任编辑：王　颖 / 责任校对：郭瑞芝
责任印制：吴兆东 / 封面设计：陈　敬

科学出版社 出版
北京东黄城根北街16号
邮政编码：100717
http://www.sciencep.com
北京富资园科技发展有限公司印刷
科学出版社发行　各地新华书店经销
*
2005年2月第　一　版　开本：787×1092　1/16
2018年9月第　二　版　印张：27
2025年8月第九次印刷　字数：640 000

定价：198.00元

（如有印装质量问题，我社负责调换）

前　言

21 世纪是神经科学的时代，基础神经科学作为神经科学中的基础研究部分，研究阐明脑结构和功能的分子机制，才能揭开人脑奥秘。

神经科学的研究发展历程表明，神经系统的结构和功能是高等动物构成所有系统中最复杂的部分。神经元和神经元、神经元和胶质细胞间形成的复杂网络调节并整合神经系统的功能。揭示神经系统功能的基础需要解剖学、组织胚胎学、生理学、生物化学、药理学、临床神经病学、精神病学，甚至物理学、信息科学、计算机科学等多学科配合，在分子、细胞、组织、器官和机体等不同层次上进行研究。本教材从神经解剖学、神经生理学、神经生物化学和神经病学等学科角度进行整合，首先着眼于从细胞和分子层面上不断拓展和推进，对神经系统的发生、结构和功能等进行基本阐述，形成完整体系，进一步从整合的角度阐述神经系统结构和功能的改变。编写遵循科学性、启发性和实用性的原则，力求准确把握“整合”理念，体现突破多科界限，实现形态与功能、宏观与微观的相互渗透；既反映整体、系统、器官、调节环路对脑的研究，又反映细胞和分子对脑的研究；体现基础与临床的相互渗透，即根据神经系统的知识特点，对知识内容进行融合渗透，构建完整和系统的知识体系。在阐述基本知识的同时，紧密结合神经科学领域的研究前沿热点，对脑的高级功能和神经-内分泌-免疫调节网络等内容进行了重点编写。

为适应目前教学改革的需要编写了本教材，主要供高等医学院校本科生使用，也可供广大教师和医务工作者参考。本教材是在中国医科大学神经生物学教研室的全体同仁以及沈阳药科大学、福建医科大学和沈阳医学院的相关专家教授的共同努力下完成的，在此表示感谢。

由于神经系统的研究发展日新月异，新知识快速更新，以及我们的专业水平及编写能力有限，难免会有不当之处，敬请读者指正。

薛一雪

2018 年 5 月 31 日

目　　录

第一章　神经元、神经胶质细胞与脑毛细血管内皮细胞和脑微环境

所有组织与器官都由细胞组成，细胞的特殊功能及其相互作用的方式决定了器官的功能。无疑大脑是自然界创造的最精密、最复杂的器官。但是解开大脑之谜的基本策略是必须先研究脑细胞如何单独工作，再研究细胞间的协作方式。脑内的多种细胞，包括神经元、胶质细胞、毛细血管内皮细胞之间的相互作用，是组成和维持脑功能的必要条件。本章节首先介绍神经系统中细胞的功能、结构及通讯方式；在以后章节中介绍这些细胞如何组成环路介导感觉、认知（cognition）、运动、语言和情感。图 1-1 显示了神经系统结构和功能的不同结构水平。根据背景和所受训练的不同，不同的科学家可采取不同的途径去研究神经系统。

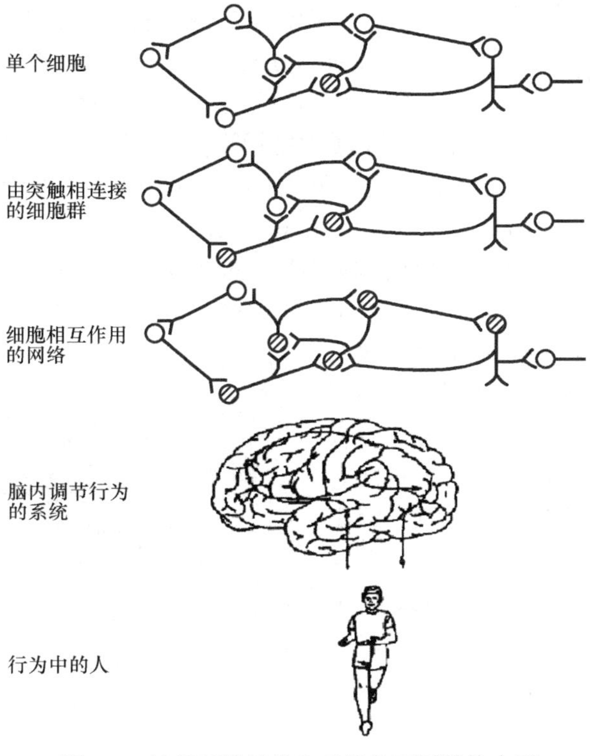

图 1-1　神经系统结构和功能的不同结构水平

第一节　神经元和神经胶质细胞

神经系统具有自然界赋予人类的最复杂的特性和功能。要认识大脑的工作方式和过程，首先要了解组成神经系统的细胞及其功能。神经系统由神经细胞及神经胶质细胞两大类细胞组成，其功能核心成分是神经细胞，它是神经组织的结构和功能单位，故神经细胞又称为神经元。对于大脑的独特功能来说，神经元无疑是最重要的。神经元（neuron）是

一种高度特化的细胞，是高等动物神经系统的结构单位和功能单位（图 1-2），它能感知环境的变化，再将信息传递给其他神经元，并指令机体做出反应。同时，神经元还具有分泌细胞的功能，合成和释放多种生物活性物质。神经系统中有大量的神经元（约 1000 亿个），神经胶质细胞的数量是神经元的 10 倍之多，神经胶质细胞对神经元功能的调节作用越来越受到学者们的关注。神经胶质细胞主要起隔离、支持及营养周围神经元的作用。

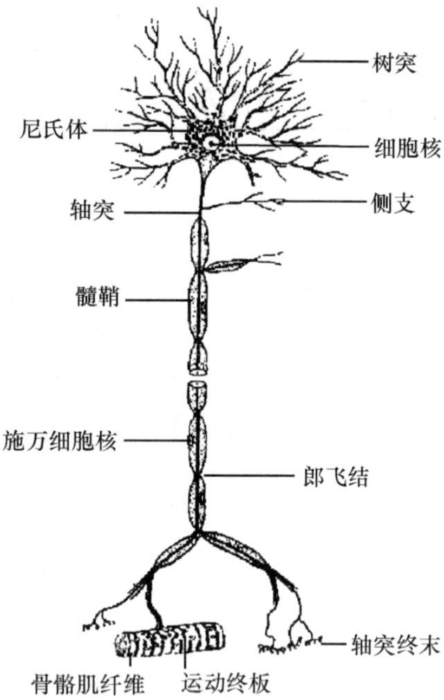

图 1-2 神经元模式图

一、神经元学说

为了研究脑细胞结构，科学家们克服了许多困难。首先是脑细胞太小，大部分细胞直径为 0.01～0.05nm。铅笔尖直径约 2mm，比神经元大 40～200 倍。肉眼分辨极限正好或还达不到这个尺度。17 世纪中后期发明了显微镜之后，细胞神经科学才开始得到了发展。但脑组织质软如凝胶，根本无法切成薄片，因此限制了研究发展。19 世纪早期，科学家们发明了将组织浸入甲醛中使之变硬的方法，即“固定”。这种固定方法与切片机的出现孕育了组织学（histology），即用显微镜来研究组织结构的学科。神经组织学最后的研究突破是细胞染色法的发明，即可选择性地使脑组织内的部分细胞染色。

19 世纪后期德国神经科学家 Franz Nissl 发明的一种染色方法一直沿用至今。Nissl 发现一类碱性染料可以染所有神经元的核及核周的斑块物质（图 1-3）。这些斑块称为尼氏体（Nissl body），而这种染色的方法也被称为尼氏染色（Nissl stain）。尼氏染色法可以区分神经元和神经胶质细胞。同时，组织学家应用此方法能够研究不同脑区神经元的排列，或细胞构筑（cytoarchitecture）。细胞构筑的研究使我们认识到大脑由许多不同的特异性区域组成，不同区域具有不同的功能。

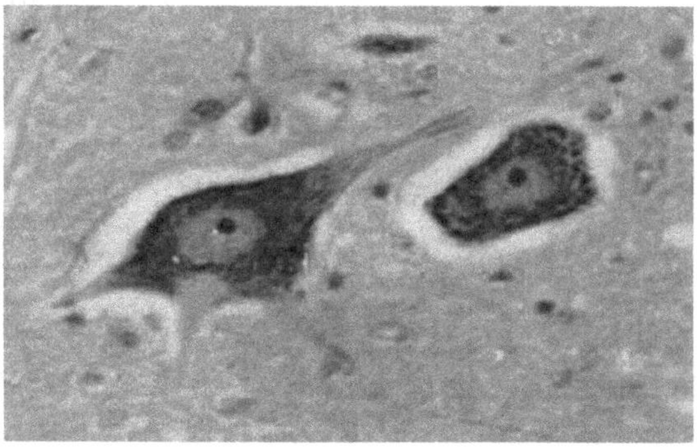
图 1-3 尼氏染色的神经元

（一）高尔基染色

尼氏染色法的神经元看起来很像一团有核的原生质。1873 年，意大利组织学家 Camillo Golgi 发现的染色方法使人们对神经元有了更多的认识。Golgi 发现将大脑组织浸泡在一种被称为高尔基染液的铬酸银溶液里，只占一小部分的神经元被完整地染成黑色（图 1-4）。高尔基染色（Golgi stain）的发现，提示神经元的细胞体，即被尼氏染色法显示的核周围区域只是整个神经元结构的一小部分。同样的组织用不同的组织学染色方法会产生惊人的差异。

高尔基染色表明神经元至少有两个明显不同的部分：含细胞核的中心区和从中心区辐射出的无数细管。有核的膨胀区有几个交替使用的名称：细胞体（cell body）、胞体（soma）、核周体（perikaryon）。从胞体辐射出的细管称为神经突起（neurite），有两种类型：轴突（axon）和树突（dendrite）。

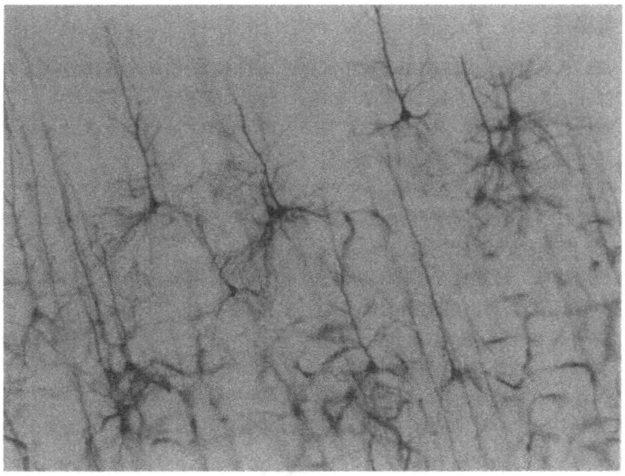
图 1-4　高尔基染色的神经元

细胞体一般只有一个轴突。整个轴突直径都是均一的，若有分支，分支一般都成直角延伸出去。在体内轴突可以延伸很长（甚至达 1m 或更长）。轴突使当时的组织学家意识到其可能像电线一样传送神经元的输出信号。而树突延伸距离很少超过 2mm。许多树突从胞体延伸出后逐渐变细形成一点。早期的组织学家认为由于树突与许多轴突有接触，它们如同神经元的天线，接收输入信号。

（二）Cajal 的贡献

虽然 Golgi 发明了染色法，但是另一位与 Golgi 同时代的西班牙人将这种方法的使用发挥到了极致。Santiago Ramony Cajal 是一位技艺精湛的组织学家与艺术家，他于 1888 年学习了高尔基染色法。在随后的 25 年里发表的一系列文章中，用高尔基染色法染出了许多脑区的不同环路（图 1-5）。有趣的是，Cajal 与 Golgi 对神经元持完全相反的观点。Golgi 认为不同神经元的突起相互融合形成连续的网状结构，类似于循环系统中的动脉与静脉。根据这种理论，大脑是细胞理论的例外，细胞理论认为单个细胞是所有动物组织的基本功能单位。而 Cajal 则认为，神经元的突起不是连通的，它们通过接触而非连通传递信息。这种和细胞理论相一致的观点称为神经元学说（neuron doctrine）。虽然 Cajal 和 Golgi 分享了 1906 年的诺贝尔生理学或医学奖，但他们始终坚持各自不同的观点。

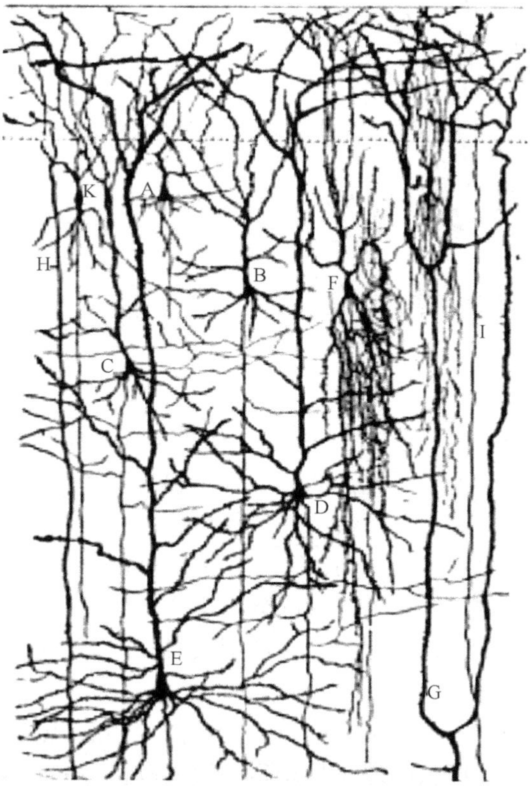

图 1-5　Cajal 绘制的许多大脑环路图之一

该图是人脑大脑皮质内控制随意运动的区域，字母标记的是 Cajal 所确定的不同神经元。

虽然随后 50 年的科学研究都倾向于支持神经元学说，但直到 20 世纪 50 年代电镜发明后才得到了最终的证据。由于电镜有强大的分辨能力，我们最终能看到不同神经元的突起不是相互连通的。因此，探究脑组织奥秘的起点是单个神经元。

二、典型神经元的亚细胞结构

神经元是高度极化的细胞。虽然大脑中的神经元有 1000 多种类型，但是它们具有基本相同的形态，由一个典型的神经元胞体和突起两部分组成。而突起又根据其形态分为两类：树突和轴突。神经元内、外由神经元膜隔开，它就像马戏团的帐篷一样由胞内“支架”支撑，使细胞的每一部分得以维持特定的三维表象（图 1-6）。

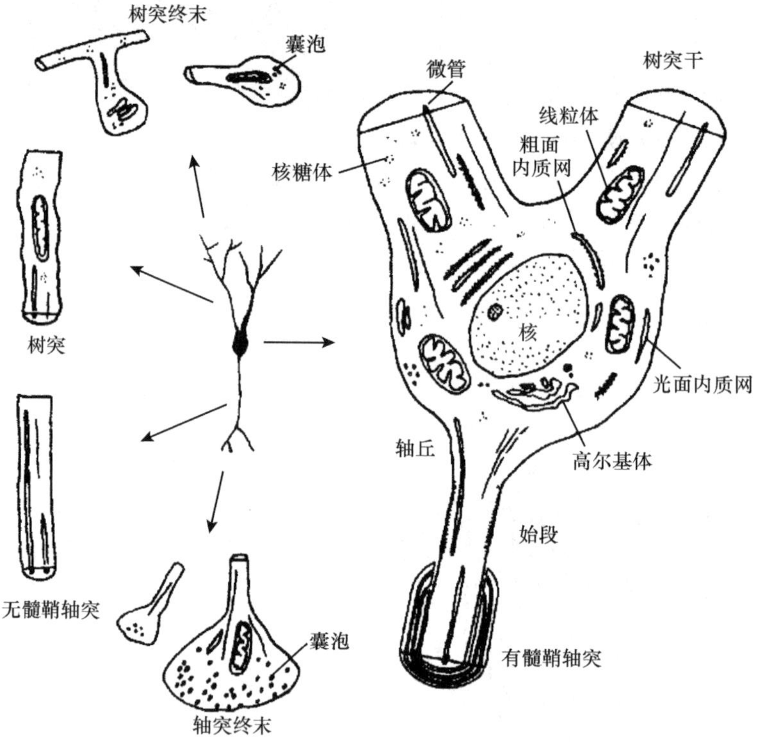

图 1-6　神经元各部结构

（一）神经元膜

神经元膜（neuronal membrane）是指细胞外表面的质膜，作为一个屏障把细胞质包裹于神经元内，并阻止细胞外的某些物质进入膜内。神经元胞体的膜和其突起表面的胞膜是连续完整的细胞膜，在光镜下难以分辨，在电镜下观察其可分为三层结构，内、外两层为电子致密层，中间为电子密度低的透明层，总厚度为 7～10nm，每层厚 2.5～3nm，称为单位膜，其上嵌有蛋白质。除突触部位的胞膜有特化的结构外，大部分胞膜是典型的单位膜结构。一些膜相关蛋白质可把膜内物质“泵”到膜外，其他的蛋白质形成膜孔，以筛选能够从孔道进入神经元的物质。

膜脂质分子主要由磷脂、糖脂和胆固醇组成，在不同部位脂质含量不同，如形成髓鞘的膜，脂质占 79%，蛋白质含量仅占 18%，这样可使膜的通透性很低，故具有良好的绝缘性。而功能复杂的线粒体内膜，蛋白质约占膜成分的 75%，而脂质含量较低。膜蛋白几乎都是由肽链卷曲折叠成球状，有的全部嵌入膜脂质双层内；有的贯通全膜两端外露；有的一端外露一端嵌入。它们均属于内在蛋白，具有多种重要的生理功能：有些成为神经递质或其他活动性物质的受体（recepter）；有些构成离子通道、载体等，进行信息传递、神经冲动的发生及扩布、物质运输、代谢调控。膜的不同部位分布着不同的受体及离子通道。膜上受体可与相应的化学物质——神经递质结合。当受体与递质结合时，膜的离子通透性及膜内外电位差发生改变，胞膜产生相应的生理变化：兴奋或抑制。通常是神经元的树突膜和胞体膜接受刺激信息，轴突膜传导神经冲动。除了内在蛋白外，膜蛋白还有分布在脂质双层内表面的外在蛋白，包括参与细胞骨架形成的肌动蛋白、锚定蛋白、血影蛋白（spectrin）或胞衬蛋白（fodrin），与衣被小泡形成相关的网格蛋白（clathrin）等。神经元膜除了脂质、蛋白质以外，还有1%～5%的糖。糖与蛋白质或脂质相结合，构成糖蛋白和糖脂。糖蛋白和糖脂的低聚寡核糖多种多样，它们伸向神经元膜的表面，与化学信息的识别、细胞粘连、膜抗体和受体等密切相关。

神经元膜的基本结构与其他细胞膜相似，但是因膜的分布部位和功能不同而有很大差异。神经元的一个重要特征是胞体、树突、轴突膜的蛋白质组成均不同。例如，轴突和树突膜电生理特性明显不同，胞体和轴丘处细胞膜也存有差异，受体在不同神经元或同一神经元的不同部位分布不同。这些差异在神经元膜特化部位如突触表现得尤为突出，说明神经元膜结构与功能密切相关。

（二）神经元的胞体

胞体（soma）是神经元的代谢和营养中心，位于神经元的中心，存在于脑和脊髓（spinal cord）的灰质及神经节内，其形态各异，常见的形态为星形、椎体形、梨形和圆球形等。胞体大小不一，直径为5～150μm。细胞内被称为细胞液（cytosol）的流质是富含钾的盐溶液，由神经细胞膜把它与外界环境隔开。胞体内存在许多膜质闭合的结构，统称为细胞器（organelle）。神经元的胞体所含的细胞器和所有动物细胞的一样。最重要的有细胞核（nucleus）、核仁（nucleolus）、粗面内质网（rough endoplasmic reticulum，rER）、滑面内质网（smooth endoplasmic reticulum，SER）、高尔基体（Golgi apparatus）和大量的线粒体（mitochondria）。细胞膜内所有的物质（核除外，但含细胞器）统称为细胞质（cytoplasm）（图1-7）。

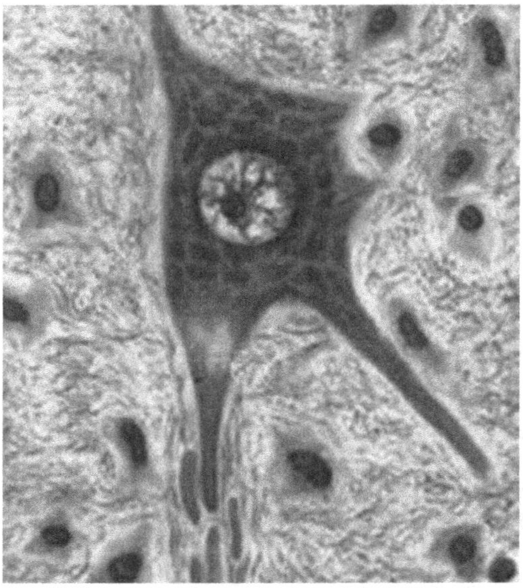

图1-7　神经元的苏木精-伊红染色

1. 细胞核　大部分神经元只有一个细胞核，占胞体的很大一部分，较大、圆，位于细胞中央（图1-7）。光镜下观察，细胞核染色较淡，呈空泡状，这是由于核内染色质呈细小颗粒状分散分布于核质所致，呈常染色质状态，核仁深染。异染色质少且多位于核膜内侧。神经元突起的延伸及信息传递需要大量蛋白质分子的参与，因此核内会持续有大量基因的转录。

电镜下观察核膜由内外两层膜构成，每层约7nm厚，两层之间隙为核周隙。内膜非常光滑，外层则不规则、粗糙。实际上核膜只是一层膜，外膜是内质网的延续，也就是内质网将核质和核周体分开。多聚核糖体常靠近该处的

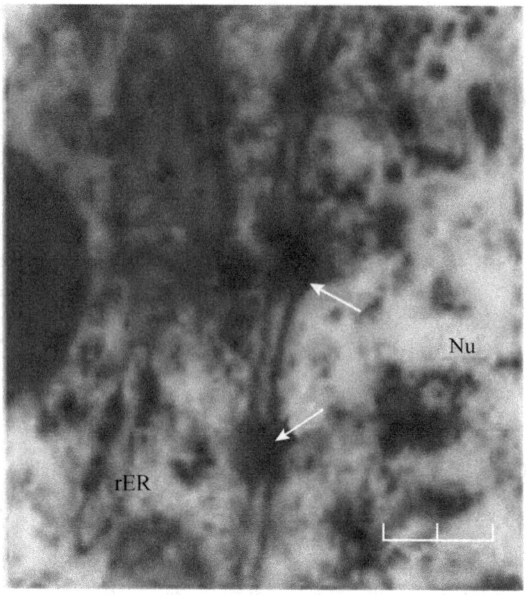

图 1-8　神经元核孔（箭头所示）
Nu：细胞核；rER：粗面内质网。标尺：0.2μm

内质网，但很少附着到内质网上。核膜上有核孔，它是细胞核与核周体之间物质双向运输的通道（图 1-8）。核膜的核质面有许多细纤维样板状结构，这些板状结构由称为核纤层蛋白（lamins）的多肽组成，主要起稳定核膜，为染色质提供附着点的作用。核内染色质为直径 20nm 相当均一的纤维状丝，分布稀疏，表明大部分染色质处于常染色质状态。在核仁周围和核膜下则稍为紧密。核染色质的主要成分是脱氧核糖核酸（deoxyribonucleic acid，DNA）、蛋白质和酶类。核仁为具有较高电子密度的海绵状球体，大而圆，占核直径的 1/4～1/3，主要成分是 rRNA，还有少量 DNA、蛋白质及酶类（如 RNA 聚合酶 A，可催化合成 rRNA）。

细胞核是遗传信息储存、复制和表达的主要场所，细胞核内的染色体（chromosome）由遗传物质 DNA 组成。DNA 由父母遗传给子代，它包含了子代全部身体的“蓝图”。子代每个神经元内的 DNA 都是相同的，并且同肝、肾细胞的 DNA 也一样。神经元和肝细胞的差异在于组成细胞的 DNA 特异片段不同。

每条染色体都含有 2nm 宽的连续双螺旋 DNA 结构。假如 46 条人染色体的 DNA 被拉直、尾尾相连，其长度将超过 2m。如果我们把 DNA 的总长度比拟成组成这本书的字符串长度，那么，基因就可以比成单词。每个基因是 DNA 的一部分，长度可由 0.1 至几个微米不等。核在有丝分裂中复制 DNA。神经元在发育期具有有丝分裂活动，但是定向分化一旦开始，有丝分裂就被抑制或丧失，绝大多数哺乳类动物一般出生和出生后不久即停止有丝分裂活动。

2. 细胞质　位于细胞核的周围，又称核周体（perikaryon），含有发达的高尔基体、滑面内质网、丰富的线粒体、尼氏体及神经原纤维，此外还有溶酶体、脂褐素等结构。具有分泌功能的神经元胞质内还含有分泌颗粒。

（1）内质网（endoplasmic reticulum）：是扁囊状或管泡状膜结构，分布于整个神经元内，形成一个连续的膜系统。内质网有很多不同的种类，且在不同的部位具有不同的功能。内质网向内与核外膜延续，向外延伸至细胞膜下、树突及轴突各个部位。在胞体和树突起始部，内质网与细胞膜紧密接触，并形成浆膜下囊（subsurface cisternae）。在某些神经元轴突起始段，浆膜下囊形成多层样结构，又称为囊器（cisternal organelles），浆膜下囊或囊器对调节神经元的兴奋性有重要作用。轴突中内质网呈管状与轴突平行走行，延伸到突触，并与突触处线粒体密切接触。树突中的内质网延伸至树突棘，终止于树突的棘器（spine apparatus），棘器由紧密排列的内质网组成，其间有电子致密物质将其分开，约 50%的树突棘含有棘器。

内质网的主要功能是调节神经元内钙信号。内质网膜上有肌苷三磷酸受体（inosine triphosphate receptors）和兰尼碱受体（ryanodine receptor，RYR），这两种受体对于内质网钙离子释放、产生慢扩散的再生钙波具有重要意义。内质网上的肌浆内质网钙 ATP 酶（sarcoplasmic endoplasmic reticulum Ca^{2+} ATPase）能够帮助钙离子的吸收。内质网能够感受局部钙脉冲的变化，调节钙离子吸收、储存或释放，并且能够通过周期性的钙波动将信息传送到细胞核，调节基因转录。

神经元外钙信号是由细胞膜调控的。神经元胞膜整合外来的兴奋性和抑制性神经输入，通过电压依赖性钠通道和钙通道产生快扩散的动作电位，导致钙离子内流。另外，随着神经递质的释放，钙离子也可以通过受体门控的离子通道进入细胞内。通过细胞膜和内质网两大膜系统对神经元钙信号的整合、调节，使得神经元的特有功能，如神经元兴奋性、神经递质释放、突触可塑性、基因转录等得以实现。相反，内质网功能障碍常导致严重的神经元病理变化，如内质网钙离子储存和释放的异常对神经元的衰老有重要意义，最近有实验认为内质网与线粒体共同作用能够导致神经元的凋亡和坏死。

（2）蛋白质合成装置：蛋白质在核糖体内合成，转运到内质网，经高尔基体加工、修饰后，以小泡的形式运送到神经元的各个部位发挥作用。神经元内多含有大量的核糖体（ribosome）、粗面内质网和较丰富的高尔基体，说明神经元具有特别旺盛的蛋白质合成和代谢功能。

1）核糖体：是由 rRNA 和蛋白质构成的椭圆形致密颗粒，直径约 20nm。核糖体可单个散在分布，称为游离核糖体。几个游离核糖体可以附着在一条线上，串联在一起呈串珠状或螺旋状分布，称为多聚核糖体（polyribosome）。这条线是单链的 mRNA，核糖体与之结合而发挥作用，合成同一蛋白质的多个拷贝。

核糖体是细胞内蛋白质的合成基地。RNA 转录产物结合于核糖体，核糖体翻译 mRNA 中的指令信息，合成蛋白质分子。因此，核糖体以氨基酸为原料，根据 mRNA 所提供的“蓝图”合成蛋白质。核糖体新合成的蛋白质大部分留在细胞质内，经加工、修饰，直接作为神经元的骨架蛋白或催化神经元代谢反应的酶类，参与神经元的功能代谢。部分蛋白质则与泛肽交联而降解。神经元的结构蛋白质如膜上的镶嵌蛋白质、通道、受体等，以及分泌蛋白质，如神经递质、激素、各种分泌酶等，则是在粗面内质网内合成、加工的。

2）粗面内质网：核糖体附着到内质网表面，使内质网表面呈粗糙的颗粒样外观，故称为粗面内质网，也可简称为粗面 ER（rough ER）。粗面内质网大量存在于神经元中，比神经胶质细胞和其他非神经细胞多很多。其实，我们早已通过另一个名字——尼氏体了解了粗面内质网。100 多年前，Nissl 发明的一种染料可以染这种细胞器。

粗面内质网最重要的功能是合成蛋白质，并把它们从细胞输出或在细胞内转运到其他部位。这个过程是从游离核糖体开始的。游离核糖体首先合成含有信号序列的多肽，在多肽开始从核糖体膨出时，多肽的信号序列识别并诱导核糖体与内质网接触，多肽通过内质网的脂质双层膜进入内质网腔中，信号序列通常被降解，剩余的多肽继续沿着 C 端合成，直到翻译终止序列出现为止。核糖体完成功能后，离开内质网回到细胞质。内质网合成的蛋白质部分留在内质网管腔内，经过广泛的修饰后，形成二硫键、糖基化及与糖脂交联等，分泌蛋白则必须经高尔基体进一步加工、修饰。

粗面内质网和游离核糖体上合成的蛋白质究竟有何不同呢？答案就是蛋白质分子未来的命运不同。如果蛋白质最终要留在神经元胞质中，那么其 mRNA 转录物就会避开粗面内质网上的核糖体而被游离核糖体所吸引。相反，如果蛋白质最终要嵌在细胞膜或细胞器膜上，那么它就会在粗面内质网上合成。这种蛋白质进行装配时，可在粗面内质网膜上被来回拉动。

3）高尔基体：神经元内有高度发达的高尔基体（Golgi complex），位于核周，它们离核最近，由 Camillo Golgi 在 1898 年首次发现。这是蛋白质“翻译后”进行大量化学修饰的场所。电镜下高尔基体由三部分组成，即扁平囊、小泡（vesicle）和大泡（vacuole）。扁平囊（saccule）一般由 3～10 个相平行排列的扁平囊组成，扁平囊的两端常呈泡状。扁平囊均呈弓形，凸面朝向细胞核，为生成面（forming face）或顺面（cis side）；凹面多向细胞表面，为成熟面（maturing face）或反面（trans side）。小泡为直径 40～80nm 的囊泡，多位于扁平囊的生成面处，一般认为它是由内质网芽生而来。大泡位于高尔基体的成熟面，直径 100～150nm，可能是由扁平囊末端或局部芽生而成。因为成熟面也有小泡存在，所以有人倾向于不分大、小泡，而统称为小泡。

从内质网芽生的小泡含有不同的蛋白质分子，当其运行到高尔基体生成面时，小泡膜与扁平囊膜融合，将蛋白质分子转运到扁平囊中，蛋白质从生成面到达成熟面，通过多层扁平囊，经过一连串的酶促反应，这些反应包括蛋白质糖基化、磷酸化、硫酸化等。另外，许多膜蛋白和分泌蛋白可再次进行蛋白质分解，清除多余成分，产生较小的有生物活性的蛋白质，由此可见高尔基体不仅为细胞提供一个内部运输系统和包装中心，还可以对粗面内质网合成的肽链进行加工、修饰，使其形成具有生物活性的肽链。

从高尔基体以芽生生成的小泡，主要有结构性分泌（constitutive secretion）和调节性分泌（regulated secretion）两种分泌方式。结构性分泌是指蛋白质边合成边分泌，不受外界刺激的影响，如运送到树突、轴突的小泡等。调节性分泌是指正常情况下并不发生分泌，只有在接收外界刺激时才发生的分泌，如大的致密囊泡和神经内分泌细胞的分泌颗粒，正常情况下被运送到轴突末梢或储存在胞体中并不分泌，只有接收神经冲动后才能释放，发挥作用。

4）尼氏体：在光镜下为嗜碱性深染的颗粒或小块，见于所有大细胞和许多小细胞的胞体和树突中，但是在轴突和轴丘中无尼氏体。电镜下尼氏体是由许多规则平行排列并互相沟通的粗面内质网及其间的游离核糖体组成，没有明显边界，内质网囊或小管相互间的距离为 0.2～0.5μm，游离的多聚核糖体分布于其间，其数量远远多于内质网上的附膜核糖体。尼氏体为神经元合成蛋白质的最活跃部位，包括结构蛋白质和分泌蛋白质，补充神经元本身的消耗，并通过细胞质转运到神经终末。不同的神经元尼氏体的大小、形状不一，一般大神经元的尼氏体比小神经元的明显且丰富，运动神经元的尼氏体比感觉神经元的粗大。病理情况下，尼氏体可呈粉末状，分布改变，逐渐溶解消失，这种现象称为染色质溶解（chromatolysis）。如轴突切断后 3～4 日，核周体开始肿胀，核偏位，同时尼氏体碎裂，细胞质嗜碱性染色降低，细胞质浅染。1 周左右，细胞质中央尼氏体消失，周边部位仍可见少量尼氏体存在，但最终会完全消失。如果轴突再生成功，会出现核复位，小而不规则的尼氏体逐渐增加，体积增大，4～12 周后尼氏体恢复到正常状态。

（3）线粒体：胞体中另一种非常丰富的细胞器是线粒体。神经元中此结构长约 1μm，有时可见有分支。线粒体分布于胞体、轴突、树突等神经元各处（图 1-9）。数目和形状因不同神经元或同一神经元的不同部位而异，通常轴突末梢中含有较多的线粒体。电镜下，线粒体由两层膜包绕，外膜光滑，功能相对单一，只对小分子和离子有主动通透作用。闭合的外膜内是反复折叠的内膜，称为嵴，增大了内膜面积。线粒体嵴多与线粒体长轴垂直。内膜有特异的转运蛋白，只对嗜水性物质有通透性。嵴之间的区域称为基质，为均质的电子密度物质，其中可见大小不等的高电子密度颗粒称为基质颗粒，神经元内基质颗粒较少见。基质内含有线粒体特有的DNA、DNA聚合酶、RNA、RNA聚合酶、核蛋白体等，因此认为线粒体有一定程度的自主复制和再生能力。

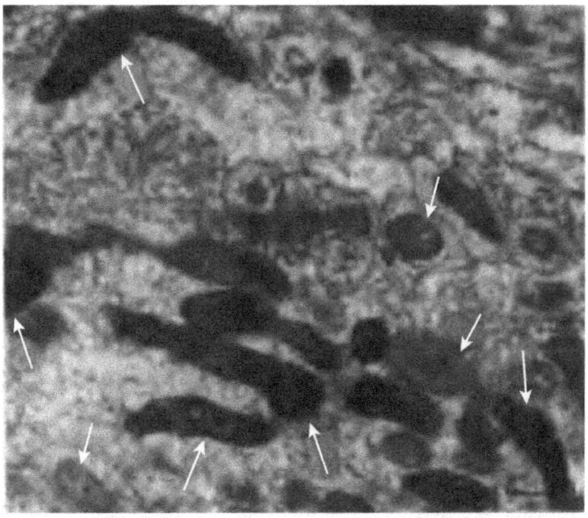

图 1-9　小脑神经元内线粒体表达不同强度的细胞色素氧化酶活性

大箭头示强细胞色素氧化酶活性线粒体；小箭头示弱细胞色素氧化酶活性线粒体。标尺：0.5μm

线粒体是细胞呼吸的场所。当线粒体“吸气”时，漂浮在胞液中的丙酮酸（源于糖、蛋白质和脂肪的消化产物）和氧气就被吸进来。在线粒体内部，丙酮酸开始一系列复杂的生化反应，称为Krebs循环，由英籍德国科学家Hans Krebs在1937年首次发现。Krebs循环的生化产物提供了能量（腺苷三磷酸，adenosine triphosphate，ATP），产生机制是嵴内的一系列附加反应导致腺苷二磷酸（ADP）磷酸化，产生ATP，为细胞提供能量。当线粒体“呼气”时，每吸入一个丙酮酸分子就释放17个ATP分子。

ATP是细胞内的能量流通物质，线粒体是神经元内能量产生、储存和供给的场所，其中进行着三羧酸循环（tricarboxylic acid cycle，TCAC，TCA循环）、呼吸链的氢和氧离子传递，以及氧化磷酸化反应。细胞色素氧化酶（cytochrome oxidase）位于线粒体内膜，是呼吸链上最后一个酶，直接参与电子转运、氧化磷酸化和产生ATP，所以细胞色素氧化酶活性变化与细胞能量代谢密切相关。在中枢神经系统中，区域性细胞色素氧化酶活性变化可反映神经元的功能状态，这与神经元本身的生物电特性分不开，神经元动作电位的产生需要细胞膜的去极化，复极化后膜内外离子浓度平衡的恢复需要ATP，以为下一次动作电位的发生做准备。实验证明此过程的能量需求远远超过神经元的其他耗能过程。同时神经元处在一个错综复杂的神经网络之中，神经元本身的电活动与它所接受的神经末梢的突触支配密不可分，正是由于神经网络-神经元-动作电位-能量消耗-细胞色素氧化酶活性变化的紧密偶联，细胞色素氧化酶活性变化才被认为是反映神经元功能代谢的重要指标。人们多采用细胞色素氧化酶组织化学方法观察不同发育阶段或某些病理情况下脑组织内细胞色素氧化酶活性的变化。在病理情况下，线粒体膜通透性改变，细胞色素氧化酶外漏入细胞质，是导致神经元凋亡、坏死的重要因素，因此认为细胞色素氧化酶是最早期、敏感的反映神经元损伤的指标之一。

（4）细胞骨架：前面我们曾把神经元膜比作撑在胞内支架上的马戏团的“帐篷”，而这个支架被称为细胞骨架（cytoskeleton）（图1-10），它维持了神经元特有的形状。细胞骨架的“骨头”由微管（microtubule）、微丝（microfilament）和神经丝（neurofilament）组成，这三种成分和其相关蛋白占神经元总蛋白量的25%。虽把它比作支架，但并不意味着细胞骨架是静态的。相反，细胞骨架的成分不断进行着动态调节，且细胞骨架本身很可能处于持续的运动中。

1）微管：具有外形笔直或稍弯曲、粗细均匀、不分支等形态特点，直径约为20nm，而其长度出入很大，长者达100μm，可单根或可成束存在，有弹性，可弯曲，沿神经突起

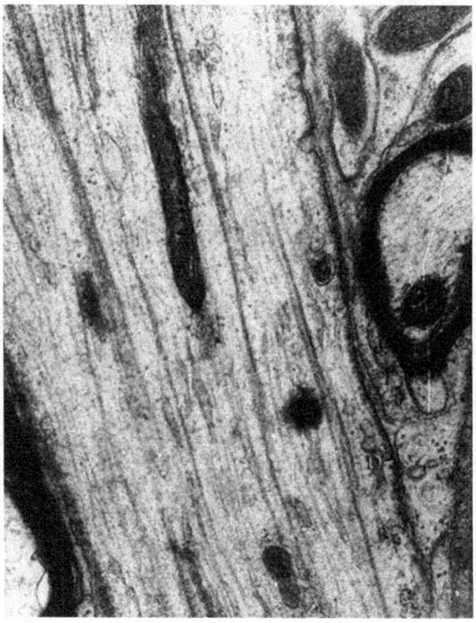
图 1-10　细胞骨架电镜图

纵向排列。微管看似一个笔直、壁厚的中空管子。管壁由围绕中心部分的更小的辫状链组成。每一条小链由微管蛋白组成。单个的微管蛋白分子较小，呈球状，它们相互附着在一起。把小蛋白连接成一条长链的过程称为聚合，产生的链称为聚合物。因此，神经元内的各种信号可以通过调节微管的聚合和解聚调控神经元的形状。每个微管蛋白解聚后，可产生 α-微管蛋白和 β-微管蛋白。参与微管组装及其功能调控的一类蛋白质称为微管相关蛋白（microtubule-associated proteins，MAPs）。在其他的作用中（许多还不甚清楚），微管相关蛋白可把微管锚定于另一个微管或神经元的其他部分。有一种称为 tau 的轴突微管相关蛋白，其病理学变化已知与阿尔茨海默病有关。

2）微丝：直径仅 5nm，与细胞膜厚度相当。微丝遍布于神经元，在神经突起中更多。微丝由两股细链盘旋而成，每股链都是肌纤蛋白的聚合物。肌纤蛋白是所有类型的细胞（包括神经元）中含量最丰富的蛋白质之一，它参与细胞形状的改变。

与微管一样，肌纤蛋白微丝不断地装配和解聚，这个过程由神经元内的信号调节。除了像微管一样沿着神经突起中心延伸外，神经丝还与膜紧密地联系在一起，它们通过纤维蛋白的网状结构锚定在膜上，形似蛛网，衬在细胞膜内。

3）神经丝：是狭义上的细胞骨架，直径为 10nm，大小介于微管和微丝之间。事实上，它们存在于身体的每个细胞中，被称为中等纤维，仅仅在神经元中被称为神经丝。名字上的差异其实也反映了它们在不同组织中结构上的微妙差别。

上述纤维结构类型中，神经丝与骨架的骨头和韧带最相似。神经丝由许多亚单位组成，每个亚单位的内部结构由三条蛋白质链相互盘绕而成。与微管和微丝不同的是，这些链由单独的蛋白质分子组成，每个蛋白质分子都盘绕成弹簧一样紧凑的结构。这种结构使神经丝具有很强的机械强度。

（三）树突

神经元有一个或多个树突，呈光滑的椎体状从胞体发出，树突干一般呈锐角反复分支，越分越细。树突这一词来源于希腊文“树”，说明它们从胞体延伸出来，如同一棵树上长出的分枝（图 1-11）。单个神经元的树突统称为树突树（dendritic tree），树上的每个分支称为树突侧支。有些神经元中，树突提供了超过 90%的表面积（如浦肯野细胞，又称 Purkinje 细胞）。树突是胞体的延伸部，核周体所含的细胞器，包括尼氏体、高尔基体、线粒体、内质网、游离核糖体、微管、神经丝等皆可进入树突，因此难以划定胞体和树突的界线。但是从树突的近端向远端延伸，细胞器逐渐减少。一般认为高尔基体消失最早，很难越过树突第一级分支，尼氏体也只见于树突始端，但这并不是绝对的。粗面内质网、核糖体、线粒体始终贯穿于树突全长。电镜下，尼氏体对于区别树突、轴突有重要意义。同时，树突中含有大量的微管和神经丝。微管与运输物质有关。应用标记蛋白质追踪，树突的运输速度约为 3mm/h，类似轴浆的运输速度。

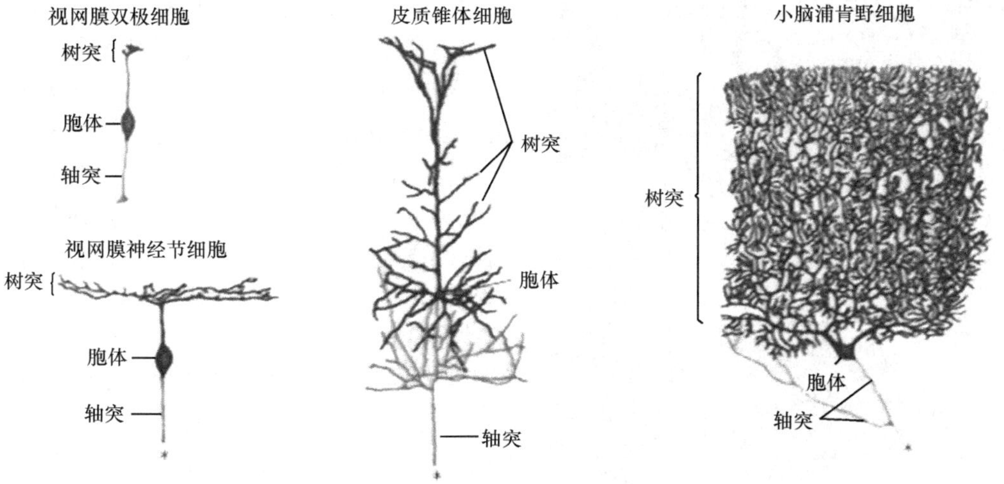

图 1-11　各种神经元的树突模式图

因为树突的作用相当于神经元的天线，所以它上面覆盖着成千上万的突触（图 1-12）。突触下的树突膜（突触后膜）上有许多称为受体（recepter）的特殊蛋白质分子，可探知突触间隙中的神经递质。

在树突分支上常见许多棘状的小突起，称为树突棘（dendritic spine），树突棘是神经元之间形成突触的主要部位（图 1-13）。树突棘的数量及分布因不同神经元而异，并可随功能的改变而改变。在大脑皮质锥体细胞和小脑皮质浦肯野细胞的树突上，树突棘数量最多且明显，一个浦肯野细胞上的树突棘可达 10 万个以上。因为树突的主要功能是接受传递来的信息，因此树突棘和树突使接受信息的面积大大增加。在一些病理和生理状态下，不仅棘的密度可发生改变，棘的形态、大小及内部结构也可能发生改变。电镜观察可见小棘中含有数个光壁囊状结构，囊间含有电子致密物质，总称棘器。棘器是树突棘的重要特征，由 2～5 个滑面内质网的扁平囊组成。

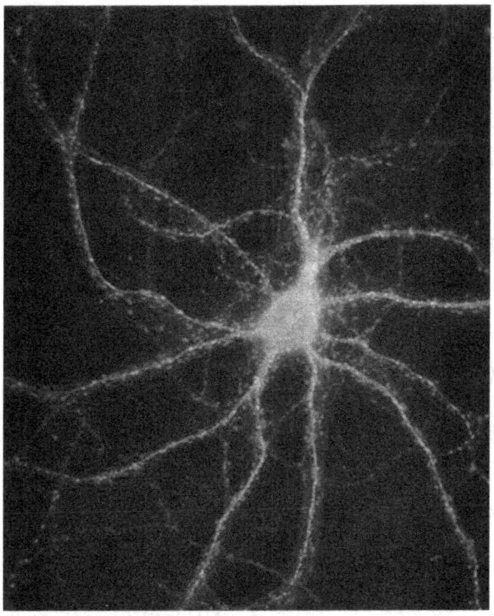

图 1-12　接收轴突终末突触输入信息的树突

神经元发出绿色荧光，能显示微管相关蛋白的分布。轴突终末发出橘红荧光，能显示突触囊泡的分布。这些轴突终末的轴突和胞体在这张显微照片上看不见

（四）轴突

至此，我们已经探究了胞体、细胞器、细胞膜等。但是，这些结构都不是神经元特有的，它们存在于我们身体的每个细胞。而轴突亦称“轴索”，这个结构只存在于神经元，并专门肩负神经系统内信息传递的使命。

图 1-13　树突棘

这是一段树突的计算机重构图，显示了棘的形状、大小的可变性

一般神经元只有一个轴突。轴突通常自胞体发出，也可自树突干的基部发出，长短不一，长的可达 1m 以上，短的只有几微米。轴突一般较树突细长，表面光滑无棘状突起，分支不多，可有侧支呈直角从主干分出，称为轴突侧支（axon collateral），侧支直径与主干相同。有时候，轴突侧支会返回与产生轴突的同一细胞或邻近细胞的树突连接。这些轴突侧支称为回返侧支。轴突全长直径较均一，轴突直径的范围很广，人的轴突为 1～25μm，而枪乌贼的竟达 1mm，轴突的可变性非常重要。电信号（即神经冲动）沿轴突传递的速度取决于轴突的直径，轴突越粗，冲动传导越快。轴突表面的细胞膜称轴膜（axolemma），内含的细胞质称轴浆或轴质。轴质内有大量的微管、神经丝、线粒体、滑面内质网、小泡等。微管与神经丝均很长，沿轴突长轴平行排列。微丝较短，主要分布于轴膜下，常与轴膜相连。电镜观察轴突冷冻蚀刻标本，可见微丝、微管和神经丝之间均有横桥连接，构成轴质中的网架结构。轴突外由髓鞘包绕，到末端失去髓鞘，并分成纤细的终末，与其他神经元的胞体、树突或轴突形成突触，或与效应细胞如肌细胞、腺细胞等形成突触。轴突的主要功能是在轴膜上传导神经冲动。神经冲动经轴突将信息传递到末梢，再通过突触传给下一级神经元或效应细胞。

轴突自起点到终末可依次分为轴丘、起始段、固有轴索和轴突终末四部分，它们的结构和功能不同（图 1-14）。轴突从轴丘（axon hillock）出发，呈圆锥形，光镜下为无尼氏体的扇形或三角形区，电镜下此处粗面内质网明显减少，而游离核糖体、线粒体、神经丝、微管等由此进入轴突。轴突自轴丘发出后，开始的一段没有髓鞘包裹，称为起始段（initial segment）。由于起始段的电压门控钠通道密度最大，产生动作电位的阈值较胞体或树突低得多，即兴奋性最高，故动作电位常常由此首先产生。起始段是轴突最细的部分，指从轴丘顶端到髓鞘开始处的部分，长度 15～25μm。在起始段轴膜内面有一薄层致密的内衣（undercoat），厚 15～25nm。由颗粒状物质组成，无明显界线，使得轴膜似有增厚，但高倍电镜下观察，内衣并不与轴膜紧密接触，其间有 6～10nm 的间隙。在有

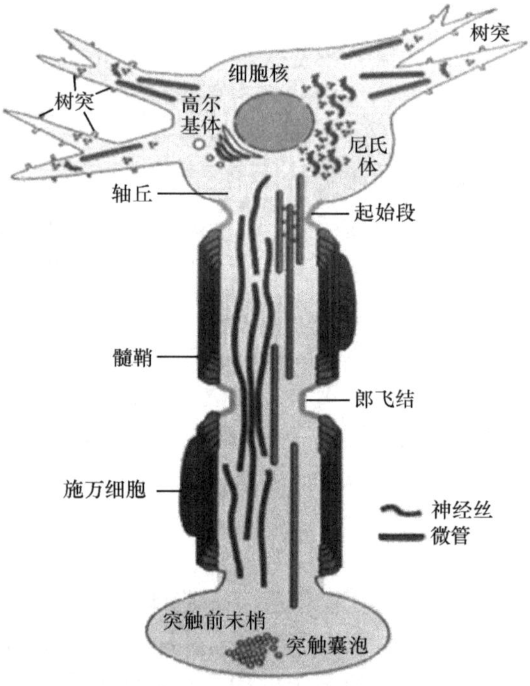

图 1-14　轴浆运输

髓纤维的郎飞（Ranvier）结处也有类似的结构，认为内衣的颗粒状结构可能是钠通道。起始段轴膜的兴奋阈最低，为神经冲动的发起处，也是形成轴-轴突触的部位。固有轴索为有髓鞘包绕的轴突干部分，称为神经纤维，全长结构较一致，其中主要含有线粒体、微管、神经丝、滑面内质网和多泡小体，很少见到粗面内质网和游离核糖体。轴膜如常，只是在郎飞结及结旁区域，轴膜呈波浪形，有膜下内衣，膜离子通道蛋白特别丰富。

轴突区别于胞体的两个显著特点是：①轴突不含粗面内质网，仅有少量的游离核糖体；②轴突膜的蛋白质组成基本不同于胞体膜。

这些结构上的差异导致了轴突和胞体功能的不同。由于轴突不含核糖体，因此也没有蛋白质合成，这就意味着轴突内的所有蛋白质都必须来源于胞体。轴突的末端称为轴突终末（axon terminal）或终末扣（terminal bouton），它像一个膨胀的圆盘，是轴突和其他神经元（或效应细胞）的连接点，并在此将信息传递给它们。这个连接点称作突触（synapse）。轴突终末有多级分支，常呈串珠状膨大，每一个分支都能和同一区域的树突或胞体组成突触，是突触前成分，内含突触小泡、线粒体等，突触处的轴膜特化成为突触前膜。这些分支统称为终末树（terminal arbor）。

轴突终末的细胞质和轴突内细胞质有以下几点不同：①不存在微管；②包含了为数众多的膜质小泡，称为突触囊泡（synaptic vesicle），直径约 50nm；③面对突触的囊泡膜表面附有特别高密度的蛋白质；④含有大量线粒体。

神经元是高度特异分化的终端细胞，在结构和功能上有明显的特点。神经元的细长轴突是其形态特征之一，轴突的长度可延伸至 1m 以上，面积或体积远比胞体大，但轴突细胞质的一个特点是不含核糖体。由于核糖体是细胞的蛋白质工厂，因此核糖体的缺乏意味着轴突的蛋白质必须在胞体合成再转运到轴突，胞体和轴突之间必须经常进行物质运输和交换。1948 年，Weise 等在高位大鼠坐骨神经损伤模型上，用有弹力的动脉环部分压迫再生的腓总神经，发现压迫点近端神经肿胀并呈串珠状，认为轴浆存在着从胞体向末梢的缓慢、持续的流动。实验证明，轴突内的轴浆是经常流动的。在组织培养或在体的神经纤维中，用显微镜观察能够见到轴浆内颗粒具有双向流动的现象。用同位素标记的氨基酸注射到蛛网膜下腔，可以见到注射物质首先在胞体内出现，然后逐渐在轴突近端轴浆内出现，最后在远端轴浆内出现，说明轴浆在流动。轴浆流动是双向的，一方面，部分轴浆由胞体流向轴突末梢；另一方面，部分轴浆由轴突末梢反向流向胞体。胞体内具有高速度合成蛋白质的结构，其合成的物质借轴浆流动向轴突末梢运输；而反向的轴浆流动可能起着反馈控制胞体合成蛋白质的作用。如果轴突中断，轴浆双向流动被阻断，则远侧断端和近侧断端及胞体都受到影响。

关于轴浆运输我们目前已经了解了很多。物质储存于囊泡内，囊泡将沿着神经元的微管“走下去”。“腿脚”就是驱动蛋白，整个过程由 ATP 供能。驱动蛋白仅仅把物质从胞体运输到末梢。所有物质沿这个方向的流动称为顺向运输（anterograde transport）。

除顺向运输外，还有一种物质从末梢经轴突到胞体的运输机制。通常认为这个过程给胞体提供关于轴突末梢代谢需求变化的信号。末梢到胞体这个方向的物质运输称为逆向运输（retrograde transport）。分子机制类似于顺向运输，但逆向运输的“腿脚”是另外一种蛋白质——动力蛋白（dynein）。

自胞体向轴突末梢的轴浆运输分为两类。一类是快速轴浆运输，指的是具有膜的细胞器（线粒体、递质囊泡、分泌颗粒等）的运输，在猴、猫等动物的坐骨神经内其运输速度为 410mm/d。另一类是慢速轴浆运输，指的是由胞体合成的蛋白质所构成的微管和微丝等结构不断向前延伸，其他轴浆的可溶性成分也随之向前运输，其速度为 1～12mm/d。

轴浆流动的机制目前还不十分清楚。在缺氧、氰化物毒化等情况下，神经纤维的有氧代谢扰乱使 ATP 减少到 50%以下时，快速轴浆流动即停止，说明它是一种耗能过程。有人提出与肌肉收缩滑行理论相似的假说，来解释快速轴浆流动。认为囊泡等有膜的细胞器的运输与微管或微丝的功能有关，微管的成分与肌纤蛋白相似，微管上含有结合点和 ATP，囊泡膜上有 ATP 酶和能与微管相附着的结合点；ATP 酶作用于 ATP，后者放出能量使微管与囊泡膜发生附着结合，而后又脱离接触，如此推动囊泡不断与下一个结合点相附着，造成囊泡等有膜细胞器沿着微管向前推移。

人们对由轴突末梢向细胞体方向的逆向轴浆流动了解得比较少。这种逆向流动的速度约为快速顺向运输速度的一半。有人认为，破伤风毒素、狂犬病病毒由外周向中枢神经系统转运的机制，可能就是逆向轴浆流动。运用辣根过氧化酶方法研究神经纤维的发源部位，其原理也是因为辣根过氧化酶能被轴突末梢摄取，并由轴浆流动转运到神经纤维的细胞体。

三、神经元的分类

神经元的基本功能是通过接受、整合、传导和输出信息实现信息交换。神经元是脑的主要成分，神经元群通过各个神经元的信息交换，实现脑的分析功能，进而实现样本的交换产出，产出的样本通过联结路径而产生意识。神经元有以下几种分类方法。

（一）按神经突起数量分类

神经元可以根据胞体上延伸出的神经突起（树突和轴突）的总数来分类，可分为三类：多级神经元（multipolar neuron）、双极神经元（bipolar neuron）及假单极神经元（pseudounipolar neuron）（图 1-15）。

1. 多极神经元 从胞体发出多个树突和一个轴突；这类神经元的形态变化很大，特别是轴突的长度和树突的数目及其分支的复杂程度。多极神经元是脊椎动物中数量最多的一类神经元，如脊髓运动神经元、锥体细胞和浦肯野细胞。这些神经元具有被树突棘覆盖的巨大的树突表面积，并且形成大量的突触联系。通常树突的数目、分支与其他神经元及其形成的突触联系的数量相关。脊髓运动神经元一般可以接受 10 000 个联系，2000 个在它的胞体上，8000 个在树突上。小脑浦肯野细胞的树突树非常大且分支多，它大约可以接受 150 000 个突触联系。

2. 双极神经元 胞体呈梨形，由胞体发出两个突起：一个是树突，另一个是轴突。很多感觉神经元是双极细胞，如视网膜细胞、嗅上皮细胞及耳蜗神经节神经元。

3. 假单极神经元 从胞体发出一个突起，距胞体不远又呈“T”形分为两支，一支分布到外周的其他组织器官，称周围突（peripheral process）；另一支进入中枢神经系统，称中枢突（central process）。假单极神经元的这两个分支，按神经冲动的传导方向，中枢突是轴突，周围突是树突；但周围突细而长，与轴突的形态类似，故往往统称轴突。传递触觉、压力和疼痛感觉到脊髓的机械性刺激感受器都是假单极神经元，如脊髓背根神经节细胞（dorsal root ganglion cell）。

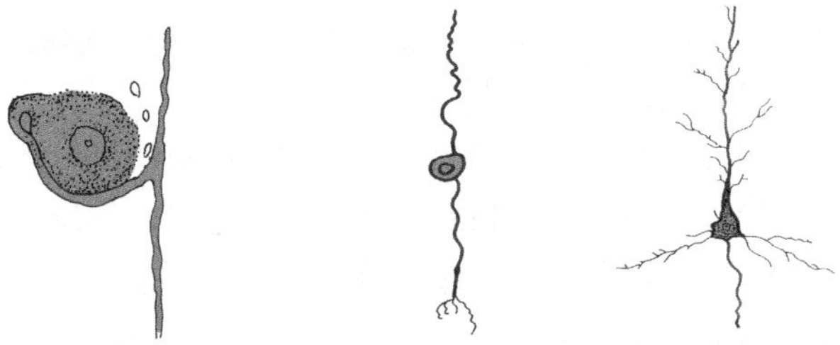

图 1-15　按神经突起数目进行神经元分类

（二）按功能分类

神经元按功能可分为以下三类（图 1-16）。

1. 感觉神经元（sensory neuron）　也称为传入神经元（afferent neuron）。它们从外周接收信号并将信号传送到大脑，从而产生相应的感觉。这类神经元多为假单极神经元，胞体主要位于脑和脊神经节内，其末梢分布在皮肤和肌肉等处，接受刺激后将刺激传向中枢。

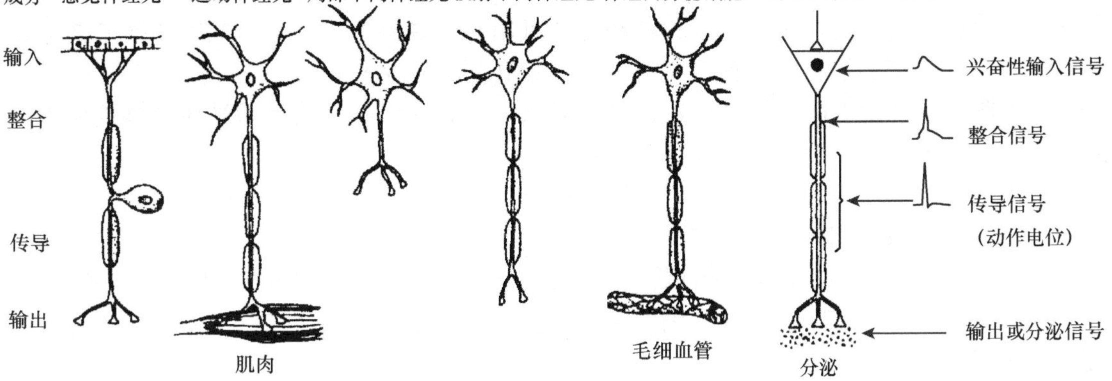

图 1-16　神经元分类模型及其信号

2. 运动神经元（motor neuron）　也称为传出神经元（efferent neuron）。它们将大脑产生的信息和指令传输到肌肉或腺体等效应细胞，从而对感知做出相应的反应。这类神经元大多为多极神经元，胞体主要位于脑、脊髓和自主神经节内，它们把神经冲动传给肌肉或腺体而产生效应。

3. 中间神经元（interneuron）　也称为联络神经元（association neuron），是指在传入和传出神经元之间起联系作用的神经元。中间神经元又分为两类：投射中间神经元（relay interneuron）和局部中间神经元（local interneuron）。投射中间神经元有较长的轴突，可将信息从大脑传递到很远的身体其他部位；局部中间神经元的轴突较短，在局部回路中传递信息。中间神经元多为多极神经元。动物进化程度越高，中间神经元就越多。人类神经系统中的中间神经元约占神经元总数的 99%，构成中枢经系统内的复杂网络。

（三）按神经元所释放的神经递质或神经调质分类

神经元按所释放的神经递质或神经调质可分为以下四类。

1. 胆碱能神经元（cholinergic neuron） 该神经元的神经末梢能释放乙酰胆碱（acetyl choline，ACh），如脊髓前角运动神经元等。

2. 胺能神经元（aminergic neuron） 它能释放单胺类神经递质如肾上腺素（adrenaline）、去甲肾上腺素（noradrenaline，NA）、多巴胺（dopamine，DA）、5-羟色胺（5-hydroxytryptamine，5-HT）、组胺等。能释放肾上腺素的神经元称为肾上腺素能神经元，如交感神经节内的神经元等。

3. 氨基酸能神经元 它能释放谷氨酸、γ-氨基丁酸（γ-aminobutyric acid，GABA）等。

4. 肽能神经元（peptidergic neuron） 能释放脑啡肽、P 物质（substance P，SP）等肽类物质，如下丘脑和肌间神经丛内的一些神经元等。这类神经元所释放的物质总称为神经肽（neuropeptide）。

（四）按神经元的轴突长度分类

1. 长轴突的大神经元 称 Golgi Ⅰ 型神经元，最长的轴突达 1m 以上。

2. 短轴突的小神经元 称 Golgi Ⅱ 型神经元，轴突较短，与树突一样终止于胞体附近。

为产生行为反应，每种神经元依次在相应的三个部位进行信号活动：输入信号、整合信号、传导和输出信号。几乎所有的神经元均可用一个具有这几个相应区域的模型神经元（model neuron）来表示：输入区、整合区、冲动传导区和输出区（图 1-16）。

（1）输入（感受）区：就一个运动神经元来讲，胞体或树突膜上的受体是接受传入信息的输入区，该区可以产生突触后电位（postsynaptic potential，局部电位）。

（2）整合（触发冲动）区：起始段属于整合区或触发冲动区，众多的突触后电位在此发生总和，并且当达到阈电位时在此首先产生动作电位。

（3）冲动传导区：轴突属于冲动传导区，动作电位以不衰减的方式传向所支配的靶细胞。

（4）输出（分泌）区：轴突末梢的突触小体则是信息输出区，神经递质在此通过胞吐方式加以释放。

第二节 神经元之间的相互作用——突触传递

神经系统的功能需要许多神经元的参与，神经元之间虽然没有原生质的直接相连，但它们在功能上却存在着密切的联系，即一个神经元的兴奋可以传递给另一个神经元，这种神经元之间的信息传递十分常见。正是神经元之间的这种相互作用，才能完成神经系统的各项功能。突触（synapse）这一术语是 Charles Sherrington 于 1897 年提出的，来源于希腊语，是紧密结合的意思，被用于描述那些神经元的轴突末梢与另一个神经元形成功能性联系的部位。突触是神经元与神经元之间，或神经元与非神经细胞（肌细胞、腺细胞等）之间的一种特化的细胞联系，它是神经元之间信息传递的关键性结构。突触可分两类，即化学性突触（chemical synapse）和电突触（electrical synapse），通常所说的突触是指化学性突触。

一、突触的传递

作为神经元之间信息传递的关键结构，突触数量巨大。一个神经元平均有多达 2000 个突触结构，脊髓的运动神经元甚至可多达 10 000 个，其 40%的胞体和 75%的树突被突触覆盖。突触与神经元数量之比约为 40 000 : 1。

（一）突触的结构

一个神经元的轴突末梢分成许多分支，每个分支的末端膨大呈球状，称为突触小体（synaptic knob），突触小体贴附在突触后神经元的胞体或突起的表面形成突触。在电镜下观察到突触处有两层膜（图 1-17），轴突末梢的轴突膜称为突触前膜，与突触前膜相对的胞体或突起的膜为突触后膜，前膜和后膜之间是一个 20～40nm 的间隙，称为突触间隙（synaptic cleft）。一个突触由突触前膜、突触间隙和突触后膜三部分组成。突触前膜和突触后膜比邻近的细胞膜厚，约 7nm。在突触前膜内侧有致密突起，它和网格形成囊泡栏栅（vesicular grid），其间隙正好容纳一个囊泡，这种栏栅结构有引导囊泡前移与前膜接触，促进囊泡内递质释放的作用。在突触小体的轴浆内含有较丰富的线粒体和突触小泡（synaptic vesicle）。突触小泡直径为 20～80nm，内含高浓度的神经递质。不同突触内含的囊泡形状、大小及电子密度表现出一定的多样性。

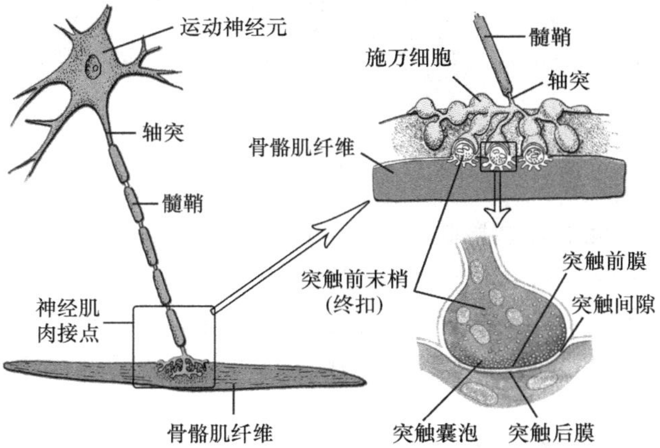

图 1-17　突触结构模式图

突触小泡一般可以分为三类：①小而透明的囊泡（small clear synaptic vesicles，SSV），内含 ACh、GABA、谷氨酸和甘氨酸等经典递质，直径 30～50nm；②小而有致密中心的囊泡（small dense cored vesicles，SDV），内含儿茶酚胺类递质，直径 30～50nm；③大而有致密中心的囊泡（large granular vesicles，LGV），直径 70～120nm，主要含肽类或胺类递质，但数量较少（图 1-18）。上述第一、二类突触小泡分布在轴浆内靠近前膜部分，容易与膜融合，并迅速在前膜的激活区（active zone）释放其内容物，在其相对应的突触后膜上存在着特异性的受体或化学门控通道；而第三类突触小泡则均匀地分布在突触前末梢内，并可从突触前末梢膜的所有部位通过出胞作用而释放。突触小体的轴浆内含有较丰富的线粒体，可能与其在突触活动时保证能量供应有关。

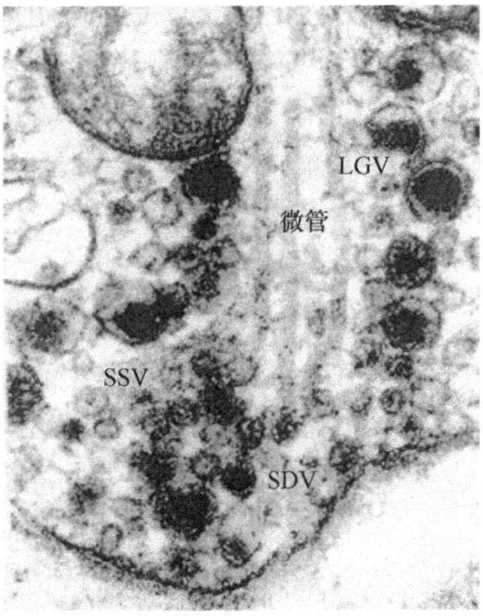

图 1-18　轴突终末电镜图像

内含突触囊泡 LGV、SSV 及 SDV 并有微管伸入细胞质内

（二）突触的分类

根据突触连接的部位、对后继神经元的功能影响和突触处信息传递的方式对突触进行分类。

1. 根据突触连接的部位（on the basis of connecting area of synapses） 可分为轴突-胞体突触、轴突-树突突触、轴突-轴突突触、树突-树突突触、树突-轴突突触、树突-胞体突触等，但是最常见的是轴突-胞体突触和轴突-树突突触（图 1-19）。前者是一个神经元的轴突末梢与后继神经元的胞体发生功能性的连接，后者是一个神经元的轴突末梢与后继神经元的树突发生功能性的连接。轴突-轴突突触多见于感觉通路，是一个神经元的轴突末梢与后继神经元的轴突发生功能性的连接。

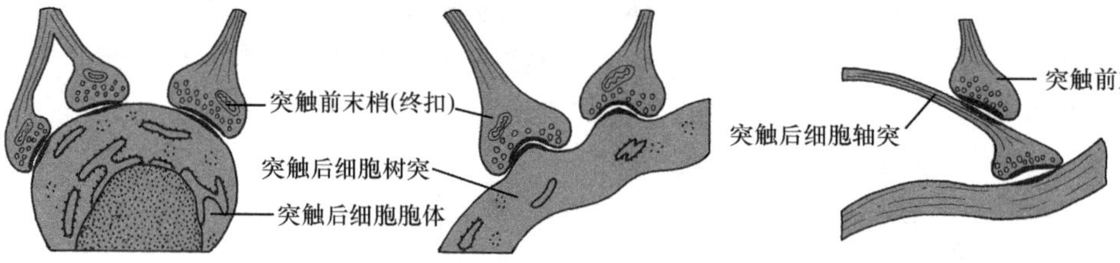

图 1-19　突触的不同接触部位

2. 根据对后继神经元的功能影响（on the basis of action for postsynaptic neuron） 可分为兴奋性突触（excitatory synapse）和抑制性突触（inhibitory synapse）。兴奋性突触是指突触前膜释放兴奋性递质引起突触后膜的去极化，使后继神经元容易产生兴奋；抑制性突触是指突触前膜释放抑制性递质引起突触后膜的超极化，使后继神经元不容易产生兴奋，即发生抑制。

3. 根据突触处信息传递的方式（on the basis of signal transmission mode between synapses） 可分为化学性突触（chemical synapse）和电突触（electric synapse）。化学性突触是指突触处信息传递是通过化学递质中介的，这也是神经元之间信息传递的主要方式。电突触的信息传递是直接通过电流（离子流）方式来完成的。电突触间隙距离近，其结构基础为缝隙连接（gap junction）。缝隙连接不仅间隙小，而且还有多条排列整齐的缝隙通道准确地对接，将两侧突触膜连接起来。缝隙通道的直径约 2nm，允许阳离子和阴离子通过。

（三）化学性突触传递过程

化学性突触传递是一个电-化学-电过程，即先有突触前神经元兴奋产生动作电位并传导至轴突末梢，引起轴突末梢化学性递质的释放，最终引起突触后神经元的生物电变化（图 1-20）。这个过程与神经-肌接头的传递过程相似。整个过程可以分为突触前阶段（presynaptic stage）和突触后阶段（postsynaptic stage）。

1. 突触前阶段 当突触前神经元兴奋产生动作电位并传导至轴突末梢时，突触前膜的去极化使末梢膜上电压门控的通道开放，Ca^{2+}顺着浓度差进入突触小体。小体内 Ca^{2+}浓度的升高一方面降低轴浆的黏度，有利于突触小泡向突触前膜移动；另一方面可以消除突触前膜上的负电荷，有利于突触小泡与前膜的接触、融合和破裂，最终使神经递质呈量子式释放到突触间隙。释放的神经递质通过物理弥散到达突触后膜。

2. 突触后阶段　神经递质通过弥散与突触后膜上相应的受体特异性的结合，改变了突触后膜对 Na^+、K^+、Cl^-的通透性，使突触后膜产生相应的局部电变化，称为突触后电位（postsynaptic potential）。实验中用微电极插入突触后神经元的胞体，在突触前神经元兴奋后，可记录到突触后神经元产生的一个短暂的突触后局部电位变化，即突触后电位。如果突触前神经元轴突末梢释放的是兴奋性递质，那么它与突触后膜上相应的受体结合后提高了膜对 Na^+、K^+等离子的通透性，尤其是 Na^+，从而导致突触后膜的去极化，产生兴奋性突触后电位（excitatory postsynaptic potential，EPSP），EPSP 经过总和达到阈电位水平，引起突触后神经元产生动作电位；如果突触前神经元轴突末梢释放的是抑制性递质，那么它与突触后膜上相应的受体结合后提高了膜对 K^+、Cl^-等离子的通透性，尤其是 Cl^-，从而导致突触后膜的超极化，产生抑制性突触后电位（inhibitory postsynaptic potential，IPSP）。IPSP 降低了突触后膜的兴奋性，IPSP 也可以总和，进一步阻止突触后神经元发生兴奋，呈现抑制效应。神经递质在发挥其各自的生理作用后，通过灭活酶机制或通过突触前膜再摄取机制终止其活动，以保证突触传递的灵活性。

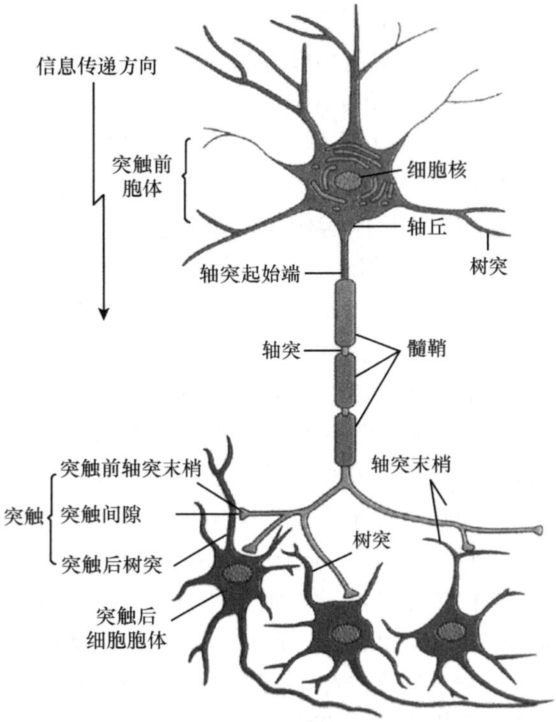

图 1-20　化学性突触传递的基本过程

兴奋性与抑制性化学突触传递的基本过程小结如下。①兴奋性化学突触传递的基本过程：突触前神经元兴奋传导至轴突末梢→突触前膜的去极化，Ca^{2+}内流→突触小泡前移→与前膜融合、破裂及量子式释放兴奋性递质→递质扩散与突触后膜的受体结合→主要提高后膜对 Na^+的通透性，引起后膜去极化，产生 EPSP→EPSP 总和达到阈电位水平，在突触后神经元轴突始段产生动作电位。②抑制性化学突触传递的基本过程：突触前神经元兴奋传导至轴突末梢→突触前膜的去极化，Ca^{2+}内流突触小泡前移，与前膜融合→破裂及量子式释放抑制性递质→递质扩散与突触后膜的受体结合→主要提高后膜对 Cl^-的通透性，引起后膜超极化，产生 IPSP→使突触后神经元抑制（不容易兴奋）。神经元会同时接受许多兴奋性与抑制性突触的影响，既产生 EPSP 又产生 IPSP。因此，某一时间突触后膜的电位状态实际上是 EPSP 和 IPSP 的代数和，如果是 EPSP 占优势，而且总和后能达到阈电位水平，突触后神经元就呈现兴奋状态；如果是 IPSP 占优势，突触后神经元就呈现抑制状态。

（四）突触传递的特征

1. 单向传递（one-way transmission）　由于突触结构和功能的特点，只有突触前膜才能释放递质，突触后膜才有相应的受体，因此，神经冲动通过突触传递只能从突触前神经元向突触后神经元方向传播，而不能逆传。但近来有研究揭示：有些突触后的靶细胞能释放一些气体分子或多肽，它们逆向传递到突触前末梢，改变突触前神经元的递质释放过程。因此，从信息沟通角度来看，突触信息传递又可以是双向的。

2. 突触延搁（synaptic delay） 又称中枢延搁（central delay）。因为绝大多数的突触传递都是经过电-化学-电这样的形式进行的，故有一定的时间延搁。突触延搁主要消耗在突触前膜递质释放，递质弥散及发挥作用的过程。兴奋通过一个突触至少需要 0.5ms，相当于 EPSP 产生的潜伏期。要确定一个特定反射通路是单突触还是多突触，只要测定此反射的反射时（reflex time），用反射时减去兴奋传入和传出时间，就能知道兴奋在中枢的传递时间，即突触延搁的时间。显然反射过程中通过的突触越多，突触延搁所消耗的时间就越长，也就是潜伏期越长。

3. 总和与阻塞（summation and occlusion） 在兴奋性突触传递时，一次冲动所引起的 EPSP 不足以使突触后神经元产生动作电位。如果在前一次冲动所引起的 EPSP 消失前，紧接着又来第二及多次冲动，则所产生的 EPSP 会和前面的 EPSP 叠加。叠加后的 EPSP 一旦达到阈电位水平就使突触后神经元产生动作电位。这种由时间前后产生的电位相加现象称为时间总和（temporal summation）。如果一个突触后神经元同时或几乎同时接受不同轴突末梢传来的冲动，则在此神经元不同部位产生的 EPSP 叠加起来的现象称为空间总和（spatial summation）。IPSP 也可以产生类似的时间总和与空间总和。神经冲动在神经元网络中传播，还会产生阻塞（occlusion）现象。阻塞现象既包括在某一神经元上的抑制性突触总和作用大于兴奋性突触的总和，使此神经元暂时不能兴奋；也包括同时刺激两个神经元的效应比单独刺激各个神经元的效应减弱的现象。

4. 兴奋节律的改变（change of excitatory rhythm） 在反射活动中，传出神经元的放电频率和传入神经元的放电频率不同，提示兴奋通过中枢的突触传递，兴奋节律发生了改变。这是因为传出神经元的放电频率不仅取决于传入神经元的冲动频率，还与其本身及中间神经元的功能状态有密切关系。

5. 后放（after discharge） 在反射活动中，当刺激停止后，传出神经元仍可在一定时间内继续发放神经冲动，这种现象称为后放。产生后放的主要原因之一是中枢内存在中间神经元的环状联系；也有效应器发生反应时，效应器内的感受器受到刺激而兴奋，冲动经过传入神经到达中枢，这种继发性的传入冲动的反馈也是产生后放的原因。

6. 对内环境变化的敏感性和易疲劳性（susceptibility and fatigue to internal environment） 在反射活动中，突触部位最容易受到内环境变化的影响。例如，缺氧、CO_2 分压增高、pH 变化、麻醉剂等因素均可作用于突触，改变其兴奋性，从而影响突触部位的兴奋传递。作用于神经系统的不少药物，它们的作用环节就是突触部位。突触部位也是最容易发生疲劳的环节。当重复快速刺激突触前末梢时，突触后神经元高频放电最多持续几秒钟，此后放电频率逐渐减少，这就是突触传递的疲劳现象。突触传递的疲劳可能与突触前末梢内神经递质的消耗过多而递质的合成速度不及消耗速度有关。

（五）突触传递的调制

中枢内突触前神经元和突触后神经元之间的突触传递可以受到多种因素的调制（modulation），主要受到突触前膜的递质释放及其前膜上的自身受体（autoreceptor），以及突触后膜上受体的数量和功能两方面的调制。

1. 突触前膜递质释放的调制（modulation of neurotransmitter release from presynaptic membrane）　研究表明：突触前膜递质释放数量主要取决于进入前膜的 Ca^{2+}量，因此凡是能调制 Ca^{2+}内流量的因素都能影响前膜递质的释放。近年来发现在突触前膜上分布有某些自身受体，它们可与自己释放的递质或者与某些自己释放的神经调质（neuromodulator）结合，控制前膜递质释放数量。此外，突触前膜还能通过加速或减慢对所释放递质的摄取量和酶促代谢过程来调制突触传递。

2. 对突触后膜受体的调制（modulation of postsynaptic membrane receptor）　突触后膜上递质相应受体的数量及与递质结合的亲和力在不同的生理或病理生理情况下是可以改变的。当神经递质分泌不足时，后膜上递质受体数量将会增加，亲和力也会增加，这称为受体的上调（up regulation）；相反，当神经递质分泌过多时，后膜上递质受体数量将会减少，亲和力也会减少，这称为受体的下调（down regulation）。突触后膜上受体的下调可能是通过内化（internalization）机制实现的，即当受体与递质结合后，形成受体-递质复合物进入细胞质，以此来减少受体的数量。进入细胞质的受体有的通过再循环重新回到膜上，有的则在胞内被新合成的受体代替。受体下调还有另一种形式，即受体的脱敏（desensitization），是受体蛋白经过某种修饰过程，如发生磷酸化，使其反应性降低。

（六）突触的可塑性

突触的可塑性（synaptic plasticity）是指突触传递的功能较长时间的增强或减弱。这些改变在中枢神经系统神经元活动中，尤其在学习（learning）、记忆（memory）等脑的高级功能中具有重要作用。突触传递效能改变机制主要涉及突触前、后的修饰作用。突触前修饰作用包括神经递质的合成、存储及释放；而突触后的修饰作用主要包括递质受体特性、数量、受体的激活、第二信使、G 蛋白、膜离子流及磷酸化等环节。突触可塑性主要有以下几种形式。

1. 强直后增强（posttetanic potentiation）　当突触前末梢接受一短串强直刺激后，突触后神经元膜上的 EPSP 发生明显增强的现象，称为强直后增强（posttetanic potentiation）。强直后增强可持续非常长的时程，甚至长达 1min 之久。其机制是强直刺激可使在突触前神经元内 Ca^{2+}浓度持续维持在一定水平，从而导致更多的递质释放，引起突触后电位的增强。

2. 习惯化和敏感化（habituation and sensitization）　当一种不产生伤害性效应的刺激不断重复作用时，突触对刺激的反应逐渐减弱甚至消失的现象，称为习惯化（habituation）。这是由于不断重复温和刺激，使突触前膜上 Ca^{2+}通道逐渐失活，Ca^{2+}内流减少，导致突触前末梢递质释放减少。人和动物依靠习惯化可以去除对许多无意义信息的应答。与习惯化相反，敏感化（sensitization）是指当一种新异的、强烈的伤害性刺激作用时，可以引起突触对另一个弱刺激的反应性增强，使传递效能增强的现象。这是由于突触前末梢递质释放增加所致，而突触前末梢递质释放增多是因为腺苷酸环化酶的激活、环腺苷酸（cyclic adenylic acid，cAMP）含量增加、Ca^{2+}内流增加之故。所以，敏感化可能就是一种突触前易化机制。敏感化有助于人和动物注意避开伤害性刺激。

3. 长时程增强和长时程抑制　长时程增强（long-term potentiation，LTP）是指突触前神经元在短时间内受到快速的重复性刺激后，突触后神经元所产生的一种快速形成、持续性的突触后电位增强。它很像强直后增强，但它的持续时间要长得多，最长可达数日到数周。LTP 产生机制有别于强直后增强，它是由于突触后神经元细胞内 Ca^{2+}浓度的增加，而不是突触前神经元细胞内 Ca^{2+}的增加。LTP 是突触可塑性的一个功能性指标。LTP 在海马等与学习、记忆有关的中枢部位发现，提示 LTP 是学习与记忆的神经生理学的基础。LTP 可能是记忆的突触模型（或模式）、记忆痕迹及记忆的神经元机制。与 LTP 相反，长时程抑制（long-term depression，LTD）是指突触传递效能的长时程降低。有人在海马、小脑皮质等脑区发现了 LTD，其详细机制还不太清楚，可能不同部位的 LTD 有不同的产生机制。

二、非突触性的化学传递

非突触性的化学传递（non-synaptic chemical transmission）是一种无经典突触结构的化学传递，也称为空间传递形式。在研究哺乳动物交感神经节后神经元对心肌、平滑肌的支配方式时，发现此类神经元轴突末梢有许多分支，而分支上分布着许多含有生物活性物质囊泡的称为曲张体的串珠状膨大结构（varicosity，图 1-21）。当该神经元兴奋时，神经冲动到达轴突末梢，使曲张体内囊泡释放生物活性物质。这些化学物质通过扩散到达邻近的靶细胞，与靶细胞膜上的受体结合而产生一定生理效应。与化学性的突触传递相比，非突触性的化学传递有如下特点：①没有经典的突触前、后膜的特化结构；②一个曲张体可作用于多个靶细胞，不存在经典化学性突触那种一对一关系；③化学递质弥散距离远，因此传递时间长；④化学递质有无效应取决于靶细胞膜上有无相应的受体。非突触性的化学传递首先发现在交感神经节的肾上腺素能神经元，后来在大脑皮质、黑质及肠神经系统中也发现其存在，提示非突触性的化学传递也是兴奋传递的一种方式。

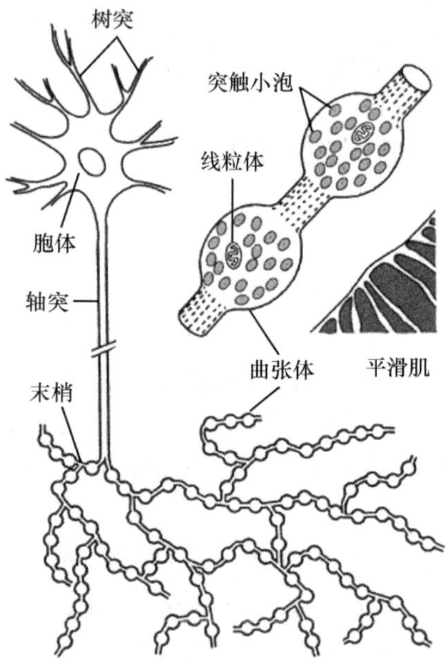

图 1-21　非定向突触传递的结构模式图
右上部分示放大的曲张体和平滑肌

三、电突触传递

电突触传递（electric synapse transmission）与上述的经典的化学性突触传递和非突触性的化学传递有本质上的差别，它不属于化学性传递，它是一种电传递。电突触在结构上由电突触前膜、突触后膜和突触间隙三部分组成，但与化学性突触不同的是其前后膜无结构分化。电突触的结构基础是缝隙连接（gap junction）。这里突触前、后膜靠得很近，两层膜之间仅相隔 2～3nm，膜两侧细胞质内无突触小泡存在。缝隙连接处的膜两侧由类似桥状结构的水相通道蛋白连接组成，允许带电离子和直径小于 1nm 的分子通过。由于电突触无突触前、后膜之分，因此它的传递是双向的；又因为这是种低电阻通道，局部电流可以迅速通过，因而传递速度很快，几乎不存在潜伏期。电突触存在于树突-树突、胞体-胞体、轴突-树突、轴突-胞体之间；电突触的功能可能是促进不同神经元产生同步性活动。

第三节　神经纤维

神经纤维（nerve fiber）以神经元的轴突（或长树突）为中轴，外包神经胶质细胞（施万细胞或少突胶质细胞）。根据神经纤维有无髓鞘包裹，分为有髓神经纤维（myelinated nerve fiber）和无髓神经纤维（nonmyelinated nerve fiber）两种。髓鞘绝缘性很高，有规则地分节段地形成。按传导兴奋的方向不同，又可把神经纤维分为两类：一类是把兴奋从外周传向脑、脊髓的传入神经纤维，也称感觉神经纤维；另一类是把兴奋从脑、脊髓传向外周的传出神经纤维，又称运动神经纤维。

神经纤维的功能是传导兴奋或神经冲动，其传入纤维将感受器的兴奋传到中枢，而传出纤维又将中枢的兴奋传至效应器。

神经纤维传导特点：①神经纤维在结构上及生理功能上应该是完整的，即使结构完整，而局部环境发生变化，如麻醉、低温，也可阻滞冲动的传导；②每条神经干包含的任何一条神经纤维都沿本身传导冲动，与相邻纤维相互隔绝，不相互干扰，这种绝缘性使神经调节更为精确；③神经纤维任何一点受到的刺激所产生的冲动可沿纤维向两端即双向传导；④神经纤维有相对不疲劳性，始终保持传导能力。

一、有髓神经纤维

有髓神经纤维（myelinated nerve fiber）由轴突、髓鞘、神经膜构成。髓鞘与神经膜是一个细胞的两个部分：神经膜是细胞含有细胞质和细胞核的部分，髓鞘是施万细胞的胞膜反复缠绕在轴突周围形成的多层膜结构。髓鞘及神经膜呈鞘状包裹在轴突的周围。轴突的起始段无髓鞘包裹。起始段远侧的轴突部分，有髓神经纤维每隔一定的距离，髓鞘便有间断，此处变窄，轴膜裸露，可发生膜电位变化，称此部位为神经纤维节（node of nerve fiber）或郎飞结。两个郎飞结之间的一段，称结间体（internode），长 0.5～1mm，它是由一个施万细胞所形成的髓鞘及其周围的神经膜构成。越长的神经纤维，轴突越粗，结间体越长，传导速度越快；反之，传导速度越慢。

髓鞘由 80%以上的类脂和蛋白质组成，称为髓磷脂（myelin）。在苏木精-伊红染色（H-E 染色）的切片中，因髓鞘的类脂被乙醇溶解，只留下网状的蛋白质结构，称为神经角质网（neurokeratin network）。用锇酸处理后，髓鞘被染成黑色。在神经纤维纵切面上，可见髓鞘内有斜行或漏斗状裂隙，称施-兰切迹（Schmidt-Lanterman incisure）或髓鞘切迹（incisure of myelin），髓鞘切迹使细胞质能与构成髓鞘的各部分细胞膜接触，从而参与髓鞘结构的新陈代谢。它是神经膜细胞质通入髓鞘内的通道，有利于髓鞘和轴突的物质更新。

电镜下，髓鞘为明暗相间的同心圆板层；大部分脑、脊神经属于有髓神经纤维。髓鞘的形成始于胚胎时期，随着神经纤维的发生，位于轴突周围的施万细胞表面逐渐凹陷成一纵沟，将轴突包进纵沟内，沟缘两侧的施万细胞膜相贴形成轴突系膜（mesaxon）。膜不断伸长并反复包卷轴突，逐渐形成具有明暗相间的同心圆板层排列的髓鞘。在形成轴突系膜过程中，有些部位的两侧细胞膜并未完全相贴，两侧膜之间尚残留少量细胞质，当包卷形成髓鞘时，它就成为细胞质通道的髓鞘切迹。最外层含核的薄层细胞质部分即为神经膜。

若把缠绕在轴突上的神经细胞展开，细胞的形态如同一梯形的扁平囊，梯形的短底靠近轴突。扁囊的大部分，两层细胞膜紧贴，但在囊的四周和中间具有细胞质的通道。构成髓鞘的细胞膜没有钠泵和离子通道，这样使离子不能通过由髓鞘包裹的轴突部分。髓鞘有保护和绝缘作用，可防止神经冲动的扩散。有髓神经纤维的髓鞘在郎飞结处缺失，当某一郎飞结兴奋时，这一区域就出现除极。髓鞘主要由脂类物质构成，具有较大的阻抗。局部电流只能沿轴突流动，直到下一个未兴奋的郎飞结处才穿出，然后沿髓鞘外回到原兴奋部位，这样在已兴奋的郎飞结与邻近安静的郎飞结之间形成局部电流，可以兴奋下一个未兴奋的郎飞结，这就是所谓的跳跃式传导。节间段越长，跳跃的距离也就越远，传导速度也就越快。因此，轴突有了髓鞘可大大增快神经冲动的传导速度，这就是髓鞘所起的作用。

中枢神经系统有髓神经纤维的髓鞘由少突胶质细胞形成。一个少突胶质细胞的几个突起，可分别包卷几条轴突形成髓鞘，其郎飞结较宽，无髓鞘切迹，其胞体位于神经纤维之间。

二、无髓神经纤维

无髓神经纤维（nonmyelinated nerve fiber）由较细的轴突及施万细胞构成，无髓鞘、无郎飞结。电镜下可见一个施万细胞深浅不同的包裹 5～15 条粗细不等的轴突。无髓神经纤维的神经冲动传导是沿着轴突进行连续性传导，其传导速度比有髓神经纤维慢得多。自主神经的节后纤维和部分感觉神经纤维属无髓神经纤维。

无髓神经纤维的传导速度比有髓纤维要慢。神经纤维某一段受刺激而兴奋，立即出现峰电位，该处膜电位暂时倒转而除极，呈内正外负，但邻近部位仍处于安静时的极化状态，呈内负外正，因此兴奋部位与邻近安静部位之间形成电位差，导致电荷移动，产生局部电流，使邻近安静部位兴奋，峰电位沿整个神经纤维传导。神经纤维直径越大，纤维内纵向阻抗越小，局部电流增大，而传导速度加快。

神经纤维根据其直径大小和传导速度而分为 A、B、C 三型。

A 型神经纤维具有发达的髓鞘，直径最粗，一般为 1～22μm。传导速度很快，每秒可达 5～120m，大多数的躯体感觉和运动纤维属此类。这类神经纤维对抗损伤的能力很低，损伤后恢复较慢。

B 型神经纤维也具有髓鞘，神经纤维较细，直径为 1～3μm，传导速度慢，每秒为 3～15m。自主神经的节前纤维属此类。这类神经纤维对抗损伤的能力稍强，损伤后易恢复。

C 型神经纤维最细，直径仅 0.5～1μm，都属于无髓纤维。传导速度很慢，每秒为 2m。这类神经纤维受损伤后很易恢复，由于恢复过程中不生成髓鞘，所以再生较快。

三、周围神经

周围神经系统包括除中枢神经系统（脑和脊髓）以外的所有神经，包括神经节、神经干、神经丛及神经终末装置；周围神经（peripheral nerve）可根据连于中枢的部位不同分为连于脑的脑神经和连于脊髓的脊神经；脑神经有 12 对，脊神经有 31 对。脑神经直接将头、面部与脑相连接，也将眼睛和鼻与脑相连。剩下的周围神经则将脊髓和躯体的其余部分相连接。周围神经还可根据分布的对象不同分为躯体神经和内脏神经；躯体神经分布于体表、骨、关节和骨骼肌，内脏神经分布于内脏、心血管、平滑肌和腺体。除此之外，周围神经还可根据传递神经冲动的方向不同分为传入神经和传出神经。传入神经由周围向中枢传递神经冲动，产生感觉，又称为感觉神经；而传出神经由中枢向周围传递神经冲动，产生运动，又称为运动神经。脑神经、脊神经、躯体神经和内脏神经都含有传入神经（感觉神经）和传出神经（运动神经）。例如，内脏神经可再分为内脏感觉神经和内脏运动神经。内脏运动神经又称为自主神经或植物神经，内脏运动神经又可根据功能和药理特点分为交感神经和副交感神经。

脑神经连于脑，共有 12 对。第Ⅰ对是嗅神经，第Ⅱ对是视神经，第Ⅲ对是动眼神经，第Ⅳ对是滑车神经，第Ⅴ对是三叉神经，第Ⅵ对是展神经，第Ⅶ对是面神经，第Ⅷ对是前庭蜗神经，第Ⅸ对是舌咽神经，第Ⅹ对是迷走神经，第Ⅺ对是副神经，第Ⅻ对是舌下神经。其中第Ⅰ对、第Ⅱ对、第Ⅷ对为纯感觉性神经，第Ⅲ对、第Ⅳ对、第Ⅵ对、第Ⅺ对、第Ⅻ对是纯运动性神经，第Ⅴ对、第Ⅶ对、第Ⅸ对、第Ⅹ对是运动和感觉混合性神经。

脊神经以其前根和后根连于脊髓，共有 31 对。有 8 对颈神经、12 对胸神经、5 对腰神经、5 对骶神经和 1 对尾神经。脊神经前根是运动性的，它将信息从脑传递给肌细胞，可含有支配骨骼肌的躯体运动性纤维，以及分布于平滑肌、心肌和腺体的内脏运动性纤维。脊神经后根是感觉性的，可含有传递温痛触压觉和本体感觉的躯体感觉性纤维及传递内脏感觉的内脏感觉性纤维，它将感觉信息传递到脑。脊神经彼此间是通过在颈部、肩部和盆腔的神经丛相连接，然后再分支，支配身体更远处的区域。

周围神经实际上是由神经纤维成束而形成的。一些非常小（直径小于 0.4mm），另一些则很粗大（直径超过 6.5mm）。较大的纤维传递信息到肌肉（运动神经纤维）及传递触觉和位置觉（感觉神经纤维）的信号；较小的感觉神经纤维传递痛温觉信号及控制身体的自主神经功能，如心率、血压和温度（自主神经系统）。在周围神经（peripheral nerve）外面包有一层致密结缔组织即神经外膜（epineurium），膜中含有血管、淋巴管和脂肪细胞等。外膜包裹许多粗细不等的神经纤维束，每一神经束均由神经束膜（perineurium）围绕。束膜的外层为结缔组织，内层为几层扁平细胞组成的神经束膜上皮（perineural epithelium）。束膜上皮之间紧密连接，上皮细胞基底面有基膜，因此，束膜上皮对物质进出有屏障作用。神经束内的每条神经纤维又有薄层疏松结缔组织包绕，称神经内膜（endoneurium）。一条神经内有的只含运动（传出）神经纤维或感觉（传入）神经纤维，但周围神经多为混合神经，包括运动神经纤维、感觉神经纤维及自主神经纤维，这些神经纤维的粗细不等，髓鞘或有或无。

周围神经的功能障碍是由于损害了神经纤维本身的神经细胞胞体、施万细胞或者是髓鞘造成的。当髓鞘被损害和髓磷脂丢失（脱髓鞘改变）时，神经不能正常地传递冲动。但是，髓鞘能够迅速地再生，使神经功能完全恢复，神经细胞则与髓鞘不一样，当它被损害时，自身修复和再生却很慢，有时再生可能导致异常神经连接。例如，一条神经如果错误地连到肌肉上，这将导致反射或笨拙运动。如果感觉神经错误地生长，则可引起一个人错误地接收触觉或痛觉。

四、神经溃变与再生

在神经纤维或胞体受到伤害或轴突断离时，切断处远侧段的神经纤维全长发生溃变（degeneration），轴突和髓鞘碎裂和溶解。与胞体相连的近侧段则发生逆行性溃变，即轴突和髓鞘的断裂溶解由切断处向胞体方向进行，溃变一般只发展到邻近断端的第一侧支终止。神经元的胞体肿胀，细胞核从中央移到胞体边缘，细胞质内尼氏体明显减少，故细胞质着色浅淡，此过程称为溃变反应。

神经元胞体是细胞的营养中心，只有在胞体没有死亡的条件下才有纤维再生的可能。胞体约于损后第三周开始恢复，细胞质内的尼氏体重新出现，细胞体肿胀消失，胞核恢复中央位置。胞体的完全恢复需 3～6 个月，恢复中的胞体不断合成新的蛋白质及其他产物输向轴突，使残留的近侧段轴突末端生长出许多新生的轴突支芽。

（一）周围神经纤维的再生

切断处远侧段的周围神经纤维，虽然其轴突和髓鞘发生溃变，但包裹神经纤维的基膜仍保留呈管状。此时施万细胞大量增生，一面吞噬解体的轴突和髓鞘，一面在基膜管内排列成细胞索，靠近断口处的施万细胞还形成细胞桥把两断端连接起来。从近侧段神经纤维轴突末端长出的轴突支芽，越过此施万细胞桥，进入基膜管内，当其中一支沿着施万细胞索生长并到达原来神经纤维末梢所在处，则再生成功。施万细胞在周围神经纤维再生修复过程中，有诱导、营养及促进轴突生长和成熟作用。

（二）中枢神经纤维的再生

中枢神经纤维的再生比周围神经困难。神经纤维无施万细胞，亦无基膜包裹。当中枢神经纤维受损伤时，星形胶质细胞（astrocyte）增生肥大，在损伤区形成致密的胶质瘢痕，大多数再生轴突支不能越过此胶质瘢痕；即使能越过，也没有如同周围神经纤维那样的基膜管和施万细胞桥引导再生轴突到达目的地。所以，中枢神经纤维的损伤常导致脊髓或脑功能的永久性丧失。不少科学家为研究神经再生进行不懈的努力，已注意到一类能促进神经生长的化学物质，即神经营养因子（neurotrophic factors，NTFs）。同时又根据胚胎神经元容易生长及周围神经能再生的特点，把胚胎脑组织、周围神经或周围神经的组分（如基膜或基膜的化学成分）移植到脑内，以期促进中枢神经再生。

第四节　神 经 末 梢

周围神经纤维的终末部分终止于其他组织中所形成的特有结构，称为神经末梢（nerve ending）。神经末梢分布在各种器官和组织内。按其功能不同，分为感觉神经末梢和运动神经末梢。感觉神经末梢又称传入神经末梢，接受外界和体内的刺激。运动神经末梢又称传出神经末梢，把神经冲动传布到肌肉和腺体组织上，使它们产生运动和分泌活动。

一、感觉神经末梢

感觉（传入）神经元周围突的终末部分与其他组织结构共同形成的特定结构，称为感受器（receptor）。它能感受人体内外的各种刺激，并转化为神经冲动，传向中枢。感觉神经末梢按其结构又可分为游离神经末梢（free nerve ending）和有被囊感觉神经末梢（encapsulate nerve ending）。

（一）游离神经末梢

此种末梢广泛分布于表皮、角膜、浆膜、肌肉和结缔组织中，结构较简单。周围突在接近终末端处髓鞘消失，其裸露细支又反复分支，游离分散跨上皮细胞或结缔组织中，能感受疼痛和冷热的刺激。

（二）有被囊感觉神经末梢

此种感觉神经末梢形式繁多，大小不一，但在神经末梢外面均包有结缔组织被囊，常见的有如下几种。

1. 触觉小体（tactile corpuscle）　又称梅氏小体（Meissner corpuscle），分布在皮肤的真皮乳头内，以手指掌面和足趾底面最多。小体呈椭圆形，直径为 30～100μm，周围有结缔组织形成被囊，内有许多横列的扁平触觉细胞。有髓神经纤维在被囊处失去髓鞘穿入被囊内，分支盘绕，主要功能是感受触觉。

2. 环层小体（lamellar corpuscle）　又称潘申尼小体（Pacinian corpuscle），此种小体分布广泛，多见于真皮深层、皮下组织、肠系膜和胰腺的结缔组织中。小体多呈圆形或椭圆形，大小不一，其直径为 0.5～3mm。小体的被囊是由扁平的结缔组织细胞和纤维形成的同心圆板层，板层间充满胶样物质。小体的中轴为一均质性的圆柱，称内轴（inner bulb）。神经纤维失去髓鞘后进入内轴，主要是感受压力、振动和张力觉等。

3. 肌梭（muscle spindle）　广泛分布于全身骨骼肌中的细长梭形小体，长 2～5mm，表面有结缔组织被囊，其内含有 3～10 条较细的骨骼肌纤维，称梭内肌纤维（intrafusal muscle fiber）。有两种感觉神经纤维进入肌梭：一种感觉神经纤维是粗的有髓神经纤维，入肌梭前失去髓鞘，在肌梭中段进入肌梭内，反复分支，呈环状或螺旋状包绕在梭内肌中段含核部分；另一种是细的有髓神经纤维，失去髓鞘后呈花枝状，分布在上述神经末梢的两端。此外，肌梭内还有一种细的运动神经纤维，它来自脊髓前角的小型神经元（γ 运动神经元），其末端形成运动终板，分布于梭内肌纤维的两端。肌梭位于肌纤维束之间，当肌肉收缩或伸张时梭内肌纤维被牵强，从而刺激神经末梢，产生神经冲动，传向中枢而产生感觉，故肌梭是感觉肌肉运动和肢体位置变化的本体感受器。

二、运动神经末梢

运动神经末梢（motor nerve ending）是运动神经元传出神经纤维的终末，终止于骨骼肌、心肌、平滑肌及腺体等形成效应器（effector），支配肌肉收缩或腺体分泌。传出神经纤维有两种：一种是躯体性传出神经纤维，有髓鞘，是周围神经的组成部分，其终末在骨骼肌纤维形成运动终板；另一种为内脏性传出神经纤维，无髓鞘，由自主神经节发出，终止于心肌、平滑肌和腺上皮，神经末梢终端为膨大的小结。

（一）运动终板

运动终板（motor end plate）来自脊髓前角或脑干的运动神经元的轴突末梢，到达骨骼肌纤维的肌膜处失去髓鞘，再分成爪状细支，其终末膨大，在骨骼肌纤维的表面形成椭圆形的板状隆起，直径 10～80μm。轴突末端球形终末内有线粒体和球形的突触小泡，其中含有 ACh。球形终末的轴膜为突触前膜，与前膜相对应的肌膜为突触后膜，膜内有 N 受体，突触后膜下陷形成许多深沟和皱褶，增加了突触后膜的表面积。突触前、后膜之间为突触间隙，宽 40～60nm。由此可见，运动终板是一种神经肌连接（neuromuscular junction）。突触小泡释放的 ACh 作用于突触后膜的 N 受体，致使肌膜兴奋，引起肌纤维收缩。

将每个运动神经元的轴突及其分支所支配的肌纤维，称为一个运动单位（motor unit）。运动单位大小，就是运动神经元支配肌纤维数量的多少。人体内每块肌肉的运动单位数量有很大差别，通常是肢体肌的运动单位数量多，手足等小肌运动单位少。例如，人的胫骨前肌，运动单位是 443 个，每一运动单位的肌纤维数量为 562 条。而手的蚓状肌，只有 96 个运动单位，每一运动单位的肌纤维数量为 108 条。当前角运动神经元病变或周围神经损伤时则发生肌萎缩，将涉及各型肌纤维的数量和各运动单位的改变。

（二）内脏运动神经末梢

内脏运动神经受自主神经元支配，通常要经过两个神经元，中间经过自主神经节。第一个神经元称节前神经元，胞体位于脊髓灰质侧角或脑干核内，其轴突称节前纤维；第二个神经元称节后神经元，胞体位于自主神经节或神经丛内，其轴突称节后纤维。这些节后神经纤维分布在内脏及血管的平滑肌、心肌和腺细胞上，形成内脏运动神经末梢（visceral motor nerve ending）。这些内脏传出纤维多为无髓神经纤维，轴突很细，直径在 1μm 以下。轴突终末结构简单，经反复分支，终末支呈串珠状膨大，其末端膨大部称神经终末小结（nerve ending nodule），附于平滑肌细胞或腺细胞上。终末支呈串珠膨大的部分，称为膨体（varicosity），直径为 1～2μm。膨体是与效应细胞建立突触的部位。一个自主神经元的轴突终末分支可形成 30 000 个左右的膨体。此种结构形式增加了神经元释放神经递质的部位或表面积。在电镜下，可见膨体内含有许多突触小泡和线粒体。膨体的轴膜是突触前膜，与其相对应的效应细胞膜是突触后膜，膜上有神经递质的受体。突触间隙为 15～20nm。有的膨体和效应细胞之间的间隙在 80nm 以上，甚至可达数微米，相对应的部位没有突触后膜的特化结构，故称此种形式的突触为远距离突触（distant synapse）或非突触性化学传递（non-synaptic chemical transmission），以弥散形式产生效应。自主神经元的递质主要有 ACh、去甲肾上腺素和肽类，当神经兴奋沿内脏传出神经纤维至末梢时，导致神经递质的释放，引起平滑肌和心肌收缩以及腺体的分泌。

第五节　神经胶质细胞

神经系统除了神经元以外，还有分布在神经元之间、数量更多的、具有一定形态结构及功能的神经胶质细胞（neuroglia cell）。尽管人脑中有许多神经元（约 1000 亿个），但神经胶质细胞的数量大于神经元 10～50 倍。而我们主要把注意力放在神经元上是由现有的知识决定的。对于大脑的独特功能来说，神经元是重要的。神经元能感知环境的变化，再将信息传递给其他神经元，并指令机体做出反应。神经胶质细胞主要起隔离、支持及营养周围神经的作用。虽然神经胶质细胞的作用是次要的，但没有神经胶质细胞，大脑将无法正常运作。神经胶质细胞也有突起，但无树突、轴突之分。它们与相邻细胞不构成突触样结构。神经胶质细胞膜对 K^+通透性很高，它们有着随细胞外液 K^+浓度改变而改变的膜电位，但绝不产生动作电位。在神经系统的不同部分存在的神经胶质细胞也不同：分布在周围神经系统的神经胶质细胞主要是施万细胞和脊神经节中的卫星细胞，在中枢神经系统内有星形胶质细胞、少突胶质细胞（oligodendroglia）、小胶质细胞（microglia）和室管膜细胞等（图 1-22）。

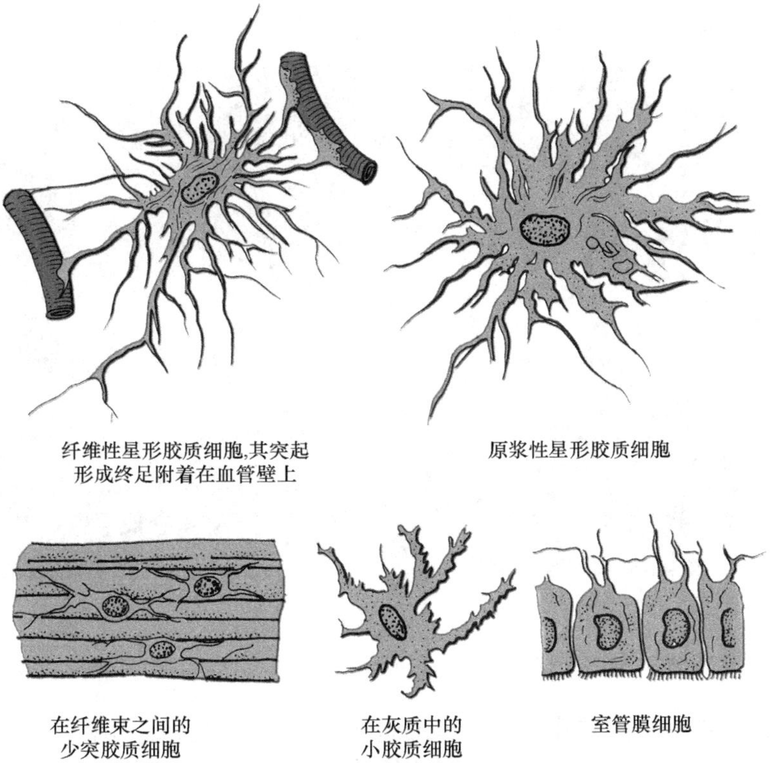

图 1-22　中枢神经系统内的各种神经胶质细胞

一、星形胶质细胞

脑内数量最多，分布最广的神经胶质细胞是星形胶质细胞（astrocyte）。这些细胞填满了神经元间的空隙，神经元和星形胶质细胞大约间隔 20nm。因此，星形胶质细胞可能影响神经突起的生长和缩回。根据空间结构将星形细胞描述为如下两种主要类型。

纤维性星形细胞（fibrous astrocyte）：分布于白质，胞体为星形，具有细长少分支的突起。这些突起通常表面光滑，伸展至长的距离，一般不抵达软膜。

原浆性星形细胞（protoplasmic astrocyte）：又称为苔藓细胞（moss cell），分布于灰质，它类似灌木具有许多短突呈放射状向各个方向伸展。

在电镜下，星形胶质细胞核形状规则，核质较均匀，主要含有常染色质，有时也有少量异染色质附于核膜内面。细胞质的密度较邻近神经元或少突胶质细胞稀，高尔基体、线粒体、粗面内质网、核糖体均较神经元少（图 1-23）。

所有星形胶质细胞的一个共同特点是含有胶质细胞原纤维酸性蛋白（glial fibrillary acidic protein，GFAP）。GFAP 是 Eng 等从多发性侧索硬化症患者脑组织中提取的，后确定 GFAP 是星形细胞内 8～9nm 中间丝的结构蛋白，仅在成熟的星形胶质细胞表达。在正常动物脑灰质内，用抗 GFAP 免疫组织化学检测 GFAP 多数为阴性。神经系统受到刺激或损伤后，星形胶质细胞表现快速反应，其标志之一是 GFAP 的表达，因此目前将 GFAP 的表达与否作为星形胶质细胞活动状态的标志之一。作为细胞骨架蛋白家族成员之一，GFAP 在稳定的突起形成过程中可能是必需的，并在调节星形胶质细胞运动上具有重要的作用。

GFAP 基因敲除小鼠在发育、生殖和生命历程上是正常的，而对脑内 LTP 和 LTD 有影响。

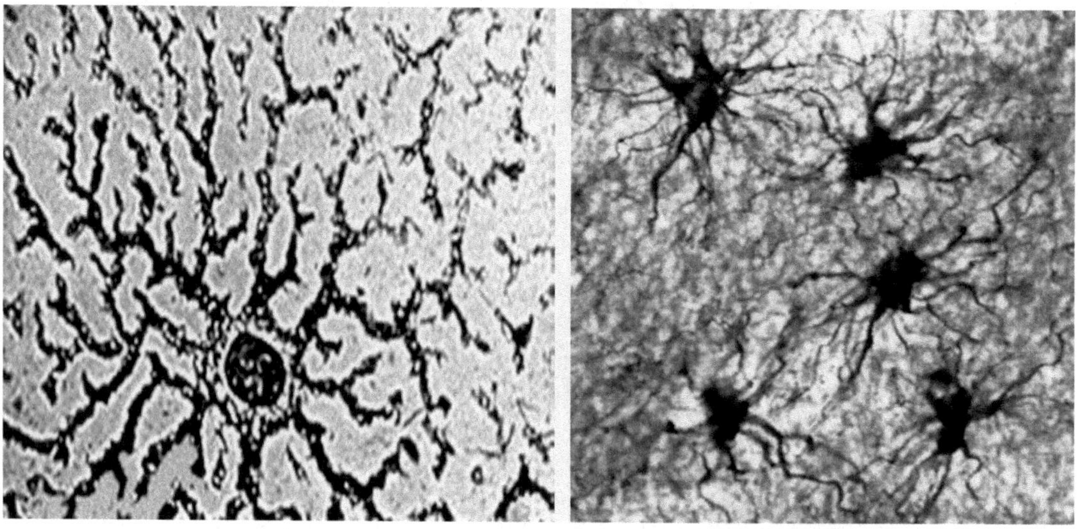

A　　　　B

图 1-23　星形胶质细胞

A. 原浆型星形胶质细胞，采用经典的金属浸镀技术（银染法）；B. 纤维型星形胶质细胞，采用 H-E 染色法

星形胶质细胞的一个重要作用是调节细胞外空间的化学物质。例如，星形胶质细胞包裹了脑内的突触连接点，从而可以限制释放的神经递质分子的扩散。星形胶质细胞膜上也有特殊的蛋白质能主动地把许多神经递质从突触间隙移走。最近意外发现了星形胶质细胞膜上也有神经递质受体，类似于神经元膜上的受体，它们可以在神经胶质细胞内引发电和生化反应。除了调节神经递质的作用外，星形胶质细胞还能严格控制一些物质的细胞外浓度，这些物质能干扰正常神经元的功能。例如，星形胶质细胞能调节细胞外液的钾离子浓度。

二、少突胶质细胞

少突胶质细胞和星形胶质细胞不同，少突胶质细胞的基本功能一目了然。这些神经胶质细胞提供一层层的膜以隔离轴突。波士顿大学的解剖学家 Alan Peters 是用电镜研究神经系统的先驱，他指出这种称作髓鞘的包被，螺旋状围绕着脑中的轴突。少突胶质细胞起源于胚胎脑室的神经上皮细胞和室管膜下层，生成后继续由室管膜下层衍化而来，在成年形成一个祖细胞库，以后可分化替代失去的少突胶质细胞，甚至在病理性脱髓鞘区可重新形成髓鞘。少突胶质细胞比星形胶质细胞小，常规染色时只见小而圆的核，染色较深（图 1-24）。在金属浸染的标本上，胞体呈圆形或多角形，直径 10～20μm，具多少不等的突起。在中枢神经系统中，少突胶质细胞可分为位于有髓纤维束之间的束内细胞、紧贴在神经元胞体和树突表面的卫星细胞和分布于血管周围的血管周围细胞。在周围

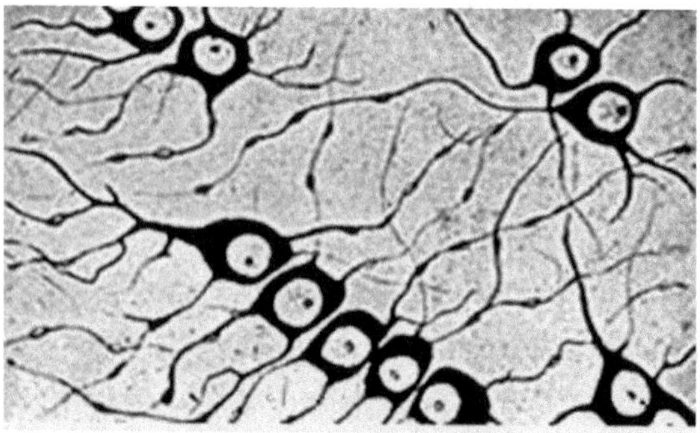

图 1-24　少突胶质细胞

经典的金属浸镀技术，即银染法

神经系统能形成髓鞘的胶质细胞称为施万细胞（Schwann cell）。

髓鞘的主要成分髓磷脂可以加快神经冲动沿轴突传播的速度。少突胶质细胞和施万细胞在位置和其他特性方面不同。例如，少突胶质细胞只被发现于中枢神经系统，而施万细胞仅被发现于外周神经系统；一个少突胶质细胞将髓磷脂分配给几个轴突，而每个施万细胞只负责一个轴突。

三、小胶质细胞

小胶质细胞是中枢神经系统结构中一个重要成分，占中枢神经系统内细胞的 5%～12%。大量的证据支持小胶质细胞是来自侵入发育中神经系统的胚胎单核细胞和其前体的观点。造血细胞通过器官实质壁可能还有脑膜和血管，在生前以阿米巴样细胞的形式侵入神经组织。后来失去运动性，转变为典型的具有分支状突起的小胶质细胞。在成年新的小胶质细胞可能是来自内源性的增殖，原因是在生后侵入脑的成熟单核细胞变为巨噬细胞而不是小胶质细胞。

小胶质细胞是胶质细胞中最小的一种，是中枢神经系统包括视网膜在内的小树突状细胞，数量较少，在灰质的分布较白质多。在光镜下，金属浸染的标本上，胞体扁长，卵圆或多角形，染色深，细胞质很少，突起两个或多个，细长有分支，分支上有许多棘状突起（图 1-25）。在电镜下，细胞核异染色质多，细胞质少而淡染，内含颗粒和散在的粗面内质网，高尔基体明显，集中于两极，不含胶质原纤维。

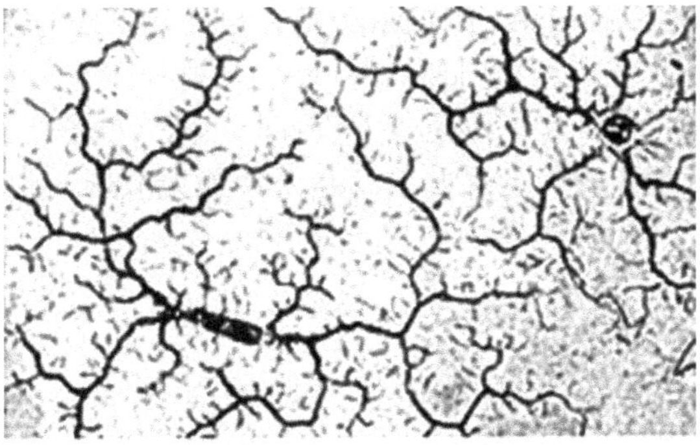

图 1-25　小胶质细胞

经典的金属浸镀技术，即银染法

四、神经胶质细胞的功能

（一）支持、绝缘、屏障作用

在中枢神经系统内大量的神经胶质细胞充填于神经元及其突起之间的空隙内，为神经元提供一定的支持作用（supporting action）。尤其是星形胶质细胞的长突，不仅可在脑和脊髓中交织成网或互相连接构成支架，支持神经元的胞体和纤维，而且可在神经元与其他组织相邻界面之间形成鞘或界膜。神经胶质细胞还可分隔神经元，起隔离、绝缘作用（isolation action）。少突胶质细胞和施万细胞可形成有髓神经纤维的髓鞘，防止神经冲动传导时电流的扩散，使神经元活动互不干扰。此外，神经胶质细胞参与血脑屏障的组成。

（二）修复、再生作用

神经胶质细胞具有分裂能力，特别在脑和脊髓受到损伤后可大量分裂增生。当神经元因为疾病、缺氧或损伤而发生变性坏死时，局部可出现巨噬细胞。这些巨噬细胞除了来自血液中的单核细胞外，小胶质细胞也能转变为巨噬细胞，共同参与变性、坏死神经元的组织碎片的清除。清除碎片后留下的缺损由胶质细胞，特别是星形胶质细胞的增生来充填，从而起到修复和再生作用（repairing，regenerative action）。如果胶质细胞增生过强，可形成脑瘤。在周围神经再生过程中，轴突必须沿着施万细胞构成的索道生长。

（三）代谢、营养作用

星形胶质细胞的长突终止于毛细血管，其余突起穿行在神经元之间，提示它可能对神经元的营养物质的运输供应及代谢产物的排除有关。星形胶质细胞还能产生神经营养性因子，用来维持神经元的生长、发育及其正常功能。近年来发现神经胶质细胞还参与神经递质的代谢，如星形胶质细胞内的谷氨酰胺合成酶可将摄取的谷氨酸和 GABA 合成谷氨酰胺，然后再转运到神经元作为递质的合成原料。

（四）维持内环境的稳定

星形胶质细胞膜对 K^+有较高的通透性，并且其细胞膜存在钠-钾泵。在神经元电活动引起细胞外液 K^+浓度升高时，星形胶质细胞通过开放钾通道和加强钠-钾泵作用，使集聚在胞外的 K^+进入胞内，再通过缝隙连接（gap junction）迅速扩散，降低胞内 K^+浓度，维持细胞内外 K^+的平衡，避免细胞外液 K^+浓度过高对神经元正常活动的干扰，维持了内环境的稳定（homeostasis of internal environment）。当脑损伤造成神经胶质细胞过度增生时，会使胶质细胞泵钾能力减弱，胞外高 K^+将导致神经元去极化，兴奋性增高，形成局部癫痫病灶。

（五）合成、分泌活性物质

证据表明：星形胶质细胞可合成、分泌血管紧张素、神经生长因子（nerve growth factor，NGF）、胰岛素样生长因子、细胞因子白细胞介素-1（IL-1）、IL-3、IL-6、γ-干扰素及其他细胞外基质（extracellular matrix，ECM）等活性物质；施万细胞可分泌 NGF、NTFs（NT-3、NT-4/5）和细胞外基质。这些生理活性物质对维持神经元的生长、存活以及发挥正常功能都有重要作用。

第六节 血脑屏障

1885 年 Ehrich 将色素注入静脉后，发现除了脑实质未被染色外，其他脏器均被染色。1913 年 Goldman 将台盼蓝注入静脉同样脑未被染色，反之将台盼蓝注入脑室，虽脑被染色，但色素不进入血液，其他脏器未被染色。这提示血液与脑之间存在一屏障，使血液中多种溶质从脑毛细血管进入脑组织，有难有易；有些很快通过，有些较慢，有些则完全不能通过，这种有选择性的通透现象使人们设想可能有限制溶质透过的某种结构存在，这种结构可使脑组织少受甚至不受循环血液中有害物质的损害，从而保持脑组织内环境的基本稳定，称为血脑屏障（blood brain barrier，BBB）。血脑屏障是机体参与固有免疫的内部屏障之一，由介于血循环与脑实质间的脑毛细血管内皮细胞、基膜和包于壁外的神经胶质细胞（星形胶质细胞）突起形成的胶质膜所组成（图 1-26），能阻挡病原生物和其他大分子物质由血液循环进入脑组织和脑室。

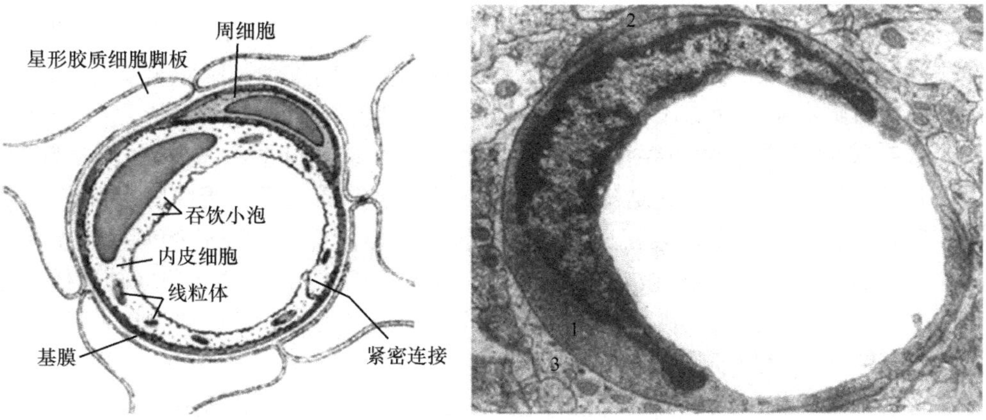

图 1-26　血脑屏障的组成

A. 血脑屏障超微结构模式图；B. 电镜下观察血脑屏障（1. 脑毛细血管内皮细胞；2. 周细胞；3. 星形胶质细胞脚板）

一、血脑屏障的结构

（一）脑血管的特点

人脑毛细血管内皮细胞是血脑屏障的主要组成成分，能够限制可溶性物质和细胞等从血液进入大脑。所有的组织器官，除少数例外，均必须有血液供应，而从细胞层次讲，血液供应的功能全靠毛细血管内皮细胞及血细胞。血管内皮细胞不只是血管的内壁，内皮细胞覆衬着整个心血管系及淋巴系的管腔，控制着进出血管壁的物质和细胞。内皮细胞具有很强的感受局部环境变化的能力，从而调整其数量和排列。内皮细胞终生具有分裂和运动的功能。

与其他组织器官的毛细血管相比，大脑毛细血管内皮细胞与外周内皮细胞相比具有一些不同特性：①脑毛细血管内皮细胞存在许多细胞间紧密连接，产生很高的跨内皮阻抗，延迟细胞旁的通量，能有效地阻止大分子物质从内皮细胞连接处通过；②脑毛细血管内皮细胞缺乏内皮细胞的窗孔结构，其液相物质胞饮水平较低；③脑毛细血管内皮细胞具有不对称定位酶和载体介导转运系统，从而产生“两极分化”的表现型。

（二）血脑屏障的超微结构与连接蛋白

脑毛细血管由如下三种细胞成分构成。

（1）最内层是一层内皮细胞。脑毛细血管内皮细胞是血脑屏障的关键结构。虽然这些内皮细胞的容积很微小，仅占全脑容积的 0.1%～0.2%，但人脑的血脑屏障全长为 680km，表面积达到 $9m^2$，血脑屏障在脑内成网络状分布，毛细血管相互间的平均间隔为 45μm，是有效进行血液与脑细胞间液之间物质交换的最好结构。内皮细胞还被一层连续不断的基膜包围着。

（2）周细胞（pericyte）或称壁细胞，它具有平滑肌细胞样的特点，紧靠内皮细胞的外侧附着，覆盖着毛细血管外壁的 20%～30%。

（3）在周细胞的外侧是星形细胞的终足（周足），把脑毛细血管约 85%的表面包围起来。

这就形成了脑毛细血管的多层膜性结构，构成了脑组织的防护性屏障。在病理情况下，如血管性脑水肿时，内皮细胞间的紧密黏合处开放，由于内皮细胞肿胀重叠部分消失，很多大分子物质可随血浆滤液渗出毛细血管，这会破坏脑组织内环境的稳定，造成严重后果。

在血脑屏障的紧密连接处存在某些特异性蛋白，如密封蛋白（claudin）、闭合蛋白（occludin）和 ZO-1 等。Claudin 是构成紧密连接的一个非常重要的蛋白质。由于细胞极性与紧密连接有着密切的关系，紧密连接分为管腔侧（血液侧）和反管腔侧（脑侧），起栅栏作用，认为膜蛋白可能也存在极性分布。Bolz 等报告，在胚胎 15 日葡萄糖转运体（glucose transporter，GLUT）在血液侧和脑侧的量大体相等，但胚胎 17 日以后，以血液侧为主。这说明紧密连接的形成与细胞极性的形成有关。

从发生学来看中枢神经系统的神经细胞和神经胶质细胞是由神经外胚层发育而来的，供应中枢神经系统的血管及小胶质细胞（microglia）等，均由中胚层来源的细胞侵入神经管而形成，细胞-细胞间相互依存是维持细胞分化的必要条件。例如，脑的内皮细胞如无星形胶质细胞的诱导就不能形成无窗孔的紧密连接。

二、血脑屏障的正常功能

血脑屏障的显微结构已如上述，包括无孔或少孔的内皮细胞、连续的基膜和有疏松连结的星形胶质细胞血管周足组成的断续膜，它们构成血脑屏障控制血液中各种溶质选择性的通透，有的学者称其为关门或安全瓣，把有害物质拒之脑组织之外使它不能逸出脑毛细血管，比较形象地说明了血脑屏障的正常功能。根据电镜和酶标记法的研究结果证明，脑毛细血管内皮细胞可能是屏障起主要作用的关键部位，其根据如下所示。

首先，用相对分子质量较小的辣根过氧化酶（一种蛋白质，相对分子质量约 40 000，分子直径为 500～600nm）或其片段作为通透毛细血管壁的标记物，相对分子质量小的辣根过氧化酶片段可以很快通过肌肉的毛细血管进入肌肉组织，但在脑毛细血管，这种酶片段则被阻于血管内而不能进入脑组织。在这种屏障作用中，基膜和血管周足断续膜只起辅助作用。

其次，脑毛细血管内皮细胞的胞饮作用微弱。因此，血管内皮细胞与脑组织间的物质交换也少。动物经电离辐射后其胞饮泡增多，血脑屏障的通透性也有所提高。

（一）内皮细胞的作用机制

如前所述，脑毛细血管内皮细胞之间存在紧密连接，在血脑屏障处，血液与组织之间的物质交换不像在周围脏器所见的是通过细胞间隙输送的，而是经细胞输送的。因此血脑屏障的通透性受细胞膜通透性的影响很大。已知物质是依靠特异性载体和受体的介导通过血脑屏障的，介导物质交换的血脑屏障载体存在于内皮细胞任何部位，决定了细胞的方向性（或极性）。内皮细胞的极性分血液侧（luminal side）和脑侧（abluminal side），内皮细胞的极性对血脑屏障的功能是非常重要的。

由于葡萄糖是脑唯一的能量来源，99%的葡萄糖是通过血脑屏障内皮细胞运送到脑。葡萄糖的转运是通过葡萄糖转运体，血脑屏障内皮细胞的己糖转运体（hexose transporter）是葡萄糖转运体的同型体 1（GLUT-1）。GLUT-1 由 492 个氨基酸组成 12 次穿膜的转运体。它位于内皮细胞的管腔侧和反管腔侧。由于它不耗能，因此它不能逆葡萄糖浓度转移葡萄糖。

氨基酸主要经三种不同的载体系统（L-系统、A-系统和 ASC-系统）通过血脑屏障内皮细胞进行转运的。L-系统转移大的中性氨基酸，如亮氨酸和缬氨酸，它是 Na^+依赖的易兴奋的转运体，分布于内皮细胞管腔侧和反管腔侧。甘氨酸、丙氨酸和丝氨酸等是通过 A-系统转运的，与 L-系统不同，A-系统是耗能的 Na^+依赖转运体。ASC-系统也是耗能的 Na^+依赖转运体，转运丙氨酸、丝氨酸和半胱氨酸。A-系统和 ASC-系统主要分布于内皮细胞反管腔侧表面。P-糖蛋白（P-glycoprotein）仅仅表现在血脑屏障毛细血管上，不表现在其他组织的血管上。P-糖蛋白是从细胞内向细胞外输送物质的，由于存在管腔侧，因此可能是将进入脑内抗癌物质等异物排至血液的保护机制。

血脑屏障的功能特别是输送功能随不同的状况而发生变化。通常脑是从血液中摄取葡萄糖作为能源，但是新生儿因是以母乳作为营养，以乳酸和 β-羟丁酸作为脑的主要营养源，将它们摄入脑内的活性上升。因此输送乳酸和 β-羟基丁酸的一元羟酸转运体-1（MCT-1），在哺乳期被暂时诱导至 30～100 倍，断乳后随着 GLUT-1 的增多，MCT-1 逐渐减少。

研究发现随着年龄的增长，血脑屏障运送葡萄糖、乳酸、胆碱和 T_3（triiodothyronine）的能力下降，可能与转运分子的变化及细胞膜表面电位的变化有关。

血脑屏障对保持脑内环境的稳定有重要的意义，血脑屏障的功能异常使脑内环境混乱而引起各种疾病。已知脑肿瘤，特别是多形性神经胶质瘤患者的血脑屏障通透性增高。这是因在内皮细胞紧密连接处的 claudin-1、claudin-5 和 occludin 被抑制，使紧密连接的结合性低下，变异或己糖转运体缺乏。老年性痴呆患者海马内 GLUT-1 含量低下。

（二）星形胶质细胞和周细胞的作用机制

在脑毛细血管周围存在周细胞和星形细胞终足。研究证明基膜外围的星形胶质细胞足突有辅助血脑屏障的功能。在实验性过敏性脑炎中，自血液注射台盼蓝染料，通过脑毛细血管时，该染料被终足形成的胶质膜所阻挡，不能进入脑组织；脑毛细血管与胶质膜同时受损时，则染料可以进入脑组织。在神经组织发育期，星形胶质细胞可诱导脑毛细血管内皮间形成闭锁小带，又能提供形成血脑屏障所特有的酶类。

周细胞不仅存在于脑毛细血管，也存在于其他器官毛细血管的周围，其覆盖率因组织不同而异，与脑内 20%～30%的相反，在心肌有 10%、骨骼肌有 20%、视网膜有 40%。周围细胞可能在调节内皮细胞的增殖、形态发生及遗传因子方面起作用。

三、决定血脑屏障通透性的因素

（一）物质的脂溶性

血中溶质必须通过脑毛细血管的内皮细胞才能到脑组织，而内皮细胞膜是以类脂为基架的双分子层的膜结构，具有亲脂性，脂溶性物质容易通过。因此血中溶质的脂溶性高低决定其通过屏障的难易和快慢。脂溶性越高的溶质通过屏障进入脑组织的速度也越快。根据这一规律可将某些中枢神经系统药物加以改造，使之更容易进入脑组织以便更快发挥药物的效果。例如，巴比妥是一种中枢麻醉药但其亲脂性弱，故进入脑组织很慢，但如改造成苯巴比妥，由于具有较强的亲脂性，故能更容易通过血脑屏障进入脑组织，很快发挥其催眠麻醉效应。又如，吗啡改造成海洛因就比较容易通过亲脂性内皮细胞膜到达脑组织更快发挥其镇痛作用。

（二）物质的亲水性

带正电荷或负电荷的溶质，溶于水时即与水分子的氧原子形成氢键，溶质所带电荷越多，形成氢键的能力越强，水溶性也越强，通过血脑屏障的能力也越差。但是水本身和葡萄糖等溶质因分子量很小，可通过内皮细胞和星形胶质细胞的连接部入脑。肾上腺素和去甲肾上腺素由于水溶性强而且羟基多，很难通过屏障入脑；氨基酸能通过血脑屏障，但胺则很难。

（三）与血浆蛋白的结合程度

血浆中许多化合物是与血浆蛋白结合的。小分子化合物如激素，与血浆蛋白质结合后就不容易透过血脑屏障，因此无从发挥其生理效应；必须待其游离以后才能通过屏障发挥其效应。例如，甲状腺素，在血浆中有 99%以上与血浆蛋白结合，游离的不到 1%；脑脊液中甲状腺素含量较低，但与血浆中游离的甲状腺素含量相近，故仍能满足生理的需要。游离的甲状腺素很容易进入脑组织间液。任何能阻止甲状腺素与血浆蛋白结合的药物，都可以增加血浆中游离的甲状腺素，增加通过屏障的剂量。

（四）载体运转系统

脑毛细血管内皮细胞有多种载体蛋白，能将血中物质进行跨内皮细胞转运。载体蛋白有较高的选择性，一种载体蛋白常只能转运一种物质，脑血管内皮细胞的特异性载体蛋白，可使一些难以通过血脑屏障的物质顺利转运迅速入脑。例如，葡萄糖是脑组织代谢的主要能源，本来通过血脑屏障较慢，但借葡萄糖载体可以很快通过血脑屏障及时满足脑代谢需要。已经肯定的载体有已糖载体、中性氨基酸载体、碱性氨基酸载体和短链的单羧基酸载体。

正常情况下中枢递质几乎都不能通过血脑屏障，这有利于维持脑内中枢递质水平的稳定，排除脑外刺激因素的干扰。之所以能如此，可能与脑毛细血管内皮细胞中的酶系统有关，已经发现其中含有单胺氧化酶，而多种中枢递质是单胺类化合物，如儿茶酚胺、5-羟色胺、组胺等，都可被单胺氧化酶灭活，这种内皮细胞胞质内的生物化学转化作用加强了血脑屏障的功能，从而可使脑组织内环境保持稳定，避免循环血液中有强烈生理作用的物质含量剧烈变动的干扰。

四、病理情况下血脑屏障的变化

中枢神经系统疾病常引起血脑屏障结构和功能的剧烈变化。例如，前已提及的血管性脑水肿，使脑毛细血管内皮细胞间紧密连接开放，屏障的通透性显著提高以致血浆白蛋白这样的大分子物质都可通过屏障。严重脑损伤导致血脑屏障的严重破坏，使血清蛋白也可通过屏障进入脑组织。随损伤的修复，大分子物质入脑首先停止。完全恢复后小分子物质交换加快现象也会消失，此时血脑屏障功能已经正常。电离辐射、激光和超声波都可使血脑屏障的通透性增加。

（蔺　扬　谷艳婷）

第二章　神经系统的发生、发育、变性和再生

神经系统起源于神经外胚层，包括中枢神经系统和周围神经系统。中枢神经系统由脑和脊髓两部分组成，周围神经系统由神经节和神经组成。神经系统的结构及功能非常复杂，因此其经历的胚胎发育过程极其复杂和精密。完整的发育过程包括神经细胞的发生、分化、增殖、迁移及神经细胞突起的发育和突触形成等步骤。如果神经系统受到外伤或疾病的影响，还会发生神经系统的变性和再生。

第一节　神经系统的形态发生

一、中枢神经系统的发生

（一）神经板和神经管的形成

胚胎由原肠胚预定外胚层细胞形成神经管的过程称为神经胚形成（neurulation），而正在进行神经管形成的胚胎称为神经胚。神经管（neural tube）是形成中枢神经系统的原基。神经管的发生过程经历四个有序的阶段，即神经板（neural plate）的形成、神经沟（neural groove）的出现、神经褶（neural fold）的出现及神经管（neural tube）的融合（图 2-1）。

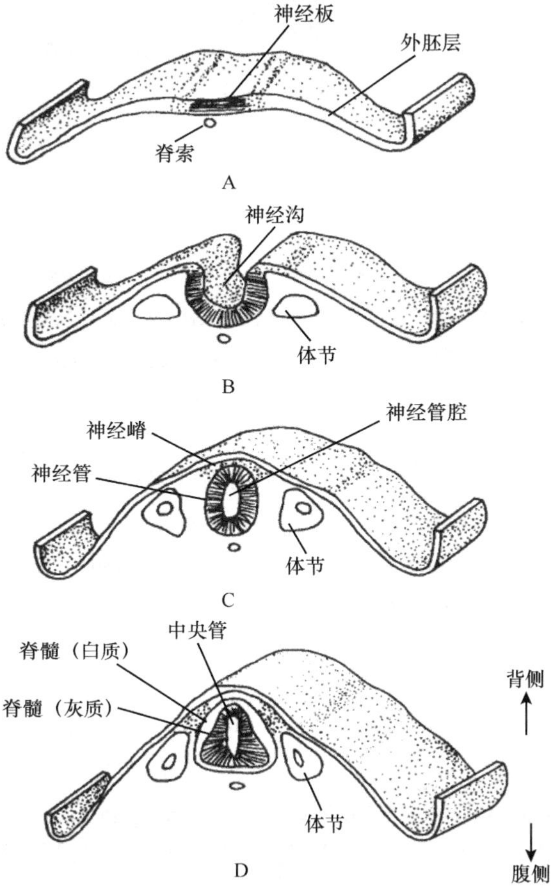

图 2-1　神经管发育模式图

胚胎背部的中胚层与覆盖其上的外胚层之间的相互作用是发育中最重要的过程之一，其结果使外胚层形成中空的神经管，而神经管将会分化成脑和脊髓。脊椎动物胚胎初级神经胚形成过程都相似。

首先，在人胚胎发育过程的第 18 日左右，在中胚层细胞分泌的化学因子诱导下，中线处预定的神经外胚层，即胚盘背面正中部的外胚层增厚并形成长条状的细胞板，即神经板。神经板中的外胚层细胞约占整个外胚层细胞的 50%。胚胎发育的第 18 日左右，神经板的正中线逐渐凹陷，形成神经沟（neural groove），而沟的两侧部分隆起，形成神经褶。到达第 3 周末，神经沟变深，神经褶不断翘起并向胚胎背中线迁移并逐渐愈合，构成一管状结构，并向头尾两侧延伸，形成神经管。此时，神经管的头尾两端仍均保留有一个开口，分别称为前神经孔（anterior neuropore）和后

神经孔（posterior neuropore）。第 25 日前神经孔愈合，第 27 日后神经孔闭合，完整的神经管形成。神经管的头端发育迅速，膨大形成脑泡，是脑发育的原基；而神经管的尾端较细，是脊髓发育的原基。在神经管关闭的过程中，一些神经细胞迁移至神经管背外侧并分化形成两条纵行的索条状结构，称为神经嵴（neural crest）。神经嵴主要分化成为周围神经系统。

神经管形成后，其中央的管腔将演化为脑室和中央管。神经管管壁的单层柱状上皮变为假复层柱状上皮，称为神经上皮。上皮的外、内表面均有一层基膜，分别称为外界膜和内界膜。神经上皮细胞不断分裂增殖，部分细胞分化为成神经细胞和成神经胶质细胞，并迁移至神经上皮外周，形成套层。套层的成神经细胞起初为球形，然后发出突起，突起逐渐伸出套层外，形成边缘层。而原来的神经上皮停止分化，形成矮柱状的细胞层，称为室管膜层。此时，神经管由内向外由室管膜层、套层和边缘层三部分组成（图 2-2）。

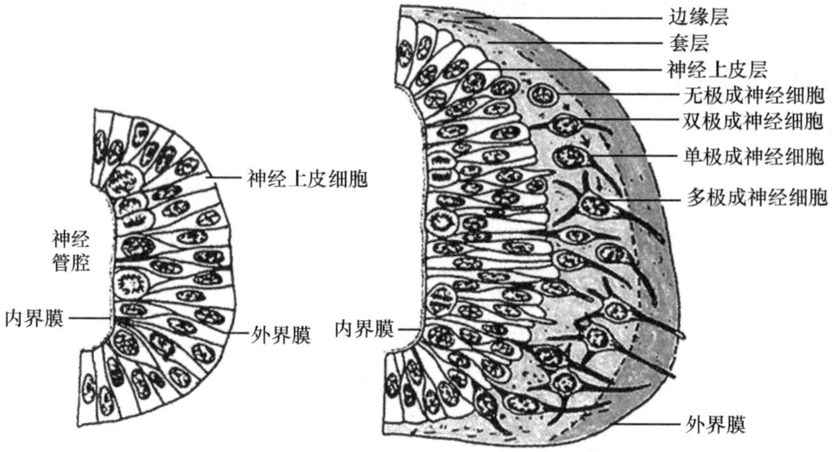

图 2-2　神经管上皮的组织分化

套层中的成神经细胞一般不再分裂增殖，其最初为圆形，称为无极成神经细胞（apolar neuroblast）；随后向两端各发出一个突起，形成双极成神经细胞（bipolar neuroblast）。双极成神经细胞伸向内界膜的突起退化消失，称为单极成神经细胞（unipolar neuroblast），而伸向外界膜的突起加速生长，形成原始轴突。单极成神经细胞的内侧端又发出若干短突起，形成原始树突，称为多极成神经细胞（multipolar neuroblast），进而分化成为多级神经元。

而套层中的成神经胶质细胞分化为成星形胶质细胞（astroblast）和成少突胶质细胞（oligodendroblast），前者分化为原浆性星形胶质细胞（protoplasmic astrocyte）和纤维性星形胶质细胞（astroblast astrocyte），而后者分化为少突胶质细胞（oligodendrocyte）。神经胶质细胞的发生晚于神经元，且始终保持分裂增生的能力。

（二）脑的发生

胚胎发育的第 4 周末期，在后部的神经管合拢形成之前，神经管的头端膨大，形成 3 个脑泡（brain vesicle），分别为前脑泡、中脑泡和后脑泡（菱脑泡）（图 2-3A）。到第 5 周，前脑泡前端膨大形成端脑（telencephalon），以后演变成大脑半球，前脑泡尾端形成间脑（diencephalon）。中脑泡发育相对较慢，最终形成中脑（mesencephalon）。后脑泡亦不断膨大，形成后脑（metencephalon）和末脑（myelencephalon），后脑演变成脑桥和小脑，而末脑演变成延髓（图 2-3B）。在脑泡发育的过程中，各个脑泡腔演变成相应的脑室，各脑室间相互联通。前脑泡的腔（图 2-3 中的 1）形成左右侧脑室和第三脑室，中脑泡的腔（图 2-3 中的 2）形成中脑导水管，后脑泡的腔（图 2-3 中的 3）形成宽大的第四脑室（图 2-3）。

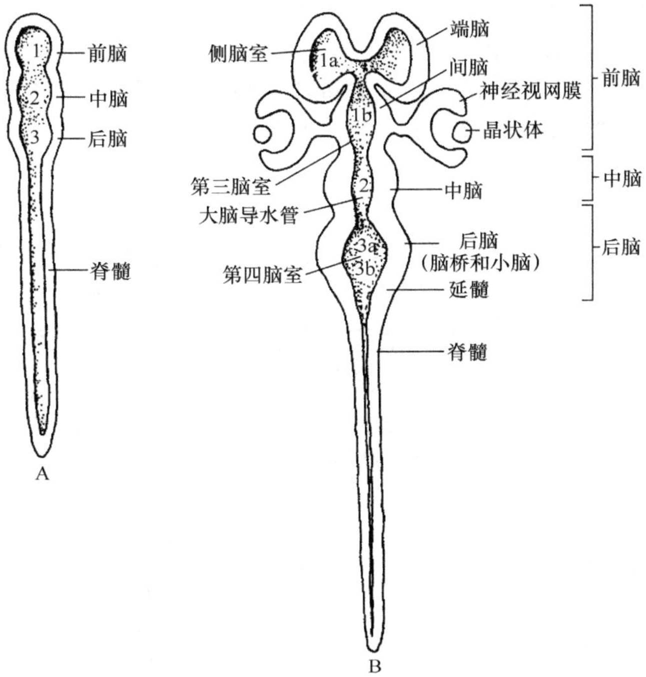

图 2-3　脑泡和脊髓的形成

在脑泡形成演化的过程中，脑泡不同区域的生长速度不一，神经管出现了若干个不同方向的弯曲。在胚胎发育的第 25 日，由于神经管背侧较腹侧发育更快，其头端首先出现凸向背侧的弯曲，称为头曲（cephalic flexure）。由头曲向头侧的脑部继续膨大，即前脑泡，而头曲部分则发育形成中脑泡。第 35 日，出现第二个凸向背侧的弯曲，称为颈曲（cervical flexure），颈曲头端膨大，形成菱脑泡，尾端演化为脊髓。同时，在头曲处出现环形的浅沟，成为中脑和菱脑的分界，即相当于菱脑峡的部分。此后，在第 40 日及稍后，在脑桥和端脑处又分别出现了两个凸向腹侧的弯曲，称为脑桥曲和端脑曲。

由前脑再分化成为位于前端的端脑和位于后面的间脑：最终端脑形成大脑两半球，而间脑分化形成丘脑、下丘脑区域和视觉感受区。中脑不再进一步分成更小区域，中脑腔形成大脑导水管。菱脑分化发育成位于前面的后脑和位于后面的髓脑：后脑最终形成小脑，髓脑最终形成延髓。端脑发育很快，其基部较厚，发育为纹状体，其余部分发育成为大脑半球，分别向不同方向延伸，向后形成枕叶，向两侧形成颞叶，向前向上形成额叶和顶叶。大脑半球表面的皮质生长快于较深层的白质，形成沟回。较深的脑沟称为裂。

脑两侧壁的神经上皮细胞增殖并向外侧迁移，分化为成神经细胞和成神经胶质细胞，形成套层。套层增厚，形成背侧的翼板和腹侧的基板。端脑和间脑的套层大部分形成翼板，基板较小。端脑套层中少部分细胞聚集成团，形成神经核。中脑、后脑和末脑中的套层细胞多聚集成细胞团或细胞柱，形成各种神经核。基板中的神经核多为运动核，翼板中的神经核多为感觉中继核。

套层中的大部分细胞迁移至外表面，分化形成大、小脑皮质。在端脑套层中的成神经细胞迁移、分化并形成大脑皮质的过程中，成神经细胞是分期分批进行迁移的，因此，皮质中的神经元分层排列。越早产生和迁移的细胞，其位置越深，越晚产生和迁移的细胞，其位置越浅，即越靠近皮质表层。

后脑翼板背侧部的左右两个菱唇在中线融合，形成小脑板，小脑板由神经上皮、套层和边缘层组成。神经上皮和套层的外层发育成小脑皮质；套层的内层的成神经细胞聚集成团，形成小脑白质中的核团；边缘层则发育成白质。

（三）脊髓的发生

神经管的下端演化为脊髓，其管腔形成脊髓的中央管。管壁由内层、套层和边缘层组成；其中内层为室管膜上皮，包绕中央管；套管演化为脊髓灰质；边缘层演化为脊髓白质。由于位于套管内的成神经细胞和成神经胶质细胞迅速增生，导致神经管的两侧壁增厚，在腹侧部形成左右两个基板（basal plate），并在背侧部形成左右两个翼板（alar plate）。神经管的顶部和底部较薄而窄，分别形成顶板（roof plate）和底板（floor plate）。基板和翼板的增厚使两者的界线在神经管的内表面出现左右两条纵沟，成为界沟（sulcus limitans）（图 2-4）。

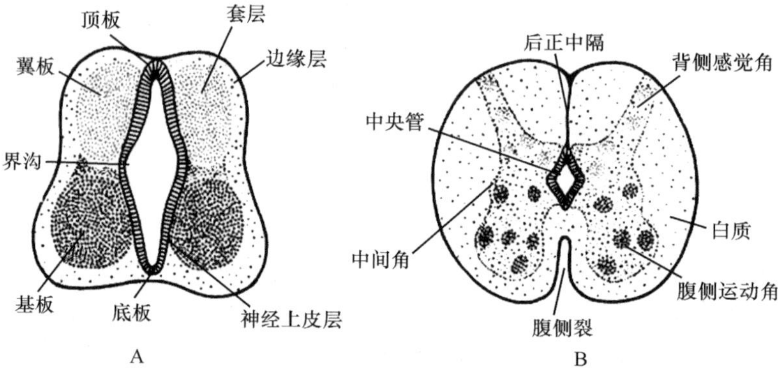

图 2-4　脊髓的发育

在胚胎发育的第 3 个月，左右基板由于成神经细胞和成神经胶质细胞的增多而迅速生长并向腹侧突出，导致在两者之间形成一条纵行的深沟，位于脊髓腹侧正中，称为前正中裂。同时，左右翼板也增大，主要向内侧推移，在神经管的背侧正中线处愈合，使神经管管腔的背侧部分消失，并形成一隔膜，称为后正中隔。基板演化成脊髓灰质的前角，其中的成神经细胞主要分化为躯体运动神经元。翼板演化成脊髓灰质后角，其中的成神经细胞分化为中间神经元。若干成神经细胞聚集于基板和翼板之间，形成脊髓侧角，其内的成神经细胞分化为内脏传出神经元。由于灰质内神经细胞突起的长入和神经胶质细胞的产生，边缘层增厚，而且演化中还包含脊神经节细胞长入脊髓的中枢突和脊髓内部的联络纤维，致使边缘层内胞突数量不断增加，最终发育成为白质。至此，神经管的尾端分化为脊髓，神经管周围的间充质则分化为脊膜。

胚胎发育第 3 个月之前，脊髓与脊柱等长，其下端可达脊柱的尾骨。此时，所有脊神经的发出处与它们相对应的椎间孔处于同一平面。第 3 个月后，由于脊柱和硬脊膜的增长比脊髓快，脊髓的位置相对上移。到出生之前，脊髓下端与第 3 腰椎平齐，仅以终丝与尾骨相连。由于呈节段分布的脊神经均在胚胎早期形成，并由相应节段的椎间孔穿出，当脊髓位置相对上移后，脊髓颈段以下的脊神经根便越来越向尾侧斜行，再穿过其对应的椎间孔离开椎管。腰、骶和尾段的脊神经根则在椎管内垂直下行，与终丝共同组成马尾。

二、周围神经系统的发生

周围神经系统调节身体所有组织与中枢神经系统的通讯，包括除中枢神经系统以外的所有神经组织。

神经嵴细胞由外胚层分化发育而来。神经嵴细胞起源于神经管最靠背部的区域。在发育过程中神经嵴细胞将迁移至身体不同部位，进而分化产生各种不同类型的细胞，包括感觉、交感和副交感神经系统的神经元和胶质细胞，肾上腺髓质细胞和结缔组织等。神经嵴细胞最终分化发育的结果很大程度上取决于其最终迁移并定居的位置。

神经嵴细胞将发育成四个区域，它们在功能上略有重叠。第一个区域是头部的神经嵴细胞，神经嵴细胞向胚胎背侧面迁移，先形成间质细胞，再进一步分化为软骨、骨、脑神经、胶质细胞和面部结缔组织。头部的神经嵴细胞也可以迁移到咽弓和咽囊，形成胸腺细胞、成牙细胞、内耳和颌软骨。第二个区域是躯干的神经嵴细胞，大部分神经嵴细胞向腹侧面迁移并通过每个骨环前半部分，有些细胞停留在骨环中，发育成背神经节，有些细胞继续向腹侧面迁移，形成交感神经节、肾上腺髓质和环绕主动脉的神经簇；还有少部分细胞首先向胚胎背侧面迁移至外胚层，然后迁移到腹中线，形成色素细胞。第三个区域是迷走区和骶区的神经嵴细胞，它们向腹部迁移，在此形成了肠副交感神经节。第四个区域是心的神经嵴细胞，位于头部神经嵴和躯干神经嵴之间。

（一）脊神经节的发生

神经嵴逐渐形成节段，节内的细胞向两侧迁移，并分化为成神经细胞和成神经胶质细胞。成神经细胞两端发出突起，形成双极神经元，即感觉神经细胞。双极神经元的两个突起的起始部逐渐靠拢并融合，形成假单极神经元。假单极神经元的胞体集中的位置形成脊神经节；假单极神经元的中央突伸向脊髓后角，周围突参与构成脊神经，分布到各器官和组织，形成感受器。成神经胶质细胞包绕在假单极神经元胞体周围，形成卫星细胞。神经节周围的间充质分化为结缔组织被膜，包绕整个神经节。

（二）自主神经节的发生

在胚胎发育的第 5 周，位于胸部的神经嵴的一部分细胞分化为交感成神经细胞，迁移至主动脉背侧形成节段性排列的交感神经节，并借纵行的神经纤维彼此连接成交感链。部分交感成神经细胞迁移到主动脉腹侧形成其他交感神经节。交感成神经细胞分化为多极神经元。胞体周围的成神经胶质细胞分化称为卫星细胞。在交感神经节周围同样也有间充质分化来的结缔组织被膜包绕。

关于副交感神经节的起源问题尚有争议，有人认为副交感神经节的神经细胞来自中枢神经系统，也有人认为它们来源于脑神经节中的成神经细胞。

（三）周围神经的发生

各神经内的神经纤维按功能可分为感觉神经纤维和运动神经纤维。神经纤维由神经细胞的突起和施万细胞组成。感觉神经纤维由感觉神经节的周围突组成；躯体运动神经纤维由脑干及脊髓灰质前角运动神经元的轴突组成；内脏运动神经的节前纤维由脊髓灰质侧角和脑干内脏运动核中的神经元的轴突组成，节后纤维则是由自主神经节细胞的轴突组成。施万细胞源于神经嵴细胞，与发生中的周围突或轴突同步增殖和迁移。施万细胞与突起相贴处逐渐凹陷成一条纵沟，将轴突包进纵沟内，沟缘两侧的施万细胞膜相贴形成轴突系膜。系膜不断伸长并反复包卷轴突，于是在轴突外周形成了由多层细胞膜环绕而成的髓鞘，这样便形成有髓神经纤维。在无髓神经纤维中，一个施万细胞可与多条轴突相贴，并形成多条深浅不同的纵沟包绕轴突，也形成轴突系膜，但系膜不包绕轴突，故不形成髓鞘。

三、中枢神经系统发育异常

中枢神经系统在胚胎发育的整个过程中，特别是发育的多个重要时期，可能会受到多种因素的侵扰，从而造成不同程度的发育异常，严重的会导致胎儿的死亡，其余则会导致各种中枢神经系统的发育畸形。能够导致中枢神经系统发育畸形的因素很多，主要包括遗传因素及环境因素两大类。遗传因素主要包括单基因或多基因遗传性疾病及染色体疾病；环境因素主要包括化学药物、电离辐射及微生物感染等。另外，某些营养元素的缺乏或代谢异常，如叶酸，也能够导致中枢神经系统的发育畸形。

神经系统发生的敏感期是神经沟闭合形成神经管和由神经管进行组织分化的阶段（第 3～10 周）。大多数畸形是在胚胎发育第 3～4 周时神经管闭合不全及脑室系统发育障碍所致。

常见的神经系统畸形包括以下几种：无脑畸形、先天性脑积水、脊柱裂及脑膨出等。

1. 无脑畸形（anencephalia）　是最常见的一种中枢神经系统发育畸形，属神经管畸形的一种，由于前神经孔不能完全愈合所导致。无脑畸形的表现就是大脑全部或大部分缺如，小脑、脑干、脊髓很小，其下行神经束缺如，伴有严重的颅骨骨裂，眉以上的颅骨及头皮缺如，常伴有颈部畸形或缺如，下颌与胸相连，眼眶浅而眼球突出。

2. 先天性脑积水（hydrocephalus）　是由脑室系统发育障碍、脑脊液分泌过多或吸收障碍或循环阻塞所致。由于脑脊液生成或循环吸收过程发生障碍而致脑脊液量过多，脑室内液压加大，脑壁变薄。其临床特征主要是颅脑增大，颅骨变薄，颅缝变宽。

3. 脊柱裂（spinal bifida）　一般分为显性脊柱裂与隐性脊柱裂。显性脊柱裂主要是由于后神经孔不能完全愈合所导致的中枢神经系统发育畸形。脊髓裂常伴有相应节段的脊柱裂。脊髓或椎骨缺损，在背侧出现裂沟，称脊柱裂，最常见于腰骶部。由于脊柱封闭不全，缺损椎骨较多，脊膜自缺损处突出，在体表形成有皮肤覆盖的囊，称为脊髓脊膜膨出。

4. 脑膨出（encephalocele）　是一种先天性颅骨缺损，中枢神经系统部分组织经此缺损向颅外疝出。如果颅内疝出物只包括脑脊液和脑膜，称为脑膜膨出；如果内容物为脑组织和脑膜，则称为脑膜脑膨出；如果疝出物有脑组织、脑膜和脑室，则称为脑积水脑膜脑膨出。

第二节　神经系统的组织发生

在上述的中枢神经形态发生变化的同时，神经管壁的构造也在不断地发育变化（组织发生，histogenesis）。

一、神经管细胞的增殖

神经管形成后，其柱状上皮形成假复层上皮，称为神经上皮。所有神经上皮的细胞附着于神经管管腔，伴随着神经上皮细胞的有丝分裂周期，这些神经上皮细胞有一个在神经管壁内往返迁移的过程。分裂期的细胞紧靠神经管内壁；分裂后的神经上皮细胞进入合成前期，细胞离开管壁向外移动，同时向内、外两侧伸出细胞质突起；随着细胞逐渐移向神经管壁外表面，细胞进入 DNA 合成期；然后，细胞又逐渐向内移动，在接近管壁时进入合成后期；当靠近管壁时，向外的细胞质突起缩回，细胞重又进入分裂期。细胞分裂后又向外移动，开始下一个细胞周期。伴随着神经上皮细胞的有丝分裂过程，细胞不断地进行着有规律地往复迁移，神经上皮细胞大量地增殖，直到细胞终止增殖并开始它们的迁移为止。一般情况下，在神经发育的早期，细胞周期较短，而在神经发育的晚期，细胞周期较长。这说明伴随着神经发育的不断进行，细胞增殖分化的速度会逐渐降低。

二、神经管细胞的迁移

神经上皮细胞完成最后一次有丝分裂后，将停滞于合成前期，并开始分化。完成有丝分裂的神经上皮细胞聚集形成外套层，随着停止分裂后的神经上皮细胞不断加入其中，外套层逐渐增厚。外套层的增厚伴随着其中细胞的分化，分化产生的突起形成中间层。外套层由于包含有神经上皮细胞胞体，所以染色较深，一般被称为灰质，而边缘层由于包含轴突和树突，组织学染色时不容易着色，所以一般呈白色，被称为白质。在神经系统的发育过程中，神经细胞是沿着神经胶质细胞伸出的呈辐射状排列的突起进行迁移，这些有序排列的突起即辐射纤维，它们从室管层伸向软脑膜表面。

三、神经细胞的分化

室管膜细胞位于神经管的内壁上，能够分化成为神经元和神经胶质细胞的前体。有学者认为，这些神经元和神经胶质细胞的前体分化方向是由其进入的环境决定的。神经上皮细胞能够分化为神经细胞和神经胶质细胞，但其分化是在什么时候被决定的尚不清楚。有学者认为，当细胞处于外套层中时，神经元与神经胶质细胞之间没有明显的形态差别。当前体细胞开始迁移时，神经元前体细胞将不再具有细胞分裂的能力，而神经胶质前体细胞还具有细胞分裂的能力，并能够持续一生。神经元和神经胶质细胞的类型直到前体细胞分化后才能从形态学上鉴别，最近在免疫细胞化学研究中发现，如果应用神经胶质细胞特异的分子标记物——神经胶质细胞原纤维酸性蛋白（glial fibrillary acidic protein，GFAP）进行检测，在室管膜中的某些细胞表达 GFAP，而另一些不表达 GFAP。据此研究者推测，前者为神经胶质细胞前体，后者将分化成为神经细胞。所以神经元和神经胶质细胞的前体分化方向在其迁移前就已经决定了。

四、轴突延伸及突触形成

尚未成熟的神经元迁移到其最终位置后，发出轴突和树突，轴突和树突与其他相关神经元接触并构成突触。这些变化一般发生在神经元移行到目的地之后，但也有些神经元在迁移之前即可出现这种变化。轴突的生长由轴突尖端的生长锥所引导，而生长锥的中心核是轴突自身的延伸。中心核富含支持轴突转运的微管，还富含线粒体、内质网和囊泡等亚细胞结构。中心核周围富含收缩蛋白——肌纤蛋白。中心核周围的片状伪足能够呈现波状运动，而且还具有极细的线状突起——丝状伪足。这些结构能检测生长锥所在环境，并富含肌纤蛋白，生长锥不但能接受、计算并作用于某些信号，而且还输送出自己的信号去改变环境、控制相邻轴突的生长。

神经元突起延伸至目的地之后开始形成突触。生长中的轴突接近将与其形成突触的细胞时，生长锥的形状发生改变，片状伪足不规则地延伸。生长锥最终与细胞接触后，片状伪足与丝状伪足消失，神经递质囊泡从中心核区进入轴突尖端。轴突尖与细胞接触点变成完全羽化的突触，突触间隙聚集物质，突触后膜加厚，形成突触致密区，突触形成。

第三节　神经细胞的凋亡

不论是低等动物还是高等动物，为了保证个体的正常发育，在胚胎器官的演化和重建时期胚胎细胞都会发生自然死亡现象，这种现象被称为细胞编程性死亡（programmed cell death，PCD）。这是生物体内一种普遍存在的现象。而细胞凋亡（apoptosis）是根据死亡细胞的形态学变化提出的。从严格意义上来说，细胞编程性死亡与细胞凋亡是有很大区别的。细胞编程性死亡是一个功能方面的概念，意味着某些细胞的死亡是发育中自然出现的生理现象，是个体发育中一个预定的并受到严格程序控制的正常变化；而凋亡则是形态学概念，形容此细胞的一系列形态学改变，如细胞的核固缩、崩解、染色体裂解等。细胞编程性死亡仅出现于胚胎发育中的细胞，而凋亡则既存在于胚胎发育中的细胞也存在于成体神经细胞，如脑缺血、肿瘤、脑损伤与神经退行性疾病及脑老化等状态下的神经细胞的凋亡。但是一般认为凋亡和程序性死亡两个概念可以交互使用，具有同等意义。

细胞凋亡是多细胞有机体为调控机体发育、维护内环境的稳定，使由基因控制的细胞主动死亡的过程，又称为程序性细胞死亡。凋亡作为一种生理性细胞死亡现象普遍存在于生物界，是保证个体发育生长和维持个体正常生理过程必不可少的程序。在高等动物包括人的胚胎发生、发育过程中都会出现细胞凋亡。在胚胎发育过程中，通过凋亡清除对机体无用的细胞，清除多余的、发育不正常的及对机体有害的细胞，对保证个体的正常发育具有重要作用。在成年机体中，通过凋亡能够消除衰老的细胞并代以新生的细胞以维持组织器官中细胞数量的稳定；清除体内受损伤的或有癌前病变的细胞以防止癌变；当机体受到病毒感染时，通过诱导感染细胞的凋亡以清除入侵的病毒，这些凋亡对维持机体生理平衡具有重要的影响。用微小的付出换来健康的个体，有利于进化选择。当组织细胞凋亡发生异常时，则将导致各种疾病的发生。

在神经系统发育过程中，中枢神经系统和周围神经系统的各个部位同样有细胞凋亡的发生。例如，从简单的神经板发育到神经管，进而发育成为由脑与脊髓组成的中枢神经系统；神经嵴的神经元不断迁移分化，进而演变成周围神经系统等的发育过程中都存在着神经细胞的过度增殖和大量神经细胞凋亡的现象，其死亡数占最初神经元数的 15%～85%。因此，整个神经系统的发育是在神经细胞的增殖与死亡的动态平衡中进行的。凋亡使发育过程中错位的、迷路或匹配不良的、无法与靶细胞联系不能从中获得必需营养因子的神经细胞死亡，从而保持符合发育生长规律的神经元数量，使相关的神经元之间的联系精确适配。同时，还建立了引导轴突投射的小管、小孔和间隙等，最终使神经系统的发育在结构和功能上互相适应、自我完善。因此，没有自然凋亡便没有个体发生和种系发生，也就没有物种的进化。

一、细胞凋亡的形态学和生化特征变化

细胞凋亡过程的形态学变化首先是核的变化，不同器官及同一组织中的不同细胞发生凋亡的过程并不同步。

细胞凋亡过程中伴随着一系列的细胞形态学改变，可分为三个时期。第一期，核仁崩解形成若干染色较深的小块，染色质固缩并凝结成块聚集于核膜周边形成新月状或环状的小体；细胞质开始浓缩，细胞体积缩小，但各种细胞器如线粒体、内质网等均正常。第二期，核膜内陷并包被固缩、裂解的染色质团块，形成数个染色质小球；细胞膜不断通过“生芽”、脱落，分散为数个大小不等由膜紧紧包裹的凋亡小体。每个小体中均含有部分细胞质、残存细胞器和一定量的核碎片。第三期，死亡细胞的大部或全部形成凋亡小体，并被其周围的具有吞噬功能的巨噬细胞或上皮细胞所吞噬。但在凋亡发生的全过程中，细胞膜一直保持完整，细胞内容物不逸出到细胞间隙中，可以很大程度地减轻对组织的损害。此点是区别于坏死的主要形态学特征。

二、细胞凋亡的信号传导通路

细胞凋亡存在三条主要信号传导通路，即死亡受体通路、线粒体通路和内质网通路，其中前者属于细胞外通路，后两者属于细胞内通路。

1. 死亡受体通路　是指细胞膜表面的某些蛋白质能与携带凋亡信号的专一性配基结合，并迅速将凋亡信号传导至细胞内而诱导细胞凋亡，因此也称外源性凋亡途径。死亡受体是一类跨膜蛋白，属肿瘤坏死因子受体超家族成员，共同特征是细胞外部含有一段富含半胱氨酸的区域，用以结合它们的相关配体。胞质区由一同源氨基酸残基组成，有蛋白质水解功能，称为死亡区域。死亡受体与配体结合后，发生寡聚化或构型改变，并与连接分子的死亡区域相互结合，使凋亡信号得以进一步传递。死亡受体与连接分子结合后导致细胞内半胱氨酸蛋白酶原募集因连接分子含有与半胱氨酸蛋白酶 caspase 分子类似的“死亡效应区域”，两者可以相互串联进而形成死亡诱导信号复合体。细胞内 caspase-8 和 caspase-10 在死亡诱导信号复合体中通过自身的剪接作用被激活，进而使 caspase-3 和 caspase-7 被激活，而 caspase-3 又可激活 caspase-6 启动了 caspase 的级联反应，最终导致细胞凋亡。

2. 线粒体通路　大量研究结果表明，线粒体在细胞凋亡中起着十分重要的作用，被认为是脊椎动物细胞凋亡的中枢调控者。线粒体通路主要与线粒体膜通透性转运孔的开放有关。研究结果发现，各种促凋亡刺激均可引起线粒体膜通透性转运孔的结构发生变化而开放，进而使线粒体膜的通透性增加，最终导致细胞色素 c 和凋亡诱导因子等蛋白质从线粒体释放到细胞质中。研究结果发现，至少有三种因素可诱导线粒体膜通透性转运孔开放：线粒体内钙离子超载、自由基对线粒体膜的氧化性损伤和产生的能量水平下降。细胞色素 c 进入细胞质后在 ATP 或 dATP 的共同作用下与凋亡蛋白酶活化因子Ⅰ C 端的 WD-40 重复序列结合形成多聚复合物。通过凋亡蛋白酶活化因子Ⅰ N 端的 caspase 募集区募集细胞质中的 caspase-9 前体并使其剪切活化，进一步激活效应 caspase-7 和 caspase-3 启动 caspase

级联反应最终引发细胞凋亡。

3. 内质网通路 内质网是细胞内重要的细胞器，广泛存在于真核细胞中，是细胞内蛋白质合成的主要场所，同时也是 Ca^{2+} 的主要储存库。内质网在脂类和类固醇代谢及蛋白质合成、折叠、修饰与寡聚化等方面都发挥关键性作用，而且几乎所有非肌肉细胞 Ca^{2+} 的储存、释放和摄取都受内质网蛋白的调控。内质网作为信号传导的枢纽平台，在细胞凋亡过程中发挥着重要作用。

大量研究结果表明，许多细胞在凋亡早期会出现细胞质内 Ca^{2+} 浓度迅速持续的升高，这种浓度的升高来源于细胞外 Ca^{2+} 的内流及胞内钙库的钙释放，相对高浓度的 Ca^{2+} 可以激活细胞质中的钙依赖性蛋白酶，又可以作用于线粒体，影响其通透性和膜电位的改变，从而促进凋亡。目前认为细胞凋亡的内质网通路作用机制如下：当内质网腔内未折叠的或错误折叠的蛋白质分子积聚时，会发生未折叠蛋白质反应，即内质网应激（ERS）。内质网应激是机体对各种病理生理刺激的一种自身保护性防御机制，这种作用既能修复早期或受损较轻的细胞，又能清除过度损伤的细胞，为维持机体的生理平衡和内环境稳态起到重要作用。内质网应激一方面可引起内质网腔内释放 Ca^{2+}，升高细胞质内的 Ca^{2+} 水平，从而激活高钙蛋白酶活性，由此激活内质网膜上的 caspase-12；另一方面，也导致细胞质的 caspase-7 转移到内质网表面，激活 caspase-12，继而激活 caspase-9 启动 caspase 级联反应引发细胞凋亡。内质网通路即内质网应激引起的细胞凋亡，是指很多病理生理刺激，如氧化应激、缺血缺氧、钙稳态紊乱及病毒感染等，能够引起内质网腔内未折叠与错误折叠蛋白质蓄积及 Ca^{2+} 平衡紊乱。

第四节 脑的老化

一、脑老化的概述

脑内的神经细胞在降生时即是已分化细胞，不再进行分裂、繁殖，降生后，神经细胞的数量只减无增。由于神经细胞不能再增生繁殖，内、外环境各种有害因素，如自由基、有害代谢产物等会对其造成不可逆损伤。除此之外，脑的结构和功能都很复杂，而且脑内信息传递的环节也非常复杂，细胞间和细胞内各种信息的传递和交流难免发生差错，导致信息传递与理解的失误；加之在老化过程中，脑血流、氧化和能量代谢降低，突触传递的信息量也相应减少，甚至可出现活动能力低下。因此神经细胞必然会出现退行性病变。当机体在各种代偿和防御功能比较完善的状态下，这些潜在的老化现象并不显露；但当机体代偿机制的储备能力下降时，老化现象也随之出现。

中枢神经系统会随着年龄的增长不可避免地发生老化。正常人脑的重量 30～40 岁就开始出现降低，到 70 岁时降低 5%～10%，到 80 岁时降低 16%～18%。中枢神经功能状态良好的老人出现脑重量减轻、脑膜增厚、脑回变窄、脑沟变宽、灰质变薄和脑室扩大等形态改变，大脑皮质的表面积较青年人减少 10%左右。大脑神经细胞随增龄呈选择性减少，老年人大脑神经细胞减少 20%～25%，小脑皮质减少 25%，神经细胞树突退化（树突侧棘减少），细胞内脂褐素增多，导致神经传导速度减慢，记忆力减退，注意力不易集中，反应迟钝，健忘，动作协调性差，生理睡眠时间缩短，操作能力降低，甚至出现阿尔茨海默病和老年性震颤等病变。

脑老化的组织学表现为神经细胞内的线粒体减少、尼氏体消失、颗粒空泡形成及胶质细胞增生等，同时伴有脂褐素的沉积。这种沉积在老年的大脑皮质和海马部位最为明显，并且部分阿尔茨海默病患者还伴有神经细胞数量的减少。上述改变在不同脑区反应并不一致，即使同一脑区，退变的程度也有差异。例如，蓝斑退化可能比黑质退化晚。

二、脑老化的病理生理改变

1. 神经元细胞数量及形态的改变　研究表明，高龄小鼠大脑皮质毛细血管变形、密度增大和基膜增高。海马神经元明显减少，有报道，正常老人年龄每增加 10 岁，海马神经元就丧失 10%。目前认为学习、记忆功能与海马神经元密切相关。孙异临等报道，脑老化动物海马区神经组织超微病理改变主要为线粒体肿胀、核糖体减少、内质网扩张、微管溶解和突触结构破坏，神经传递明显受阻。

2. 老化的神经细胞形态学变化　脂褐素（lipofuscin，LPF）的积累。动物在正常的老化过程中，神经元胞质中的脂褐素呈增龄性堆积，严重时可占细胞核周质体积的 25%。脂褐素的积累将破坏磷脂膜结构，损伤脑线粒体（数目减少、空泡形成等）从而导致脑细胞能量代谢障碍，影响脑细胞功能。

3. 老化的神经细胞的生物化学变化　中枢神经递质及其受体的改变研究表明，脑老化 ACh 和单胺类递质调控失衡，大脑皮质乙酰胆碱酯酶（acetylcholinesterase，AChE）活性升高，乙酰胆碱能 M 受体结合容量显著降低。脑老化正常生理条件下，多巴胺含量和活性随年龄递增而逐渐下降。

（1）脑组织中单胺氧化酶（MAO）活性的变化：单胺氧化酶与脑老化密切相关，它能破坏神经递质（灭活去甲肾上腺、5-羟色胺、多巴胺），尤其是破坏去甲肾上腺素。研究表明，小鼠脑组织中线粒体 MAO-B 的活性随年龄增长显著增高。

（2）脑组织中自由基代谢的变化：现代研究表明，脑老化动物脑组织中的超氧化物歧化酶（superoxide dismutase，SOD）活性明显降低，丙二醛（malondialdehyde，MDA）、脂质过氧化物（lipid peroxide，LPO）、脂褐素含量显著增高，海马、纹状体天冬氨酸（Asp）水平下降，皮质、海马和纹状体谷氨酸（Glu）水平显著降低，纹状体中 GABA 增高。NTFs（如 NT-3）和 NGF 对多种神经元有支持存活和促进分化作用，具有调节和维持发育中神经元的突触，促进损伤神经的再生和修复的作用。有研究表明，D-半乳糖性脑老化模型小鼠存在学习、记忆功能障碍，其海马神经元 NT-3、NGF 表达降低。

三、脑老化相关机制

脑的老化是一个复杂的多因素参与的长期过程，难以用单一的理论解释脑老化的具体机制，以下简单介绍一些脑老化机制的学说。

（一）钙稳态学说

海马突触可塑性是 Ca^{2+}依赖性的，年龄增长可以引起 Ca^{2+}稳态失调，改变突触传递的阈值，易化突触的抑制，影响神经元属性和神经网络的活动。Ca^{2+}稳态变化与衰老和认知功能障碍关系密切。

（二）线粒体学说

随着年龄的增加，细胞核内脂褐素的堆积破坏磷脂膜结构线粒体 DNA（mtDNA）、突变不断累积呈不均匀分布、跨膜电位的破坏引起促凋亡因子释放到细胞质等这些改变都可能导致脑细胞功能的异常。2005 年，Toescu 提出了线粒体-活性氧-细胞内 Ca^{2+}代谢三联体学说，他认为正常老化与广泛的神经元丢失不相关，但与过多的代谢负荷有相关性，这些研究都表明线粒体与脑老化密切相关。

（三）自噬作用

自噬作用主要是清除降解细胞内受损伤的细胞结构、衰老的细胞器及不再需要的生物大分子等。自噬作用失调将导致细胞异常甚至死亡。研究证明，自噬失调与多种神经退行性疾病相关。目前，导致自噬功能障碍的机制尚不明确。基于全基因组筛选的结果发现，活性氧（reactive oxy gen species，ROS）是启动自噬的关键，且在淀粉样蛋白肽的自噬中起着重要作用。此外，转录自噬在人的大脑正常老化过程中是下调的，而阿尔茨海默病患者的大脑细胞自噬的转录上调，这表明可能是自噬的代偿调节。

（四）自由基的代谢变化

许多研究表明，脑老化动物脑组织中的 SOD 活性明显降低，丙二醛、脂质过氧化物、脂竭素含量显著增高，海马纹状体 Asp 水平下降，皮质海马和纹状体 Glu 水平显著降低，纹状体中 GABA 增高。一氧化氮是一种不同于经典神经递质的信息递质，正常情况下细胞表达神经元型一氧化氮合酶（nNOS），在炎性条件下细胞表达诱导型一氧化氮合酶（iNOS），它们可以催化 *L*-精氨酸产生一氧化氮。2005 年，Mariotto 等发现在衰老过程中大脑 nNOS 的活性降低，而 iNOS 的表达随之增加；2006 年，Colas 等发现海马区 nNOS 的活性在 8 个月快速老化，P8 小鼠比对照组 R1 小鼠低，而在这两个品系小鼠的皮质和脑干，nNOS 活性在 8 个月时增加然后随着年龄增长下降。

（五）神经递质及其纤维联系

众所周知，ACh 单胺类递质都是神经活动重要的神经递质。过去很多研究已表明，脑老化与这些神经递质的失衡关系密切。最近有研究报道指出，老化与一些神经纤维联系相关。2008 年，Ypsilanti 等报道，老化脑组织的海马胆碱能纤维的长度较正常的短。2011 年，Allard 等报道，与年轻和老年认知受损的大鼠相比，老年认知健全大鼠前扣带皮层第五层的多巴胺能小体明显增多，与年轻和老年认知健全的大鼠相比，老年认知受损的大鼠其前扣带皮层第二和第三层的多巴胺能膨体明显减少，提示中脑皮质多巴胺能纤维的重塑可能与脑老化认知功能下降相关。

此外，还有关于内分泌氧化应激蛋白聚集、炎性反应、遗传学和免疫学等方面的各种研究，都从不同的方面揭示了脑老化的相关机制。

四、阿尔茨海默病

阿尔茨海默病（Alzheimer's disease，AD）是德国著名神经解剖学家和病理学家于 1907

年首先描述的，后人以其姓氏命名的，又称原发性老年痴呆症，是最常见的神经退行性疾病之一。AD 临床特征：①起病隐匿，病程长，呈渐进性加重；②以进行性记忆力下降为重要特点，发病初以近期记忆障碍为主，逐渐发展为远期记忆障碍、认知、社会活动和生活能力下降，甚至人格改变。

（一）阿尔茨海默病的神经病理

AD 患者的脑有明显的形态学改变。从宏观角度来看，脑组织明显萎缩、重量减轻。在显微镜下可见到 AD 特征性病理变化，存在典型的老年斑（senile plaque，SP）和神经原纤维缠结（neurofibrillary tangle，NFT）样变，甚至在某些脑区出现大量神经元丢失（neuronal loss）。

1. 老年斑　是一种细胞外的病理改变，可分为三种类型：弥散斑，也称无定形斑（amorphous plaques），被认为是老年斑形成中的起始阶段，无定形斑中的沉积物质对刚果红或硫代黄素 S 都不起反应；成熟斑则表现为典型的 β-淀粉样蛋白（β-amyloid，Aβ）核心，外围为变性或营养不良轴突与树突，这种斑可被刚果红或硫代黄素 S 染色；淀粉样蛋白斑或烧焦斑（amyloid or burned-out plaques），主要由 Aβ 组成，形态比较聚集。Aβ 在脑内微小血管管壁的沉积，称为血管淀粉样变。电镜下可见老年斑的核心部分为淀粉样细丝成束排列的沉积物，而老年斑外围为小胶质细胞、反应性星形胶质细胞和变性神经末梢。

老年斑的主要成分是 Aβ，含 39～43 个氨基酸残基，为 4kDa 左右，呈疏水性，Aβ 可形成 β 折叠构象。Aβ 来源于其前体蛋白（β-amyloid precursor protein，APP）。APP 基因在转录后经过不同的选择性剪接可产生超过 10 种变异体，在众多的 APP 异构体中，人脑主要表达 APP 695 和 APP 770。APP 分子是一种跨膜糖化多肽，在近 C 端跨膜一次，N 端的 2/3 在细胞质外，而 Aβ 包括一段膜外区及疏水跨膜段。APP 翻译后通过多种分泌酶（secretase）的降解。

2. 神经原纤维变性　是阿尔茨海默病的三种神经原纤维变性表现中的一种。另外还有表现为神经毡痕（neuropil thread），以及存在于老年斑中的变性神经末梢。

NFT 是神经原纤维变性的最主要表现。NFT 一般的特征是胞体内原纤维变粗扭曲、不规则排列，有些占据了细胞质的大部分，将细胞器及细胞核挤在一隅，甚至将之完全取代。末期阶段的 NFT 又称 NFT 的“残壳”（ghost tangles），是神经细胞解体后，由于 NFT 结构能抗拒蛋白酶水解作用而遗留下来的残骸。电镜下，神经原纤维变性的结构中有大量异常的双股螺旋纤维（paired helical filament，PHF）成束密集排列。

PHF 的主要成分是高度磷酸化的 tau 蛋白。tau 蛋白是一种微管结合蛋白，起着稳定微小管的作用。tau 分子的磷酸化程度取决于磷酸激酶与磷酸酯酶活性之间的平衡。AD 脑内的 tau 除异常过度磷酸化外，还被异常糖化（glycation）和异常糖基化（glycosylation）。tau 蛋白的异常磷酸化，尤其是 Ser262 位的磷酸化直接影响其与微管结合的正常生理功能。其次异常磷酸化和氧化促进形成 PHF 的稳定结构，而糖基化作用主要参与 PHF 结构稳定机制，尤其是与其 PHF 结构中缠绕螺旋的周期性维持有关。另外，细胞内 Ca^{2+}失衡，糖胺聚糖（glycosaminoglycan）尤其是硫酸化糖胺聚糖可能在 PHF 形成中起着较为重要的作用。

（二）阿尔茨海默病的发病机制

AD 的病因是多元性的，最为重要的因素是增龄和遗传因素。阿尔茨海默病的发病机制比较复杂，目前主要有胆碱能学说和 Aβ 学说。

1. 胆碱能学说　ACh 是脑组织中重要的神经递质，其含量减少会造成脑组织的功能紊乱。研究发现，AD 患者基底前脑区的胆碱能神经元减少，导致 ACh 的合成、储存和释放减少，进而引起以记忆和识别功能障碍为主要症状的一系列临床表现。同时，AD 患者脑脊液和脑组织中胆碱乙酰转移酶、AChE 和 ACh 的功能均有不同程度的损害。形态学研究也证实 AD 患者脑内胆碱能神经元存在缺失和变性。基于以上研究，科学家提出了 AD 的胆碱能损伤学说。

2. Aβ 学说 Aβ 是老年斑的主要成分，由分泌酶裂解淀粉样蛋白前体蛋白（APP）产生，是人体代谢的正常产物之一。Aβ 沉积的形成主要表现在如下两个方面。①Aβ 的生成增多：正常情况下，Aβ 保持产生与降解的平衡状态，但在某些病理条件下，如基因突变、细胞轻微损伤，这一平衡被打破，经过 β-分泌酶和 γ-分泌酶途径水解的 BAPP 过多，产生 Aβ1-42 和 Aβ1-40。Aβ1-42 具有很强的聚集倾向，更易沉积，是主要的致病形式。②Aβ 的降解障碍：Iwata 等发现 *neprilysin* 基因编码的一种蛋白质分解酵素酶与 Aβ 的降解有关。此外，A2 巨球蛋白基因编码的 A2 巨球蛋白也是一种能调节 Aβ 降解和清除的蛋白酶抑制剂。当此基因发生突变时，Aβ 的清除减慢，从而导致 Aβ 的沉积。大量体内及体外研究均证实，Aβ 的神经毒性是造成 AD 神经退行性病变的主要机制之一，其可能的机制为触发氧化应激、诱导细胞凋亡、激活神经胶质细胞诱发炎性级联反应、引起突触功能障碍、导致中枢胆碱能损害、加速 tau 蛋白异常磷酸化等。Aβ 在大脑中的过量生成、聚集和沉积可引起钙稳态失衡，自由基大量产生，激活炎性因子，引起脑组织局部炎症等一系列反应，导致突触减少，神经网被破坏，继而出现中枢整合功能异常。

第五节 神经元的变性与再生

机体的一般组织受到损伤后，可能在一部分细胞受到毁灭性打击而死亡的情况下，以其残存的细胞为基础，通过细胞分裂的方式产生新的细胞进而恢复生理结构和功能，这种现象称为新生。新生的机制是保证机体组织功能继续维持的重要条件。但神经系统却与此不同，在胚胎发育期间神经管的神经上皮细胞分裂产生超量的神经元，但在胚胎发育的不同阶段却以凋亡的形式失掉了它超过需要的部分，以保证神经元的数量与它所支配的靶结构匹配，并且保证神经回路网的高度精确。出生时这种主动死亡停止，神经元也不再分裂繁殖，所以将降生后的神经元称为（减数）分裂后细胞。在胚胎发育过程中它一旦分化成为神经元即失去 DNA 的合成能力不再进行分裂。但是，神经系统并不是完全没有自我修复的能力。Waller 在 1850 年观察到周围神经被切断后，损伤处远侧段的神经纤维到神经终末完全溃变的现象，将其命名为变性（degeneration）；此后，他又发现损伤神经纤维的近侧断端萌发新生神经纤维，重新形成突触而恢复其功能，并将这种恢复性变化称为神经再生（regeneration）。

一、神经元的变性

（一）神经元胞体损伤的后果

损伤后的神经元是不能恢复的，这些神经元的变性最终都将走向神经元的死亡。因为在发育期之后神经系统中神经元的数目基本上被固定下来，它们再也不能进行分裂和增殖，也不可能由其他神经元通过分裂或增殖替代因损伤而死去的神经细胞。神经元胞体死亡，该神经元的树突和轴突失去了营养来源，也会随胞体的丧失而死亡。

（二）神经元轴突损伤的后果

轴突的损伤会导致轴突的中断，这种中断会导致神经元的靶组织（细胞）去神经支配。同时，轴突的损伤将导致神经元一部分细胞质丧失，使神经元发生退化和变性。

1. 神经元胞体的变性　神经元突起的损伤引起神经元死亡的现象称为逆向变性。逆向变性是否能够导致神经元的变性取决于损伤位置与神经元胞体的距离及神经元是否尚保存有其他的神经通路。如果损伤的位置距离神经元胞体较近，神经元将丧失较多的细胞质，导致神经元变性。但是，如果神经元除被切断的轴突外，尚有完好的、未受损伤的轴突侧支投射，即使神经元受损比较严重也不会发生逆行性变性。由于存在侧支投射，在轴突损伤后使神经元存活的现象被称为支持侧支。

神经元变性的形态变化开始出现于伤后 6h，第 7 日达高峰。主要的形态变化特征为胞体肿胀，细胞核从中央移向细胞的一边（细胞核偏位），尼氏体的分散、消失（染色质溶解），神经元树突回缩，突触末梢减少，与周围其他神经元的突触联系丧失。此外，轴突损伤的信号传送回神经元胞体后，会引起神经元代谢和基因表达发生变化，使一系列与损伤与再生相关的基因表达增加，并导致递质合成功能受到抑制。

2. 轴突的变性

（1）Waller 变性：这种神经元的轴突损伤后，由损伤部位向终末方向进行的顺行性变性称为 Waller 变性，是 Waller 在 1850 年最先发现并记录的。Waller 变性是一个快损伤后远端轴突脱离了胞体的营养和代谢支持，导致轴突发生溃变、髓鞘崩解分离的现象。

轴突在损伤后的 12h 开始发生变性，首先出现线粒体在损伤处和郎飞结局部堆积，随后线粒体、细胞骨架蛋白等均发生崩解，呈颗粒状堆积于轴浆，至第 2 日呈现肿胀和窄缩交替的串珠样形态。随后窄缩部位发生断裂，崩解为颗粒状，7～10 日崩解的轴突被神经胶质细胞包围并吞噬。髓鞘的变性稍晚于轴突，首先出现髓鞘退缩和施-兰切迹扩大的现象，导致郎飞结扩大，随后结间体断裂呈节段状，并进一步崩解后被吞噬细胞清除。

（2）逆行性变性：轴突损伤后，损伤部位近侧段神经纤维发生逆行性变性（retrograde degeneration），一般局限于一个郎飞结，损伤严重时可有数个髓鞘郎飞结崩解，其形态改变与 Waller 变性相同。损伤轴突近端的断端呈颗粒变性、坏死，断端回缩，起初有轴浆漏出，数小时内断端封闭。微管先解聚，继而重组，集聚从胞体转运来的囊泡、线粒体、细胞骨架成分和酶类等物质，参与轴突的再生。

（三）神经元变性引起其他神经元或靶细胞的变化

由于神经元的损伤和变性，神经元的丧失或轴突的变性崩解，将引起与之以突触形式相关联的神经细胞或靶组织细胞功能的改变。这些失去正常传入神经或靶组织的神经元发生萎缩或死亡的现象称为跨突触效应。

1. 跨神经元变性　跨神经元变性根据损伤发展的方向分为正向跨神经元变性和逆向跨神经元变性两类。

（1）正向跨神经元变性：完全失去传入神经引起的神经元死亡称为正向跨神经元变性。通常正向跨神经元变性的严重程度取决于去神经支配的情况和发育的年龄。在大多数神经系统中，只在发育早期显示出正向跨神经元的变性。同样，那些在未损伤位点保留了一些传入神经的神经元比完全丧失传入神经的神经元对正向跨神经元的变性具有较强的抵抗力。除非完全去神经支配，否则，大多数神经元表现出的将不是跨神经元的变性，而是跨神经元的萎缩。

（2）逆向跨神经元变性：失去靶组织导致神经细胞死亡称为逆向跨神经元变性。对经历逆向跨神经元变性的神经元来说，变性的程度与靶组织丧失程度相关，具有侧支投射的神经元对逆向跨神经元变性具有相对较强的抵抗力。靶组织的丧失使这些神经元失去了营养支持，会引起这些神经元逆向变性或死亡。如向失去靶组织的某些神经元提供外源性的NGF，将使那些依赖于生长因子的神经元从逆向变性中重新复活。

2. 跨神经元萎缩 如果去神经支配或失去靶组织造成的影响并未严重到足以引起神经元死亡的程度，这些神经元将仅表现出退化性的现象，发生神经元胞体的变小及代谢水平降低的情况。根据损伤发展的方向分为两类：正向跨神经元萎缩和逆向跨神经元萎缩。

（1）正向跨神经元萎缩：对除去传入神经支配后仍存活的神经元来说，可能发生正向跨神经元的萎缩反应，而萎缩反应的程度与去神经支配的程度有关。一个接受单一神经支配的细胞受到的影响最严重。在严重的萎缩时期，其表现为细胞体积和细胞代谢的减少，以及从萎缩的细胞发出的次级投射的变化等。

（2）逆向跨神经元萎缩：轴突受损伤或靶组织丧失后并不死亡的神经细胞，在损伤后的早期往往表现出尼氏体物质的分散，细胞核变成离心圆状，神经元的细胞体膨大，这种反应称为染色质溶解或逆向细胞反应。如果神经元具有支持侧支，它可以在不建立新的连接的情况下，仍然能够存活。切断轴突后存活的神经元可能会有轻微萎缩。这表现在细胞体的体积缩小，以及新陈代谢包括蛋白质合成的减少和神经递质酶生产的降低等。

二、神经元的再生

神经元的再生，是指神经突起，特别是轴突，在损伤之后再度生长，进而与之前的靶组织重新形成突触联系的过程。轴突再生一般只发生于周围神经系统。

（一）周围神经的再生

周围神经的再生理论主要有如下两种。

1. 接触引导 这一理论认为周围神经离断后，某些实质性结构或细胞条索的接触不仅是轴突重新长入远端的基础，而且能引导轴突的生长方向。

2. 神经营养趋化 周围神经离断后远端神经对近端再生轴突的吸引作用称为神经趋化性。许多实验已经证明了神经远端分泌的趋化因子的存在。Brushart 认为运动神经选择性向远端运动神经再生并成熟是受神经营养趋化作用的结果。

多数研究者所采用的周围神经损伤修复方法都是建立在上述理论基础上。周围神经损伤后，变性的轴突远侧端和髓鞘都已变性崩解并被吞噬掉，而原来包绕神经纤维的胶原纤维膜（神经内膜）仍保留，形成空的神经膜管，周围的施万细胞在管内增殖，形成 Bungner 带，构成诱导轴突再生的通道。同时，施万细胞分泌 NTFs、黏附分子、细胞外基质分子和其他多种营养、趋化因子，为轴突再生营造适宜的微环境。对断端之间距离较短的神经断裂伤，施万细胞会迁移到间隙中形成细胞桥，将两断端连接起来，引导和支持新生轴突枝芽跨越间隙进入远端 Bungner 带。

溃变和再生在时间上是重叠的，当损伤远侧段的变性轴突及髓鞘碎屑尚未完全清除时，近侧段的新生轴突枝芽已经开始发出。周围神经损伤后 10h 左右，轴突的近侧端发生再生性变化。胞体合成新的细胞器和蛋白质等物质，源源不断地向轴突远端运输，成为轴突再生的物质基础。神经元近胞体侧断端膨大形成生长锥后 24h 左右，由此膨大部位发生多条新生轴突枝芽，轴突枝芽反复分支，向四周生长，但最后只有进入远端 Bungner 带的轴突枝芽得以保留，其他枝芽则被“修剪”去除。进入神经管膜的轴突新芽，沿着 Bungner 带，以每日 1～4mm 的速度向前生长。有的新芽在生长过程中能够被施万细胞包绕至膜管的中心并一直生长到原来靶器官的位置，重新恢复与靶器官的突触性联系，至此完成了受损伤变性的周围神经纤维轴突的再生过程。

神经纤维损伤时不但受损纤维出现损伤和再生反应，其邻近正常神经纤维的轴突也会长出侧支进入受损纤维的神经内膜管内，这种现象称为侧支神经再生，也称侧支发芽或终末前轴突发芽。支配骨骼肌的神经受损后，其邻近纤维发出的侧支可生长到失去神经支配的肌纤维中，恢复其功能。

在再生过程中，一条神经膜管内有多条新芽长入，但是最后仅有一条能够与原来的靶器官重新建立突触性联系。形成突触并恢复功能后，此再生的新芽逐渐变粗并恢复为变性前的水平，包绕其周围的施万细胞将形成髓鞘。而此时那些未获得与靶器官突触联系的新芽将自行退化并消失。在临床，周围神经损伤后，只要将损伤部位的神经两断端对齐并将上膜缝合好，就会出现上述再生过程，恢复神经和靶器官的生理功能。

躯体外周神经多为混合型神经，即包含多种类型的神经纤维，如躯体运动纤维、各种躯体感觉纤维及分布于皮肤的内脏运动纤维等，其损伤后这些纤维将被离断。手术吻合神经外膜后，两断端纤维束不可能准确地恢复成原来的排列，因此新芽就可能误入其他神经管内。但在临床上，进行这种断端吻合或神经移植手术后，常常可以获得较为满意的功能恢复。当轴突再生时，会同时发生数十条新芽，这些新芽可以进入不同的远侧端神经内，最后总会有一条与原来性质相同的新芽与靶器官相匹配并建立正常的连接，恢复原有的生理功能，而其他未建立有效连接的新芽则消失。周围神经再生过程正是通过这种大量产生，选择性保留的优选方式获得成功。

（二）周围神经再生的影响因素

周围神经实质是由神经元轴突部分所构成的。有髓与无髓轴突被施万细胞包裹后，外被神经内膜、束膜、外膜、系膜等，其中包含成纤维细胞、巨噬细胞、黏连蛋白、黏附分子等细胞与细胞外基质成分。周围神经损伤后，近端神经胞体的损伤性反应、远端效应器的失神经支配、断裂神经远侧神经干的 Waller 变性及断裂局部的微环境，均对损伤后的神经再生具有重要影响。其中，局部再生的微环境不仅存在有利于神经再生的成分，如神经断端及其间隙内有活力的细胞成分及 NTFs，良好的神经支架结构及局部良好的血液循环等；同时也有抑制神经再生的相关因素并存，如巨噬细胞的过度反应会进一步加重组织损伤、胶原纤维的异常分布等。

（尚　超）

第三章 神经系统

第一节 总 论

神经系统（nervous system）由位于颅腔内的脑、椎管内的脊髓及与脑和脊髓相连并分布到全身的周围神经组成。神经系统是人体结构和功能最复杂的系统，由数以亿万计的相互联系的神经细胞组成，在全身各系统中起着主导作用。其功能其一是控制和调节全身各系统器官的活动，使人体成为一个有机的整体并保持人体内环境的稳定。例如，当一个人体育锻炼时，除了肌肉强烈收缩外，同时出现心跳加快、呼吸加深加快等一系列的变化，这些都是在神经系统的调控下完成的。其二是维持机体与外环境间的统一。例如，一个人进入相对较亮的环境时，通过神经调节使瞳孔逐渐缩小，减少光线的进入，适应较亮的环境。神经系统通过与它相连的各种感受器，接受内、外环境的各种变化和刺激，经传入神经传导至中枢（脊髓和脑），再经过整合后发出相应的神经冲动，经传出神经将冲动传至相应的效应器，以产生各种反应。因此，神经系统既能使机体感受到外环境和机体内环境变化的刺激，也能调节机体内环境和内、外环境的相互平衡，以保证正常生命活动的进行。

人类神经系统的形态和功能是经过漫长的进化过程而获得的，它既有与脊椎动物神经系统的相似点，也有其独特点。从单细胞开始就有接受刺激和发生反应的能力，它是借助细胞质（体液）的流动来实现的。腔肠动物出现了网状神经系统以完成应激功能。以后经过链状神经系发展到脊椎动物的管状神经系，构成神经系统的高级部位，即中枢神经系统。同时也保留网状神经系和链状神经系作为神经系统的低级部位，即周围神经系统。所有脊椎动物神经系统的发生来源和形态结构的基本模式都是相似的。但由于生产劳动和在劳动中所产生的语言的推动下，人类的神经系统特别是大脑皮质发生了与动物完全不同的质的飞跃变化，达到了非常高级和复杂的程度，不仅含有与高等动物相似的感觉和运动中枢，还有了分析语言的中枢，因此人类大脑皮质是思维、意识活动等脑的高级功能的物质基础。这样，人类远远超越了一般动物的范畴，不仅能被动地适应环境的变化，还能主观能动地认识和改造环境，使自然界为人类服务。

一、神经系统的区分

神经系统（图 3-1）在形态和功能上是一个整体，按照其所在部位，可将其分为中枢部和周围部。中枢部，包括脑和脊髓，也称中枢神经系统（central nervous system，CNS），其内含有绝大多数神经元的胞体和树突。周围部是指与脑和脊髓相连的神经，即脑神经、脊神经和内脏神经，又称周围神经系统（peripheral nervous system，PNS），主要由感觉神经元和运动神经元的轴突组成。与脑相连的为脑神经，共 12 对；与脊髓相连的为脊神经，共 31 对；内脏神经通过脑神经和脊神经附于脑和脊髓，换言之，内脏神经是指在脑神经和脊神经中支配内脏、心血管和腺体的神经部分。

根据周围神经在各系统器官中所分布的对象不同，又可把周围神经系统分为躯体神经（somatic nerve）和内脏神经（visceral nerve）。躯体神经分布于体表、骨、关节和骨骼肌；

内脏神经分布到内脏、心血管、平滑肌和腺体。躯体神经和内脏神经均含有传入纤维和传出纤维。传入纤维（afferent fiber）又称感觉纤维（sensory fiber），是把神经冲动自感受器传向中枢；传出神经（efferent fiber）又称运动神经（motor fiber），是把神经冲动自中枢传向周围效应器。内脏神经的传出纤维称为自主神经系统（automatic nervous system），又称植物神经系统（vegetative nervous system），根据其功能的不同，又可进一步分为交感神经（sympathetic nerve）和副交感神经（parasympathetic nerve）。

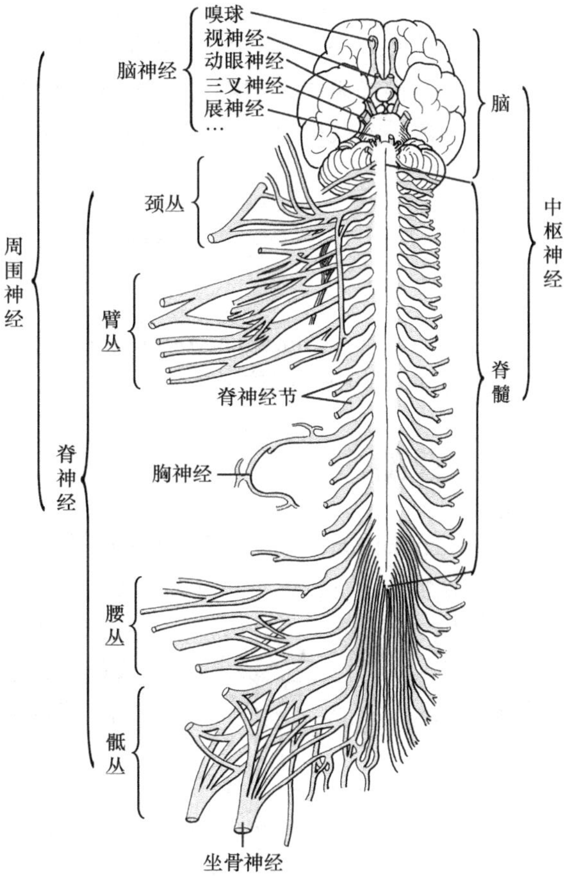

图 3-1 神经系统的区分

二、神经系统的活动方式

神经系统活动的基本方式是反射，即接受内、外环境的刺激，并做出适宜的反应，称为反射。执行反射的形态学基础称为反射弧（reflex arc），反射弧包括 5 个环节，即感受器→传入（感觉）神经→中枢→传出（运动）神经→效应器。最简单的反射弧仅由两级神经元组成，即传入神经元与传出神经元直接在中枢内相突触，如膝跳反射即属此种类型。一般的反射弧在传入神经元与传出神经元之间有一个或多个中间神经元参加，中间神经元越多，引起的反射越复杂。人类大脑皮质的思维活动就是通过大量中间神经元的极为复杂的反射活动来完成的。

三、神经系统的常用术语

在中枢和周围神经系统中，神经元胞体和突起在不同部位常有不同的聚集方式，故用不同的术语表示。

在中枢部，神经元胞体及其树突的集聚部位，因富含血管，在新鲜标本中色泽灰暗，故称灰质（gray matter），如脊髓灰质。灰质在大、小脑表面成层配布，称皮质（cortex）。在中枢部皮质以外，形态和功能相似的神经元胞体聚集成团状或柱状，称为神经核（nucleus）。神经纤维在中枢部集聚的部位，因髓鞘含类脂质，色泽白亮，故称白质（white matter），如脊髓白质。位于大脑和小脑的白质因被皮质包绕而位于深部，称髓质（medulla）。在白质中，凡是起止、行程和功能基本相同的神经纤维集合在一起称纤维束（fasciculus）也称神经传导束。

在周围部，神经元胞体集聚成神经节（ganglion）。其中由假单极或双极神经元等感觉神经元胞体集聚而成的为感觉神经节，由内脏传出神经元胞体集聚而成的、与支配内脏活动有关的称内脏运动神经节（自主神经节）。神经纤维在周围部集聚在一起称神经（nerve）。包绕在每条神经外面的结缔组织称神经外膜，结缔组织伸入神经，将神经分为若干小束，并包围之，称神经束膜，包在每根神经纤维外面的结缔组织称神经内膜。

在中枢神经系统的某些部位，灰质、白质混杂交织构成的区域，称为网状结构（reticular formation）。

第二节　中枢神经系统

中枢神经系统（central nervous system，CNS）包括位于椎管内的脊髓和位于颅腔内的脑，是反射活动的中心部位。

一、脊髓

脊髓（spinal cord）起源于胚胎时期神经管的后部，与脑相比是分化较低、功能较低级的部分，基本保持原始管状并具有节段性。脊髓与 31 对脊神经相连，后者分布到躯干和四肢，是躯干和四肢的初级反射中枢。在正常生理状况下，脊髓的许多活动是在脑的调控下完成的，但脊髓本身也能完成许多反射活动。国人的脊髓平均重 30g。

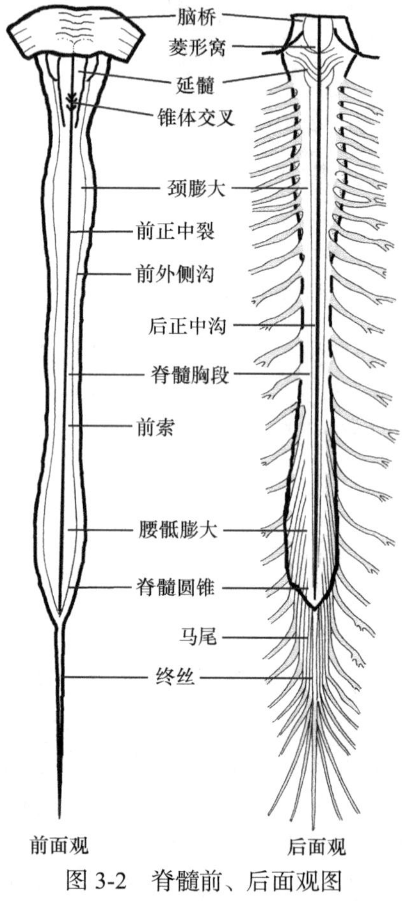

图 3-2　脊髓前、后面观图

（一）脊髓的位置和外形

脊髓位于椎管内，上端于平枕骨大孔处与延髓相连，下端于成人平第 1 腰椎体下缘（新生儿可达第 3 腰椎下缘平面），长约 45cm，最宽处横径为 1～1.2cm。脊髓呈前、后稍扁的圆柱形，全长粗细不等，有两个梭形的膨大，即颈膨大（cervical enlargement）和腰骶膨大（lumbosacral enlargement）。前者自第 4 颈节至第 1 胸节，后者自第 2 腰节至第 3 骶节。这两个膨大的形成是由于四肢的出现而在脊髓内部的神经元数量相对较多所致。脊髓末端变细，称为脊髓圆锥（conus medullaris），自此处向下延续为细长的无神经组织的终丝（filum terminale），长约 20cm，主要由软膜构成，在第 2 骶椎水平以下由硬脊膜包裹，止于尾骨的背面（图 3-2）。

脊髓表面可见 6 条纵行浅沟，前面正中较明显的沟称前正中裂（anterior median fissure），后面正中较浅的沟为后正中沟（posterior median sulcus）。这两条纵沟将脊髓分为左右对称的两半。此外还有两对外侧沟，即前外侧沟和后外侧沟，分别有脊神经前、后根的根丝附着。其中前根由传出纤维组成，后根则由传入纤维组成。在颈髓和胸髓上部，后正中沟和后外侧沟之间还有一条较浅的后中间沟（posterior intermediate sulcus），是薄束和楔束之间的分界标志（图 3-3）。

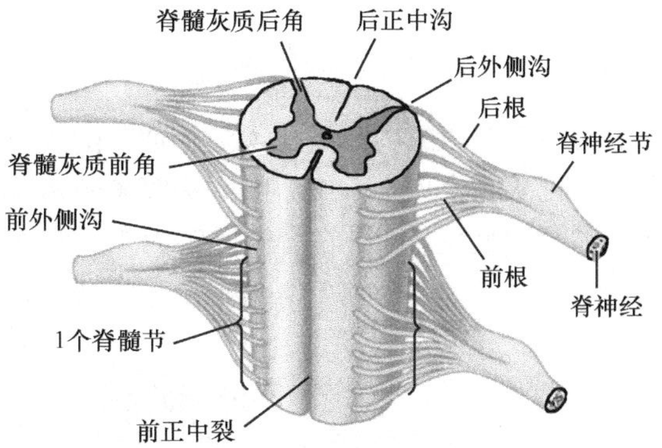

图 3-3　脊髓外形简图

脊髓（图 3-4）在外形上没有明显的节段性，但根据每一对脊神经及其前、后根的根丝附着范围即可分为一个脊髓节段，由于有 31 对脊神经，故脊髓也可分为 31 个节段，即 8 个颈节（C）、12 个胸节（T）、5 个腰节（L）、5 个骶节（S）和 1 个尾节（Co）。

由于自胚胎第 4 个月起，脊柱的生长速度比脊髓快，因此成人脊髓和脊柱不等长，脊柱的长度与脊髓的节段并不完全对应。了解脊髓节段与椎骨的对应关系，对病变和麻醉的定位具有重要意义。在成人，一般的推算方法为上颈髓节（C_1～C_4）大致与同序数椎骨相对应，下颈髓节（C_5～C_8）和上胸髓节（T_1～T_4）与同序数椎骨的上 1 节椎体平对，中胸髓节（T_5～T_8）约与同序数椎骨上 2 节椎体平对，下胸部的脊髓节（T_9～T_{12}）约与同序数椎骨上 3 节椎体平对，全部腰髓节约平对第 10～12 胸椎，全部骶、尾髓节约平对第 1 腰椎。

与脊髓相连的脊神经前、后根汇合形成脊神经，经相应的椎间孔离开椎管。因为脊髓比脊柱短，腰、骶、尾部的脊神经前后根要在椎管内下行一段距离，才能到达各自相应的椎间孔，这些在脊髓末端平面以下下行的脊神经根围绕在终丝周围，形成马尾（cauda equina）（图 3-5）。临床上常选择第 3、4 或第 4、5 腰椎棘突之间进针行脊髓蛛网膜下隙穿刺或麻醉术，以避免损伤脊髓。

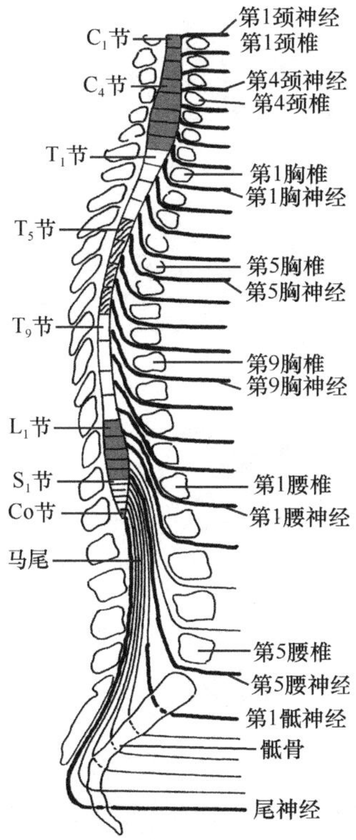

图 3-4　脊髓节段与椎骨序数的关系模式图

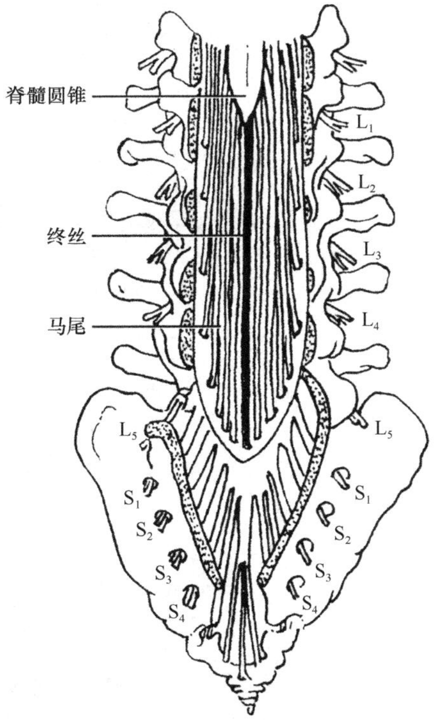

图 3-5　脊髓的圆锥与马尾

（二）脊髓的内部结构

脊髓各节段的内部结构大致相似，由灰质和白质构成。在脊髓的横切面（图 3-6、图 3-7）上，可见灰质中央有一细小的中央管（central canal），中央管纵贯脊髓，管内含脑脊液，此管向上通第四脑室，向下在脊髓圆锥内扩大为终室，长 8～10cm。40 岁以上的人中央管常闭塞。

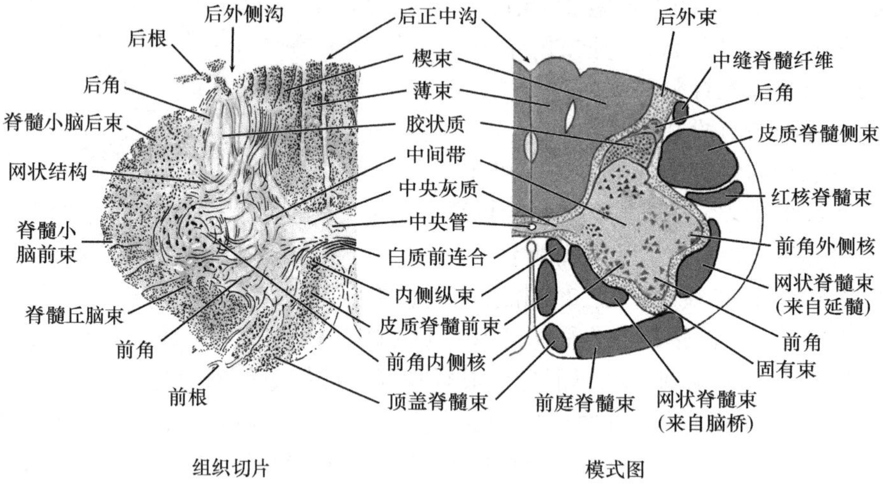

图 3-6　脊髓的内部结构

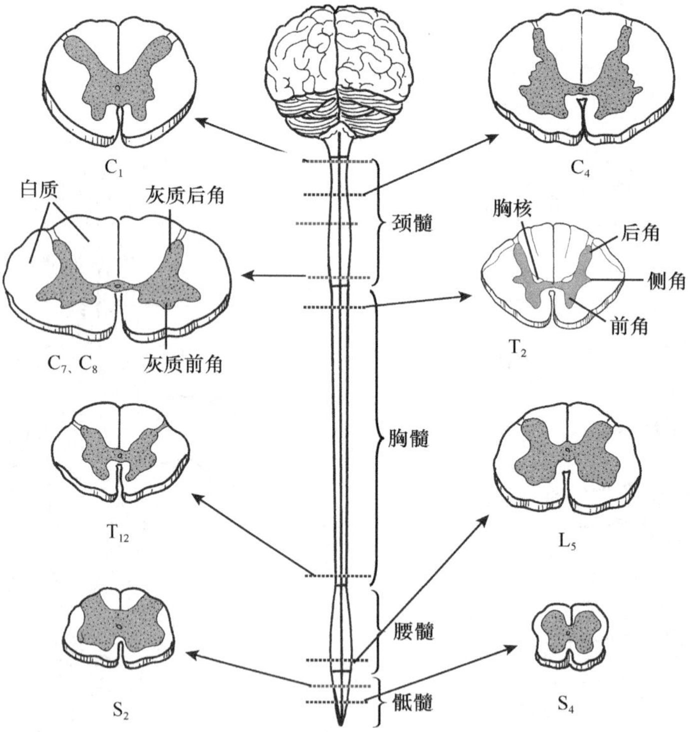

图 3-7　脊髓各横断面的形态结构

1. 灰质　呈暗灰色，主要由神经元的胞体和树突构成，横切面上围绕中央管周围的是“H”形的灰质，灰质的外周是白质。灰质可分为前角（前柱）、后角（后柱）和中间带。

每侧的灰质，向前伸出的扩大部为前角（anterior horn）或前柱（anterior column），向后伸出的狭细部为后角（柱）（posterior horn or column）。前、后角之间的区域为中间带（intermediate zone）。在胸髓和上部腰髓（L_1～L_3），前、后角之间有向外伸出的侧角或侧柱（lateral horn or column）；中央管前、后方的横行部分分别称为灰质前连合（anterior gray commissure）和灰质后连合（posterior gray commissure），连接两侧的灰质。因灰质前、后连合位于中央管周围，又称为中央灰质。在前、后角之间的外侧，有由灰质、白质混杂交织的结构，称为网状结构，在颈段比较明显。

（1）前角，如图 3-8 所示，宽短，主要由传出（运动）神经元组成。根据神经元的形态和功能，前角运动神经元可分为大、小两型：大型的 α 运动神经元，其发出的纤维经前根和脊神经支配梭外肌纤维，引起骨骼肌收缩；小型的 γ 运动神经元，其发出的纤维经前根和脊神经支配梭内肌纤维，调节骨骼肌张力。此外还有一种小型的 Renshaw 细胞，与 α 运动神经元形成突触联系，对 α 运动神经元起到抑制作用，形成负反馈环路。一般将前角运动神经元分为两群：内侧群神经元支配躯干肌；外侧群神经元支配四肢肌。位于前角浅部的神经元支配伸肌，深部的神经元支配屈肌。

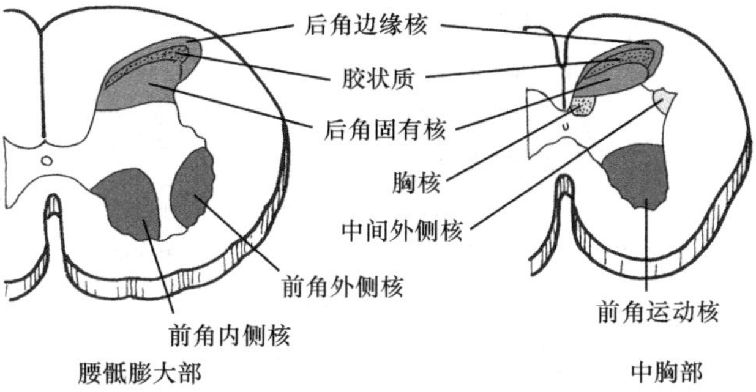

图 3-8 脊髓灰质的主要核团

（2）后角：细长，主要由中间神经元组成。其末端称为后角尖。尖的边缘区为缘层，缘层的前方为胶状质，后角的腹侧部称为后角底。后角的神经元比前角的复杂，分群较多，主要有如下所述核群。

1）后角边缘核（posterior marginal nucleus）：位于缘层内，由一些较大的神经元构成。

2）胶状质（substantia gelatinosa）：在缘层前方，贯穿脊髓全长，向前凹陷呈半月形，由小型神经细胞构成。主要功能是完成脊髓节段间的联系。

3）后角固有核（nucleus proprius）：位于胶状质的前方，含大、中型细胞较多，其发出的纤维主要交叉至对侧，形成脊髓丘脑前、侧束，主要传导痛、温、触、压觉等。

4）胸核（nucleus thoracicus）：也称背核或 Clarke 柱，仅见于 C_8～L_2 节段，位于后角底的内侧，由大型神经元组成，发出纤维组成同侧的脊髓小脑后束。

（3）中间带：位于前、后角之间的灰质，包括中间内侧核（intermediomedial nucleus）和中间外侧核（intermediolateral nucleus）。其中中间外侧核位于 T_1～L_2（或 L_3）节段的侧角，是交感神经节前神经元胞体所在的部位，即交感神经的低级中枢，发出纤维经脊神经前根进入脊神经，再经白交通支到交感干。在 S_2～S_4 节段，相当于中间外侧核的部分，有由小型神经元组成的核团，称为骶副交感核（sacral parasympathetic nucleus），是副交感神经节前神经元胞体所在的部位，即副交感神经的低级中枢（骶部），发出纤维组成盆内脏

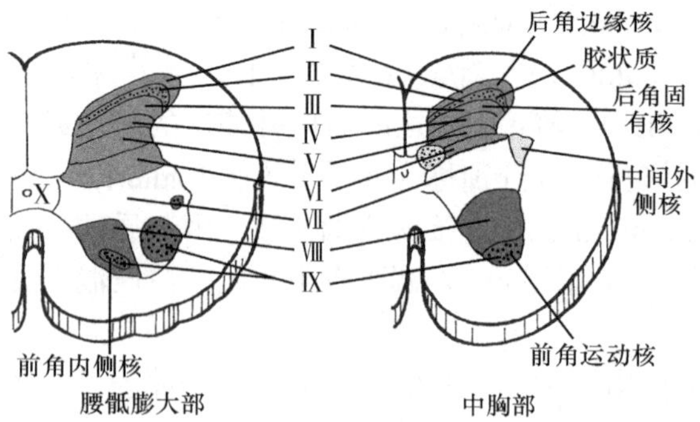

图 3-9 脊髓灰质主要核团及 Rexed 分层模式图

神经。中间内侧核位于胸核的前方，其神经元的轴突组成脊髓小脑前束。

（4）脊髓灰质分层：脊髓灰质内有各种不同大小、形态和功能的神经元，其中大多数神经元的胞体往往集聚成群或成层，称为神经核或板层。在纵切面上，灰质纵贯成柱；在横切面上，这些灰质柱呈突起状，称为角（horn）。根据 Rexed（20 世纪 50 年代）等对猫脊髓板层的研究，将脊髓灰质分为 10 个板层，这些板层从后向前分别用罗马数字Ⅰ～X命名（图 3-9）。脊髓灰质板层与核团的对应关系见表 3-1。

表 3-1 脊髓灰质板层与核团的对应关系

板层	对应的核团或部位
Ⅰ	后角边缘核
Ⅱ	胶状质
Ⅲ、Ⅳ	后角固有核
Ⅴ	后角颈、网状核
Ⅵ	后角基底部
Ⅶ	中间带：背核、中间内侧核、中间外侧核、骶副交感核
Ⅷ	前角底部，在颈、腰膨大处只占前角内部
Ⅸ	前角内侧核　前角外侧核
X	中央灰质

1）板层Ⅰ（lamina Ⅰ）：又称边缘层或 Waldeyer 层，薄而边界不清楚，呈弧形，与白质相邻，内有粗细不等的纤维穿过，呈海绵状，故又称海绵带，内含大、中、小型神经元。此层在腰骶膨大处最清楚，胸髓处最不明显，层内含有后角边缘核，它接受后根的传入纤维。

2）板层Ⅱ（lamina Ⅱ）：占据灰质后角头之大部，由大量密集的小型神经元组成。此层几乎不含有有髓纤维，以髓鞘染色法不着色，呈胶状质样，故称胶状质。此层对分析加工脊髓的感觉信息特别是痛觉信息起重要作用。

3）板层Ⅲ（lamina Ⅲ）：与前两层平行。此层与板层Ⅱ相比，其神经元胞体多数略大，形态多样，但细胞的密度略小。该层内还含有有髓纤维。

4）板层Ⅳ（lamina Ⅳ）：较厚，细胞排列较疏松，其大小不一，以圆形、三角形和星形细胞居多。

板层Ⅲ和板层Ⅳ内较大的细胞群称后角固有核。此二层都接受大量的后根传入纤维。

板层Ⅰ～Ⅳ相当于后角头，向上与三叉神经脊束核的尾端相延续。

5）板层Ⅴ（lamina Ⅴ）：位于后角颈部，除胸髓以外，都可分内、外两部分。外侧部占 1/3，细胞较大，并与纵横交错的纤维交织在一起，形成网状结构（reticular formation，又称网状核），尤其在颈髓很明显。内侧部占 2/3，与后索分界明显。

6）板层Ⅵ（lamina Ⅵ）：位于后角基底部。在颈膨大和腰骶膨大处最发达，分内、外侧两部。内侧部含密集中、小型细胞；外侧部由较大的三角形和星形细胞组成。

板层Ⅴ～Ⅵ接受后根本体感觉性初级传入纤维，以及自大脑皮质运动区、感觉区和皮质下结构的大量下行纤维，因此，这二层与调节运动有密切关系。

7）板层Ⅶ（lamina Ⅶ）：占中间带的大部，位于颈膨大和腰骶膨大处，还伸向前角。此层含一些易于分辨的核团：胸核；中间内侧核，在第Ⅶ层最内侧，第Ⅹ层的外侧，占脊髓全长，接受后根传入的内脏感觉纤维；中间外侧核，位于 T_1～L_2（或 L_3）节段的侧角，是交感神经的低级中枢。

8）板层Ⅷ（lamina Ⅷ）：由大小不等的细胞组成。在脊髓胸段，位于前角底部；在颈膨大和腰骶膨大处，仅限于前角内侧部。此层的细胞为中间神经元，接受邻近板层的纤维终末和一些下行纤维束（如网状脊髓束、前庭脊髓束、内侧纵束）的终末，发出纤维到第Ⅸ层，影响两侧的运动神经元，直接或通过兴奋 γ 运动神经元间接影响 α 运动神经元。

9）板层Ⅸ（lamina Ⅸ）：是一些排列复杂的核柱，由前角运动神经元和中间神经元组成，位于前角的最腹侧。在颈膨大和腰骶膨大处前角运动神经元可分为内、外侧两大群。内侧群又称前角内侧核，支配躯干的固有肌；外侧群又称前角外侧核，支配四肢肌。前角运动神经元包括大型的 α 运动神经元和小型的 γ 运动神经元，此层内的中间神经元是一些中、小型神经元，大部分是分散的，少量的细胞形成核群（如前角连合核），发出轴突终于对侧前角。有一些小型的中间神经元名为 Renshaw 细胞。脊髓前角运动神经元是锥体传导通路的下运动神经元，也是部分其他下行传导束和后根部分纤维的终止处。当前角运动神经元受损时，由于肌肉失去来自运动神经元的支配，表现为其所支配的骨骼肌瘫痪并萎缩、肌张力低下、腱反射消失，称弛缓性瘫痪。

10）板层Ⅹ（lamina Ⅹ）：位于中央管周围中央灰质。

2. 白质 位于脊髓灰质的周围，借脊髓表面的纵沟分为 3 个索，前正中裂与前外侧沟之间为前索（anterior funiculus）；前、后外侧沟之间为外侧索（lateral funiculus）；后外侧沟与后正中沟之间为后索（posterior funiculus）。在灰质前连合的前方有纤维横越，称白质前连合（anterior white commissure）。

白质主要由许多纤维束组成。纤维束一般是按它的起止命名。纤维束可分为长的上行纤维束、下行纤维束和短的固有束。向上传递神经冲动的传导束称为上行（感觉）纤维束，向下传递神经冲动的传导束称为下行（运动）传导束。上行纤维束由起自脊髓灰质或脊神经节内的神经纤维组成，将不同的感觉信息上传到脑。下行纤维束由起自脑各部的神经纤维组成，从脑的不同部位将神经冲动下传至脊髓。固有束起止均在脊髓，紧靠脊髓灰质排列，参与完成脊髓节段内和节段间反射活动。

由躯干和四肢传入的冲动经脊神经后根传入脊髓，后根纤维进入脊髓时分内、外侧两部分。内侧部分纤维粗，沿后角内侧部进入后索，他们是升支组成薄束、楔束，其主要传导本体感觉和精细触觉；降支进入脊髓的灰质，参与牵张反射。外侧部主要由细的无髓和有髓纤维组成，这些纤维进入脊髓上升或下降 1～2 个节段，在胶状质背外侧形成背外侧束（dorsolateral fasciculus，又称 Lissauer 束），此束发出的侧支或终支进入后角，后根外侧部的细纤维主要传导痛觉、温度觉和内脏感觉信息。

（1）上行传导束（感觉传导束）：起自脊髓的不同节段，向上至脑的不同部位，包括薄束与楔束、脊髓小脑束和脊髓丘脑束。

1）薄束（fasciculus gracilis）与楔束（fasciculus cuneatus）（图 3-10）：位于后索内，此两束均由脊神经节内的假单极神经元的中枢支组成。这两个束是脊神经后根内侧部的粗纤维在同侧后索的直接上升。薄束起自同侧第 5 胸节以下的脊神经节细胞的中枢突，楔束起自同侧第 4 胸节以上的脊神经节细胞的中枢突。这些脊神经节细胞的周围突分别至肌、肌腱、关节和皮肤的感受器，中枢突经后根内侧部进入脊髓形成薄束、楔束，在脊髓后索上行，分别止于延髓的薄束核和楔束核。薄束在第 5 胸节以下占据后索的全部，在 T_4 以上只占据后索的内侧部，楔束位于后索的外侧部。由于薄束、楔束的纤维是自骶、腰、胸、颈由下而上按顺序进入的，因此在后索中来自各节段的纤维有明确的定位。薄束、楔束分别传导来自同侧下半身和上半身的肌、肌腱、关节和皮肤的本体感觉（肌、肌腱、关节的位置觉、运动觉和震动觉）和精细触觉（如通过触摸辨别物体纹理粗细和两点距离）信息。当脊髓后索病变时，本体感觉和精细触觉的信息不能向上传入大脑皮质，在患者闭目时，不能确定各关节和肢体所处的位置，站立时身体摇晃倾斜，也不能辨别物体的性状、纹理粗细等。

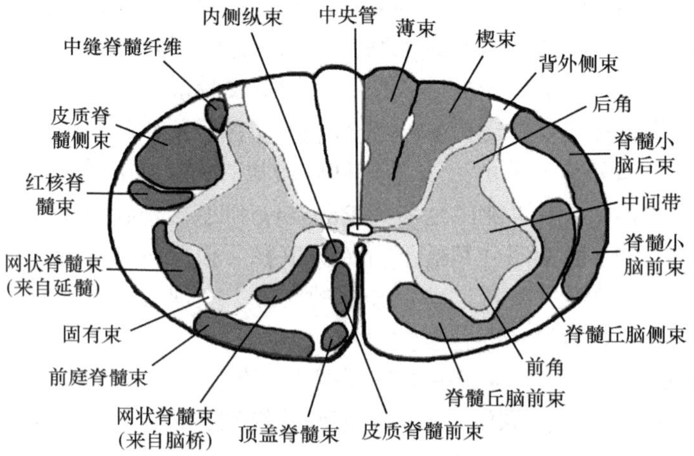

图 3-10　脊髓内部的主要传导束

2）脊髓小脑束：脊髓小脑前束（anterior spinocerebellar tract）位于脊髓外侧索周边的腹侧部，脊髓小脑后束的前方，主要起自后角基底部和中间带的外侧部，大部分交叉至对侧上行，小部分在同侧上行，经小脑上脚进入小脑皮质。脊髓小脑后束（posterior spinocerebellar tract）位于外侧索周边的后部，主要起自同侧背核，但也有来自对侧背核经白质前连合交叉过来的少许纤维，上行经小脑下脚终于小脑皮质。由于背核位于胸髓和上腰髓，所以此束仅见于 L_2 以上脊髓节段。

此两束传递下肢和躯干下部的非意识性本体感觉和来自皮肤的部分触压信息至小脑。脊髓小脑后束传递的信息可能与肢体个别肌的精细运动和姿势的协调有关，脊髓小脑前束所传递的信息则与整个肢体的运动和姿势有关。

3）脊髓丘脑束：可分为脊髓丘脑侧束（lateral spinothalamic tract）和脊髓丘脑前束（anterior spinothalamic tract）：分别位于白质侧索和前索的前部，此二束主要起自后角固有核，纤维经白质前连合斜行交叉并上升上 1～2 脊髓节段至对侧的侧索和前索上行（但脊髓丘脑前束含有少部分不交叉的纤维），当上行至脑干下部时，脊髓丘脑前束加入内侧丘系，而脊髓丘脑侧束纤维自成脊髓丘系继续上行，两者均止于背侧丘脑腹后外侧核。脊髓丘脑侧束传递由后根细纤维传入的痛、温觉信息。脊髓丘脑前束传递由后根粗纤维传入的粗略触觉、压觉信息，有人认为痒觉也通过此束传导。脊髓丘脑束主要起自脊髓灰质的后角固有核，脊髓丘脑束的纤维在脊髓有明确定位，即来自骶、腰、胸、颈节的纤维，由前外向后内依次排列。一侧脊髓丘脑束损伤时，损伤平面对侧 1～2 节以下的区域出现痛、温觉的减退或消失。

（2）下行传导束（运动传导束）：起自脑的不同部位，直接或间接止于脊髓前角或侧角。管理骨骼肌的下行纤维束分为锥体系和锥体外系，前者包括皮质脊髓束和皮质核（延髓）束，后者包括红核脊髓束、前庭脊髓束、顶盖脊髓束、网状脊髓束、内侧外束等。

1）皮质脊髓束（corticospinal tract）：是人类脊髓中最大的下行纤维束，起源于大脑皮质中央前回中、上部，中央旁小叶前部和其他一些皮质区域的锥体细胞，途径内囊、脑干，下行至延髓的锥体交叉，其中大部分（75%～90%）纤维交叉至对侧，称为皮质脊髓侧束（lateral corticospinal tract）；少量未交叉的纤维在同侧下行称为皮质脊髓前束（anterior corticospinal tract）。

A. 皮质脊髓侧束：在脊髓外侧索后部下行，直达骶髓（约 S_4），纵贯脊髓全长，逐渐终于同侧灰质的前角运动神经元外侧群，主要支配四肢肌。此束内纤维排列由内向外，依次为到颈、胸、腰、骶区的纤维。

B. 皮质脊髓前束：在前索最内侧下行，即在前正中裂的两侧下行，下行过程中大多数纤维经白质前连合交叉终于对侧前角运动细胞，部分纤维始终不交叉而终止于同侧前角运动细胞，主要支配躯干肌。此束仅存在于脊髓中胸部以上。

皮质脊髓束的主要功能是控制躯干和四肢肌肉的随意运动，特别是肢体远端的灵巧运动。

从上述两种纤维的行径和终止情况来看，脊髓前角运动神经元主要接受来自对侧大脑半球的纤维，但也接受来自同侧的少量纤维。支配上、下肢的前角运动神经元只接受对侧半球来的纤维，而支配躯干肌的运动神经元接受双侧皮质脊髓束的支配。当脊髓一侧的皮质脊髓束损伤后，出现同侧损伤平面以下的肢体骨骼肌痉挛性瘫痪（肌张力增高、腱反射亢进等，也称硬瘫），而躯干肌不瘫痪。

2）红核脊髓束（rubrospinal tract）：起自中脑红核，纤维交叉至对侧后下行于脊髓侧索内，与皮质脊髓侧束比邻，止于板层Ⅴ～Ⅶ，仅投射至上 3 个颈髓段。此束对支配屈肌的运动神经元有较强的兴奋作用，它与皮质脊髓束一起对肢体远端肌肉运动发挥重要影响。

3）前庭脊髓束（vestibulospinal tract）：起于前庭神经外侧核，在同侧前索外侧部下行，止于灰质板层Ⅷ和部分板层Ⅶ。主要兴奋躯干和四肢的伸肌，在调节身体平衡中起作用。

4）顶盖脊髓束（tectospinal tract）：位于前索内，其纤维起自中脑上丘，向腹侧行，于中脑水管周围灰质腹侧经被盖背侧交叉后，在前索内下行，终止于上段颈髓板层Ⅵ、Ⅷ。参与完成视、听觉的防御反射活动。

5）网状脊髓束（reticulospinal tract）：起自脑桥和延髓的网状结构，大部分在同侧下行，行于白质前索和外侧索前内侧部，止于板层Ⅶ、Ⅷ。主要参与对躯干和肢体近端肌肌张力的调节。

6）内侧纵束（medial longitudinal fasciculus）：位于前索，纤维大部分来自前庭神经核。此束的纤维主要来自同侧，部分来自对侧，终于灰质板层Ⅶ、Ⅷ，经中继后再达前角运动神经元。其作用主要是把内耳平衡器与眼球的运动和头、颈部的运动联系起来。

（三）脊髓的功能

脊髓的功能表现在两方面：传导功能；反射中枢。

1. 传导功能 脊髓的白质就是完成传导功能的主要结构基础。除头面部以外，大脑皮质对躯干和四肢肌随意运动的调控，以及对部分内脏运动的管理，必须通过脊髓中继下传到效应器上；同样脊髓也将躯干和四肢的深、浅等大部分感觉信息上传到脑。

2. 反射中枢 脊髓反射是指脊髓固有的反射，其反射弧并不经过脑，但在正常情况下，其反射活动是在脑的控制下进行的。完成反射的结构为脊髓的固有装置，即脊髓灰质、固有束和前、后根。最简单的脊髓反射弧的神经元只包括一个传入神经元和一个传出神经元，组成单突触反射，一般只局限于一个或相邻一个脊髓节内，也称节段内反射。大多数反射弧是由两个以上的神经元组成的多突触反射，即在传入神经元和传出神经元之间还有中间神经元，其轴突在固有束内上、下行数个脊髓节后，终于前角运动神经元，此种反射称节段间反射。

脊髓反射可分为躯体反射和内脏反射。躯体反射是指骨骼肌的反射活动，如牵张反射、屈曲反射、浅反射等。内脏反射是指一些躯体-内脏反射、内脏-内脏反射和内脏-躯体反射，如竖毛反射、膀胱排尿反射、直肠排便反射等。有些反射在正常情况下被大脑皮质下行传导束所抑制，只有当上运动神经元受损时，下运动神经元失去了高级中枢的控制才表现出来的反射称为病理反射（如趾反射，即 Babinski 征），具有临床诊断意义。

（四）脊髓损伤的表现

1. 脊髓全横断 横断面以下全部感觉和运动丧失，反射消失，处于无反射状态，称为脊髓休克。脊髓休克可持续数小时至数周。脊髓损伤患者年龄越小，其持续时间越短。脊髓损伤部位越低，其持续时间越短。由于传导束很难再生，脊髓又失去了脑的易化和抑制作用，因此恢复后的深反射和肌张力比正常时高，离断平面以下的感觉和运动不能恢复。

2. 脊髓半横断 也称 Brown-Sequard 综合征，损伤水平以下，同侧肢体运动瘫痪和深感觉（本体感觉）及精细触觉障碍，而对侧痛觉和温度觉障碍，但触觉功能无影响。

3. 脊髓前角受损 主要伤及脊髓前角运动细胞，表现为这些细胞所支配的骨骼肌呈弛缓性瘫痪，肌张力低下，腱反射消失，肌萎缩，无病理反射，但感觉无异常，如脊髓灰质炎（小儿麻痹症）患者。

4. 中央灰质周围病变 如果病变侵及白质前连合，则阻断了脊髓丘脑束在此的交叉纤维，引起相应部位的痛、温觉消失，而病变未侵及后索部分，所以本体感觉和精细触觉无障碍。这种现象称为感觉分离，可见于脊髓空洞症或髓内肿瘤患者。

二、脑

脑（brain，encephalon）位于颅腔内，由端脑、间脑、中脑、脑桥、延髓和小脑 6 部分组成，通常将中脑、脑桥和延髓合称为脑干（图 3-11、图 3-12）。中国人脑的重量男性平均约为 1375g，女性平均为 1305g。

脑由胚胎时期神经管的前部分化发育而成，其形态结构及其功能均较脊髓更为复杂。胚胎早期，神经管前部首先分化为前脑（forebrain，prosencephalon）、中脑（midbrain，mesencephalon）和菱脑（hindbrain，rhombencephalon）。此后，前脑进一步发育为端脑和间脑，中脑无明显的变化，菱脑则发育为后脑（metencephalon）和末脑（myelencephalon）。随着胚胎的发育，后脑最终分化为脑桥和小脑，而末脑则形成延髓。随着脑各部的发育，胚胎时期的神经管内腔将在脑的各部形成脑室系统。

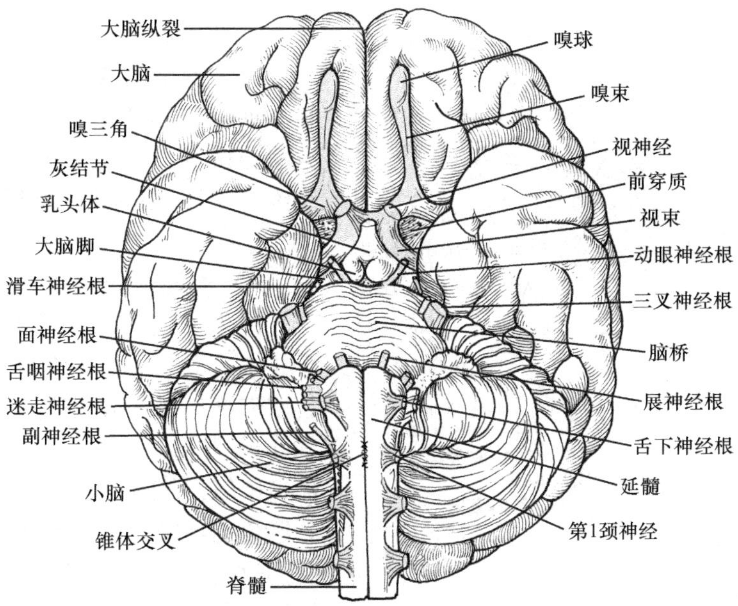

图 3-11 脑的底面

（一）脑干

脑干（brain stem）自下而上由延髓、脑桥和中脑 3 部分组成，是位于脊髓和间脑之间的较小部分。脑干位于颅后窝前部，其中延髓和脑桥的腹侧邻接颅后窝前部枕骨的斜坡，背面与小脑相连。延髓、脑桥和小脑之间的室腔为第四脑室，向上经中脑水管通第三脑室，向下续为延髓下部和脊髓的中央管。脑干表面从上向下附有第Ⅲ～Ⅻ对脑神经根，脑干内部有许多重要的核团和生命活动中枢（图 3-12）。

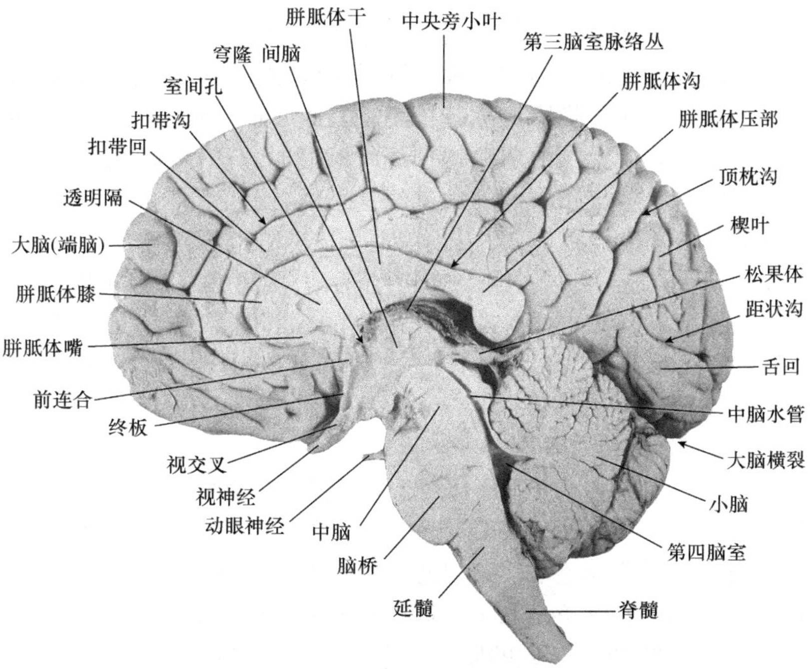

图 3-12 脑的正中矢状切面

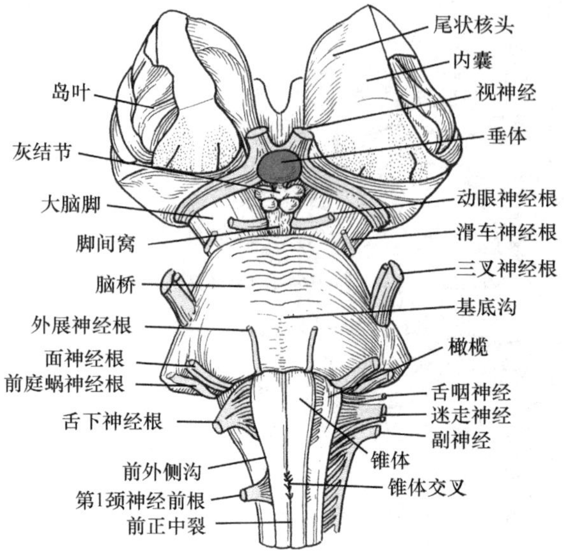

图 3-13 脑干外形（腹侧面）

1. 脑干的外形

（1）脑干的腹侧面：在脑干腹侧面上，延髓与脑桥之间有一横行的浅沟即延髓脑桥沟，是延髓与脑桥的分界，而脑桥与中脑之间则以脑桥上缘为界（图 3-13）。

1）延髓（medulla oblongata）（图 3-13）：位于脑干的最下部，形似倒置的圆锥体。下端平枕骨大孔处与脊髓相续，上端借横行的延髓脑桥沟（bulbopontine sulcus）与脑桥为界。延髓下部的外形与脊髓相似，脊髓表面的各条纵行沟、裂向上延续到延髓。延髓腹侧面正中有前正中裂，其两侧的纵行隆起为锥体（pyramid），其深方主要为皮质脊髓束通过。在锥体的下端，大部分皮质脊髓束纤维左右交叉，形成锥体交叉（decussation of pyramid），部分纤维填堵了前正中裂。在延髓上部，锥体外侧有一卵圆形隆起称橄榄（olive），内含下橄榄核。在橄榄和锥体之间的纵沟称前外侧沟，有舌下神经根丝由此出脑。在橄榄背外侧的后外侧沟内，自上而下依次有舌咽神经、迷走神经和副神经颅根的根丝出入。

2）脑桥（pons）（图 3-13）：位于脑干的中部。其腹侧面宽阔隆起，称脑桥基底部（basilar part of pons），主要由大量的横行纤维和部分纵行纤维构成，其正中线上的纵行浅沟称基底沟（basilar sulcus），容纳基底动脉。基底部向两侧逐渐延展并逐渐变窄移行为小脑中脚（middle cerebellar peduncle）（又称脑桥臂 brachium pontis），在两者移行处有粗大的三叉神经根出入。脑桥下缘与延髓之间形成深而明显的、横行的延髓脑桥沟，沟内自中线向外侧依次有展神经、面神经和前庭蜗神经根出入。在延髓脑桥沟的外侧部，延髓、脑桥和小脑的结合处，临床上称脑桥小脑三角（pontocerebellar trigone），前庭蜗神经根和面神经根位于此处。发生前庭蜗神经纤维瘤时，患者除了有听力障碍和小脑损伤的症状外，还因肿瘤压迫位于附近的面神经、三叉神经、舌咽神经和迷走神经，产生面瘫、眩晕、唾液分泌减少、舌前 2/3 味觉减退等相应的临床症状。

3）中脑（midbrain）（图 3-13）：位于脑干上部，上接间脑，并以视束为界，下接脑桥，以脑桥的上缘为界。其腹侧面两侧各有一粗大的纵行柱状隆起，称大脑脚（cerebral peduncle），主要由大脑皮质发出的下行纤维构成。大脑脚之间的凹陷为脚间窝（interpeduncular fossa），窝底有许多血管穿入称后穿质（posterior perforated substance）。在脚间窝的下部，大脑脚的内侧有动眼神经根出脑。

（2）脑干的背侧面：在脑干背侧面上，延髓、脑桥和中脑之间无明显分界标志。

1）延髓（图 3-14）：背侧面下部形似脊髓，脊髓后索内的薄束和楔束向上延伸进入延髓后，在后正中沟的两侧形成两个膨大，内侧者为薄束结节（gracile tubercle），外上者为楔束结节（cuneate tubercle），其深面分别含有薄束核和楔束核。楔束结节外上方的有主要进入小脑的纤维构成的隆起，称为小脑下脚（inferior cerebellar peduncle）（又称绳状体 restiform body）。延髓背侧面的上部由于延髓中央管背移并敞开，构成菱形窝的下半。

2）脑桥（图 3-14）：背侧面形成菱形窝的上半，两侧是左、右小脑上脚和小脑中脚。其中左、右小脑上脚（superior cerebellar peduncle）（又称结合臂 brachium conjunctivum）构成此处窝外上界。左、右小脑上脚间夹有薄层白质板，称上髓帆，参与构成第四脑室顶。

3）中脑（图 3-14）：背侧面有上、下两对圆形的隆起，分别称上丘（superior colliculus）和下丘（inferior colliculus），合称顶盖（tectum）或四叠体（corpora quadrigemina），其深面分别含上丘核和下丘核，它们分别是视觉皮质下反射中枢和听觉皮质下反射中枢。在上、下丘的外侧，各自向外上方伸出一条长的隆起，称上丘臂（brachium of superior colliculus）和下丘臂（brachium of inferior colliculus），分别连于间脑的外侧膝状体和内侧膝状体。下丘与上髓帆之间有滑车神经根出脑，它是唯一自脑干背侧面出脑的脑神经。

4）菱形窝（rhomboid fossa）（图 3-14）：因构成第四脑室的底部，又称第四脑室底（floor of fourth ventricle）。位于延髓上部和脑桥的背侧面，呈菱形，由延髓上部和脑桥内的中央管于后壁中线处向后敞开而形成。此窝的外上界为小脑上脚，外下界自内下向外上依次为薄束结节、楔束结节和小脑下脚。窝的外侧角与其背侧的小脑之间为第四脑室外侧隐窝（lateral recess of fourth ventricle），此隐窝绕小脑下脚转向腹侧。在菱形窝的正中线上有纵贯全长的正中沟（median sulcus），将窝分为左右对称的两半。由正中沟中部向外至外侧角

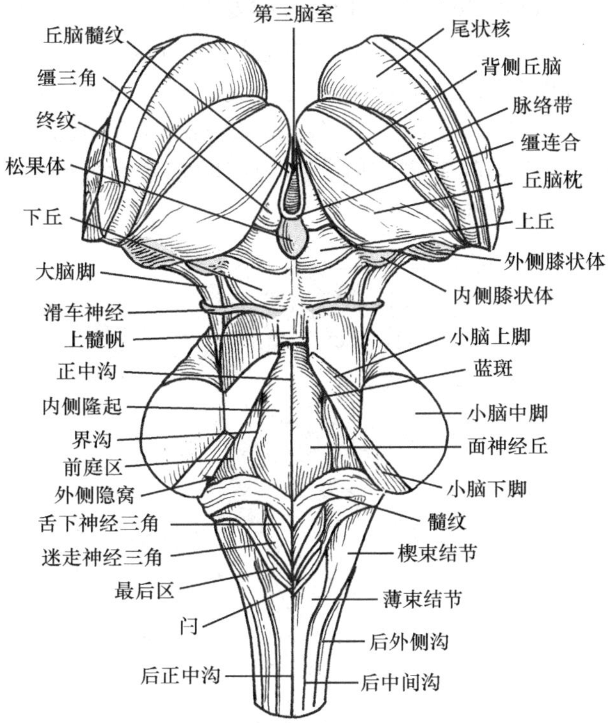

图 3-14　脑干外形（背侧面）

的数条浅表的横行纤维束，呈白色的横行条纹，称髓纹（striae medullares），它是脑桥和延髓在脑干背面的分界线。在正中沟的外侧，各有一条大致与之平行的纵行界沟（sulcus limitans）。正中沟和界沟之间轻微隆起的部分称内侧隆起（medial eminence），其紧靠髓纹

上方的部位，有一较明显的圆形隆凸为面神经丘（facial colliculus），内含展神经核及面神经膝；界沟的外侧是较宽阔的三角形，称前庭区（vestibular area），深方有前庭神经核。前庭区的外侧角有一小隆起称听结节（acoustic tubercle），内藏蜗背侧核。在新鲜标本上，界沟上端可见一呈蓝灰色的小区域，称蓝斑（locus ceruleus），内含蓝斑核，为含黑色素的去甲肾上腺素能神经元聚集的部位。在髓纹下方，可见两个小的三角形区域，内上方者为舌下神经三角（hypoglossal triangle），内藏舌下神经核，外下方者为迷走神经三角（vagal triangle），内含迷走神经背核。迷走神经三角的外下缘有一狭窄带状区，称最后区（area postrema）。在菱形窝下角处，两侧外下界之间的圆弧形移行部称闩（obex），与第四脑室脉络组织相连。

（3）第四脑室（fourth ventricle）（图 3-15）：位于延髓、脑桥和小脑之间腔隙。可分为顶、侧壁和底三个部分。其底为菱形窝，尖向后上朝向小脑蚓部。第四脑室顶朝向小脑，呈帐篷形，室的前上部由两侧小脑上脚及上髓帆构成，后下部由下髓帆及第四脑室脉络组织构成。上髓帆（superior medullary velum）为两侧小脑上脚间的薄层白质板，向后下与小脑白质相连，其下部的背面被小脑蚓的小舌覆盖。滑车神经根穿行于上髓帆的上部，并在其内左右交叉后出脑。下髓帆（inferior medullary velum）亦为白质薄片，与上髓帆以锐角汇合，伸入小脑蚓。下髓帆介于小脑蚓的小结与绒球之间，自小脑扁桃体的前上方，向后下方延伸很短距离后，即移行为第四脑室脉络组织。第四脑室脉络组织（tela choroidea of fourth ventricle）介于下髓帆和菱形窝外下界之间，组成第四脑室顶后下部的大部分，不含神经组织，由一层上皮性室管膜（ependyma）及外面覆盖的软脑膜和血管共同构成。部分脉络组织内的血管反复分支，相互缠绕成丛状，夹带着软膜和室管膜上皮突入室腔，形成第四脑室脉络丛（choroid plexus of fourth ventricle），产生脑脊液。脑室的两个侧角延伸到小脑下脚背侧，称为第四脑室的外侧隐窝，并经第四脑室外侧孔突入蛛网膜下隙（图 3-15）。

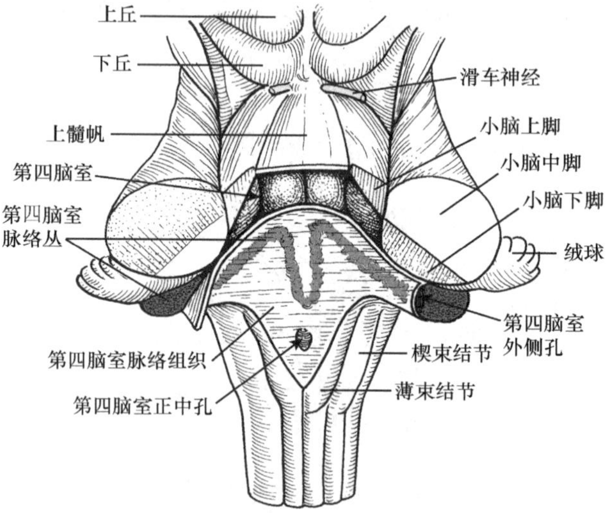

图 3-15　第四脑室

第四脑室向上经中脑水管通第三脑室，向下通延髓中央管，并借脉络组织上的第四脑室正中孔（median aperture of fourth ventricle）和第四脑室外侧孔（lateral apertures of fourth ventricle）与入蛛网膜下隙相通。正中孔一个，位于菱形窝下角的上方的第四脑室顶上；外侧孔成对，位于第四脑室外侧隐窝的尖端。脑室系统内的脑脊液经第四脑室的这些孔注入蛛网膜下隙的小脑延髓池。

2. 脑干的内部结构　由灰质、白质和网状结构构成，除延髓的下半部与脊髓相似外，其他部分的结构均较脊髓更为复杂。首先，与脊髓相比，在延髓上部和脑桥，中央管向背面敞开形成菱形窝，与小脑共同围成第四脑室；原先围绕在中央管周围的灰质由后部向两侧展开，如此，脊髓灰质由前后方向排列改变成内、外侧排列关系。其次，脑干内的灰质不再像脊髓那样相互连续成纵贯全长的灰质柱，由于神经纤维的左右交叉并相互交织穿插，使灰质柱断裂成了细胞团块、彼此独立的各种神经核。脑干灰质内的核团分为 3 种：第一种是直接与第Ⅲ～Ⅻ脑神经相联系的，称脑神经核；第二种是与脑神经组成无关，由于经过脑干的上、下行的纤维束及脑干与小脑之间联系的纤维束，有的终止于脑干，有的则在脑干内中继换元，称中继核；第三种是位于网状结构内或在脑干中缝附近的，称网状核和中缝核。中继核和网状核合称“非脑神经核”。最后，脑干灰、白质之间的网状结构范围较脊髓明显扩大，结构和功能更为复杂，其中包含了许多重要的神经核团（网状核）及生命中枢，如心血管运动中枢和呼吸中枢等。

（1）脑干的灰质

1）脑神经核：已知脊髓灰质内含有与脊神经内 4 种纤维成分相对应的 4 种核团：脊神经内的躯体运动纤维，起始于脊髓前角运动核；躯体感觉纤维则直接或间接终止于脊髓后角的有关核团；内脏运动纤维，起始于脊髓侧角的交感神经核或骶副交感核；内脏感觉纤维，终止于脊髓中间带内侧核。

在生物进化过程中，头部出现高度分化的视、听、嗅、味觉感受器，以及由鳃弓演化而成的面部和咽喉部骨骼肌。随着这些器官的发生和相应神经支配的出现，脑神经的纤维成分增至 7 种，脑干内部也随之出现了与其相应的 7 种脑神经核团（图 3-16、图 3-17）。①支配由肌节衍化的眼外肌和舌肌的随意运动的一般躯体运动核，共 4 对，自上而下依次为动眼神经核、滑车神经核、展神经核和舌下神经核，相当于脊髓前角运动核。②支配由鳃弓衍化而成的表情肌、咀嚼肌、咽喉肌及胸锁乳突肌和斜方肌的随意运动的特殊内脏运动核，共 4 对，自上而下依次为三叉神经运动核、面神经核、疑核和副神经核。将鳃弓衍化的骨骼肌视为“内脏”，是因为在种系发生上，鳃弓与属于内脏的呼吸等功能有关。③支配头、颈、胸、腹部平滑肌、心肌及腺体的分泌的一般内脏运动核，属于副交感核，共 4 对。自上而下依次为动眼神经副核、上泌涎核、下泌涎核和迷走神经背核，相当于脊髓的骶副交感核。④接受来自内脏器官、心血管的一般内脏感觉纤维的一般内脏感觉核，仅 1 对，即孤束核下部，相当于脊髓的中间内侧核。⑤接受来自味蕾的味觉传入纤维的特殊内脏感觉核，即孤束核的头端。⑥接受来自头面部皮肤和口、鼻黏膜的一般躯体感觉冲动的一般躯体感觉核，共 3 对，即三叉神经中脑核、三叉神经脑桥核和三叉神经脊束核，相当于脊髓后角Ⅰ～Ⅵ层细胞。⑦接受来自内耳的平衡觉和听觉纤维的特殊躯体感觉核，共 2 对，即前庭神经核和蜗神经核。之所以将听觉和平衡觉归入“躯体感觉”，是因为内耳膜迷路在发生上起源于外胚层。

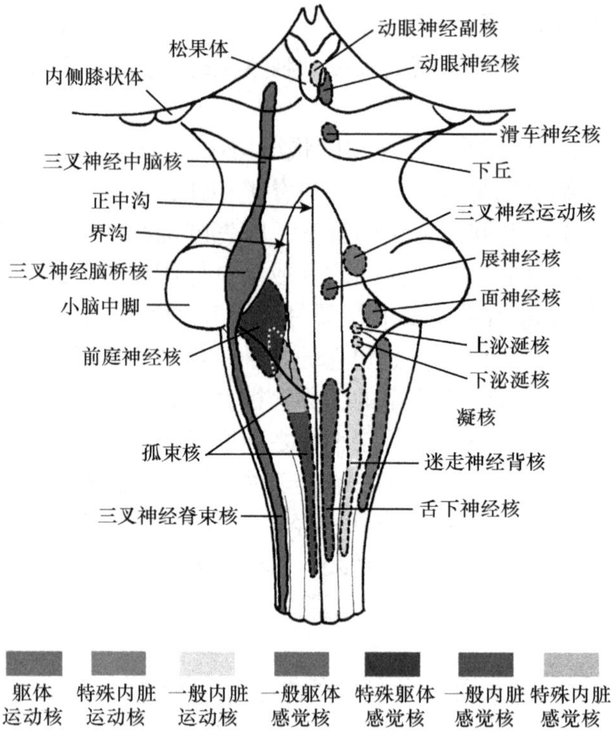

图 3-16　脑神经核在脑干背面的投影示意图

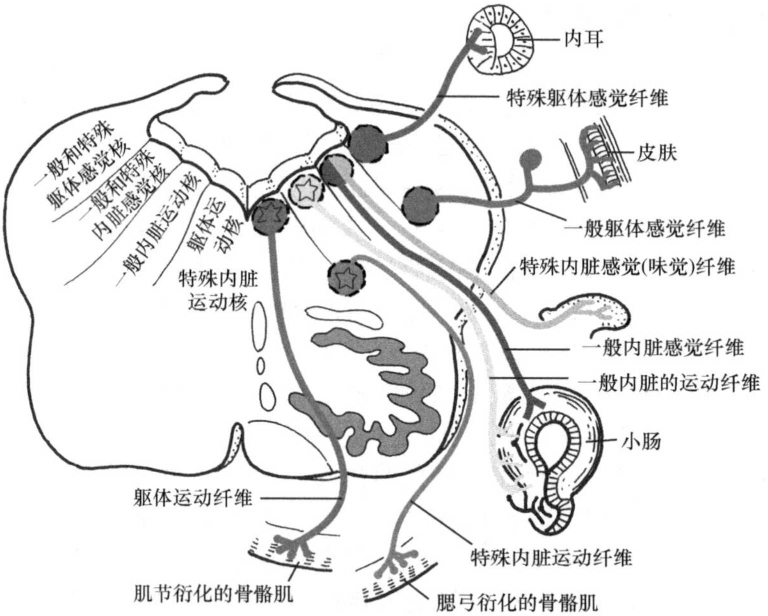

图 3-17　延髓橄榄中部横切面图解示脑神经核 6 个功能柱

由于延髓中央管向背面敞开形成菱形窝，与小脑共同围成第四脑室；原先围绕在中央管周围的灰质由后部向两侧展开，脊髓灰质由前后方向排列改变成内、外侧排列关系。以上 7 类脑神经核根据其性质和功能，在脑干内按照以下规律纵行排列成 6 个功能柱：①在第四脑室室底灰质中，运动性脑神经核柱位于界沟内侧，感觉性脑神经核柱位于界沟外侧；

②由中线向两侧依次为一般躯体运动核柱、一般内脏运动核柱、一般和特殊内脏感觉核柱及特殊躯体感觉核柱；③特殊内脏运动核柱和一般躯体感觉核柱则位于室底灰质（或中央灰质）的腹外侧，网状结构内。

A. 一般躯体运动核：动眼神经核（nucleus of oculomotor nerve）（图 3-16、图 3-18）位于中脑上丘高度平面，中脑导水管周围灰质的腹侧。此核接受双侧皮质核束纤维的传入，发出一般躯体运动纤维向腹侧经大脑脚底的内侧出脑加入动眼神经，支配眼的上直肌、下直肌、内直肌、下斜肌和上睑提肌。

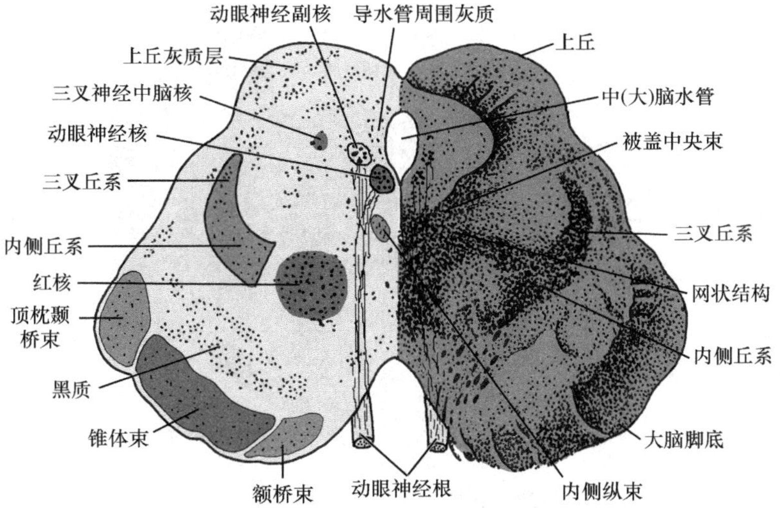

图 3-18　中脑水平切面（经上丘高度）

滑车神经核（nucleus of trochlear nerve）（图 3-16、图 3-19）：位于中脑下丘高度平面，中脑导水管周围灰质的腹侧部，动眼神经核的下方。此核接受双侧皮质核束纤维的传入，发出一般躯体运动纤维绕中脑导水管周围灰质至背侧，在上髓帆上部内左、右交叉，经下丘下方出脑，组成滑车神经，支配眼的上斜肌。

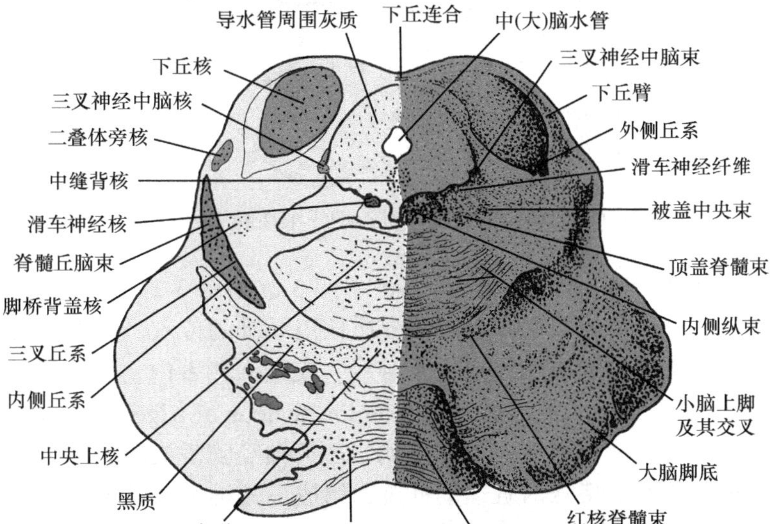

图 3-19　中脑水平切面（经下丘高度）

展神经核（nucleus of abducent nerve）（图 3-16～图 3-21）：位于脑桥下部菱形窝内，面神经丘的深面。此核接受双侧皮质核束纤维的传入，发出一般躯体运动纤维行向腹侧，经延髓脑桥沟内侧部出脑构成展神经，支配眼外直肌。该核还含有一种核间神经元（internuclear neurons），投射至对侧动眼神经核内的内直肌亚核，使同侧眼的外直肌和对侧眼的内直肌在眼球水平方向上能够做同向协调运动。当展神经核受损伤时，除出现患侧外直肌麻痹外，对侧内直肌在向患侧水平凝视时不能收缩，致使双眼向患侧的侧向凝视麻痹。

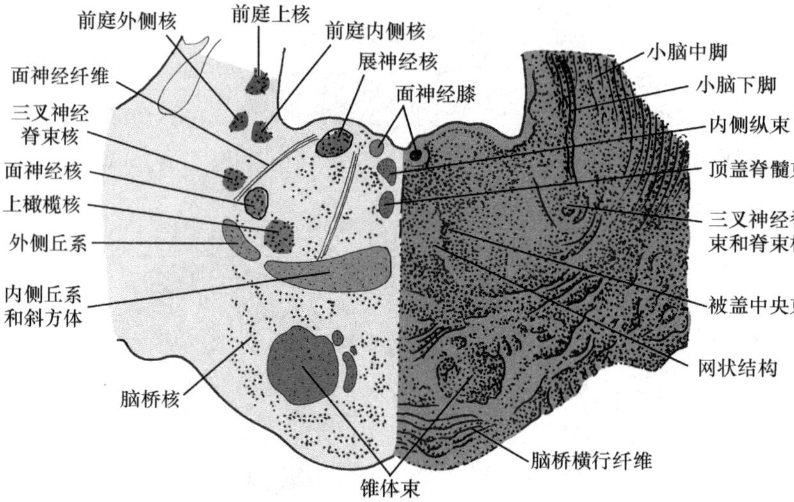

图 3-20　脑桥水平切面（经脑桥中下部）

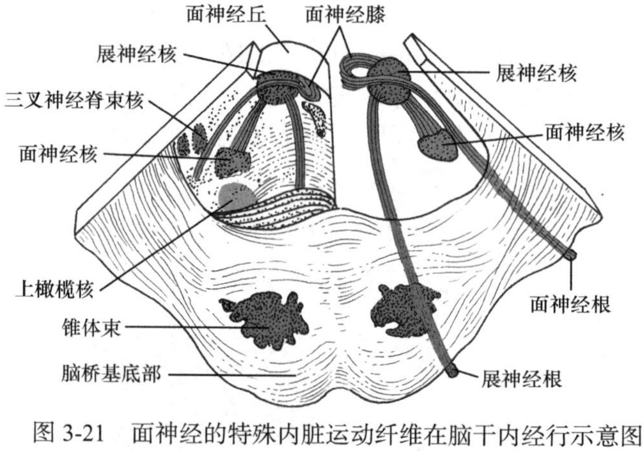

图 3-21　面神经的特殊内脏运动纤维在脑干内经行示意图

舌下神经核（nucleus of hypoglossal nerve）（图 3-16～图 3-23）：位于延髓上部菱形窝内，舌下神经三角的深面。此核仅接受对侧皮质核束纤维的传入，发出一般躯体运动纤维走向腹侧，经锥体与橄榄之间出脑组成舌下神经，支配同侧舌内、外肌的随意运动。

B. 特殊内脏运动核：三叉神经运动核（motor nucleus of trigeminal nerve）（图 3-21、图 3-24）位于脑桥中部，展神经核上方的外侧，三叉神经脑桥核的腹内侧。此核接受双侧皮质核束纤维的传入，发出特殊内脏运动纤维，组成三叉神经运动根，加入三叉神经下颌神经，支配咀嚼肌、二腹肌前腹、下颌舌骨肌、腭帆张肌和鼓膜张肌等由鳃弓衍化的骨骼肌运动。

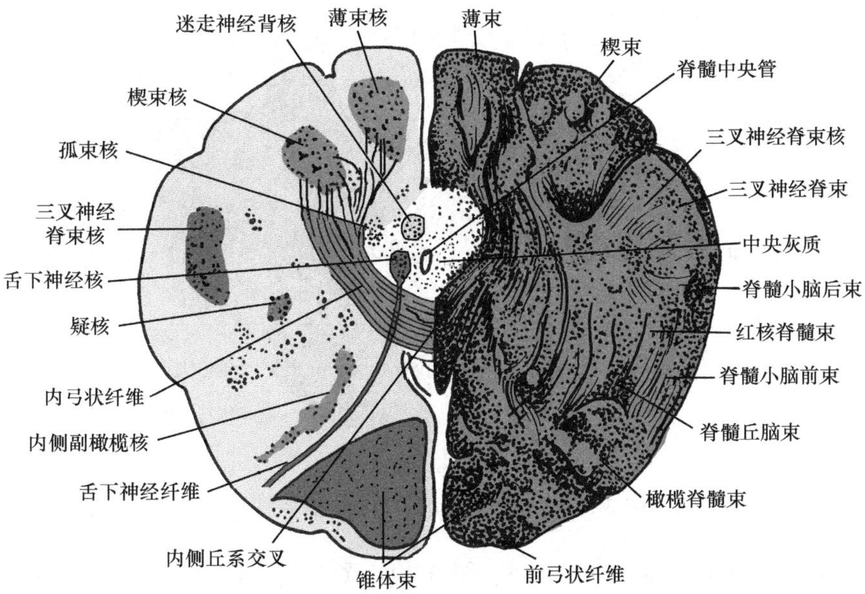

图 3-22　延髓水平切面（经内侧丘系交叉高度）

面神经核（nucleus of facial nerve）（图 3-16、图 3-20、图 3-21）：位于脑桥下部，被盖腹外侧区，三叉神经脊束核与上橄榄核之间，呈卵圆形。此核发出特殊内脏运动纤维，先行向背内侧，绕过展神经核背侧形成面神经膝（genu of facial nerve）（图 3-21），继而转向腹外侧沿面神经核外侧出脑加入面神经，支配面部表情肌，此外还支配二腹肌后腹、茎突舌骨肌和镫骨肌。其中，面神经核上部神经元接受双侧皮质核束纤维传入，发出的纤维支配同侧眼裂以上的表情肌；面神经核下部神经元接受对侧皮质核束纤维传入，发出的纤维支配同侧眼裂以下的表情肌。

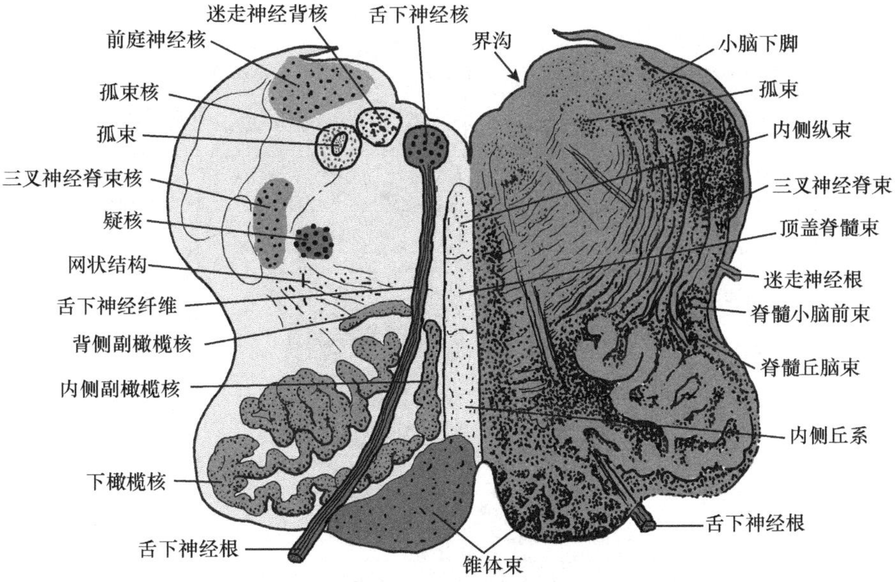

图 3-23　延髓水平切面（经橄榄中部高度）

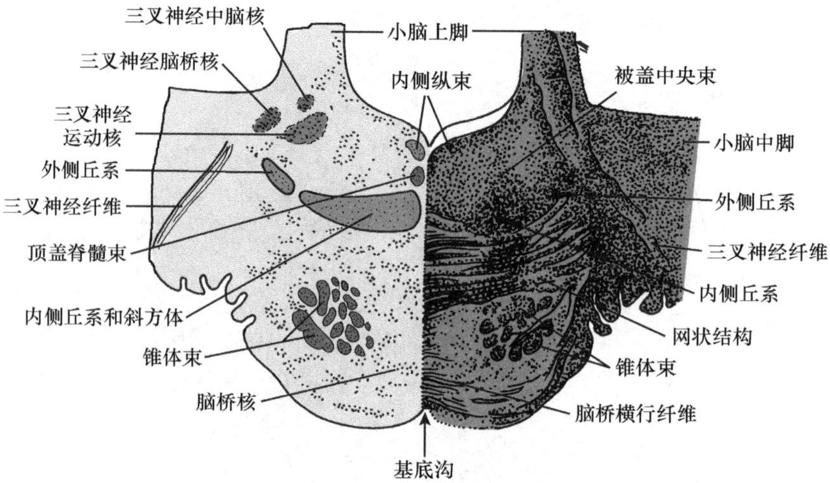

图 3-24　脑桥水平切面（经脑桥中部）

疑核（nucleus ambiguus）（图 3-16、图 3-22、图 3-23、图 3-25）：位于延髓下橄榄核背外侧的网状结构中，纵贯延髓的全长，呈柱状。此核接受双侧皮质核束纤维的传入。疑核上部发出的纤维进入舌咽神经，仅支配茎突咽肌；疑核大部分的运动纤维加入迷走神经，支配软腭、咽的骨骼肌，喉的环甲肌和食管上部的骨骼肌。疑核下部发出的纤维构成副神经脑根，进入副神经，出颅后又离开副神经而加入迷走神经，最后经迷走神经的喉返神经，支配除环甲肌以外的喉肌。

副神经核（accessory nucleus）（图 3-16、图 3-26）：包括延髓部和脊髓部两部分，延髓部较小，实为疑核的下端，此核接受双侧皮质核束纤维的传入，其延髓部发出的纤维构成副神经的脑根，最终加入迷走神经，支配咽喉肌；脊髓部位于疑核的下方，延伸至上 5～6 个颈髓前角外侧区，脊髓部发出的纤维组成副神经脊髓根，支配胸锁乳突肌和斜方肌的随意运动。

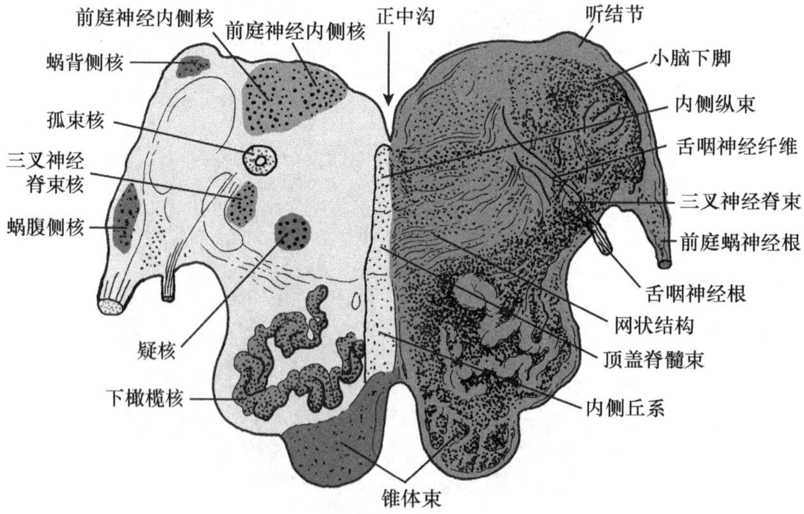

图 3-25　延髓水平切面（经橄榄上部高度）

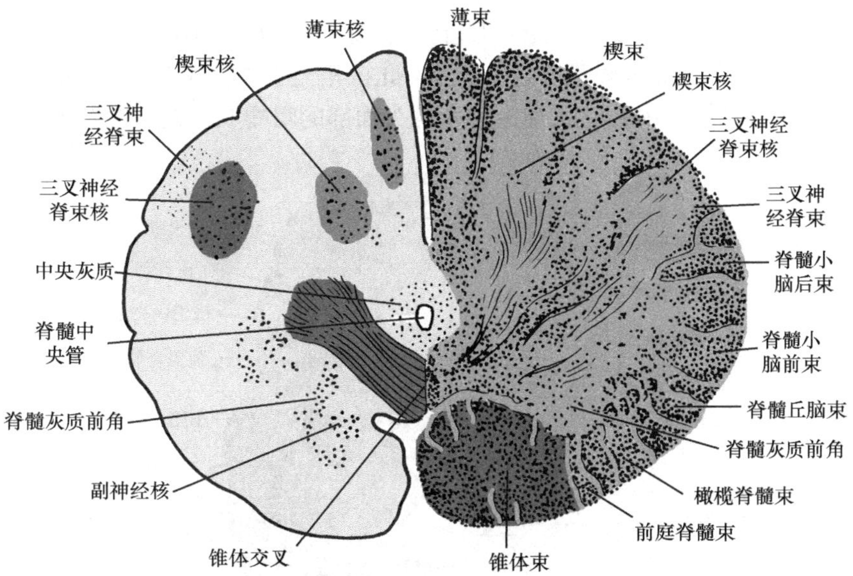

图 3-26 延髓水平切面（经锥体交叉高度）

C. 一般内脏运动核：动眼神经副核（accessory nucleus of oculomotor nerve）（图 3-16、图 3-18）：又称 Edinger-Westphal's nucleus（简称 E-W 核），位于中脑上丘高度，动眼神经核上端的背内侧。此核发出副交感神经的节前纤维加入动眼神经，进入眼眶后，在睫状神经节内换元，发出的副交感神经节后纤维支配睫状肌和瞳孔括约肌的收缩，以调节晶状体的厚度和缩小瞳孔参与瞳孔对光反射。

上泌涎核（superior salivatory nucleus）（图 3-16、图 3-20）：位于脑桥的最下端，该核的神经元比较分散，核团界线不清。此核发出副交感神经节前纤维，加入面神经，随面神经分支岩大神经和鼓索分别至翼腭神经节和下颌下神经节换元，其副交感神经节后纤维支配泪腺、下颌下腺、舌下腺及口、鼻腔黏膜腺的分泌。

下泌涎核（inferior salivatory nucleus）（图 3-16、图 3-25）：位于延髓上部，核团界线不清，神经元散在于迷走神经背核和疑核上方的网状结构内。该核发出副交感神经的节前纤维加入舌咽神经，经舌咽神经分支岩小神经至耳神经节换元，节后纤维支配腮腺的分泌。

迷走神经背核（dorsal nucleus of vagus nerve）（图 3-21～图 3-23）：位于延髓迷走神经三角的深面，舌下神经核的背外侧，由橄榄中部向下延伸至内侧丘系交叉平面。此核发出的副交感神经节前纤维，经下橄榄核的背外侧出脑，参与组成迷走神经，经迷走神经分支到达相应的副交感神经的器官旁节或器官内节换元，节后纤维支配颈部、胸部所有器官和腹腔大部分器官（结肠左曲以下消化管及盆腔脏器除外）的平滑肌、心肌的活动和腺体的分泌。

D. 一般内脏和特殊内脏感觉核：孤束核（nucleus of solitary tract）（图 3-16、图 3-22～图 3-23、图 3-25）位于延髓后部孤束周围，界沟以外，迷走神经背核的腹外侧，上端可达脑桥下端，下端至内侧丘系交叉平面。小的上部属特殊内脏感觉核，接受经面神经和舌咽神经传入的味觉初级纤维，故又称味觉核。大的下部为一般内脏感觉核，主要接受经舌咽神经和迷走神经传入的一般内脏感觉初级纤维。面神经、舌咽神经和迷走神经中的内脏感觉纤维进入延髓后，下行组成孤束，此束逐渐终止于孤束核。

E. 一般躯体感觉核：三叉神经中脑核（mesencephalic nucleus of trigeminal nerve）（图

3-16、图 3-19、图 3-24、图 3-27）上起中脑上丘平面，下达脑桥中段，位于中脑水管周围灰质的外侧边缘和菱形窝上部室底灰质的外侧缘。此核相当于脊神经节，由大而深染的感觉性假单极神经元组成，其周围突随三叉神经分布至头面部的咀嚼肌，接受该肌的本体感觉冲动。

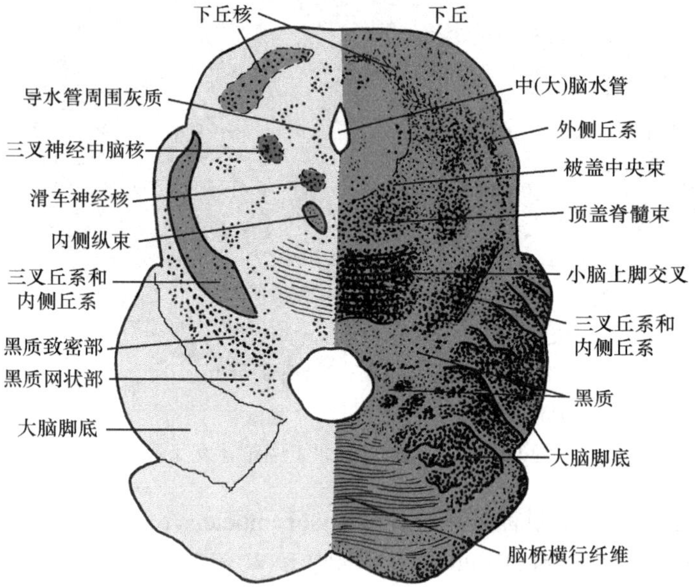

图 3-27　脑桥水平切面（经脑桥上部，滑车神经根交叉高度）

三叉神经脑桥（感觉主）核（pontine nucleus of trigeminal nerve）（图 3-16、图 3-24）：位于脑桥中部网状结构内，三叉神经运动核的外侧，向下续三叉神经脊束核，主要接受经三叉神经传入的头面部触、压觉初级纤维。还接受来自三叉神经中脑核的纤维。由此核发出的 2 级传入纤维，大部分交叉到对侧后上行，参与组成三叉丘脑束。

三叉神经脊束核（spinal nucleus of trigeminal nerve）（图 3-16、图 3-20、图 3-22、图 3-23、图 3-25、图 3-26）：为一细长的核团，是脊髓颈段后角胶状质和后角固有核向上的延续。向上直达脑桥中、下部，与三叉神经脑桥核相续；下端可延伸至第 1、2 颈段脊髓，与脊髓灰质后角相续。三叉神经中的一般躯体感觉纤维进入脑桥后，转导痛觉和温度觉的纤维下降入延髓，在三叉神经脊束核的外侧组成三叉神经脊束，其纤维逐渐终止于三叉神经脊束核。此核发出的 2 级传入纤维，主要交叉到组成三叉丘脑束，与头面部痛、温觉转导有关。

F. 特殊躯体感觉核：前庭神经核（vestibular nuclei）（图 3-16、图 3-20、图 3-23、图 3-25）位于前庭区的深面，可分为前庭上核、前庭下核、前庭内侧核及前庭外侧核。此核主要接受前庭神经传入的初级平衡觉纤维，还接受来自小脑的传入纤维；由此核发出纤维组成前庭脊髓束和内侧纵束，前者主要调节伸肌张力，后者主要参与完成视、听觉反射。另外，部分纤维组成前庭小脑束，经小脑下脚进入小脑。

蜗神经核（cochlear nucleus）（图 3-16、图 3-25）由蜗腹侧核及蜗背侧核组成，在菱形窝听结节的深面，分为位于小脑下脚的背外侧和腹外侧。蜗腹侧核又包括蜗腹侧前核和蜗腹侧后核。蜗神经核接受蜗神经初级听觉纤维，发出的纤维大部分沿脑桥被盖前部越中线交叉到对侧上升，这些横行交叉的纤维构成斜方体（trapezoid body）；小部分纤维不交叉，在同侧上行。对侧交叉过的纤维和同侧未交叉的纤维共同构成外侧丘系。

以上脑神经核的名称、位置及功能总结见表 3-2。

表 3-2　脑神经核在脑干各部的位置及功能简表

功能柱			一般躯体运动柱	特殊内脏运动柱	一般内脏运动柱		一般和特殊内脏感觉柱	一般躯体感觉柱	特殊躯体感觉柱
位置			中线两侧	一般躯体运动柱腹外侧	一般躯体运动柱背外侧		一般内脏运动柱外侧	内脏感觉柱腹外侧	最外侧（前庭区深面）
脑神经核所在具体断面位置	中脑	上丘	动眼神经核（Ⅲ）		动眼神经副核（Ⅲ）	界		三叉神经中脑核（Ⅴ）	
		下丘	滑车神经核（Ⅳ）						
	脑桥	上部							
		中部		三叉神经运动核（Ⅴ）				三叉神经脑桥核（Ⅴ）	
		下部	展神经核（Ⅵ）	面神经核（Ⅶ）	上泌涎核（Ⅶ）		孤束核（此核上部为味觉核，下部一般内脏感觉核）（Ⅶ、Ⅸ、Ⅹ）	三叉神经脊束核（Ⅴ、Ⅶ、Ⅸ、Ⅹ）	
	延髓	橄榄上部			下泌涎核（Ⅸ）				前庭神经核（Ⅷ）；蜗神经核（Ⅷ）
		橄榄中部	舌下神经核（Ⅻ）	疑核（Ⅸ、Ⅹ、Ⅺ）	迷走神经背核（Ⅹ）				
		内侧丘系交叉							
		锥体交叉		副神经核（Ⅺ）		沟			
功能			1. 动眼、滑车、展神经核支配眼球外肌 2. 舌下神经核支配舌内、外肌	1. 三叉神经运动核支配咀嚼肌 2. 面神经核支配面肌 3. 疑核支配咽喉肌 4. 副神经核支配胸锁乳突肌和斜方肌	1. 动眼神经副核支配睫状肌和瞳孔括约肌 2. 上泌涎核控制泪腺、舌下腺和下颌下腺的分泌 3. 下泌涎核控制腮腺的分泌 4. 迷走神经背核控制大部分胸、腹腔脏器活动		1. 上部接受来自味蕾的特殊内脏感觉冲动 2. 下部接受胸、腹腔器官的一般内脏感觉冲动	1. 三叉神经中脑核接受咀嚼肌的本体感觉冲动 2. 三叉神经脑桥核和三叉神经脊束核主要接受头、面部浅感觉，前者主要是触、压觉冲动；后者主要是痛、温觉冲动	1. 前庭神经核接受内耳球囊斑、椭圆囊斑和壶腹嵴的平衡觉冲动 2. 蜗神经核接受内耳螺旋器的听觉冲动

2）中继核

A. 延髓的中继核：薄束核（gracile nucleus）与楔束核（cuneate nucleus）（图 3-22）分别位于延髓下部薄束结节和楔束结节的深面。此两核分别接受薄束和楔束纤维的终止，其传出纤维绕过中央灰质外侧形成内弓状纤维，在中央管腹侧越中线交叉至对侧，形成内侧丘系交叉（decussation of medial lemniscus）。交叉后的纤维在中线两侧折转上行，形成内侧丘系。薄束核和楔束核是向脑的高位中枢传递躯干四肢意识性本体感觉和精细触觉冲动的中继核团。

下橄榄核（inferior olivary nucleus）（图 3-22、图 3-23、图 3-25）：位于延髓橄榄的深面，在水平切面呈袋口向背内侧的囊形灰质团，在人类较为发达。下橄榄核接受大脑皮质、基底核、丘脑、红核和中脑导水管周围灰质的下行投射纤维，发出纤维越过中线行向对侧，经小脑下脚止于小脑。下橄榄核是大脑皮质、红核等与小脑之间纤维联系的重要中继站，参与小脑对运动的调控。

B. 脑桥的中继核：脑桥核（pontine nucleus）（图 3-20、图 3-24、图 3-27）为大量分散存在于脑桥基底部的神经元。接受来自同侧大脑皮质广泛区域的皮质脑桥纤维，发出的纤维（脑桥小脑纤维）横行越过中线至对侧，组成小脑中脚进入小脑。因此，脑桥核是传递大脑皮质信息至小脑的重要中继站。

上橄榄核（superior olivary nucleus）（图 3-20）：位于脑桥中下部的被盖腹侧部、内侧丘系的背外侧、脊髓丘脑束的背侧。此核接受双侧蜗腹侧前核的传出纤维，发出纤维加入双侧的外侧丘系，参与声音的空间定位。

外侧丘系核（nucleus of lateral lemniscus）（图 3-27）：自脑桥中下部至中脑尾侧，伴随外侧丘系分布，接受蜗腹侧前核及外侧丘系纤维侧支的传入，发出的纤维交叉对侧加入对侧外侧丘系。

蓝斑核（nucleus ceruleus）：位于菱形窝界沟的上端蓝斑的深面，由含黑色素的细胞组成。蓝斑核发出的纤维范围极广，几乎遍布中枢神经系统的各部，有关其功能至今了解不多，目前已知其功能与呼吸、睡眠和觉醒有关（图 3-19、图 3-27）。

C. 中脑的中继核：下丘（inferior colliculus）（图 3-19）位于中脑下部的背侧，下丘核位于下丘深面，是听觉传导通路上的重要中继核，外侧丘系的纤维大部分止于此核，下丘核传出纤维经下丘臂到达内侧膝状体，是听觉通路上的重要中继站。下丘又是重要的听觉反射中枢，发出的纤维到达上丘深部，进而通过顶盖脊髓束投射到脑干和脊髓，参与听觉反射活动。

上丘（superior colliculus）（图 3-18）：位于中脑上部的背侧，由浅入深呈灰、白质交替排列的分层结构，经视束、上丘臂接受双侧视网膜节细胞的轴突，接受大脑皮下脊髓等处的传入纤维，发出的纤维主要至脊髓和脑干的一些核团。上丘的传出纤维主要由其深层发出，绕过中脑导水管周围灰质，在中脑导水管腹侧越过中线交叉，称被盖背侧交叉（dorsal tegmental decussation），交叉后下降构成顶盖脊髓束（tectospinal tract）至颈段脊髓的中间带和前角运动内侧核，参与完成头、颈部的视、听反射活动。部分传出纤维到达脑干网状结构，或顶盖的其他核团，以应答视觉和听觉刺激对眼的位置的反射。

顶盖前区（pretectal area）：位于中脑和间脑的交界部，紧靠上丘头端。接受经视束和上丘臂来的视网膜节细胞的纤维，发出纤维至双侧的动眼神经副核换元，从而使双眼同时完成直接和间接的瞳孔对光反射。

红核（red nucleus）（图 3-18）：位于中脑被盖内，呈圆柱状，自上丘平面延伸到底丘脑。因为红核的细胞内含铁较多，新鲜的标本呈现淡粉红色外观。红核主要接受来自对侧小脑齿状核及中央核经小脑上脚传入的纤维，其传出纤维在上丘下部平面，被盖腹侧部交叉至对侧形成被盖腹侧交叉（ventral tegmental decussation），然后下行组成红核脊髓束（rubrospinal tract），终止于脊髓颈段的前角运动细胞，以调节屈肌的张力和协调运动。

黑质（substantia nigra）（图 3-18、图 3-19）：位于中脑被盖和大脑脚底之间，呈半月形，延伸于中脑全长，并伸入间脑尾部，黑质仅见于哺乳类动物，人类特别发达。依据细胞构筑，黑质可分为腹侧的网状部（reticular part）和背侧的致密部（compact part）两部分。网状部细胞的形态、纤维联系和功能与端脑的苍白球内段相似；致密部细胞主要为多巴胺能神经元，其合成的多巴胺可经黑质纹状体纤维释放至新纹状体，以调节纹状体的功能活动。因此，黑质也是参与调节躯体运动的一个重要中枢。帕金森（Parkinson）病（震颤麻痹）是由于某种原因造成黑质多巴胺能神经元变性，致使新纹状体内多巴胺水平下降，丘脑向运动皮质发放的兴奋性冲动减少所致。患者表现为肌肉强直、运动受限、减少并出现震颤。

（2）脑干的白质：脑干的白质主要由长的上、下行纤维束和出入小脑的纤维组成，出入小脑的纤维在脑干的背面集合成小脑上、中、下 3 对脚。

1）长的上行纤维束

A. 内侧丘系（medial lemniscus）（图 3-18～图 3-20、图 3-22～图 3-25、图 3-27）：在延髓的中下部，由对侧薄束核和楔束核发出的二级感觉纤维，向前内方走行，呈弓状至中央管腹侧，称为内弓状纤维，而后在锥体交叉的正上方，在中央管腹侧越中线左右交叉形成内侧丘系交叉。交叉后的纤维沿正中线两侧上行，组成内侧丘系，向上经脑干终止于丘脑腹后外侧核。该系在延髓位于中线的外侧，锥体的后方上行；至脑桥后，略偏向腹外侧，位于基底和被盖腹侧之间，纵穿斜方体；到中脑则移向被盖腹外侧边缘，红核的外侧，进入间脑后至于背侧丘脑的腹后外侧核。内侧丘系传递对侧躯干和上、下肢的意识性本体感觉和精细触觉。

B. 脊髓丘脑束（spinothalamic tract）（图 3-18～图 3-20、图 3-22～图 3-27）：脊髓中脊髓丘脑侧束和脊髓丘脑前束在脑干内逐渐靠近，合并成一束，称脊髓丘脑束，又称脊髓丘系。在延髓，它们位于外侧区，下橄榄核的背外侧；在脑桥和中脑，位于内侧丘系的背外侧。脊髓丘脑束终于丘脑腹后外侧核，传递对侧躯干、上下肢的痛温觉和双侧粗略触压觉。

C. 三叉丘脑束（trigeminothalamic tract）（图 3-18、图 3-19、图 3-24、图 3-27）：又称三叉丘系（trigeminal lemniscus），由对侧三叉神经脊束核及双侧三叉神经脑桥核发的二级感觉纤维组成，即三叉神经脊束核发出的二级感觉纤维交叉到对侧，主要传导对侧头面部皮肤、牙及口、鼻黏膜的痛温觉；三叉神经脑桥核发出的二级感觉纤维部分交叉至对侧，部分不交叉在同侧上行，主要传导双侧头面部的触压觉。在脑干紧贴于内侧丘系的背外侧走行，终于丘脑腹后内侧核。

D. 外侧丘系（lateral lemniscus）（图 3-19、图 3-24、图 3-27）：由双侧蜗神经核和双侧上橄榄核发出的二、三级听觉纤维组成。这些核团发出的大部分纤维，在脑桥中下部，经被盖的腹侧部附近，横行穿过纵行的内侧丘系至对侧，此部交叉的纤维为斜方体（即其同时也被上行的内侧丘系纤维纵行穿过），然后在上橄榄核的背外侧转折向上，构成外侧丘系；小部分纤维不交叉加入同侧外侧丘系上行。该丘系在脑桥行于被盖的腹外侧边缘部；在中脑的下部进入下丘，大部分纤维终止于下丘，将听觉冲动传递至下丘；小部分纤维穿过下丘和下丘臂止于内侧膝状体。一侧外侧丘系传导双侧耳的听觉冲动。

E. 脊髓小脑前、后束（anterior and posterior spinocerebellar tracts）（图 3-19、图 3-22、图 3-23、图 3-25～图 3-27）：此两束起于脊髓，行于延髓外侧的周边部，脊髓小脑后束在延髓上部经小脑下脚进入小脑；脊髓小脑前束继续上行，在脑桥上部经小脑上脚进入小脑。此二束传导非意识性本体感觉冲动。

F. 内侧纵束（medial longitudinal fasciculus）（图 3-18～图 3-20、图 3-22～图 3-27）：主要由前庭神经核发出，部分纤维交叉至对侧，沿中线两侧走行。其上行的纤维至两侧眼外肌的运动核；其下行纤维至颈段脊髓中间带和前角内侧核，支配颈肌的运动。内侧纵束的主要功能为协调眼外肌之间的运动，调节眼球的慢速运动和头部的姿势。

2）下行纤维束

A. 锥体束（pyramidal tract）（图 3-18～图 3-27）：主要由大脑皮质中央前回及中央旁小叶前部的巨型锥体细胞（Betz 细胞）和其他类型锥体细胞发出的轴突构成，亦有部分纤维起自额、顶叶的其他皮质区。

锥体束由皮质核束（又称皮质脑干束）和皮质脊髓束两部分构成。皮质核束经过内囊膝及中脑的大脑脚底中 3/5 内侧，在脑干下降途中，分支终止脑干的一般躯体运动核和特殊内脏运动核共 8 个核团，支配头颈肌。皮质脊髓束经过内囊后肢、中脑的大脑脚底中 3/5 外侧、脑桥基底部和延髓的锥体。在延髓锥体的下端，经过锥体交叉进行交叉（75%～90%）。小部分不交叉形成皮质脊髓前束，终止于双侧脊髓前角运动细胞，支配躯干肌；大部分交叉到对侧半脊髓形成皮质脊髓侧束，终止于同侧脊髓前角运动细胞，支配四肢肌。

B. 其他起自脑干的下行纤维束：起自对侧红核的红核脊髓束；起自对侧上丘的顶盖脊髓束（图 3-19、图 3-20、图 3-22～图 3-27）；起自前庭核的前庭脊髓束（图 3-22、图 3-23、图 3-25、图 3-26）和起于网状结构的网状脊髓束等。

（3）脑干的网状结构：在脑干内，除界线明确的脑神经核、中继核和长的纤维束外，尚有神经纤维纵横交织成网状，其间散在有大小不等的神经细胞团块的结构，称脑干网状结构（reticular formation of brain stem）。网状结构在进化上是比较古老的部分，网状结构的神经元具有树突分支多而长的特点，可接受各种感觉信息，保持着多突触联系的特点，传出纤维直接或间接联系着中枢神经系统的各级水平；其功能除有一些古老的调控功能外，保持大脑皮质的觉醒状态、睡眠的周期节律，中枢内上、下行信息的整合，躯体和内脏各种感觉和运动功能的调节，并与脑的学习、记忆等高级功能有关。

1）脑干网状结构的主要核团：根据细胞构筑、位置和纤维联系，脑干网状结构的核团大致可分为向小脑投射的核群、中缝核群、内侧（中央）核群和外侧核群。

A. 向小脑投射的核群：包括外侧网状核、旁正中网状核和脑桥被盖网状核，它们中继脊髓、大脑运动和感觉区皮质、前庭神经核等到小脑的传入纤维。

B. 中缝核群：位于脑干中缝的两侧，主要由 5-羟色胺能神经元组成。

C. 内侧核群：靠近中线，在中缝核的外侧，占居网状结构的内侧 2/3，有巨细胞网状核和脑桥尾侧、颅侧网状核等。内侧核群主要接受外侧核群、脊髓及脑神经感觉核的传入纤维及中脑顶盖的视、听觉信息和嗅脑的嗅觉冲动；发出长的上、下行传出纤维，此外还沿途发出许多侧支与脑神经核及网状结构建立突触联系，是脑干网状结构的整合和“效应区”。

D. 外侧核群：位于内侧核群的外侧，占据网状结构的外侧 1/3。主要由小神经元组成，接受广泛的传入投射，包括大部分上行传导通路的侧支，发出传出纤维到至内侧核群，是脑干网状结构的“感受区”。

2）脑干网状结构的功能

A. 调节肌张力：延髓网状结构的腹内侧部，有抑制肌张力的抑制区。在延髓抑制区的外侧及脑桥和中脑的网状结构内由增强肌张力的易化区发出的网状脊髓束，至脊髓前角运动细胞 α 神经元和 γ 神经元，调节骨骼肌的运动和张力。

B. 调节内脏活动：在脑干的网状结构中，特别是延髓的网状结构中存在着重要的生命中枢，如心血管运动中枢和呼吸中枢，以及血压调节中枢和呕吐中枢等。

C. 参与睡眠发生，抑制痛觉传递：中缝核群中的 5-羟色胺能神经元，发出上行和下行投射纤维，其中上行投射纤维至间脑、基底核和大脑皮质广泛区域，抑制大脑皮质的活动，产生睡眠作用；下行投射纤维到脊髓后角和脊髓胸段侧角，参与痛觉传递和心血管运动的调节。

D. 上行网状激动系统：经脑干上行的各种特异性感觉传导路，均可发出侧支进入网状结构外侧核群，中继后到达内侧核群，或直接进入内侧核群。再由此发出上行纤维终止于背侧丘脑的非特异性核团及下丘脑，再弥散地投射到大脑皮质广泛区域。如此，各种特异性的痛、温觉及视、听、嗅觉等信息转化为非特异性的信息，广泛地投射到大脑皮质，并非点对点的关系，也不产生特异性的感觉。这种非特异性的上行投射系统称为上行网状激动系统。该系统可使大脑皮质保持适度的意识和清醒，从而对各种传入信息有良好的感知能力。该系统损伤会导致不同程度的意识障碍。

3. 脑干各部代表性水平切面观察

（1）延髓

1）锥体交叉水平切面（图 3-26）：此切面的外形及内部结构配布类似于脊髓。切面中心为中央管及其周围的中央灰质。在切面的腹侧部，锥体束中的皮质脊髓束纤维在中央管的腹侧越过中线交叉到对侧形成锥体交叉；在前角区出现副神经核。在背侧部，于薄束、楔束的深面，分别可见薄束核和楔束核。在后角相当于脊髓胶状质的部位有三叉神经脊束核，其浅面为三叉神经脊束，位于薄束的外侧。在前角的背外侧有网状结构。其他纤维束基本保持在相当于脊髓侧索的位置上。

2）内侧丘系交叉水平切面（图 3-22）：此切面通过薄束结节和楔束结节，略高于锥体交叉平面。中央管稍大并向背侧移位，在中央灰质内出现舌下神经核和迷走神经背核及孤束核。在前正中裂的两侧为锥体，其深部为锥体束。背侧的薄束和楔束部位已逐渐被薄束核与楔束核所取代，此二核发出纤维绕过中央灰质的周围行向腹侧，在中央管腹侧越中线交叉，形成内侧丘系交叉；交叉后的纤维在中线两侧上行，形成内侧丘系。网状结构位于中央灰质的腹外侧。其余纤维束的位置略同锥体交叉平面。

3）橄榄中部水平切面（图 3-23）：此平面中央管已背移，并且敞开形成第四脑室底的下部，可见菱形窝的正中沟和界沟。在室底灰质中线的两侧，界沟内侧有舌下神经核、外侧有前庭神经核，两者之间有迷走神经背核、孤束核、孤束等。前庭神经核外侧的纤维为小脑下脚。小脑下脚的腹内侧为三叉神经脊束及三叉神经脊束核。在腹侧部，前正中裂两侧为锥体，橄榄的深面为下橄榄核。在锥体束的背内侧，自腹侧向背侧依次有内侧丘系、顶盖脊髓束和内侧纵束靠中线走行。室底灰质诸核与下橄榄核之间的区域为网状结构，内有疑核出现。舌下神经核发的纤维行向腹侧，经锥体和橄榄之间穿出形成舌下神经出脑；迷走神经背核和疑核发的纤维行向腹外侧，由橄榄背外侧出脑加入迷走神经。

4）延髓橄榄上部水平切面（图 3-25）：此切面约平对第四脑室外侧隐窝。下橄榄核已变小。舌下神经核和迷走神经背核已不存在。邻近小脑下脚的背外侧和腹外侧缘分别有蜗背侧核和蜗腹侧核，接受前庭蜗神经蜗根纤维的终止。小脑下脚的腹侧有舌咽神经根丝出脑。孤束核已移至前庭神经核和三叉神经脊束核之间。其他在中线旁及外侧部的纤维束，与延髓橄榄中部水平切面相似。

（2）脑桥的代表性切面：脑桥内部结构以斜方体为界，分为腹侧的脑桥基底部和背侧的脑桥被盖部。

1）脑桥下部水平切面（图 3-20、图 3-21）：此平面通过面神经丘。脑桥基底部含纵、横行走的纤维及分散在其内的脑桥核。横行纤维为脑桥小脑纤维，越过中线组成粗大的小脑中脚。纵行纤维为锥体束，被横行纤维分隔成大小不等的小束。在被盖部正中线两侧的面神经丘深面为展神经核和面神经膝，外侧为前庭神经核。面神经核位于被盖中央部的网状结构内，其背外侧可见三叉神经脊束和三叉神经脊束核。内侧丘系穿经斜方体内上行，其外侧有脊丘系，腹外侧有红核脊髓束、脊髓小脑前束。内侧纵束和顶盖脊髓束仍居原位。

2）脑桥中部水平切面（图 3-24）：此切面经过三叉神经根入脑处，在这个切面上，基底部是最宽阔的部分，而菱形窝及第四脑室比上一平面缩小。第四脑室侧壁自内向外是小脑上脚、小脑下脚和小脑中脚，在被盖部的外侧部，三叉神经脑桥核和三叉神经运动核分居三叉神经纤维的内、外侧。在此平面，脊髓小脑前束已入小脑上脚。其余纤维束的位置无多大变化。

3）脑桥上部水平切面：脑桥基底部缩小，第四脑室变得更小，室顶为薄层的上髓帆。滑车神经纤维在上髓帆内交叉后出脑。室周灰质的外侧部为三叉神经中脑核，其腹内侧为蓝斑。室周灰质的腹侧中线旁仍为内侧纵束和顶盖脊髓束。小脑上脚开始形成小脑上脚交叉。在被盖的外侧浅表部可见外侧丘系，其腹内侧为脊髓丘脑束、内侧丘系和三叉丘系。

（3）中脑的代表性切面：中脑的内部结构借中脑水管（mesencephalic aqueduct）（又称大脑水管 cerebral aqueduct）分为背侧的顶盖（tectum）和腹侧的大脑脚。大脑脚又被黑质分为腹侧的大脑脚底（crus cerebri）和背侧的被盖（tegmentum）。

1）中脑下丘水平切面（图 3-19）：位于中脑水管周围的是导水管周围灰质，滑车神经核位于该灰质的腹侧部。背侧是下丘及其深面的下丘核。导水管周围灰质的外侧缘可见三叉神经中脑核，腹侧是小脑上脚交叉及被盖腹侧交叉，腹侧的中线两旁有滑车神经核。两交叉的外侧为内侧丘系及脊髓丘脑束。黑质位于大脑脚底和中脑被盖之间，其腹侧的大脑脚底自内向外依次有额桥束、锥体束及顶、枕、颞桥束纤维下行。

2）中脑上丘水平切面（图 3-18）：动眼神经核和动眼神经副核位于导水管周围灰质的腹侧部，发出的纤维行向腹侧，经脚间窝出脑。中脑背侧有一对隆起的上丘，内含上丘灰质层。红核位于被盖中央，横断面呈圆形，发出纤维形成被盖腹侧交叉后下行，组成红核脊髓束。黑质呈半月形，位于被盖和大脑脚底之间。内侧丘系、脊丘系和三叉丘系自前内侧向外侧依次位于红核的背外侧。大脑脚底的结构同下丘切面。

4. 代表性脑干损伤及其临床表现 引起脑干损伤的主要原因包括外伤、肿瘤和血管性疾病等因素。血管性疾病通常是由椎-基底动脉系供血区的血管性病变（梗死或出血）所致，这些血管分支的病变常可累及供血区域若干神经核和纤维束，导致一定的临床表现。典型的脑干损伤及其临床表现如下所示。

（1）延髓内侧综合征：为一侧延髓内侧部的损伤，又称舌下神经交叉性偏瘫。通常由椎动脉的延髓支阻塞所致。主要受损结构及临床表现：①锥体束损伤——对侧上、下肢痉挛性瘫痪；②内侧丘系损伤——对侧上、下肢及躯干意识性本体感觉和精细触觉障碍；③舌下神经根损伤——同侧半舌肌瘫痪（核下瘫）。

（2）延髓外侧综合征：为一侧延髓外侧部的损伤，又称 Wallenberg 综合征，即交叉性感觉障碍，由椎动脉的延髓支或小脑下后动脉阻塞所致。主要受损结构及临床表现：①疑核受损——同侧软腭及咽喉肌麻痹，吞咽困难，声音嘶哑；②三叉神经脊束受损——同侧头面部痛、温觉障碍；③脊髓丘脑束受损——对侧上、下肢及躯干痛、温觉障碍；④下丘脑至脊髓中间外侧核的交感下行通路受损——同侧 Horner 综合征，表现为瞳孔缩小、上睑轻度下垂、面部皮肤潮红及汗腺分泌障碍；⑤小脑下脚受损——同侧上、下肢共济失调；⑥前庭神经核受损——眩晕，眼球震颤。

（3）脑桥基底部综合征：为一侧脑桥基底部的损伤，如为单侧损伤，又称展神经交叉性偏瘫。由基底动脉的脑桥支阻塞所致。主要受损结构及临床表现：①锥体束受损——对侧上、下肢痉挛性瘫痪；②展神经根受损——同侧眼球外直肌瘫痪。

（4）脑桥背侧部综合征：为一侧脑桥尾侧部被盖的损伤，通常因小脑下前动脉或小脑上动脉的背外侧支阻塞，引起一侧脑桥尾侧或颅侧部的被盖梗死所致。主要受损结构及临床表现：①展神经核受损——同侧眼球外直肌麻痹，双眼患侧凝视麻痹；②面神经核受损——同侧面肌麻痹（核下瘫）；③前庭神经核受损——眩晕，眼球震颤；④三叉神经脊束受损——同侧头面部痛、温觉障碍；⑤脊髓丘脑束受损——对侧上、下肢及躯干痛、温觉障碍；⑥内侧丘系受损——对侧上、下肢及躯干意识性本体感觉和精细触觉障碍；⑦下丘脑至颈段脊髓中间带外侧核的交感神经下行通路受损——同侧 Horner 综合征；⑧小脑下脚和脊髓小脑前束受损——同侧上、下肢共济失调。

（5）大脑脚底综合征：为一侧大脑脚底的损伤，又称动眼神经交叉性偏瘫，亦称 Weber 综合征）。由大脑后动脉的分支阻塞所致。主要受损结构及临床表现：①皮质脊髓束受损——对侧上、下肢痉挛性瘫痪；②皮质核束损伤——对侧面神经和舌下神经核上瘫；③动眼神经根损伤——同侧除外直肌和上斜肌以外的所有眼球外肌麻痹，瞳孔散大。

（6）本尼迪克特综合征（Benedikt 综合征）：为一侧中脑的被盖腹内侧部的损伤。主要受损结构及临床表现：①红核和小脑丘脑纤维（为已交叉的小脑上脚纤维）受损伤——对侧上、下肢意向性震颤，共济失调；②动眼神经根损伤——同侧除外直肌和上斜肌外的所有眼球外肌麻痹，瞳孔散大；③内侧丘系损伤——对侧上、下肢及躯干意识性本体觉和精细触觉障碍。

（二）小脑

1. 小脑的位置与外形　小脑（cerebellum）位于颅后窝内，在延髓和脑桥的后方，是重要的运动调节中枢，胚胎发生上与脑桥共同起源于菱脑前部。小脑的背侧面平坦并与硬脑膜形成的小脑幕贴近；其腹侧面为脑桥和延髓，并借小脑下脚、中脚和上脚与脊延髓、脑桥、中脑和背侧丘脑相连（图 3-12）。

小脑两侧的隆起为小脑半球（cerebellar hemispheres）；中间的狭窄部为小脑蚓（vermis）（图 3-28、图 3-29）。小脑上面平坦，其前、后缘凹陷，称小脑前、后切迹（anterior and posterior cerebellar notches）；下面膨隆，在小脑半球下面的前内侧，各有一向下膨出的部分，称小脑扁桃体（tonsil of cerebellum）。小脑扁桃体靠近枕骨大孔，紧邻延髓，当颅内压增高时，小脑扁桃体有可能被挤压入枕骨大孔，形成枕骨大孔疝或称小脑扁桃体疝，压迫延髓，危及生命。小脑蚓的上面略高出小脑半球之上；下面凹陷于两半球之间，从前向后依次为小结（nodule）、蚓垂（uvula of vermis）、蚓锥体（pyramid of vermis）和蚓结节（tuber of vermis）。小结向两侧借绒球脚（peduncle of flocculus）与位于小脑半球前缘的绒球（flocculus）相连。

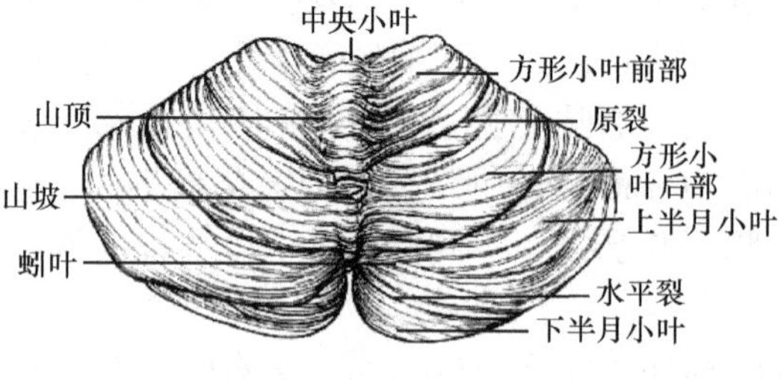

图 3-28　小脑的外形（上面）

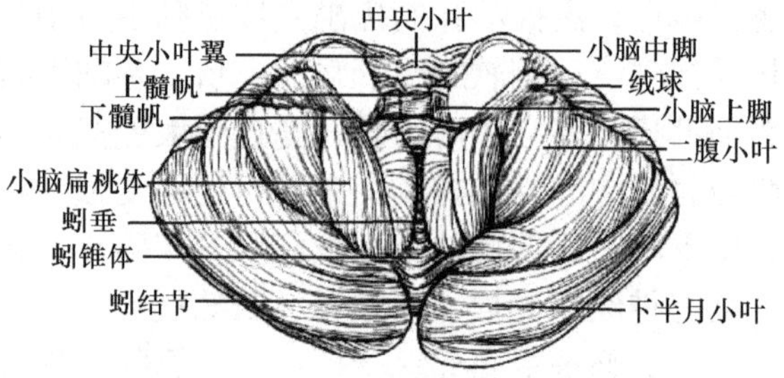

图 3-29　小脑的外形（下面）

小脑表面有许多相互平行的浅沟，沟与沟之间的狭窄部分称为小脑叶片（图 3-28、图 3-29）。其中小脑上面前、中 1/3 交界处有一略呈“V”字形的深沟，称为原裂（primary fissure），它是小脑前后叶的分界线；小脑下面绒球和小结的后方有一深沟，为后外侧裂（posterolateral fissure）；小脑半球后缘为水平裂（horizontal fissure）。

2. 小脑的分叶　根据原裂和后外侧裂及小脑的发生，可将小脑分成三个叶：原裂的前方为前叶；原裂的后方为后叶；绒球、小结及绒球脚组成绒球小结叶。前叶和后叶又合称小脑体（corpus of cerebellum）。小脑体由内向外可分为 3 个纵区，即蚓部、半球的中间部（middle part of hemisphere）和半球的外侧部（lateral part of hemisphere）。小脑的分区（解剖分区和功能分区）与小脑的种系发生密切相关。

3. 小脑的功能分部　小脑的分区与小脑的进化、传入纤维联系和功能密切相关，由此将小脑分为 3 部分。

绒球小结叶在进化上出现最早，在进化上是小脑最古老的部分，构成原小脑（archicerebellum），因其纤维联系及功能与前庭密切相关又称前庭小脑（vestibulocerebellum）；小脑体蚓部和中间部在进化上出现较晚，晚于绒球小结叶，两者共同组成旧小脑（paleocerebellum），因主要接受来自脊髓的信息又称脊髓小脑（spinocerebellum）；小脑体的外侧部在进化中出现最晚，是最新的部分，故称新小脑（neocerebellum），它随着大脑皮质的发育而发展，主要接受大脑皮质经脑桥中继后的信息，又称大脑小脑（cerebrocerebellum）。

4. 小脑的内部结构　小脑由表面的皮质、深部的髓质及小脑核构成。

（1）小脑皮质（cerebellar cortex）：小脑的表面被覆有薄层的灰质，称为小脑皮质。小脑皮质由神经元的胞体和树突组成，其细胞构筑分为 3 层：由浅至深依次为分子层、梨状细胞层和颗粒层。

进入小脑皮质的纤维只有攀缘纤维（climbing fiber）和苔藓纤维（mossy fiber）两类，每一根攀缘纤维可联系 1～10 个浦肯野细胞，每个浦肯野细胞只接受一根攀缘纤维。苔藓纤维进入小脑皮质后与颗粒细胞发生突触联系，起到兴奋颗粒细胞的作用。颗粒细胞的轴突进入小脑皮质浅层后，形成平行纤维，转而兴奋其他神经元，如兴奋 Golgi 细胞。Golgi 细胞兴奋后即反馈抑制颗粒细胞的活动，由于 Golgi 细胞的轴突分布比较广泛，它同时抑制许多颗粒细胞的活动，造成颗粒细胞的兴奋反应在空间上局限起来，即由苔藓纤维直接兴奋的颗粒细胞处在兴奋状态，而在外周的颗粒细胞则处在抑制状态。

1）颗粒层（granular layer）：主要由颗粒细胞构成，并含有抑制性中间神经元（Golgi

细胞）。该层的传入纤维为来自脊髓、脑桥核和脑干网状结构等处的兴奋性苔藓纤维，其纤维终末形成花结样膨大，称玫瑰结，与颗粒细胞的树突和 Golgi 细胞的轴突终末共同构成小脑小球（glomerulus）。颗粒细胞是兴奋性中间神经元，其轴突进入分子层，成 T 形分叉，沿小脑叶片的长轴分布形成平行纤维（parallel fiber）。

2）梨状细胞层（piriform cell layer）：由排列整齐的单层梨状细胞（又称浦肯野细胞）构成。该细胞的树突分支在分子层内扇形展开成侧柏枝状，其扇面方向与平行纤维垂直，并与之形成大量突触。梨状细胞的树突分支还接受来自延髓下橄榄核的另一种兴奋性纤维攀缘纤维和小脑分子层的两种抑制性神经元（篮细胞和星形细胞）的轴突终末。而梨状细胞的轴突则是小脑皮质的唯一传出纤维，向深部穿过颗粒层进入小脑髓质，大部分止于小脑核，少数直接出小脑止于前庭神经核，发挥抑制功能。

3）分子层（molecular layer）：其主要成分是稀疏分布的少量神经元、大量梨状细胞树突、颗粒细胞轴突形成的平行纤维和攀缘纤维。神经元主要是篮细胞和星形细胞。这两种细胞的轴突与梨状细胞的树突形成抑制性突触。

（2）小脑髓质（白质）：由 3 类纤维构成。

1）小脑皮质和小脑核之间的往返纤维。

2）相邻小脑叶片间或小脑各叶之间的联络纤维。

3）联系小脑和小脑以外其他脑区的传入、传出纤维。这些纤维组成 3 对小脑脚：小脑上、中、下脚。

A. 小脑下脚（inferior cerebellar peduncle）：又称绳状体，连于小脑和延髓、脊髓之间。包含小脑的传入纤维和传出纤维。传入纤维包括：脊髓小脑后束及楔小脑束的纤维、橄榄小脑纤维、前庭小脑纤维、延髓网状结构进入小脑的纤维，这些纤维分别止于小脑相应功能部位。传出纤维包括发自绒球和部分小脑蚓部皮质，止于前庭神经核的小脑前庭纤维；起于顶核，止于延髓的顶核延髓束纤维（包括顶核前庭纤维和顶核网状纤维）。

B. 小脑中脚（middle cerebellar peduncle）：又称脑桥臂，最粗大，位于最外侧，连于小脑和脑桥之间。其主要成分为小脑传入纤维，且几乎全部由对侧脑桥核发出的脑桥小脑纤维构成，仅少许脑桥网状核到小脑皮质的纤维，传递来自大脑皮质的信息；小脑传出纤维非常稀少，为小脑至脑桥的纤维。

C. 小脑上脚（superior cerebellar peduncle）：又称结合臂，连于小脑和中脑、间脑之间。是小脑的主要的传出通路，主要由小脑中央核发出，止于对侧红核和背侧丘脑腹外侧核；小脑传入纤维主要有脊髓小脑前束、三叉小脑束、顶盖小脑束和红核小脑束等。

（3）小脑核（cerebellar nuclei）（图 3-30）：又称小脑中央核（central nuclei of cerebellum），有 4 对，位于小脑内部，埋于小脑髓质内。由内侧向外侧依次为顶核（fastigial nucleus）、球状核（globose nucleus）、栓状核（emboliform nucleus）和齿状核（dentate nucleus）。其中球状核和栓状核合称为中间核（interposed nuclei），位于齿状核的内侧，接受新、旧小脑皮质的纤维，属于旧小脑。小脑核中最重要的是顶核

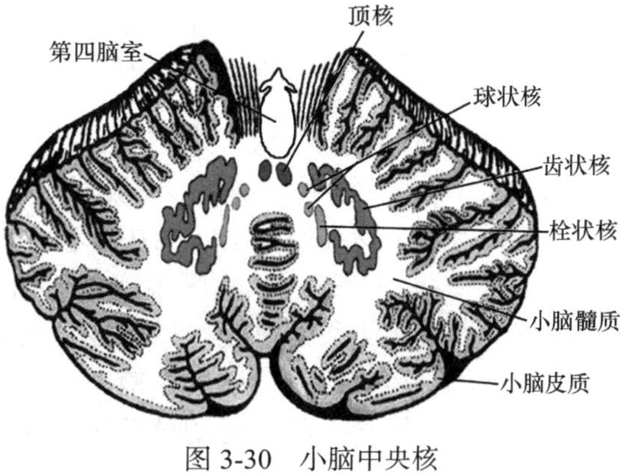

图 3-30　小脑中央核

和齿状核。顶核位于第四脑室顶的上方，小脑蚓的白质内，接受原、旧小脑皮质的纤维，属于原小脑；齿状核位于小脑半球的白质内，最大，呈皱缩的口袋状，袋口朝向前内方，接受新小脑皮质的纤维，属于新小脑。

5. 小脑的纤维联系和功能

（1）原小脑（前庭小脑）（图 3-31）：也称古小脑，主要接受同侧前庭神经初级平衡觉纤维和前庭神经核经小脑下脚的传入纤维，止于绒球小结叶的皮质。

其传出纤维经顶核中继或直接经小脑下脚终止于同侧前庭神经核、脑桥和网状结构，之后发出前庭脊髓束、网站脊髓束和内侧纵束至脊髓前角运动细胞和脑干的一般躯体运动核，控制躯干肌和眼外肌运动，维持身体平衡，协调眼球运动。

（2）旧小脑（脊髓小脑）（图 3-32）：主要接受脊髓小脑前、后束经小脑上、下脚传入的非意识性本体感觉冲动。其传出纤维主要投射至中间核，中继后发出纤维到前庭神经核、红核和脑干网状结构，再经前庭脊髓束、红核脊髓束及网状脊髓束来影响脊髓前角运动细胞，以调节肌张力。

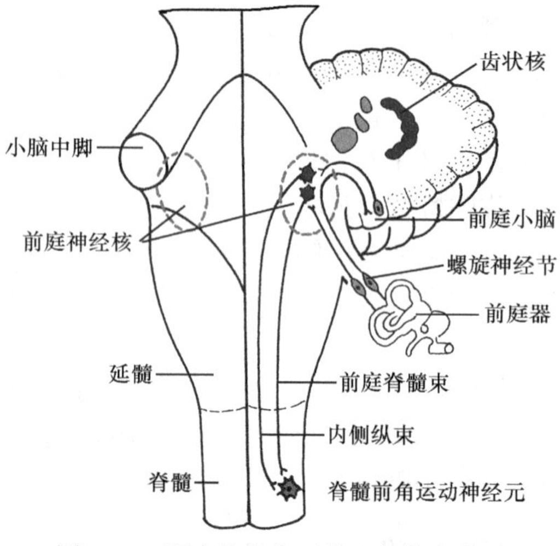

图 3-31　原小脑的主要传入、传出联系

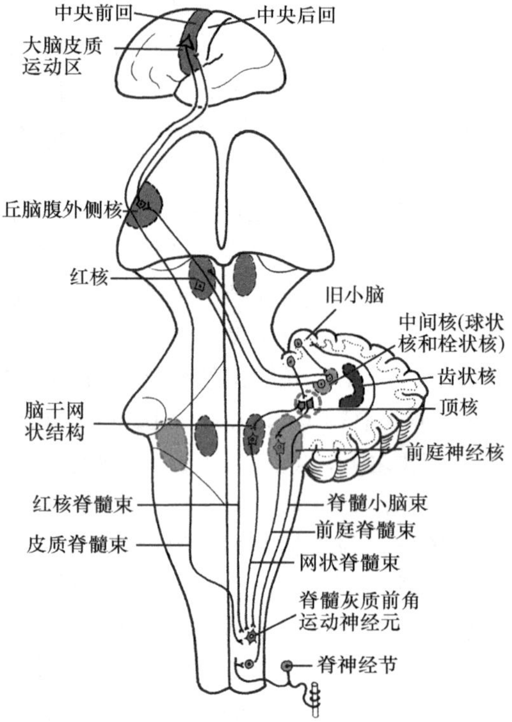

图 3-32　旧小脑的主要传入、传出联系

（3）新小脑（大脑小脑）（图 3-33）：主要接受大脑皮质发出的运动信息，经皮质脑桥束在脑桥核中继后经小脑中脚传入的纤维。脑桥核发出纤维交叉到对侧组成小脑中脚进入新小脑皮质。新小脑皮质发出纤维在齿状核中继后经小脑上脚进入对侧的红核和对侧背侧丘脑腹前核及腹外侧核（又称腹中间核），后者再发出纤维投射到大脑皮质躯体运动区，最后经皮质脊髓束下行至脊髓，以调控骨骼肌的随意、精细运动。

原小脑的功能是维持身体的平衡，故原小脑损伤，如肿瘤压迫绒球小结叶时，可出现平衡失调、站立不稳、眼球运动异常和位置性眼震颤等。旧小脑的功能是调节肌张力。新小脑的功能是协调骨骼肌的随意运动，新小脑损伤时常伴有旧小脑损伤，患者常表现为肌张力低下、腱反射减弱、共济运动失调和意向性震颤，如手的轮替运动障碍等。

6. 小脑损伤的临床表现

（1）小脑损伤的典型表现

1）小脑的功能主要是调节下行运动通路的活动，故小脑的损伤不会引起随意运动丧失（瘫痪）。小脑血管性病变、局部肿瘤等，均可造成小脑一定部位的损伤。

2）由于小脑上脚纤维是交叉的，而皮质脊髓侧束和红核脊髓束又反向交叉回同侧；又因为脊髓至小脑传入通路的损伤，主要累及在同侧上升的脊髓小脑后束和楔小脑束。故一侧小脑半球和小脑丘脑纤维在交叉前损伤时，运动障碍出现在同侧（图 3-31～图 3-33）。

3）小脑损伤的典型体征：①共济失调，运动时有控制速度、力量和距离上的障碍；②眼球震颤；③意向性震颤。

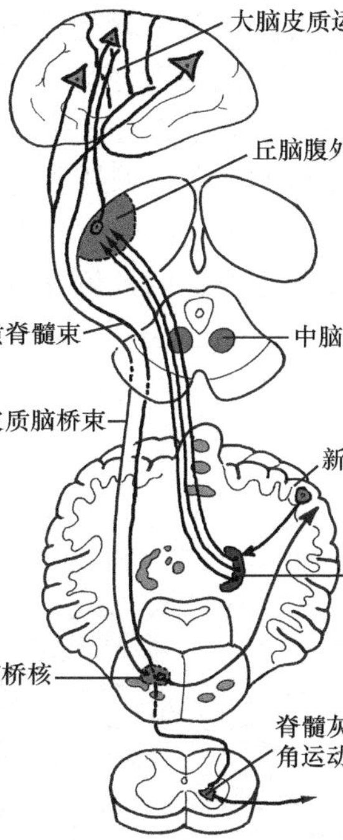

图 3-33 新小脑的主要传入、传出联系

（2）原小脑综合征：因前庭小脑损伤所致。患者表现：①平衡失调，站立不稳，走路时两腿间距过宽，常向前后倾倒；②眼球震颤，表现为眼球非自主地有节奏地摆动。

（3）新小脑综合征：因小脑半球损伤所出现的症状，多数患者旧小脑也同时被侵犯。患者患侧肢体出现：①肌张力低下，步态蹒跚；②共济失调，不能准确地用手指指鼻，不能做快速的交替动作；③意向性震颤，肢体运动时，产生不随意地有节奏地摆动，越接近目标时越加剧。

（三）间脑

间脑（diencephalon）由胚胎时的前脑泡发育而成，位于脑干的中脑与端脑之间，间脑的两侧和背面被高度发展的大脑半球所掩盖，仅部分腹侧部露于脑底。间脑中间有一窄腔为第三脑室，分隔间脑的左右部分（图 3-34、图 3-35）。虽然间脑的体积不及中枢神经系统 2%，但结构和功能十分复杂，是仅次于端脑的中枢高级部位。间脑可分为 5 个部分：背侧丘脑、后丘脑、上丘脑、底丘脑和下丘脑。只有一对脑神经进入间脑，即视神经。

1. 背侧丘脑（dorsal thalamus） 又称丘脑，由一对卵圆形的灰质团块组成，借丘脑间黏合相连，其前端狭窄隆凸称丘脑前结节，后端膨大称丘脑枕，外侧面与端脑的内囊相连，背面的外侧缘与端脑尾状核之间隔有终纹（terminal stria）（图 3-34），内侧面有一自室间孔走向中脑水管的浅沟，称下丘脑沟（hypothalamic sulcus），为背侧丘脑与下丘脑的分界线。

在背侧丘脑灰质的内部有一由白质构成的内髓板（internal medullary lamina），在水平面上呈“Y”字形，将背侧丘脑大致分为三大核群：前核群、内侧核群和外侧核群。前核群位于内髓板分叉部的前上方，是边缘系统中的一个重要中继站，其功能和内脏活动有关。内侧核群主要是背内侧核，又分为大细胞区和小细胞区（图 3-36），位于内髓板的内侧，其中内侧背核较为重要，此核有广泛的纤维联系，可能是联合躯体和内脏感觉冲动的整合中枢。在丘脑内侧面，第三脑室侧壁上的薄层灰质及丘脑间黏合内的核团，合称为中线核群。在外侧核群与内囊之间的薄层灰质称丘脑网状核，网状核与外侧核群间为外髓板。上述各核群中均含多个核团，其中外侧核群分为背侧组和腹侧组，背侧组从前向后分为背外侧核、后外侧核及枕，腹侧组由前向后分为腹前核（ventral anterior nucleus）、腹外侧核（ventral lateral nucleus）（又称腹中间核）和腹后核（ventral posterior nucleus）。腹后核又分为腹后内侧核和腹后外侧核。

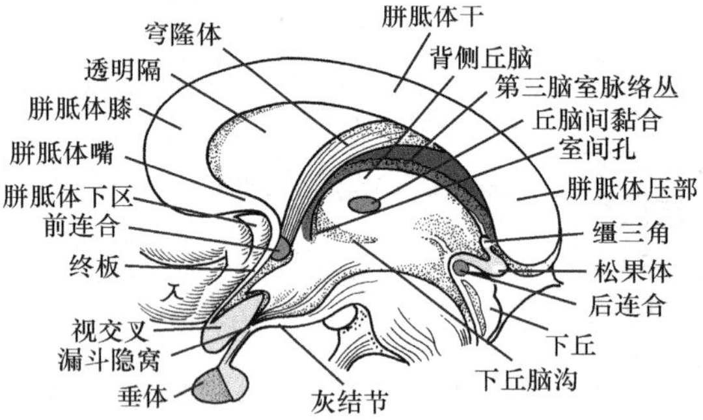

图 3-34 间脑（正中矢状切面）

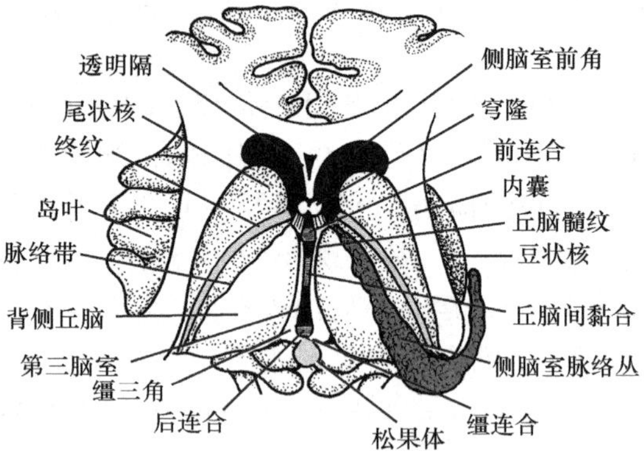

图 3-35 间脑（背面）

按进化程序的先后，纤维联系和功能，背侧丘脑又可分为古、旧、新 3 类核团。

（1）非特异性投射核团（古丘脑）：为背侧丘脑内进化上较古老的部分，包括中线核、板内核和网状核。主要接受嗅脑、脑干网状结构的传入纤维，与下丘脑和纹状体之间有往返联系。网状结构上行纤维经这些核团转接，弥散地投射到大脑皮质广泛区域构成上行网状激动系统，维持机体的清醒状态。

（2）特异性中继核团（旧丘脑）：为背侧丘脑内进化上较新的部分，包括腹前核、腹中间核、腹后核（图 3-36）。主要功能是充当脊髓或脑干等的特异性上行传导系统的转接核，由这些核发出纤维将不同的感觉及与运动有关的信息转送到大脑的特定区，产生具有意识的感觉或调节躯体运动作用。腹前核和腹中间核主要接受小脑齿状核、苍白球、黑质传入纤维，经它们中继，发出纤维投射至躯体运动中枢，调节躯体运动。腹后核，包括腹后内侧核（ventral posteromedial nucleus）和腹后外侧核（ventral posterolateral nucleus）（图 3-36）。前者接受三叉丘系和由孤束核发出的味觉纤维，后者接受内侧丘系和脊髓丘系的纤维。腹后核发出丘脑中央辐射投射至大脑皮质中央后回的躯体感觉中枢。传导头面部感觉的纤维投射到腹后内侧核，由腹后内侧核发出纤维投射到大脑皮质中央后回下部头面部躯体感觉中枢；传导上肢、躯干和下肢感觉的纤维由内向外依次投射到腹后外侧核，再由该核发出纤维投射到相应的上肢、躯干和下肢大脑皮质躯体感觉中枢代表区。

（3）联络性核团（新丘脑）：为背侧丘脑内进化上最新的部分，包括前核群、内侧核和外侧核的外侧背核（图 3-36）。虽然它们不直接接受上行的传导束，但与丘脑其他核团、大脑皮质等均有丰富的往返的纤维联系。在功能上进入高级神经活动领域，能汇聚躯体和内脏的感觉信息及运动信息，并伴随情感意识的辨别分析能力，也参与学习记忆活动。

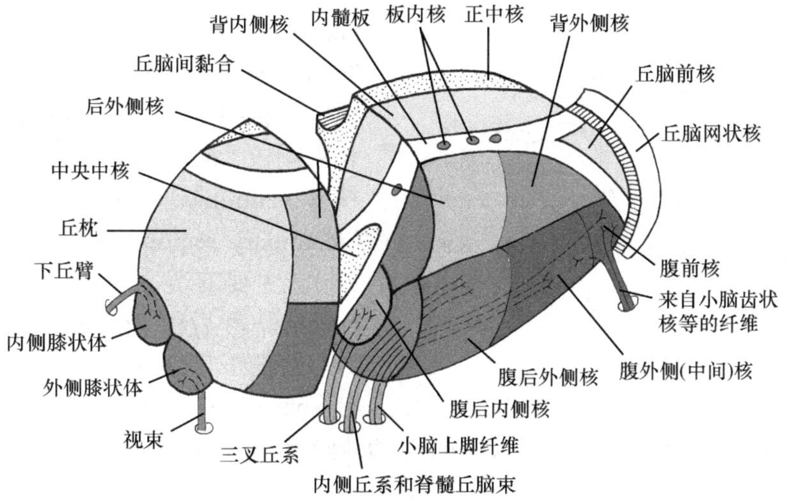

图 3-36 背侧丘脑核团模式图

在大脑皮质不发达的鸟类，背侧丘脑是重要的高级感觉中枢；在人类其功能已降为皮质下感觉中枢，但仍有粗略的感觉，并伴有愉快和不愉快的情绪。

2. 后丘脑（metathalamus） 位于丘脑枕的下外方，中脑顶盖的上方，包括内侧膝状体（medial geniculate body）和外侧膝状体（lateral geniculate body）（图 3-36），属特异性中继核。内侧膝状体为听觉皮质下中枢，接受来自下丘臂的听觉传导通路的纤维，发出听辐射纤维至颞叶的听觉中枢。外侧膝状体为视觉皮质下中枢，接受视束的传入纤维，发出视辐射纤维至枕叶的视觉中枢。

3. 上丘脑（epithalamus） 位于第三脑室顶部周围，包括松果体（pineal body）、缰连合、缰三角、丘脑髓纹和后连合（图 3-34）。松果体为内分泌腺，产生褪黑素，16 岁以后松果体钙化，可作为 X 线诊断颅内占位病变的定位标志。缰三角内有缰核，接受经丘脑髓纹内来自隔核等处的纤维，并发出纤维组成缰核脚间束投射至中脑脚间核，缰核被认为是边缘系统与中脑之间的中继站。丘脑髓纹主要由来自隔区的纤维束构成，大部分终止于缰核，并横过中线形成缰联合。

4. 底丘脑 是丘脑和中脑被盖之间的过渡区，位于丘脑的下方，内囊和下丘脑之间，外形只能在脑切片上辨认其范围。中脑的红核和黑质都延伸至此。在黑质的外侧有一扁圆形的灰质团块，称底丘脑核（subthalamic nucleus），与内囊外侧面的苍白球之间有往返的纤维联系，属锥体外系的结构。

5. 下丘脑 位于下丘脑沟下方，构成第三脑室下壁和侧壁的下份。从脑的底面看，下丘脑从前向后包括视交叉（optic chiasma）、灰结节（tuber cinereum）和乳头体（mamillary body）。视交叉向后延伸为视束（optic tract）。视交叉后方为灰结节，向前下方形成中空的圆锥状部分称漏斗（infundibulum），灰结节与漏斗移行部的上端膨大处称正中隆起（median eminence）；漏斗下端与垂体相连。灰结节后方有一对呈圆形的隆起，称为乳头体。

（1）下丘脑的分区及主要核团（图 3-37）：下丘脑从前向后分为如下 4 个区。①视前区（preoptic region）（位于视交叉前缘）主要有视前核，其功能可能与副交感神经活动有关。②视上区（supraoptic region）（位于视交叉上方），主要有视交叉上核（suprachiasmatic nucleus）、室旁核（paraventricular nucleus）、视上核（supraoptic nucleus）和前核（anterior

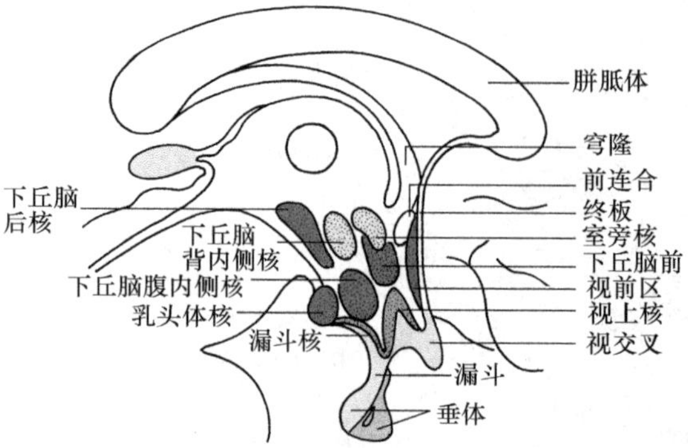

图 3-37 下丘脑的主要核团（矢状切面）

nucleus）。③结节区（tuberal region）（位于灰结节内及其上方），主要有漏斗核（哺乳动物又称弓状核，infundibular nucleus）、背内侧核（dorsomedial nucleus）和腹内侧核（ventromedial nucleus）。④乳头区（mamillary region）（位于乳头体内及其上方），主要有乳头体核（mamillary body nucleus）和后核（posterior nucleus）。

每侧下丘脑由内向外分为 3 带，室周带（periventricular zone）（位于第三脑室室管膜下的薄层灰质）、内侧带（medial zone）和外侧带（lateral zone）（以穹隆柱和乳头丘脑束分界）。

下丘脑的神经元数量不多，但具有一些特殊神经元，这些神经元既具有一般神经元产生和传导冲动的功能，又能合成和释放激素，称为神经内分泌细胞（neuroendocrine cell），其产生的激素称为神经激素（neurohormone）。

（2）下丘脑的主要纤维联系：下丘脑有复杂的纤维联系（图 3-38、图 3-39），主要包括如下几点。①与背侧丘脑的联系：借乳头丘脑束（mamillothalamic tract）将乳头体和丘脑前核相联系。②与边缘系统的联系，借穹隆将海马结构和乳头体核相联系；借前脑内侧束（medial forebrain bundle）将隔区、下丘脑（横贯下丘脑外侧区）和中脑被盖相联系；借终纹将隔区、下丘脑和杏仁体相联系。③与垂体的联系，由视上核分泌的抗利尿素（ADH）和室旁核合成分泌的催产素经视上垂体束（supraopticohypophyseal tract）及室旁垂体束（paraventriculo-hypophyseal tract）投射到神经垂体，在此储存并在需要时释放入血液；由漏斗核及邻近室周区合成分泌的多种激素释放因子或抑制因子经结节漏斗束或称结节垂体束（tuberohypophyseal tract）投射到垂体门脉系统，调控腺垂体的内分泌功能。④主要与脑干和脊髓的内脏神经核群联系，借乳头被盖束（mamillotegmental tract）将乳头体和中脑被盖相联系；借背侧纵束（dorsal longitudinal fasciculus）将下丘脑和脑干的副交感节前神经元相联系；借下丘脑脊髓束（hypothalamospinal tract）将下丘脑和脊髓的交感节前神经元、骶髓的副交感节前神经元相联系。

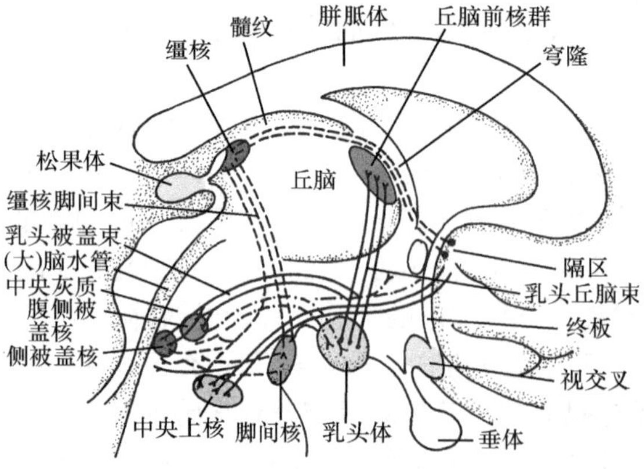

图 3-38 下丘脑（矢状切面）的纤维联系

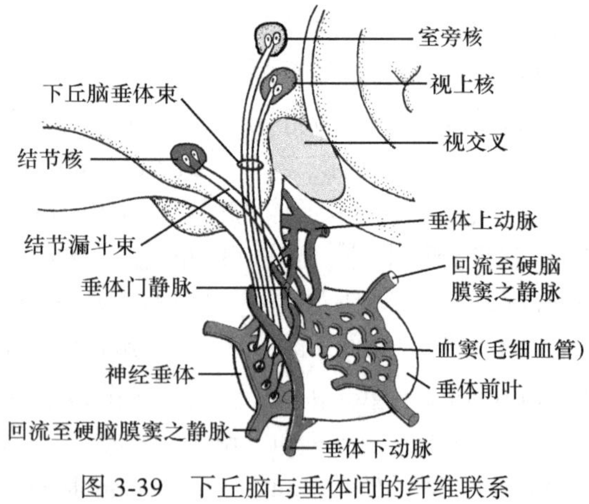

图 3-39 下丘脑与垂体间的纤维联系

（3）下丘脑的功能与临床联系：下丘脑的功能包括如下几点。①神经内分泌中心，下丘脑是脑控制内分泌的重要结构。通过与垂体的密切联系，将神经调节与激素调节融为一体。主要轴系为下丘脑-垂体-甲状腺轴系，下丘脑-垂体-性腺轴系和下丘脑-垂体-肾上腺轴系。②自主神经的调节，下丘脑是调节交感与副交感活动的主要皮质下中枢。下丘脑前内侧区使副交感神经系统兴奋，下丘脑后外侧区使交感神经系统兴奋，通过背侧纵束和下丘脑脊髓束调控脑干和脊髓的自主神经。③体温调节，下丘脑前区（含前核）对体温升高敏感，启动散热机制，包括排汗及扩张表皮血管。④食物摄入调节，通过下丘脑饱食中枢（下丘脑腹内侧核）和摄食中枢（下丘脑外侧部）调节摄食行为，下丘脑腹内侧核的损毁导致过度饮食而肥胖，下丘脑外侧区损毁导致禁食而消瘦。⑤昼夜节律调节，视交叉上核接受来自视网膜的传入进而影响褪黑素的分泌而调节昼夜节律。

（四）端脑

端脑（telencephalon）又称大脑，是脑的最高级部位，大脑纵裂把大脑分为左、右大脑半球，并借胼胝体连接。端脑由胚胎时的前脑泡演化而来，在演化过程中，前脑泡两侧高度发育，形成端脑，即左、右大脑半球，遮盖着间脑和中脑，并把小脑推向后方，大脑半球和小脑之间有大脑横裂（cerebral transverse fissure）。大脑半球表面的灰质层，称大脑皮质（cerebral cortex），深部的白质又称髓质，埋在髓质内的灰质核团称为基底核（basal nuclei），大脑半球内的腔隙称为侧脑室（lateral ventricle）。

左、右大脑半球之间为纵行的大脑纵裂（cerebral longitudinal fissure），纵裂的底面连接两半球宽厚的纤维束板，即胼胝体（corpus callosum）。大脑和小脑之间为大脑横裂（cerebral transverse fissure）。大脑半球表面起伏不平，凹陷处成大脑沟（cerebral sulci），深浅不同，沟之间形成长短大小不一的隆起，为大脑回（cerebral gyri）。人脑的这些沟回有明显的个体差异，即使在同一脑的两个半球之间也存在差异。大脑半球表面有三条重要而恒定的沟：将每侧大脑半球分为5叶，分别为额、顶、枕、颞叶及脑岛。外侧沟（lateral sulcus）起于半球下面，行向后上方，至上外侧面，向后上方行进不远就分为短的前支、升支和长的后支。中央沟（central sulcus）起于半球上缘中点稍后方，斜向前下方，下端与外侧沟隔一脑回，上端延伸至半球内侧面。顶枕沟（parietooccipital sulcus）位于半球内侧面后部，自距状沟起自下向上并略转至上外侧面。

每侧半球借上述三条恒定的沟，将每侧大脑半球分为5叶，分别为额、顶、枕、颞叶及脑岛。在外侧沟上方和中央沟以前的部分为额叶（frontal lobe），外侧沟以下的部分为颞叶（temporal lobe）；枕叶（occipital lobe）位于半球后部，在内侧面为顶枕沟以后的部分；顶叶（parietal lobe）为外侧沟上方，中央沟后方，枕叶以前的部分；岛叶（insula）呈三角形岛状，位于外侧沟深面，被额、顶、颞叶所掩盖（图3-40、图3-41）。顶、枕、颞叶之间在上外侧面并没有明显的大脑沟或回作为分界，顶枕沟至枕前切迹（在枕叶后端前方约4cm处）的连线以后为枕叶，自此连线的中点至外侧沟后端的连线为顶、颞叶的分界。

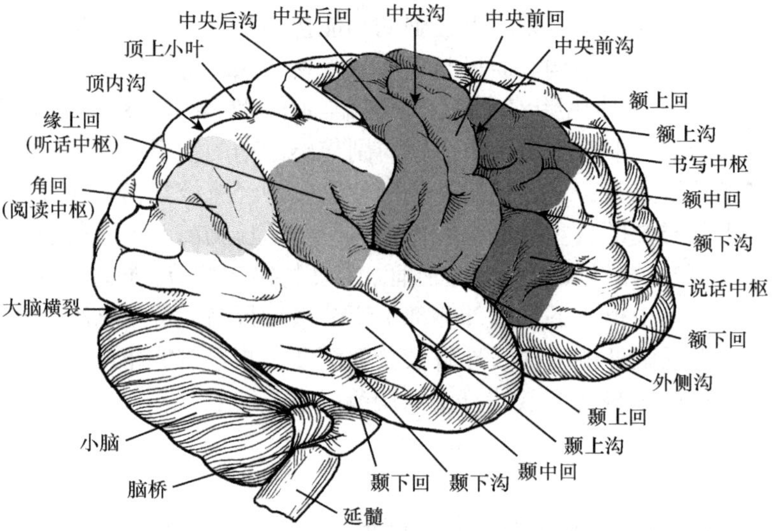

图 3-40 大脑半球外侧面

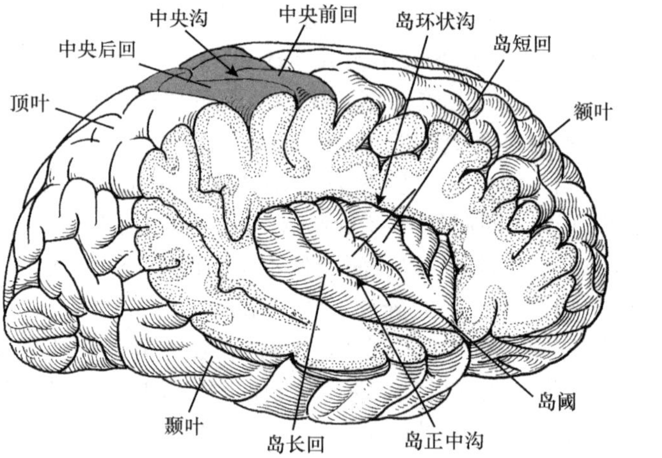

图 3-41 岛叶

1. 大脑半球的重要沟和回

（1）上外侧面的沟和回：在半球上外侧面额叶上，中央沟前方，有与之平行的中央前沟，中央前回（precentral gyrus）居中央沟和中央前沟之间。自中央前沟有两条向前水平走行的沟，为额上沟（superior frontal sulcus）和额下沟（interior frontal sulcus）。居额上沟之上方，沿半球上缘并转至半球内侧面是额上回（superior frontal gyrus），居额上、下沟之间是额中回（middle frontal gyrus）。居额下沟和外侧沟之间是额下回（inferior frontal gyrus），此回后部被外侧沟的前支和升支分为 3 部，由前向后分别为眶部（orbital part）、三角部（triangular part）和岛盖部（opercular part）。

在顶叶上，中央沟后方，有与之平行的中央后沟，此沟与中央沟之间为中央后回（postcentral gyrus）。在中央后沟后方有一条与半球上缘几乎平行的顶内沟，顶内沟的上方为顶上小叶，下方为顶下小叶，顶下小叶又分为包绕外侧沟后端的缘上回（supramarginal gyrus）和围绕颞上沟末端的角回（angular gyrus）。在颞叶上，外侧沟的下方，有与之平行的颞上沟和颞下沟。颞上沟的上方为颞上回，内有几条短的颞横回（transverse temporal gyrus)。颞上沟与颞下沟之间为颞中回。颞下沟的下方为颞下回(图 3-40)。

(2)内侧面的沟和回：上述的额、顶和枕叶都延伸至半球内侧面。在半球的内侧面，在中部有前后方向略呈弓形的胼胝体。胼胝体下方的弓形纤维束为穹隆，两者间为薄层的透明隔(transparent septum)。在胼胝体后下方，有呈弓形的距状沟(calcarine sulcus)向后至枕叶后端，此沟中部与顶枕沟相连。距状沟与顶枕沟之间称楔叶，距状沟下方为舌回。在胼胝体背面有胼胝体沟，此沟绕过胼胝体后方，向前移行于海马沟。在胼胝体沟上方，有与之平行的扣带沟，此沟在中央沟上端延线的前后方，分别向上和上后方分出中央旁沟和缘支，两者之间的部分称中央旁小叶(paracentral lobule)，是自中央前、后回上端移行于内侧面的部分。扣带沟与胼胝体沟之间为扣带回(cingulate gyrus)(图 3-42)。

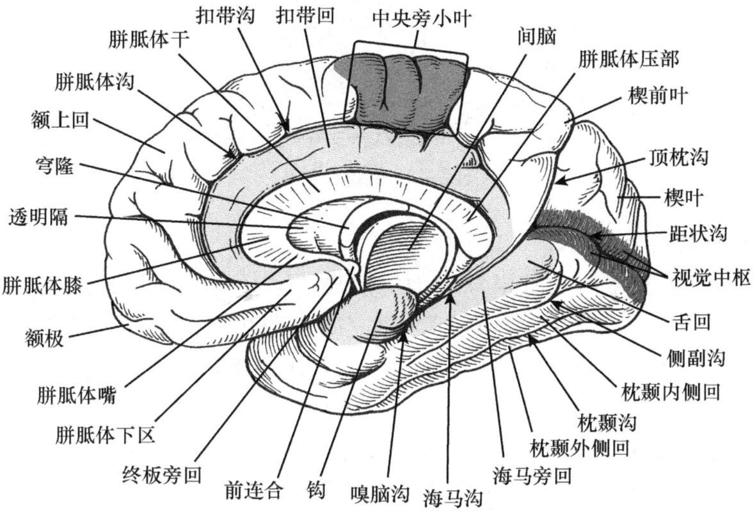

图 3-42 大脑半球内侧面

(3)下面的沟和回：在半球下面，额叶内有纵行的沟，称嗅束沟(olfactory groove)，此沟内侧部为直回(straight gyri)，外侧部总称为眶回(orbital gyri)。眶回又被一“H”形的沟分为 4 部，外侧部为眶外侧回，内侧部为眶内侧回，前部为眶前回，后部为眶后回。嗅束沟内容纳的嗅束，其前端膨大为嗅球，后者与嗅神经相连。嗅束向后扩大为嗅三角。嗅三角与视束之间为前穿质，内有许多小血管穿入脑实质内，其后部邻近视束处，外观光滑，呈斜带状，称斜角带。颞叶下方有与半球下缘平行的枕颞沟，在此沟内侧并与之平行的为侧副沟(collateral sulcus)，侧副沟与枕颞沟间为枕颞内侧回，枕颞沟下方为枕颞外侧回，侧副沟的内侧为海马旁回(parahippocampal gyrus)(又称海马回)，其前端弯曲，称钩(uncus)。在海马旁回的内侧为海马沟，在沟的上方有呈锯齿状的窄条皮质，称齿状回(dentate gyrus)。从侧脑室内面看，在齿状回的外侧，侧脑室下角底壁上有一弓形隆起，称海马(hippocampus)，海马和齿状回构成海马结构(hippocampal formation)(图 3-43)。

此外，在半球的内侧面可见环绕胼胝体周围和侧脑室下角底壁的结构，包括隔区(即胼胝体下区和终板旁回)、扣带回、海马旁回、海马和齿状回等，加上岛叶前部、颞叶的前端共同构成边缘叶(limbic lobe)。边缘叶是根据进化和功能区划分的(图 3-42)。

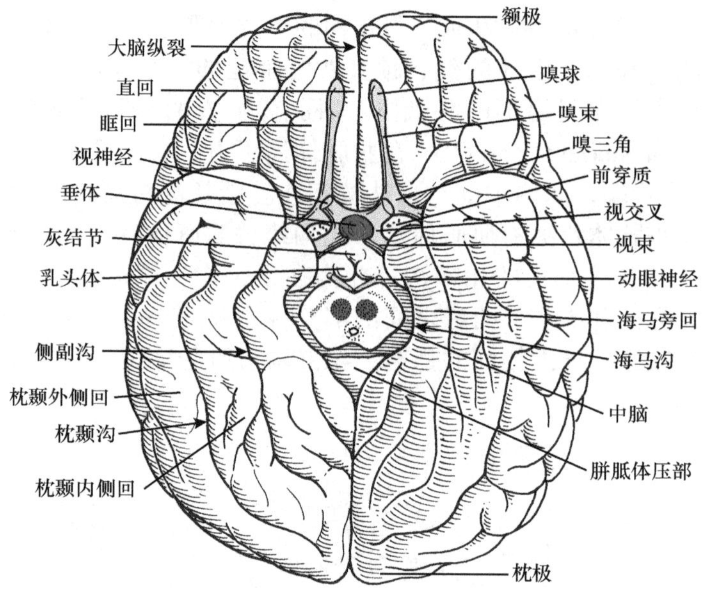

图 3-43　端脑底面

2. 大脑皮质及功能定位

（1）大脑皮质：是覆盖在大脑半球表面的灰质，可分为原（古）皮质（海马、齿状回）、旧皮质（嗅脑）和新皮质（其余大部分）。原皮质、旧皮质与嗅觉和内脏活动有关，新皮质高度发展，占大脑半球皮质的 96%以上，大脑半球表面绝大部分被新皮质占据，将原皮质和旧皮质推向半球的内侧面下部和下面。

原皮质和旧皮质为 3 层结构，新皮质基本为 6 层结构，如海马可分为 3 个基本层：分子层、锥体细胞层和多形细胞层。海马与海马旁回（内嗅区）之间有过渡区域，过渡区域逐渐变成 4 层、5 层、6 层。这一区域通常分为尖下托、下托、前下托和旁下托 4 个带形区，其中前 2 个带形区归海马，后 2 个带形区归海马旁回（内嗅区）。

1）新皮质典型的 6 层结构：由浅到深典型的 6 层结构。

第Ⅰ层：分子层，细胞很少，主要由深层细胞树突、轴突或传入纤维与表面平行走向形成，也称切线纤维层。

第Ⅱ层：外颗粒层，主要由大量颗粒细胞和小锥体细胞密集而成，此层有髓纤维很少，染色很浅，也称无纤维层。

第Ⅲ层：外锥体细胞层，此层含有大量典型的锥体细胞，分为 2 个亚层，浅层以中型锥体细胞为主，深层含有大型锥体细胞，有髓纤维较少，按纤维分层称纹上层。

第Ⅳ层：内颗粒层，有密集的星状细胞，多数小星状细胞，有髓神经纤维在此层形成致密横行纤维丛，主要由传入纤维水平分支组成，又称外纹层。

第Ⅴ层：内锥体细胞层，由中型和大型锥体细胞、颗粒细胞和马提诺蒂细胞组成，其中一些特大的锥体细胞，称为贝兹细胞，其轴突组成锥体束纤维。此层按纤维分层被称为内纹层。

第Ⅵ层：多形细胞层，含大量梭形细胞和少量星形细胞及马提诺蒂细胞，该层的梭形细胞轴突伸入髓质形成投射纤维和联络纤维，此层按纤维分层，被称为纹下层。

从比较胚胎学看，新皮质的 6 层结构是由古皮质的 3 层分化而来，所以大脑新皮质也可分为粒上层（第Ⅰ～Ⅲ层）、内粒层（第Ⅳ层）和粒下层（第Ⅴ、Ⅵ层），粒上层发展最晚，在人脑最发达，接受和发出联络性纤维，实现皮质内联系。内粒层主要接受来自间脑的特异性传入投射纤维。粒下层则借传出的投射纤维联系皮质下结构，控制躯体和内脏运动功能。

虽然6层的新皮质结构是基本型，但不同区域的皮质，各层的厚薄、纤维的疏密及细胞成分都不同。学者们依据皮质各部细胞的纤维构筑，将全部皮质分为若干区。现在广为人们所采用的是Brodmann分区。将皮质分成52个区（图3-44）。

2）大脑皮质内神经元的相互作用方式：多种多样，可概括为如下几种。①反馈：如第Ⅳ层的马提诺蒂细胞可由锥体细胞的轴突接受信息，再通过其本身的轴突与锥体细胞的树突形成突触。②同步：如第Ⅰ层水平细胞的轴突可同时与多个锥体细胞的树突形成突触，产生同步效应。③汇聚：如第Ⅳ层的颗粒细胞可同时接受传入和传出纤维的侧支，进行整合。④扩散：一根传入纤维可终止于第Ⅱ、Ⅲ、Ⅳ层的不同神经细胞，导致信息的广泛传播。⑤局部回路：在大脑皮质众多的各类神经元之间存在着大量的神经回路，这是协调大脑活动的重要形态学基础。

（2）功能定位：大脑皮质是脑的最重要部分，是高级神经活动的物质基础和最高中枢。机体各种功能活动的在大脑皮质上具有定位关系，形成许多重要中枢，但这些中枢只是执行某种功能的核心部分。例如，中央前回主要管理全身骨骼肌随意运动，但也接受部分的感觉冲动，中央后回主要是管理全身深浅感觉，但刺激它也可产生少量运动，因此大脑皮质功能定位概念是相对的。除了一些具有特定功能的中枢外，还存在着广泛的脑区，它们不局限于某种功能，而是对各种信息进行加工和整合，完成认知、情绪、学习和记忆等脑的高级功能，称为联络区（联合皮质），联络区在高等动物显著增加。

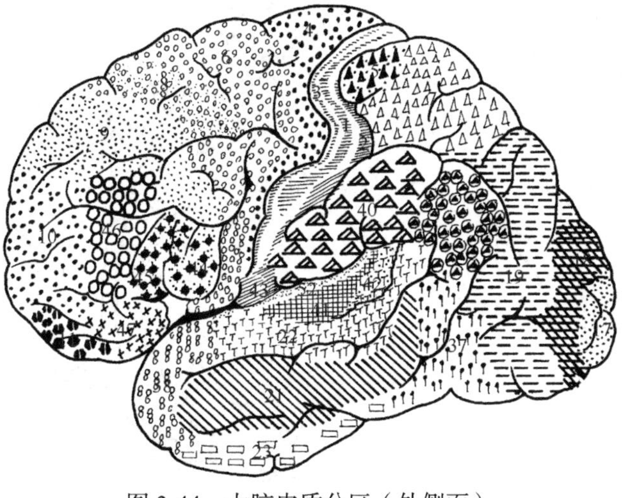

图3-44　大脑皮质分区（外侧面）

1）第Ⅰ躯体运动区（first somatic motor area）：又称躯体运动中枢，位于中央前回和中央旁小叶前部（4区和6区），该中枢对骨骼肌运动的管理有一定的局部定位关系，其特点为如下所示。①上下颠倒，但头面部是正的，中央前回最上部和中央旁小叶前部与下肢、会阴部运动有关，中部与躯干和上肢的运动有关，下部与面、舌、咽、喉的运动有关。②左右交叉，即一侧运动区支配对侧肢体的运动。但一些与联系运动有关的肌则受两侧运动区的支配，如面上部肌、眼球外肌、咽喉肌、咀嚼肌、呼吸肌等。③身体各部分投影区的大小与各部形体大小无关，而取决于功能的重要性和复杂程度。该区接受中央后回、背侧丘脑腹前核、腹后核等的纤维，发出纤维组成锥体束，至脑干躯体运动核和特殊内脏运动核及脊髓前角运动细胞（图 3-45）。

2）第Ⅰ躯体感觉区（first somatic sensory area）：又称躯体感觉中枢，位于中央后回和中央旁小叶后部（3、1、2 区），接受背侧丘脑腹后核传来的对侧半身浅感觉和深感觉纤维，身体各部投影和第Ⅰ躯体运动区相似，身体各部在此区的投射特点：①上下颠倒，但头面部是正的；②左右交叉；③身体各部在该区投射范围的大小也取决于该部感觉敏感程度，如手指和唇的感受器最密，在感觉区的投射范围就最大（图 3-46）。

在人类还有第Ⅱ躯体运动和第Ⅱ躯体感觉中枢，它们均位于中央前回和后回下面的岛盖皮质，与对侧上、下肢运动和双侧躯体感觉（以对侧为主）有关。

3）视觉区（visual area）：位于距状沟上、下方的枕叶皮质，即上方的楔叶和下方的舌回（17 区），接受来自外侧膝状体的纤维。局部定位关系特点是距状沟上方的视皮质接受上部视网膜来的冲动，下方的视皮质接受下部视网膜来的冲动。视网膜的周边区投射到距状裂的前部，黄斑区投射到距状裂的后部，即距状沟后 1/3 上、下方接受黄斑区来的冲动。一侧视区接受双眼同侧半视网膜来的冲动，损伤一侧视区可引起双眼对侧视野偏盲称同向性偏盲。

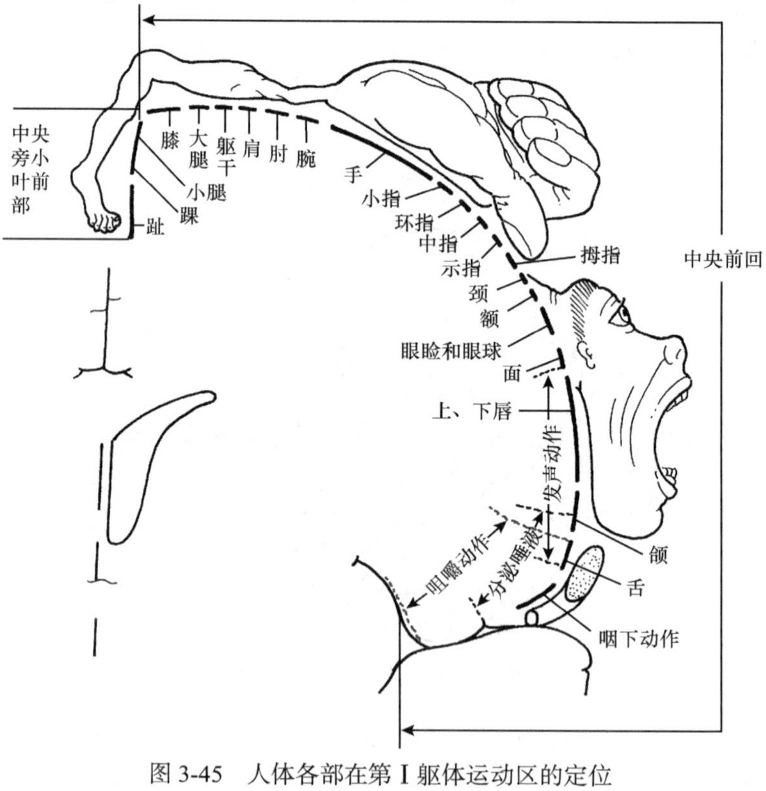

图 3-45　人体各部在第Ⅰ躯体运动区的定位

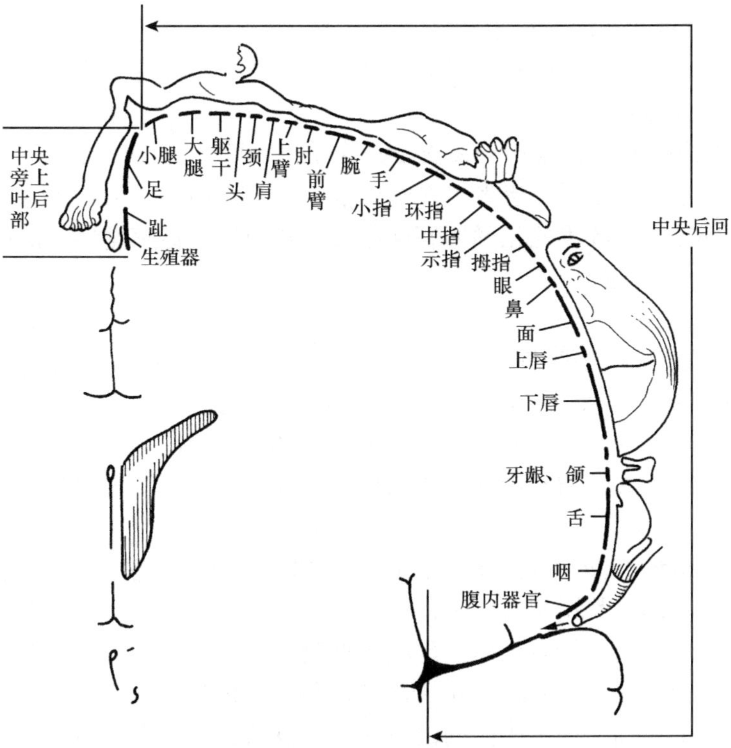

图 3-46 人体各部在第 I 躯体感觉区的定位

4）听觉区（auditory area）：位于颞横回（41 区、42 区），接受双侧内侧膝状体发出的听辐射纤维，因此一侧听觉中枢受损，不致引起全聋。

5）平衡觉区（vestibular area）：关于此中枢的位置存有争议，一般认为在中央后回下端，头面部感觉区的附近。

6）嗅觉区（olfactory area）：位于海马旁回钩的内侧部及其附近。

7）味觉区（gustatory area）：可能位于中央后回下部（43 区），舌和咽的一般感觉区附近。

8）内脏活动的皮质中枢：一般认为在边缘叶，在此叶的皮质区可找到呼吸、血压、瞳孔、胃肠和膀胱等各种内脏活动的代表区。因此有人认为，边缘叶是内脏神经功能调节的高级中枢。

9）语言中枢：是人类大脑皮质所特有的区域，人类大脑皮质与动物的本质区别是能进行思维和意识等高级活动，并进行语言的表达，所以在人类大脑皮质上具有相应的语言中枢，如说话、阅读和书写等中枢。在长期的进化和发育过程中，左右大脑半球的进化并不完全相同，呈不对称性，在语言上有优势半球，一般认为右利手者语言的优势半球在左半球，大部分左利手者语言的优势半球也在左半球，大部分双利手者语言的优势半球也在左半球，可见语言的优势半球多见于左半球，只有病变在语言的优势半球，患者才表现出语言障碍。

A. 运动性语言中枢（motor speech area）：在额下回后部（44 区、45 区），即三角部的后部和岛盖部，又称 Broca 区。如果此中枢受损，患者与发音有关的唇、舌、咽喉肌未瘫痪，虽能发声，却不能说出具有意义的语言，称布罗卡失语症（Broca's aphasia，Broca 失语症），又称运动性失语症。

B. 书写中枢（writing area）：在额中回的后部（8 区），靠近中央前回的上肢投影区，特别是手的运动区。此中枢若受伤，虽然手的运动功能仍然保存，但写字、绘图等精细动作发生障碍，称为失写症。

C. 听觉性语言中枢（auditory speech area）：位于颞上回后部（22 区），它能听到、理解别人的语言。此中枢受损后，患者虽能听到别人讲话，但听不懂别人讲话的意思，自己讲的话也同样不能理解，故不能正确回答问题和正常说话，称感觉性失语症，又称韦尼克失语症（Wer nicke 失语症）。

D. 视觉性语言中枢（visual speech area）：又称阅读中枢，位于顶下小叶的角回（39 区），靠近视觉中枢。此中枢受损时，视觉正常，但不理解文字符号的意义，称为失读症。

3. 大脑的内部结构 大脑半球表层的灰质称大脑皮质，皮质下的白质称髓质。埋在白质深部的灰质团块为基底核（也称基底神经节）。端脑的内腔为侧脑室。

（1）基底核：位于大脑髓质内的灰质团块，位置靠近脑底，包尾状核、豆状核、屏状核和杏仁体。

1）尾状核（caudate nucleus）：是由前向后弯曲的圆柱体，呈“C”形，位于丘脑背外侧分为头、体、尾三部。前端膨大为头，位于额叶内，与侧脑室前角相邻；中部为体伸入颞叶移行为尾部，尾的前端接杏仁体。尾状核伸延于侧脑室前角、中央部和下角。

2）豆状核（lentiform nucleus）：位于岛叶深部，借内囊与内侧的尾状核和丘脑分开，此核在额状面或水平切面上均呈尖向内的三角形。豆状核被两个白质板层分隔成 3 部，外侧部最大称壳（putamen），内侧两部分合称苍白球（globus pallidus）。

纹状体（corpus striatum）：由尾状核和豆状核组成，其前端互相连接，在种系发生上，尾状核和壳是较新的结构，合称新纹状体。苍白球为较旧的结构，称旧纹状体。在哺乳类以下的动物，纹状体是控制运动的高级中枢。在人类，由于大脑皮质的高度发展，纹状体退居次要地位，成为皮质下调节躯体运动的重要中枢，其主要功能是维持肌张力和调节骨骼肌的随意运动。纹状体是锥体外系的重要组成部分，在调节躯体运动中起到重要作用，近年来发现苍白球作为基底前脑的一部分参与机体的学习记忆功能（图 3-47）。

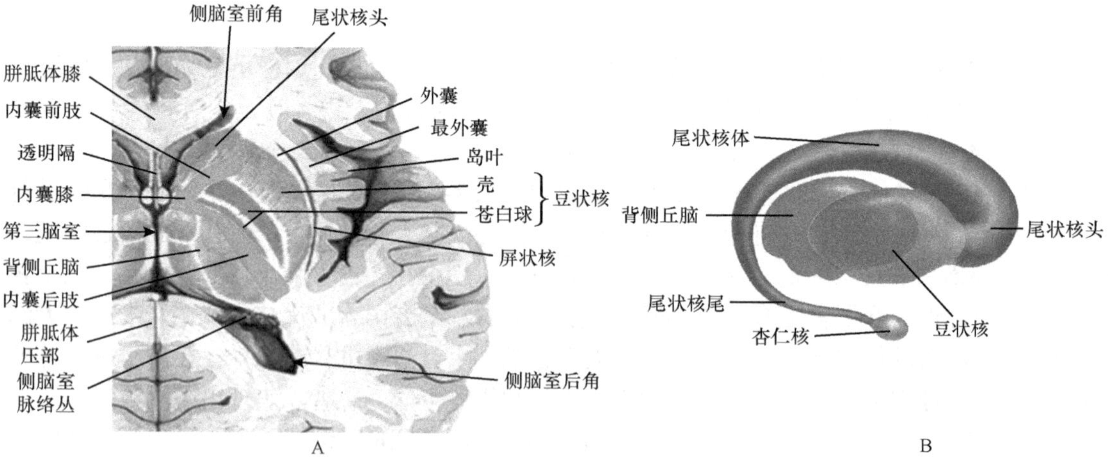

图 3-47 基底核、背侧丘脑和内囊

A. 大脑水平切面模式图；B. 基底核模式图

3）屏状核（claustrum）：位于岛叶皮质与豆状核之间，屏状核与豆状核之间的白质称外囊，屏状核与岛叶皮质之间的白质称最外囊。屏状核的功能不详。

4）杏仁体（amygdaloid body）：在侧脑室下角前端的上前方，海马旁回钩的深面，与尾状核的尾相连，为边缘系统的皮质下中枢，与行为、调节内脏活动和情绪的产生有关，其纤维联系见边缘系统。

从形态学的角度通常是将上述的尾状核、豆状核、屏状核和杏仁体归为基底核，但从功能角度又通常将与运动功能联系较少的屏状核和杏仁体排除，而将与运动密切联系的黑质和底丘脑核归为基底核。

（2）侧脑室：左右各一，位于大脑半球内，延伸至大脑半球的脑叶内。分为 4 部分：中央部位于顶叶内，室间孔和胼胝体压部之间；前角伸向额叶，室间孔以前的部分；后角伸入枕叶，下角最长伸到颞叶内（图 3-48、图 3-49）。侧脑室经左、右室间孔（interventricular foramen）与第三脑室相通，室间孔位于穹隆与丘脑前端之间。侧脑室形状不规则，室腔大小因人而异，腔内有脉络丛和脑脊液。

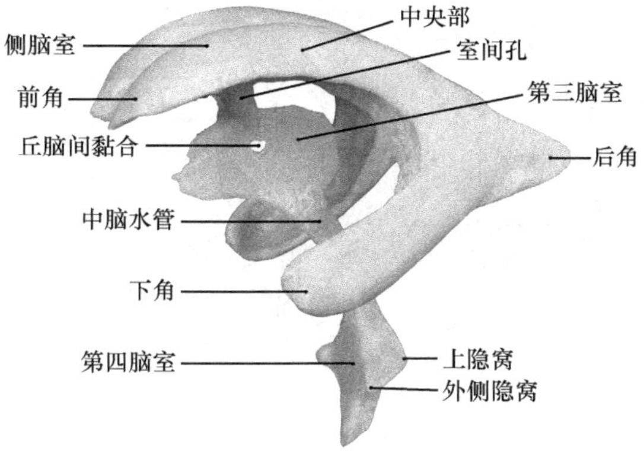

图 3-48　脑室的铸型（前面观）

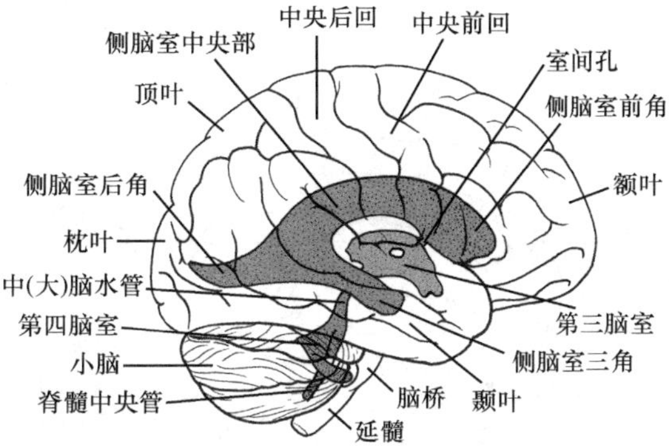

图 3-49　脑室投影图

（3）大脑半球的髓质：主要由联系皮质各部和皮质下结构的神经纤维组成，可分为如下 3 类。

1）联络纤维（association fibers）：是联系同侧大脑半球内各部分皮质的纤维，其中短纤维联系相邻脑回称弓状纤维。长纤维联系同侧大脑半球的各叶，其中主要的有：①钩束，呈钩状绕过外侧裂，连接额、颞两叶的前部；②上纵束，在豆状核与岛叶的上方，连接额、顶、枕、颞 4 个叶；③下纵束，位于半球的下部，沿侧脑室下角和后角的外侧壁行走，连接枕叶和颞叶；④扣带，位于扣带回和海马旁回的深部，连接边缘叶的各部。

2）连合纤维（commissural fibers）：是连合左右大脑半球皮质的纤维，包括胼胝体、前连合和穹隆连合（图 3-50）。

A. 胼胝体：位于大脑纵裂底，由连合左、右大脑半球新皮质的纤维构成，其纤维向两半球内部前、后、左、右辐射，广泛联系额、顶、枕、颞叶。胼胝体在正中矢状切面上呈弓形，很厚。前端呈钩形的纤维板，由前往后可分为嘴、膝、干和压部 4 部分。前部尖细称嘴，弯曲部称膝，胼胝体膝部的纤维弯向前，连接两侧额叶的前部称为额钳；中间部称干，经胼胝体干的纤维连接两侧额叶的后部和顶叶；后部钝圆称压部，经胼胝体压部的纤维弯向后连接两侧颞叶和枕叶称枕钳。胼胝体的下面构成侧脑室顶。

B. 前连合（anterior commissure）：是在终板上方横过中线的一束连合纤维，主要连接两侧颞叶，有小部分联系两侧嗅球。

C. 穹隆（fornix）和穹隆连合（fornical commissure）：穹隆是由海马至下丘脑乳头体的弓形纤维束，两侧穹隆经胼胝体的下方前行并互相靠近，其中一部分纤维越至对边，连接对侧的海马称穹隆连合。

3）投射纤维（projection fibers）：由大脑皮质与皮质下各中枢间的上、下行纤维组成。它们大部分经过内囊。

内囊（internal capsule）位于丘脑、尾状核和豆状核之间的白质板。在大脑半球的水平切面上呈向开口向外，尖端向内的“><”形，分前肢、膝和后肢 3 部。前肢（又称额部）伸向前外，位于豆状核与尾状核之间。后肢（又称枕部）伸向后外，分为豆丘部（豆状核与丘脑之间）、豆状核后部和豆状核下部。膝介于前、后肢之间，即“V”字形转角处（图 3-51）。

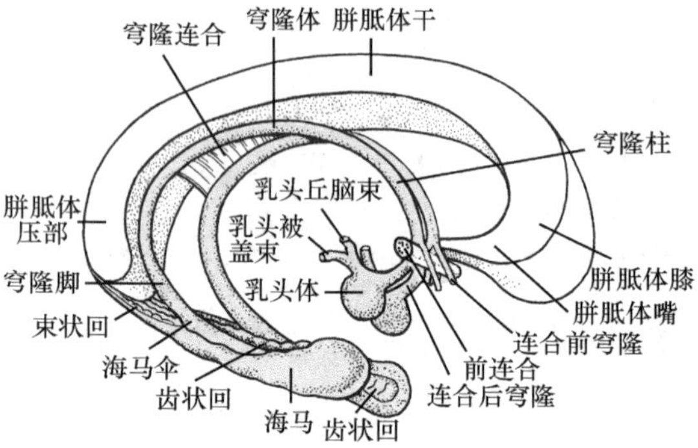

图 3-50　大脑半球连合纤维

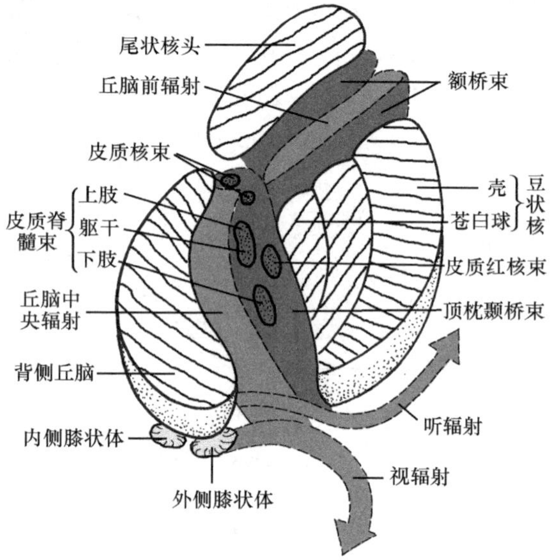

图 3-51　内囊模式图

A. 内囊前肢的投射纤维：主要有额桥束和由丘脑背内侧核投射到前额叶及扣带回的丘脑前辐射。

B. 内囊膝部的投射纤维：有皮质核束，该束纤维是从中央前回下 1/3（躯体运动区头面部代表区）发纤维下行到脑干各躯体运动核。

C. 内囊后肢的投射纤维：经内囊后肢外侧为下行纤维束，包括皮质脊髓束（由前向后依次是支配上肢、躯干和下肢的纤维）、皮质红核束和顶枕颞桥束。因此，此处的锥体束受损时，往往伴有锥体外系受损的症状。内侧为上行纤维束，由前向后依次为丘脑中央辐射（丘脑皮质束）、听辐射和视辐射。而丘脑中央辐射是丘脑腹后核至中央后回的纤维束，传递皮肤和肌、关节的感觉，如损害此区，则有对侧躯体感觉障碍。

内囊是投射纤维高度集中的区域，所以此处的病灶即使不大，也可以导致严重的后果。当一侧内囊损伤时，患者会出现对侧偏身深、浅感觉丧失（丘脑中央辐射受损），对侧偏瘫（皮质脊髓束、皮质核束损伤）和双眼对侧半视野缺失，也称对侧偏盲（视辐射受损）的“三偏”症状。

4. 边缘系统（limbic system）　在大脑半球的内侧面，可见位于胼胝体周围和侧脑室下角底壁的一圈弧形结构，包括隔区、扣带回、海马旁回、钩、海马和齿状回等。由于边缘系统组成复杂，大多数结构前文也已提及，下面仅从海马、杏仁体和隔区联系出发说明边缘系统的结构和功能（图 3-52）。

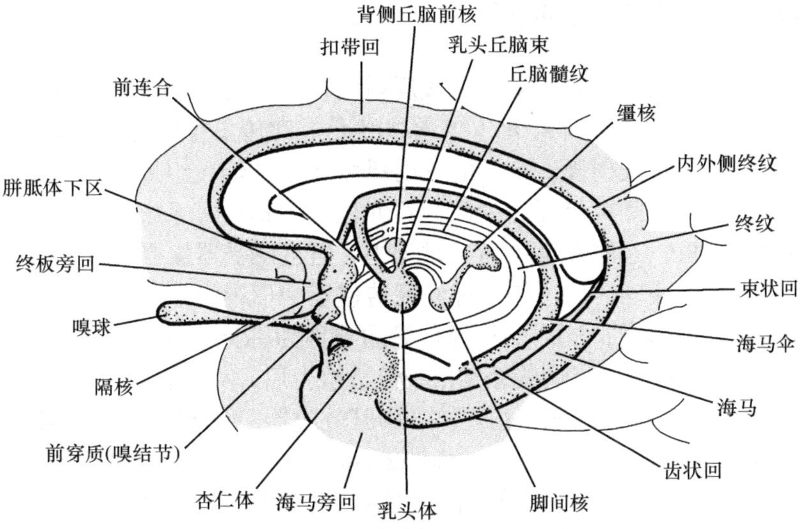

图 3-52 嗅脑和边缘系统

（1）海马结构：海马和齿状回合称为海马结构，海马又可分为 CA_1、CA_2、CA_3、CA_4 区，它们是只有 3 层结构的原皮质。由于颞叶的新皮质极度发展，海马结构被挤到侧脑室下角中。在海马结构的传入纤维中，一个重要的传入来源是海马旁回。海马结构的主要传出纤维是穹隆，其中多数纤维止于乳头体，也有到隔区的纤维（图 3-53）。

（2）杏仁体：位于侧脑室下角前端和豆状核的腹侧。杏仁体的传入纤维甚广，来自嗅脑、新皮质、隔核、背侧丘脑和下丘脑。传出纤维经终纹和腹侧杏仁体通路到隔区和下丘脑。主要参与内脏及内分泌活动的调节、情绪活动。

（3）隔区（septal area）：位于胼胝体嘴的下方，包括胼胝体下区和终板旁回，在胼胝体下区的前外部深陷于沟内称前海马原基，隔核是隔区的皮质下核团，它接受穹隆、终纹、前穿质、扣带回及前脑内侧束的中脑网状结构上行纤维。发出纤维投射到边缘系统各部皮质，也投射到脑干网状结构，被认为是各种冲动整合中枢，是边缘系统重要核团之一，当刺激或损毁隔核时，可见动物愤怒反应、进食、性及生殖行为的改变。也有研究认为隔核与学习、记忆关系密切。

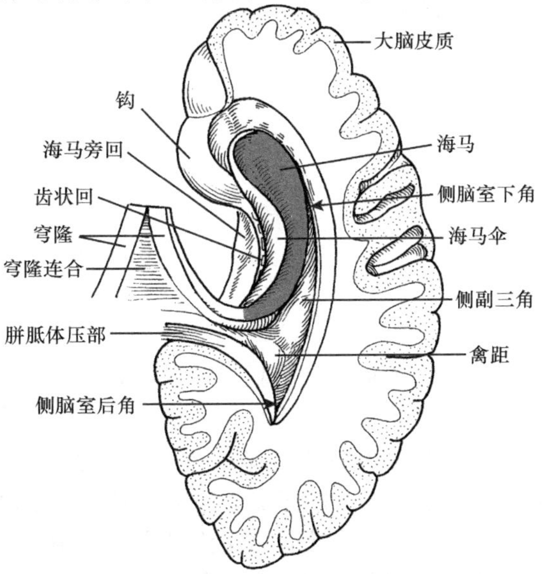

图 3-53 海马结构

总之，边缘系统在进化上是脑的古老部分，其功能主要归纳为 3 方面：首先，维持个体生存（觅食、防御等）和种族生存（生殖行为）方面发挥重要作用。其次，调节内脏调节和情绪反应等。最后，边缘系统特别是海马与机体的高级精神活动学习、记忆密切相关。

三、神经系统的传导通路

神经系统的基本活动形式是反射，完成反射活动的形态学基础称反射弧。简单的反射弧只包括两个神经元，即传入神经元（感觉神经元）和传出神经元（运动神经元），如膝反射的反射弧就是这种短反射弧。复杂的反射弧由多个神经元组成，即在传入神经元与传出神经元之间增加一些中间神经元。中间神经元位于中枢神经系统（脑和脊髓）内，其轴突组成长距离的纤维束。人体在生命活动过程中，通过感受器接受机体内外环境的各种刺激，并将其转化成神经冲动，通过传入神经元传递至中枢神经系统的相应部位，最后至大脑皮质高级中枢，形成感觉，这样的神经传导通路称为感觉传导通路（sensory pathway，ascending pathway）。大脑皮质将这些感觉信息分析整合后，发出适当的神经冲动，通过传出纤维，经脑干和脊髓的传出神经元到达躯体和内脏效应器，引起反应，这样的神经传导通路称为运动传导通路（motor pathway，descending pathway）。因此，在神经系统内存在着两大类传导通路（conductive pathway）：感觉传导通路（上行传导通路）和运动传导通路（下行传导通路）。感觉传导通路和运动传导通路分别是反射弧组成中的传入部和传出部。

神经系统传导通路见图 3-54。

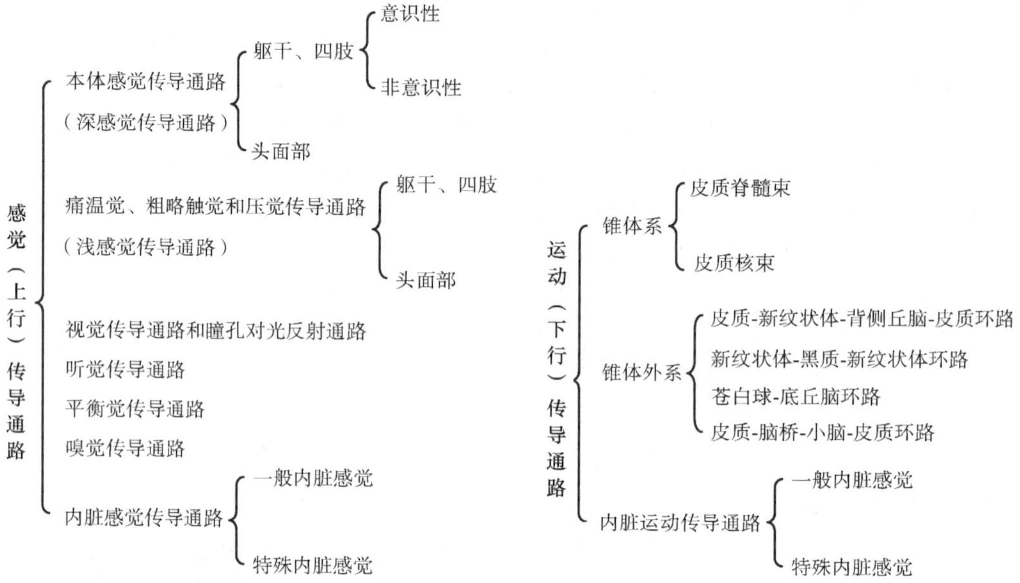

图 3-54　神经系统传导通路

（一）感觉传导通路

感觉传导通路包括躯体感觉传导通路和内脏感觉传导通路，在此只介绍躯体感觉传导通路，内脏感觉传导通路参见第三章第三节内脏神经系统。

1. 本体感觉传导通路　所谓本体感觉又称深感觉，是指肌、肌腱、关节等运动器官在运动或静止时产生的感觉，包括位置觉、运动觉和震动觉。本体感觉传导通路亦称为深感觉传导通路，该传导通路还传导皮肤的精细触觉（如辨别两点距离和物体的纹理粗细等）。躯干和四肢的本体感觉有两条传导通路（头面部者尚不十分明确）：一条是传至大脑皮质，产生意识性感觉；另一条是传至小脑，不产生意识性感觉。

（1）躯干和四肢意识性本体感觉和精细触觉传导通路：该通路由 3 级神经元组成。第 1 级神经元（假单极神经元）的胞体位于脊神经节内，其周围支组成脊神经的感觉纤维，分布于肌、腱、骨膜、关节等处的本体感觉感受器和皮肤的精细触觉感受器；中枢支经脊神经后根的内侧部进入脊髓后索，分为长的升支和短的降支，两支都发出侧支直接或间断通过中间神经元与前角运动细胞构成突触，完成脊髓反射。其中，来自第 5 胸节以下的升支行于后索的内侧部形成薄束，传导下肢和躯干下部的本体感觉和精细触觉；来自第 4 胸节以上的升支行于后索的外侧部形成楔束，传导上肢和躯干上部的本体感觉和精细触觉。两束上行分别终止于延髓的薄束核和楔束核。第 2 级神经元的胞体在薄束核和楔束核内，由此二核发出的纤维形成内弓状纤维，向前绕过延髓中央灰质至其腹侧，在中线上与对侧薄束核和楔束核发出的纤维交叉，称内侧丘系交叉，交叉后的纤维转折向上，在锥体束的背侧呈前后方向排列，行于延髓中线两侧，称内侧丘系。内侧丘系在脑桥呈横位居被盖的前缘，在中脑被盖则位于红核的外侧，最后止于背侧丘脑的腹后外侧核；第 3 级神经元的胞体在背侧丘脑腹后外侧核内，发出纤维组成丘脑中央辐射（central radiation of thalamus），经内囊后肢，大部分纤维投射至中央后回的中、上部及中央旁小叶后部，小部分纤维投射至中央前回的中、上部（图 3-55）。

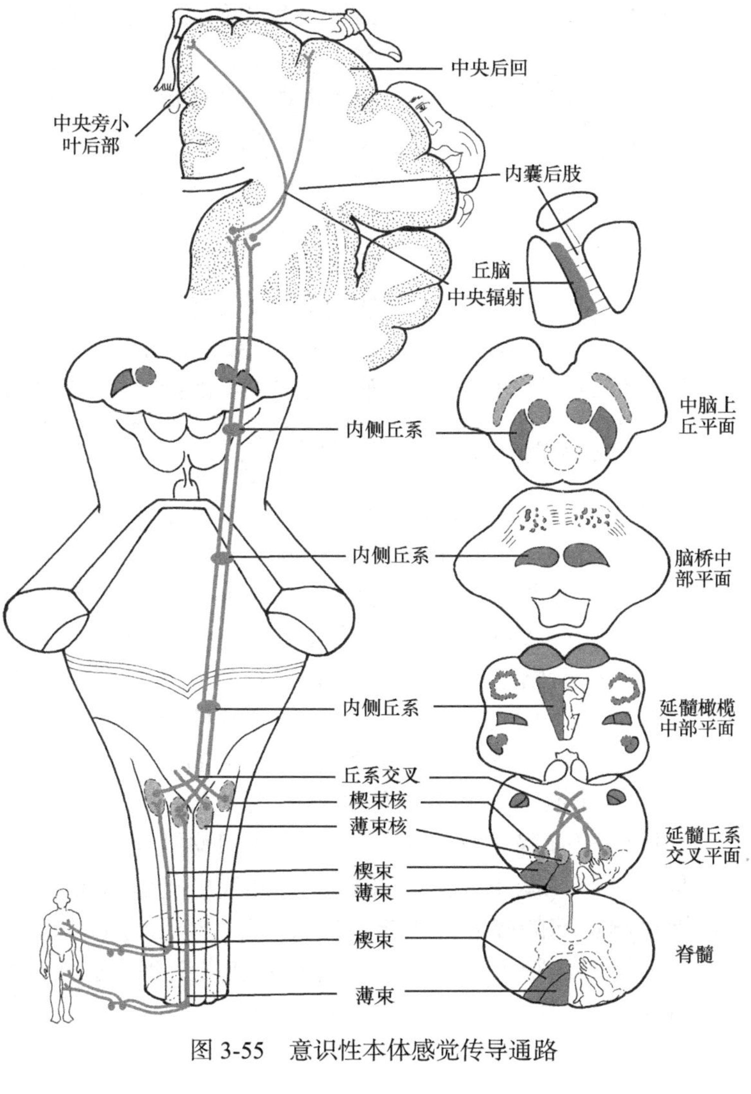

图 3-55　意识性本体感觉传导通路

此通路在内侧丘系交叉的下方或上方不同部位损伤时，患者在闭眼时不能确定损伤同侧（交叉下方损伤）或损伤对侧（交叉上方损伤）关节的位置和运动方向及两点间距离。

（2）头面部意识性本体感觉和精细触觉传导通路：传导途径目前尚不十分清楚。一般认为头面部的深感觉主要由三叉神经传导。第1级神经元的胞体可能在三叉神经中脑核内，因为此核的细胞形态极似脑、脊神经节的细胞。由三叉神经中脑核至背侧丘脑和大脑皮质的传导途径目前仍不明确。

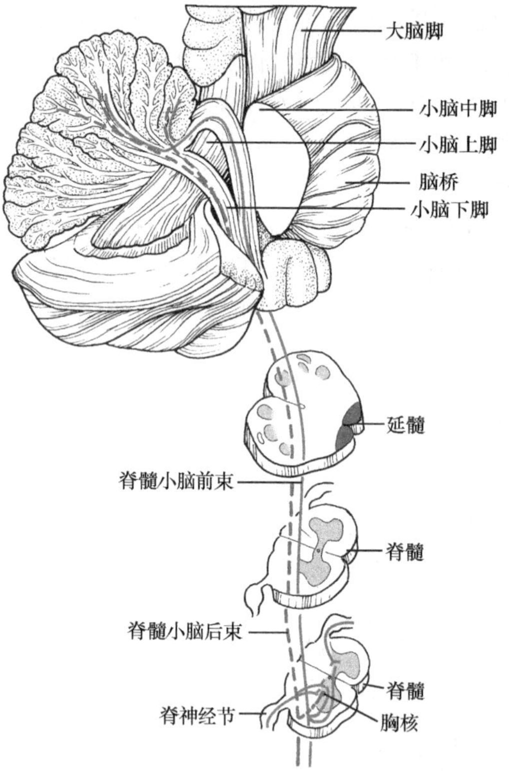

图 3-56　躯干和四肢非意识性本体感觉传导通路

（3）躯干和四肢非意识性本体感觉传导通路：为传入至小脑的本体感觉传导通路，该传导途径由两级神经元组成。第1级神经元（假单极神经元）的胞体位于脊神经节内，其周围支分布于肌、腱、骨膜、关节等处的本体感觉感受器和皮肤的精细触觉感受器；中枢支经脊神经后根的内侧部进入脊髓，终止于第2级神经元 C_8～L_2 节段的胸核和中间内侧核。由胸核发出的纤维在同侧脊髓外侧索组成脊髓小脑后束，经小脑下脚进入小脑，终止于旧小脑皮质；由脊髓中间内侧核发出的纤维主要交叉至对侧，一小部分不交叉组成对侧和同侧的脊髓小脑前束，经小脑上脚进入小脑，终止于旧小脑皮质。小脑接受冲动后反射性地调节躯干和四肢肌的张力和协调其运动，以维持身体的平衡和姿势（图 3-56）。

2. 痛温觉、粗略触觉和压觉传导通路　痛温觉、粗略触觉和压觉传导通路又称浅感觉传导通路，由3级神经元组成（图 3-57）。

（1）躯干和四肢痛温觉、粗略触觉和压觉传导通路：第1级神经元（假单极神经元）的胞体位于脊神经节内，其周围支组成脊神经的感觉纤维，分布至躯干和四肢皮肤的痛温觉、粗略触觉、压觉感受器；中枢支经后根进入脊髓。其中，传导痛温觉的纤维（细纤维）在后根的外侧部进入脊髓上升1～2个节段，经背外侧束再终止于后角固有核；传导粗略触觉和压觉的纤维（粗纤维）经后根内侧部进入脊髓后索上升1～2个节段，再终止于后角固有核。第2级神经元胞体主要位于脊髓灰质后角固有核，发出的大部分纤维经白质前连合交叉至对侧的外侧索和前索上行，组成脊髓丘脑侧束和脊髓丘脑前束的一部分，传导对侧痛温觉和粗略触觉和压觉；一部分纤维不交叉至同侧的前索内上行，和对侧经白质前连合交叉到前索上行的纤维共同组成脊髓丘脑前束，传导双侧粗略触觉和压觉。脊髓丘脑侧束和脊髓丘脑前束合称为脊髓丘脑束，上行经延髓下橄榄核的背外侧，脑桥和中脑内侧丘系的外侧，终止于背侧丘脑的腹后外侧核。第3级神经元的胞体位于背侧丘脑的腹后外侧核，发出的纤维组成丘脑中央辐射，经内囊后肢投射到大脑皮质中央后回的中、上部和中央旁小叶后部。

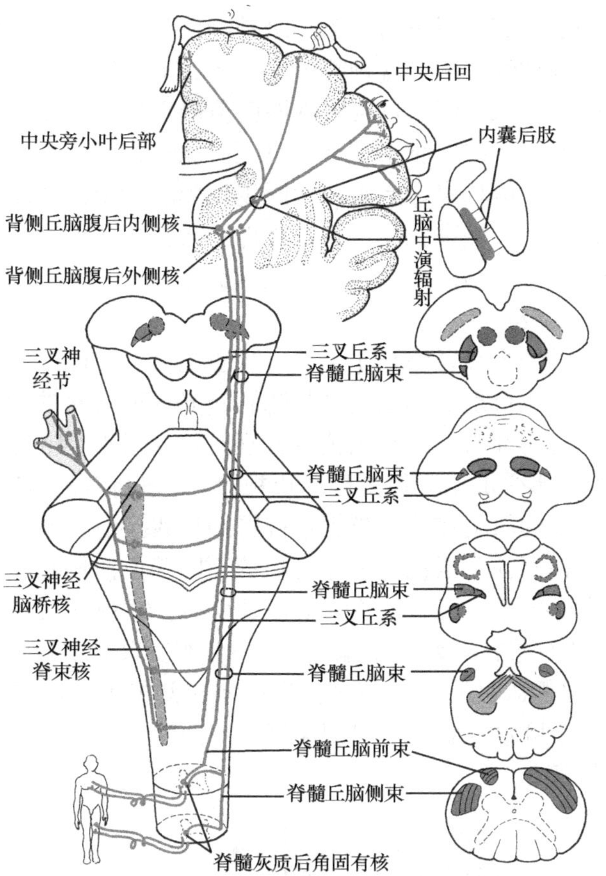

图 3-57　痛温觉和粗略触觉、压觉传导通路

在脊髓内，脊髓丘脑束纤维的排列有一定的顺序：由腹外侧向背内侧依次排列着来自骶、腰、胸、颈部的纤维。因此，当脊髓内肿瘤压迫一侧脊髓丘脑束时，痛温觉障碍首先出现在身体对侧上半部，逐渐波及下半部。若受到脊髓外肿瘤的压迫，痛温觉障碍出现的次序则相反，由下而上进展。

（2）头面部的痛温觉和触压觉传导通路：第 1 级神经元（假单极神经元）的胞体在三叉神经节，其周围支组成三叉神经感觉支，经相应的三叉神经分支分布至头面部皮肤及口鼻腔黏膜的相应浅感觉感受器，中枢支经三叉神经感觉根经脑桥腹侧面与小脑中脚移行处进入脑桥；三叉神经中传导痛温觉的纤维入脑后下降形成三叉神经脊束，终止于三叉神经脊束核；传导触压觉的纤维终止于三叉神经脑桥核。第 2 级神经元的胞体位于三叉神经脊束核和三叉神经脑桥核内，两核发出的纤维大部分交叉至对侧，组成三叉丘系（又称三叉丘脑束），沿内侧丘系的背侧上行，经脑桥和中脑至背侧丘脑，终止于背侧丘脑的腹后内侧核。第 3 级神经元的胞体在背侧丘脑的腹后内侧核内，发出纤维组成丘脑中央辐射，经内囊后肢，投射到大脑皮质中央后回的下部。在此通路中，若在交叉以上受损，则导致对侧头面部痛温觉障碍；若交叉以下受损，则同侧头面部的痛温觉障碍。

3. 视觉传导通路（visual pathway）**和瞳孔对光反射通路**

（1）视觉传导通路：由 3 级神经元组成。第 1 级神经元为眼球视网膜神经部中层的双极细胞，其周围支与视觉感受器细胞即视网膜最外层的视锥细胞和视杆细胞形成突触，中枢支与视网膜最内层的节细胞形成突触。第 2 级神经元为节细胞，其轴突在视神经盘（乳头）处集合成视神经。视神经向后经视神经管入颅腔，形成视交叉后，延续为视束。在视交叉中，只有一部分纤维交叉，即来自两眼视网膜鼻侧半的纤维交叉，交叉后的纤维加入对侧视束；来自视网膜颞侧半的纤维不交叉，进入同侧视束。因此，左侧视束含有来自两眼视网膜左侧半的纤维，右侧视束含有来自两眼视网膜右侧半的纤维。视束行向后外，绕过大脑脚，多数纤维终止于外侧膝状体。第 3 级神经元胞体在外侧膝状体内，其发出的纤维组成视辐射（optic radiation），经内囊后肢投射到端脑距状沟周围的视区皮质（visual cortex），产生视觉（图 3-58）。

视束中尚有少数纤维经上丘臂终止于上丘和顶盖前区。上丘发出的纤维组成顶盖脊髓束，下行至脊髓，执行视觉反射。顶盖前区是瞳孔对光反射通路的中枢。

眼球固定向前平视时所能看到的空间范围称视野。黄斑所能感觉的空间范围称中心视野，黄斑以外的视网膜所感受的空间范围称周边视野。一般所说的视野是指周边视野而言。由于眼球折光装置对光线的折射作用，鼻侧半视野的光线投射到颞侧半视网膜，颞侧半视野的光线投射到鼻侧半视网膜。当视觉传导通路的不同部位损伤时，可引起不同的视野缺损（图 3-58）：①一侧视神经损伤可致该侧眼视野全盲；②视交叉中央部（交叉纤维）损伤（如垂体瘤压迫）可致双眼视野颞侧半偏盲；③一侧视交叉外侧部的不交叉纤维损伤（如颈内动脉瘤压迫），则患侧眼视野的鼻侧半偏盲；④一侧视束及以后的视觉传导通路（视辐射、视觉中枢）损伤，可致双眼病灶对侧半视野同向性偏盲（即患侧眼视野鼻侧半偏盲和健侧眼视野颞侧半偏盲）。

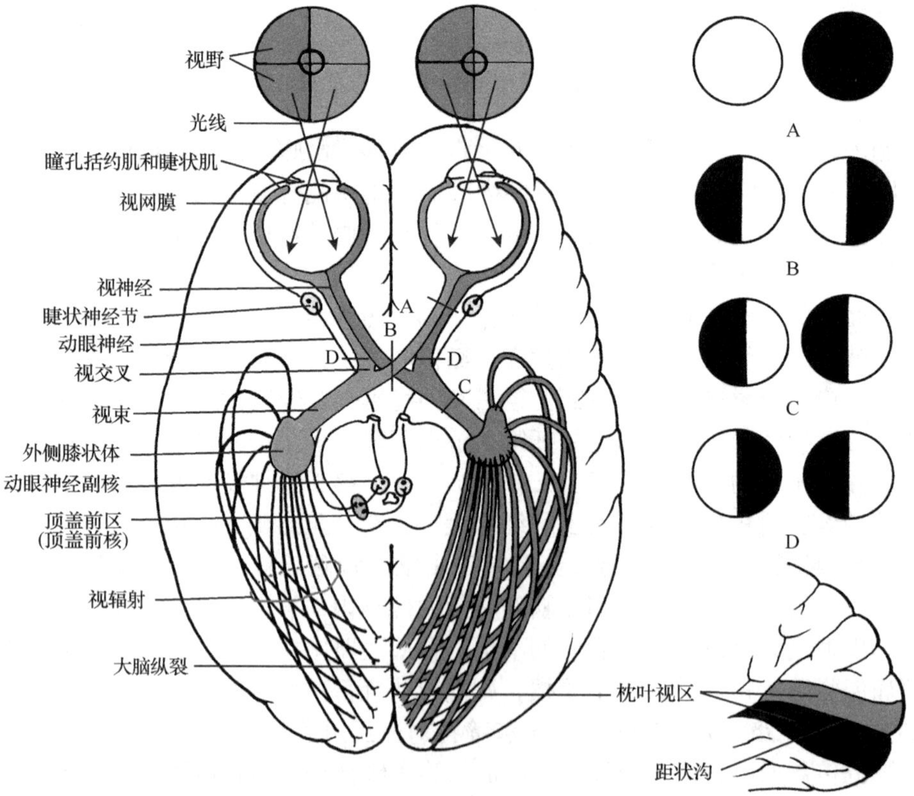

图 3-58　视觉传导通路和瞳孔对光反射通路

（2）瞳孔对光反射通路：用强光照射一侧眼的瞳孔，引起两眼瞳孔缩小的反应称为瞳孔对光反射（pupillary light reflex）。光照侧眼的反应称为直接对光反射，光未照射侧的对侧的反应称为间接对光反射。瞳孔对光反射的通路如下：视网膜→视神经→视交叉→两侧视束→上丘臂→顶盖前区→两侧动眼神经副核→动眼神经→睫状神经节→节后纤维→瞳孔括约肌收缩→两侧瞳孔缩小（图 3-58）。

瞳孔对光反射在临床上有重要意义，如双眼瞳孔对光反射消失，可能预示病危。但视神经或动眼神经受损，也能引起瞳孔对光反射的变化。例如，一侧视神经受损时，由于光线不能传入，信息传入中断，光照患侧眼的瞳孔，两侧瞳孔均无反应；但光照健侧眼的瞳孔，则两眼瞳孔对光反射均存在（即患侧眼的瞳孔直接对光反射消失，间接对光反射存在）。又如，一侧动眼神经受损时，由于发自瞳孔对光反射中枢的信息传出中断，无论光照哪一侧眼，患侧眼的瞳孔对光反射都消失（患侧眼的瞳孔直接及间接对光反射均消失），但健侧眼的瞳孔直接和间接对光反射均存在。

4. 听觉传导通路（auditory pathway） 第 1 级神经元为蜗神经节内的双极细胞，其胞体位于耳蜗内的蜗（螺旋）神经节内，其周围支分布于内耳的螺旋器（Corti 器）；中枢支组成蜗神经，与前庭神经一起，在面神经下方穿内耳道底，经内耳道，出内耳门入颅后窝，在脑桥小脑三角处入脑干，终止于蜗腹侧核和蜗背侧核（图 3-59）。第 2 级神经元胞体在蜗腹侧核和蜗背侧核，发出的纤维大部分在脑桥内交叉至对侧，横穿内侧丘系形成斜方体，至上橄榄核外侧折向上行称为外侧丘系；剩余部分在同侧外侧丘系内上行。因此，外侧丘系含有来自两侧蜗神经的纤维。外侧丘系的纤维经中脑被盖的背外侧部部分止于下丘，剩余部分经下丘臂止于内侧膝状体。第 3 级神经元胞体在内侧膝状体，发出纤维组成听辐射（acoustic radiation），经内囊后肢，止于大脑皮质的颞横回（听觉区）。

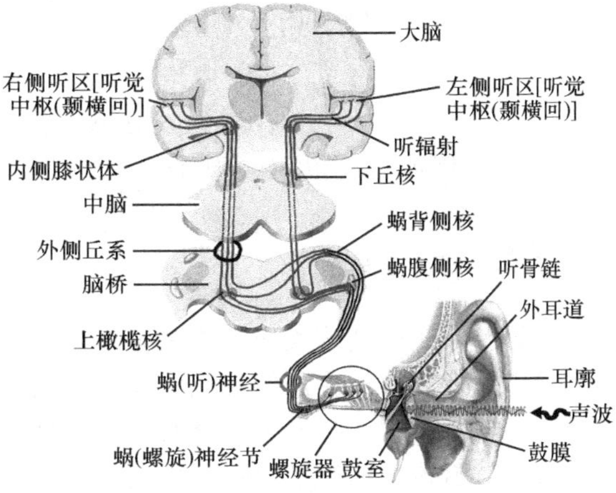

图 3-59 听觉传导通路

因为少数蜗腹侧核和蜗背侧核的纤维不交叉，进入同侧外侧丘系；也有少数外侧丘系的纤维直接止于内侧膝状体；还有一些蜗神经核发出的纤维在上橄榄核交换神经元，然后加入同侧的外侧丘系。因此，听觉冲动是双侧传导的。若一侧通路在外侧丘系以上受损，不会产生明显的症状，但若损伤了蜗神经、内耳或中耳，则将导致听觉障碍。

听觉的反射中枢在下丘。下丘神经元发出纤维到上丘，再由上丘神经元发出纤维组成顶盖脊髓束下行至脊髓的前角细胞，完成听觉反射。

5. 平衡觉传导通路（equilibrium pathway）（图 3-60） 传导平衡觉的第 1 级神经元是前庭神经节内的双极细胞，其周围支分布于内耳半规管的壶腹嵴、球囊斑和椭圆囊斑；中枢支组成前庭神经，与蜗神经一起入脑桥，止于前庭神经核群。由前庭神经核群发出纤维至中线两侧组成内侧纵束，其中上升的纤维止于动眼、滑车和展神经核，完成眼肌前庭反射（如眼球震颤）；下降的纤维至副神经脊髓核和上段颈髓前角细胞，完成转眼、转头的协调运动。此外，由前庭外侧核发出纤维组成前庭脊髓束，完成躯干、四肢的姿势反射（伸

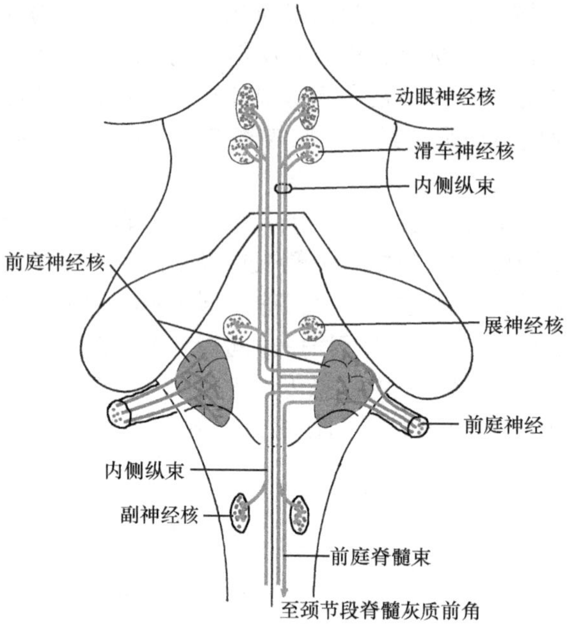

图 3-60 平衡觉传导通路

肌兴奋、屈肌抑制）。由前庭神经核群还发出纤维与部分由前庭神经直接来的纤维，共同经小脑下脚（绳状体）进入小脑，参与平衡调节。前庭神经核还发出纤维与脑干网状结构、迷走神经背核及疑核联系，完成前庭自主神经反射，故当平衡觉传导通路或前庭器受刺激时，可引起眩晕、呕吐、恶心等症状。

6. 嗅觉传导通路（olfaction pathway）第 1 级神经元是位于鼻腔黏膜内的嗅细胞，其周围支分布于嗅上皮表面，以接受刺激，中枢支组成 20 多条嗅丝（嗅神经），穿筛孔入颅腔，终于嗅球。嗅球内的第 2 级神经元发出纤维后组成嗅束，并延为内、外侧嗅纹。嗅觉冲动主要经外侧嗅纹传导至海马旁回钩及其附近的皮质而产生嗅觉。

（二）运动传导通路

运动传导通路是从大脑皮质至躯体运动效应器和内脏活动效应器的神经联系。从大脑皮质至躯体运动效应器（骨骼肌）的神经通路，称为躯体运动传导通路，包括锥体系和锥体外系。从大脑皮质至内脏活动效应器（心肌、平滑肌、腺体等）的神经通路，为内脏运动传导通路（参见第三章第三节内脏神经系统）。

1. 锥体系（pyramidal system） 主要管理骨骼肌的随意运动，由两级神经元组成，即上运动神经元（upper motor neurons）和下运动神经元（lower motor neurons）。上运动神经元由位于中央前回和中央旁小叶前半部的巨型锥体细胞（Betz 细胞）及其他类型锥体细胞，以及位于额、顶叶部分区域的锥体细胞组成。其轴突组成锥体束（pyramidal tract）经内囊下行，其中，终止于脊髓前角运动细胞的纤维束称皮质脊髓束；终止于脑干内一般躯体和特殊内脏运动核的纤维束称为皮质核束。下运动神经元为脑神经核中一般躯体和特殊内脏

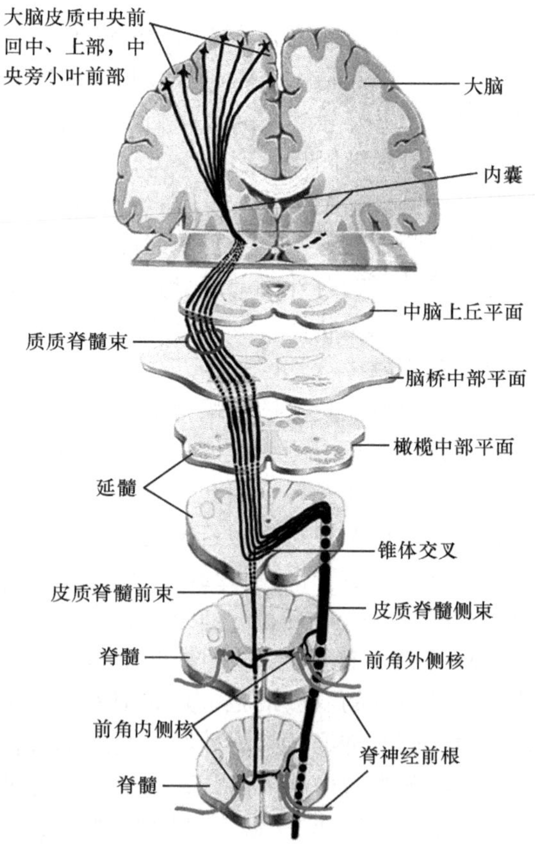

图 3-61 锥体系中的皮质脊髓束

运动核及脊髓前角运动神经元，其胞体和轴突构成传导运动通路的最后通路（final common pathway）。

（1）皮质脊髓束（corticospinal tract）：由中央前回中、上部和中央旁小叶前部等处皮质的锥体细胞轴突集合而成，下行经内囊后肢的前部、大脑脚底中 3/5 的外侧部和脑桥基底部至延髓锥体。在锥体下端，75%～90%的纤维交叉至对侧，形成锥体交叉。交叉后的纤维继续于对侧脊髓外侧索内下行，形成皮质脊髓侧束，此束下行过程中沿途发出侧支，逐节终止于前角运动神经元（可达骶节），支配四肢肌。在延髓锥体，皮质脊髓束中小部分未交叉的纤维在同侧脊髓前索内下行，形成皮质脊髓前束，该束仅达颈髓和上胸髓节段，其中一部分纤维经白质前连合逐节交叉至对侧，终止于前角运动神经元，支配躯干肌的运动。皮质脊髓前束中有一部分纤维始终不交叉而止于同侧脊髓前角运动神经元，主要支配躯干肌（图 3-61）。所以，躯干肌是受双侧大脑皮质运动中枢支配，而上下肢肌只受对侧大脑皮质运动中枢支配，故一侧皮质脊髓束在锥体交叉平面上损伤，主要引起对侧肢体瘫痪，躯干肌运动无明显影响；在锥体交叉平面下损伤，主要引起同侧肢体瘫痪。

实际上，皮质脊髓束只有 10%～20%的纤维直接以单突触联系，直接止于前角内支配四肢肌的 α 运动神经元。其他大部分纤维须经中间神经元与前角细胞联系，使一部分肌肉兴奋，另一部分拮抗肌肉抑制，协调完成运动。

（2）皮质核束（corticonuclear tract）：又称皮质脑干束，主要由中央前回下部皮质中的锥体细胞的轴突集合而成，下行经内囊膝至大脑脚底中 3/5 的内侧部，由此向下陆续分出纤维终止于脑干内的躯体运动核和特殊内脏运动核，大部分终止于双侧脑神经运动核（动眼神经核、滑车神经核、展神经核、三叉神经运动核、面神经核上部细胞群、疑核和副神经核），这些核发出的纤维依次支配眼球外肌、咀嚼肌、眼裂以上面肌、咽喉肌、胸锁乳突肌和斜方肌。小部分纤维完全交叉至对侧，终止于面神经核下部细胞群和舌下神经核，两者发出的纤维分别支配对侧眼裂以下面肌和舌肌（图 3-62）。因此，除面神经核下部和舌下神经核只接受单侧（对侧）皮质核束的纤维，受对侧皮质运动中枢的支配外，其他脑神经运动核均接受双侧皮质核束的纤维，受双侧皮质运动中枢的支配。所以一侧上运动神经元损伤，只会产生对侧眼裂以下的面肌和对侧舌肌瘫痪，表现为病灶对侧鼻唇沟消失，口角下垂并向病灶侧偏斜，流涎，不能做鼓腮、露齿等动作，伸舌时舌尖偏向病灶对侧。而其他受双侧皮质核束支配的肌则不瘫痪。临床上常将上运动神经元损伤引起的瘫痪称为核上瘫（supranuclear paralysis）（图 3-63）；而将下运动神经元损伤引起的瘫痪称为核下瘫（infranuclear paralysis）。一侧面神经核核下瘫可致病灶侧面肌全部瘫痪，表现为额纹消失，眼不能闭合，不能皱眉，口角下垂，鼻唇沟消失，不能做鼓

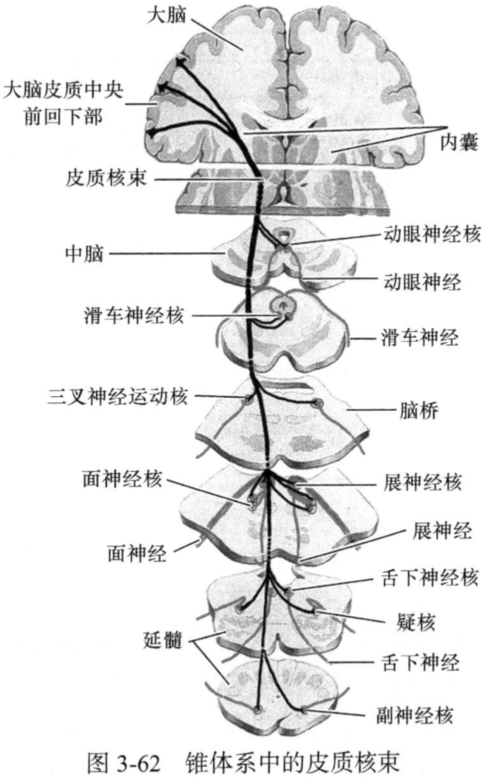

图 3-62 锥体系中的皮质核束

腮、露齿等动作；一侧舌下神经核的核下瘫可致病灶侧全部舌肌瘫痪，表现为伸舌时舌尖偏向病灶侧（图 3-63）。

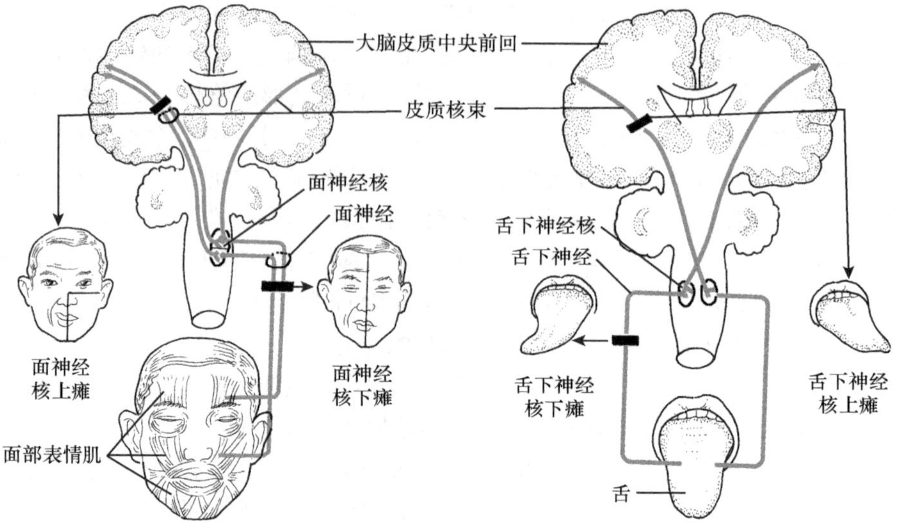

图 3-63　核上瘫与核下瘫

▬ 损伤部位

下运动神经元损伤系指脑神经运动核和脊髓前角运动神经元及它们的轴突（脑神经和脊神经）损伤。表现为因失去神经直接支配所致的随意运动障碍，肌张力降低，故又称弛缓性瘫痪（软瘫）。由于神经营养障碍，还导致早期肌萎缩。因所有反射弧的传出部分均中断，即最后通路中断，故浅反射和深反射都消失，病理反射亦不出现（表 3-3）。

表 3-3　上、下运动神经元损伤后临床表现的区别

临床表现	上运动神经元损伤	下运动神经元损伤
瘫痪范围	较广泛	较局限
瘫痪特点	痉挛性瘫痪（硬瘫、中枢性瘫）	弛缓型瘫痪（软瘫、周围性瘫）
肌张力	增高	减低
深反射	亢进	消失
浅反射	减弱或消失	消失
腱反射	亢进	减弱或消失
病理反射	有	无
肌萎缩	早期无，晚期为失用性萎缩	早期即有萎缩

2. 锥体外系（extrapyramidal system）　是指除锥体系以外的影响和控制躯体运动的下行（运动）传导通路统称为锥体外系，由多极神经元组成，其结构十分复杂，包括大脑皮质（主要是躯体运动区和躯体感觉区）、纹状体、背侧丘脑、底丘脑、中脑顶盖、红核、黑质、脑桥核、前庭核、小脑和脑干网状结构等，以及它们的纤维联系。锥体外系的纤维最后经红核脊髓束、网状脊髓束等中继，最后终止于脑神经运动核和脊髓前角运动神经元。在种系发生上，锥体外系是较古老的结构，从鱼类开始出现，在鸟类成为控制全身运动的主要系统。但到了哺乳类，尤其是人类，由于大脑皮质和锥体系的高度发达，锥体外系逐渐退居为从属和辅助地位，主要是协调锥体系的活动，两者协同完成运动功能。人类锥体外系的主要功能是调节肌张力、协调肌群活动、维持身体平衡、调整体态姿势和进行习惯

性动作（如走路时双臂自然协调地摆动）等。锥体外系的活动是在锥体系的主导下进行的，而锥体外系又给锥体系的活动以最适宜的条件。因此，锥体系和锥体外系在完成复杂的运动功能上是互相依赖不可分割的统一体，只有在锥体外系保持肌张力稳定协调的前提下，锥体系才能完成一切精确的随意运动，如写字、刺绣等；另外锥体外系对锥体系也有一定的依赖性，有些习惯性动作开始是由锥体系发起，然后才处于锥体外系的管理之下，如骑车、游泳等。下面简单介绍主要的锥体外系通路。

（1）皮质-新纹状体-背侧丘脑-皮质环路：该环路对发出锥体束的皮质运动区的活动有重要的反馈调节作用。大脑皮质额叶和顶叶发出纤维，终止于新纹状体，新纹状体的传出纤维主要终止于旧纹状体，旧纹状体发出的纤维主要至背侧丘脑的腹前核和腹外侧核，再由这两个核团发出纤维投射到大脑皮质运动区（图 3-64）。

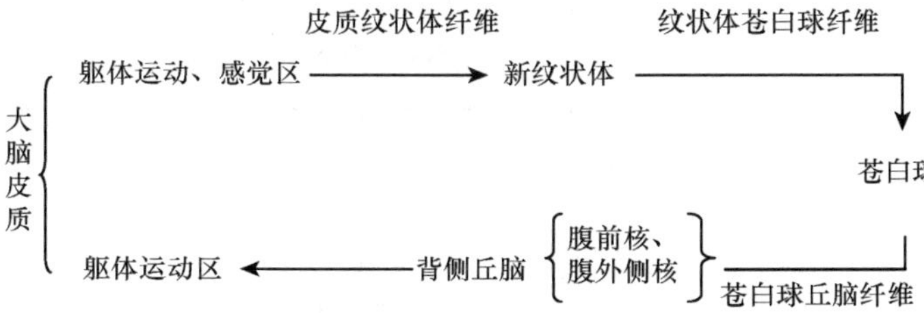

图 3-64　皮质-新纹状体-背侧丘脑-皮质环路

（2）新纹状体-黑质-新纹状体环路：自尾状核和壳发出纤维止于黑质，再由黑质发出纤维返回尾状核和壳。黑质神经细胞能产生和释放多巴胺，沿黑质纹状体纤维输送并储存在新纹状体内。当黑质变性后，释放到纹状体内的多巴胺含量降低，这是导致帕金森（Parkinson）病（震颤麻痹）的主要原因（图 3-65）。

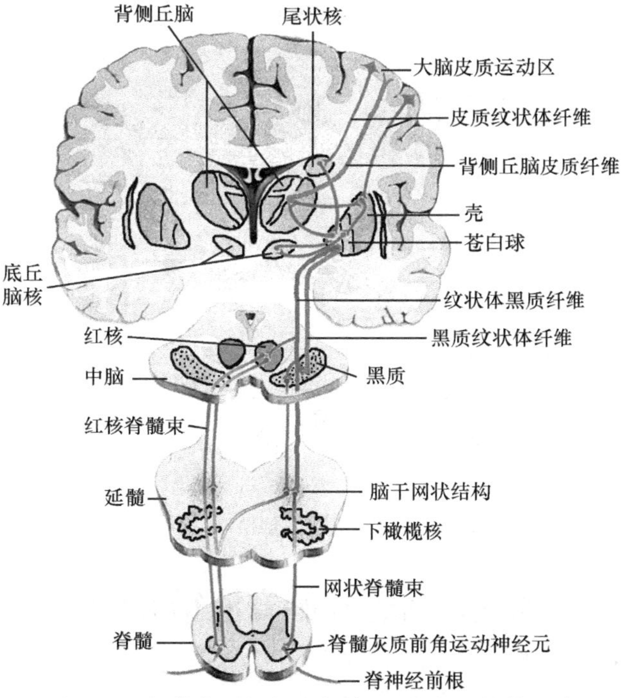

图 3-65　锥体外系的新纹状体-黑质-新纹状体环路

（3）苍白球-底丘脑环路：自苍白球发出的纤维止于底丘脑核，后者发出的纤维再返回苍白球，对苍白球发挥抑制性反馈作用。一侧底丘脑核受损，丧失对同侧苍白球的抑制，苍白球表现为释放效应，对侧肢体会出现大幅度强力颤搐。

（4）皮质-脑桥-小脑-皮质环路：是锥体外系中的又一重要反馈环路，人类最为发达。此环路将大脑和小脑联系起来，对随意运动的协调起重要作用。由于小脑还接受来自脊髓的深感觉纤维，因而能更好地协调和共济运动。上述环路的任何部位损伤，都会导致共济失调，如行走蹒跚和醉汉步态等（图 3-66，图 3-67）。

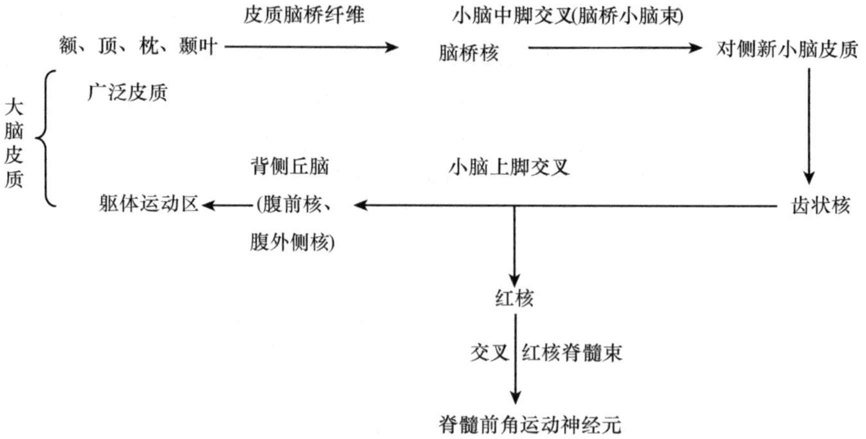

图 3-66　皮质-脑桥-小脑-皮质环路

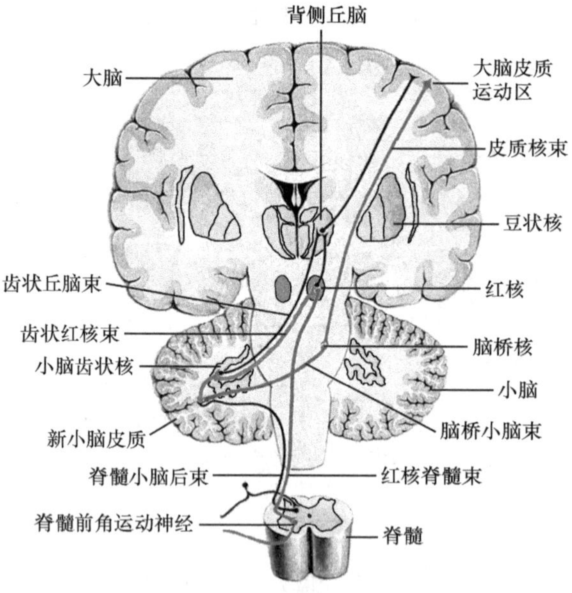

图 3-67　锥体外系的皮质-脑桥-小脑-皮质环路

四、脑和脊髓的被膜、血管及脑脊液循环

（一）脑和脊髓的被膜

脑和脊髓的表面覆盖 3 层被膜，由外向内依次为硬膜、蛛网膜和软膜。最外侧为硬膜，

厚而坚韧；中层为蛛网膜，薄而透明；内层为软膜，紧贴脑和脊髓表面，富有神经和血管，对脑和脊髓的滋养具有重大意义。脑和脊髓的 3 层被膜在枕骨大孔处相互延续，对脑和脊髓有保护和支持的作用。由于脑和脊髓的外形和位置不同，他们的被膜在结构方面存在某些差异。

1. 脊髓的被膜（图 3-68） 自外向内依次为硬脊膜（spinal dura mater）、脊髓蛛网膜（spinal arachnoid mater）和软脊膜（spinal pia mater）。

（1）硬脊膜：由致密结缔组织构成，厚而坚韧，位于椎管内呈管状包裹着脊髓。上端附于枕骨大孔边缘，与硬脑膜相延续；下部在第 2 骶椎水平逐渐变细，包裹马尾，末端附于尾骨；硬脊膜向两侧包绕着脊神经根和脊神经形成脊神经硬膜鞘，后者在椎间孔处与脊神经的外膜相延续。硬脊膜与椎管内骨膜和韧带之间的疏松间隙称为硬膜外隙（epidural space），其容积约为 100ml，略呈负压，内含疏松结缔组织、脂肪、淋巴管和椎内静脉丛，有脊神经根通过。临床上进行硬膜外麻醉，就是将药物注入此隙，以阻滞脊神经根的传导作用。由于硬脊膜附于枕骨大孔边缘，故硬膜外隙不与颅腔相通。在硬脊膜与脊髓蛛网膜之间有潜在的硬膜下隙（subdural space），内含浆液，向上与颅内硬膜下隙相通。

（2）脊髓蛛网膜：为半透明的薄膜，位于硬脊膜和软脊膜之间，与脑蛛网膜相延续，跨过脊髓表面的沟、裂。脊髓蛛网膜与软脊膜之间有较宽阔的间隙称为蛛网膜下隙（subarachnoid space），蛛网膜下隙内有许多结缔组织小梁，并充满清亮的脑脊液。蛛网膜下隙的下部，自脊髓末端至第 2 骶椎扩大为终池（terminal cistern），内容马尾。因此，临床上常用于蛛网膜下隙麻醉，一般在第 3、4 或第 4、5 腰椎间进行腰椎穿刺，以抽取脑脊液或注入药物而不损伤脊髓。脊髓蛛网膜下隙向上与脑蛛网膜下隙相通。

（3）软脊膜：薄而富有血管，紧贴脊髓表面，并延伸至脊髓的沟裂中，向上经枕骨大孔与软脑膜相延续，向下在脊髓圆锥下端移行为终丝。软脊膜在脊髓两侧脊神经前、后根之间形成齿状韧带（denticulate ligament），该韧带呈齿状，其尖端附于硬脊膜上，起到固定脊髓的作用。脊髓借齿状韧带和脊神经根固定于椎管内，并悬浮于脑脊液中，加之硬膜外隙内的脂肪组织和椎内静脉丛的弹性垫作用，脊髓不易受外界震荡而损伤。此外，齿状韧带还可作为椎管内手术的标志。

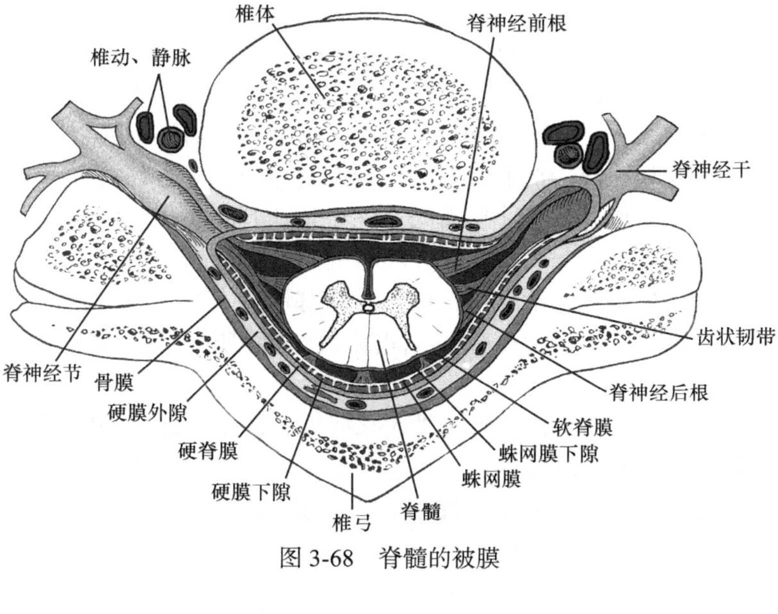

图 3-68 脊髓的被膜

2. 脑的被膜 自外向内依次为硬脑膜（cerebral dura mater）、脑蛛网膜（cerebral arachnoid mater）和软脑膜（cerebral pia mater）。

（1）硬脑膜：厚而坚韧，有光泽，由两层合成。外层为即颅骨内面的骨膜，内层为脑膜层，较外层坚厚，两层之间有丰富的血管和神经（图 3-69）。硬脑膜与颅盖骨结合疏松，易于分离，当硬脑膜血管损伤出血时，可在硬脑膜与颅盖骨之间形成硬膜外血肿。硬脑膜

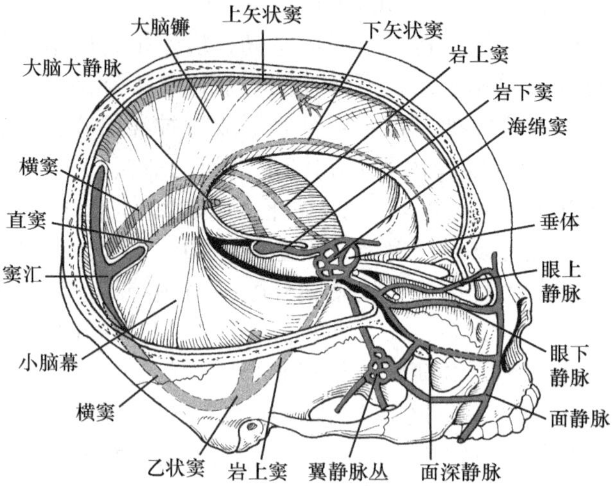

图 3-69 硬脑膜及硬脑膜窦

在颅底处与颅骨结合紧密，故颅底骨折时，易将硬脑膜与脑蛛网膜同时撕裂，使脑脊液外漏。例如，颅前窝筛板骨折时，脑脊液可流入鼻腔，形成脑脊液鼻漏。硬脑膜在脑神经出、入颅处移行为神经外膜，在枕骨大孔的周围与硬脊膜相延续。

硬脑膜不仅包被在脑的表面，而且其内层在一定部位折叠形成隔幕，并突入到脑的裂隙中，称硬脑膜隔（septum of dura mater）。硬脑膜在某些部位两层分开，形成腔壁，壁的内面衬以一层内皮细胞，构成硬脑膜窦（dural sinus），窦内含静脉血，为颅内静脉血的回流通道，窦壁无平滑肌，故无收缩性，损伤时出血难止，而容易形成颅内血肿。

1）硬脑膜隔

A. 大脑镰（cerebral falx）：呈镰刀形，是硬脑膜内层在大脑半球纵裂内垂直向下的折叠，伸入两侧大脑半球之间，后端连于小脑幕的上面，下缘游离于胼胝体上方。

B. 小脑幕（tentorium of cerebellum）：半月形，伸入大脑与小脑之间。后缘和外侧缘分别附着于枕骨横窦沟和颞骨岩部上缘，前内缘游离形成小脑幕切迹（tentorial incisure）。切迹与鞍背之间形成一环形孔，称小脑幕裂孔（tentorial hiatus），其间有中脑通过。小脑幕将颅腔不完全地分隔成上、下两部。当上部颅脑病变引起颅内压增高时，位于小脑幕切迹上方的海马旁回和钩可能被向下移位，挤入小脑幕切迹，形成小脑幕切迹疝而压迫中脑大脑脚和动眼神经根，产生同侧瞳孔散大，同侧动眼神经所支配的眼球外肌瘫痪和对侧肢体瘫痪等症状。

C. 小脑镰（cerebellar falx）：位于枕骨大孔后方，短小，连于小脑幕后部的下方，自小脑幕下面正中伸入两小脑半球之间。

D. 鞍膈（diaphragma sellae）：位于蝶鞍上方，连于鞍结节和鞍背上缘之间，封闭垂体窝，中央有一小孔容垂体柄通过，鞍膈的下面为脑垂体。

2）硬脑膜窦：上矢状窦（superior sagittal sinus）：位于上矢状窦沟内，在大脑镰的上缘，前细后粗，前方起自盲孔，向后汇入窦汇（confluence of sinuses）。窦汇由上矢状窦与直窦（straight sinus）在枕内隆凸处汇合而成，向两侧于横窦（transverse sinus）相通。下矢状窦（inferior sagittal sinus）：位于大脑镰下缘，其走向与上矢状窦一致，向后汇入直窦。直窦位于大脑镰与小脑幕连接处，由大脑大静脉和下矢状窦汇合而成，向后汇入窦汇，窦汇向两侧分出左右横窦。横窦成对，位于小脑幕后外侧缘附着处的枕骨横窦沟内，连于窦汇与乙状窦（sigmoid sinus）之间。乙状窦成对，位于乙状窦沟内，是横窦的延续，向前内于颈静脉孔处出颅，延续为颈内静脉。海绵窦（cavernous sinus）成对，位于蝶鞍两侧，为硬脑膜两层间的不规则腔隙，形似海绵（图 3-70）。两侧海绵窦借横支相连。海绵窦内有颈内动脉和展神经通过，展神经位于颈内动脉的外侧；窦的外侧壁内，自上而下有动眼神经、滑车神经、眼神经和上颌神经通过。

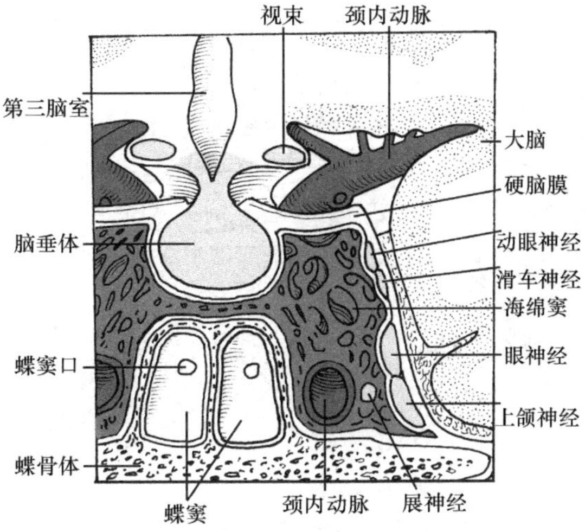

图 3-70 海绵窦

海绵窦与周围的静脉有广泛的联系和交通：向前借眼静脉与面静脉交通；向后外经岩上窦（superior petrosal sinus）、岩下窦（inferior petrosal sinus）连通横窦和颈内静脉；向下经卵圆孔的小静脉与翼静脉丛相通。故面部感染可经面静脉、内眦静脉和眼上静脉蔓延至海绵窦，引起海绵窦炎和血栓的形成，进而累及经过海绵窦的神经，出现相应的症状。海绵窦向后借斜坡上的基底窦与椎内静脉丛相通，而椎内静脉丛又与腔静脉系交通。因此，腹、盆部的感染或癌细胞可经此途径进入颅内导致颅内病变。

岩上窦和岩下窦：分别位于颞骨岩部的上缘和后缘处，将海绵窦的血液分别引入横窦和颈内静脉。

硬脑膜窦还借若干导静脉（emissary veins）与颅外静脉相交通，故头皮感染也可能蔓延至颅内。

硬脑膜窦内的血液流向如图 3-71。

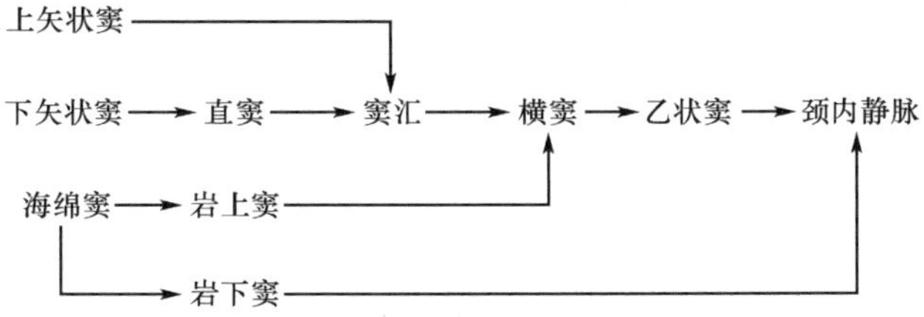

图 3-71 硬脑膜窦内血液流向

（2）脑蛛网膜（cerebral arachnoid mater）：薄而透明，缺乏血管和神经，与硬脑膜间有硬膜下隙，向下与脊髓硬膜下隙相通。与软脑膜之间有蛛网膜下隙，内含脑脊液，此隙向下与脊髓蛛网膜下隙相通。脑蛛网膜在大脑纵裂和大脑横裂处以外，均跨越脑的沟裂而不伸入沟内，故蛛网膜下隙的大小不一，此隙在某些部位扩大称蛛网膜下池（subarachnoid cisterns）。蛛网膜下池最大的是位于小脑与延髓之间的小脑延髓池（cerebellomedullary cistern），临床上可在此经枕骨大孔穿刺，抽取脑脊液进行检查。在视交叉前方有交叉池（chiasmatic cistern），两侧大脑脚之间为脚间池（interpeduncular cistern），脑桥腹侧有脑桥池（pontine cistern），环绕于中脑周围的环池，胼胝体压部下方与小脑上面前上方和中脑背面之间为大脑大静脉池（cistern of great cerebral vein），也称为盖伦（Galen）静脉池或上池，松果体和大脑大静脉突入此池。

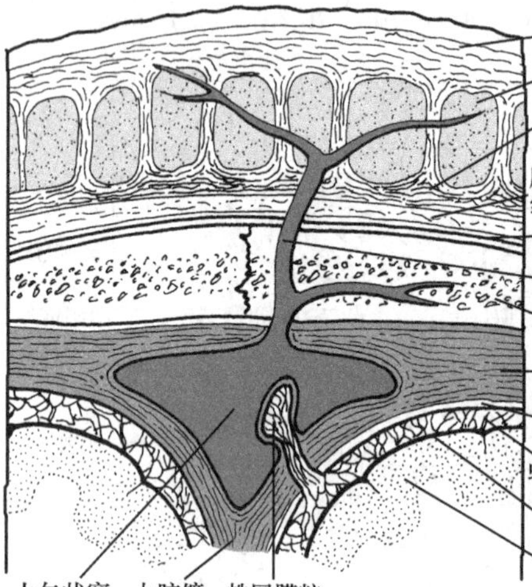

图 3-72　蛛网膜粒和硬脑膜窦

脑蛛网膜紧贴硬脑膜，特别是在上矢状窦形成许多绒毛状突起，突入上矢状窦内，称蛛网膜粒（arachnoid granulations）（图 3-72）。脑脊液经蛛网膜粒渗入硬脑膜窦内，回流入静脉。

（3）软脑膜（cerebral pia mater）：薄而富含血管和神经，覆盖于脑的表面并深入沟裂内，对脑的营养起重要作用。在脑室的一定部位，软脑膜及其血管与该部位的室管膜上皮共同构成脉络组织，在某些部位，脉络组织的血管反复分支成丛，连同其表面的软脑膜和室管膜上皮一起突入脑室，形成脉络丛（choroid plexus），是产生脑脊液的主要结构。

（二）脑和脊髓的血管

脑是人体代谢最旺盛的器官，因此血液供应十分丰富。脑的平均重量仅占体重的 2%，但脑的耗氧量却占全身总耗氧量的 20%。脑细胞对缺血、缺氧十分敏感，一旦脑血流减少或中断，可导致脑细胞缺氧甚至坏死，即使短暂的脑组织缺血也会引起严重的神经精神障碍。

1. 脑的动脉　来源于颈内动脉和椎动脉（图 3-73）。以顶枕沟为界，大脑半球的前 2/3 和部分间脑由颈内动脉分支供应，大脑半球后 1/3 和部分间脑、脑干和小脑由椎动脉分支供应。故可将脑的动脉归纳为颈内动脉系和椎-基底动脉系。此两系动脉在大脑的分支可分为皮质支和中央支，前者供应大脑皮质及其深面的髓质，后者供应基底核、内囊及间脑等。

（1）颈内动脉（internal carotid artery）：起自颈总动脉，自颈部向上至颅底，经颞骨岩部的颈动脉管进入颅内，紧贴海绵窦的内侧壁向前上至前床突的内侧，又向上后弯转并穿出海绵窦而分支，故颈内动脉按行程分为 4 段：颈部、岩部、海绵窦部和前床突上部。其中海绵窦部和前床突上部合称虹吸部，常为“U”形或“V”形弯曲，是动脉硬化的好发部位。颈内动脉供应脑部的主要分支有如下几支。

1）大脑前动脉（anterior cerebral artery）：是颈内动脉的两终支之一，在视神经上方向前内行，进入大脑纵裂，与对侧的同名动脉借前交通动脉（anterior communicating artery）相连（图 3-74），然后沿胼胝体沟向后行。皮质支分布于顶枕沟以前的半球内侧面、额叶底面的一部分和额、顶两叶上外侧面的上部；中央支自大脑前动脉的近侧段发出，经前穿质入脑实质，供应尾状核、豆状核前部和内囊前肢。

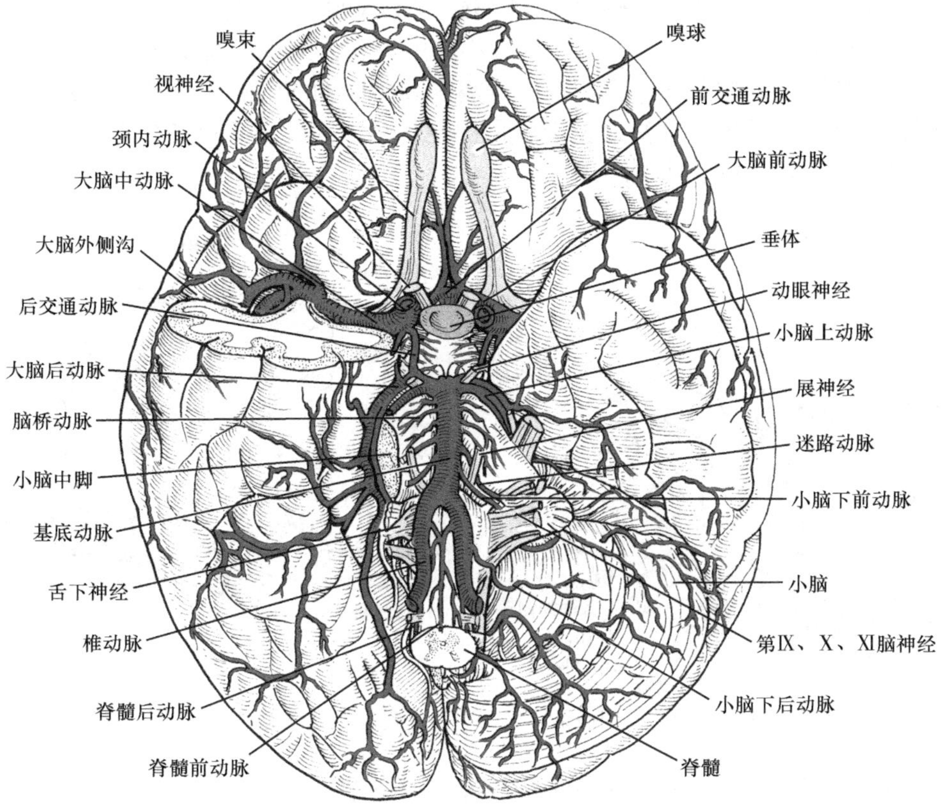

图 3-73 脑底的动脉

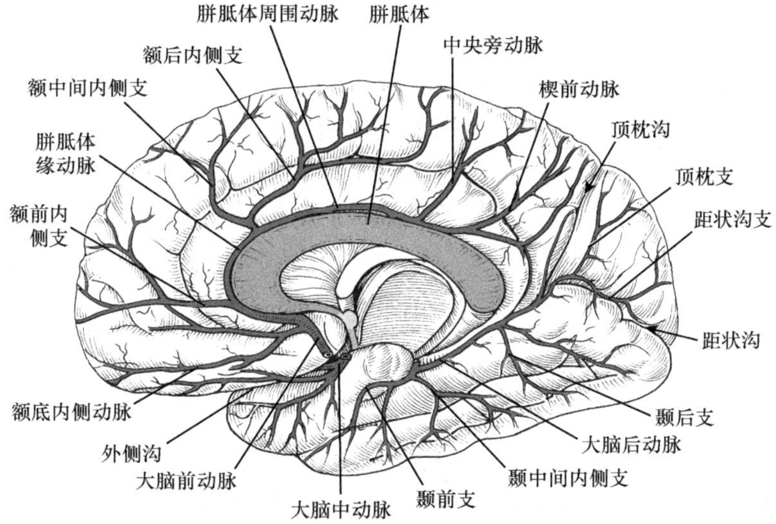

图 3-74 大脑半球的动脉（内侧面）

2）大脑中动脉（middle cerebral artery）：可视为颈内动脉的直接延续，向外行进入外侧沟内，发出数支皮质支，供应营养大脑半球上外侧面的大部分和岛叶（图 3-75），其中包括躯体运动中枢、躯体感觉中枢和语言中枢。若该动脉发生阻塞，将出现严重的功能障碍。大脑中动脉途经前穿质时，发出一些细小的中央支，又称豆纹动脉（图 3-76），垂直向上进入脑实质，供应尾状核、豆状核、内囊膝和后肢的前部。豆纹动脉行程呈“S”形弯曲，因血流动力学关系，在高血压动脉粥样硬化时容易破裂（故又名出血动脉），从而导致脑出血，将出现严重的功能障碍。

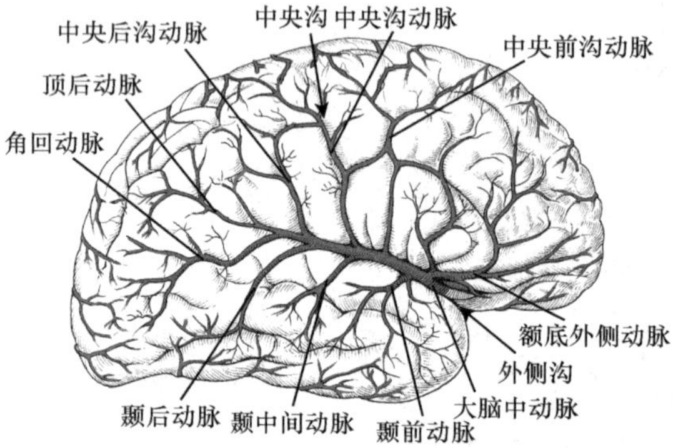

图 3-75　大脑半球的动脉（外侧面）

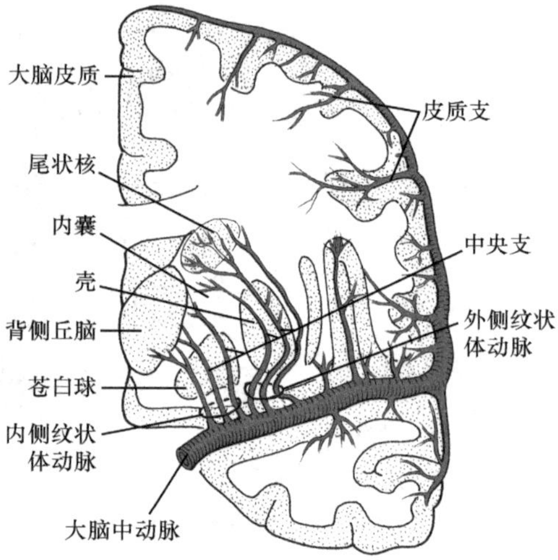

图 3-76　大脑中动脉的皮质支和中央支

3）脉络丛前动脉（anterior choroidal artery）（图 3-73）：沿视束下面向后外行，经大脑脚与海马旁回钩之间进入侧脑室下角，止于脉络丛，参与脉络丛的组成。沿途发出分支供应外侧膝状体、内囊后肢的后下部、大脑脚底的中 1/3 及苍白球等结构。此动脉细长，易被血栓阻塞。

4）后交通动脉（posterior communicating artery）（图 3-73）：在视束下面行向后与大脑后动脉吻合，是颈内动脉系与椎-基底动脉系的吻合支。

5）眼动脉（ophthalmic artery）：由颈内动脉在穿出海绵窦处发出。

（2）椎动脉（vertebral artery）（图 3-73）：起自锁骨下动脉第 1 段，向上穿经第 6 至 1 颈椎横突孔，经枕骨大孔进入颅腔，入颅后，左右椎动脉逐渐靠拢，在脑桥与延髓交界处，左、右椎动脉汇合成一条基底动脉（basilar artery），此动脉沿脑桥腹侧面的基底沟上行，至脑桥上缘处分为左、右大脑后动脉。

1）椎动脉的主要分支有如下几支。

A. 脊髓前、后动脉（见脊髓的血管）。

B. 小脑下后动脉（posterior inferior cerebellar artery）：是椎动脉最大的分支，通常平橄榄下端附近发出，向后外行经延髓与小脑扁桃体之间，分布供应小脑下面后部和延髓背外侧部（图 3-73）。该动脉行程弯曲，易发生栓塞。

2）基底动脉的主要分支有如下几支。

A. 小脑下前动脉（anterior inferior cerebellar artery）：自基底动脉起始段发出，经展神经、面神经和前庭蜗神经的腹侧达小脑下面（图 3-73），供应小脑下面的前部。

B. 迷路动脉（labyrinthine artery，内听动脉）：细长，伴随面神经和前庭蜗神经进入内耳门，供应内耳迷路。约有 80%以上的迷路动脉发自小脑下前动脉。

C. 脑桥动脉（pontine arteries）：为一些细小分支，供应脑桥基底部。

D. 小脑上动脉（superior cerebellar artery）：近基底动脉的末端发出，绕大脑脚向后，供应小脑上部。

E. 大脑后动脉（posterior cerebral artery）：是基底动脉的终支，在脑桥上缘附近发出，在小脑上动脉的上方与之平行向外，绕大脑脚向后，由海马旁回钩向后，沿海马沟转至颞叶和枕叶内侧面（图 3-74），其皮质支分布于颞叶的内侧面和底面及枕叶，中央支由起始部发出，经脚间窝穿入脑实质，供应背侧丘脑、内、外侧膝状体、下丘脑和底丘脑等。大脑后动脉起始部与小脑上动脉根部之间夹有动眼神经（图 3-73），当颅内高压时，海马旁回钩移至小脑幕切迹下方，使大脑后动脉向下移位，压迫并牵拉动眼神经，可导致动眼神经麻痹。大脑后动脉借后交通动脉与颈内动脉末端相交通。

（3）大脑动脉环（cerebral arterial circle）：也称为威利斯（Willis）环，由两侧大脑后动脉、后交通动脉、颈内动脉末端、大脑前动脉起始端和前交通动脉在脑底下方，蝶鞍上方，环绕视交叉、灰结节及乳头体周围吻合而成（图 3-73）。此环使颈内动脉系与椎-基底动脉系互相交通，在正常情况下大脑动脉环两侧的血液不相混合，而是作为一种代偿的潜在装置。当此环的某一处发育不良或被阻断时，可在一定程度上通过大脑动脉环使血液重新分配和代偿，以维持脑的血液供应和功能活动。

据统计，中国人约有 48%的大脑动脉环发育不全或异常，不正常的动脉环易出现动脉瘤。前交通动脉和大脑前动脉的连接处是动脉瘤的好发部位。

2. 脑的静脉 脑的静脉不与动脉伴行，壁薄而无瓣膜。大脑的静脉分为浅、深两组，两组之间相互吻合。浅组收集脑皮质及皮质下髓质的静脉血，直接注入邻近的静脉窦；深组收集大脑深部的髓质、基底核、间脑、脑室脉络丛等处的静脉血，最后汇成一条大脑大静脉注入直窦。两组静脉最终经硬脑膜窦回流至颈内静脉。

（1）浅静脉：以大脑外侧沟为界分为大脑上、中、下静脉（图 3-77），三者互相吻合成网。大脑上静脉（外侧沟以上），收集大脑半球上外侧面和内侧面上部的静脉血，注入上矢状窦；大脑下静脉（外侧沟以下）收集大脑半球上外侧面下部和半球下面的静脉血，主要注入横窦和海绵窦。大脑中静脉又分为浅、深两组：大脑中浅静脉收集半球上外侧面近外侧沟附近的静脉血，本干沿外侧沟向前下注入海绵窦；大脑中深静脉收集脑岛的静脉血，与大脑前静脉和纹状体静脉汇合成基底静脉（basal vein）。基底静脉注入大脑大静脉（图 3-77）。

（2）深静脉：包括大脑内静脉（internal cerebral vein）和大脑大静脉（图 3-78），大脑内静脉由脉络膜静脉和丘脑纹静脉在室间孔后上缘合成，向后至松果体后方，与对侧的大脑内静脉汇合成一条大脑大静脉（great cerebral vein），又称盖伦（Galen）静脉。大脑大静脉很短，收纳大脑半球深部髓质、基底核、间脑和脉络丛等处的静脉血，在胼胝体压部的后下方注入直窦。

3. 脊髓的血管

（1）脊髓的动脉：有两个来源，即椎动脉和节段性动脉（图 3-79）。椎动脉发出的脊髓前动脉（anterior spinal artery）和脊髓后动脉（posterior spinal artery）在下行过程中，不断得到节段性动脉（如肋间后动脉、腰动脉等）分支的增补，以保障脊髓足够的血液供应。

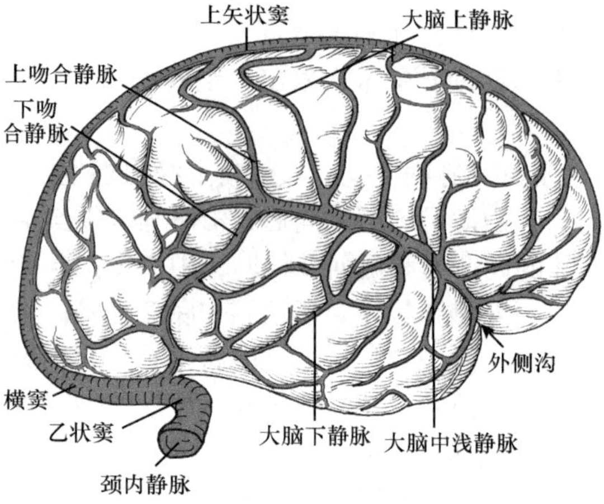

图 3-77　大脑半球的浅静脉

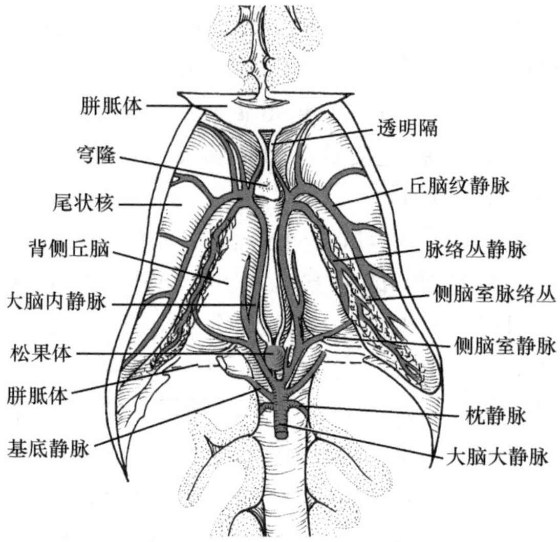

图 3-78　大脑的静脉（深组）

由椎动脉发出的左、右脊髓前动脉在延髓腹侧即起始部合成一条，沿前正中裂下行至脊髓末端。脊髓后动脉自椎动脉发出后，绕延髓两侧向后走行，沿脊神经后根两侧下行，直至脊髓末端。脊髓前、后动脉之间借环绕脊髓表面的吻合支互相交通，形成动脉冠(图 3-80)，由动脉冠再发分支进入脊髓内部。脊髓前动脉的分支主要分布于脊髓前角、侧角、灰质连合、后角基部、前索和侧索；脊髓后动脉的分支则分布于脊髓后角的其余部分、后索和侧索后部。

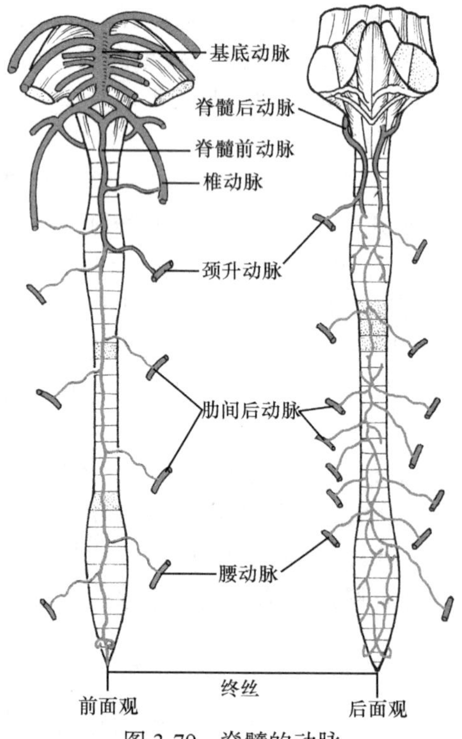

图 3-79　脊髓的动脉

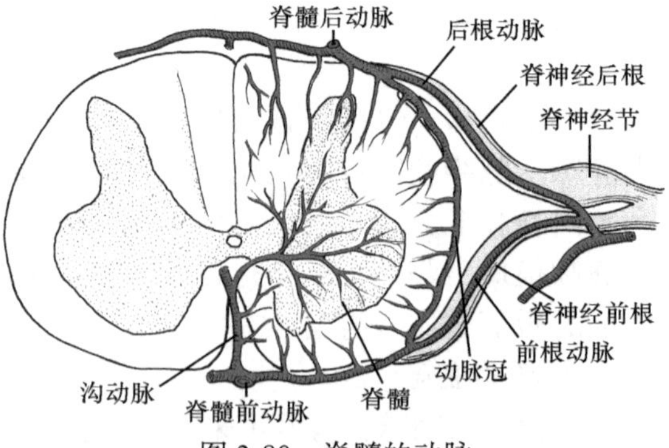

图 3-80　脊髓的动脉

（2）脊髓的静脉：较动脉多且粗，收集脊髓内的小静脉，最后汇集成脊髓前、后静脉，注入硬膜外隙的椎内静脉丛。

（三）脑脊液及其循环

脑脊液（cerebrospinal fluid，CSF）是充满脑室系统、蛛网膜下隙和脊髓中央管内的无色透明液体，内含多种浓度不等的无机离子、葡萄糖、微量蛋白和少量淋巴细胞，pH 为 7.4，功能上相当于外周组织中的淋巴，对中枢神经系统起缓冲、保护、运输代谢产物和维持正常颅内压等作用。例如，脑脊液充满蛛网膜下隙，形成脑和脊髓的水垫，以免头部震动时脑与颅骨直接接触。当颅骨某点收到打击时，脑脊液可分散压力，以免直接冲击脑。脑脊液总量在成人平均约 150ml，它处于不断产生、循环和回流的平衡状态。

脑脊液主要由脑室脉络丛产生，少量由室管膜上皮和毛细血管产生。侧脑室脉络丛产生的脑脊液经室间孔流入第三脑室，与第三脑室脉络丛产生的脑脊液一起，经中脑水管流至第四脑室，再汇合第四脑室脉络丛产生的脑脊液一起经第四脑室正中孔和两个外侧孔流入蛛网膜下隙。脑脊液再流向大脑背面的蛛网膜下隙，经脑蛛网膜粒渗透到硬脑膜窦（主要是上矢状窦）内，最终回流入静脉（图 3-81、图 3-82）。

若在脑脊液循环途径中发生阻塞，可导致脑积水和颅内压增高，使脑组织受压移位，甚至形成脑疝而危及生命。

侧脑室 —经室间孔→ 第三脑室 —经中脑水管→ 第四脑室 —经正中孔、外侧孔→ 蛛网膜下隙 —经蛛网膜粒→

上矢状窦。

图 3-81　脑脊液循环途径

（四）脑屏障

20 世纪末有人将活体染料台盼蓝注入家兔的静脉中，发现全身组织包括脑室脉络丛都染上了蓝色，只有脑组织不着色，但将台盼蓝直接注入蛛网膜下隙内，脑组织却被染上蓝色。实验表明，物质从脑的毛细血管转运至脑组织中，受到选择和限制，这就是脑屏障的概念。

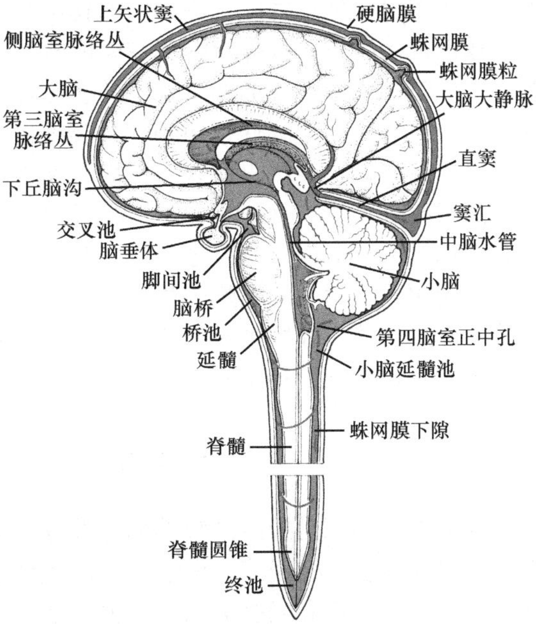

图 3-82　脑脊液循环模式图

中枢神经系统神经元的正常功能活动，需要保持其稳定的微环境，这个微环境（如氧、有机物及无机离子浓度）的轻微变化，都可影响神经元的正常活动，而维持这种稳定性的结构称为脑屏障（brain barrier）。脑屏障的特定结构能选择性地允许某些物质通过。脑屏障由血脑屏障、血-脑脊液屏障和脑脊液-脑屏障 3 部分组成（图 3-83）。

1. 血脑屏障　位于血液与脑、脊髓的神经细胞之间，其结构基础：①脑和脊髓内毛细血管内皮细胞无窗孔，内皮细胞之间为紧密连接，使大分子物质不能通过；②完整而连续的毛细血管基膜；③毛细血管基膜外有星形胶质细胞突起形成的胶质膜。其中血管内皮细胞之间的紧密连接是构成血脑屏障的主要结构基础。

2. 血-脑脊液屏障（blood-CSF barrier） 位于脑室脉络丛的血液与脑脊液之间，由脉络丛毛细血管内皮、基膜和脉络丛的上皮共同构成。其结构基础主要是脉络丛上皮细胞之间有闭锁小带相连（为紧密连接）。但脉络丛的毛细血管内皮细胞上有窗孔，因此该屏障仍有一定的通透性。

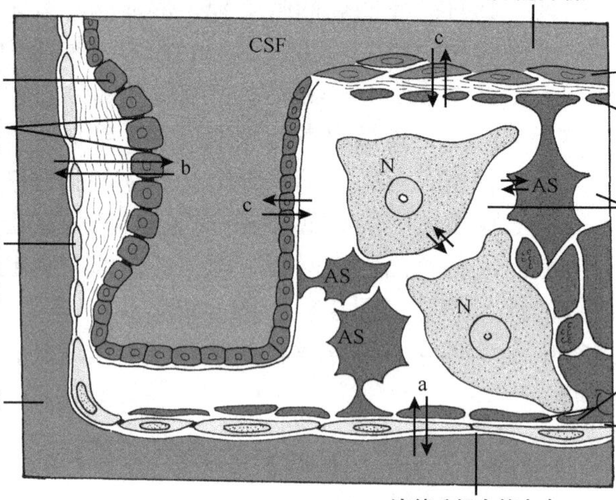

图 3-83 脑屏障的结构和位置关系模式图

3. 脑脊液-脑屏障（CSF-brain barrier） 位于脑室和蛛网膜下隙的脑脊液与脑、脊髓的神经细胞之间，其结构基础为室管膜上皮、软脑膜和软脑膜下胶质膜。但室管膜上皮之间没有闭锁小带，主要为缝隙连接，不能有效地限制大分子通过，软脑膜及其深面的胶质膜屏障作用也很低，因此，脑脊液的化学成分与脑组织细胞外液的成分大致相同。

在正常情况下，脑屏障的存在能使脑和脊髓免受内、外环境各种物理、化学因素的影响，以维持脑内微环境的相对稳定的状态。在脑屏障损伤（如炎症、外伤、血管病）时，脑屏障的通透性发生改变，使脑和脊髓神经细胞受到各种致病因素的刺激，导致脑水肿、脑出血、免疫异常等严重后果。然而，无论从结构上还是功能上，脑屏障都只是相对的，在脑的某些部位没有血脑屏障（如松果体、神经垂体等），这些部位的毛细血管内皮细胞上有窗孔，因而具有一定的通透性，使脑脊液-脑屏障也不完善，脑脊液和脑内神经元的细胞外液能相互交通。脑屏障的相对性使人体内的三大调节系统（免疫、神经和内分泌）的物质之间的交流，在中枢神经系统内也同样存在，即免疫-神经-内分泌网络，它在全面调节人体的各种功能活动中起着重要的作用。

第三节 周围神经系统

周围神经系统是神经系统的周围部分，中枢神经系统以外的神经成分，即除脑和脊髓以外，包括神经、神经节、神经干、神经丛和神经终末装置等。周围神经系统向中枢神经系统传递来自躯体和内脏的信息，也将来自中枢神经系统的信息传至躯体和内脏，控制躯体和内脏运动。根据周围神经与中枢神经的连接部位和分布范围不同，一般将周围神经系统分为脊神经（spinal nerves）、脑神经和内脏神经三部分。脊神经与脊髓相连，由 31 对神经组成，主要分布于躯干和四肢。脑神经与脑干、间脑和端脑相连，由 12 对神经组成，主要分布于头面部。内脏神经与脑和脊髓相连，主要分布于体腔脏器、心血管和腺体。

从功能上分析，周围神经系统可分为感觉神经和运动神经。感觉神经将神经冲动由外周感受器向中枢内传导，又称为传入神经；运动神经将神经冲动由中枢神经系统传出至外周效应器，故又称为传出神经。

一、脊神经

脊神经共 31 对，借前根（anterior root）和后根（posterior root）与脊髓相连。每对脊神经连于一个脊髓节段，由前根和后根组成。前根由运动性神经纤维组成，连于脊髓前外侧沟；后根为感觉根神经纤维组成，连于脊髓后外侧沟；两根在椎间孔处合成一条脊神经，脊神经为混合性神经。在后根接近椎间孔处，有一椭圆形膨大，称脊神经节（spinal ganglion），此神经节由假单极神经元构成（图 3-84）。根据脊神经与脊髓的连接关系，可将脊神经分为 5 部分，分别为颈神经（cervical nerves）8 对，胸神经（thoracic nerves）12 对，腰神经（lumbar nerves）5 对，骶神经（sacral nerves）5 对，尾神经（coccygeal nerve）1 对。

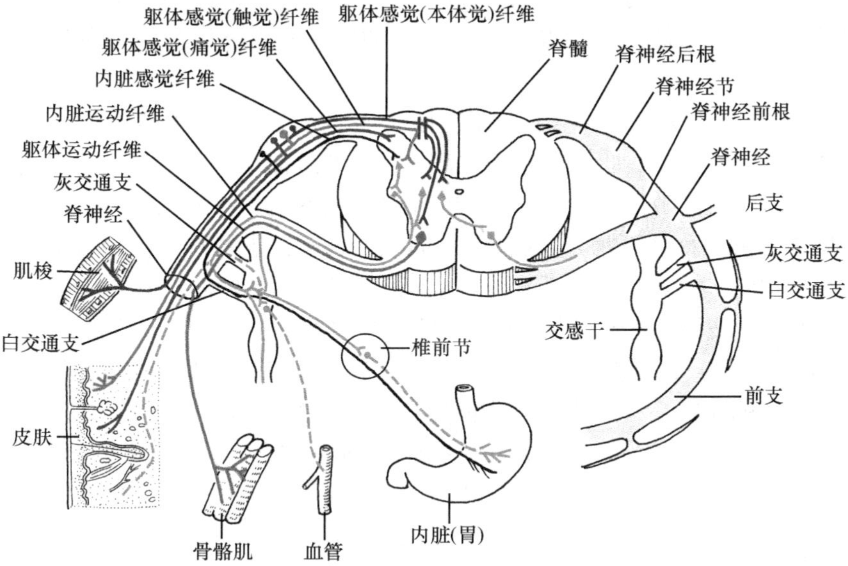

图 3-84 脊神经的组成和分布模式图

脊神经都经椎间孔穿出椎管或骶管。第 1 对颈神经自寰椎与枕骨之间穿出，第 2～7 对颈神经在同序数椎骨上方椎间孔穿出椎管，第 8 对颈神经在第 7 颈椎下方椎间孔穿出椎管，胸神经和腰神经均在同序数椎骨下方的椎间孔穿出椎管，第 1～4 骶神经从相应的骶前孔和骶后孔穿出，第 5 骶神经和尾神经则经骶管裂孔穿出。脊神经在椎间孔内，前方是椎间盘和椎体，后方是关节突关节和黄韧带，因此，当这些结构发生病变时，常可累及脊神经，出现相应区域的感觉和运动障碍。

（一）脊神经的纤维成分

脊神经均是混合性神经，即有运动神经纤维和感觉神经纤维，每一种成分又分为躯体性和内脏性两部分。因此，脊神经含有如下四种纤维成分。

1. 躯体运动（传出）纤维 由脊髓灰质前角运动神经元轴突构成，分布于躯干和四肢骨骼肌，支配其随意运动。

2. 内脏运动（传出）纤维 由脊髓灰质中间外侧核和骶副交感核内神经元的轴突构成，经神经节换元后，其节后纤维分布于内脏、心血管和腺体的效应器，支配心肌和平滑肌的运动，控制腺体的分泌。

3. 躯体感觉（传入）纤维 来自脊神经节内的假单极神经元周围突，脊神经节内的假单极神经元中枢突构成脊神经后根经后外侧沟进入脊髓，周围突经脊神经分布于皮肤、骨骼肌、肌腱和关节等身体部位，将皮肤浅感觉冲动和肌、腱、关节的深感觉冲动传入中枢。

4. 内脏感觉（传入）纤维 来自脊神经节内的假单极神经元周围突，脊神经节内的假单极神经元中枢突构成脊神经后根进入脊髓，周围突经脊神经分布于内脏、心血管和腺体的感受器。

（二）脊神经出椎间孔后的分支

神经出椎间孔后，立刻分为前支（anterior branch）、后支（posterior branch）、脊膜返支（meningeal branch）和交通支（communication branch）。

1. 前支 是脊神经最粗大的分支，为混合性神经，主要分布四肢和躯干皮肤和骨骼肌，其中胸神经前支保持节段性走行和分布的特点，其余各部脊神经的神经干相互交织成四个神经丛，即颈丛、臂丛、腰丛和骶丛，再由这些神经丛发出神经分支分布于身体的效应器和感受器。

2. 后支 是脊神经发出的向躯干背面走行的细小分支，为混合性神经，经相邻椎骨的横突之间或骶后孔向后走行，肌支分布于项部、背部和腰骶部的深层肌。皮支则分布于相同区域的皮肤，具有明显的节段性特点。脊神经后支一般都细小，但某些脊神经后支较粗大。第 1 颈神经后支粗大又称枕下神经（suboccipital nerve），走行在寰椎后弓上方与椎动脉下方之间，支配椎枕肌。第 2 颈神经后支的皮支粗大称为枕大神经（greater occipital nerve），该支穿斜方肌肌腱达皮下，分布于枕、项部皮肤。第 3 颈神经后支的内侧支称为第 3 枕神经（third occipital nerve），其穿斜方肌也达皮下，分布于枕部下方皮肤。腰神经的后支分为内侧支和外侧支。内侧支细小，经横突下方向后，分布于腰椎附近的短肌和长肌。第 1～3 腰神经后支的外侧支粗大，称为臀上皮神经（superior gluteal nerve），分布于臀上部皮肤。第 1～3 骶神经后支的皮支分布于臀中区域，称为臀中皮神经（middle gluteal nerve）。

3. 脊膜返支 细小，脊神经出椎间孔后返回椎管内的细支，该支在椎管内分为横支、升支和降支，分布于脊髓被膜、血管膜、骨膜、韧带和椎间盘等。

4. 交通支 为连于脊神经与交感干之间的细支，分为白交通支和灰交通支。

（三）颈丛

1. 颈丛（cervical plexus）的组成和位置 颈丛由第 1～4 颈神经的前支和第 5 颈神经前支一部分构成，位于胸锁乳突肌上部的深面，中斜角肌和肩胛提肌的前方，是一个较小的丛，由丛发出皮支和肌支。

2. 分支

（1）颈丛的皮支（图 3-85）：较粗大且位置浅表，在胸锁乳突肌深面集中，从其后缘中点附近浅出，散开行向各方。因此，胸锁乳突肌后缘中点，是颈部浅层结构浸润麻醉的重要阻滞点，又称神经点。

1）枕小神经（lesser occipital nerve）（C_2）：沿胸锁乳突肌后缘上行，分布于枕部和耳廓后面皮肤。

2）耳大神经（great auricular nerve）（C_2、C_3）：于胸锁乳突肌后缘中点穿出后，然后沿其表面上行至耳廓下方，分布于耳廓及其周围皮肤。耳大神经由于位置表浅，附近没有重要结构，是临床神经干移植的理想替代物。

3）颈横神经（transverse nerve of neck）（C_2、C_3）：于胸锁乳突肌后缘中点穿出，沿此肌表面横行向前内侧，分布于颈前部皮肤。

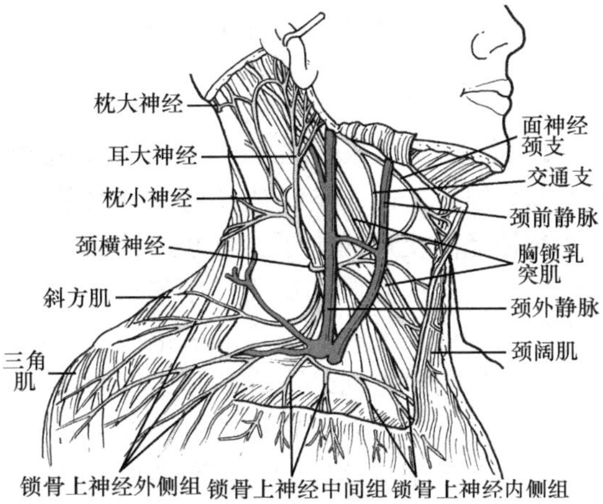

图 3-85　颈丛皮支

4）锁骨上神经（supraclavicular nerve）（C_3、C_4）：常为 2～4 支，位于颈横神经下方，呈辐射状行向前、下、外方，布于颈下部、胸壁上部和肩部的皮肤。

（2）肌支：颈丛肌支支配颈部深肌、肩胛提肌、舌骨下肌群和膈。最重要的肌支有膈神经。

膈神经（phrenic nerve）（C_3～C_5）由来自第 3～5 颈神经前支的纤维组成（以第 4 颈神经为主），从前斜角肌上端外侧浅出，继经该肌前面下降至其内侧，然后经过锁骨下动、静脉之间，经胸廓上口入胸腔，经肺根前方，伴心包膈动脉下行于纤维性心包与纵隔胸膜之间，至膈中心腱。膈神经为混合性神经，运动纤维支配膈肌的运动，感觉纤维分布于膈、胸膜及心包。一般认为右膈神经感觉纤维除分布于膈的右侧半外，还分布于肝、胆囊和肝外胆道表面的浆膜（图 3-86）。

副膈神经（accessory phrenic nerve）（C_4、C_5）在中国人中出现率约为 48%，多见于一侧，沿膈神经外侧下降，经锁骨下静脉上方或下方加入膈神经。

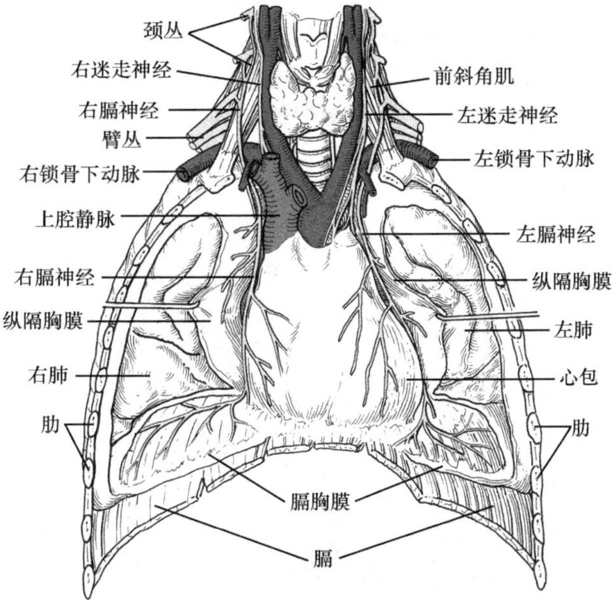

图 3-86　膈神经

膈神经损伤主要症状是膈肌瘫痪，表现为腹式呼吸减弱或消失，严重者可有窒息感；

当膈神经受到刺激时，可发生呃逆。

（四）臂丛

1. 臂丛（brachial plexus）**的组成和位置** 臂丛由第5～8颈神经前支及第1胸神经前支大部分组成。这5条脊神经前支穿斜角肌间隙，其中，第5、第6颈神经前支合成上干，第7颈神经前支形成中干，第8颈神经和第1胸神经前支大部分合成下干。出斜角肌间隙后每个干又分成前股和后股。在腋窝内，上干和中干的前股合成外侧束，下干的前股延续为内侧束，这3干的后股形成后束。此3束在胸小肌后方分别从内、外、后3面包围腋动脉。臂丛从内上方向外下方斜行，在斜角肌间隙处，位于锁骨下动脉的后上方，而后经锁骨中点的后方入腋腔。臂丛的各神经束在锁骨中点的后方最为集中，且位置表浅，在上肢手术时，锁骨中点是作为臂丛阻滞麻醉的定位标志。

2. 臂丛的分支 臂丛的分支较多，根据其发出的位置可分为锁骨上分支和锁骨下分支（图3-87）。

（1）锁骨上分支：多为行程较短的肌支，主要分支有如下几支。

1）胸长神经（long thoracic nerve）（C_5～C_7）：沿前锯肌表面下降，支配该肌（图3-87）。此神经损伤，可导致前锯肌瘫痪，出现"翼状肩"。

2）肩胛上神经（suprascapular nerve）（C_5、C_6）：起自臂丛上干，经肩胛上切迹入冈上窝，绕肩胛冈再进入冈下窝，支配冈上肌和冈下肌。

3）肩胛背神经（dorsal scapular nerve）（C_4、C_5）：穿中斜角肌，经肩胛提肌深方，然后沿肩胛骨内侧缘和脊柱之间下行，支配肩胛提肌和菱形肌。

（2）锁骨下分支：多为行程较长的分支，分布范围广泛，主要分支有如下几支。

1）肌皮神经（musculocutaneous nerve）（C_5～C_7）：发自臂丛外侧束，向外下穿喙肱肌，下行于肱二头肌与肱肌之间，沿途发出肌支分布上述三肌。在肘关节附近，于肱二头肌腱外侧穿出深筋膜至皮下成为终支，沿前臂外侧下行至腕部，称前臂外侧皮神经（lateral antebrachial cutaneous nerve），分布于相应的皮区（图3-87，图3-88）。肌皮神经主干损伤后主要表现为屈肘减弱无力及前臂外侧部皮肤感觉的减弱。

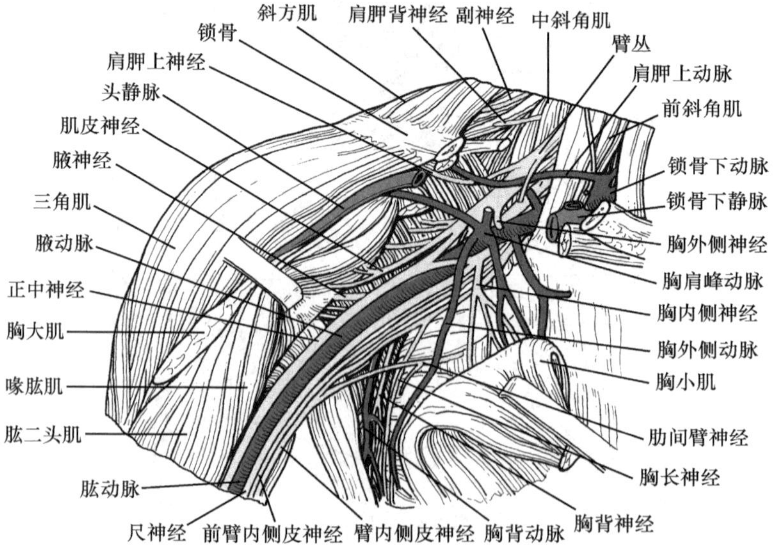

图3-87 臂丛分支

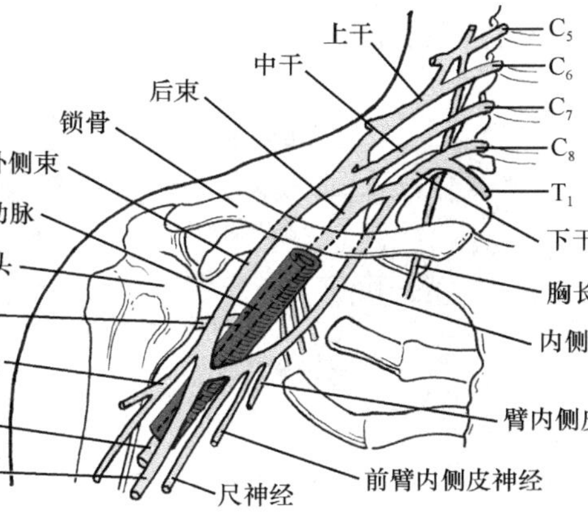

图 3-88 臂丛组成模式图

2）正中神经（median nerve）（C_6～T_1）：由臂丛内侧束和外侧束发出的内侧根与外侧根汇合而成。两根挟腋动脉向外下方以锐角合为正中神经主干。在臂部，正中神经于肱动脉伴行，先于动脉的外侧下行，沿肱二头肌内侧沟下行，在平喙肱肌止点处，斜越过肱动脉浅面或深面转至肱动脉内侧，下行至肘窝。然后向下穿旋前圆肌至前臂正中，继而行于指浅屈肌与指深屈肌之间下降至腕部，在腕部稍上方，正中神经行于桡侧腕屈肌腱与掌长肌腱之间，此时位置最浅。再向下进入腕管，最后在掌腱膜深面分布至手掌。

正中神经在臂部一般没有分支，在肘部及前臂发出许多肌支，其中沿前臂骨间膜前面下行的骨间前神经较粗大，行程较长，支配除肱桡肌、尺侧腕屈肌和指深屈肌尺侧半以外的所有前臂前群肌肉。在手部屈肌支持带的下方，从正中神经发的桡侧发出一粗短的返支，在桡动脉掌浅支的外侧进入鱼际，支配除拇收肌以外的鱼际肌群。在手掌，在掌腱膜深方正中神经发出三条指掌侧总神经下行至掌骨头附近，每一条指掌侧总神经又分为两支指掌侧固有神经，沿手指的相对缘行至指尖。在手部正中神经肌支支配第 1、2 蚓状肌和鱼际肌（拇收肌除外）；皮支分布于桡侧半手掌、桡侧三个半手指掌面皮肤及其中节和远节指背皮肤（图 3-89）。

正中神经在臂部主干损伤后，运动障碍表现为前臂不能旋前、屈腕及外展力减弱，拇、示和中指不能屈曲，拇指不能对掌；感觉障碍为手掌桡侧半和 1～3 指末节的皮肤感觉丧失或明显减弱。由于鱼际肌萎缩手掌平坦，称“猿手”。

3）尺神经（ulnar nerve）（C_8，T_1）：发自臂丛内侧束，从腋动、静脉之间穿出腋窝，沿肱二头肌内侧沟伴肱动脉下行，在三角肌止点的高度穿内侧肌间隔至臂后区下行，绕经肱骨内上髁后面的尺神经沟，在此其位置浅表又贴近骨面，故易受损伤。此后向前穿过尺侧腕屈肌的起点转至前臂前面内侧，行于尺侧腕屈肌和指深屈肌之间伴尺动脉的内侧下降至腕部。在桡腕关节上方尺神经发出手背支后，主干在豌豆骨桡侧、屈肌支持带浅面分为浅支和深支，在掌腱膜深面、腕管浅面进入手掌（图 3-89、图 3-90、图 3-91）。

尺神经在臂部无分支，在前臂上部发肌支支配尺侧腕屈肌和指深屈肌尺侧半。在手掌深支为肌支，支配小鱼际肌、拇收肌、骨间掌侧肌、骨间背侧肌及第 3、4 蚓状肌。浅支为皮支，分布于小鱼际和小指掌侧面尺侧半皮肤，浅支还发出一条指掌侧总神经，下行至掌骨头附近，又分为两支指掌侧固有神经，分布于环指和小指掌侧面相对缘的皮肤。此外，在桡腕上方约 5cm 处，尺神经发出手背支经尺侧腕屈肌腱深方转向背侧，分布于手背尺侧半及小指、环指和中指尺侧半背面的皮肤（图 3-92）。

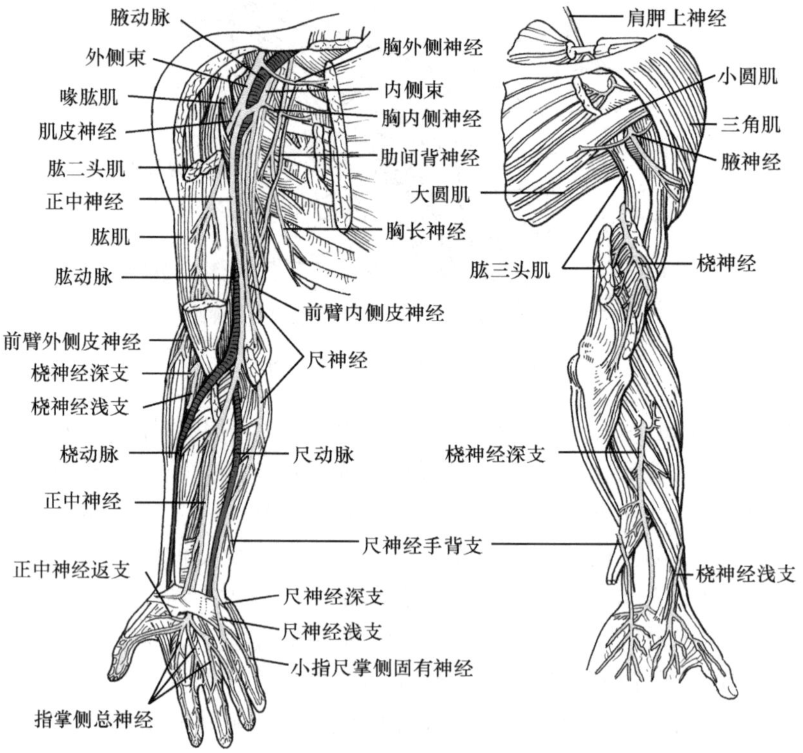

图 3-89　上肢的神经

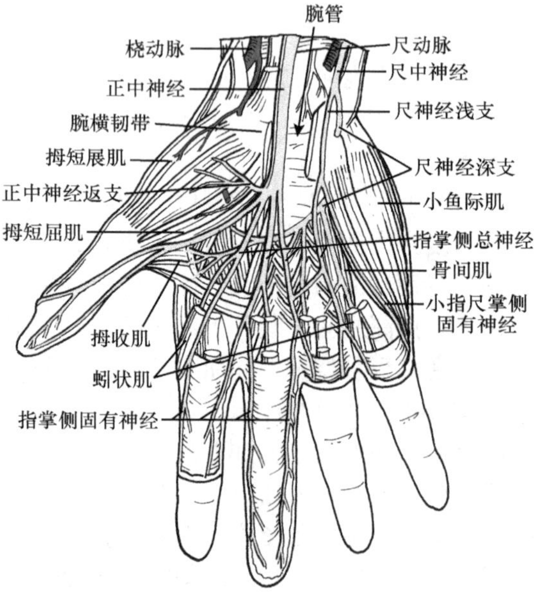

图 3-90　手的神经（掌面）

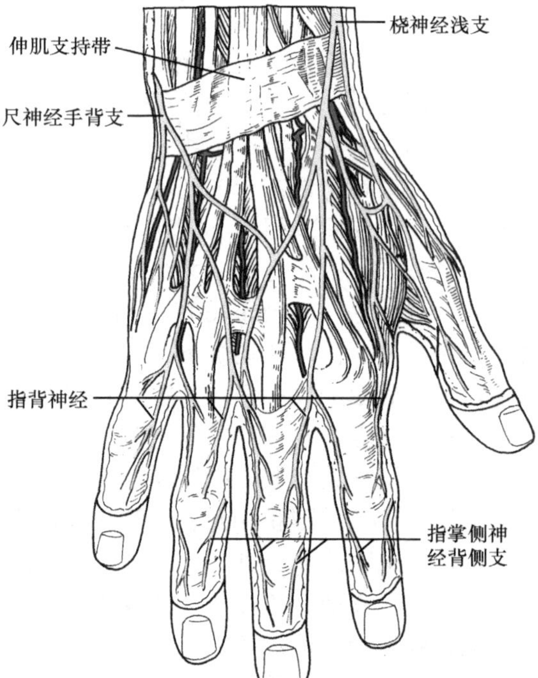

图 3-91　手的神经（背面）

尺神经主干损伤运动障碍为屈腕力减弱，环指和小指末节不能屈曲，不能屈掌指关节、伸指间关节，拇指不能内收，各指的内收与外展运动丧失；感觉障碍为尺神经分布的皮区，尤其是小鱼际和小指的感觉丧失。由于肌肉萎缩使小鱼际平坦，蚓状肌和骨间肌的瘫痪使掌骨间呈现深沟而表现为“爪形手”。

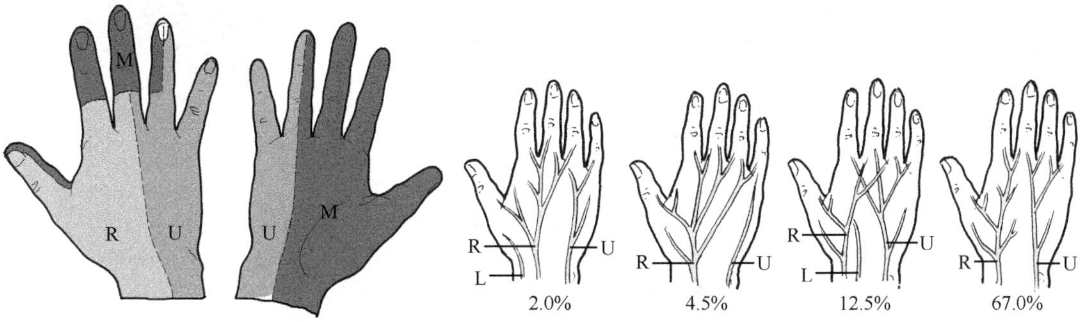

图 3-92 手皮肤的神经分布与变异

M. 正中神经分布区；R. 67.0%桡神经分布图；U. 98.5%桡神经分布区；R. 桡神经；U. 尺神经；L. 前臂外侧皮神经

4）桡神经（radial nerve）（C_5～T_1）：发自臂丛后束的一条粗大的神经。该神经发出后位于腋动脉的后方，伴肱深动脉走向外下，穿肱三头肌长头和内侧头之间，沿桡神经沟行向外下至肱骨外上髁上方，穿外侧肌间隔至肱桡肌与肱肌之间，随即分为浅支和深支两终末支。

A. 桡神经浅支（superficial branch of radial nerve）：为皮支，在肱桡肌尺侧，沿桡动脉桡侧下行，至前臂中、下 1/3 交界处经肱桡肌腱深面转向背侧下行至手背部，分为 4～5 支指背神经，分布于手背桡侧半及桡侧三个半手指近节背面皮肤（图 3-92）。

B. 桡神经深支（deep branch of radial nerve）：粗大，主要为肌支。在桡骨颈外侧穿过旋后肌至前臂后面，至前臂背侧，称为骨间后神经，在前臂肌后群深、浅二层之间下降，分为数支，其长支达腕部。沿途发支支配肱桡肌和前臂后群肌肉。在臂的上部和中部，桡神经主干的肌支支配肱三头肌和肱桡肌；臂后皮神经在腋窝发出后分布于臂后区的皮肤；臂外侧下皮神经在三角肌止点远侧浅出，分布于臂下外侧部的皮肤；前臂后皮神经自臂中份外侧浅出下行至前臂后面，后达腕部，沿途分支分布于前臂后面皮肤。

肱骨干骨折时桡神经易受损伤，运动障碍为不能伸腕、伸指，拇指不能外展，前臂不能旋后；感觉障碍为前臂背侧及手背桡侧半感觉迟钝，“虎口”区皮肤感觉丧失。举起前臂时，由于伸肌瘫痪及重力作用，出现“垂腕”征（图 3-93）。

5）腋神经（axillary nerve）（C_5，C_6）：发自臂丛后束，伴旋肱后血管穿四边孔，绕肱骨外科颈至三角肌深面。肌支支配三角肌和小圆肌，皮支自三角肌后缘穿出，称为臂外侧上皮神经，分布于肩部和臂外侧区上部的皮肤。

肱骨外科颈骨折时，可致腋神经损伤，运动障碍为肩关节不能外展；感觉障碍为三角肌区皮肤感觉障碍。三角肌萎缩，肩部失去圆形隆起的外观，肩峰突出于皮下。

6）肩胛下神经（subscapular nerve）（C_5～C_7）：起自臂丛后束，分为上、下两支，支配肩胛下肌和大圆肌。

7）胸背神经（thoracodorsal nerve）（C_6～C_8）：起自臂丛后束，沿肩胛骨外侧缘伴胸背动脉下行至背阔肌，支配该肌运动。在乳癌根治术中，清除肩胛下淋巴结时，勿损伤此神经。

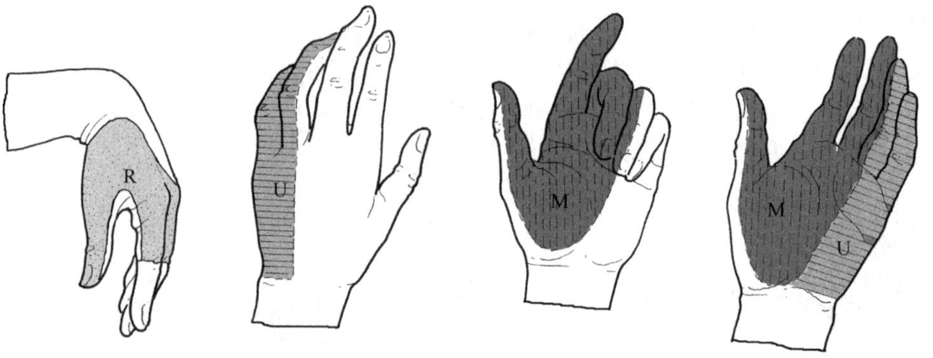

图 3-93　桡、尺和正中神经损伤时的手形及皮肤感觉丧失区

A. 桡神经损伤后的“垂腕”征；B. 尺神经损伤后的“爪形手”；C. 正中神经损伤后的“猿手”；D. 正中神经和尺神经合并损伤后的“猿手”；M. 正中神经分布区；R. 桡神经分布区；U. 尺神经分布区

8）胸内侧神经（medial pectoral nerve）（C_8，T_1）：起自臂丛内侧束，经胸小肌下缘或穿胸小肌至胸大肌，支配胸大、小肌。

9）胸外侧神经（lateral pectoral nerve）（C_5～C_7）：起自臂丛外侧束，穿过锁胸筋膜至胸大肌深面，支配胸大、小肌。

10）臂内侧皮神经（medial brachial cutaneous nerve）（C_8，T_1）：发自臂丛内侧束，沿腋静脉内侧下行，该神经在腋窝内常与第 2 肋间臂神经外侧皮支相连，分布于臂内侧和前面的皮肤。

11）前臂内侧皮神经（medial antebrachial cutaneous nerve）（C_8，T_1）：发自臂丛内侧束，臂中份浅出后与贵要静脉伴行下降至腕部。该神经在前臂分为前、后两支，分布于前臂内侧份的前面和后面的皮肤。

（五）胸神经前支

胸神经前支共 12 对，除第 1 对的大部分和第 12 对的小部分分别参与臂丛和腰丛的组成外，其余均不形成神经丛。其中第 1～11 对胸神经前支位于相应的肋间隙中，称为肋间神经（intercostal nerves），第 12 对胸神经前支位于第 12 肋下方，故名肋下神经（subcostal nerve）（图 3-94）。肋间神经与肋间后血管伴行于肋沟内，行于肋间内、外肌之间。上 6 对肋间神经达胸骨外侧缘处穿至皮下为前皮支；下 5 对肋间神经及肋下神经斜行向，行于腹内斜肌和腹横肌之间，并进入腹直肌鞘，在腹白线附近穿至皮下（前皮支）。此外，肋间神经和肋下神经本干在胸、腹壁侧部尚发出外侧皮支至皮下。肋间神经和肋下神经肌支支配肋间肌和腹肌的前外侧群；皮支分布于胸、腹壁的皮肤，还发出分支分布于胸膜和腹膜壁层。其中 2～6 肋间神经的外侧皮支和 2～4 肋间神经的前皮支具有分支分布于乳房。第 2 肋间神经的外侧皮支较粗大，横行经过腋窝至臂内侧称为肋间臂神经，分布于腋窝和臂内侧皮肤。

胸神经前支在胸、腹壁皮肤的分布具有非常明显的节段性特点（图 3-95），呈环形条带分布，其分布规律是 T_2 相当于胸骨角平面，T_4 相当于乳头平面，T_6 相当于剑突平面，T_8 相当于两侧肋弓平面，T_{10} 相当于脐平面，T_{12} 相当于脐与耻骨联合连线中点的平面。临床工作中，常以节段性分布平面来确定麻醉平面的位置，也可以根据躯体皮肤感觉障碍的发生区域来分析和推断具体受损的胸神经，进而推断脊髓损伤的位置。

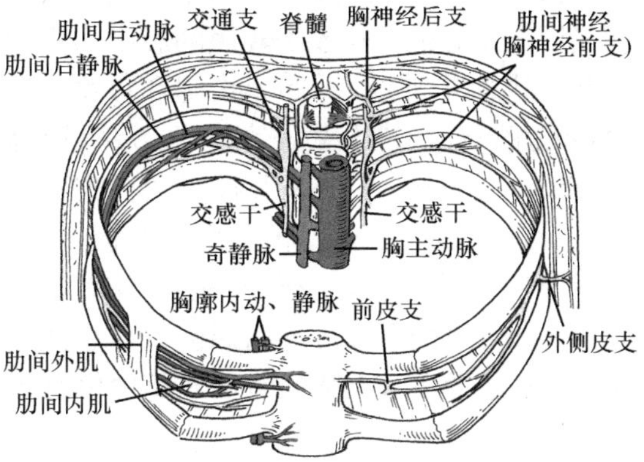

图 3-94　肋间神经走行及分支

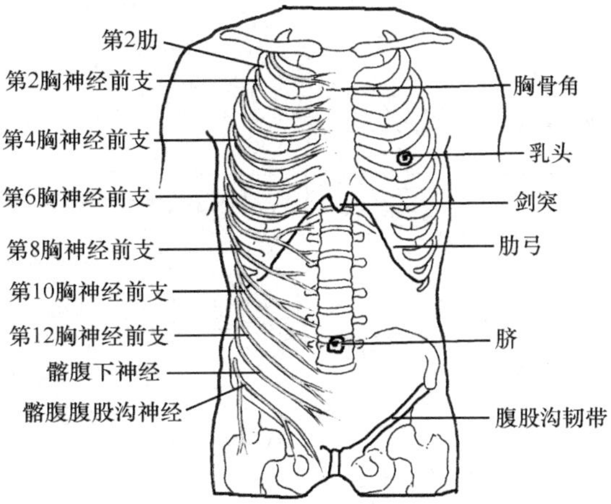

图 3-95　躯干的神经（前面）

（六）腰丛

1. 腰丛（lumbar plexus）**的组成和位置**　腰丛（图 3-96）由第 12 胸神经前支的一部分、1～3 腰神经前支和第 4 腰神经前支的一部分组成。腰丛位于腰大肌深面、腰椎横突的前方。

2. 腰丛的分支　该丛除发出肌支支配髂腰肌和腰方肌外，尚发出许多分支分布于腹股沟区、大腿前部和大腿内侧部（图 3-97）。

（1）髂腹下神经（iliohypogastric nerve）（T_{12}、L_1）：该神经从腰大肌外缘穿出，经肾后面和腰方肌前面行向外下方，在髂嵴后份上方穿腹横肌，再在髂前上棘内侧穿过腹内斜肌至腹外斜肌深面，最后于腹股沟管皮下环上方穿腹外斜肌腱膜至皮下。此神经以感觉纤维为主，其皮支布于耻区和腹股沟区的皮肤；肌支支配腹肌前外侧群的下部肌肉。

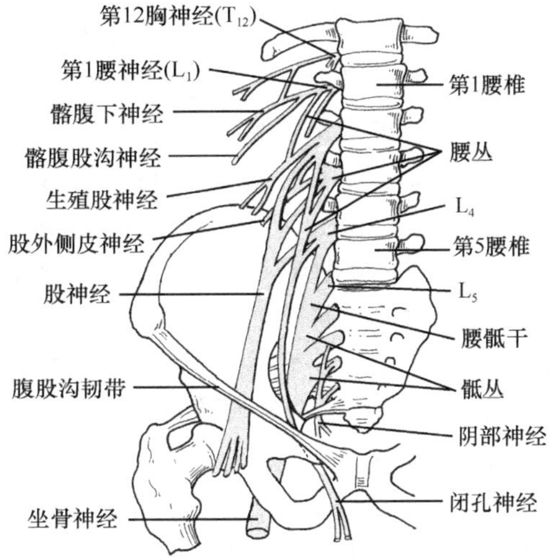

图 3-96　腰丛、骶丛的组成模式图

（2）髂腹股沟神经（ilioinguinal nerve）（L_1）：在髂腹下神经的下方，与其平行，自腰大肌外侧缘髂腹下神经下方穿出，在髂前上棘附近穿腹横肌，续行于腹横肌与腹内斜肌之间，穿出腹内斜肌前行入腹股沟管，与精索（子宫圆韧带）伴行，从腹股沟管浅环穿出。该神经肌支沿途分布于腹肌前外侧群的下部肌肉，皮支则分布于腹股沟部、阴茎根部及阴囊（大阴唇）皮肤。

（3）股外侧皮神经（lateral femoral cutaneous nerve）（L_2、L_3）：自腰大肌外侧缘穿出后，在髂肌表面行向外下方，至髂前上棘内侧，经腹股沟韧带深面越过该韧带进入大腿外侧。在髂前上棘下方 5～6cm 处穿出阔筋膜分布于大腿前外侧部的皮肤（图 3-97）。

（4）股神经（femoral nerve）（L_2～L_4）：该神经是腰丛发出的最大分支。自腰大肌外侧缘发出，在腰大肌与髂肌之间下行到达腹股沟区，在腹股沟韧带中点稍外侧，经腹股沟

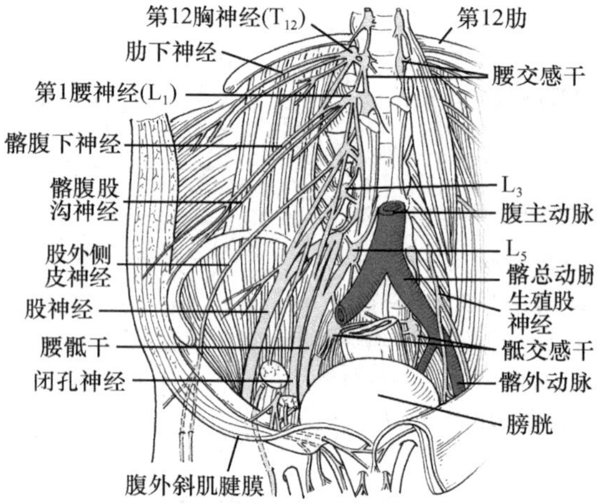

图 3-97　腰丛、骶丛的分支

韧带深面，股动脉外侧进入股三角，分为数支。肌支主要支配髂肌、耻骨肌、股四头肌和缝匠肌。皮支中有数条较短的股中间皮神经和股内侧皮神经，分布于大腿和膝关节前面的皮肤区。其中最长的一支为隐神经（saphenous nerve），是股神经的终支，伴股动脉入收肌管下行，再穿出收肌管前壁，于缝匠肌下端的后方浅出至皮下，伴大隐静脉沿小腿内侧面下行，经内踝前方至足内侧缘，分布于髌下、小腿内侧面及足内侧缘皮肤（图 3-98）。

股神经主干损伤表现：运动障碍为股前群肌功能障碍，屈髋无力，行走时尤其上楼困难，坐位时不能伸膝关节，膝反射消失；股四头肌萎缩，髌骨突出；股前及小腿内侧表现是内侧缘皮肤感觉障碍。

（5）闭孔神经（obturator nerve）（L_2～L_4）：自腰丛发出后，于腰大肌内侧缘穿出，沿骨盆腔内侧壁下行，伴闭孔血管穿闭膜管出盆腔，出盆腔后分为前、后两支，分别在短收肌的前、后方至股内侧区。闭孔神经的肌支支配闭孔外肌和大腿内侧肌群；其皮支主要分布于大腿内侧份皮肤。

闭孔神经损伤表现：大腿内收力减弱，患肢不能置于健侧大腿上，股内侧的皮肤感觉障碍。

（6）生殖股神经（genitofemoral nerve）（L_1～L_2）：自腰大肌前面穿出后，在该肌浅面下降，肌支支配提睾及，皮支分布于阴囊（或大阴唇）及其附近的皮肤。

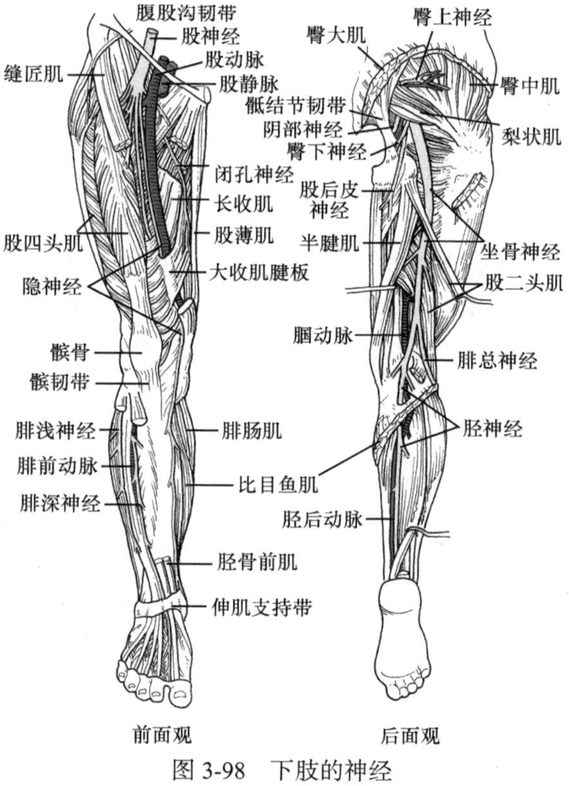

图 3-98　下肢的神经

（七）骶丛

1. 骶丛（sacral plexus）**的组成和位置**　骶丛由腰骶干（lumbosacral trunk）、骶、尾神经前支组成。腰骶干由第 4 腰神经前支的部分纤维和第 5 腰神经前支的所有纤维在腰丛下方构成，随后腰骶干下行越过盆腔上口进入小骨盆，加入骶骨和梨状肌前面的骶丛。骶丛略呈三角形，尖端朝向坐骨大孔。骶丛位于骶骨及梨状肌的前面，髂内动脉的后方。

2. 骶丛的分支　骶丛除发出许多短小的肌支支配梨状肌、闭孔内肌和股方肌等髋部肌肉，还发出下述较为重要的分支（图 3-99）。

（1）臀上神经（superior gluteal nerve）（L_4，L_5，S_1）：自骶丛发出后，伴臀上动、静脉经梨状肌上孔出盆腔，行于臀中、小肌之间，支配臀中、小肌和阔筋膜张肌。

（2）臀下神经（inferior gluteal nerve）（L_5，S_1，S_2）：自骶丛发出后，伴随臀动、静脉经梨状肌下孔出盆腔，行于臀大肌深面，支配臀大肌。

（3）股后皮神经（posterior femoral cutaneous nerve）（S_1～S_3）：离开骶丛后，与臀下神经相伴穿梨状肌下孔出盆腔至臀部，在臀大肌深面下行，从该肌下缘浅出。分布于臀区下部、股后区和腘窝的皮肤。

（4）阴部神经（pudendal nerve）（S_2～S_4）：自骶丛发出后，随阴部内动、静脉穿梨状肌下孔至臀部，绕坐骨棘经坐骨小孔入坐骨肛门窝，向前分支至会阴部和外生殖器的肌肉和皮肤（图 3-98、图 3-99）。其分支如下所示。

1）肛神经（直肠下神经）：分布于肛门外括约肌和肛门周围皮肤。

2）会阴神经：与阴部内动、静脉伴行，分布于会阴诸肌和阴囊或大阴唇的皮肤。

3）阴茎背神经（阴蒂背神经）：行于阴茎（阴蒂）的背侧，分布于阴茎（阴蒂）头、包皮及阴茎皮肤等处。作包皮环切术时可阻滞麻醉此神经。

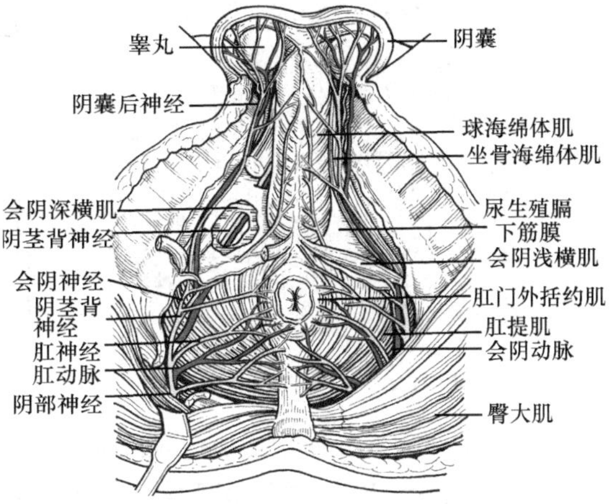

图 3-99　阴部神经（男性）

（5）坐骨神经（sciatic nerve）（L_4～S_3）：是全身最粗大的神经。自骶丛发出后，经梨状肌下孔出盆腔后，位于臀大肌深面，经股骨大转子和坐骨结节连线的中点下降至股后区，经股二头肌长头的深面下达腘窝上角处。一般在腘窝上方分为胫神经和腓总神经两大支（图 3-98）。坐骨神经是股后群肌、小腿肌和足底肌的运动神经，也是小腿和足的重要感觉神经。

坐骨神经的变异较常见，变异形式主要表现在坐骨神经出盆腔时与梨状肌的不同关系及坐骨神经分为两大终支时的不同部位。根据中国人的统计资料，坐骨神经以单干形式从梨状肌下孔出盆腔者占 66.3%，为最常见的形式，而以其他形式出盆腔者则占 33.7%。所谓其他形式包括：以单干穿梨状肌出盆腔者；神经干分为两支，一支穿梨状肌，另一支穿梨状肌下孔出盆腔者；神经干分为两支，一支穿梨状肌上孔，另一支穿梨状肌下孔出盆腔者。其中单干穿梨状肌出盆腔者，对坐骨神经的不利影响最大。坐骨神经长年受梨状肌收缩的压迫，神经干的血液供应因此受到影响，最后出现功能障碍，临床称为“梨状肌综合征”。在大多数情况下，坐骨神经在腘窝上方分为胫神经和腓总神经两大分支，但是，有相当比例的坐骨神经分为两大终支的部位有变化。坐骨神经在出盆腔时即分为两大终支的情形较多见。

坐骨神经干的体表投影：自坐骨结节与大转子连线的中点，向下至股骨内、外侧髁连线的中点作一直线，此两点间连线的上 2/3 段即为坐骨神经在股后区的投影线。坐骨神经痛时，此连线常出现压痛。

1）胫神经（tibial nerve）（L_4～S_3）：续于坐骨神经，为坐骨神经本干的延续，在腘窝内与腘血管伴行，位于腘静脉的浅面，在小腿后面胫神经下行于小腿肌浅、深层肌之间，与胫后动脉、静脉伴行至内踝后面，最后在屈肌支持带深面的踝管内分为足底内侧神经（medial plantar nerve）和足底外侧神经（lateral plantar nerve）两终支进入足底区（图 3-100），分布于足底的肌肉和皮肤。在腘窝和小腿部，胫神经发肌支支配小腿后群肌，并发出皮支腓肠内侧皮神经，伴小隐静脉下行，在小腿下部与腓肠外侧皮神经（来自腓总神经）吻合为腓肠神经，分布于小腿后面、外侧面和足背及小趾外侧缘的皮肤。

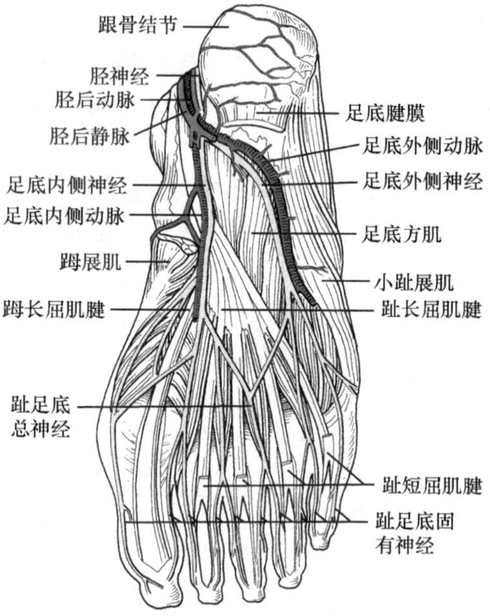

图 3-100　足底的神经

胫神经损伤后的主要表现：足不能跖屈，内翻力弱，患者不能用足尖站立，由于小腿肌后群瘫痪，而前外侧群的牵拉作用占优势，故足呈背屈和外翻位，出现“钩状足”畸形。皮肤感觉障碍区主要表现在小腿后面和足底面及足外侧缘（图 3-101）。

2）腓总神经（common peroneal nerve）（L_4～S_2）：在腘窝上方坐骨神经分出后，沿股二头肌肌腱内侧缘向外下行，至腓骨颈外侧，穿过腓骨长肌至腓骨颈的前面，分为腓深神经与腓浅神经。在腘窝发出的皮支称腓肠外侧皮神经，并与来自胫神经的腓肠内侧皮神经吻合。腓总神经的主要分布于小腿前、外侧群肌和足背肌的运动神经，也是小腿外侧、足背和趾背的皮肤主要感觉神经。除此之外，腓总神经尚有分支至膝关节前外侧部和胫腓关节。

A. 腓浅神经（superficial peroneal nerve）：发出后，行于腓骨长、短肌之间，至小腿中、下 1/3 交界处穿至皮下，其肌支支配小腿外侧肌群，皮支并布于小腿外侧、足背和趾背的皮肤。

B. 腓深神经（deep peroneal nerve）：发出后，伴胫前动脉于胫骨前肌和趾长伸肌之间，继而在胫骨前肌与姆长伸肌之间下行，经踝关节前方至足背。其肌支支支配小腿前群肌、足背肌，皮支并布于第 1、2 趾相对缘的皮肤。

腓总神经损伤后的主要表现：由于小腿前、外侧群肌功能丧失，足不能背屈、不能外翻，不能伸趾；由于重力和后群肌的过度牵拉，呈“马蹄内翻足”畸形；小腿外侧、足背和趾背的皮肤感觉障碍（图 3-101）。

二、脑神经

脑神经（cranial nerve）是与脑相连的周围神经，共 12 对，按其与脑自上而下相连的排列顺序，分别用罗马数字表示：Ⅰ嗅神经（olfactory nerve）、Ⅱ视神经（optic nerve）、Ⅲ动眼神经（oculomotore nerve）、Ⅳ滑车神经（trochlear nerve）、Ⅴ三叉神经（trigeminal nerve）、Ⅵ展神经（abducent nerve）、Ⅶ面神经（facial nerve）、Ⅷ前庭蜗神经（vestibulocochlear nerve）、Ⅸ舌咽神经（glossopharyngeal nerve）、Ⅹ迷走神经（vagus

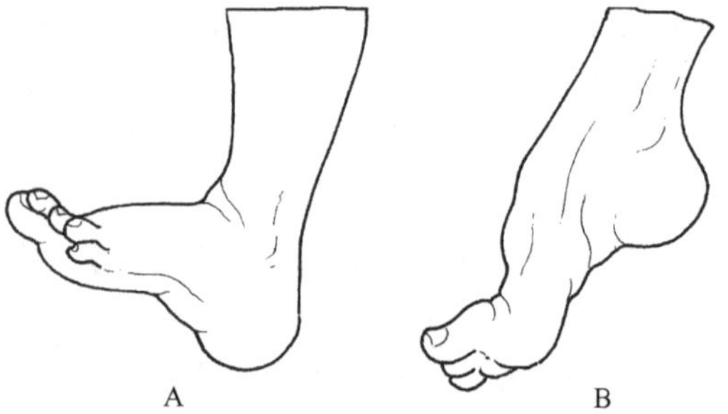

图 3-101　神经损伤足的畸形

A. 胫神经损伤导致的钩状足（仰趾外翻足）；B. 腓总神经损伤导致的马蹄内翻足

nerve)、Ⅺ副神经(accessory nerve)及Ⅻ舌下神经(hypoglossal nerve)(表 3-4、图 3-102)。

表 3-4 脑神经的名称、性质、连脑部位及进出颅腔的部位

顺序	名称	性质	连脑部位	出入颅的部位
Ⅰ	嗅神经	感觉性	端脑	筛孔
Ⅱ	视神经	感觉性	间脑	视神经管
Ⅲ	动眼神经	运动性	中脑	眶上裂
Ⅳ	滑车神经	运动性	中脑	眶上裂
Ⅴ	三叉神经	混合性	脑桥	眼神经经眶上裂 上颌神经经圆孔 下颌神经经卵圆孔
Ⅵ	展神经	运动性	脑桥	眶上裂
Ⅶ	面神经	混合性	脑桥	茎乳孔
Ⅷ	前庭蜗神经	感觉性	脑桥	内耳门
Ⅸ	舌咽神经	混合性	延髓	颈静脉孔
Ⅹ	迷走神经	混合性	延髓	颈静脉孔
Ⅺ	副神经	运动性	延髓	颈静脉孔
Ⅻ	舌下神经	运动性	延髓	舌下神经管

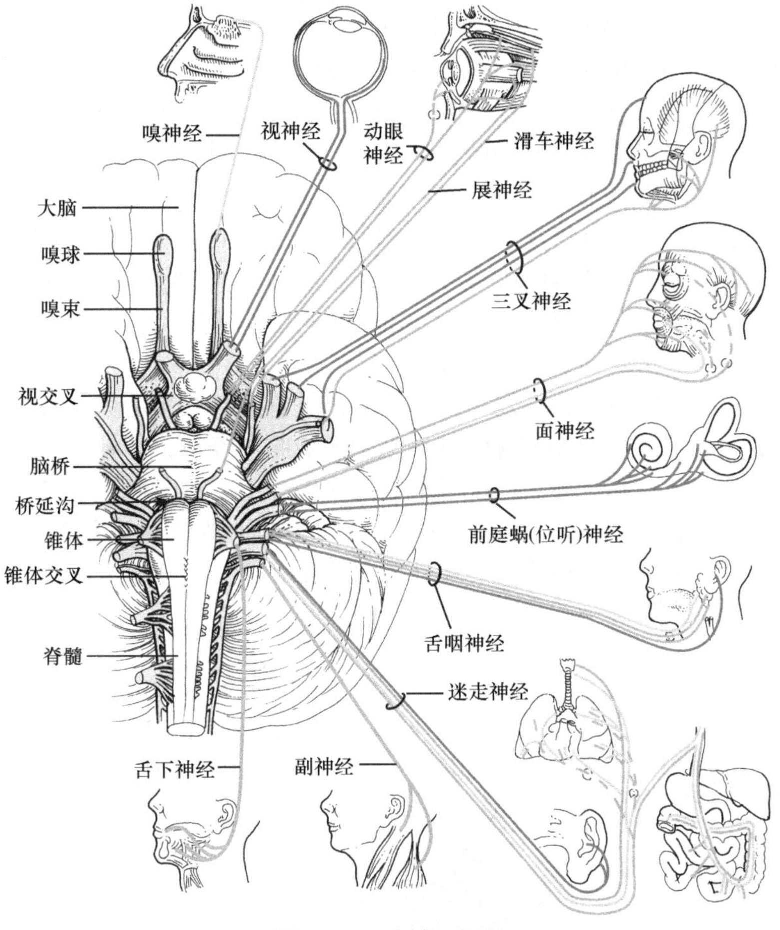

图 3-102 脑神经概况

由于头面部出现了特殊感受器以及由鳃弓衍化而来的骨骼肌，因此脑神经的纤维成分较脊神经复杂，在脊神经 4 种成分的基础上增加到 7 种纤维成分（图 3-103）：

感觉	躯体	一般躯体感觉纤维	分布于皮肤、肌、肌腱和大部分口腔、鼻腔黏膜
		特殊躯体感觉纤维	分布于外胚层衍化来的视器和前庭蜗器
	内脏	一般内脏感觉纤维	分布于头、颈、胸腔和腹腔的脏器
		特殊内脏感觉纤维	分布于味蕾和嗅器
运动	躯体	一般躯体运动纤维	分布于中胚层肌节衍化来的眼球外肌和舌肌
		一般内脏运动纤维	分布于平滑肌、心肌和腺体
	内脏	特殊内脏运动纤维	分布于腮弓衍化而来的横纹肌，包括咀嚼肌、面肌、咽喉肌、胸锁乳突肌和斜方肌等

图 3-103　脑神经的纤维成分

脑神经虽然有 7 种纤维成分，但每一对脑神经所包含的纤维成分种类多少不同，简单的脑神经只含有 1 种或 2 种纤维，复杂的可含 3、4 种。因此脑神经不像每对脊神经都是混合性的。根据脑神经所含的主要纤维成分和功能分类，可将 12 对脑神经分为以下 3 类。

1. 感觉性（传入性）**神经**　仅含感觉纤维，如第Ⅰ、Ⅱ、Ⅷ 3 对脑神经。

2. 运动性（传出性）**神经**　仅含运动纤维，如第Ⅲ、Ⅳ、Ⅵ、Ⅺ及第Ⅻ 5 对脑神经。

3. 混合性神经　既含感觉纤维，又含运动纤维，如第Ⅴ、Ⅶ、Ⅸ、Ⅹ 4 对脑神经。

虽然脊神经和脑神经内都含有内脏运动纤维，但是它们的性质是不同的。脊神经所含的内脏运动纤维多属于交感神经，仅第 2～4 骶神经所含的内脏运动纤维属于副交感神经；而脑神经中的一般内脏运动纤维均属于副交感神经，仅存于第Ⅲ、Ⅶ、Ⅸ和Ⅹ 4 对脑神经中。第Ⅲ、Ⅶ、Ⅸ和Ⅹ对脑神经中的一般内脏运动纤维（副交感神经纤维）都从脑干的神经核团发出，终止于相应的副交感神经节，后在节内交换神经元，再由节后的神经元发出纤维达该神经所支配的平滑肌、心肌和腺体。

脑神经中的一般躯体感觉纤维及一般和特殊内脏感觉纤维多为假单极神经元的突起，这些假单极神经元的胞体在脑外相应的神经上聚集成脑神经节，计有三叉神经节、面神经膝状神经节、吞咽神经上和下（岩）神经节、迷失神经上（颈静脉）神经节和下（结状）神经节，其性质与脊神经节相同。由双极神经元胞体聚集而成的Ⅷ前庭神经节和蜗神经节，节内神经元的突起组成了脑神经的特殊躯体感觉纤维，其功能分别与传导平衡觉和听觉信息有关。

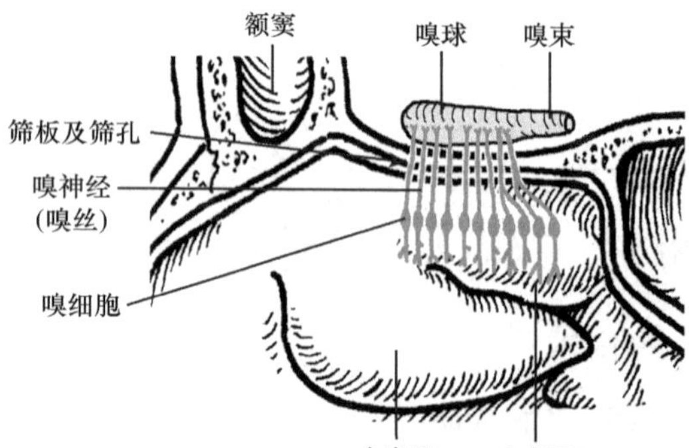

图 3-104　嗅神经概况

（一）嗅神经

嗅神经（olfactory nerve）是感觉性脑神经，含特殊内脏感觉纤维。由鼻中隔上部和上鼻甲黏膜内的嗅细胞所发出的中枢突集合成 15～20 条嗅丝，即嗅神经。向上穿过筛孔入颅前窝，终于嗅球，将嗅觉传到大脑（图 3-104）。

当颅前窝骨折累及筛板时，可撕脱嗅丝和脑膜，造成嗅觉障碍或丧失，同时造成脑脊液鼻漏。鼻炎时，当炎症延至鼻腔上部黏膜，可造成一时性嗅觉迟钝。

（二）视神经

视神经（optic nerve）是感觉性脑神经，由特殊躯体感觉纤维组成，传导视觉冲动。视网膜的节细胞的轴突在视网膜后部聚集形成视神经盘后，穿出巩膜后构成视神经。视神经在眶内行向后内，穿经视神经管入颅中窝，连于视交叉。视交叉向后续为视束，终于背侧丘脑的外侧膝状体（图 3-105）。

视神经外面包有 3 层被膜，分别与相应的 3 层脑膜相延续。因此蛛网膜下隙也随之延伸到视神经周围，故在颅内压增高时，常出现视神经盘（乳头）水肿。

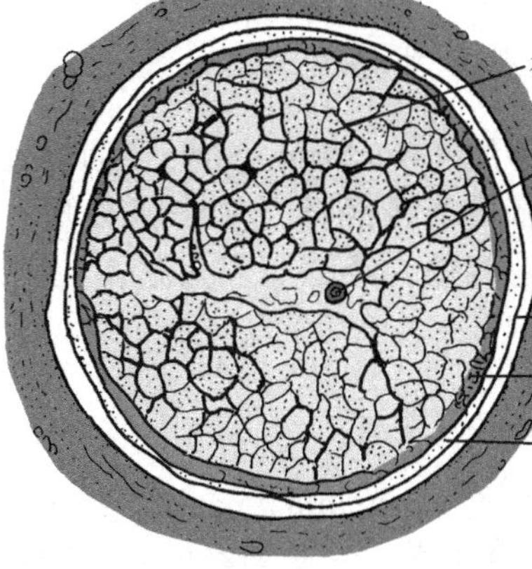

图 3-105 视神经横切面

（三）动眼神经

动眼神经（oculomotor nerve）为运动性脑神经，含有一般躯体运动和一般内脏运动 2 种纤维。其中一般躯体运动是主要成分，起于中脑上丘平面的动眼神经核，一般内脏运动纤维起于中脑的动眼神经副核（E-W 核），其轴突组成动眼神经的副交感节前纤维。两种纤维组成动眼神经，经中脑腹侧脚间窝出脑，穿过硬脑膜进入海绵窦外侧壁，经眶上裂入眶后，立即分成上、下两支（图 3-106）。上支细小，在视神经的上方分支支配上睑提肌和上直肌；下支粗大，分支支配下直肌、内直肌和下斜肌。动眼神经中的一般内脏运动纤维（副交感神经纤维）由下斜肌支单独以小支分出，称睫状神经节短根，进入睫状神经节交换神经元，其节后纤维进入眼球，支配睫状肌和瞳孔括约肌，参与视物的调节反射和瞳孔对光反射（图 3-106）。

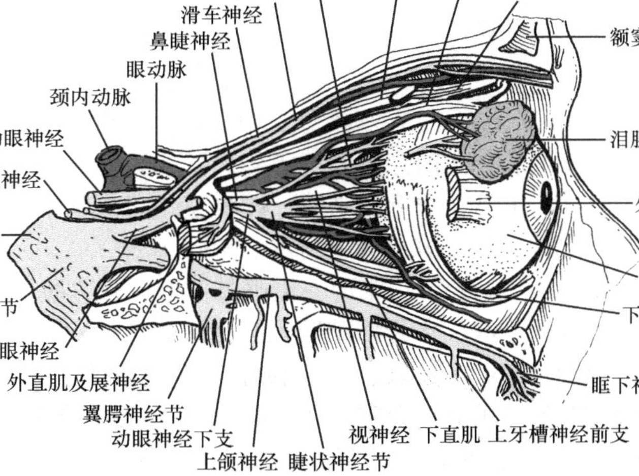

图 3-106 眶内的神经

动眼神经损伤后，由于伤侧眼球外肌多数瘫痪，即上睑提肌、上直肌、内直肌、下直肌和下斜肌瘫痪；出现上睑下垂、瞳孔斜向外下方及瞳孔扩大，对光反射消失等症状。

（四）滑车神经

滑车神经（trochlear nerve）为运动性脑神经，由一般躯体运动纤维组成。滑车神经起自中脑滑车神经核，从中脑背侧下丘下方出脑，出脑后，绕大脑脚外侧前行，穿经海绵窦外侧壁，经眶上裂入眶，在眶内跨过上睑提肌走向前内，从上面进入上斜肌，支配该肌。

（五）三叉神经

三叉神经（trigeminal nerve）是最粗大的混合性脑神经，含一般躯体感觉和特殊内脏运动 2 种纤维。三叉神经的特殊内脏运动纤维起于脑桥的三叉神经运动核，纤维组成细小的三叉神经运动根，位于感觉根的内下方，和感觉纤维一起从脑桥基底部与小脑中脚交界处出、入脑。运动根出脑后穿经三叉神经节进入三叉神经的下颌神经中，经卵圆孔出颅，随下颌神经分支支配咀嚼肌等（图 3-107）。三叉神经以一般躯体感觉神经纤维为主，这些纤维的细胞体位于三叉神经节（trigeminal ganglion）（半月节）内。该神经节位于颅中窝颞骨岩部尖端的三叉神经压迹处，由感觉性假单极神经元胞体组成，其中枢突集中构成粗大的三叉神经感觉根，由脑桥基底部与小脑中脚交界处入脑，止于三叉神经脑桥核和三叉神经脊束核，其中传导痛、温觉的纤维主要终止于三叉神经脊束核；传导触觉的纤维主要终止于三叉神经脑桥核；其周围突组成三叉神经 3 大分支，自上而下分别为眼神经、上颌神经和下颌神经，分支分布于头面部皮肤，眼及眶内、口腔、鼻腔、鼻旁窦的黏膜，牙齿和脑膜等，传导痛、温、触觉等多种感觉。

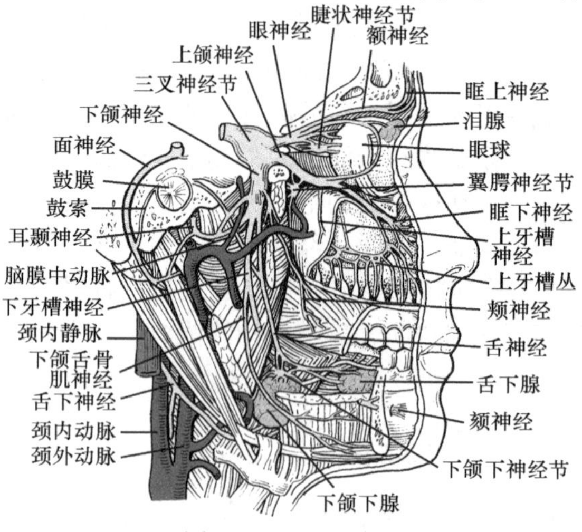

图 3-107　三叉神经

1. 眼神经（ophthalmic nerve）　在 3 个分支中最小，是感觉性神经，只含一般躯体感觉纤维。自三叉神经节发出后，向前穿行海绵窦外侧壁，至眶上裂附近分为 3 支，经眶上裂入眶，分支分布于眼球、泪器、眶壁、结膜、硬脑膜、部分鼻和鼻旁窦黏膜、额顶部及上睑和鼻背部的皮肤。眼神经主要分支如下所示。

（1）泪腺神经（lacrimal nerve）：细小，沿眶外侧壁、外直肌上方行向前至泪腺，分布于泪腺、上睑和外眦部的皮肤，传导泪腺及附近区域的感觉。

（2）额神经（frontal nerve）：较粗大，位于上睑提肌的上方，于眶上壁与上睑提肌之间前行，分为 2～3 支，其中眶上神经（supraorbital nerve）较大，伴眶上血管经眶上孔（切迹）出眶，分布于额顶部和上睑皮肤。另一支经眶内上壁滑车上方出眶（即眶上神经内侧出眶），称滑车上神经（supratrochlear nerve），分布于鼻背及内眦附近皮肤（图 3-107）。

（3）鼻睫神经（nasociliary nerve）：在上直肌和视神经之间向前内行达眶内侧壁，沿途发出较多分支。分支分布于鼻背、眼睑的皮肤、泪囊、筛窦、鼻腔黏膜、颅前窝硬脑膜、角膜、虹膜、睫状体和小脑幕等。

2. 上颌神经（maxillary nerve） 是感觉性神经，只含一般躯体感觉纤维。自三叉神经节发出后穿海绵窦外侧壁，经圆孔出颅进入翼腭窝分数支，主干继续前行经眶下裂入眶，延续为眶下神经。主要分布于上颌牙和牙龈、口腔顶及鼻腔和上颌窦黏膜、部分硬脑膜及睑裂与口裂之间的皮肤，接受其感觉，主要分支如下所示。

（1）眶下神经（infraorbital nerve）：是上颌神经主干的终末支，经眶下裂入眶后，经眶下沟入眶下管，出眶下孔后分为数支，分布于下睑、鼻翼、上唇的皮肤和黏膜。

（2）颧神经（zygomatic nerve）：细小，在翼腭窝处分出，经眶下裂入眶后分为颧面神经和颧颞神经两终支，穿经眶外侧壁分布于颧、颞部皮肤。颧神经还借交通支将来源于面神经的副交感神经节后纤维导入泪腺神经内，控制泪腺分泌。

（3）上牙槽神经（superior alveolar nerves）：分为上牙槽前、中、后 3 条分支。上牙槽前、中支分别于眶下沟和眶下管内由眶下神经发出，向下穿上颌骨进入上颌窦。上牙槽后支自翼腭窝内的上颌神经本干发出，向外进入颞下窝，穿上颌骨后面进入上颌窦；上牙槽神经的 3 条分支在上颌骨骨质内相互吻合形成上牙槽神经丛，由丛发支分布于上颌牙、牙龈及上颌窦黏膜。

（4）翼腭神经（pterygopalatine nerve）：即神经节支，为 2～3 条细短的神经，连于上颌神经和翼腭窝之间，含有一般躯体感觉纤维，向下连于翼腭神经节（副交感神经节），穿过神经节后分布于鼻腔、腭和咽壁的黏膜及腭扁桃体，传导这些区域的感觉。

3. 下颌神经（mandibular nerve） 为混合性神经，既含一般躯体感觉纤维又含特殊内脏运动纤维，是 3 支中最粗大的神经。自三叉神经节发出后，经卵圆孔出颅后达颞下窝，立即分出分支。其特殊内脏运动纤维支配咀嚼肌等，一般躯体感觉纤维分布于下颌各牙、牙龈、舌前和口腔底黏膜，以及耳颞区和口裂以下的面部皮肤。下颌神经主要分支如下所示。

（1）耳颞神经（auriculotemporal nerve）：以两神经根起始，向后包绕脑膜中动脉后合成一干，经下颌颈内侧转向上行穿过腮腺实质内，与颞浅动脉伴行分布于耳廓前面和颞区皮肤以及腮腺。

（2）颊神经（buccal nerve）：自下颌神经前干发出后，沿颊肌外面前行，穿此肌后分布于颊部皮肤及口腔侧壁黏膜。

（3）舌神经（lingual nerve）：从下颌神经发出后，在下牙槽神经的前方，经翼外肌深面下行，途中有面神经的鼓索从后方加入此神经。此后越过翼内肌浅面到达下颌下腺上内方，向前内行到达口腔黏膜深面及沿舌骨舌肌的表面行至舌尖，分布于口腔底及舌前 2/3 黏膜，传导一般躯体感觉。来自鼓索的特殊内脏感觉纤维，分布于舌前 2/3 的味蕾，感受味觉。舌神经在其行程中，接受了来自面神经的鼓索带来的两种纤维，其中副交感纤维在舌神经中行至下颌下腺上方时，离开舌神经向下进入下颌下神经节，交换神经元后，节后纤维分布于下颌下腺和舌下腺（图 3-107）。传导味觉的鼓索纤维则随舌神经分布于舌前 2/3 区域的味蕾，传递该部的味觉信息。

（4）下牙槽神经（inferior alveolar nerve）：为混合性神经，含有一般躯体感觉纤维和特殊内脏运动纤维。行于舌神经后方，沿翼内肌外侧面下行，在入下颌孔前，其中的特殊内脏运动纤维分出，组成下颌舌骨肌神经，在下颌支内侧行向前下至口腔底部，支配下颌舌骨肌及二腹肌前腹（图 3-107）；一般躯体感觉纤维经下颌孔入下颌管，在管内分支组成下牙槽神经丛，由丛分支分布于下颌牙及牙龈，其终支自下颌骨颏孔穿出，称颏神经，分布于颏部及下唇的皮肤和黏膜。

（5）咀嚼肌神经（nerves for muscles of mastication）：属运动性神经，含特殊内脏运动纤维，起于下颌神经前干起始部，分支有咬肌神经、颞深神经、翼内肌神经、翼外肌神经，分别支配同名咀嚼肌。

三叉神经的 3 大分支在头、面部皮肤的分布，以眼裂和口裂为界，可分出眼裂以上的眼神经分布区、眼裂与口裂之间的上颌神经分布区及口裂以下的下颌神经分布区。一侧三叉神经损伤时，出现同侧头、面部皮肤及眼、口腔和鼻腔黏膜一般感觉丧失；角膜反射消失；一侧咀嚼肌瘫痪，张口时下颌偏向患侧。临床上的三叉神经痛可涉及三叉神经某一分支或全部分支，此时疼痛的部位与三叉神经各分支在面部的分布区是相一致的，当压迫眶上孔、眶下孔或颏孔时，可诱发患支分布区的疼痛发作。

（六）展神经

展神经（abducent nerve）为运动性脑神经，由一般躯体运动纤维组成。起于脑桥的展神经核，从延桥沟内侧部出脑后，向外上方行经颞骨岩部尖端，穿入海绵窦。在窦内沿颈内动脉外侧前行，经眶上裂穿总腱环入眶，在外直肌的内侧面入该肌，支配该肌。展神经损伤可引起外直肌瘫痪，产生内斜视（图 3-106）。在海绵窦和眶上裂两处，动眼、滑车、展神经和三叉神经的眼神经、上颌神经相互毗邻。所以，在海绵窦和眶上裂处病变时，常可累及上述各神经。近年来研究证明，支配眼球外肌的 3 对运动性脑神经即动眼、滑车和展神经中，可能含有来自这些肌的本体感觉纤维。

（七）面神经

面神经（facial nerve）为混合性脑神经，含有 4 种纤维成分。

特殊内脏运动纤维是面神经中含量最多的纤维种类，起于脑桥被盖部的面神经核，主要支配表情肌的运动；一般内脏运动（副交感）纤维起于脑桥的上泌涎核，属副交感神经节前纤维，在翼腭神经节和下颌下神经节换元后，其节后纤维分布于泪腺、下颌下腺、舌下腺及鼻腔和腭部的黏膜腺，控制其分泌；特殊内脏感觉纤维，即味觉纤维，其胞体位于颞骨岩部面神经管内的膝神经节（geniculate ganglion），周围突分布于舌前 2/3 黏膜的味蕾，中枢突终止于脑干内的孤束核上部；一般躯体感觉纤维，其胞体亦位于膝神经节内，传导耳部小片皮肤的浅感觉和表情肌的本体感觉冲动至脑干的三叉神经感觉核。

面神经由粗大的运动根和细小的混合根（含特殊内脏感觉纤维和副交感神经纤维，又称中间神经）合成，两根自延桥沟外侧部出入脑后，与前庭蜗（位听）神经伴行，经内耳门入内耳道，穿过内耳道底进入面神经管，再由茎乳孔出颅腔，向前穿经腮腺达面部。在面神经管的起始部，有膨大的膝神经节，是感觉神经元的胞体所在处。面神经在行走途中发出较多分支，分支的发出部位主要集中在面神经管内和腮腺实质内，分别称为面神经管内的分支和管外的分支（图 3-108）。

1. 面神经管内的分支

（1）鼓索（chorda tympani）：是面神经的重要分支，在面神经出茎乳孔前约 0.6cm 处发出，由面神经管进入鼓室后，沿鼓膜内面前行，横过锤骨柄的上端达鼓室前壁，最后穿岩鼓裂出鼓室，至颞下窝，向前下并入三叉神经的舌神经中，其中特殊内脏感觉纤维即味觉纤维，随舌神经分布于舌前2/3的味蕾，传导味觉冲动。鼓索中另一种纤维成分一般内脏运动纤维即副交感神经纤维，进入舌神经下方的下颌下神经节，换元后节后纤维分布于下颌下腺和舌下腺，管理此两个腺体分泌。

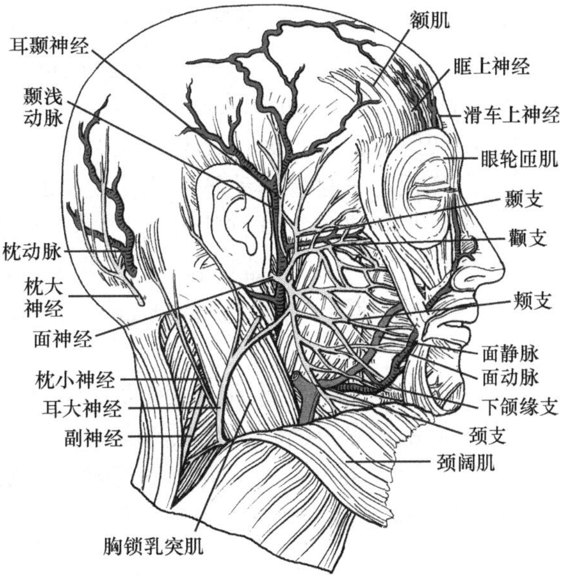

图 3-108　面神经

（2）岩大神经（greater petrosal nerve）：也称岩浅大神经。含有副交感节前纤维，自膝神经节处分出，经颞骨岩部的岩大神经管裂孔穿出，在穿破裂孔至颅底，与来自颈内动脉交感丛的岩深神经合成翼管神经，向前穿翼管至翼腭窝进入翼腭神经节。在节内换元后，自节发出副交感节后神经纤维分布于泪腺和鼻、腭部的黏膜腺，支配腺体分泌。

（3）镫骨肌神经（stapedial nerve）：穿鼓室后壁入鼓室，支配鼓室内的镫骨肌。

2. 面神经管外分支　均为特殊内脏运动纤维组成。面神经出茎乳孔后，先发出支配枕额肌的枕腹、耳周围肌、二腹肌后腹和茎突舌骨肌小支，其主干向前进入腮腺实质，分支交织组成腮腺内丛，由丛上发出分支至腮腺前缘呈辐射状发出，支配表情肌。具体分支如下所示。

（1）颞支（temporal branches）：从腮腺上缘发出，常为2～3支，上行穿过颧弓至颞区，支配颅顶肌的额腹和眼轮匝肌等。

（2）颧支（zygomatic branches）：从腮腺前缘的上部发出，常为3～4支，行向前上方，越过颧弓至外眦处，支配眼轮匝肌及颧肌。

（3）颊支（buccal branches）：在腮腺前缘腮腺导管的上、下方发出，常为3～4支，水平向前分布于颊肌、口轮匝肌及其他口周围肌。

（4）下颌缘支（marginal mandibular branch）：从腮腺前缘的下部发出，沿下颌骨下缘前行，分布于下唇诸肌。

（5）颈支（cervical branch）：在腮腺前缘的下部近下颌角处发出，在颈阔肌深面行向前下方，支配该肌。

面神经的损伤是最常见的是周围性损伤，可发生在内耳道、面神经管和腮腺区等处。面神经主干在膝神经节近侧损伤后，由于伤侧面肌的瘫痪，表现为额纹消失，不能皱眉、鼻唇沟平坦、口角偏向健侧和角膜反射消失等，同时还有舌前2/3味觉丧失、泪腺和唾液腺分泌障碍及听觉过敏等症状。面神经在面神经管内损伤或在管外损伤时，所出现的症状不同。如在面神经管外损伤时，只出现面肌瘫痪的一系列症状；若在管内损伤时，除面肌瘫痪外，还伴有味觉和唾液腺分泌障碍和听觉过敏等症状。

3. 与面神经联系的副交感神经节

（1）翼腭神经节（pterygopalatine ganglion）也称蝶腭神经节，位于翼腭窝内，上颌神经主干的下方，为不规则扁平小结，有如下 3 个神经根。

1）副交感根：来自面神经的岩大神经的副交感神经节前纤维，在节内交换神经元。

2）交感根：来自颈内动脉交感丛发出的岩深神经。

3）感觉根：来自上颌神经发出的翼腭神经。翼腭神经节发出分支分布于泪腺、鼻和腭鼻的黏膜和腺体，传导黏膜的一般感觉和控制腺体的分泌。

（2）下颌下神经节（submandibular ganglion）位于舌神经与下颌下腺之间，也有如下 3 个根。

1）副交感根：来自面神经的鼓索，伴舌神经到达此节，在节内交换神经元。

2）交感根：来自面动脉交感丛的分支。

3）感觉根：来自舌神经的感觉纤维。自节发出分支分布于下颌下腺和舌下腺，传导一般感觉和控制腺体分泌。

（八）前庭蜗神经

前庭蜗神经（vestibulocochlear nerve）又称位听神经，由特殊躯体感觉纤维组成，包括前庭神经（vestibular nerve）和蜗神经（cochlear nerve）两部分（图 3-109）。

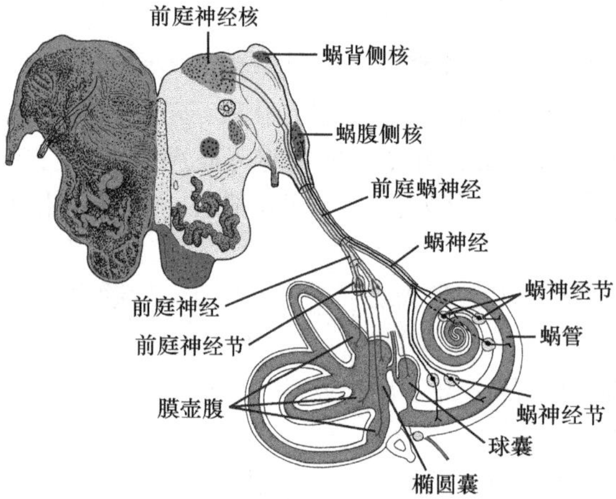

图 3-109　前庭蜗神经

1. 前庭神经　传导平衡觉，前庭神经的感觉神经元胞体为双极神经元，在内耳道底聚集成前庭神经节（vestibular ganglion）。双极神经元的周围突穿内耳道底分布于内耳球囊斑、椭圆囊斑和壶腹嵴中的毛细胞；中枢突组成前庭神经，经内耳道、内耳门入颅腔，在脑桥小脑角处，经延髓脑桥沟外侧部入脑干，终止于前庭神经核群。

2. 蜗神经　传导听觉，蜗神经的感觉神经元胞体为双极神经元，在耳蜗的蜗轴内聚集成蜗神经节（cochlear ganglion）（螺旋神经节），双极神经元的周围突分布于内耳螺旋器的毛细胞；中枢突集成蜗神经，与前庭神经同行入脑，终止于蜗神经的蜗腹侧核和蜗背侧核。

（九）舌咽神经

舌咽神经（glossopharyngeal nerve）为混合性脑神经，是 12 对脑神经中含纤维成分最多的一对脑神经。含有 5 种纤维成分：一般内脏运动纤维（副交感神经纤维），起于下泌涎核，在耳神经节内交换神经元后，节后纤维支配腮腺分泌；特殊内脏运动纤维，起于疑核，支配茎突咽肌；一般内脏感觉纤维，其神经元胞体位于颈静脉孔处的下神经节内，其周围突分布于舌后 1/3 部、咽、咽鼓管和鼓室等处黏膜及颈动脉窦和颈动脉小球等处；中枢突终于孤束核下部；特殊内脏感觉纤维，其神经元胞体亦位于下神经节内，其周围突分布于舌后 1/3 部的味蕾；中枢突终止于孤束核上部；一般躯体感觉纤维，很少，其神经元胞体位于上神经节内，周围突分布于耳后皮肤；中枢突入脑干后止于三叉神经脊束核。上、下神经节为舌咽神经的神经干在颈静脉孔附近的膨大。

舌咽神经以数条根丝自橄榄后沟上部出入脑，与迷走神经、副神经一起同穿颈静脉孔出颅。之后在颈内动、静脉间下降，然后弯向前下，经舌骨舌肌深面达舌根。其主要分支如下所示。

1. 舌支（lingual branches）　为舌咽神经的终支，在舌神经的上方，经舌骨舌肌深面分布于舌后 1/3 部的黏膜和味蕾，传导一般内脏感觉和味觉（图 3-110）。

2. 咽支（pharyngeal branches）　为 3～4 支。在咽壁上，与迷走神经和交感神经的咽支交织成咽丛，由丛发出分支分布于咽肌及咽黏膜，传导咽部黏膜的感觉信息和支配腺体的分泌及参与咽部的反射活动。

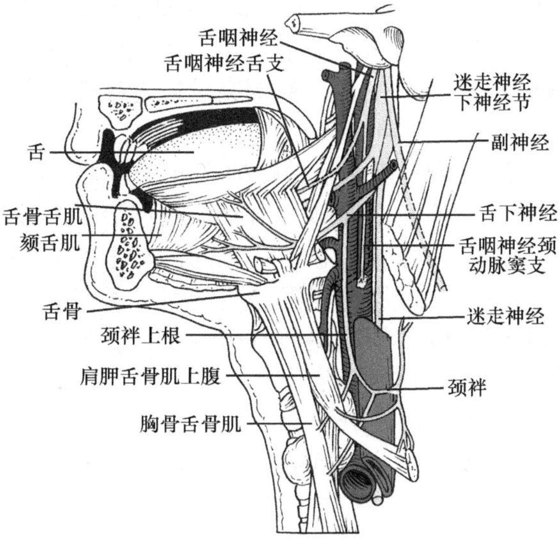

图 3-110　舌咽神经与舌下神经

3. 鼓室神经（tympanic nerve）　发自下（岩）神经节，向前进入鼓室，与交感神经纤维共同形成鼓室丛，由丛发出数小支分布于鼓室、乳突小房和咽鼓管黏膜，传导一般内脏感觉。其副交感神经纤维为鼓室神经的终支为岩小神经（lesser petrosal nerve），内含来自下泌涎核的副交感神经节前纤维，穿出鼓室，向前内行经卵圆孔出颅中窝，到达耳神经节交换神经元，其节后纤维随耳颞神经分布于腮腺，支配其分泌。

4. 颈动脉窦支（carotid sinus branch）　在颈静脉孔下方发出，沿颈内动脉下行，分布于颈动脉窦和颈动脉小球，分别感受血压的变化和血液中二氧化碳浓度变化，反射性的调节血压和呼吸。

5. 扁桃体支（tonsillar branch）　为数小分支，与上颌神经的分支在扁桃体周围形成扁桃体丛，分支分布于腭扁桃体、软腭和咽峡部的黏膜，司一般内脏感觉。

6. 茎突咽肌支（stylopharygeal branch）　由特殊内脏运动纤维组成，支配茎突咽肌的运动。

隶属于舌咽神经的副交感神经节为耳神经节（otic ganglion），位于卵圆孔下方，下颌神经的内侧，有如下 4 个根。

（1）副交感根：来自岩小神经的副交感神经节前纤维，在节内交换神经元后，节后纤维随耳颞神经至腮腺，支配腺体分泌。

（2）交感根：来自脑膜中动脉的交感神经丛分支。

（3）运动根：来自下颌神经，分布于腭帆张肌和鼓膜张肌。

（4）感觉根：来自耳颞神经，分布于腮腺，传导腮腺一般感觉。

（十）迷走神经

迷走神经（vagus nerve）为混合性脑神经，是行程最长，分布最广的脑神经。含有 4 种纤维成分：一般内脏运动纤维，属于副交感节前纤维，起于延髓的迷走神经背核，其节前纤维随迷走神经走行，至颈部、胸、腹部脏器的器官旁或器官壁内的副交感神经节交换神经元，节后纤维支配颈部、胸腔所有内脏器官和腹腔大部分内脏器官的平滑肌、心肌的活动和腺体的分泌；特殊内脏运动纤维，起于疑核，支配咽喉部肌；一般内脏感觉纤维，其神经元胞体位于颈静脉孔下方的迷走神经下神经节（inferior ganglion）（结状神经节）内，周围突随迷走神经分支分布于颈部和胸、腹腔的脏器，传导一般内脏感觉冲动，中枢突止于孤束核；一般躯体感觉纤维，其神经元胞体位于迷走神经的上神经节（superior ganglion）（颈静脉神经节）内，周围突随迷走神经分支分布于硬脑膜、耳廓后面及外耳道皮肤，中枢突止于三叉神经脊束核。

迷走神经以多条神经根丝连于舌咽神经的下方自延髓橄榄后沟的后方出入脑，与舌咽神经一起经颈静脉孔出颅。出颅后，迷走神经在颈部的颈动脉鞘内下行，于颈内静脉与颈内动脉或颈总动脉之间的后方至颈根部，经胸廓上口入胸腔。左、右迷走神经在胸腔内的行程与周围结构的毗邻关系各异。左迷走神经在左颈总动脉与左锁骨下动脉之间下行，越过主动脉弓的前面，经左肺根的后方下行，至食管前面分成许多细支参与构成左肺丛和食管前丛。在食管下段，分散的神经丛又逐渐集中延续为迷走神经前干。进而随食管穿膈的食管裂孔进入腹腔，分布于胃前壁、肝和胆囊等。右迷走神经经右锁骨下动、静脉之间，沿气管右侧下行，于右肺根后方达食管后面，分支参与形成右肺丛和食管后丛，分散的神经丛在食管下段后面集中构成迷走神经后干。迷走神经前、后干向下穿膈的食管裂孔进入腹腔，至贲门附近，前、后干分为终止。分布于胃后壁，其终支腹腔支与交感神经等共同构成腹腔丛，分支分布于腹腔内诸多脏器。迷走神经沿途发出许多分支，其中较重要的分支如下所示（图 3-111）。

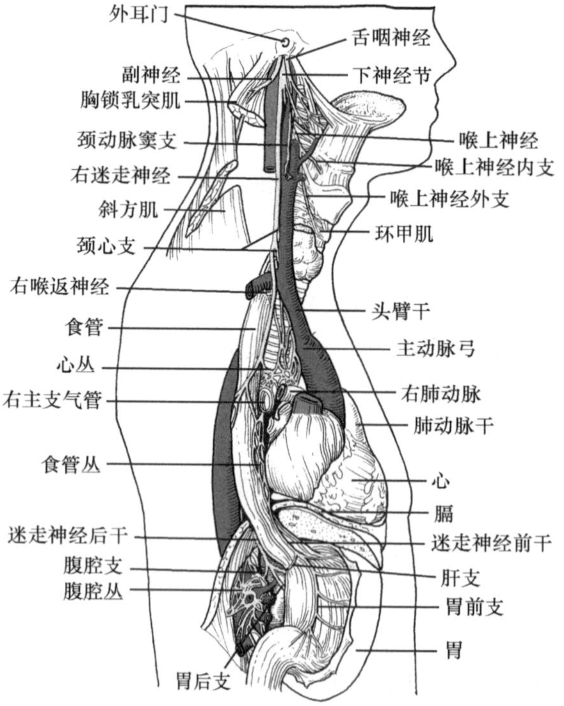

图 3-111 迷走神经的纤维成分及其分布示意图

1. 颈部的分支

（1）喉上神经（superior laryngeal nerve）：从迷走神经的下神经节处发出，沿颈内动脉和咽侧壁之间下行，平舌骨大角处分成内、外两支。外支细小，含特殊内脏运动纤维，伴甲状腺上动脉下行，支配环甲肌；内支含有一般感觉纤维，伴喉上动脉穿甲状舌骨膜入喉，分布于及声门裂以上的喉黏膜。

（2）颈心支（cervical cardiac branches）：一般有颈上心支和颈下心支，为混合性神经。含有一般内脏运动和感觉纤维。在喉和气管两侧下行入胸腔，与颈交感神经节发出的颈心神经交织构成心丛。心丛分支至心脏，调节心脏活动。颈上心支有一小分支称主动脉神经或减压神经，分布于主动脉弓的壁内，感受血压变化和血液化学成分改变的信息。

2. 胸部的分支

（1）喉返神经（recurrent laryngeal nerve）：发自迷走神经胸段，但立刻向上反至颈部，是喉肌的主要运动神经，也是声门裂以下喉黏膜的感觉神经，左、右喉返神经的起始和行程有所不同。右喉返神经发出的位置略高，在右迷走神经干经过右锁骨下动脉前方处发出，然后向下后方勾绕此动脉上行，返回颈部。左喉返神经发出的位置稍低，紧靠动脉韧带左侧，自神经干发出后，向前向后勾绕主动脉弓下后方上行，返回颈部。由于左喉返神经与动脉韧带有这种关系，故临床上做动脉导管未闭手术时，常以此神经作为寻找动脉导管的标志。在颈部，左、右喉返神经均走行于颈总动脉的后内侧，行于气管与食管之间的沟内，至甲状腺侧叶深面、环甲关节后方进入喉内，终支称喉下神经（inferior laryngeal nerve），分数支分布于喉。喉返神经支配除环甲肌以外的所有喉肌和声门裂以下的喉黏膜的感觉。喉返神经在行程中还发出心支、气管支和食管支，分别参加心丛、肺丛和食管丛的构成。

（2）耳支（auricular branch）：含一般躯体感觉纤维，起于上神经节，分布于耳廓后面及外耳道的皮肤。

（3）咽支（pharyngeal branches）：含一般内脏感觉和特殊内脏运动纤维，常为两支，起止下神经节，与舌咽神经和颈部交感神经的咽支共同构成咽丛，分布于咽缩肌、软腭的肌肉及咽部黏膜。

（4）脑膜支（meningeal branches）：含有一般躯体感觉纤维，起止上神经节，分布于颅后窝的硬脑膜。

（5）支气管支（bronchial branches）和食管支（esophageal branches）：是左、右迷走神经在胸部发出的若干小支。主要含一般内脏感觉纤维和一般内脏运动纤维，分别加入肺丛和食管丛，除支配这些器官平滑肌的活动及腺体的分泌外，尚传导相应脏器和胸膜的感觉冲动（图 3-111）。

3. 腹部的分支 迷走神经前干在胃贲门前方附近分为胃前支和肝支；迷走神经后干在胃贲门后方附近分为胃后支和腹腔支。

（1）胃前支（anterior gastric branches）：在胃贲门附近自迷走神经前干发出后，在小网膜内沿胃小弯向右行，分支分布于胃前壁和十二指肠上部。有以下诸分支：贲门支，分布于贲门附近；胃前壁支，常为 3～4 小支，分布于胃体前壁；“鸦爪”形支，分布于幽门部前壁及十二指肠上部，此支与胃的排空运动有密切关系。前两支是重要的胃酸分泌神经（图 3-111）。

（2）肝支（hepatic branches）：由迷走神经前干在贲门附近分出，向右行于小网膜内，随肝固有动脉走行，与交感神经分支一起构成肝丛。肝丛发出细支随肝固有动脉分支分布于肝、胆囊等处，与肝的分泌活动有关（图 3-111）。

（3）胃后支（posterior gastric branches）：由迷走神经后干在贲门附近发出，沿胃小弯的后面行向幽门，分支分布至胃后壁。有以下诸分支：胃底支，分布于胃底部；后胃壁支，常为 3～4 支，分布于胃后壁；“鸦爪”形支，分布于幽门部后壁。前两支是胃蠕动、胃感觉和胃酸的分泌神经。

（4）腹腔支（celiac branches）：为迷走神经后干的终支，比较粗大，与交感神经一起构成腹腔丛。腹腔丛发出的分支随腹腔干、肠系膜上动脉及肾动脉等血管分支分布于肝、胆囊、胰、脾、肾及结肠左曲以上的大肠、肾和肾上腺等的感觉和运动（图 3-111）。

（十一）副神经

副神经（accessory nerve）为运动性脑神经，由颅根和脊髓根两部分组成，是由特殊内脏运动纤维构成。颅根起于延髓的疑核下部，自橄榄后沟下部，迷走神经根丝下方出脑。

与副神经的脊髓根同行，一起经颈静脉孔出颅，脊髓根起自颈髓第 1～6 节内的副神经核，在椎管内上行，经枕骨大孔入颅腔，与颅根一起合成副神经。副神经与舌咽神经和迷走神经一同经颈静脉孔出颅，之后分为两支：内支，为颅根的延续，此后加入迷走神经内，随其分支支配咽喉部肌；外支，为脊髓根的延续，较粗，出颅腔后，越过颈内静脉浅层行向外下方，在胸锁乳突肌上 1/3 处穿入该肌，分支支配此肌后，主干又于在胸锁乳突肌后缘上、中 1/3 交界处穿出，于斜方肌前缘中、下 1/3 交界处进入斜方肌，分为数支支配斜方肌（图 3-111、图 3-112）。由于舌咽、迷走和副神经同经颈静脉孔出颅，所以颈静脉孔的病变常累及此 3 条脑神经，表现为颈静脉孔综合征。副神经脊髓根损伤时，由于胸锁乳突肌瘫痪致头不能向患侧侧屈，面部不能转向对侧。由于斜方肌瘫痪，患侧肩胛骨下垂。

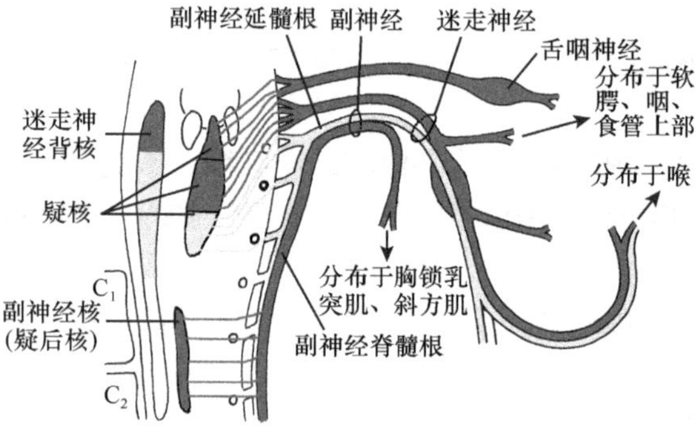

图 3-112　副神经的中枢核团及其纤维走向

（十二）舌下神经

舌下神经（hypoglossal nerve）由一般躯体运动纤维组成。自延髓的舌下神经核发出，以若干根丝自延髓前外侧沟出脑，向外侧经舌下神经管出颅，继而在颈内动、静脉的深方下行，至平舌骨上方处，由动、静脉之间浅出，呈弓形走向前内，跨越颈内、外动脉达舌骨舌肌浅面，在舌神经和下颌下腺管下方穿颏舌肌入舌内，支配全部舌内肌和大部分舌外肌（图 3-110、图 3-113）。

一侧舌下神经完全损伤时，患侧半舌肌瘫痪，伸舌时舌尖偏向患侧；舌肌瘫痪时间过长时，则造成舌肌萎缩。若双侧舌下神经完全损伤时，伴有语言及吞咽障碍，不能伸舌。

12 对脑神经的名称、成分、核团、分布和损伤症状总结于表 3-5。

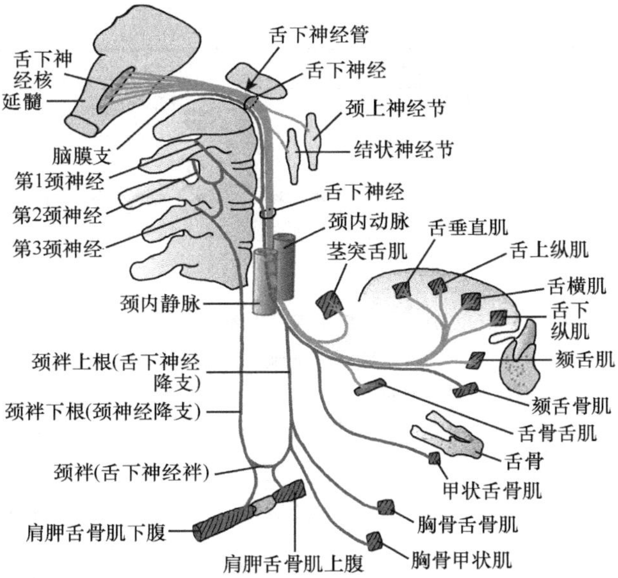

图 3-113　舌下神经

表 3-5　脑神经简表

顺序	其名称	成分	起核	终核	分布	损伤症状
Ⅰ	嗅神经	特殊内脏感觉		嗅球	鼻腔嗅黏膜	嗅觉障碍
Ⅱ	视神经	特殊躯体感觉		外侧膝状体	眼球视网膜	视觉障碍
Ⅲ	动眼神经	一般躯体运动	动眼神经核		上、下、内直肌，下斜肌、上睑提肌	眼外斜视、上睑下垂
		一般内脏运动（副交感）	动眼神经副核（E-W 核）		瞳孔括约肌，睫状肌	对光及调节反射消失
Ⅳ	滑车神经	一般躯体运动	滑车神经核		上斜肌	眼不能外下斜视
Ⅴ	三叉神经	一般躯体感觉		三叉神经脊束核、三叉神经脑桥核、三叉神经中脑核	头面部皮肤、口腔、鼻腔黏膜、牙及牙龈、眼球、硬脑膜	头面部感觉障碍
		特殊内脏运动	三叉神经运动核		咀嚼肌、二腹肌前腹、下颌舌骨肌、鼓膜张肌和腭帆张肌	咀嚼肌瘫痪
Ⅵ	展神经	一般躯体运动	展神经核		外直肌	眼内斜视
Ⅶ	面神经	一般躯体感觉		三叉神经脊束核	耳部皮肤	感觉障碍
		特殊内脏运动	面神经核		面肌、颈阔肌、茎突舌骨肌、二腹肌后腹、镫骨肌	额纹消失、眼不能闭合、口角歪向健侧、鼻唇沟变浅
		一般内脏运动	上泌涎核		泪腺、下颌下腺、舌下腺及鼻腔和腭部腺体	分泌障碍
		特殊内脏感觉		孤束核上部	舌前 2/3 味蕾	舌前 2/3 味觉障碍
Ⅷ	前庭蜗神经	特殊躯体感觉		前庭神经核群	半规管壶腹嵴、球囊斑和椭圆囊斑	眩晕、眼球震颤等
		特殊躯体感觉		蜗神经核	耳蜗螺旋器	听觉障碍

续表

顺序	其名称	成分	起核	终核	分布	损伤症状
Ⅸ	舌咽神经	特殊内脏运动	疑核		茎突咽肌	
		一般内脏运动（副交感）	下泌涎核		腮腺	分泌障碍
		一般内脏感觉		孤束核	咽、鼓室、咽鼓管、软腭、舌后 1/3 黏膜、颈动脉窦、颈动脉小球	咽与舌后 1/3 感觉障碍、咽反射消失
		特殊内脏感觉		孤束核上部	舌后 1/3 味蕾	舌后 1/3 味觉丧失
		一般躯体感觉		三叉神经脊束核	耳后皮肤	分布区感觉障碍
Ⅹ	迷走神经	一般内脏运动（副交感）	迷走神经背核		颈、胸、腹内脏平滑肌、心肌、腺体	心动过速、内脏活动障碍
		特殊内脏运动	疑核		咽喉肌	发声困难、声音嘶哑、吞咽障碍
		一般内脏感觉		孤束核	颈、胸、腹腔脏器，咽喉黏膜	分布区感觉障碍
		一般躯体感觉		三叉神经脊束核	硬脑膜、耳廓及外耳道皮肤	分布区感觉障碍
Ⅺ	副神经	特殊内脏运动	疑核（脑部）副神经核（脊髓部）		咽喉肌胸锁乳突肌、斜方肌	咽喉肌功能障碍一侧胸锁乳突肌瘫痪，面无力转向对侧；斜方肌瘫痪，肩下垂、提肩无力
Ⅻ	舌下神经	一般躯体运动	舌下神经核		舌内肌和部分舌外肌	舌肌瘫痪、萎缩、伸舌时舌尖偏向患侧

三、内脏神经系统

内脏神经系统（visceral nervous system）是神经系统的一部分，主要分布于内脏、心血管、平滑肌和腺体。内脏神经和躯体神经一样，按照纤维的性质，可分为感觉和运动两种纤维成分。内脏运动神经调节内脏、心血管的运动和腺体的分泌，通常不受人的意志控制，是不随意的，故称为自主神经系统（autonomic nervous system）；又由于主要是控制和调节动、植物共有的物质代谢活动，并不支配动物所特有的骨骼肌的运动，故又称为植物神经系统（vegetative nervous system）。内脏感觉神经如同躯体感觉神经，第一级感觉神经元也位于脑神经节和脊神经节内，周围突分布于内脏、心血管等处的内感受器，将接受的刺激上传至各级中枢，经中枢整合后，通过内脏运动神经调节相应器官的活动，从而维持体内外环境的动态平衡和机体的正常活动。

（一）内脏运动神经

内脏运动神经（visceral motor nerve）与躯体运动神经一样，都受大脑皮质和皮质下各级中枢的控制和调节，而且两者之间在功能上互相依存、互相协调和互相制约，以维持机体内外环境的相对平衡。然而内脏运动神经和躯体运动神经在结构和功能上有较大差别，现就其形态结构上的差异简述如下。

效应器不同：躯体运动神经支配骨骼肌；内脏运动神经则支配平滑肌、心肌和腺体。

神经元数目不同：躯体运动神经自低级中枢至骨骼肌只有一个神经元。而内脏运动神经自低级中枢发出后在周围部的内脏运动神经节（植物性神经节）交换神经元，由节内神经元再发出纤维到达效应器。因此，内脏运动神经从低级中枢到达所支配的器官须经过两个神经元（肾上腺髓质例外，只需一个神经元）。第一个神经元称节前神经元（preganglionic neuron），胞体位于脑干和脊髓内，其轴突称节前纤维（preganglionic fiber）。第二个神经元称节后神经元（postganglionic neuron），胞体位于周围部的内脏神经节内，其轴突称节后纤维（postganglionic fiber）。节后神经元的数目较多，一个节前神经元可以和多个节后神经元构成突触，这有利于较多的效应器同时活动（图 3-114、图 3-115）。

纤维成分不同：躯体运动神经只有一种纤维成分，而内脏运动神经则有交感和副交感两种纤维成分，多数内脏器官同时接受交感神经和副交感神经的双重支配。

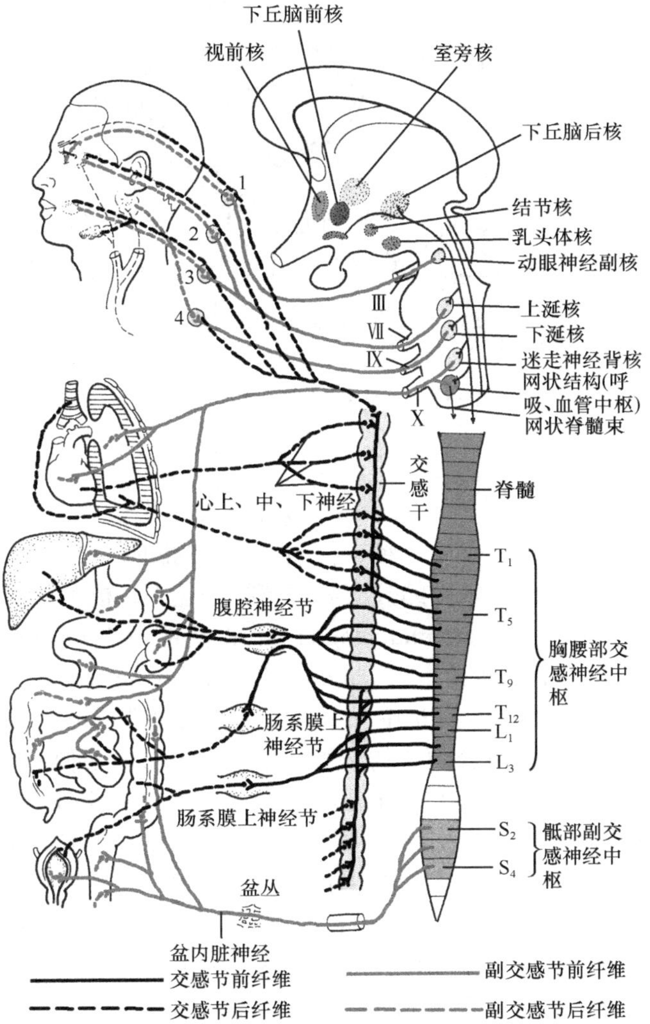

图 3-114 内脏运动神经概况示意图

纤维粗细不同：躯体运动神经纤维一般是比较粗的有髓纤维，内脏运动神经的节前纤维则是细的薄髓纤维，而节后纤维是细的无髓纤维。

节后纤维分布形式不同：躯体运动神经以神经干的形式分布，而内脏运动神经节后纤维常攀附脏器或血管形成神经丛，由丛再分支至效应器（图 3-115）。

另外，躯体运动神经一般受意识支配，而内脏运动神经则在一定程度上不受意识的支配。

根据形态、功能和药理学的特点，内脏运动神经分为交感神经（sympathetic nerve）和副交感神经（parasympathetic nerve）两部分，具体介绍如下。

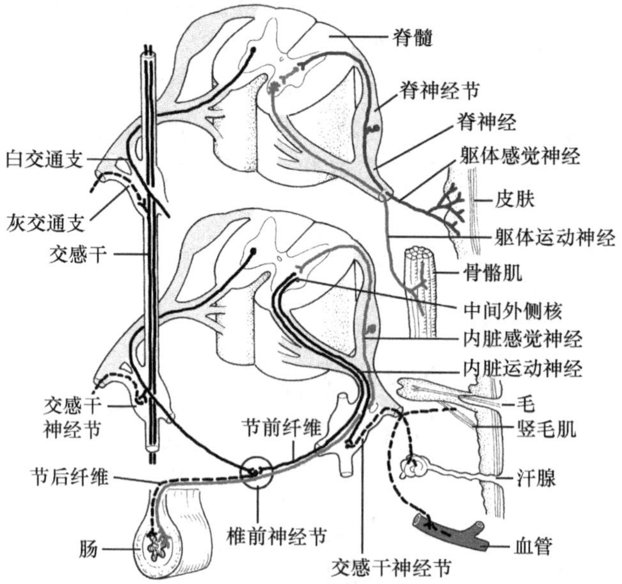

图 3-115　交感神经纤维走行模式图

1. 交感神经

（1）交感神经低级中枢位于脊髓 T_1～L_3（或 C_8～L_2）节段的灰质侧柱的中间外侧核，节前纤维起自此核的细胞。因此交感神经也称内脏神经的胸腰部。交感神经的周围部包括交感干、交感神经节，以及由节发出的分支和交感神经丛等，根据交感神经节所在位置不同，又可分为椎旁神经节（paravertebral ganglia）和椎前神经节（prevertebral ganglia）。

1）椎旁神经节：即交感干神经节（ganglia of sympathetic trunk），位于脊柱两旁，借节间支连成左右两条交感干（sympathetic trunk）。两侧交感干上端达颅底，下端两干于尾骨前面相互合并。交感干全长可分颈、胸、腰、骶、尾 5 部。每侧有 19～24 个交感干的神经节，其中颈部有颈上、中、下 3 个节，胸部 10～12 个节，腰部 4～5 个节，骶部 2～3 个，尾部两侧合成 1 个奇神经节。交感干神经节由多极神经元组成，大小不等，部分交感神经节后纤维即起自这些节内的细胞（图 3-116、图 3-117）。

2）椎前神经节：呈不规则的节状团块，位于脊柱前方，腹主动脉脏支的根部，故称椎前神经节。椎前神经节包括腹腔神经节（celiac ganglia）、肠系膜上神经节（superior mesenteric ganglion）、肠系膜下神经节（inferior mesenteric ganglion）及主动脉肾神经节（aorticorenal ganglia）等。部分交感神经节后纤维即起自这些节内的细胞。

3）交通支（communicating branches）：交感干神经节借交通支（communicating branches）与相应的脊神经相连，交通支分白交通支（white communicating branches）和灰交通支（gray communicating branches）两种。

A. 白交通支，由脊髓侧角中间外侧核细胞发出的交感节前纤维组成，纤维具有髓鞘，呈白色，故称白交通支。节前纤维行经脊神经的前根、脊神经、白交通支进入椎旁神经节。因节前神经元的细胞体仅存在于脊髓 T_1～L_3 节段的脊髓侧角，白交通支也只存在于 T_1～L_3 各脊神经的前支与相应的交感干神经节之间。经白交通支进入交感干的交感节前纤维有以下 3 种去向。①终止于相应的交感干神经节，并交换神经元。②在交感干内上行或下行后，终于上方或下方的交感干神经节。一般认为来自脊髓上胸段（T_1～T_6）中间外侧核的节前纤维，在交感干内上升至颈部，在颈部交感干神经节换元；中胸段者（T_6～T_{10}）在交感干内上升或下降，至其他胸部交感干神经节换元；下胸段和腰段者（T_{11}～L_3）在交感干内下降，在腰骶部交感干神经节换元。③穿过交感干神经节后，至椎前神经节交换神经元。

B. 灰交通支，连于交感干与 31 对脊神经前支之间，由交感干椎旁神经节细胞发出的节后纤维组成，多无髓鞘，色灰暗，故称灰交通支。椎旁神经节发出的交感神经节后纤维也有 3 种去向。①发自交感干神经节的节后纤维经灰交通支返回脊神经，随脊神经分布至头颈部、躯干和四肢的血管、汗腺和竖毛肌等。②攀附动脉走行，在动脉外膜形成相应的神经丛，各丛的名称按所攀附的动脉命名（如颈内、外动脉丛、腹腔丛、肠系膜上丛等），并随动脉分布到所支配的器官。③由椎旁神经节直接发支到所支配的脏器。

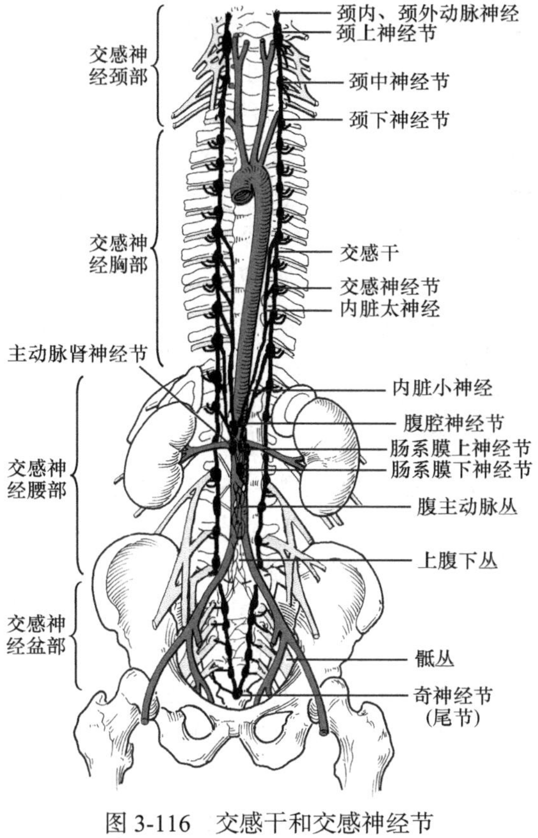

图 3-116　交感干和交感神经节

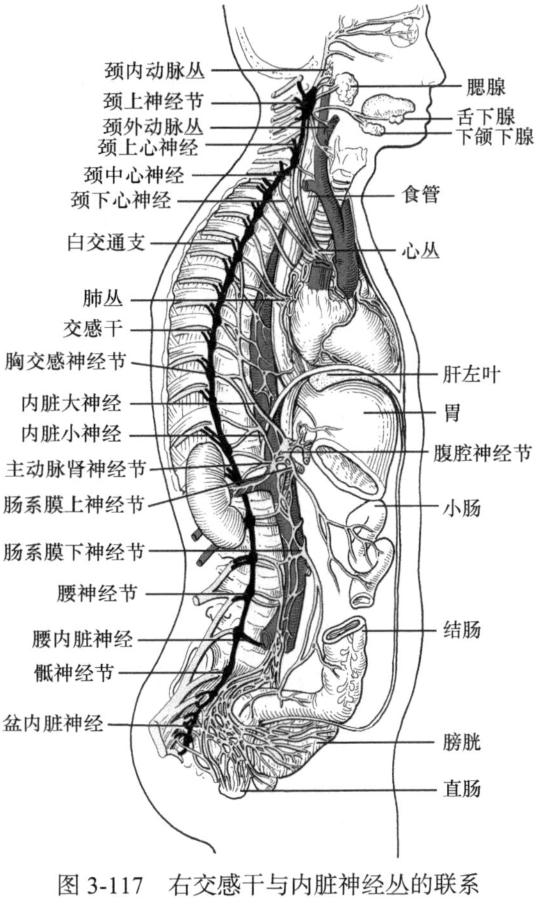

图 3-117　右交感干与内脏神经丛的联系

（2）交感神经的分布概况

1）颈部：位于颈动脉鞘后方，颈椎横突的前方。一般每侧有颈上、中、下 3 个交感干神经节（图 3-116、图 3-117）。

颈上神经节（superior cervical ganglion）最大，呈梭形，位于第 2～3 颈椎横突前方，颈内动脉后方。颈中神经节（middle cervical ganglion）最小，有时缺如，位于第 6 颈椎横突处。颈下神经节（inferior cervical ganglion）位于第 7 颈椎横突根部的前方，在椎动脉的起始部后方，常与第 1 胸神经节合并成颈胸神经节（cervicothoracic ganglion）（亦称星状神经节，stellate ganglion）。据资料，中国人颈胸神经节的出现率为 63.5%。

颈部交感干神经节发出的节后神经纤维的分布，可概括如下：①经灰交通支连于 8 对颈神经，并随颈神经分布至头颈和上肢的血管、汗腺、竖毛肌等；②由神经节发出分支至邻近的动脉，形成颈内动脉丛（internal carotid plexus）、颈外动脉丛（external carotid plexus）、锁骨下动脉丛（subclavian plexus）和椎动脉丛（vertebral plexus）等，伴随这些动脉的分支至头颈部的腺体（泪腺、唾液腺、口腔和鼻腔黏膜内腺体、甲状腺等）、竖毛肌、血管、瞳孔开大肌；③发出的咽支，直接进入咽壁，与迷走神经、舌咽神经的咽支共同组成咽丛（pharyngeal plexus）；④3 对颈部交感干神经节分别发出心上、中、下神经与迷走神经的心支一起，在心底部形成心丛（cardiac plexus），分布于心及大血管（图 3-117）。

2）胸部：胸交感干位于肋骨头的前方，每侧有 10～12 个胸神经节（thoracic ganglia）（图 3-118）。胸交感干发出下列分支。①经灰交通支连接 12 对胸神经，并随其分布于胸腹壁的血管、汗腺、竖毛肌等。②从上 5 对胸神经节发出分支，参加胸主动脉丛、肺丛、食管丛及心丛等，分布至气管、肺、食管及心肌等。③由中、下胸部交感干神经节发出的路过该节的交感节前神经纤维，这些纤维在胸椎体两侧组成内脏大、小神经。内脏大神经（greater splanchnic nerve），由穿过第 5～9 胸交感干神经节的节前纤维组成，向前下方行走中合成一干，并沿椎体前面倾斜下降，穿过膈脚，主要终于腹腔神经节。内脏小神经（lesser splanchnic nerve），由穿过第 10～12 胸交感干神经节的节前纤维组成，下行穿过膈脚，主要终于主动脉肾神经节。由腹腔神经节、肠系膜上神经节、主动脉肾神经节等发出的节后纤维和迷走神经后干的腹腔支一起，在腹主动脉起始部前方、腹腔干和肠系膜上动脉的根部周围组成腹腔丛。由丛发出许多副丛，伴随腹主动脉的分支分布至肝、脾、肾等实质性脏器和结肠左曲以上的消化管（图 3-117、图 3-118）管理上述器官的感觉和运动；内脏最小神经不常存在，自最末胸神经节发出，与交感干伴行，加入肾神经丛。

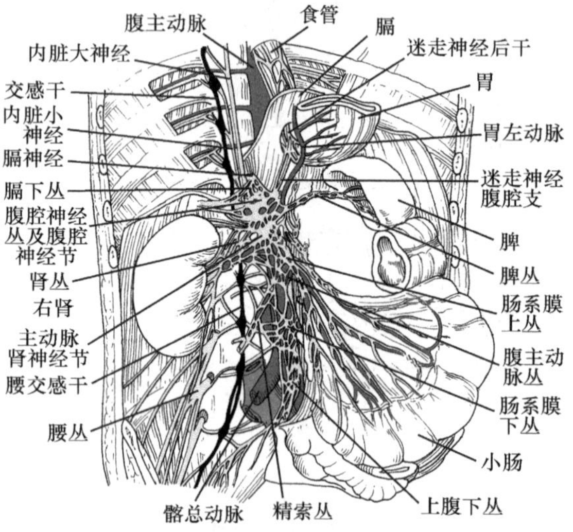

图 3-118　腹腔内的内脏神经

3）腰部：有 4～5 对腰神经节（lumbar ganglia），腰交感干位于腰椎体前外侧与腰大肌内侧缘之间。腰交感干发出分支有：①灰交通支连接 5 对腰神经，并随腰神经分布；②腰内脏神经（lumbar splanchnic nerves）由穿过腰交感干的神经节的节前纤维组成，终于腹主动脉丛和肠系膜下丛内的椎前神经节，交换神经元后节后纤维分布至结肠左曲以下的消化道及盆腔脏器，并有纤维伴随血管分布至下肢（图 3-118）。下肢的某些血管性疾病（如血栓闭塞性脉管炎、灼性神经痛等），可手术切除腰交感干及左右交感干之间的交通支，以阻断支配下肢血管的交感神经节前纤维而获得缓解。

4）盆部：骶交感干位于骶骨前面，骶前孔内侧，有2～3对骶神经节（sacral ganglia）和一个奇神经节（ganglion impar）。节后纤维的分支如下所示。①经灰交通支连接相应的骶尾神经，分布于下肢及会阴部的血管、汗腺和竖毛肌；②发出小支加入盆丛（pelvic plexus），分布于盆腔器官。

综上所述，可见交感神经节前、节后纤维分布均有一定规律。即来自脊髓 T_1～T_5 节段中间外侧核的节前纤维，交换神经元后，发出节后纤维支配头、颈、胸腔脏器和上肢的血管、汗腺和竖毛肌；来自脊髓 T_5～T_{12} 节段中间外侧核的节前纤维，交换神经元后，其节后纤维支配肝、脾、肾等腹腔实质性器官和结肠左曲以上的消化管；来自脊髓上腰段中间外侧核的节前纤维，交换神经元后，其节后纤维支配结肠左曲以下的消化管，盆腔脏器和下肢的血管、汗腺和竖毛肌。关于交感神经节段支配的情况，详见内脏器官的神经支配表。

2. 副交感神经（parasympathetic nerve）　低级中枢位于脑干的一般内脏运动核和脊髓 S_2～S_4 节段的骶副交感核，故副交感神经又称内脏运动神经的颅骶部，由这些核的细胞发出的纤维即节前纤维。副交感神经的周围部包括副交感神经节和由节发出的副交感节后纤维。副交感神经节位于器官的周围或器官的壁内，称器官旁节和器官内节，两者总称终神经节（terminal ganglion），节内的细胞即为节后神经元，位于颅部的副交感神经节较大，肉眼可见，有睫状神经节、下颌下神经节、翼腭神经节和耳神经节等。颅部副交感神经节前纤维在这些神经节内交换神经元，然后发出节后纤维随相应脑神经到达所支配的器官。节内并有交感神经及感觉神经纤维通过（不交换神经元），分别称为交感根及感觉根。此外，还有位于身体其他部位很小的副交感神经节，如位于心丛、肺丛、盆丛、膀胱丛和子宫阴道丛内的神经节，以及位于支气管和消化壁内的神经节，只有在显微镜下才能看到。

（1）颅部副交感神经：其节前纤维行于第Ⅲ、Ⅶ、Ⅸ、Ⅹ对脑神经内，已于脑神经中详述，现简介如下（图3-119）。

1）随动眼神经走行的副交感神经节前纤维：由中脑的动眼神经副核（E-W核）发出，进入眶腔后到达睫状神经节内交换神经元，自节发出副交感节后纤维进入眼球，分布于瞳孔括约肌和睫状肌。

2）随面神经走行的副交感神经节前纤维：由脑桥的上泌涎核发出，一部分节前纤维随岩大神经至翼腭窝内的翼腭神经节换元，自节发出节后纤维随上颌神经、颧神经和泪腺神经分布于泪腺、鼻腔、口腔以及腭黏膜的腺体。另一部分节前纤维经鼓索，加入舌神经，至下颌下神经节换神经元，自节发出节后纤维分布于下颌下腺和舌下腺。

3）随舌咽神经走行的副交感节前纤维：由延髓的下泌涎核发出，经鼓室神经参与形成鼓室丛。由丛发出岩小神经至卵圆孔下方的耳神经节换神经元，自节发出节后纤维随耳颞神经分布于腮腺。

4）随迷走神经走行的副交感节前纤维：由延髓的迷走神经背核发出，随迷走神经的分支到达胸、腹腔脏器附近或壁内的副交感神经节换神经元，自节发出节后纤维分布于胸、腹腔脏器（降结肠、乙状结肠和盆腔脏器等除外）。

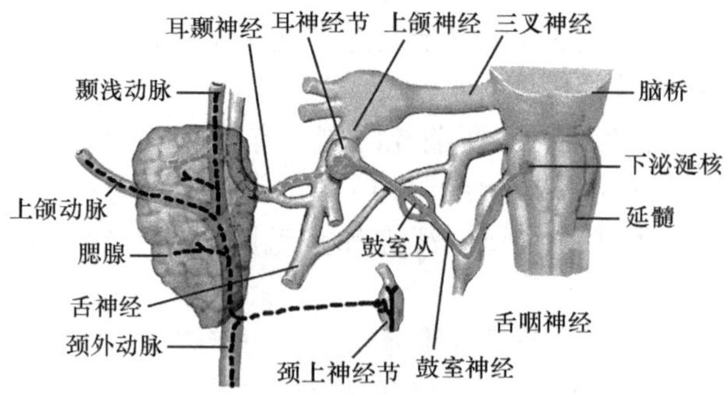

腮腺的内脏神经支配

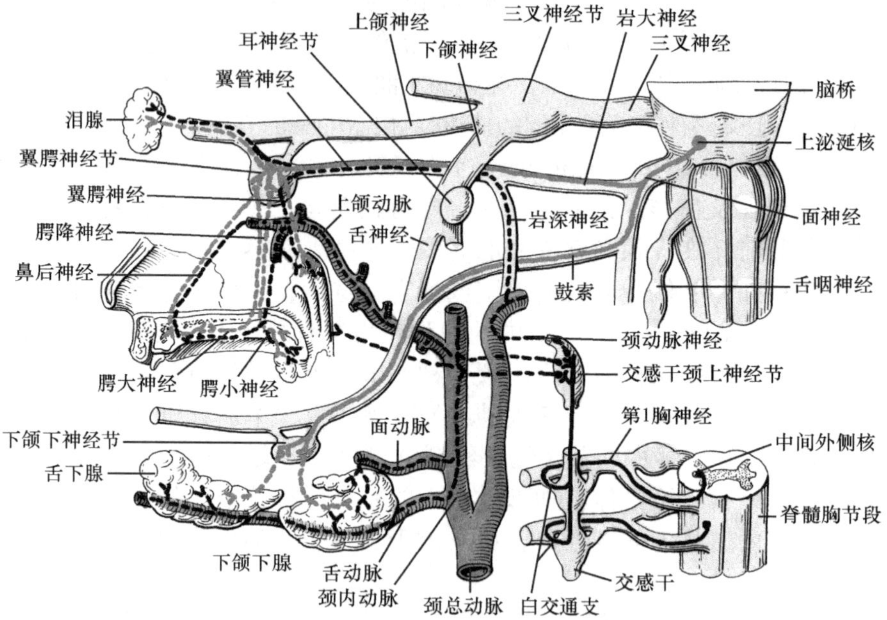

图 3-119 头部的内脏神经分布模式图

交感节前纤维；副交感节前纤维；交感节后纤维；副交感节后纤维

（2）骶部副交感神经：节前纤维由脊髓 S_2～S_4 节段的骶副交感核发出，随骶神经前支经骶前孔至骨盆腔，而后从骶神经分出组成盆内脏神经（pelvic splanchnic nerves）加入盆丛，部分纤维随盆丛分支分布到盆腔脏器，部分纤维自盆丛经上腹下丛和肠系膜下丛分布到降结肠和乙状结肠，在脏器附近或脏器壁内的副交感神经节交换神经元，节后纤维支配结肠左曲以下的消化管和盆腔脏器（图 3-120）。

3. 交感神经与副交感神经的主要区别 交感神经和副交感神经都是内脏运动神经，常共同支配一个器官，形成对内脏器官的双重神经支配。但在神经来源、形态结构、分布范围和功能上，交感神经与副交感神经又有各自的特点。

（1）低级中枢的部位不同：交感神经低级中枢位于脊髓胸腰部灰质的中间外侧核，副交感神经的低级中枢则位于脑干一般内脏运动核和脊髓骶部的骶副交感核。

（2）周围部神经节的位置不同：交感神经节位于脊柱两旁（椎旁神经节）和脊柱前方（椎前神经节），副交感神经节位于所支配的器官附近称为器官旁节，或位于器官壁内称为器官内节。因此副交感神经节前纤维比交感神经长，而其节后纤维则较短。

（3）节前神经元与节后神经元的比例不同：一个交感节前神经元的轴突可与多个节后

神经元形成突触，而一个副交感节前神经元的轴突则与较少的节后神经元形成突触。所以交感神经的作用范围较广泛，而副交感神经的作用则较局限。

（4）分布范围不同：一般认为交感神经在周围的分布范围较广，除至头颈部、胸、腹腔脏器外，遍及全身血管、腺体、竖毛肌等。副交感神经在周围的分布则不如交感神经广泛，一般认为大部分血管、汗腺、竖毛肌、肾上腺髓质均无副交感神经支配。

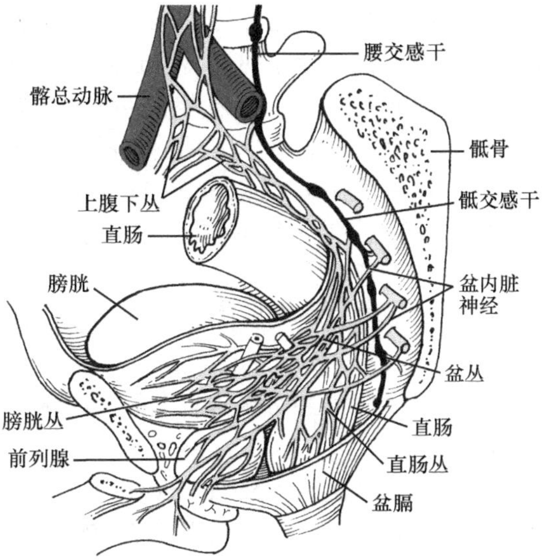

图 3-120 盆部内脏神经丛

（5）对同一器官所起的作用不同：交感与副交感神经对同一器官的作用既是互相拮抗又是互相统一的。例如，当机体运动增强时，交感神经兴奋性增强，副交感神经兴奋减弱、相对抑制，于是出现心跳加快、血压升高、支气管扩张、瞳孔开大、消化活动受抑制等现象。上述现象表明，交感神经活动加强和副交感神经活动减弱时，机体的代谢加强，能量消耗加快，以适应环境的剧烈变化。而当机体处于安静或睡眠状态时，副交感神经兴奋加强，交感神经相对抑制，从而出现心跳减慢、血压下降、支气管收缩、瞳孔缩小、消化活动增强等现象，这有利于体力的恢复和能量的储存。可见在交感和副交感神经互相拮抗、相互统一的协调作用下，机体才得以更好地适应环境的变化，才能在复杂多变的环境中生存。交感和副交感神经的活动，是在脑的较高级中枢，特别是在下丘脑和大脑边缘叶的调控下进行的，保持机体内部各器官活动的动态平衡，从而使机体对内外环境的变化得到更好地适应。

4. 内脏神经丛 交感神经、副交感神经和内脏感觉神经在到达所支配的脏器的行程中，常互相交织共同构成内脏神经丛（plexus of visceral nerve）（图 3-117～图 3-120）。这些神经丛主要攀附于头、颈部和胸、腹腔内动脉的周围，或分布于脏器附近和器官之内。除颈内动脉丛、颈外动脉丛、锁骨下动脉丛和椎动脉丛等没有副交感神经参加外，其余的内脏神经丛均由交感和副交感神经组成。现将重要的神经丛简述如下。

（1）心丛（cardiac plexus）：位于心的底部，由两侧交感干的颈上、中、下神经节和 1～5 胸神经节发出的心支及迷走神经的颈心支共同组成。心丛按其位置又可分为心浅丛和心深丛，浅丛位于主动脉弓下方，深丛位于主动脉弓和气管杈之间。两丛互相交织，心丛内有心神经节（副交感节），来自迷走神经的副交感节前纤维在此交换神经元。心丛的分支组成心房丛和左、右冠状动脉丛，随动脉分支分布于心肌（图 3-117）。

（2）肺丛（pulmonary plexus）：位于肺根的前、后方，分别称为肺前丛和肺后丛，与心丛互相连续。肺丛由迷走神经的支气管支和交感干的 2～5 胸神经节的分支组成，其分支随支气管和肺血管的分支入肺。

（3）腹腔丛（celiac plexus）：是最大的内脏神经丛，位于腹主动脉上端前方，围绕于腹腔干和肠系膜上动脉根部周围。丛内主要含有腹腔神经节、肠系膜上神经节、主动脉肾神经节等。此丛由来自两侧的胸交感干的内脏大、小神经和迷走神经后干的腹腔支及腰上部交感神经节的分支共同构成。来自内脏大、小神经的交感节前纤维在丛内分别于腹腔神经节和主动脉肾神经节交换神经元，由腹腔神经节发出的纤维大部分是交感节后纤维，但是还有少量仍然是节前神经纤维，它们于肠系膜上、下神经节换元。来自迷走神经的副交感节前纤维则到所分布的器官附近或肠管壁内交换神经元。腹腔丛及丛内神经节发出的分支伴动脉的分支分布，可分为许多副丛，如肝丛、胃丛、脾丛、肾丛及肠系膜上丛等，各副丛则分别沿同名血管分支到达各脏器（图 3-118）。

（4）腹主动脉丛（abdominal aortic plexus）：是腹腔丛在腹主动脉表面向下延续部分，接受第 1～2 腰神经节的分支。此丛分出肠系膜下丛，沿同名动脉分支分布于结肠左曲至直肠上段的肠管。腹主动脉丛的一部分纤维下行入盆腔，参加腹下丛的组成；另一部分纤维沿髂外动脉组成与动脉同名的神经丛（图 3-118）。

（5）腹下丛（hypogastric plexus）：可分为上腹下丛和下腹下丛。

上腹下丛是腹主动脉丛向下的延续部分，位于第 5 腰椎体前面，腹主动脉末端及两髂总动脉之间。

下腹下丛即盆丛（pelvic plexus），由上腹下丛延续到直肠两侧，并接受骶部交感干的节后纤维和盆内脏神经的副交感节前纤维。此丛伴随髂内动脉的分支组成直肠丛、精索丛、输尿管丛、膀胱丛、前列腺丛、子宫阴道丛等，分布于盆腔各脏器（图 3-118、图 3-120）。

（二）内脏感觉神经

内脏感觉神经（visceral sensory nerve）将内脏的感觉冲动传入中枢，中枢通过内脏运动神经或间接通过体液调节各内脏器官的活动。

同躯体感觉神经一样，内脏感觉神经元的胞体也位于脑神经节和脊神经节内、也是假单极神经元。脑神经节包括膝状神经节、舌咽神经下节、迷走神经下节，神经节细胞的周围突随面神经、舌咽神经和迷走神经分布于内脏器官，中枢突随上述神经入脑，终止于孤束核。脊神经节细胞的周围突随交感神经和副交感神经分布于内脏器官，中枢支随交感神经和盆内脏神经进入脊髓，止于灰质后角。在中枢内，内脏感觉纤维一方面直接或间接与内脏感觉神经元相联系，以完成内脏-内脏反射；另一方面，内脏感觉纤维可经过复杂的传导通路，将冲动传导至大脑皮质，引起内脏感觉。

人体的每一个内脏器官都具有感受器和传入神经。目前对内脏传入神经的认识仍不充分。一般认为内脏传入神经元位于脊神经节或脑神经节内，其神经纤维（周围突）随交感神经和副交感神经分布于各脏器，中枢突则组成神经根入脊髓或脑干。

内脏感觉神经虽然在形态和结构上与躯体感觉神经大致相同，内脏感觉与躯体感觉相比较，有如下的特点。

（1）正常内脏活动一般不引起感觉，但强烈的内脏活动，可引起感觉。例如，在饥饿时，胃收缩可引起饥饿感觉；膀胱充盈引起膨胀感觉（便意）等。

（2）内脏对刺激的定位性差，故内脏的定位感是不准确的。

（3）内脏对牵拉、膨胀和冷热刺激敏感，而对切、割等刺激不敏感。

（4）内脏感觉的传入途径分散，即一个脏器的感觉，可经几个脊髓节段的脊神经传入中枢，而一条脊神经又可包含几个脏器的感觉纤维。

（三）牵涉性痛

当某些内脏器官发生病变时，常在体表一定区域产生感觉过敏或痛觉，这种现象称为牵涉性痛（referred pain）。临床上将内脏患病时体表发生感觉过敏及骨骼肌反射性僵硬和血管运动、汗腺分泌等障碍的部位称为海德带（Head zones），该带有助于内脏疾病的定位诊断。牵涉性痛有时发生在患病内脏邻近的皮肤区，有时发生在距患病内脏较远的皮肤区（图 3-121、图 3-122）。例如，心绞痛时，常在胸前区及左臂内侧皮肤感到疼痛。肝胆疾患时，常在右肩部感到疼痛等。

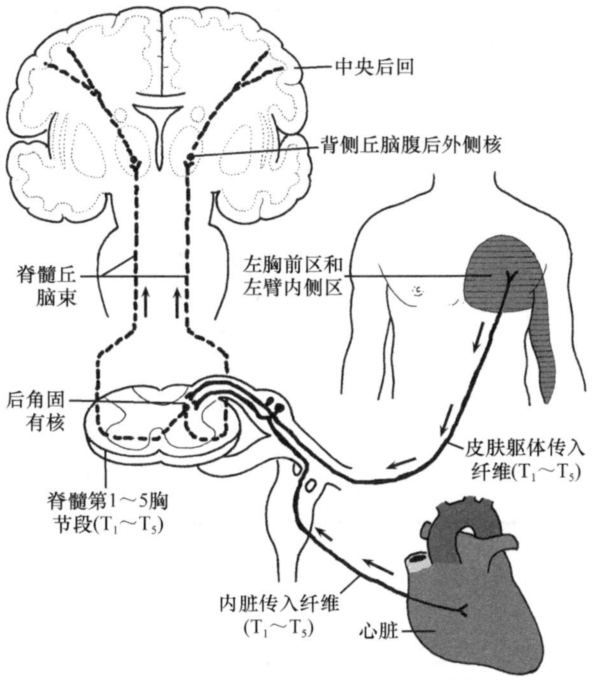

图 3-121　心传入神经与皮肤传入神经中枢投射联系

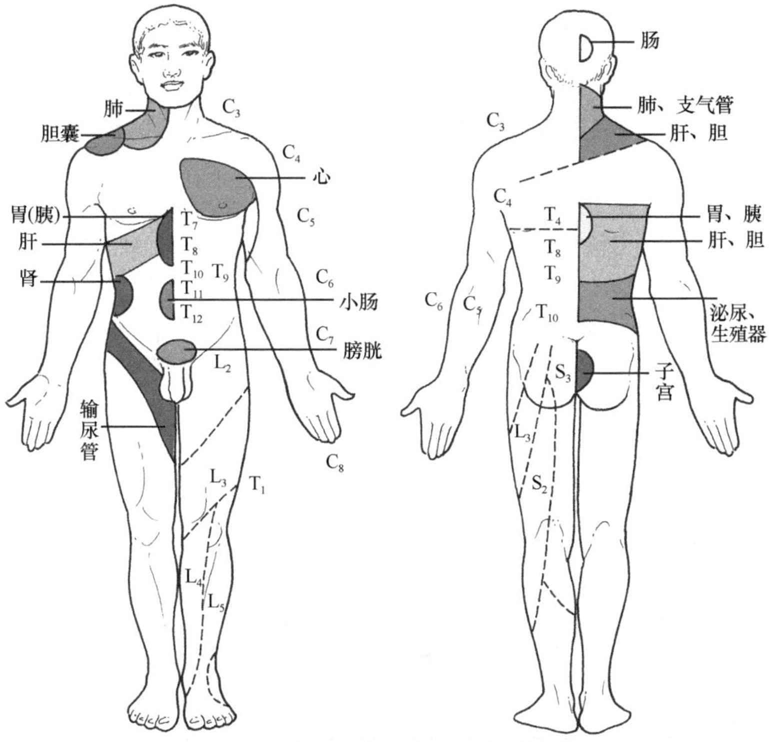

图 3-122　内脏器官疾病时的牵涉性痛区

现在认为，发生牵涉性痛的体表部位与病变器官往往受同一节段脊神经的支配，体表部位和病变器官的感觉神经进入同一脊髓节段，并在后角内密切联系。因此，从患病内脏传来的冲动可以扩散或影响到邻近的躯体感觉神经元，从而产生牵涉性痛（表 3-6）。

表 3-6　牵涉性痛内脏器官与脊髓节段的关系

内脏器官	产生疼痛或感觉过敏区的脊髓节段
膈	C_4
心脏	$C_8 \sim T_5$
胃	$T_6 \sim T_{10}$
小肠	$T_7 \sim T_{10}$
阑尾	$T_{(8、9)10} \sim L_1$（右）
肝、胆囊	$T_7 \sim T_{10}$，有时也有沿膈神经至 C_3、C_4
胰	T_8（左）
肾、输尿管	$T_{11} \sim L_1$
膀胱	$S_2 \sim S_4$（沿骶副交感）及 $T_{11} \sim L_1$, L_2
睾丸、附睾	$T_{12} \sim L_3$
卵巢及附件	$L_1 \sim L_3$
子宫体部	$T_{10} \sim L_1$
子宫颈部	$S_1 \sim S_4$（沿骶副交感）
直肠	$S_1 \sim S_4$

内脏器官的神经支配总结于表 3-7。

表 3-7　内脏器官的神经支配

器官	神经	内脏感觉神经传入径路	内脏运动神经节前纤维		内脏运动神经节后纤维		功能
			起源	径路	起源	径路	
眼球	交感		$T_1 \sim T_2$ 脊髓侧角	经白交通支→交感干并在干内上升	颈上神经节、颈内动脉丛内神经节	经颈内动脉丛→眼神经、睫状神经节→眼球	瞳孔开大 血管收缩
	副交感		动眼神经副核	动眼神经→睫状神经节→睫状短根或睫状长神经	睫状神经节	睫状短神经→瞳孔括约肌、睫状肌	瞳孔缩小，睫状肌收缩
心脏	交感	经颈中、下心神经和胸心神经→$T_1 \sim T_{4(5)}$ 脊髓后角	$T_1 \sim T_5$ 脊髓侧角	经白交通支→交感干，并在干内上升或不上升	颈上、中、下神经节和 $T_1 \sim T_5$ 脊神经	颈上、中、下心神经和胸心神经→心丛→冠状丛→心房和心室	心跳加快，心室收缩力加强，冠状动脉舒张
	副交感	迷走神经→延髓孤束核	迷走神经背核	迷走神经→颈心上、下心支，胸心支→心丛与冠状丛→心房	心神经节、心房壁内的神经节	到心房、心室	心跳减慢，心室收缩力减弱，冠状动脉收缩
支气管和肺	交感	来自胸膜脏层的传入纤维经交感神经肺支→$T_2 \sim T_5$ 脊髓后角	$T_2 \sim T_5$ 脊髓侧角	经白交通支→交感干，并在干内上升或不上升	颈下神经节和第1～5胸交感节	肺支→肺前、后丛→肺	支气管扩张、血管收缩，抑制腺体分泌
	副交感	来自支气管和肺的传入纤维→迷走神经→孤束核	迷走神经背核	迷走神经支气管支→肺丛→肺	肺丛内的神经节和支气管壁内的神经节	到支气管平滑肌和腺体	支气管收缩，促进腺体分泌

续表

器官	神经	内脏感觉神经传入径路	内脏运动神经节前纤维		内脏运动神经节后纤维		功能
			起源	径路	起源	径路	
胃、小肠、升结肠和横结肠	交感	经腹腔丛→内脏大、小神经→T_6～T_{12}脊髓后角	T_6～T_{12}脊髓侧角	经白交通支→交感干→内脏大、小神经及腰内脏神经	腹腔神经节、主动脉肾神经节、肠系膜上神经节	随各部分血管周围的神经丛分布	抑制肠蠕动，降低肠壁张力，减少分泌，血管收缩，增加括约肌张力
	副交感	迷走神经→孤束核	迷走神经背核	迷走神经→食管丛→胃丛→腹腔丛→肠系膜上丛→胃肠壁	肠肌间丛和黏膜下丛内的神经节	至平滑肌和腺体	促进肠蠕动，增加肠壁张力，增加分泌，减少括约肌张力
降结肠至直肠	交感	腰内脏神经和交感干骶部的分支→L_1～L_3脊髓后角	T_{12}～L_3脊髓侧角	经白通支→交感干→腰内脏神经、骶内脏神经→腹主动脉丛→肠系膜下丛、腹下丛	肠系膜下丛和腹下丛内神经节，少量在腰交感节	随各部分血管周围的神经丛分布	抑制肠蠕动，肛门内括约肌收缩
	副交感	经肠系膜下丛，盆丛→盆内脏神经，到S_2～S_4脊髓后角	S_2～S_4脊髓骶副交感核	经第2～4骶神经→盆内脏神经→盆丛→降结肠、直肠	肠肌间丛和黏膜下丛内的神经节	到平滑肌和腺体	促进肠蠕动，肛门内括约肌松弛
肝、胆囊、胰腺	交感	经腹腔丛→内脏大、小神经→T_4～T_{10}脊髓后角	T_4～T_{10}脊髓侧角	经内脏大、小神经→腹腔丛	腹腔神经节、主动脉肾神经节	随肝、胆、胰血管周围神经丛分布	抑制腺体分泌
	副交感	迷走神经→孤束核	迷走神经背核	迷走神经→腹腔丛	器官内神经节	沿肝、胆囊胰腺血管周围神经丛分布	加强腺体分泌
肾	交感	经主动脉肾丛→内脏小神经→T_6～L_2脊髓后角	T_6～T_9脊髓侧角	经内脏大、小神经和腰内脏神经→腹腔丛、主动脉肾丛	腹腔神经节、主动脉肾神经节	随肾血管周围神经丛分布	血管收缩
	副交感	迷走神经→孤束核	迷走神经背核	迷走神经→腹腔丛、肾丛	主动脉肾神经节		血管舒张，肾盂收缩
输尿管	交感	T_{11}～L_2脊髓后角	T_{11}～L_2脊髓侧角	经内脏小神经、腰内脏神经→腹腔丛和肠系膜上、下丛和肾丛	腹腔神经节、主动脉肾神经节	输尿管丛	抑制输尿管蠕动
	副交感	盆内脏神经→S_2～S_4脊髓后角	脊髓S_2～S_4骶副交感核	经盆内脏神经→输尿管丛	输尿管壁内神经节		促进输尿管蠕动
膀胱	交感	盆丛→腹下丛→腰内脏神经→L_1～L_2脊髓后角(传导膀胱体的痛觉)	L_1～L_2脊髓侧角	经白交通支→交感干→腰内脏神经、腹主动脉丛、肠系膜下丛、腹下丛、盆丛	肠系膜下丛和腹下丛内的神经节，少量在腰神经节	经膀胱丛→膀胱	血管收缩，收缩膀胱三角肌、尿道口关闭
	副交感	盆丛→盆内脏神经，到达S_2～S_4脊髓后角(传导膀胱牵张感和膀胱颈的痛觉)	脊髓S_2～S_4骶副交感核	经第2～4骶神经→盆内脏神经→盆丛→膀胱丛	膀胱丛和膀胱壁内的神经节	至膀胱平滑肌	收缩膀胱逼尿肌，松弛内括约肌

续表

器官	神经	内脏感觉神经传入径路	内脏运动神经节前纤维		内脏运动神经节后纤维		功能
			起源	径路	起源	径路	
男性生殖器	交感	盆丛→交感干→T_{11}～L_3脊髓后角	T_{11}～L_3脊髓侧角	经白交通支→交感干→腹腔丛→腹下丛→盆丛，或在交感干下行至骶交感干	腰、骶神经节和肠系膜下神经节	经盆丛→前列腺丛→盆部生殖器，或从腰神经节发支沿精索内动脉→睾丸	盆部生殖器平滑肌收缩配合射精；同时收缩膀胱三角肌，关闭尿道内口，防止精液反流，收缩血管
	副交感		S_2～S_4脊髓骶部副交感核	经骶神经→盆内脏神经→盆丛、前列腺丛	盆丛和前列腺丛的神经节	到前列腺和海绵体的血管	促进海绵体血管舒张，与会阴神经配合使阴茎勃起
子宫	交感	来自子宫底和体的痛觉纤维→子宫阴道丛→腹下丛→腰内脏神经和内脏最小神经→T_{12}～L_2脊髓后角	T_{12}～L_2脊髓侧角	经白交通支→交感干→内脏最小神经和腰内脏神经→腹主动脉丛→腹下丛→盆丛→子宫阴道丛或在交感干下行至骶交感干	腹下丛内的神经节，骶神经节	随子宫阴道丛至子宫壁	收缩血管，收缩妊娠子宫，舒张非妊娠子宫
	副交感	来自子宫颈的痛觉纤维→盆内脏神经→S_2～S_4脊髓后角	S_2～S_4脊髓骶部副交感核	经骶神经→盆内脏神经→腹下丛→盆丛→子宫阴道丛	子宫阴道丛内的子宫颈神经节及沿子宫血管的神经节	到子宫壁内	舒张血管，对子宫肌作用不明
肾上腺	交感		T_{10}～L_1, L_2)脊髓侧角	经白交通支→交感干→内脏小、最小神经→肾上腺髓质	无		分泌肾上腺素
松果体	交感		脊髓的交感神经中枢	经白交通支→交感干	颈上神经节	随颈内动脉及其分支至松果体	促进5-羟色胺转化为褪黑素，间接抑制性腺功能
上肢血管和皮肤	交感	经血管周围丛和脊神经→T_2～T_8脊髓后角	T_2～T_8脊髓侧角	经白通支→交感干	颈中神经节、颈胸神经节和上部胸神经节	经灰交通支→脊神经→上肢血管和皮肤	收缩皮肤和肌血管(舒张胆碱能纤维使血管)，汗腺分泌，竖毛
下肢血管和皮肤	交感	经血管周围丛和脊神经→T_{10}～L_3脊髓后角	T_{10}～L_3脊髓侧角	经白交通支→交感干	腰神经节和骶神经节	经灰交通支→脊神经→下肢血管和皮肤	收缩皮肤和肌血管(舒张胆碱能纤维使血管)，汗腺分泌，竖毛

（马　腾）

第四章　脑代谢特点

第一节　脑和神经组织的化学组成

神经系统的化学结构是一切神经活动的物质基础。这些物质基础与机体在发育过程中的形态（组织学）、功能（生理学）方面都存在着非常密切的联系。这实际上已经是在分子水平上解释神经组织中的各种生命活动了。近代神经化学技术的快速发展，使我们能够更深入地从脑代谢的角度探究神经系统功能的变化，包括了探讨神经系统功能不同的部位在化学组成方面的差别、在组织结构不同的部位中化学成分的差别，以及在机体的种系发生和个体发育过程中神经组织的化学结构的改变等内容。

神经系统主要由水分、无机物质和有机物质三大类所组成，其中又以有机物质最为复杂，意义也最为重要。

一、水分

水是神经系统中所占比例最多的成分，但各部位的含水量不完全相似。例如，大脑半球中含水为 70%～85%，而脊髓和周围神经中则略少，一般在 60%以上。水分的含量在不同的部位有明显的差别，即在发生过程较晚的部位含水量常常较多，如大脑灰质为 84%、白质为 70%、小脑为 78%、尾核为 77%、丘脑和中脑为 75%、脑桥和延髓为 71%、脊髓为 67%（66%～75%）；而在发生较早的周围神经仅有 56%～71%。水分的含量又和机体的年龄有关，如人的大脑含水率：胎儿期为 91.1%、出生后 1.5 个月为 87.8%、7 个月为 83.6%、3.5 岁为 81.6%、6 岁 3 个月为 80.0%、20 岁时为 77.5%，即人脑水分含量随年龄增加而逐渐减少。

关于水分在细胞内外的分布，由于目前的测定方法不同，因而结论也不一致。例如，用氯化物含量测定法（氯化物主要存在于细胞外液）测量的结果是脑的细胞外水分占全脑的 30%，细胞内水分约占 47%；其中灰质和白质又有所不同，灰质中细胞外液约占 34%，白质中则占 28%。

二、无机物质

人脑组织的无机物质种类丰富，组成以电解质为主，还包含有少量的硫、无机磷、卤素和重金属等。

（一）电解质

脑组织中电解质含量的参数差别很大，采用的单位也不一致。如以新鲜标本中的百分数计算，则灰质、白质中含量如表 4-1 所示。

其中灰质含钠（Na^+）、钾（K^+）、氯化物（Cl^-）较多，白质中含钙（Ca^{2+}）、镁（Mg^{2+}）较多。

神经组织中不同部位所含的电解质也有一定差别（表 4-2）。脊髓中含 Ca^{2+}、Mg^{2+}比脑组织稍多，周围神经中含 Na^{+}、Cl^{-}较多。

表 4-1　脑组织中电解质的含量　（单位：%）

	灰质	白质
Na^{+}	0.11～0.21	0.10～0.23
K^{+}	0.21～0.38	0.18～0.33
Ca^{2+}	0.010～0.013	0.014～0.016
Mg^{2+}	0.020～0.023	0.026～0.041
Cl^{-}	0.11～0.22	0.09～0.18

表 4-2　电解质在脑中不同部位的比较　（单位：μmol/g）

	Na^{+}	K^{+}	Ca^{2+}	Mg^{2+}	Cl^{-}	HCO_3^{-}
大脑皮质（猫）	57	95	2.2	5.1	45	12
胼胝体（猫）	49	73	2.2	5.1	36	12
脑脊液（猫）	141	3	1.2	1.2	130	21

（二）无机磷

神经系统中磷的含量很高，但绝大部分是有机磷化合物，无机磷的含量极少，每 100g 组织仅占 0.03g 左右，为全部磷总量的 1/20～1/10，其中白质含量比灰质中稍高。

（三）硫

多种脂质能结合成硫脂，或与黏多糖类结合。白质中含量稍多（每 100g 组织中为 0.092～0.150g），灰质中较少（每 100g 组织为 0.056～0.078g），脊髓和周围神经和白质中含量相似。

（四）卤素

除氯化物外，神经组织中还含有少量的溴化物、碘化物。其中溴化物在大脑灰质中较多，间脑中也有一定的含量，多半是和脂质相结合。碘化物也有少量存在于脑中，各部位稍有不同。中脑中最多，大脑半球最少，平均含量为 80～150μg/100g。动物甲状腺切除后，脑中含碘量常降低，而注入甲状腺素或垂体前叶激素以后则碘含量上升。

（五）微量元素

一般重金属含量极少，而且多与大分子结合，往往要使用分光光度计才能测出。

铁（Fe）：脑中含 5.95～20.2μmol/g 或 20～30μg/g（干重），常与铁蛋白（ferritin）或转铁蛋白（transferrin）相结合。在苍白球、黑质等部位较多，脑干中较少。小儿脑中含量较成人高。灰白质之间无大差异。在进行性麻痹患者脑中铁含量增高。

铜（Cu）：含 0.17～0.94μmol/g 或 0.36～0.6μg/g（干重），小儿含量较高。患肝脑变性、脱髓鞘病、精神分裂症者脑中含量较高。

锰（Mn）：约含 0.023μmol/g（新鲜）或 0.028～0.35mg/100g（干重）。在帕金森病（Parkinson disease，PD）及运动神经元患者脑中可能增多。

铝（Al）：约含（17.7±3.4）μg/g（干重），近年来有人发现在老年期痴呆时含量增多。

锌（Zn）：约含 0.25μmol/g（新鲜）或 0.52～1.57mg/100g（干重）。

铅（Pb）：约含 0.086mg/100g（干重）。

此外，还存在许多极微量元素如砷（As）、锂（Li）、硅（Si）、银（Ag）、镍（Ni）、铬（Cr）、钡（Ba）、镉（Cd）、钴（Co）、钼（Mo）、钛（Ti）、镓（Ga）等，它们的含量极少，而且变异很大，其生理意义也尚待研究。

三、有机物质

除水分而外，脑和神经组织的固体成分是以各种有机物质为主，占全部固体物质的85%左右。其中主要是脂类和蛋白类两大门类，此外还有一定量的核酸类、氨基酸和肽类，以及少量的其他含氮物质。糖类在神经组织中含量很少。

（一）脂类

各种脂质占神经系统中固体物质的 1/2 左右（40%～75%）。它们的组成比较复杂，按通常习惯，可分为磷脂、糖脂、固醇和中性脂四大类（表 4-3）。中性脂在神经组织本身含量极少，所以一般以前三类为主。将磷脂中以鞘氨醇为主要结构的鞘磷脂与糖脂合称为鞘脂类。

表 4-3　正常成年人脑中脂质的含量　（单位：%）

成分	灰质			白质		
	新鲜组织	干燥重量	脂质	新鲜组织	干燥重量	脂质
总脂质	5.9	32.7	100	15.6	54.9	100
磷脂类	4.1	22.7	69.5	7.2	25.2	45.9
卵磷脂	1.6	8.7	26.7	2.0	7.0	12.8
氨基乙醇磷脂	1.3	7.2	22.7	2.3	8.2	14.9
单肌醇磷脂	0.16	0.9	2.7	0.14	0.5	0.9
丝氨酸磷脂	0.5	2.8	8.7	1.2	4.3	7.9
缩醛磷脂	0.7	4.1	8.8	1.8	6.4	11.2
鞘磷脂	0.4	2.3	6.9	1.2	4.2	7.7
糖脂类	0.4	2.4	7.3	4.1	14.5	26.4
脑苷脂	0.3	1.8	5.4	3.1	10.9	19.8
硫脂	0.1	0.6	1.7	0.9	3.0	5.4
神经节苷脂类	0.3	1.7	—	0.05	0.18	—
胆固醇	1.3	7.2	22.0	4.3	15.1	27.5
蛋白脂蛋白	0.5	2.7	—	2.4	8.4	—

在全身组织中，除脂肪组织外，脑是全身含脂类最多的组织，但脂肪组织主要含三酰甘油，而脑组织中的脂类几乎全是类脂，而且不受膳食、营养状况和血中脂质含量的影响。神经系统中脂质的分布和部位有关，即在种系发生方面古老的组织中含脂量较多。以卵磷脂、脑苷脂和胆固醇三项为例，含量在周围神经中最多，其次是脊髓，脑中较少，在大脑

中的灰质比白质更少。自主神经组织一般含脂量也较少，其中交感神经干＜神经根＜周围神经。在种系发生的序列中也存在差异。例如，哺乳动物的大脑含脂质较多，鸟类、爬行类则逐渐减少，鱼类更少；而在个体发育中，随着动物年龄的增长，大脑中脂质的比例也随之而增多，特别在髓鞘化的活性期白质中脂质可迅速增加。神经系统其他部位也有轻微的增加，但是不如大脑明显。

在脑中，脂质大多位于神经细胞膜上，脑的每种亚细胞器官都有其特殊的脂质结构(如核、线粒体等)，而其中脂质的脂肪酸成分因种系而不同。髓鞘中的脂质成分也因种系而不同。近年来有关膜脂质的生理功能不断有所阐明，包括特异性的细胞表面抗原，生理性化合物的特异性受体，甚至有关细胞与细胞之间的相互辨识过程等，都有脂质的作用机制在内。

1. 磷脂类（phospholipids phosphatides）（图 4-1） 在哺乳动物的脑中，磷脂几乎占全部脂质的 1/4 以上，都以磷脂酸（phosphatidic acid）为其主要的共同结构，按其化学结构可以又分为甘油磷脂类、肌醇磷脂类、浆磷脂等，是脂质中代谢活性最活跃的一大类。磷脂类在脑灰质中的脂中约占 2/3，而在白质中不超过 1/2，其化学结构与特性和其他器官中的磷脂基本相同，但脑中磷脂类的相互转化比肝脏中少。

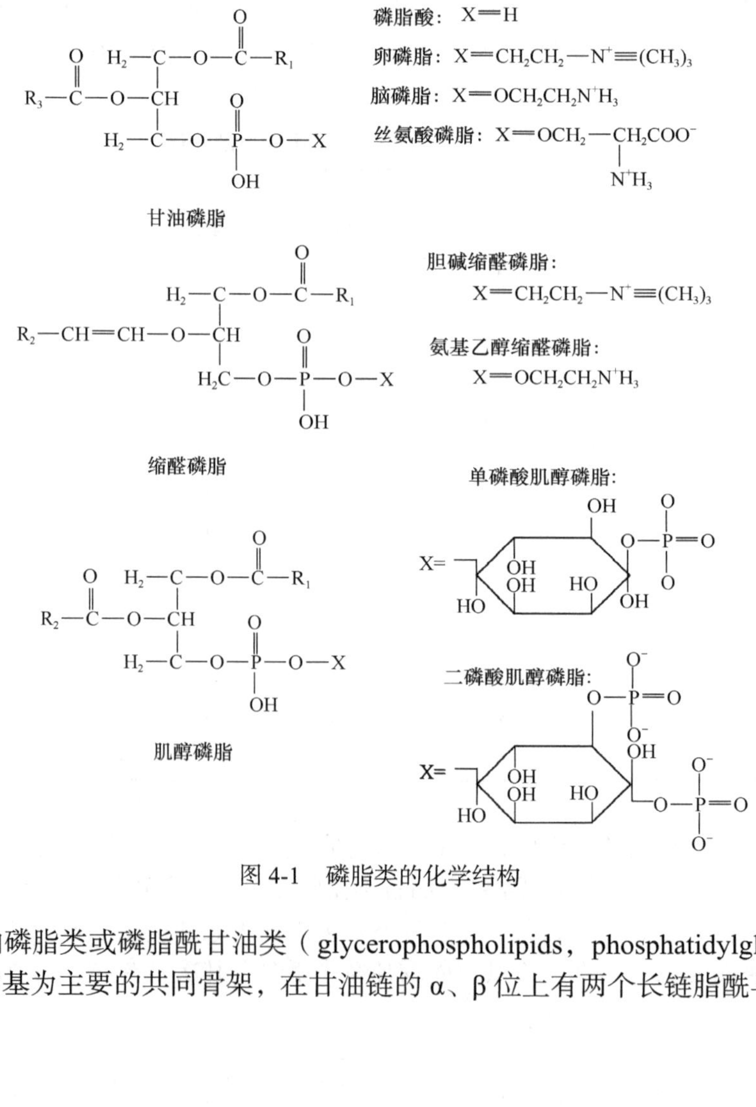

图 4-1 磷脂类的化学结构

（1）甘油磷脂类或磷脂酰甘油类（glycerophospholipids，phosphatidylglycerol）：这一类脂质以甘油基为主要的共同骨架，在甘油链的 α、β 位上有两个长链脂酰与甘油的—OH

生成酯，第三个—OH 与磷酸相连接，最末端的 X 可以是各种不同的基团，如 X 为 H 时，则为磷脂酸，其他如胆碱、氨基乙醇（胆胺）、丝氨酸或肌醇等，都可以与磷脂酸结合生成不同类型的磷脂。

胆碱磷脂（卵磷脂、磷脂酰胆碱）（lecithin，phosphatidylcholine）：是磷脂酸的甘油基上加入胆碱的复合物，其中 R_1、R_2 以饱和脂肪酸软脂酸（C16）为主（饱和脂肪酸多在 β 位上），有时也夹有不饱和的油酸等。卵磷脂存在于神经系统的各部分，大脑灰质中比白质中含量高。成年脑中约占干燥重量的 5%。髓鞘中所含的卵磷脂多含硬脂酸（C18）与油酸，含软脂酸较少，但其生理功能似乎和其他部位的卵磷脂并无什么不同。有时在脑中还可发现少量的脱脂酰卵磷脂（lysolecithin），其特点是表面活性强、有溶细胞性，被认为与脱髓鞘病的发生有关。

脑磷脂或氨基乙醇磷脂（磷脂酰氨基乙醇）（phosphatidyl-ethanolamine，cephalin）：是甘油基上加入氨基乙醇（胆胺）的复合物，R_1 和 R_2 以硬脂酸（C18）和油酸为主，广泛存在于神经系统的各部位，含量比卵磷脂多，也存在于膜成分中，在髓鞘发生期间含量增高。

丝氨酸磷脂或磷脂酰丝氨酸（phosphatidylserine）：是甘油基上加入丝氨酸残基的复合物，R_1 和 R_2 与脑磷脂相似，存在于脑组织的各部位，含量较少，白质比灰质中稍多。

此外，脑中还含有较小部分的甘油磷脂（如单、二或三甘油酯类）、单半乳糖基二甘油酯（主要见于髓鞘中）、磷脂酸、磷脂酰甘油、二磷脂酰甘油（心磷脂，cardiolipin）、磷脂酰甘油磷酸酯等。脱脂酰磷脂酸化合物可能是从甘油磷脂酸中去除 1～2 个脂酰基而成，在正常脑组织中也可以见到。

（2）肌醇磷脂类或磷脂酰肌醇类（lipositol，phosphatidylinositol）：或称环己醇磷脂类，是磷脂酸与磷酸肌醇的复合物。已发现的肌醇磷脂类有单磷酸肌醇磷脂（MPI）、二磷酸肌醇磷脂（DPI）和三磷酸肌醇磷脂（TPI），三种类型在脑中的比例是（0～100）∶（0～10）∶（25～60）。近年来有人又证实了脑中含有四磷酸肌醇磷脂。脑中还有自由肌醇（7μmol/g），脑脊液中也有一定量存在。肌醇磷脂类是转换率最快的磷脂类，其中 DPI 和 TPI 是髓鞘的成分。TPI 对 Ca^{2+}的结合能力比 EDTA 更强。TPI 的功能以往认为与神经元的动作电位的发生有关。近几年对于肌醇磷脂类在神经膜上的作用有了新的发现，特别是认为 MPI、DPI 和 TPI 在神经膜上可能与受体的传递信息功能有关。因此，有人推测磷脂酰肌醇类可能是神经细胞膜上新发现的“第二信使”。

（3）浆磷脂或缩醛磷脂类（plasmalogens，acetal phosphatides）：在甘油基的 α、β 位上是不饱和醚代替了磷脂酸化合物上的脂酰链。其中 X 也仍然是胆碱、氨基乙醇等基团。它们首先是从肌肉中提取，以后才在脑中发现，但含量较少，仅占磷脂中的 8%～10%，但按所含的氨基乙醇比例进行计算，则可占白质中氨基乙醇磷脂总量的 75%～80%，而在灰质中仅占 1/2 以下。

2. 鞘脂类（sphingolipids） 包括含磷的鞘磷脂和以半乳糖为主要成分的糖脂类和神经节苷脂类，它们的化学结构都以鞘氨醇为共同的主要结构，而且又都是神经组织中髓鞘的主要组成成分（图 4-2）。

（1）鞘氨醇（sphingosine）：是鞘脂类的共同基本结构，化学上是一个长链的氨基二醇。脑中主要的鞘氨醇是 C18，也有较少量的 C16、C20、C22 的长链脂酰链，还有小部分的饱和型的二氢鞘氨醇。鞘氨醇半乳糖苷（psychosine）是在其 C_1 位上有附加的半乳糖，是鞘脂类的重要的中间代谢物，但是在正常脑组织中几乎不能检测出。

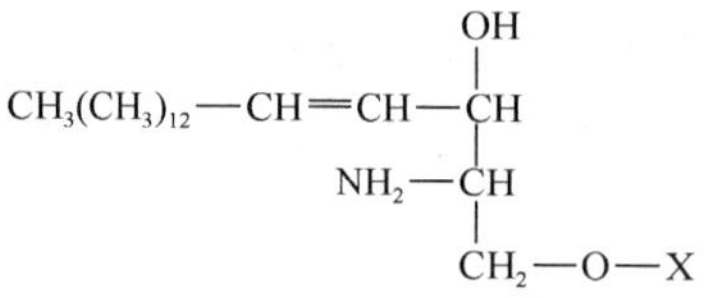

鞘氨醇

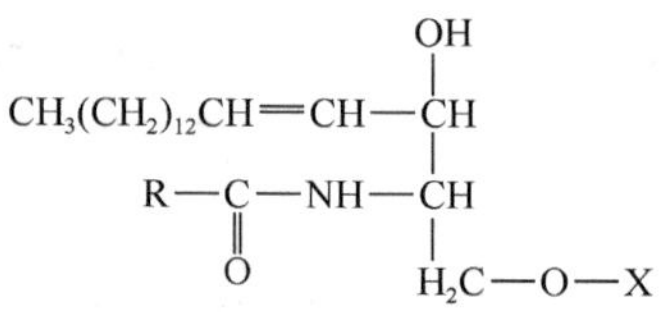

神经酰胺

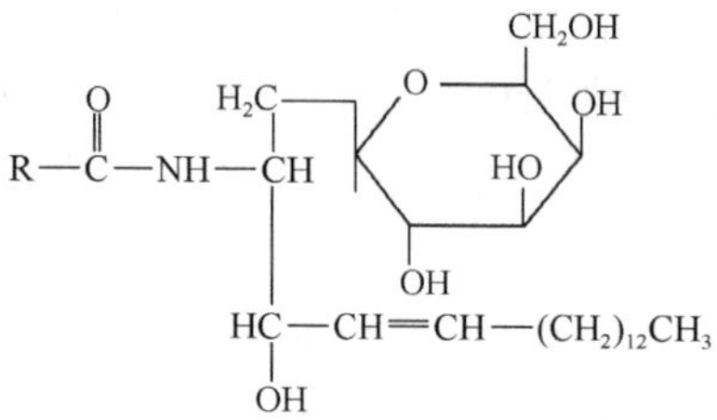

脑苷脂

角脂：$R=(CH_3)_{22}CH_3$

羟脑苷脂：$R=CHOH(CH_2)_{22}CH_3$

神经苷脂：$R=(CH_2)_{13}CH=CH(CH_2)_7CH_3$

羟基神经苷脂：$R=CHOH(CH_2)_{12}CH=CH(CH_2)_7CH_5$

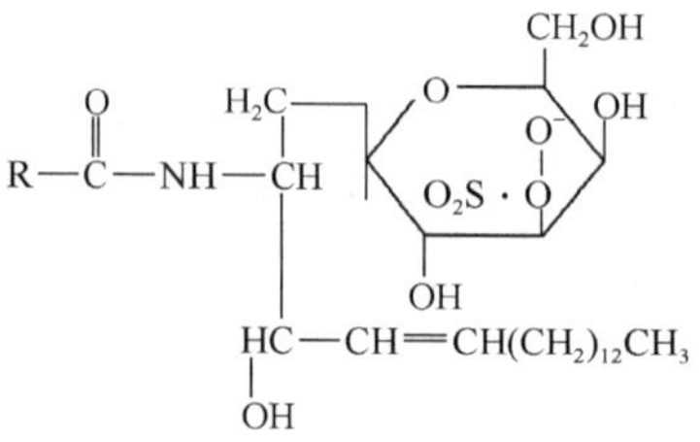

硫酯

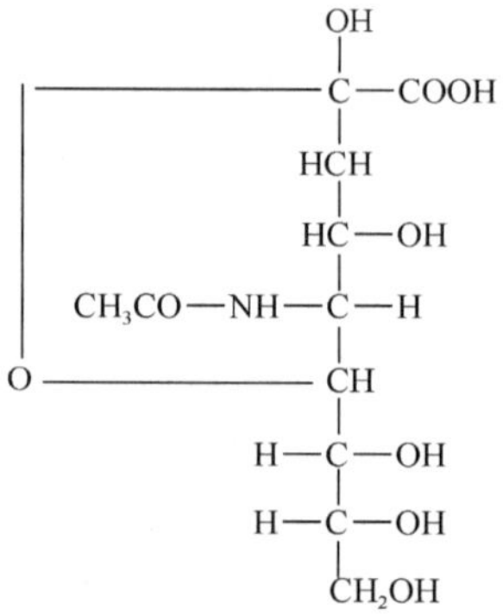

N-乙酰神经氨酸

图 4-2　鞘脂类的化学结构

（2）神经酰胺（ceramide）：鞘氨醇的氨基上为长链的脂酸所酰胺化，生成 *N*-脂酰化鞘氨醇即神经酰胺，结合的脂酸多为 C14～C26 的饱和或不饱和酸。许多化合物可以替代神经酰胺的 C_1 位上的羟基而生成不同的鞘脂类，如加入磷酸胆碱即为鞘磷脂，加入己糖类可以形成糖脂，加入唾液酸和己糖等可以生成神经节苷脂等。神经酰胺是重要的中间代谢物，脑中很少有游离的神经酰胺存在。

（3）鞘磷脂（sphingomyelin）：是脑中唯一的既是磷脂又是鞘脂的化合物，由神经酰胺与磷酸胆碱结合而生成，它在成年脑组织中约占磷脂中的 10%，由于是髓鞘的主要成分，故而在白质中含量比灰质中多。在胚胎期中，脑中鞘磷脂的脂酸链，以 C16、C18 的饱和脂酸占优势，说明成熟髓鞘的鞘磷脂中具有更长的脂链和更多的不饱和脂酸，因而它们的代谢速度和其他的鞘脂类也有所差别。

（4）糖脂类或糖基鞘脂类（glycolipids，sphingoglycolipids）：糖脂是以鞘氨醇为基本结构并和己糖结合所生成的脂质，主要存在于髓鞘中，因而白质中较多。成年脑中己糖部分多为半乳糖，仅在未成熟脑或病理状态下才可发现有葡萄糖成分。糖脂中主要有脑苷脂和硫脂两大类，以及新近发现的含量较少的糖脂。在种系发生顺序中，进化越高等的动物，脑中糖脂的百分率越大，似乎与神经组织中含髓鞘的量相平行。

脑苷脂（cerebroside）：是单己糖神经酰胺的总称，在成年正常脑中几乎全部是半乳糖脑苷脂，占脑中新鲜重量的 2%～3%。在髓鞘中含量最多，因此在髓鞘化以前几乎不存在，而在髓鞘化的活动期间迅速增多。脊髓中也有 5.3%左右的重量，主要存在于白质中，在其他组织中也有脑苷脂，但含量较少。葡萄糖脑苷脂在未成熟脑中较多，成年以后则仅在病理状态时才出现，或是作为神经节苷脂的前体或降解产物存在，说明使葡萄糖基转移于神经酰胺的酶主要在神经元之中，而转移半乳糖基的酶则主要在胶质细胞之中。脑苷脂以其 R 处所含的脂酸链的不同，又可分为角苷脂（kerasin）、羟脑苷脂（phrenosin）、神经苷脂（nervon）、羟基神经苷脂（oxynervone）等不同种类。

硫脂或硫酸脑苷脂（sulfatide）：是半乳糖脑苷脂的半乳糖基上，3-羟基位上经硫酸化而生成。它是脂溶性物质，完全存在于髓鞘之中，其脂酸成分与脑苷脂相似，而与其他髓鞘脂质不同。硫脂主要在大脑中有较少的含量，白质中比灰质中多。

其他脑苷脂类：近年来又发现了几种含糖的鞘脂，结构与脑苷脂相似。其中之一是脑苷脂浆磷脂（cerebroside plasmalogen），是在正常的鞘氨醇的 C_3 处的—OH 被脂醛类的 α，β 不饱和醚键所代替。它也存在脑中，但含量很少。另外还有两种脂酰半乳糖脑苷脂，一是在 C_3 处、一是在 C_6 处为长链脂酸。

寡己糖神经酰胺类（ceramide oligohexosides）：也是近年来陆续发现的一系列含糖的鞘脂，与单己糖的脑苷脂不同，有 2～4 分子的己糖与神经酰胺相连，而且是葡萄糖和神经酰胺相结合。这一类糖脂和神经节苷脂类关系密切，已出现者有 Cer-Glc-Gal（神经酰胺二己糖苷）、Cer-Glc-Gal-Gal-NAc（三己糖苷）、Cer-Glc-Gal-Gal-NAc-Gal（四己糖苷）等。它们仅在未成熟脑或病态下的脑中发现，在正常的成年脑组织中检测不出。

3. 神经节苷脂类（gangliosides） 是含唾液酸的复杂结构的鞘糖脂。所谓唾液酸或涎酸（sialic acid）是一组 *N*-脂酰神经氨酸（neuraminic acid）的总称，在人脑中主要含 *N*-乙酰神经氨酸（NANA），神经节苷脂就是以神经酸胺寡已糖苷为基础，再加上若干分子 NANA 所生成。近年来又新发现了唾液酸半乳糖神经酰胺，是神经酰胺与葡萄糖残基结合而不是与半乳糖结合，被认为是人脑髓鞘中的一种特异的成分。神经节苷脂可溶于水，是脑组织脂质中最嗜水的类型。

神经节苷脂首先由 KLenk（1942）所发现并命名，除了在脑中存在而外，在脾、肝、肌肉中也可发现。在脑中灰质多于白质，因而不是构成髓鞘的主要成分，可以将它列入糖脂类，也可以独立为一特殊的脂类。在人的大脑皮质中占干重的 2%左右，分布于皮质各区。其他动物大脑中也存在多少不等的含量，但血浆中一般没有，脑脊液中也极少能测出。在发育过程中其含量逐渐增多，可能与神经元突触形成缠绕有关。近年来发现神经节苷脂是突触膜的一种主要成分，而且在脑行使不同功能时有不同的转换率。

此外，还有人发现脑组织中有复杂的线状脂（strandin），其主要成分有高价（C20～C22）脂酸、鞘氨醇、己糖胺、多分子的己糖、α-氨基酸及结构还不明的色素原等物质。其分子量很大，存在于大脑中，以灰质中为主，可能与蛋白质相结合。其特性与结构迄今尚未阐明。

4. 固醇类（sterols） 主要包括胆固醇及其酯类，其他固醇仅有极微量。胆固醇在神经组织中含量丰富，多呈游离型，总量约占全脑重量的 10%，脂质的 1/4。胆固醇在初生动物脑中含量最多，以后就随年龄的增长而逐渐减少。周围神经中含胆固醇较少，仅占新鲜组织的 1.38%。脊髓中也有 4%～5%的重量是胆固醇。胆固醇是髓鞘的主要成分之一，因而在白质中含量较多。在未成熟脑中，胆固醇含量并不很多，在髓鞘化期中可以显著增多。胆固醇的直接前体二氢胆固醇（desmosterol），也可在发育的脑中发现。详细分析，有时还可发现有角鲨烯（squalene）等前体，但含量极微。

正常人的脑中胆固醇酯也很少，但在发育过程中较多，可达胆固醇总量的 20%。胆固醇酯在成熟的脊髓中仅有新鲜组织的 1.5%～2.0%；脑组织中更少，仅有 0.25%或以下。除脂酸酯以外，脑中可能还有硫酸酯存在。

5. 脂酸和中性脂　脑中含量很少，不超过干重的 1%。其类型多是 C16～C24 的长链脂酸（饱和或不饱和型都有，后者较多），还有些为羟基脂酸。在髓鞘化过程中长链脂酸的百分率可以增高。脑组织中几乎没有中性脂的形式存在，也没有游离的脂酸酯。周围神经含有少量的甘油酯，但主要不在于神经纤维本身，而在于神经周围的结缔组织之中。

（二）蛋白质

神经组织中蛋白质的含量和脂质大致相似，在脑中约占 35%的重量。蛋白质含量的多少和部位有密切关系，和上述的脂质相反，在种系发生较新的部位中含量较高，如在哺乳动物的脑内蛋白质：灰质含约 51%（干燥标本）、白质 33%、脊髓 31%、坐骨神经 29%。而且脑中不同部位的差别也较大，而在鸟类和爬行类动物脑中，各部位的差别就比较小。蛋白质的性质也因部位而有差别，如在大脑灰质中含水溶性蛋白质较多，而在白质中则含不溶于水的蛋白质较多。自主神经系中含蛋白质量一般比躯体神经中多。动物在胎儿期中脑含蛋白质的比例最高，出生以后随着年龄的增长而百分比也逐渐下降。

神经组织中蛋白质的类型很复杂，目前分类尚不统一。通常除了按所含的部位（如中枢神经或周围神经，髓鞘或非髓鞘性，脑中特异的或非特异性）区别而外，还可以按照它们的物理特性（如提取条件、pH、溶剂、离子强度、层析特点、电泳特点等）、化学特性（如氨基酸成分及顺序、酶的特异性、结合的物质等）及生物学特性（如功能的特异性、免疫特异性、病理的特异性、发生时相的特异性等）进行区分，如神经组织中水溶性蛋白的成分在电泳谱上的类型就和血浆蛋白有近似之处。

1. 脑特异蛋白类　指仅存在于脑组织而其他体内组织和器官中没有的蛋白质，还包括一些在脑中的浓度远远高于其他组织的蛋白质成分。

（1）S-100 蛋白：S-100 蛋白（简称 S-100）是由 Moore 等（1965）首先分离出的特异蛋白，因可以溶于 100%的硫酸铵（pH 7.0）中而得名，在脑组织提取物中经双相色谱分析可以显示，属于小分子酸性蛋白群中成分之一。S-100 分子量为 21 300～24 000，分子中含三种不等的亚基，每个的分子量约为 7000。S-100 中不含脂、糖类或核酸，也不与重金属结合，仅常常和钙离子结合。S-100 的高酸性本质是由于内含高浓度的谷氨酸和天冬氨酸，用敏感抗体测定脑中含量比其他器官高 1000 倍。S-100 的确切定位尚有争论，S-100 的功能尚未阐明。

（2）14-3-2 蛋白：14-3-2 蛋白（简称 14-3-2）是用色谱法分离出的另一种酸性蛋白，由其在层析谱上的位置而命名。分子量 50 000 左右，易于聚合。在脑中的含量比 S-100 多 3～4 倍，而且不与 Ca^{2+}结合。14-3-2 主要存在于神经元中，大脑灰质中含量较多，在神经组织变性时减少，从神经母细胞的培养中也可以生成，但在胶质细胞中也被发现有少量存在。

（3）其他脑特异性蛋白类如下所示。

α_2糖蛋白：人脑中的一种酸性蛋白，含两个亚基，分子量分别为 50 000 和 12 000，是水溶性的复合蛋白，以 α_2 球蛋白为主要成分，含糖部分以氨基己糖为多，还含有主要的 *N*-乙酰神经氨酸等。在少突胶质细胞的微粒体中发现，说明是膜结合蛋白。在髓鞘化过程中出现，含量不多，但有特异性。

胶质细胞原纤维酸性蛋白（glial fibrillary acidic protein，GFAP）：分子量 43 000，常有聚合的倾向，不含糖或脂质，主要存在于星形细胞，而且仅在中枢神经中，周围神经中无它的抗体，有报道 GFAP 在衰老期增多。

糖蛋白：占脑中蛋白总量的 4%～15%，其中含 10%～33%的糖类。这类蛋白定位于细胞内以及突触裂部，可能在 Golgi 体部位，其糖基附在核糖核蛋白体的蛋白结构之上，也可能附着于突触的扣结部。有关糖蛋白中糖基合成与降解的酶系均已明确，目前认为可能从细胞中分泌出糖蛋白，形成细胞的外膜或一层表面的蛋白质层，与细胞之间的相互‘识别’功能有关。

近年来，在神经细胞和细胞之间的相互作用方面，发现了有识别功能的糖蛋白神经细胞黏附分子（neural cell adhesion molecule，NCAM，又名 D2 蛋白或 L1 抗原），存在于神经细胞表面，含有 5 个分子量不同的亚基，它能介导神经元之间或是与胶质细胞或肌细胞之间的识别和粘着。

P-400 蛋白：主要存在于小脑分子层（特别是浦肯野细胞和树突）中的膜结合蛋白，似乎与小脑的结构有关。

突触蛋白（synapsin）：存在于神经突触末端的特异性蛋白，其中 I 型突触蛋白似乎与突触处神经递质的释放有关。此外，存在于神经细胞膜上的糖蛋白还有 D1、D3 等。

嗅球蛋白（olfactory bulb protein）：仅在神经系统中发现，最小分子量为 20 000，等电点 4.7，不含糖类，占嗅球中可溶蛋白的 0.5%～1%，含量与动物的种属或性别无关。

视觉特异蛋白或视蛋白（opsin）：在鸽的视神经中发现，如将视网膜剥离则三周内此蛋白即消失，可能是从视网膜流入的轴浆流中断所致。

钙结合蛋白：从猪脑中发现，分子量 13 000，是否为脑特异性蛋白尚不清楚。

囊泡蛋白（vesiculin）：首先从电鳐的发电器官中发现，以后又在多种胆碱能突触体中发现，分子量 10 000，等电点 3.5，其功能与囊泡的作用有关。

β-痕量蛋白：在脑脊液中含有较多量，具有中枢神经系统的特异性，分子量为 31 000，沉降常数 2.3s，是脑脊液的主要成分之一，约占 2.6mg/100ml，在白质中多，而在周围神经中含量很低。在脑外伤和急性脑血管病时可增高，在血浆、尿和生殖系统组织中也发现有少量存在。

碱性蛋白：仅在神经元中见到，无种属特异性，可能是一种组蛋白，分子量约 18 000。

核糖核蛋白：首先在山羊的脑中发现，分子量 19 000，仅在脑组织中以及星形细胞培养中出现。

2. 微管蛋白 虽然不是脑的特异性蛋白，但似乎在神经组织中有独特作用，在脑中含量最多，是构成神经元长形不分叉的微管结构的主要成分。微管蛋白占脑中可溶蛋白的 15%～40%，易于与秋水仙素结合而解离。分子量 110 000，沉降常数 6s，含有二个不等的亚基，其等电点分别为 5.2 和 5.4，其分子中可能含糖但不含脂质。6s-微管蛋白可以结合 2 分子的 GTP 或可以结合 1 分子的秋水仙素和长春花碱，在提纯此蛋白质时这些特性都可以起一定作用。此外，在提纯中还需有 Mg^{2+}、GTP、EGTA 等因素的存在。近年来还发现了微管结合蛋白-2（MAP-2），可能在树突的细胞骨架处起递质的作用。

3. 髓鞘蛋白类 蛋白脂蛋白：是神经组织中主要的髓鞘蛋白之一，不溶于水而溶于氯仿-甲醇混合溶剂中，分子量约为 35 000，排列成螺旋形，占髓鞘蛋白的 50%～60%，主要位于白质中，所含氨基酸以含硫氨基酸和甘氨酸、丙氨酸、亮氨酸、异亮氨酸等非极性氨基酸为多，含色氨酸也较高，蛋白质前体的分子量为 12 000 左右，对蛋白酶有抗性。蛋白脂蛋白与结合的脂质分离以后即失去其螺旋结构。除脂质外，还可与糖质、核苷酸或磷酸基相结合。

蛋白脂蛋白在脑和体内其他细胞膜上都可发现，存在于中枢神经中的蛋白脂蛋白又称为 Folch-Lee 蛋白，是否与周围神经中的蛋白质相同还不清楚。用抗体法研究说明髓鞘中的蛋白质似乎有特异的免疫性能，和体内其他细胞膜上的蛋白质不同。

髓鞘碱性蛋白（myelin basic protein，MBP）：分子量 18 400，是早先发现的特异蛋白，有明显的抗原性。在中枢与周围神经系统中均存在，大约构成髓鞘蛋白的 30%。其组成的氨基酸中有 25%是碱性氨基酸，尤其以脯氨酸和甘氨酸含量较高，仅有 1 分子的色氨酸，无含硫氨基酸，也无脂或糖结合。如注入动物体可致实验性过敏性脑炎或脑脊髓炎，因而又被称为“致脑炎性碱性蛋白”。

酸溶性髓鞘蛋白（Wolfgram 蛋白）：是从白质中分离出的一种酸溶性蛋白，是髓鞘中除蛋白脂蛋白和碱性蛋白之外的第三大类，分子量为 50 000～60 000。

髓鞘糖蛋白：在周围神经中较多，其中 P0 蛋白是一种分子量为 30 000 的类型，几乎占周围神经髓鞘的一半以上，采用 SDS-PAGE 方法分析，可以测出周围神经还含有两种 Y 糖蛋白及 X 糖蛋白，分子量分别为 25 000 及 21 000 左右，目前有人认为 Y 糖蛋白是 P0 蛋白伴有不完全还原的分子内二硫基链的复合物。中枢神经的髓鞘中含糖蛋白较少，仅占 1%左右，采用 SDS-PAGE 方法分析仅有一条分子量约 110 000 的糖蛋白带，这种蛋白质在用岩藻糖、葡糖胺、*N*-乙酰甘露糖胺等标记研究时，随机体发育进程的增加，分子量不断下降。目前认为可能至少是两种蛋白亚基的复合体。

其他的髓鞘蛋白还有 DM-20 或 I 蛋白，是分子量在 22 000 左右的两条小带，在电泳谱上介于蛋白脂蛋白和 MBP 之间，关于其特性目前尚不清楚。

4. 神经收缩蛋白（neurostenin） 是近来发现的一种神经蛋白，可能含有两种亚基，和肌肉中的肌动蛋白和肌球蛋白相似，可以相互结合而产生类似肌肉收缩的作用。在突触体中可以发现，其结合时的特点可能对神经递质的释放有促进作用。此外还具有 Ca^{2+}、Mg^{2+}激活性 ATP 酶的作用。

5. 其他神经蛋白类 在脑、脊髓中少量存在，但是种类繁多。例如，垂体后叶运载蛋白，能与后叶加压素及催产素结合，作为激素的生物载体；后叶颗粒蛋白；脑组织诸细胞核中的组蛋白；兔或羊脑中的微粒体蛋白类。周围神经中的 NGF 是一种含有 118 个氨基酸残基的多肽，与周围神经（尤其是交感神经元和某些感觉神经元）的生存和发生过程密切相关；轴索的神经丝蛋白，存在于轴索浆中，与轴索的生长发育有关；树突增生蛋白；胶原蛋白，以及脑脊液中测出的各种蛋白质等。

（三）肽类和氨基酸类

神经组织中含的肽类种类很多，其中以谷胱甘肽（GSH）及 γ-谷氨酰肽类占多数，脑中的 GSH 几乎每 100g 新鲜组织中有 100mg 以上。按不同部位计算，则在大脑皮质含量为

88～110mg，中脑为 97mg，小脑为 77mg。除 GSH 外，脑中的 γ-谷氨酰肽类仅占 1mg/100g 新鲜组织，包括谷氨酸与谷氨酰胺、甘氨酸、GABA、丝氨酸、丙氨酸、缬氨酸等氨基酸所生成的二肽，还有谷-异亮、α-天冬-丝、丙-苯丙、异亮-亮等二肽，以及谷-丙-甘、S-甲 GSH 等三肽等。

脑组织中还存在肌肽类二肽，含量最多的是肌肽和同型肌肽，后者是 γ-谷氨酰组氨酸，人脑中约含 8mg/100g 新鲜组织，其他动物的脑中含量较少。还有少量的同型鹅肌肽（即 β-丙氨酰-1-甲基组氨酸）。肌肽被认为与嗅觉的传递有关。后两种二肽的功能还不明了，仅发现神经系统疾病时在尿和脑脊液中可见同型肌肽增多。

此外，在下丘脑-垂体系统还存在有多种的活性多肽，如生长激素、促甲状腺激素、促肾上腺皮质激素（adrenocorticotrophic hormone，ACTH）、促性腺激素、催乳素、促黑色素激素等，都是多肽结构。近年来发现的促甲状腺激素释放激素（thyrotropin-releasing hormone，TRH，三肽）、促性腺素释放激素（gonadotropin-releasing hormone，GnRH，十肽）和生长激素抑制因子（GHIH，十四肽）等下丘脑激素，这在第十二章有详论。

神经组织中自由氨基酸含量很高，其种类与血浆或体内其他器官中大致相似，但是含量却有差别，如游离氨基酸以谷氨酸（Glu）含量最高，比其在血浆中的浓度要高出 200 倍以上。脑中以谷氨酸、天冬氨酸、*N*-乙酰天冬氨酸三者最多，占全部自由氨基酸的 60% 左右。如加上谷氨酰胺和 GABA，则构成了氨基酸的绝大部分。其中谷氨酸、天冬氨酸和 GABA 都是有明显生理功能的活性物质。*N*-乙酰天冬氨酸仅在脊椎动物的脑中存在，含量比 GABA 要高 1 倍（5～6μmol/g），常与突触体相伴随而呈区域化分布，但对其生理功能尚不了解。其他含量较多的氨基酸还有丝氨酸、酪氨酸、脯氨酸、丙氨酸和牛磺酸等。

氨基酸的含量因部位而异，呈现所谓“区域化”的特点。例如，谷氨酸在动物的前脑中占优势，从新皮质、白质以至脑干，含量逐渐减少。GABA 在动物的中脑和后脑中占优势，从新皮质到脑干的进化顺序中，其含量则反而逐渐增高。精氨酸含量以小脑中最多，其次是大脑皮质和白质，在脑干中最少。在个体发育方面的差异也很明显，动物在生长发育过程中，脑组织中谷氨酸、天冬氨酸、胱氨酸和 GABA 等的含量常随年龄增加而增多，另一些氨基酸如苷氨酸、丙氨酸、苯丙氨酸、亮氨酸、异亮氨酸、缬氨酸、脯氨酸、色氨酸、酪氨酸和牛磺酸则是在初生动物的脑中含量很高，以后在发育过程中其百分比则逐渐减少。

（四）核酸类和核苷酸类

核酸是组成核蛋白的主要成分。全脑组织中的核酸总量，如成年大鼠新鲜脑组织，为 1.8～2.4mg/g，其中核糖核酸（RNA）占 0.7～0.8mg/g，脱氧核糖核酸（DNA）占 0.7～1.0mg/g。两种核酸除了组成的戊糖不同而外，它们所含的碱基也不相同，两种核酸共有的碱基是腺嘌呤（A）、鸟嘌呤（G）和胞嘧啶（C），而 RNA 中含尿嘧啶（U），DNA 中则含胸腺嘧啶（T）。

核酸的总量和两种核酸的含量因部位而不同。一般来说动物的皮层中比皮层下白质多，小脑中含 DNA 较多，脊髓和周围神经中则较少。RNA 则在神经组织中广泛存在，所以在动物组织的灰质中，常以 RNA 含量较高，而白质中则以 DNA 含量较高。松果体、穹隆下区等部位含神经元较多，因而核酸含量也相对地较高，胼胝体、穹隆、大脑脚及红核等部位则核酸含量最低。在个体发育过程中，两种核酸都在不断地增多，生长过程停止以后，DNA 就不再增加，而 RNA 仍然随细胞的发育长大而相应地增高。

核苷酸在神经系统中含量不少，平均约为 5μmol/g 组织上下，其中以腺苷酸占一半以上，主要形式为 ATP 和 ADP，ATP/ADP 通常为 10～20。AMP 的含量极少。鸟嘌呤核苷酸类在神经组织中比体内其他组织中多，其中 90%为 GTP。尿嘧啶核苷酸与鸟嘌呤核苷酸的含量大致相等，而胞嘧啶核苷酸的含量很低，认为仅限于合成 RNA 之用。神经组织中各型的磷酸核苷酸都较少。核苷酸的生理功能很广泛，除了磷酸腺苷酸的能量储备作用以外，磷酸胞苷酸可作用于磷脂的合成，磷酸尿苷酸可作用于多糖合成等。

核苷酸总量一般是灰质多于白质，多随年龄增加而逐渐增长。各种核苷酸并非同时增多，主要是 ATP 和 ADP 增多，胞苷类则往往随年龄增长而减少。从数量上比较，动物脑组织中 4 种核苷酸三磷酸酯的多少顺序是 ATP ≫ GTP=UTP ≫ CTP，在不同年龄的动物中大体都是如此。在成熟期以后，前 3 种的关系不变，在大鼠脑中约为 200μmol/100g、30μmol/100g、30μmol/100g（新鲜脑），而 CTP 在此时则下降到 1μmol/100g 左右。

（五）其他含氮物质

肌酸（Cr）：脑组织中有少量肌酸存在，它的分布和精氨酸相似，在小脑中最多，其次是大脑灰质、白质和脑干，松果体中含量最少。在动物饥饿或维生素缺乏时，则肌酸的含量增多。肌酸有时还以磷酸肌酸（creatine phosphate，CP）的形式存在，含量在 3μmol/g 新鲜组织左右。

游离氨：脑组织中可含少量，约为 0.16μmol/g 新鲜组织。

（六）糖类

神经组织中含糖量很少，以往都认为在脑中几乎没有游离的糖原或葡萄糖存在，但由于测定方法的改进，后来证实在正常动物神经组织中，仍含有少量糖原，主要在大脑皮质、小脑、交感神经节、神经根及交感神经链周围组织等部位。在脑中的总含量 100g 新鲜组织不超过 40～160mg 或 80～100mg（葡萄糖）的范围，比肝脏中显著地低，但比肌肉中稍高。

正常脑中自由葡萄糖也很低，而且变异也很大，主要是受神经组织的死后自溶现象的影响，以不同的方法测定，结果是 1.5～4μmol（27～45mg）/100g 新鲜组织。其他的糖分子绝大部分都构成了核酸（核糖、脱氧核糖）、糖脂或糖蛋白等复合物在神经组织中存在。此外，还有糖分解过程中的各种中间代谢物，在脑和其他神经中也有不同程度的存在。

近年来发现了一大类酸性的多聚糖类，称为黏多糖（mucopolysaccharide，MPS），总量在新鲜脑中约为 1.7mg/g。人脑中的酸性黏多糖在灰质中占 0.12%～0.17%，白质中约 0.1%，脊髓中仅有 0.1%（均为去脂干重）。其结构是由多个的双糖单位（己糖醛酸与氨基己糖）所聚合而成，后者往往附有 *N*-乙酰基团，并在 *N*-乙酰己糖胺的 4-OH、6-OH 基上酰化为硫酸酯。脑中常见的黏多糖有以下几种：透明质酸、硫酸软骨素、硫酸皮黏素、硫酸肝黏素，后两种黏多糖在正常情况下含量极少，但在病态时明显增多。这些多聚糖常与蛋白质或脂类结合，称为黏蛋白或黏脂复合体，可能是黏多糖的糖苷链与蛋白质中丝氨酸残基上的-OH 相结合。这些多聚体都在细胞外存在，一般细胞内含量极少。

（七）其他化学物质

神经系统中还含有大量的氧、中间代谢物、维生素类和辅酶类，也构成了一定的物质基础。

第二节　脑的代谢特点

一、糖代谢和能量代谢

（一）能量代谢

神经系统的一般代谢率比机体内其他组织高，中枢神经在生理条件下比周围神经高20～30倍。部位不同代谢率差别很大，如脑比脊髓高，脑的灰质又比白质高3～5倍，如果按重量计算，则脑的代谢率远远超过身体内其他器官，因为脑的需氧量、葡萄糖的消耗量及出入脑的血流量等都高出其他器官。人脑按重量来说虽只占全身的 2%上下。而它的需氧量却几乎占全身需氧量的20%～25%，血流量也占心排血量的20%左右，葡萄糖消耗也占全身总耗量的65%。这都能说明脑代谢率（CMR）在全身中的特殊性。在生长发育期中，脑所需的氧更多，如4岁以前的儿童，脑的需氧量要占全身总需氧量的一半以上。据估计，这样大量的耗能主要用于维持和恢复神经细胞的电位，即通过维持膜内外离子的转运功能以保证神经元正常的传导和传递作用。

在正常生理条件下，除了年龄、体重、生长发育等条件的差异以外，血中 O_2 与 CO_2 的分压对CMR和脑血流量（CBF）也有一定影响。吸入少量的（3%～5%）CO_2 可引起脑血管扩张，CBF 可以增高 75%，如果血氧浓度增高时引起血管收缩，CBF 可下降 13%。但一般认为CBF不低于50%的时候，对CMR没有大的影响。睡眠或觉醒状态对耗能并无明显差异，仅在异相睡眠（快波睡眠）时脑中氧耗稍增多。强脑力劳动（如心算）、精神活动及精神异常时均对 CMR 无大改变。中枢神经系统对缺氧的耐受力很差，尤其在大脑的高级中枢部位，几乎不能耐受3～5min的严重缺氧。动物实验的结果说明，脑组织处于完全无氧状态5min以后，神经元的功能就难以恢复，缺氧30min后就形成了不可逆的神经损伤，其中尤其以皮层和视觉通路的神经元最为敏感，并以糖和能量代谢改变为主要特征。①细胞内氧化磷酸化作用受阻，代谢过程中断或减慢；②代谢完全依靠内源性底物；③能量储备下降；④代谢中间产物积聚；⑤出现异常脑电波、功能损害，最终导致组织结构的破坏。

脑的能量来源主要是葡萄糖，但是由于脑本身含糖量很少，必须由血液中的葡萄糖补充，所以血液中葡萄糖含量的高低对脑中能量的供给影响很大。大脑所摄取的葡萄糖大部分氧化生成二氧化碳和水，小部分生成乳酸或丙酮酸。脑所摄取的葡萄糖，有一部分是用于氨基酸和其他内源性非碳水化合物的合成，这样的化合物也可能被氧化成二氧化碳和水，提供部分能量。

（二）糖代谢

1. 葡萄糖　如上所述，神经系统中含糖量很少，正常脑中一般仅有自由葡萄糖1.5μmol/g，而且在机体死亡后葡萄糖还继续分解也是含糖量少的主要原因之一。脑中的葡萄糖都存在于细胞外液，与脑脊液中的含量相近，细胞内几乎测不出葡萄糖。活体研究和离体研究的结果一致证实了，在通常情况下脑组织以糖类作为参加代谢反应的起始底物，其他部分神经组织也是以葡萄糖为主要燃料。除了供能以外，还以它为主要的碳链来源，以形成多种简单或复杂的分子。体内其他器官虽然也能利用葡萄糖，但大多不用作为主要的能量来源（如心、肝、肾均以脂酸氧化为主要能源），在血中葡萄糖过低时，上述器官即停止代谢葡萄糖以保证脑组织的利用。近来用同位素测算发现，人脑平均从血流中提取10%（即10mg/dl血）的葡萄糖，相当于大约5mg（28μmol）/（100g·min）。在血流减慢时，脑摄入O_2和葡萄糖的部分有所增加。

由于脑细胞中几乎无葡萄糖，必须从细胞外液或血浆中不断运送葡萄糖进入脑细胞。近年来已经阐明，*D*-葡萄糖透过血脑屏障时存在有特异的载体机制，即葡萄糖的摄入经过有立体特异性的载体，顺着浓度梯度扩散入脑细胞而不能逆向扩散，因此不需能量供给。葡萄糖载体虽然对葡萄糖有特异性，但也可被*D*-甘露糖所抑制（竞争性抑制），对*D*-半乳糖、*L*-阿拉伯糖、*D*-木糖也可以透过，而对*D*-果糖或*D*-核糖就不能。其他糖类或脑代谢的中间产物在离体脑片中虽然也能维持脑的代谢，但在活体中不易透过血脑屏障，仅仅在未成熟脑中由于屏障完整性不完善而起部分的作用，而且速度也低于交感神经节或周围神经缺少屏障的组织。

哺乳动物脑中葡萄糖的摄入大约等于血浆中的水平，提示血中浓度的改变可以影响转运速度。对脑的刺激可使转运速度增加，胰岛素也可能增进其转运速度，但未有定论。在一定限度内，脑中葡萄糖和糖原的水平直接与血中葡萄糖的浓度有关。除了血脑屏障而外，近来已证明脑的突触末端处也有葡萄糖的转运功能存在，而且其亲和力似乎比血脑屏障的转运还高，这一系统同样也能完全氧化葡萄糖并产生ATP，为神经细胞的突触部分提供能量。

脑内ATP的水平甚高，它的合成和利用均很迅速。据测定，脑内ATP末端磷酸基的半数更新时间平均只有约3s，脑组织的CP水平比ATP还要高，它可看作是ATP末端高能磷酸键的一种储存形式。在肌酸激酶（creatine phosphokinase，CPK）的催化下，ATP和CP可以相互转变。

2. 糖酵解作用 葡萄糖在神经组织中的氧化利用，也和肝脏或其他组织中相似，分属于几个不同的过程，其中无氧酵解过程主要是指葡萄糖或糖原的葡萄糖苷基团经过一系列酶促反应而生成丙酮酸。另一条途径单磷酸戊糖旁路虽然在脑中存在，但正常情况下很少起作用。到达丙酮酸步骤以后，如果氧供应充分，则可以进一步被氧化，参加TAC循环，在一系列酶系的促活下不断分解成CO_2和水并产生ATP，如果氧供应不足，葡萄糖的氧化只能够到达丙酮酸或乳酸阶段而不能继续进行，供给能量也受到限制。

己糖激酶（HK）：是糖酵解第一步，也是不可逆的限速步骤。脑中的HK多与线粒体相结合（80%～90%），仅有3%～5%的酶活性被利用。HK的主要功能是催化葡萄糖的磷酸化，同时也能对果糖、甘露糖起作用。用电泳法分析发现，HK有几种同工酶，其中泳动最慢的第Ⅰ型为脑中所特有。HK活性可以被其产物6-磷酸葡萄糖、ADP、ATP、3-磷酸甘油酸及cAMP等所抑制，而且它与线粒体结合的限度与ATP/ADP的比例呈负相关，如果在能量利用超过供能的情况下，平衡就转向结合型并产生更大的潜力以促进糖酵解来满足能量的需求。肝中存在低亲和力的葡萄糖激酶，在脑中不存在。

磷酸己糖异构酶（PHI）：在脑中的活性与其他组织相似，催化6-磷酸葡萄糖生成6-磷酸果糖，反应的平衡多趋向于底物6-磷酸葡萄糖方面（约为5∶1）。酶活性可被2-去氧葡萄糖所抑制，经磷酸化以后的2-去氧-6-磷酸葡萄糖作用更强。PHI活性在脑中各部位都较高，但是其底物和产物在脑中都很低，分别仅有0.07μmol/g和0.01μmol/g左右。6-磷酸葡萄糖代表了糖代谢中的分支点，因为它是糖酵解、戊糖循环及糖原生成中的共同底物。脑中还证实有少量的葡萄糖-6-磷酸酶的活性，其意义还不明确。

磷酸果糖激酶（PFK）：是酵解中的另一种不可逆的限速性调节酶类，以6-磷酸果糖为代谢底物，另一底物则是 Mg^{2+}-ATP。PFK 的活性可被许多代谢物所调节，而且在各种不同的代谢条件下还有不同的辅因子，其中以～P 和柠檬酸盐为最重要。一般情况下，PFK 活性可被 ATP、Mg^{2+}、柠檬酸盐所抑制，被 NH_4^+、K^+、无机磷、5′-AMP、cAMP、ADP 和 1，6-二磷酸果糖所激活。底物和产物的相互关系比较复杂，已知至少有 7～12 个调节的位点起作用。机体组织中至少已发现了三种同工酶，每种酶的调节特性彼此在量的方面完全不同，脑中的 PFK 以分子 C 型者占优势，它对一定量的腺苷核苷酸类和无机磷比较敏感，但是神经组织不同的功能状态也可以改变酶的效应部位，并影响它的活化速度。

丙酮酸激酶（PK）：是催化磷酸烯醇式丙酮酸生成丙酮酸的酶系统，脑中 PK 的活性与其他组织相似，也是糖酵解中的另一调节酶。此酶可被 ATP 所抑制，因而对 Mg^{2+}/ATP 的比例比较敏感，此外 K^+有激活作用而 Na^+则起抑制作用。其他的糖酵解酶类一般和肝、肌肉等相似，脑中没有任何的特殊性质。脑中的烯醇酶（*D*-2-磷酸甘油醛水解酶）以两种二聚体形式存在，γ 型者只存在于神经元中，α 型者存在于胶质中，据报道 γ 亚基就是脑中特异的神经元蛋白 14-3-2，已能从脑中提取。由于烯醇酶对温度和盐类的敏感度不同，目前可以用来测定组织标本中神经元与神经胶质细胞的比例。

乳酸脱氢酶（LDH）：在脑组织中也存在。已发现 5 种同工酶，按电泳的不同泳动速度分为 1～5 型（成年脑），其中以 LDH1 最占优势（可达 40%），而在未成熟脑中仅占 10%，说明 LDH 各型同工酶与脑组织中氧的调控有关。实验证明，LDH 同工酶的改变与动物对缺氧的耐受力关系密切。因此，在脑的不同部位的分布，视网膜的各层、脑肿瘤及脑组织培养中 LDH 各型都有不同的活性。泳动较慢的同工酶多存在于白色骨骼肌等能适应低氧状态的组织中。在细胞质中 LDH 有氧化 NADH 的功能，对无氧条件下的糖酵解和生成 ATP 均有一定作用。

总之，脑组织中的糖酵解酶类的活性都较高，通常要比肝脏中高几倍。神经元和胶质细胞中活性可能有差别，而且有人认为不同区域脑神经元的酶活性也有差别。周围神经中糖酵解的强度比较低，仅有中枢神经中的 10%左右，但是脑中糖代谢的中间代谢产物一般比其他组织少。

3. TCA 循环 旧称 Krebs 循环或"有氧氧化"，实际上是指在有氧条件下，酵解产物丙酮酸的进一步氧化、分解为 CO_2 和水，并以 ATP 形式储存能量的过程（图 4-3）。调控丙酮酸的进入 TCA 循环的酶是丙酮酸脱氢酶（PDH），该酶实际上是几种酶和辅酶的复合体，已知的酶除了 PDH 外，还有硫辛酸乙酰基转移酶（LAT）、硫辛酰胺脱氢酶（LADH）及辅酶焦磷酸硫胺、硫辛酸、辅酶 A、黄素、NAD 等。脑组织中的 PDH 复合酶有一半经常保持活性，能被 Mg^{2+}-ATP 依赖性蛋白激酶所激活，而被 Mg^{2+}、Ca^{2+}依赖性的磷酸酶所失活。丙酮酸本身能抑制蛋白激酶而保护 PDH 的活性，ADP 在蛋白激酶的失活中是 Mg^{2+} 的竞争性抑制物，因此在需能量的情况下，丙酮酸和 ADP 增多都可致乙酰辅酶 A 和 ATP 下降并促使 PDH 复合酶活性下降。NADH 能抑制复合酶，在低氧条件下能减少乙酰辅酶 A 的生成，并使更多的丙酮酸被 LDH 所还原，同时 NADH 转变为 NAD 以维持糖酵解。近年来有人发现神经系统某些变性病如遗传性共济失调时出现 PDH 复合酶的改变。

成年脑中 TCA 循环中能量的输出和氧的消耗都伴有高活性的酶活动，TCA 循环实际上取决于糖酵解的强度和乙酸盐的生成速度，以及线粒体呼吸的原发性激活物 ADP 的水平。

在静态时脑中柠檬酸盐的水平大约是葡萄糖的 1/5，高于糖酵解的中间产物和异柠檬酸盐。

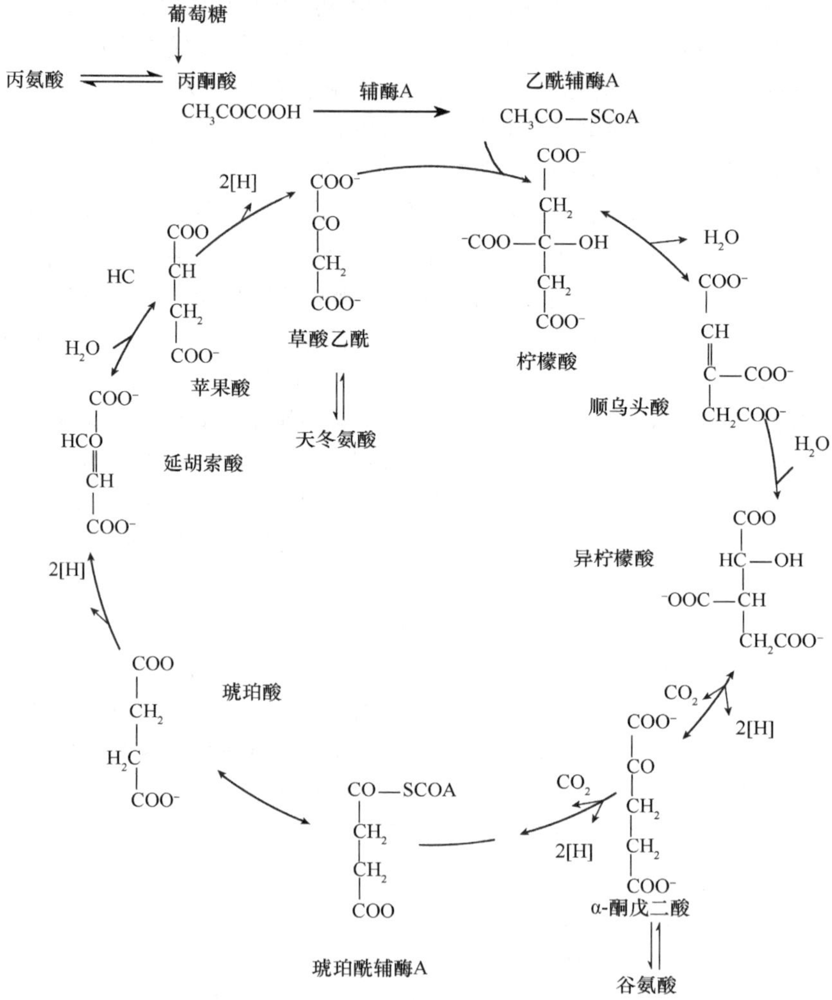

图 4-3　糖代谢的 TCA 循环（Krebs 循环）

异柠檬酸脱氢酶（ICDH）：催化异柠檬酸生成 α-酮戊二酸的酶。在脑组织中已知有两种，一种存在于细胞质中，以 NADP 为辅酶，功能还不明了，另一种参加 TCA 循环的存在于线粒体中，以 NAD 为辅酶，并可被 ATP 所抑制及被 ADP 激活。在未成熟脑中含第Ⅰ型酶较多，白质中也较多于灰质。

α-酮戊二酸脱氢酶（α-KGDH）：作用于 α-酮戊二酸的氧化脱羧作用，生成琥珀酰辅酶 A，所需的辅酶与丙酮酸脱氢酶完全相同。

琥珀酸脱氢酶（SDH）：催化琥珀酸生成延胡索酸的酶，此酶与线粒体紧密地结合，如脑组织的静息状态受干扰时，SDH 也有一定的调节作用。一般 TCA 循环的变化不致影响脑中异柠檬酸和琥珀酸的浓度，仅需要有适量的葡萄糖利用就可以维持。

苹果酸脱氢酶（MDH）：催化苹果酸生成草酰乙酸，主要酶存在于线粒体中，在细胞质中也有 MDH 活性，功能不明，可能与从细胞质中转移 H^+至线粒体有关。

丙酮酸羧化酶（PC）：能催化丙酮酸固定 CO_2、羧化为草酰乙酸，是补充 TCA 循环中碳原子的主要步骤。此酶在脑组织中的活性也很高，大约脑中的丙酮酸有 10%可羧化。

此外还有柠檬酸盐裂解酶，是裂解柠檬酸盐生成草酰乙酸，并提供乙酰辅酶A以合成脂酸的酶，在脑中活性也较高。另一种糖异生作用中的活性酶磷酸烯醇式丙酮酸羧化酶（PEPC），在脑中活性很低，说明脑组织中的糖异生作用很小。

在整个 TCA 循环过程中，除了氧化产能反应以外，还有另一种生成氨基酸的反应，包括从α-酮戊二酸生成谷氨酸、谷氨酰胺和GABA，和从草酰乙酸生成天冬氨酸、天冬酰胺等。这些氨基酸在神经组织中大量存在，而且大多还具备神经递质的功能。一般认为TCA循环中用于产能的部分不需要固定 CO_2 以增长碳链，而用于合成氨基酸及蛋白质的部分则需要，因此 CO_2 的固定率可以看做生物合成反应的上限。在猫脑中的实验表明，急性氨中毒时的 CO_2 固定率约为0.15μmol/（g新鲜组织·min），约等于全部TCA循环中流动量的1/10。丙酮酸脱氢酶复合体可以调控丙酮酸进入TCA循环的速度，因而是整个TCA循环的限速环节。

4. 糖原 神经组织中糖原的含量很少，人脑中为（112±36）mg，在脊髓、交感神经节和周围神经中也有少量存在。在神经元或胶质细胞的胞质、星形细胞瘤或胶母细胞瘤的组织中，都可以发现糖原，但少突胶质瘤和髓母细胞瘤组织中则没有。脑中糖原的分子量为280 000～610 000，和肝糖原相似，通常有游离型和结合型两类，后者主要和蛋白质或脂类结合，一般和蛋白质结合者约60%，与脂结合及游离型者各占20%。

糖原在神经组织中的合成和分解大致和肝糖原与肌糖原相似，所有的合成酶和降解酶系统都可以在脑中发现，但是其动力特点和调节方式和肝糖原、肌糖原有区别。由于有血脑屏障的作用，脑中糖原的代谢主要由局部调节，不受全身复杂的糖原代谢的影响而独立存在。在合成方面，主要是通过葡萄糖的磷酸化途径，经各种磷酸酯的中间环节，并需要有磷酸腺苷类（ADP、ATP）和磷酸尿苷类（UDF、UTP）的参与。最初的底物是6-磷酸葡萄糖，其在脑内的水平常和糖酵解的速度呈负相关，通过磷酸葡萄糖变位酶（PGM）、UDP-葡萄糖焦磷酸化酶和糖原合成酶（UDPG-糖原葡糖基转移酶）的催化，先合成直链的淀粉，再经分枝酶的催化，合成枝链的糖原。其中糖原合成酶步骤是一个限速环节，脑组织中的合成酶有两种形式，一种是磷酸化型（D型），依赖于6-磷酸葡萄糖的正性调节，另一种是不依赖6-磷酸葡萄糖的去磷酸化型（I型）。如脑中需要能量时，可从D型酶转变为I型，而且还可以产生更多的与底物低亲和力的I型酶。因而认为前者在静息状态下少量合成糖原时起调节作用，而后者则是在需能情况下和糖原合成的抑制作用有关。

糖原在脑中的降解过程和肝糖原或肌糖原相同，是通过与合成不同的另一条途径，即由磷酸化酶先经磷酸化再经去分支酶（淀粉-1，6-葡糖苷酶，可能为限速环节）分别作用于糖原碳链的1，4-和1，6-糖苷键，大部分降解为1-磷酸葡萄糖（约92%），仅有约80%直接释出葡萄糖。糖原的分解速度很快，在活体脑中可达1.7μmol（40mg）/（100g·min），大约相当于正常糖酵解流动量的2%，离体脑片中也可达8～18mg/（100g·h）。因此实验动物在断头以后，脑中糖原在38℃时仅能维持6s，否则就会迅速地分解，说明即使在静息状态下，局部的糖储备对脑的功能也很重要。如果糖原是脑组织中唯一的糖类来源，则对脑中正常的糖酵解流动来说最多只能维持5min。在静息状态下，脑中的磷酸化酶中未经磷酸化的非活性酶（B型）约占10%左右，B型酶在AMP低水平条件下无活性，如情况变化时通过磷酸化酶激酶的作用及cAMP的作用，可以转变为有活性的A型磷酸化酶，如在神经元兴奋时出现 Ca^{2+} 的释放即可以激活，或在cAMP系统被活化时也可以促活磷酸化酶，使糖原加速分解以产生能量。

使用 ^{14}C 标记的葡萄糖研究，发现脑组织中糖原的合成和转换速度都很快，标记的 ^{14}C 可以迅速掺入脑糖原，如小鼠脑中糖原转换时间为 4.4h。即使在脑中糖原水平保持恒定时也有很快地转换，说明脑中糖原与细胞中葡萄糖呈现了动态平衡。在脑的各部位中，转换的速度有差别，大脑半球中灰质＞白质，半球＞胼胝体＞小脑。在不同的功能状态下，糖原代谢也有相应的变化，如在兴奋状态时糖原分解占优势，脑中糖原含量下降；在低氧、缺血、低温或高温时都能致糖原含量减少；在麻醉状态下，尤其使用巴比妥盐类时，脑中糖原分解速度减低以致糖原含量增高，在星形胶质细胞和突触部分更为明显，有人主张星形胶质细胞可能在脑中起糖类储库的作用，必要时能提供神经元的能量，但尚未定论。激素类当中，肾上腺素能改变血脑屏障的透透性，使脑中糖原下降。胰岛素少量可致脑中糖原上升，而大量则可导致全身性低血糖，脑中糖原也相应地降低。氢化可的松能使脑糖原增多，且使小鼠脑中的转换时间减少为 2.2h，ACTH 则可致脑中糖原减少。机体各组织中都能利用葡萄糖合成糖原，肝脏还能从半乳糖和果糖直接合成糖原，但脑组织中不能合成。

5. 磷酸戊糖旁路 在肝脏等组织中，除了糖酵解外，还有另一条需氧的代谢途径，即在葡萄糖磷酸化以后，6-磷酸葡萄糖通过脱氢、脱羧酶的作用和 NADP-NADPH 的参加，生成 5-磷酸核糖，然后再经过木酮糖、赤藓糖、景天庚酮糖等中间环节，而再生成 6-磷酸果糖和 3-磷酸甘油醛。在脑组织中葡萄糖参加磷酸戊糖循环的比例不大，但在发育过程中的脑代谢中，此途径的活性较强，在髓鞘生成期达到最高峰。戊糖旁路的主要作用可能是产生 NADPH 以提供脂合成中的还原反应，还可能为核苷酸合成提供戊糖。用电刺激脑片或活体脑时，可见此途径的活性大为增高，说明磷酸戊糖旁路在脑中确实存在，而且可以被多种生理性刺激所激活。其中各种中间产物的浓度都有一定的调节作用。转酮基酶是此途径的重要酶之一，它以焦磷酸硫胺为辅因子，在焦磷酸硫胺缺乏时所产生的髓鞘化不良，可能即是由于此途径不能提供足够的 NADPH 以促进脂合成的原因。

6. 糖的转化和异生作用 神经系统中葡萄糖及其代谢产物是许多脂和氨基酸中碳骨架的来源。在脂合成方面，乙酸盐可进一步合成脂酸和胆固醇，磷酸二羟丙酮可以有助于合成甘油磷脂类，丙酮酸和甘露糖胺可以合成神经氨酸，6-磷酸葡萄糖是肌醇磷脂类的主要来源，同时，半乳糖和葡萄糖胺是合成多种神经节苷脂的重要底物等。另外，磷酸戊糖循环所提供的 NADPH，在脂合成中的还原反应也很关键。糖代谢中释出的 ATP、ADP 等能量同样对脂的合成和集聚也有重要意义。因此，在离体实验中，未成熟的脑片只需加入少量的多不饱和脂酸和硫酸盐，就可以用葡萄糖作为唯一的底物而生成髓鞘和细胞膜的全部脂类。

糖和蛋白质的转化主要是通过 TCA 循环的几个环节中糖的中间代谢物和氨基酸之间的转化，其中甘氨酸、丙氨酸、丝氨酸、脯氨酸、半胱氨酸、精氨酸、赖氨酸和组氨酸虽然被称为“生糖性”氨基酸，但在脑组织中的生理意义不大。最重要的是 α-酮戊二酸和谷氨酸、草酰乙酸和天冬氨酸的相互转化。由于这两种氨基酸及其衍生物具有神经递质的功能，因而具有特殊的意义。

脑组织中有关葡萄糖异生作用的酶类活性都较低，有些几乎不存在。从丙酮酸向葡萄糖的逆向代谢，因为其中有不少步骤是不可逆反应，在肝脏或其他组织中可以通过另外的酶促途径进行，而在脑中则不可能。例如，丙酮酸羧化酶活性很低，6-葡萄糖磷酸酶和 1, 6-二磷酸果糖磷酸酶的活性在脑中几乎难以测出，因此一般认为糖异生作用在神经组织中的意义不大。

二、蛋白质-氨基酸代谢

对神经系统的蛋白质代谢虽然已经进行了多年的探索，但是，目前还只是获得了很粗浅的了解。直到近年来，有关神经膜和髓鞘的结构逐步被认识，人们开始对膜蛋白和髓鞘蛋白和代谢概况的认识才有所提高。至于组成蛋白质的成分氨基酸，它的代谢方面则了解的较多，特别是那些可能具有神经递质或调质作用的氨基酸或肽类。

（一）蛋白质代谢

1. 基本代谢过程和转换 神经组织的蛋白质也和其他组织一样，它的同化和异化过程是在一系列组织蛋白酶的催化之下完成的。在活体内，酶系统不断地把氨基酸通过肽链之间的联结组成蛋白质，同时，又促使蛋白质不断地水解，通过肽链的断裂生成氨基酸，并能进一步分解成各种含氮的代谢产物，从而形成了蛋白质在组织中的不断转换。另外，神经组织的蛋白质又通过转运机制同血浆中的蛋白质和氨基酸互相交换。因此，神经系统中的蛋白质经常处于一种动态的平衡之中。

血脑屏障的存在，限制了血浆中多数大分子物质向脑组织内通透。脑中蛋白质有很强的合成和降解活性。合成蛋白质的速度很快。采用脉冲标记法研究发现，大鼠脑中全部蛋白质的平均转换率的半衰期约为 14 日，其中有 90%的蛋白质半衰期为 10～20 日。幼年动物相对较快，很少有代谢非常迟缓的蛋白质成分，即使是髓鞘蛋白也经常处于动态平衡。但并非恒定不变，如大鼠脑中的 MBP 半衰期为 21 日，比全部髓鞘的半衰期 35 日还快。

神经组织各个不同部位中，蛋白质转换的速度是有差别的。以 S 标记的蛋氨酸为例，在蛋白质的同化过程中，以大脑和小脑的速度最快，白质、丘脑、中脑和延髓其次，脊髓和周围神经最低，和个体发生的顺序相关。从亚细胞成分的蛋白质代谢来比较，各成分也有很大区别。如核的半衰期为 24 日，线粒体为 16 日，微粒体为 13 日，核糖核蛋白体为 12 日，突触体为 20～24 日，平均脑中各种蛋白质的半衰期是（13.7±4.1）日。在实验动物中，从注入同位素时起到测定的时间期限越长，则测出的半衰期也越长。因此，人们推测脑的蛋白质具有异质性，就是说有一部分蛋白质代谢较快，而另一部分较慢，所测得的半衰期数值仅代表一些代谢速度较慢的蛋白质。据研究，成年动物的脑蛋白质具有很明显的异质性，胚胎期及幼年期动物脑蛋白质的转换速度虽然相对地较快，但是异质性却不如成年动物明显。

神经组织中蛋白质的种类极其复杂多样，但它们的基本代谢过程有一定的共同性。一般先由细胞内的酸性或中性的蛋白水解酶分解成肽类，进一步在肽酶作用下水解成氨基酸。氨基酸一方面可以被氧化利用或转化为糖类，另一方面又能被再利用而合成蛋白质。如此，蛋白质-肽-氨基酸-蛋白质的循环，是蛋白质不断地和周围环境保持平衡的一种基本方式。

神经组织在不同的功能状态下，对蛋白质的转换也会产生一定的影响。例如，脑组织经电刺激以后，脑中蛋白质的代谢过程常常加速。用中枢兴奋剂苯丙胺、戊四氮也能引起类似的效应。动物被注射麻醉剂以后，发现其脑组织中蛋白质代谢减慢。不同的条件刺激对各个部位蛋白质代谢速度的影响也有很大差别，如自然光线刺激对猫的大脑皮质视觉区中的蛋白质水解过程能起加速作用，而对其他部位的蛋白质无影响。用前庭刺激法刺激大鼠的前庭器官，可见脑干前庭外侧核中蛋白质和 RNA 的含量都减少。组织化学的研究发现，在各种功能状态或是病理情况下，神经细胞中 Nissl 体能产生迅速的变化，也证明细胞微粒体颗粒中高速转换蛋白质的敏感性。

2. 蛋白质合成过程 研究发现，脑中蛋白质合成大体上与体内其他组织中的合成相似，似乎仅有脑组织对周围介质中离子浓度和氨基酸浓度等条件的变化更为敏感。

（1）脑特异性蛋白的合成：前已述及，脑组织中确有一些在全身其他组织中不存在的蛋白质，如高酸性蛋白 S-100 和 14-3-2 等，前者主要存在于胶质细胞，后者主要存在于神经元中，两种脑特异性蛋白的合成也分别在两种细胞之中。其他的特异性蛋白类的合成途径大多不太清楚，这些蛋白质是构成神经细胞在发生学上的特异化及分化作用的物质基础，因此通常是用其生物学功能和特性来研究它们的合成和代谢，包括酶类、特殊的配体、受体和抗体等。

另一些脑中含量较高的蛋白质类，如细胞核中的组蛋白，实际上是在细胞质中合成后转移到核染色质内的，而细胞核本身则可以合成非组蛋白的蛋白类。此外，脑中线粒体也能合成某些蛋白质，与体内其他组织的线粒体相似。

（2）轴索和突触的蛋白质合成：关于轴索和突触部能否合成蛋白质的问题目前仍有争论。因为，一方面确有一些存在于轴索中的蛋白质是在胞体中合成后经轴浆转运而流入的；另一方面，近年来有人证明，某些特异的蛋白质，如乙酰胆碱酯酶（AChE），可以被有机磷制剂作用并产生不可逆性抑制。但是，有时这种酶蛋白的活性可以自行再恢复，说明酶蛋白也可以由轴索所合成，并且均匀地沿轴索分布，这与由胞体所合成并转运到轴索的呈波浪式分布不同。用离体的神经制备也能证明，突触体也有能力合成氨基酸和蛋白质，而且是非线粒体性的掺入。

3. 蛋白质降解 脑组织中蛋白质不断的转换必然伴有蛋白质的降解。一般说来，脑中蛋白酶的活性较弱，不稳定而且复杂。已知脑中至少有两类蛋白酶，一是组织蛋白酶类（cathepsin）。这是一种酸性蛋白酶，已证明在脑中存在并且可以部分提纯。目前已知至少有 4 种亚型，都在 pH 较低的条件下活性较强。组织蛋白酶多位于细胞内，在溶酶体中也有其非活性形式存在。脑中组织蛋白酶的活性不及肝、脾等内脏，但比肌肉组织为高。二是中性蛋白酶类。已知在脑中也有好几种存在，多为水溶性非溶酶体的酶，对底物有特异性。以上两种酶在大脑灰质中较丰富，特别存在于细胞核中，白质中较少，而脊髓中更少。髓鞘中也发现了有蛋白酶的活性存在，任何从中枢神经系所分离的突触体中也都有蛋白酶的活性，垂体中也存在蛋白酶，但它们的生理功能目前还未完全清楚。另外还有水解多肽的肽酶，这些肽酶一般在细胞质中活性较高，尤其是在微粒体中更为明显。从它们所裂解的底物来说，可以有酸性、碱性或中性的区别，但大部分肽酶的最适 pH 是 7.0 左右。神经系统中肽酶的活性因部位而不同。

（二）氨基酸代谢

1. 基本代谢过程 氨基酸是神经组织中蛋白质组成的基础，并且又有合成神经递质、激素和维持内环境中阴离子平衡的功能。在一定的条件下，某些氨基酸还可作为离体脑组织的代谢底物。神经系统中游离氨基酸库的总氮量约为 40mg/100g 组织，是血浆中的 6～8 倍，包括 20 多种氨基酸、酰胺和它们的衍生物等。由于各种氨基酸的代谢途径都不相同，因而很难说明各种氨基酸合成和分解的规律。一般来说，游离氨基酸的来源有两部分。一部分来自血液，但各种氨基酸透过血脑屏障的速度不同，某些可以随血中含量而变化，如酪氨酸、蛋氨酸、苯丙氨酪、谷氨酰胺等，另一些则脑中水平与血中者不成比例，如谷氨酸、赖氨酸、亮氨酸、脯氨酸等；另一部分是可能由脑组织所合成，其碳架结构常来自葡萄糖。氨基酸的分解途径也不外乎两方面，其一是合成组织蛋白、酶类、激素和化学递质等物质；其二是通过酶的作用分解为各种含氮的产物并产生一定能量。在神经组织有可能被充分氧化产能的氨基酸，只有谷氨酸、天冬氨酸、谷酰胺等少数几种。氨基酸的分解代谢中，中间代谢过程也很复杂，比较常见的反应有氧化-脱氨基作用（如丙氨酸）、转氨基作用（如谷氨酸、天冬氨酸）、脱羧基作用（如酪氨酸、色氨酸、组氨酸）、醛缩作用等。分解的最终产物，除了 CO_2 和水以外，主要有各种非蛋白氮类，如尿素、尿酸、肌酸及游离氨等。上述几种反应当中，脱羧基作用更有特殊的生理意义。因为在脑的代谢过程中，胺类往往不易透过血脑屏障进入脑组织，而它相应的氨基酸则具有较大的通透性，可能神经组织中许多具有生物活性的单胺，如儿茶酚胺、吲哚胺等的生成，就是由神经组织本身的氨基酸通过脱羧基作用而来。谷氨酸经过脱羧基作用后形成 GABA，也是氨基酸代谢的一个重要环节。

2. 氨基酸的合成和转换　各类氨基酸在脑组织中的同化过程具有不同的特异性。例如，谷氨酸的合成较快，几分钟内即能合成，而另一些如苏氨酸、亮氨酸、异亮氨酸、缬氨酸、赖氨酸、精氨酸等在脑中的合成就相对地较慢，因而一般脑中含量反而低于血浆的含量。氨基酸在神经系统中的转换，首先取决于对血脑屏障不同的通透性，其次还与脑中蛋白质的合成或降解速度有关。氨基酸在神经组织中有相互转化作用。如在大鼠中脯氨酸可以转化为谷氨酸、天冬氨酸、丙氨酸、GABA 或鸟氨酸，鸟氨酸又可与 CO_2 和 NH_2 合成精氨酸。氨基酸和糖类的转化具有重要的生理意义，特别是在糖的中间代谢中，通过转氨基作用，丙氨酸和丙酮酸、天冬氨酸和草酰乙酸及谷氨酸和 α-酮戊二酸之间都可以互相转化。由于脑细胞不能以糖原形式储存糖类，血中的可溶性营养物质也只有少数能通过血脑屏障透入中枢神经系统，因此一般认为脑只能以葡萄糖作为能量来源。但用 ^{14}C 示踪的研究发现，进入脑组织内的葡萄糖直接被氧化利用而产能的仅占 1/4 左右，其余 3/4 的葡萄糖很可能通过中间代谢形成了氨基酸或其他物质。这些氨基酸可以用于合成脑组织中的蛋白质，但是大部分在神经组织中保持自由态（所谓游离氨基酸库），在库中含量最丰富的是谷氨酸、天冬氨酸和 *N*-乙酰天冬氨酸等。从动物离体脑组织的实验中，发现谷氨酸和天冬氨酸在某些条件下能氧化产能，同时脑组织中又存在有氧化这些氨基酸的酶系。由此推想，脑组织可能先吸收血中的葡萄糖，经过中间代谢使它一部分经过转化形成氨基酸，在必要时再氧化这些氨基酸产生能量，也就是用储存大量氨基酸的方式代替糖原的储存。

3. 氨基酸在脑中的转运　脑中作为营养物质的氨基酸绝大部分来自血流，然而脑组织一般对带电荷的水溶性物质不易透过和扩散，因而必须有某种不同于扩散的机制，即主动转运作用以利于使氨基酸摄入脑中。这种主动转运系统必须有能量供应，并且具有浓度差、饱和度及结构和旋光性等特异性。可将脑中氨基酸按转运方面的特异性而分为以下 7 种类型。①酸性氨基酸类；②GABA 及其他 γ-氨基酸类；③小分子中性氨基酸类；④酰胺氨基酸，如谷酰胺；⑤小分子碱性氨基酸类；⑥大分子中性氨基酸，包括芳基氨基酸类；⑦大分子碱性氨基酸类。以上各类型的氨基酸，除 GABA 外，都可以在体内器官中存在。同时，脑中转运氨基酸的形式也和其他组织相似，仅有量的差别。

脑中某一类型氨基酸多在某一特定的转运部位，因而各类氨基酸在摄入方面存在明显的竞争现象。例如，谷氨酸与天冬氨酸、芳基的色氨酸与苯丙氨酸、缬氨酸与亮氨酸等，而且有多种氨基酸与酪氨酸有竞争，小分子氨基酸之间也常常相互作用。但是氨基酸的转运部位有时互相重叠，如某个氨基酸的浓度过高，有时会抑制另一类氨基酸的摄入。即某种氨基酸对同类氨基酸的转运载体有亲和力，同时对其他类型氨基酸也有一定的低亲和力，在达到一定的高浓度时，也会被其他类型载体所摄入。

氨基酸转运入脑组织中需有能量供应，一般认为能量可能来自 ATP 等高能磷化物，受多种因素的影响。脑中氨基酸不仅可以摄入，而且还可以流出脑组织。氨基酸的转运系统有结构上需求的特异性，一般不能接受化学结构上相类似的酸或同类的胺类。如果在其 N 端或 C 端被另一基团所取代，则可以使转运完全停止，如脑中可以迅速摄入酪氨酸（对羟基苯丙氨酸），而不能转运对羟苯乙酸。已知有好几种氨基酸的转运速度与脑的发育过程有关。在正常条件下，氨基酸的转运速度并不直接调节其代谢率，因为一般氨基酸的合成和降解比转运速度慢得多。

4. 游离氨基酸库 氨基酸在脑中的浓度比较恒定，甚至各不同种属之间差别也不一。某种氨基酸转运入或出脑组织的速度，以及该氨基酸掺入蛋白的数量与速度等共同决定了该氨基酸在脑中的浓度，即游离氨基酸库的容量。一般脑中氨基酸氮总量约为血浆中氨基酸氮的 6 倍，个别氨基酸至少是血浆中的 2 倍，其中天冬氨酸和谷氨酸是最主要的决定性成分，加上谷氨酰胺、GABA 和 *N*-乙酰天冬氨酸，5 种氨基酸即构成氨基酸库中的 2/3 左右。通常脑氨基酸库中的氨基酸成分和血浆中或脑脊液中的成分并不完全有关，也不一定与脑中的蛋白质成分有关。即是说库中并无其他组织中所没有的成分，也没有在其他组织中存在而在脑中没有的氨基酸，仅有 GABA 和 *N*-乙酰天冬氨酸在脑库中含量较高，而在其他组织中较低。

脑的不同部位所含氨基酸的成分有差别，其中谷氨酸是全脑和前脑中比较普遍的高浓度氨基酸。而在中脑和后脑则是 GABA 含量比谷氨酸更高。脊髓中的成分与脑中相似。脊椎动物的周围神经中，含谷氨酸及相关成分较少，其他的成分则和脑组织中相似。

不同年龄时段脑的氨基酸库的成分也有一定差异，谷氨酸族氨基酸在动物出生以后，比例逐渐增大，而脯氨酸、丙氨酸、苏氨酸、丝氨酸和磷酸氨基乙醇等则随年龄增加而逐渐减少。

氨基酸库的成分一般对机体内环境的变化不产生反应，如轻度饥饿或脱水都无明显影响，但是严重饥饿、寒冷、剧烈运动、缺氧或冬眠等应激状态，可对其中某些氨基酸产生明显影响，如冬眠状态时，脑中谷氨酸族可下降 1/2 以上，可能是由于血糖下降影响了 TCA 循环所致。胰岛素注入后可使脑中谷氨酸、谷氨酰胺、丙氨酸、甘氨酸和 GABA 都下降，而天冬氨酸和自由氨增高，总量也无大改变。肝损害时脑中除谷酰胺和自由氨增高之外，组氨酸和甲硫氨酸有时也有改变。药物方面，氯丙嗪等强安定药类可致脑中 GABA 含量下降，致惊剂也有影响脑中氨基酸的效果。此外，从血中输入大量氨基酸或在病理状态血中某种氨基酸增多，都可以导致氨基酸成分的变动。

三、核酸代谢

1. 核苷酸的合成和降解 用于脑组织中的核酸合成的基本单位——核苷酸，其生物合成和体内其他组织相似，至少可分为两种途径进行。一是更新代谢，即由最基本的简单化合物嘌呤和嘧啶基逐步与核糖作用而生成。其中嘌呤的更新代谢在脑中比较活跃，从离体脑制备可证明其以甘氨酸为原料与核糖的焦磷酸酯 1-焦磷酸-5-磷酸核糖（PRPP）作用，其中经过甲酰甘氨酰胺-磷酸核糖等中间产物，可掺入为脑的各种嘌呤核苷酸，包括次黄嘌呤核苷酸（IMP）、黄嘌呤核苷酸（XMP）及腺嘌呤与鸟嘌呤核苷酸（AMP、GMP）等。

嘧啶基在脑中的更新代谢一般认为不太明显，因为脑中无氨甲酰磷酸合成酶的活性。但用标记的乳清酸实验可证明它能掺入脑中 RNA 的合成，而且脑组织中存在有乳清酸核苷酸（OMP）焦磷酸化酶和脱羧基酶。近年有人报道脑中仍然有氨甲酰磷酸合成酶存在，只是不如肝中活性高。脑中的酶是可溶的而且是不稳定的酶，对谷酰胺有依赖性，而肝中的酶是存在于线粒体中对氨有依赖性的酶，可用于尿素的合成。因而嘧啶在脑中的合成途径与其他组织并无本质的差异。

另一条途径称为“补救”途径，是利用已经预先生成的嘌呤和嘧啶基作为合成核苷酸前体的再利用过程，因此脑中有相当一部分碱基不在神经组织中合成，而是已经存在的核酸裂解的产物或是来自肝脏经血流所供应的碱基。脑中的补救途径不仅存在而且很活跃。其中嘧啶基以尿苷和胞苷的形式可以迅速掺入 RNA 的合成。嘌呤基的补救途径，主要是通过存在于肝脏中的两种嘌呤磷酸核糖基转移酶的作用，一种是腺嘌呤磷酸核糖基转移酶（APRT），可以催化腺苷酸的生成，另一种是次黄嘌呤-鸟嘌呤磷酸核糖基转移酶（HGPRT），可以催化鸟苷酸、次黄嘌呤核苷酸及黄嘌呤核苷酸的生成。后者在神经组织中尤其重要（见下核酸代谢障碍）。除了以上两条主要合成途径而外，在离体脑制备中还可以见到各种核苷酸之间互相转化（图 4-4）。

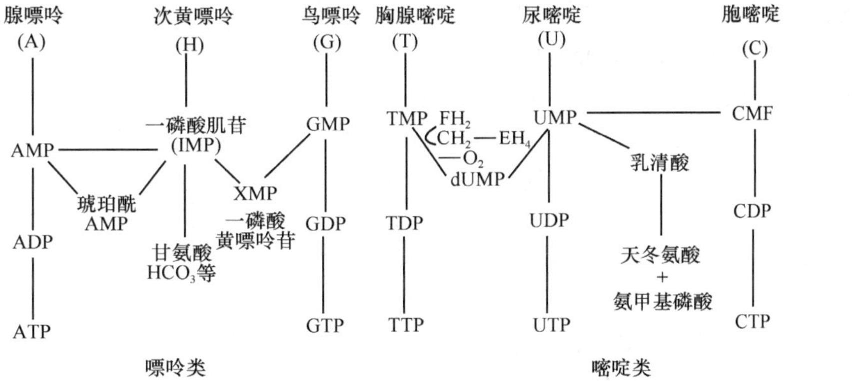

图 4-4　核苷酸的主要代谢和相互转化

总之，从数量方面看，多数的嘌呤可能从更新代谢而生成，补救途径也有一定的调节意义。嘧啶的合成情况则不同，在神经组织中的乳清酸库实际上不能满足核酸及某些辅酶生物合成的需要，因此如使用抑制尿苷合成酶系统的物质重氮尿嘧啶以阻断尿嘧啶核苷酸的合成，可以应用增高体内有效尿苷的方式防止或者逆转，说明补救途径确实也在神经组织中存在，而且有重要的生理及病理意义。

核苷酸的降解先通过 5′-核苷酸酶作用，水解为核苷及磷酸碱基类，后者又进一步通过脱氨基酶（A、G）、磷酸化酶和黄嘌呤氧化酶而裂解，这些酶类在脑中的存在都有过报道。有关嘧啶类降解酶的报道较少，已知有关嘧啶核苷酸磷酸化酶存在，这两种碱基核苷酸的磷酸化酶在成年脑中的活性比幼年动物高。有关 RNA 本身的合成和核苷酸合成酶的水平在发育期中始终保持恒定，而降解酶活性随年龄增加而逐渐增高，说明 RNA 合成在幼年动物脑中可能更快。

核苷酸代谢与神经系统的功能状态有关，无论是在活体时做短期的电刺激（如电休克）或是在离体脑制备中做持续的弱电流刺激，都可能导致核苷酸的代谢加速、转换率增快、UTP 和 GTP 水平增高等。同时，用标记尿苷转化为磷酸酯的测定实验发现，在电刺激时全部尿苷库有 40%的降低，可能是由于阳离子泵所引起的效果。有些化学物质也能影响阻断核苷酸的生物合成。

2. DNA 的合成和转换 脱氧核糖核酸（DNA）存在于机体所有的细胞核（核仁）和线粒体中。它在细胞中的代谢和转换通常能反映细胞能经受分裂、切开及修补的能力。这种能力一般认为和细胞的分裂速度直接相关。已经证实，有些神经细胞，如中间神经元、星形细胞和其他胶质细胞等在胚胎期以后甚至直到成年仍然可以继续分裂。而普通的长轴索大神经元在哺乳动物出生后不久或是婴儿早期就停止分裂了。

在成熟的神经元中 DNA 的转换很慢，一般认为在核中的 DNA 几乎极少有代谢性的转换，既没有复制也没有修补性合成，仅有线粒体中 DNA 有代谢性转换，其半衰期为 31 日（肝细胞中为 7.5 日）。在哺乳动物成熟的神经元中，大约每个细胞中含 DNA 6.5pg，相当于 1mg 新鲜组织中含有 DNA 1μg。但在海马区锥体细胞、小脑浦肯野细胞等细胞核中，DNA 含量则是 13pg/细胞，认为可能与这些神经细胞中染色体的多倍化有关。影响 DNA 合成的物质很多，如生长激素能促进 DNA 的合成，而阿糖乳苷（arabinosyl lactoside）、阿糖胞苷、环磷酰胺、甲基氧化偶氮甲醇（methylazoxymethanol），是 DHA 合成的有效抑制物。

3. RNA 的合成和转换 RNA 的生物合成也主要在细胞核（包括核仁）和线粒体两处，而以细胞核为大多数类型和数量的供应者。RNA 的合成绝对依赖 DNA 的模板作用，并由一系列 DNA 依赖性 RNA 多聚酶所催化。

（1）基本特点：分离的脑细胞核（特别是神经元核）具有将标记同位素掺入 RNA 合成的能力，其掺入速度与肝脏等细胞的合成速度相似。在脑的各部位中，大脑半球白质的转换比灰质快，而小脑、丘脑和脑干又比大脑的转换率高。RNA 的多聚酶已知至少有 4 种类型，其定位、需要量、抑制方式及产物生成的方式等都各不相同。Ⅰ型（A 型）多聚酶位于核仁中，以 Mg^{2+}、Mn^{2+}为辅因子，在低离子强度下也有活性，Ⅱ、Ⅲ型（或 B、C 型）多聚酶位于核仁中，以 Mn^{2+}为辅因子，仅在高离子浓度下才有活性。3 种酶都可以被放线菌素 D 和腈化物（RCN）所抑制，而以Ⅰ型酶最敏感。Ⅱ型酶在一定条件下能为 α-鹅膏蕈碱（α-amanitin）所抑制。Ⅰ型酶的产物似乎是 rRNA 前体中大而富于鸟嘌呤的前体，其沉降系数多小于 45S。Ⅱ型酶的产物比较不均一，可能在染色质中活性基因的转录中起主要催化作用。Ⅲ型酶则可能合成 tRNA 和 5s RNA。至于脑组织中线粒体 RNA 的合成和转换，至今还不太了解。

（2）各种条件对 RNA 合成的影响

1）发生学的差异：脑中 RNA 的含量往往随动物年龄而不同。一般在初生动物脑中 RNA 迅速增多（人脑中可上升 25 倍之多），可能此时核仁中Ⅰ型多聚酶活性很高，以致促进神经元的快速增殖。到成熟期时出现髓鞘化过程，Ⅰ型酶此时即逐渐下降，而为需要高水平的Ⅱ型多聚酶以产生 hnRNA 和 mRNA 的装置所代替，因而脑中 RNA 含量从成熟期至老年期间即逐渐下降，尤其在某些特异细胞中，则改变更为明显。例如，大鼠的海马区锥体细胞中，新生动物时期每个神经细胞中含 RNA 为 25pg，成年期为 110pg，而老年期则下降为 53pg。人的脊髓运动神经元中，20 岁以前每个细胞含 RNA 402pg，21～40 岁时为 553pg，41～60 岁时为 64pg，80 岁以上则下降到 420pg。

2）生理性刺激：有多种生理条件可以改变脑中 RNA 合成的速度，如剧烈运动，机械性旋转，视觉、听觉或嗅觉刺激，饥饿及烦渴等都可能使 RNA 的合成增加。近年来在行为试验中，发现行为训练也可以引起动物脑中 RNA 合成的变化。

3）化学或药物性刺激：已知放线菌素 D 等 RNA 合成抑制物，或核苷酸的类似物质如 8-重氮鸟嘌呤、6-重氮尿嘧啶、5-氟尿嘧啶、5-氟乳清酸等都有抑制 RNA 合成的作用。而另一些化合物如三氰化氨基丙烯（TCAP），5-HT 拮抗剂麦角酸二乙酰胺（LSD）使 RNA 的合成增加。此外，NGF 也可加快 RNA 的合成。

四、脂代谢

脂类在神经系统中的成分极其复杂，它们的代谢过程有许多问题尚未能完全阐明，使用示踪同位素的标记法为脂类的代谢和转换积累了一些初步的资料，推测各类脂质在神经组织中的合成、降解及转换的规律。

（一）脂肪酸代谢

虽然脑组织中含游离脂肪酸很少，但脑本身具有合成脂肪酸的能力。在离体脑制备中所合成的脂肪酸，都是以乙酰辅酶 A 为主要原料，从线粒体中透过内膜进入胞液中所完成的，其中以 C16～C24 的不饱和脂肪酸为主，有时也有羟化脂肪酸。在髓鞘化的活动过程中，长链脂肪酸的百分率往往逐渐增加。但是脑本身降解脂肪酸的能力很差，在正常状态下脂肪酸不能代替葡萄糖产能，从体外注入短链脂肪酸只能有些轻麻醉作用。在髓鞘化过程中脂肪酸的合成加速，可能由于此时脑中的乙酰辅酶 A 羧化酶活性增高，因而此酶被认为是脑和神经组织中脂肪酸合成的限速环节。膳食中的脂肪酸有一部分也可掺入脑中，但是比其他组织的掺入相对地较少。膳食中脂肪的成分改变以后，脑中脂肪酸成分也有一定的改变，但是还未发现能导致任何病理改变或行为的异常。在饥饿状态下，肝脏和肌肉的脂肪酸成分可发生变化，而脑中的成分并不敏感，即使在某种主要脂肪酸缺乏时也是如此，仅仅在严重的营养不良或维生素缺乏时脂肪酸的更新代谢才受抑制。

神经组织中的脂肪酸是各种复杂脂的重要组成部分，其合成途径似乎也和肝或其他器官相似。例如，软脂酸的合成起于乙酰辅酶 A 和丙二酰辅酶 A，并在线粒体中不断地使碳链延长。脑组织虽然可合成多数的脂肪酸（非必需脂肪酸），但有些也不能合成，这些必需脂肪酸必须由膳食进入血液，然后再转运入脑。亚油酸和亚麻酸即是这类必需脂肪酸，它们在神经组织中含量较多而且代谢的重要性也较大。它们的去饱和过程似乎是在各种脂酸辅酶 A 的转化期中所形成。

另一类在神经组织中有重要意义的脂肪酸是 α-羟基酸类。全身器官中，α-羟基酸的生成是在脂肪酸的 C_1 处裂解时，经过脱氢酶和脱羧基酶的中间代谢所成。脑中的羟基脂肪酸也可能循着类似的途径。此外，不饱和的花生四烯酸（arachidonic acid，AA）是二十碳酸化的环式脂肪酸，是各种前列腺素（PG）的前体。植烷酸（phytanic acid）则是从叶绿素衍化而来的支链脂肪酸，它们对神经组织都具有特殊的意义。

脂肪酸类在神经组织中的转换速度较快，虽然在成年动物的脑中代谢率不如其他内脏器官，但无论饱和或不饱和的脂肪酸都有较快的转换速度，脑中几乎有 20%的脂肪酸能在分解后又迅速地再合成。神经组织中脂质的转换和食物中含脂质多少无明显关系。

（二）胆固醇代谢

脑中胆固醇似乎与全身其他器官的合成步骤相同，主要是在微粒体中由乙酸盐与其前体通过不断的缩合而合成，先生成二羟甲基戊酸（mevalonic acid），再进一步逐渐延伸为角鲨烯（squalene），环化为羊毛脂固醇（lanosterol）、脱氢胆固醇（desmosterol），最后再还原成胆固醇。其中脱氢胆固醇在髓鞘化以前不久，还可以在脑中测出，而在成熟脑中测不出。在髓鞘化的活动期胆固醇的合成速度最快，据实验推算，脑中胆固醇大部分能局部合成，由葡萄糖等代谢原料生成丰富的乙酸盐及乙酰辅酶 A、乙酰乙酰辅酶 A 和 β-羟基-β-甲基戊二酰辅酶 A 等，而有一部分可来自血流经转运入脑。幼年动物脑中的合成速度最高，同时对脑外的摄入率也最大。胆固醇一旦在脑中沉积，特别是在髓鞘中掺入后，其代谢性即显著下降。成年脑中的胆固醇，其半衰期平均是 30 日左右，它的转换可能分两部分进行，一小部分快速转换的固醇具有较快的（约 80min）半衰期，而大部分转换速度都较慢，最长的半衰期可达 200 日以上。胆固醇的降解过程似乎在脑中不存在。

（三）磷脂类代谢

磷脂类的合成与全身的磷脂代谢相似，其主要的合成途径有两条。一条是涉及甘油二酯与 CDP-胆碱或 CDP-氨基乙醇相作用，以生成主要的甘油磷脂（卵磷脂、脑磷脂、磷脂酰丝氨酸）（图 4-5 Ⅰ），并可与神经酰胺结合生成鞘磷脂。另一条是通过 CDP-二甘油酯生成各种肌醇磷脂（图 4-5 Ⅱ），以及也可能生成磷脂酰丝氨酸。这两条途径的共同点是以生成磷脂酸作为初步的步骤（图 4-5 Ⅲ）。胆碱或氨基乙醇首先经 ATP 磷酸化，再经 CTP 作用转化为其活性形式 CDP-胆碱或氨基乙醇，然后与磷脂酸衍化而来的二甘油酯相结合而生成卵磷脂或脑磷脂。鞘磷脂的合成除了是 CDP-胆碱与神经酰胺作用而外，至少在脑中还发现有另一途径，即是 CDP-胆碱也可先与鞘氨醇结合，然后再经脂酰化生成鞘磷脂。曾有人在小鼠肝组织中发现，其直接从卵磷脂中的磷酸胆碱转移到神经酰胺以合成鞘磷脂，而脑中尚无证据说明存在这种反应。

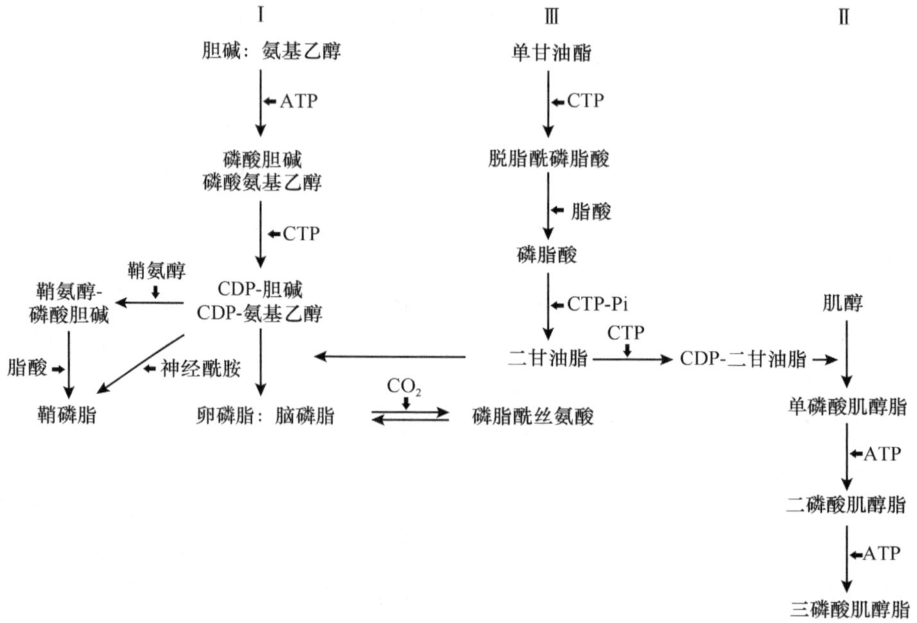

图 4-5　磷脂类的生物合成

肌醇磷脂类的合成则通过另一途径。肌醇并不经过 CDP 化合物，而是 CTP 先和磷脂酸作用生成 CDP-二甘油酯，然后再依次地与游离的肌醇作用而合成单磷酸或多磷酸肌醇磷脂（二磷酸、三磷酸）。某些肌醇可来自葡萄糖的转化，但大部分仍从膳食中经血流所转运。

磷脂酸是各种磷脂的重要前体，它的合成途径也可能有两条。经典的代谢途径是由糖酵解的中间产物 3-磷酸甘油醛和磷酸二羟丙酮，先还原为甘油磷酸酯，再与 CTP 及脂酸或脂酰辅酶 A 类作用而生成。近来又发现二甘油酯与 ATP 作用也能合成磷脂酸。当然其中还需要有多种辅助因子的存在，如 ATP、NAD、脂酰辅酶 A 等。此外，甘油磷脂类的甘油链多来自磷酸丙糖类，脂酰链的合成则是由乙酸链逐步延伸所生成，含氮物质胆碱、氨基乙醇和丝氨酸则来自蛋白-氨基酸的分解，如含甲基的氨基酸（蛋氨酸）可以合成胆碱，甘氨酸可以转化为丝氨酸或氨基乙醇，后两种化合物之间有时还可以互相转变。

磷脂类的降解主要通过各种磷脂酶，使磷脂酸化合物脱脂酰基而降解。已知磷脂酶至少有 A、B、C、D 4 型，分别作用于磷脂的不同部位（图 4-6），使脂肪酸残基脱落或使甘油基酯化。A 型酶又可分为 A1 和 A2 两亚型。A2 存在于微粒体中；A1 则存在于线粒体中，通常神经元中比胶质细胞中多，主要使氨基乙醇磷脂、丝氨酸磷脂或卵磷脂的 β 位上脱去脂酰基。B 型酶主要作用于 α 位上的脱酰基。A、B 两型酶可能相互转变。A 型广泛存在于脑组织中。B 型酶在灰质中较多。C 型则主要存在于细菌中，但脑组织中也有微弱的活性。D 型酶主要存在于植物中。在某些脱髓鞘状态下，如沃勒（Waller）变性、急性过敏性脑脊髓炎时，脑中 A1、A2 酶的活性均有显著的增高。经过磷脂酶作用后的脱脂酰化合物，在一定条件下对原来的磷脂酸链经脂酰辅酶 A 的作用而再脂酰化，恢复到原来的磷脂，这一可逆反应的机制可以说明磷脂中的脂肪酸可以独立转换，而不依赖于整个磷脂分子。

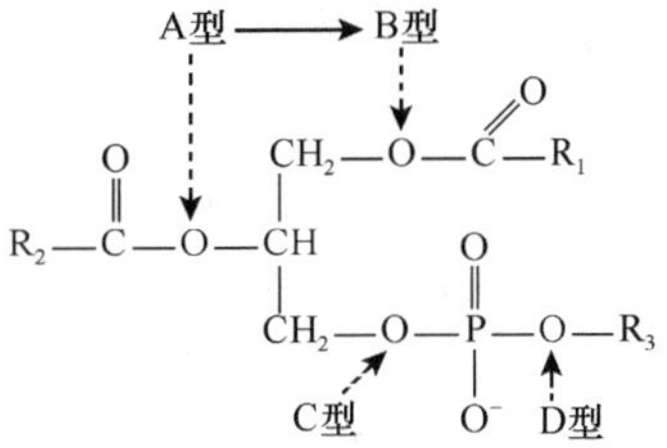

图 4-6　各型磷脂酶作用的不同部位

鞘磷脂在脑中是经酶促而降解为磷酸胆碱和 *N*-脂酰鞘氨醇，其降解酶为磷脂酶 C 型和鞘磷脂酶，后者有特异性，先天性缺乏此酶时形成尼克-皮克（Niemann-Pick）病。磷脂酶 C 无特异性，还可以作用于卵磷脂、脑磷脂等。*N*-脂酰鞘氨醇即是神经酰胺的一种，又可通过神经酰胺酶再进一步降解为鞘氨醇和脂酸。肌醇磷脂类的降解主要也经过磷脂酶 A2，并有蛋白激酶 C 的作用而逐步降解。

磷脂类在脑组织中的转换速度一般比其他脂类快，而且和年龄有很大关系。在成长过程中的动物，神经组织中磷脂的转换最快，其中肌醇磷脂类的转换又比甘油磷脂快些。甘油磷脂当中，从转换速度来说，是磷脂酸＞卵磷脂＞脑磷脂＞丝氨酸磷脂。神经递质、神经激素、药物等可影响转换速度。

（四）鞘脂类代谢

脑苷脂类在正常脑组织中以半乳糖脑苷脂为主。脑苷脂的合成是由鞘氨醇先脂酰化成为神经酰胺，再与 UDP-半乳糖作用生成脑苷脂。合成步骤多在微粒体中完成。脑苷脂的合成酶可为 Mg^{2+}、Mn^{2+}所激活。硫脂的合成是由脑苷脂直接与硫酸基的作用，活性硫酸基多来自硫酸酯供体 3-磷酸腺苷-5′-磷酰硫酸（PAPS），促进硫脂合成的酶称脑苷脂硫基转移酶。

硫脂的降解，第一步是通过硫脂酶去除—SO_4转化为半乳糖脑苷脂，然后脑苷脂又经脑苷脂酶的催化水解为神经酰胺，神经酰胺又可通过神经酰胺酶分解为鞘氨醇和脂酸。脑苷脂酶存在于溶酶体中，似乎以—SH 为它的主要结构，所以能被半胱氨酸所激活、被碘酸盐所抑制。胆酸盐也是脑苷脂酶活性所必需的物质，脑苷脂酶又称半乳糖脑苷脂 β-半乳糖苷酶，如先天性缺乏此酶时出现球体型白质营养不良症[克拉伯（Krabbe）病]。硫脂酶又称硫酸脑苷脂硫酸酶或芳基硫酸酶，可分为 A、B 两型，在异染性白质营养不良症时，证实是由于此酶的缺乏，以致大量的硫脂在脑组织中沉积所致。糖脂类的转换速度一般比磷脂类低。

（五）神经节苷脂类代谢

一般认为，神经节苷脂的生物合成起始于神经酰胺，再在糖链上连续地加入单糖（半乳糖、葡萄糖）和唾液酸（NANA）。唾液酸的合成则是来自果糖、谷氨酰胺和磷酸烯醇式丙酮酸盐（PEP）。单糖的前体是由半乳糖或葡萄糖的核苷酸复合物各个加入于鞘氨醇的骨架上而成。神经酰胺与葡萄糖、半乳糖各一分子结合以后，先与一分子的 NANA 结合为单唾液酸神经节苷脂 GM3（图 4-7），以后再逐渐加上 *N*-乙酰半乳糖胺和半乳糖而延伸为 GM_2 和 GM_1。多唾液酸苷脂类则由 GM_1 连续加入 NANA 于内侧的半乳糖分子上而生成。以上的生物合成过程可能在高尔基（Golgi）体或微粒体中进行，但有人发现神经末梢也有 NANA 转位酶的活性。脑中神经节苷脂的降解一般也按上述的顺序而逆转，逐渐去除了单糖与 NANA，从多唾液酸苷脂减少到单唾液酸苷脂，主要有各种单糖苷酶（β-半乳糖苷酶、葡萄糖苷酶）和神经氨酸苷酶（唾液酸苷酶）的作用。这些酶主要位于溶酶体中，使神经节苷脂在此处不断地裂解。

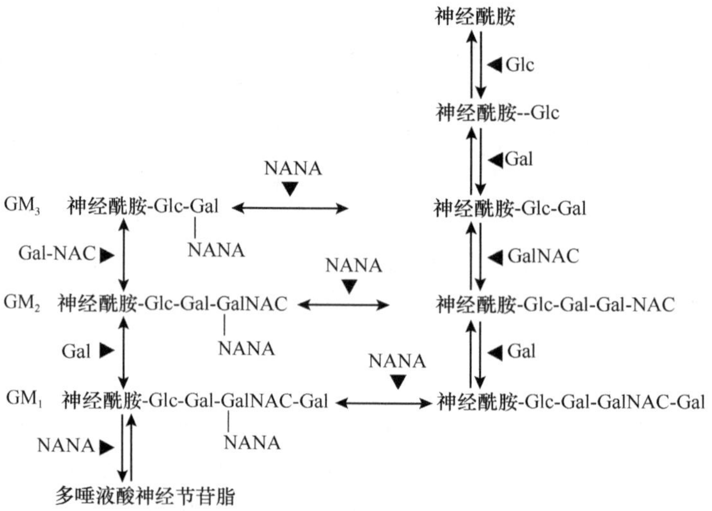

图 4-7　神经节苷脂代谢

Glc. 葡萄糖；Gal. 半乳糖；NAC. *N*-乙酰基；NANA. 唾液酸

神经节苷脂在脑中的转换速度一般比其他磷脂或糖脂类慢，但和脑的功能状态有一定关系，在缺氧、低血糖、麻醉等条件下都可以导致转换率的下降。由于神经节苷脂在神经元膜上浓度很高，其分子结构又有亲水链和疏水链部分的差别，因此目前认为它可能有维持神经膜成分的平衡状态，以及与离子转运与神经传递相关。近年来还发现神经节苷脂可以作为许多细菌毒素（霍乱毒素、破伤风毒素、肉毒毒素）的受体，甚至还是某些天然的细胞或激素的受体。

（安　平　赵丽妮）

第五章　脑内信息传递

几乎所有的神经元功能，包括发育成熟、生长存活、细胞骨架构成、基因表达、信息的传递、功能适应的过程均与细胞表面激活继而引起胞内信号的传递相关。

神经元之间信号传递的环节之一是突触传递。突触传递是通过突触前膜释放化学物质来完成的。这种化学性突触传递是神经元之间信息传递的主要方式。神经系统中的化学信使主要有三类：神经递质（neurotransmitter）、神经调质（neuromodulator）和神经肽。

神经元对化学信使、生长因子及其他信号分子产生的效应是由这些细胞的受体和一系列从胞外到胞内的信号传递途径决定的；还与酶、离子通道及细胞骨架蛋白等的作用有关。细胞膜上的受体与配体特异性识别并结合后，参与了信息物质的放大或产生，进一步影响细胞代谢。信号转导系统还可以调节基因转录水平，决定细胞的分化和功能状态。

第一节　神经递质和神经调质

一、神经递质

神经递质主要是指一些在化学突触传递过程中从突触前膜释放，作为一种信使作用于效应细胞上的相应受体，引起效应细胞特定的功能改变或突触后电位改变的一类神经活性物质。

神经递质的主要特征：在神经细胞内合成；通常储存于突触前神经终末的囊泡中；当神经冲动到来时释放；作用于突触后膜特异性受体上；可引起效应细胞特定的功能改变或突触后膜电位改变；在发挥生理效应之后，通过灭活机制可迅速终止其生理效应；直接外加于突触可引起与刺激神经同样的效应；刺激神经或直接外加引起的效应能同样为特异性阻断剂所阻断，如经典神经递质，包括胆碱类（ACh）、单胺类[多巴胺（DA）、去甲肾上腺素（NA）、肾上腺素、5-羟色胺（5-HT）和组胺（histamine，HA）]和氨基酸类（兴奋性递质谷氨酸和天门冬氨酸，抑制性递质GABA和甘氨酸）。

二、神经调质

神经调质主要是指一些自身不直接触发所支配细胞的功能效应，但可以调制传统递质活动的一类神经活性物质。其特征：可为神经细胞、胶质细胞或其他分泌细胞所释放，对递质起调制作用；本身虽不直接负责跨突触信号传递或不直接引起效应细胞的功能改变，却可以间接调制递质在突触前神经终末的释放及其基础活动水平；影响突触后效应细胞对递质的反应性，对递质的效应起调制作用。

已知的神经递质与调质除了经典神经递质外，还包括神经肽类、嘌呤类、一氧化氮、一氧化碳等。

三、递质的共存

长期以来，人们一直认为一个神经元只能释放一种递质。随着组织化学技术的发展，1979 年以后，陆续发现了在脑、脊髓和周围神经组织中存在多种神经肽，而且有些神经肽还和其他递质共存于同一根神经纤维终末中。于是把共同存在于同一突触前神经终末的递质称为共存递质（co-transmitter），把一个神经元中含有两种或两种以上递质的现象称为递质共存。

目前认为，在共存递质之间可能存在以下几种相互作用方式。①两个共存递质释放后作用于突触后同一类受体，相互配合共同传递信息。②突触前释放的共存递质分别作用于同一突触后神经元的两种不同受体，起相互协同或阻断作用。③释放的共存递质分别作用于不同靶细胞的不同受体，使神经调节的范围更为扩大。④释放的共存递质其中一个可以通过与突触前膜受体的结合，调节突触前对另一共存递质的释放。

神经递质共存的意义在于使神经调节的形式更加多样化。一个神经元释放两种或两种以上的神经调节物，可以使神经调节的范围更为扩大、更加精确。释放出的调节物可以互相补充，它们的协同作用体现了一种更为经济的调节方式，减少了单个调节物大量持续作用可能引起的副作用。它们在不同刺激条件下释放出的比例可以有所不同，以适应不同的需要。

同一系统内的递质与不同的神经调质相匹配，可以使调节方式多样化。此外，它们在交感神经节传出神经中的共存和相互作用，还有助于实现对不同效应器在性质上和程度上不同的调节。

第二节　神经递质的代谢与功能

一、乙酰胆碱

（一）乙酰胆碱在神经组织中的分布

ACh 在脑内分布广泛，脊髓前角运动神经元、丘脑特异性感觉传入通路第 3 级神经元、脑干网状结构上行激动系统的各个环节、大脑皮质内、边缘系统内、基底神经节尾状核均属于或存在着胆碱能神经元。由胆碱能神经元发出的纤维广泛投射到中枢神经系统多个部位，既形成了胆碱能长投射的神经通路，又形成了很多核团或脑区内短回路及局部中间神经元的联系。长投射神经元通路主要包括胆碱能躯体运动和内脏运动系统；胆碱能脑干网状结构上行激动系统；胆碱能大脑皮质和边缘系统及胆碱能小脑系统。

ACh 对神经-肌肉的接头处、自主神经节、胆碱能神经元和神经通路都有广泛的生物效应。它对中枢神经元的生物效应有的是兴奋性的，有的是抑制性的，一般以兴奋性为主。

（二）乙酰胆碱的生物合成

ACh 是胆碱和乙酸形成的酯，呈强碱性，在任何 pH 下都充分呈离子状态，在突触前胆碱能神经终末内可以自行合成 ACh。合成 ACh 必须具备三种物质：胆碱乙酰基转移酶（ChAT）、胆碱（choline）和乙酰辅酶 A（acetyl coenzyme A）。胆碱和乙酰辅酶 A 在 ChAT

的作用下生成乙酰胆碱和辅酶 A。ChAT 是一种同工酶，有不同基因编码的多种亚型，主要分布在神经终末，有可溶型与囊泡膜结合型两种形式。ChAT 的活性中心的阴离子部位可与胆碱结合，疏水区可与乙酰辅酶 A 的核苷酸部分结合，催化乙酰辅酶 A 分子中乙酰基转移给胆碱，形成 ACh。合成的 ACh 立即被释放，然后释出辅酶 A。

合成 ACh 所需的胆碱主要依靠突触体上特异的胆碱高亲和力载体由细胞外转运入细胞内，在影响 ACh 生物合成的多种因素中，转运胆碱的高亲和力载体是 ACh 生物合成的主要限速因子，也是调控 ACh 合成的主要因素。

（三）乙酰胆碱的释放与灭活

ACh 在细胞质中合成后进入囊泡储存。ACh 的释放方式是量子化释放，在释放前囊泡与突触前膜发生随机性碰撞而破裂，因此囊泡为释放 ACh 的最基本单位。

释放到突触间隙的 ACh 的失活有 3 种方式：酶水解、扩散和重新摄取。其中酶水解为 ACh 失活的主要方式，其次是扩散失活，而突触前膜对 ACh 的重新摄取数量极微。

体内水解 ACh 的酶主要有两种，第一种是乙酰胆碱酯酶（acetylcholinesterase，AChE）又称真性胆碱酯酶，第二种是丁酰胆碱酯酶（butyrocholinesterase，BChE）又称假性胆碱酯酶。神经组织中含 AChE 较多，非神经组织中含 BChE 较多。在中枢与周围神经组织中 ACh 主要经 AChE 水解成为胆碱和乙酸。反应释放出的胆碱 35%～50%被神经终末摄取，整个 ACh 水解过程短于 0.1ms，从终末释放的 ACh 在 2ms 以内即被水解，因此能保持突触传递的灵活性。

（四）胆碱能受体

根据对不同生物碱的反应，可将 ACh 受体分为两类：烟碱受体（nicotinic receptor，NR，N 受体），为快速反应受体，可被烟碱激活，而被箭毒所阻断；毒蕈碱受体（muscarinic receptor，MR，M 受体），为慢速反应受体，可被毒蕈碱所激活，而被阿托品所阻断。烟碱受体根据其在不同种属动物中枢及周围神经系统中的分布又进一步分为周围烟碱受体和中枢烟碱受体两类。周围烟碱受体包括骨骼肌/电器官烟碱受体和神经节烟碱受体；中枢烟碱受体包括中枢神经烟碱受体和 α-银环蛇毒素/烟碱结合蛋白。根据受体与选择性受体激动剂和（或）阻断剂亲和力的差别，采用分子克隆技术对受体分子一级结构的阐明，烟碱毒蕈碱受体又可进一步分为 5 种亚型。

N 受体属于化学门控的离子通道受体蛋白家族成员，而 M 受体属于与 G-蛋白相偶联的受体蛋白家族成员。

胆碱能神经递质和 N 受体结合后可使其阳离子通道开放，Na^+可自细胞外通过通道迅速进入细胞内，导致细胞膜局部去极化。M 受体激活后，可通过 3 种不同的方式介导生物信息传递。一是与抑制性的 Gi 蛋白结合，抑制 cAMP 的生成，从而降低了依赖 cAMP 的蛋白激酶 A 的活性，抑制了蛋白质的磷酸化。二是与 Gq 蛋白结合同时激活磷脂酶 C 产生三磷酸肌醇（IP_3）和二酯酰甘油（DAG）。IP_3 可使胞内 Ca^{2+}浓度升高，从而激活依赖钙离子的钙调蛋白（Calmodulin，CAM），活化的钙调蛋白激活某些蛋白激酶，催化蛋白磷酸化；另外，DAG 也可激活蛋白激酶 C 催化某些酶、蛋白磷酸化，同时也能活化依赖 Ca^{2+} 的 K^+及 Cl^-通道。三是与 G 蛋白结合后可直接作用于 K^+通道导致 K^+通道开放。

（五）乙酰胆碱的生理功能

ACh 的生理功能主要是：参与镇痛；增进学习与记忆能力；调节觉醒与睡眠；参与体温调节；参与摄食和饮水；升高血压作用；对维持机体的运动与感觉有意义。

二、儿茶酚胺

NA、DA 和肾上腺素这三种胺类神经递质，其基本化学结构为 β-苯乙胺，它们在苯环的 3、4 位碳原子上都有羟基，故统称为儿茶酚胺（catecholamine，CA）。它们在体内有共同的合成代谢途径，其降解过程中的主要酶也是共同的。

（一）儿茶酚胺在神经组织中的分布

在中枢神经系统中 NA 能神经元胞体主要集中在延髓和脑桥。由 NA 能神经元发出的纤维广泛投射到脑内各个部位，其中上行纤维背侧束可投射到全部端脑，腹侧束可投射到中脑、间脑、端脑边缘系统及嗅球；下行纤维可投射到脊髓的前角、后角、中间外侧柱和中央管周围。

脑内 DA 能神经元的胞体主要位于中脑和间脑。其神经纤维主要投射到纹状体，广泛的边缘系统和新皮质区，形成了黑质-纹状体系统；中脑-边缘系统；结节-漏斗系统和未定带-下丘脑系统 4 大通路。

肾上腺素能神经元的胞体主要位于延髓。由神经元发出的上行纤维经网状结构、被盖腹侧区纵贯延髓、脑桥、中脑、下丘脑并与 NE 能纤维束混合，沿途支配迷走神经背核，孤束核，蓝斑核等；下行纤维至脊髓中间外侧核。

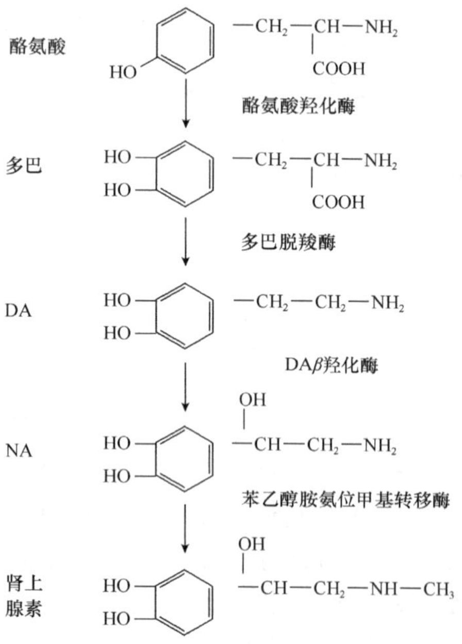

图 5-1　儿茶酚胺的生物合成

（二）儿茶酚胺的生物合成

体内合成 CA 的原料为酪氨酸，一般直接来源于血液。在神经元的生物合成中，酪氨酸先经酪氨酸羟化酶（tyrosine hydroxylase，TH）催化生成多巴（dopa），再经多巴脱羧酶（DDC）作用转化为 DA，并转运入囊泡。由于 TH 专一性强，活性较低且含量较少，提高和抑制该酶活力可大幅度影响 CA 的合成，因此成为 CA 生物合成过程中的主要限速酶。DA 经多巴胺 β-羟化酶可生成 NA。由于多巴胺 β-羟化酶完全存在于囊泡中，因此 NA 合成的最后一步在囊泡内完成。在嗜铬细胞和肾上腺素能神经元中，NA 可经苯乙醇胺氮位甲基转移酶（PNMT）的催化，由 *S*-腺苷蛋氨酸提供甲基，使 NA 甲基化为肾上腺素（图 5-1）。PNMT 对苯乙醇胺类有特异性，而对苯乙胺类无作用且在脑内含量甚微，是鉴别肾上腺素能神经元的标志物。

在 CA 的生物合成中，酪氨酸羟化酶是主要的限速因子，受许多生理因素的调节。这种调节分短周期和长周期两种。

短周期调节多在突触水平进行，作用发生快而维持时间短。这种调节的原理可能有以下两方面：一是终产物增多时竞争 TH 中辅酶生物蝶呤的结合位点，从而抑制了 TH 的活性；相反，神经元活动增加时则 TH 抑制解除。二是神经终末去极化时酶的动力学特征改变，对生物蝶呤的亲和力增高而对终产物抑制的敏感性减弱，使 TH 激活。此外，某些蛋白激酶以及蛋白磷酸化酶对酶的可逆磷酸化作用也可调节酶的活性。

长周期调节在神经元的胞体水平进行，作用发生慢而持久。当 CA 含量持续降低时，细胞内腺苷酸环化酶活力增高，cAMP 合成增多，进而活化细胞核内的某些蛋白激酶，使合成 TH 的 mRNA 增多，以增加该酶的合成，最终导致 CA 合成量增加。

（三）儿茶酚胺的释放与灭活

酪氨酸经多巴合成 DA 后转运入囊泡内储存；NA 在 NA 神经元囊泡内合成后储存于囊泡中。而肾上腺中的 NA 在细胞质内 PNMT 作用下生成肾上腺素后再转运入嗜铬颗粒中储存。当神经冲动到达神经终末时，突触前膜的通透性发生改变，Ca^{2+}进入细胞内，促使囊泡与神经细胞膜融合，继而在细胞膜上形成小孔。由于嗜铬颗粒蛋白的收缩，将囊泡内容物包括递质、ATP 等以胞裂外排的形式释放到突触间隙。

释放的 CA 有 3/4 可被重新摄取，因此重摄取是 CA 终止其生理作用的主要方式，而最终灭活则主要依靠酶解，特别取决于单胺氧化酶（MAO）和儿茶酚氧位甲基转移酶（COMT）。

（四）儿茶酚胺受体

儿茶酚胺类递质中 NA 和肾上腺素的作用是通过 α_1、α_2 与 β 肾上腺素受体而实现的。DA 的作用则是通过与 D_1 和 D_2 受体相互作用实现。上述这些受体各自又有多种亚型，其各自鉴别特征见表 5-1。α 与 β 肾上腺素能受体及 DA 受体均属于 G 蛋白相偶联的受体家族，与 M 胆碱能受体相类似的是，它们在化学结构上都具有 7 个疏水性跨膜 α 螺旋区段，N 末端位于细胞外，有若干个 N-关联的糖化位点，C 末端位于细胞内，跨膜的 7 个区段由细胞外环和内环间隔，C 末端和胞内第三环上有若干个磷酸化位点序列。

1. α 与 β 肾上腺素受体　早在 20 世纪 40 年代后期，人们就发现儿茶酚胺的药理学效应与 α 及 β 肾上腺素受体有关。NA 和肾上腺素对 α 与 β 受体均有作用，但激动剂异丙肾上腺素仅作用于 β 受体。还有很多阻断剂对 α 及 β 受体的作用不同，经典的 β 受体阻断剂普萘洛尔对 α 受体无作用，α 受体阻断剂酚妥拉明对 β 受体的作用则很微弱。

β 受体根据其对选择性阻断剂与激动剂亲和性的不同，又进一步被分为 β_1、β_2 和 β_3 三种亚型。脑内存在 β_1 和 β_2 受体，其中 β_2 受体的分布比较均匀，而 β_1 受体的分布与脑内 NA 神经元的通路相似，推测 β_1 受体可能与脑功能的关系更为密切，而 β_2 受体可能存在于脑内胶质细胞及脑血管的肌层中。β_3 受体的药理学特征明显不同于 β_1 和 β_2 受体。选择性的 β_3 受体激动剂可导致啮齿动物的非寒战性发热，但人类 β_3 受体的作用尚不清楚。研究表明，β 受体所有亚型均与 Gs 蛋白相偶联，激活受体可导致腺苷酸环化酶（AC）活性增加（表 5-1）。

表 5-1　各类儿茶酚胺受体

类型	亚型	效应途径	分布	研究工具
DA 1 型受体	D_1、D_5	增加腺苷酸环化酶活性 提高 cAMT 水平	甲状旁腺 纹状体	[^{3}H]SCH-23390 [^{125}I]SCH-23982
DA 2 型受体	D_2、D_3、D_4	抑制腺苷酸环化酶活性 降低 cAMP 水平	垂体 纹状体	[^{125}I]碘化苯甲酰胺
β 受体	β_1	增加腺苷酸环化酶活性 提高 cAMT 水平	心脏 大脑皮质	[^{125}I]碘化心得静
	β_2	增加腺苷酸环化酶活性 提高 cAMT 水平	肺 小脑	[^{3}H]双氢心得舒
	β_3		棕色脂肪组织 （啮齿动物中）	
α 受体	α_1 受体： α_{1A}、α_{1B}、α_{1C}	激活磷脂酶 C 提高细胞内 Ca^{2+}浓度	血管、脾 周围神经组织 （突触后）	[^{3}H]哌唑嗪
	α_2 受体： α_{2A}、α_{2B}、α_{2C}	抑制腺苷酸环化酶活性 降低 cAMP 水平	周围神经终末 （突触前）	[^{3}H]氯压定

α 受体有 α_1 与 α_2 两类，克隆和序列分析表明这两类受体又各有三种亚型。三种受体亚型均可与抑制性 G 蛋白（Gi）结合而抑制 AC 活性。d_1 受体的作用尚不十分明确，有人认为它与 Gs 偶联，受体的激活，可导致磷脂酰肌醇二磷酸（PIP_2）水解，产生重要的化学信使物质而起作用。有研究表明，在某些情况下 α_{1A} 受体与 Ca^{2+}通道激活有关；而 α_{1B} 受体与磷脂酶 C 激活有关，导致二酯酰甘油和三磷酸肌醇（IP_3）的生成。

有研究表明，激活 NA 受体时，常伴有钾通道功能的改变。如激活 α_1 受体，钾通道功能降低，引起除极，产生兴奋效应；激活 α_2 受体，钾通道功能增加，引起超极化，产生抑制效应。这可能是 NA 通过 AC 系统的介导，对钾通道进行调控所致。

2. DA 受体　以药理和生化标准划分，DA 受体分为 D_1 与 D_2 两种类型：D_1 型受体与 Gs 蛋白相偶联，激活受体可增加 AC 的活性，反之，D_2 型受体与 Gi 蛋白相偶联，受体被激活后抑制 AC 活性。

已确认多种 D_1 和 D_2 类受体的亚型，其各自的氨基酸序列也已明确。D_1 类受体有 D_1 和 D_5 两个亚型，两者最明显的药理学区别为 D_5 亚型与 DA 的亲和力明显高于 D_1 亚型。D_2 类受体有 D_2、D_3 和 D_4 三种亚型。D_2 亚型结构上特别之处为存在一个 29 个氨基酸残基的片段拼接差异，该片段可拼入或不拼入胞内第三环而形成两个变异型 D_{2b} 和 D_{2s}，两者均可导致 AC 的抑制。D_3 亚型也已被克隆并在 COS-7 细胞表达。与 D_2 亚型相比，D_3 亚型与非典型神经拮抗剂及 DA 自身受体抑制剂的亲和力更高。D_4 亚型 mRNA 已在额皮质、中脑、杏仁核（amygdala）、延髓中检测到，但目前尚不十分清楚 D_3、D_4 亚型作用的第二信使系统。

D_1 和 D_2 受体功能对很多生化效应呈相反作用，如对 AC 活力的影响、cAMP 的生成、GABA、ACh 和 CCK 的释放均为 D_1 所增强，而被 D_2 所抑制；然而，唯独对 Na^+、K^+-ATP 酶活性两类受体起协同作用。实验证明，当选择性的 D_1 激动剂 SKF-82526 和 D_2 激动剂 171555 单独应用时，两者均不能抑制该酶活力。但当合用 D_1 和 D_2 激动剂时，就显示出具有 DA 样的作用，能抑制该酶活力。再选用 D_1 和 D_2 拮抗剂，亦需两者合用才能阻断 DA 的抑制作用。这说明 D_1 和 D_2 的协同作用发生在单一细胞水平上，并且与 D_1 和 D_2 对整体动物的行为和电生理活动的协同作用相一致。

3. 儿茶酚胺自身受体　整体的生化和生理实验证实，DA 自身受体存在于 DA 神经终末和胞体-树突两个部位，它们均属 D_2类受体，但具有不同特性。胞体和树突上的自身受体能调控胞体动作电位的发生，激活这些受体可抑制神经元放电，并能调控神经元内某些蛋白的合成，从而影响 DA 生成。神经终末上的自身受体亦称突触前 DA 自身受体，兴奋时可使 Ca^{2+}内流减少，从而抑制 DA 释放，并可通过负反馈调节机制调控酪氨酸羟化酶的活力，从而调控 DA 的合成速率。

周围交感神经系统和中枢神经系统中 NA 神经元上的 α_2 自身受体，作用与 DA 自身受体类似，也是对递质的释放起负反馈调控作用。周围交感神经系统的 β 类自身受体则不一样，NA 作用于这类受体其效应为易化递质的释放，增加神经元放电。

（五）儿茶酚胺的生理功能

肾上腺素能和 DA 能神经系统所涉及的生理功能广泛而重要，并且与其神经通路和受体类型的不同功能密切相关，这里仅做一简单概述。

肾上腺素能神经系统的主要生理功能：调节心血管功能；影响摄食活动；参与体温调节；在镇痛中起作用；有助于觉醒的维持；与情感障碍有关。

DA 能神经系统的主要生理功能：调控锥体外系的运动功能；调控精神活动；调控脑垂体激素的分泌；具中枢催吐作用；参与胃肠道功能的调控；参与眼内压的调控；参与视网膜信息传递调控；与药物依赖和精神性反应性症状有关。

三、5-羟色胺与组胺

（一）5-羟色胺

5-HT 由吲哚和乙胺两部分组成（图 5-2），因其首先从人的血清中发现，并具有收缩血管作用，故又称血清紧张素（serotonin）。

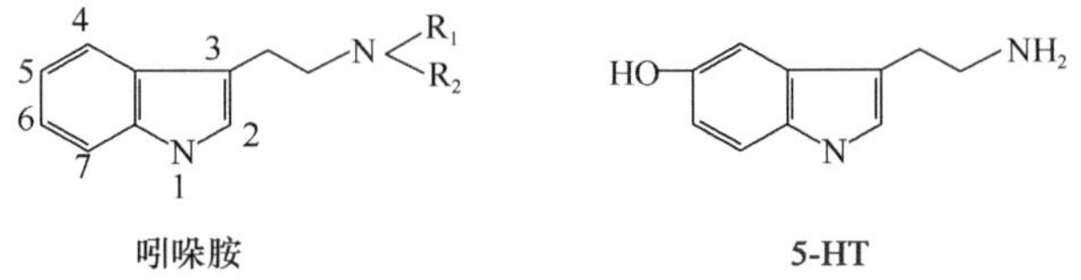

图 5-2　5-HT 的化学结构

5-HT 广泛分布于植物及动物的各种组织中。人体内约有 90%的 5-HT 存在于消化道黏膜，8%在血小板，1%存在于中枢神经系统中，另有一小部分位于各种组织的肥大细胞中。由于血脑屏障的存在，血液中的 5-HT 很难进入中枢神经系统。因此中枢和周围神经的 5-HT 分属两个独立的系统。

在中枢神经系统中，5-HT 能神经元胞体主要集中于中脑下部、脑桥上部和末脑的中缝核，此外在间脑、中脑和另一些部位也观察到 5-HT 神经元的分布。5-HT 能神经纤维几乎遍及整个中枢神经系统，其纤维投射和 NA 能神经相似，但其上行通路中，以腹侧束为主，而 NA 则是以背侧束为主。

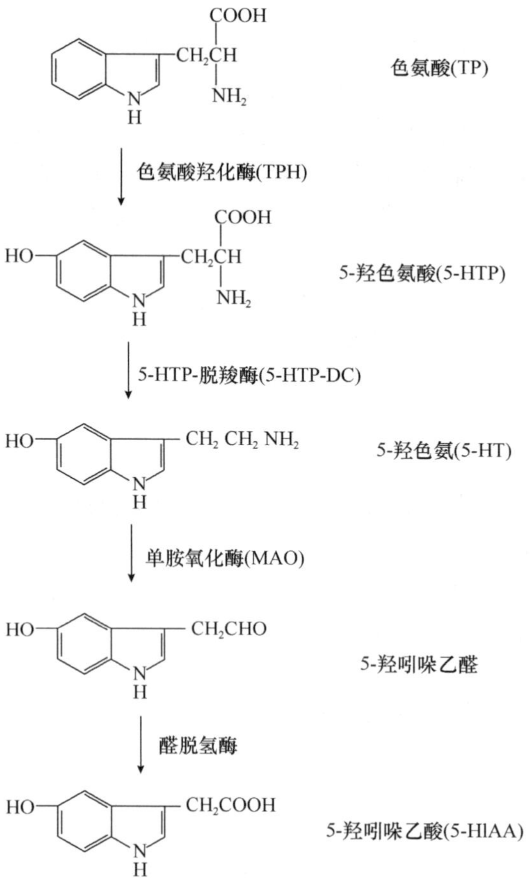

图 5-3　5-HT 的生物合成和代谢

1. 5-HT 的合成与代谢　5-HT 生物合成的前体为色氨酸，色氨酸是人体必需氨基酸，人体内不能自行合成，只能从食物蛋白中摄取，经肝脏水解而获得。因此，脑内 5-HT 的合成首先取决于色氨酸的有效利用率。血中的色氨酸进入 5-HT 能神经元后，先经色氨酸羟化酶（TPH）催化在 5 位羟化成 5-羟色氨酸（5-HTP），然后再经 5-羟色氨酸脱羧酶脱羧成 5-HT（图 5-3）。

TPH 特异性高，只存在于 5-HT 能神经元中，而且含量较少活性也较低，因此成为 5-HT 合成过程中的主要限速酶。

合成的 5-HT 与 CA 等递质一样，储存于 5-HT 能神经终末的囊泡中。释放入突触间隙的 5-HT 与受体结合，又迅速解离，这些 5-HT 大部分被突触前终末重新摄取。摄取入神经终末的 5-HT 一部分进入囊泡储存和再利用，另一部分被线粒体表面的单胺氧化酶所催化，氧化脱氨基而成 5-羟吲哚乙醛，而后迅速被依赖 NAD^+的醛脱氢酶催化生成 5-羟吲哚乙酸，这是中枢神经系统中 5-HT 代谢的最主要途径（图 5-4）。此外，在脑组织中还存在着另一代谢途径，即 5-HT 在硫基转移酶作用下，生成 5-羟色胺-*O*-硫酸酯而失活。当单胺氧化酶受抑制时，这一途径即成为 5-HT 灭活的重要机制。

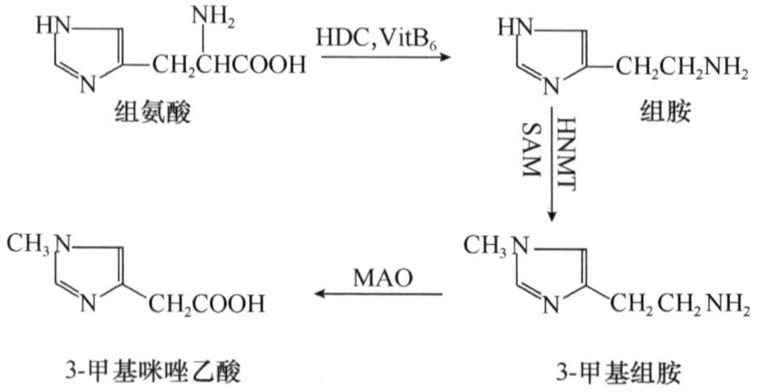

图 5-4　脑内组胺的合成和分解过程

HDC：组氨酸脱羧酶；VitB$_6$：磷酸吡哆醛；MAO：单胺氧化酶；HNMT：组胺-*N*-甲基转移酶；SAM：*S*-腺苷蛋氨酸

2. 5-HT 受体　目前 5-HT 受体可分为两大类：一是与 G 蛋白相关受体大家族成员，包括与腺苷酸环化酶（AC）偶联的 5-HT$_{1A}$、5-HT$_{1B}$、5-HT$_{1D}$和 5-HT$_4$受体；与磷脂酶 C 偶联的 5-HT$_{1C}$和 5-HT$_2$受体。二是配体门控离子通道受体大家族成员 5-HT$_3$受体。各种类型和亚型的 5-HT 受体见表 5-2。

表 5-2 脑内各类 5-HT 受体

类型	亚型	效应器机制	脑内高密度分布区
5-HT_1	5-HT_{1A}	cAMP↑↓；K^+通道↑	缝核、隔核、海马、新皮层
	5-HT_{1B}	cAMP↓	黑质、大脑皮质
	5-HT_{1C}	磷脂酰肌醇代谢	脉络模丛
	5-HT_{1D}	cAMP↓	大脑皮质、黑质
5-HT_2		磷脂酰肌醇代谢；K^+通道↓	新皮质
5-HT_3		膜除极	最后区
5-HT_4		cAMP↑	胶质

3. 5-HT 的生理与病理作用 国内外大量研究结果表明，5-HT 对多种生理功能均有影响，主要包括调节摄食行为；调节性行为；调节心血管功能；调节下丘脑-垂体前叶功能；影响睡眠；参与疼痛感受与止痛；影响精神活动。

5-HT 代谢与精神、神经方面的疾患均有一定的关系，如精神分裂症、躁郁性精神病、精神发育迟滞、帕金森病、颅脑外伤、脑血管疾病和偏头痛等都伴随有 5-HT 及其代谢物含量的变化。

（二）组胺

十多年的研究结果证明，组胺（histamine，HA）在中枢神经系统内起神经递质的作用。HA 在脑内的分布很不一致，HA 及其合成酶与灭活酶共存于神经元内，除极可使 HA 释放。HA 在脑内更新快，实验证实在外侧下丘脑存在合成 HA 的细胞体。

1. 组胺的代谢途径 HA 不易通过血脑屏障，因而脑内 HA 的形成主要由脑内组氨酸通过专一的 *L*-组氨酸脱羧酶（histidine decarboxylase，HDC）和非专一的芳香族 *L*-氨基酸脱羧酶（aromatic *L*-amino acid decarboxylase，AAD）催化脱羧形成（图 5-4）。这两个酶都以磷酸吡哆醛为辅酶，其不同点在于最适 pH、对组氨酸的 K_m、对抑制剂的反映及在脑内的分布。

脑内 HA 灭活的途径主要是通过组胺-*N*-甲基转移酶（HNMT）催化，由 *S*-腺苷蛋氨酸提供甲基，生成 3-甲基组胺（图 5-4）。

2. 组胺受体 脑内存在着 H_1、H_2 及 H_3 三种 HA 受体类型。

H_1 受体激活后，经 G 蛋白转导，可激活磷脂酶 C 催化产生 DAG 和 IP_3。IP_3 动员胞内的 Ca^{2+}，使细胞内 Ca^{2+}浓度升高；还可促进脑内糖原分解；强化 H_2 受体增加 cAMP 的效应。

H_2 受体与腺苷环化酶相偶联，激活时可导致细胞内 cAMP 生成增加。

脑内 H_1 和 H_2 受体都位于突触后，它们不仅存在于神经细胞膜上，在星形胶质细胞和脑血管上也存在。

H_3 受体定位于突触前，是一种自身受体。H_3 受体不仅控制组胺的释放，而且还控制其合成。此外，H_3 受体还存在于其他神经终末上，抑制 5-HT 和 NA 等递质的释放。

3. HA 的生理与病理作用 HA 除具有扩张血管增加毛细血管通透性和促进胃液分泌的作用外，近年来研究发现它还具有以下生理功能：调节边缘系统的功能；参与觉醒和睡眠的调节，维持机体的觉醒状态；调节神经内分泌；调节机体对伤害性刺激的反应。

对组胺的病理作用的研究表明，偏头痛的发病可能与脑血管内的组胺过多有关。也有报道说，人在急性中枢神经系统感染时，脑脊液中组氨酸增多，同时脑血管中组胺也增多。

四、氨基酸递质

脑内存在着多种氨基酸，有几种已被确定具有神经递质作用。根据它们对中枢神经系统作用的不同，将其分为兴奋性氨基酸（EAA）递质和抑制性氨基酸递质两类。

（一）兴奋性氨基酸递质

目前的研究表明，在化学结构上具有两个羧基一个氨基的酸性氨基酸，对中枢神经都具有兴奋作用，如 *L*-谷氨酸（glutamic acid，Glu）、*L*-天冬氨酸（aspartic acid，Asp）、*N*-乙基-*D*-天冬氨酸（*N*-ethyl-*D*-aspartic acid）和 *N*-甲基-*D*-天冬氨酸（*N*-methyl-*D*-aspartic acid，NMDA）。这些氨基酸如脱去氨基，则成为 α-酮酸，即失去其中枢神经兴奋作用；如果脱去羧基，则兴奋性氨基酸就变成了抑制性氨基酸。

Glu 和 Asp 是中枢神经系统中最重要的两种内源性兴奋性氨基酸。尤其是 Glu，是哺乳动物脑内含量最高的一种游离氨基酸。

Glu 广泛分布于中枢神经系统中，以大脑皮质含量最高，其次为小脑、纹状体、延髓和脑桥。脊髓中 Glu 含量虽明显低于脑内，但有特异分布，背根的浓度比腹根高，背部灰质含量比腹部灰质高，因此，有人认为 Glu 是初级传入纤维的兴奋性递质。

Asp 在中枢的分布也很广泛，以小脑、丘脑和下丘脑含量较高，大脑皮质、纹状体含量较低，脊髓含量低于脑内，但分布与 Glu 不同，背根浓度与腹根浓度大致相等。腹部灰质含量比背部灰质高，因而有人认为 ASP 是中间神经元的兴奋性递质。

Glu 和 Asp 可使中枢神经系统中与之接触的所有神经元兴奋，其作用产生快消失也快，伴有膜电阻显著降低及 Na^+和其他离子通透性增加，进而引起神经元除极，产生兴奋性突触后电位（EPSP）。Asp 也与 Glu 类似，对神经元也有除极作用和兴奋作用，但作用要相对小些。

1. 兴奋性氨基酸的生物合成 Glu 和 Asp 都属非必需氨基酸，且都不能透过血脑屏障，因此，不能通过血液由周围组织供给脑，而是由葡萄糖和其他一些前体物质在脑中合成。这两种氨基酸可来自葡萄糖经 TCA 循环产生 α-酮戊二酸和草酰乙酸，α-酮戊二酸可通过转氨酶作用或经谷氨酸脱氢酶作用的逆反应，还原加氨基生成 Glu；草酰乙酸可通过转氨酶作用转变为 Asp。终止内源性 Glu 和 Asp 兴奋作用的主要机制是重新摄取。

2. 兴奋性氨基酸受体 哺乳动物脑内至少存在五种兴奋性氨基酸受体，介导 G1u 和 Asp 引起的突触后效应。根据其选择性激动剂和阻断剂的不同，分别命名为 *N*-甲基-*D*-天冬氨酸（*N*-methyl-*D*-aspartic acid，NMDA）型，红藻氨酸（kainic acid，KA）型，α-氨基羟甲基异噁唑丙酸（α-amino-3-hydroxy-5-methyl-4-isoxazole-propionic acid，AMPA）型，*L*-2-氨基-4-磷酰丁酸（*L*-2-amino-4-phosphoryl butyric acid，*L*-AP_4）型和反-氨基环戊烷二羧酸（*trans*-amino-cyclopentyl dicarboxylic acid，ACPD）型或亲代谢（metabotropic）型受体。NMDA、AMPA 和 KA 三型受体属于化学配体门控离子通道受体蛋白家族成员；*L*-AP_4 和 ACPD 型受体都必须通过与 G 蛋白的偶联而产生效应。

（1）NMDA 受体：从大鼠脑内克隆的 NMDA 受体，是一个由一个 $NMDA_1$ 亚基和四

个 $NMDA_2$ 亚基组成的杂合寡聚蛋白，与 ACh *N*-受体类似，NMDA 受体的每个亚基肽链均有 M_1～M_4 四个跨膜功能区段，五个亚基在细胞膜上组合成一个对 Ca^{2+}高度通透的阳离子通道。五个亚基中 $NMDA_1$ 亚基对受体实现其功能至关重要。研究表明，NMDA 受体上至少存在有五个不同的内源性配体结合位点，影响离子通道开放。这些包括两个不同的激动剂的识别位点，一个多肽调制位点和 Mg^{2+}、Zn^{2+}两个识别位点（图 5-5）。其中一个激动剂的识别位点是 Glu 识别位点，对这个识别位点的激动剂是以 Glu 为代表的一些短链二羧基氨基酸，如 *L*-高半胱氨酸、Asp、喹啉酸等，NMDA 是此位点高选择性的激动剂；另一个激动剂的识别位点是 Gly 识别位点，NMDA 受体除了结合 Glu 以外，还必须同时结合 Gly 才能被激活，Gly 和 Glu 单独都不能开启离子通道，因而两者被称为 NMDA 受体的协同激动剂（co-agonist）。NMDA 受体上多胺识别位点有无多胺的结合，对激活 NMDA 受体并不是必需的，但能调制受体对激动剂的反应。在低浓度时，多胺可增强 Glu 和 Gly 开启受体离子通道的能力；但在高浓度时，能诱发电压依赖的离子通道抑制作用，从而抑制了受体的激活。细胞外液中的 Mg^{2+}可电压依赖地抑制离子通道的开启，而 Zn^{2+}是一个不依赖电压的内源性阻断剂，因而 Zn^{2+}和 Mg^{2+}结合在 NMDA 受体上的位点是不同的。外源性的 NMDA 受体通道的阻断剂有 MK-801、氯胺酮(ketamine)和苯环己哌啶(phencyclidine，PCP)，Mg^{2+}和这些阻断剂对电压依赖的程度是有差别的，推测它们是结合在受体通道的不同结构域。除此之外，受体的 C 末端还有若干个可被蛋白激酶 C 磷酸化的调节位点，因此受体的活性可受到可逆蛋白磷酸化的调节。

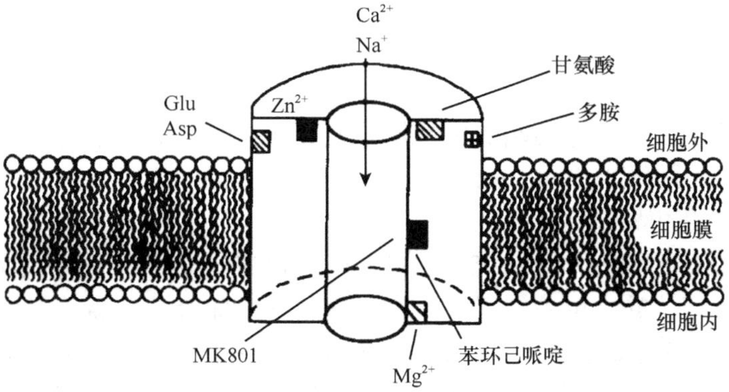

图 5-5 NMDA 受体结构模式图及其受体上的识别调制位点

NMDA 受体被激活时可使受体上的离子通道迅速开启，主要是增加 Ca^{2+}的通透性，导致 Ca^{2+}内流。同时增加正价离子 Na^+和 K^+的通透性，导致 Na^+内流，K^+外流，使突触后膜产生一个快速的 EPSP。

（2）AMPA 受体：研究表明，AMPA 受体的分子结构与 NMDA 受体类似，其氨基酸顺序的相同性为 22%～26%。该受体被激活后，可使通道蛋白变构呈开启状态，允许 Na^+内流，K^+外流，它与许多兴奋性突触中的快速除极作用有关，并可与 NMDA 受体协同作用，使突触后神经元激活。

（3）KA 受体：能特异地被 ^{3}H-KA 所标记。用放射配基结合所做的研究表明，KA 受体和 AMPA 受体对某些激动剂的敏感程度不同，KA 受体对激动剂 KA、Glu 和 AMPA 的敏感强度为 KA＞Glu＞AMPA，而 AMPA 受体则是 AMPA＞Glu＞KA。

（4）*L*-AP_4受体：可能是存在在突触前膜上的受体。有研究表明，激活 *L*-AP_4受体后，通过 G 蛋白介导，可激活磷酸二酯酶水解环核苷酸，使细胞内的 cAMP 或 cGMP 水平降低，导致离子通道关闭，使突触前膜产生超极化，从而抑制突触前神经终末释放 Glu。

（5）ACPD 受体：ACPD 受体激活后，可通过 G 蛋白介导激活磷脂酶 C，该酶水解 PIP_2 产生 DAG 和 IP_3，IP_3 快速动员胞内 Ca^{2+}，使细胞内 Ca^{2+}浓度升高，从而导致一系列生化反应。

3. 兴奋性氨基酸的生理与部分毒性作用 兴奋性氨基酸的主要生理作用是作为多数兴奋性神经元的递质发挥效应。此外，NMDA 受体还与神经系统的学习记忆功能、突触发育的可塑性密切相关。大量研究表明兴奋性氨基酸也具有某些神经毒性作用。在中枢神经系统中它的代谢或传递障碍在某些神经退行性病变中起着重要作用，如肌萎缩性侧索硬化、亨廷顿舞蹈症等。近年来用微透析技术对脑缺血动物模型的在体研究表明，暂时性脑缺血及缺血后再灌流的早期，兴奋性氨基酸在缺血的脑组织区内显著增加。用放射配体结合技术研究兴奋性氨基酸受体的分布表明，兴奋性氨基酸受体分布的高密度区和脑缺血性易损区一致。因此现在认为，脑缺血缺氧时，脑内糖的有氧氧化途径被抑制，氧化磷酸化作用降低，脑细胞能量供给不足，糖的无氧酵解加强，乳酸产生过多导致酸中毒；脑缺血时有自由基产生，引起细胞膜去极化，导致突触前神经终末大量释放 Glu，再加上突触前膜对 Glu 重吸收的受阻，也使得 Glu 在细胞外堆积，Glu 激活突触后的 AMPA 和 NMDA 受体，导致 Ca^{2+}和 Na^{+}内流，造成神经元水肿，细胞内 Ca^{2+}超载，引起细胞坏死。兴奋性氨基酸在神经退行性病变、癫痫发作、脑缺血引起的脑损伤等疾病的发生、发展过程中都起着重要的作用。

（二）抑制性氨基酸递质

氨基和羧基分别位于碳链两端的中性氨基酸，都有中枢抑制作用，如 GABA、甘氨酸（glycine，Gly）、β-丙氨酸（β-alanine）和牛磺酸（taurine）。其中 GABA 和 Gly 是脑内两个最重要的抑制性氨基酸递质。

GABA 主要分布于中枢神经系统中，周围神经和其他组织中很少。GABA 在脑内含量很高，但在脑内各部位的含量差别很大。在黑质和苍白球含量最高，下丘脑次之。

Gly 是结构最简单的氨基酸，广泛存在于体内各组织中，而不像 GABA 那样主要集中在中枢神经组织中。Gly 在神经系统中以脊髓含量最高，是主要存在于脊髓的抑制性神经递质。

1. GABA 和 Glu 的生物合成 脑内生物合成 GABA 的主要途径是 α-酮戊二酸经转氨基作用生成 Glu，Glu 经谷氨酸脱羧酶催化脱羧生成 GABA。中枢神经系统中的 Gly 可在线粒体内合成，合成的途径很多，其中之一为丝氨酸经丝氨酸羟甲基转移酶（SHMT）催化生成 G1y。

2. 抑制性氨基酸受体 GABA 受体主要分为 $GABA_A$ 和 $GABA_B$ 两型。

（1）$GABA_A$ 受体：属化学配体门控离子通道受体家族成员，是一个不均一的五聚体糖蛋白。由 α、β、γ、δ 和 ρ 五个亚基组成，每个亚基均有四个疏水的跨膜 α-螺旋区段，五个亚基围成一个中空的有利于一价负离子通过的离子通道。各个亚基上都有可磷酸化的位点，而 β 亚基和 γ 亚基的磷酸化比 α 亚基的磷酸化有更重要的生理意义。

$GABA_A$受体上有五个主要的识别调制位点（图 5-6）：GABA、苯二氮䓬（benzodiazepine，BD）、巴比妥酸（barbiturate）、木防己苦毒素（picrotoxin，Pic）和类固醇结合位点（图 5-6）。尽管所有亚基都能结合 GABA 并激活 Cl^-通道，但 GABA 的结合位点主要还是在 β 亚基上。

GABA 识别位点的激动剂除内源性的 GABA 外，最常用的还有外源性的激动剂蝇蕈醇（muscimole），经典的拮抗剂是荷包牡丹碱（bicuculline，Bic）。BD 的结合位点是在受体的 α 亚基上。BD 类激动剂与 BD 识别位点的结合可使受体发生变构，变构的受体增强了 GABA 与受体的结合，加强了 GABA 的效应，因此，BD 类激动剂是受体的正性变构调制物。巴比妥酸、木防己苦毒素和类固醇与它们相应的结合位点结合可直接影响通道的开启，如巴比妥酸可延长通道开启时间，木防己苦毒素可阻断通道开启。

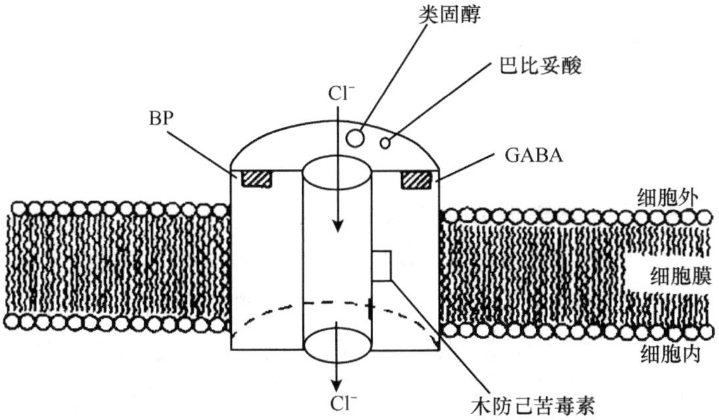

图 5-6　$GABA_A$ 受体结构模式图及其受体上的识别调制位点

$GABA_A$ 受体主要介导突触后抑制效应，GABA 与 $GABA_A$ 受体结合，引起突触后膜 Cl^- 通道开放，Cl^- 内流引起突触后膜超极化，产生一种快的抑制性突触后电位（IPSP）。$GABA_A$ 受体在神经系统广泛分布，因而 GABA 对中枢神经各部位神经元都有普遍的抑制性作用。

（2）$GBAB_B$ 受体：属于与 G 蛋白相偶联的受体家族成员。对阻断剂 Bic 不敏感，但可被苯氯丁氨酸（p-chlorophenyl GABA，baclofen）所激活。

$GABA_B$ 受体主要分布在突触前神经终末，被激活后，通过 G 蛋白介导抑制 Ca^{2+} 内流，在突触前抑制其他兴奋性递质的释放而产生抑制性效应。位于突触后膜的 $GABA_B$ 受体，则通过 G 蛋白的介导，开启 K^+ 通道使 K^+ 外流，产生慢的 IPSP 及较弱的突触后抑制效应（图 5-7）。

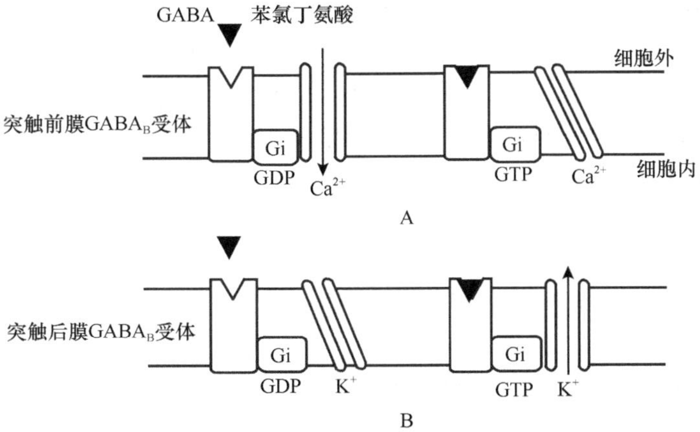

图 5-7　$GABA_B$ 受体作用模式图

A. 位于突触前膜的 $GABA_B$ 受体：GABA 及其激动剂与之结合后，激活 G 蛋白，导致 Ca^{2+} 通道受阻，减少了 Ca^{2+} 的内流。
B. 位于突触后膜的 $GABA_B$ 受体：GABA 及其激动剂与之结合后，激活 G 蛋白，开启 K^+ 通道，使 K^+ 外流

（3）Glu 受体：士的宁是对 Glu 受体有高度专一性的阻断剂，可阻断 Gly 的抑制作用和由 Gly 引起的 IPSP。对士的宁敏感的甘氨酸受体和 $GABA_A$ 受体同属同一家族，是一个由 α 和 β 两种亚基构成的五聚体复合物，五个亚基围绕一起形成了一个 Cl^-通道，介导 Gly 的抑制效应。此外，在 NMDA 受体上还存在着对士的宁不敏感，而对 G1y 具高亲和力的结合位点，Gly 与该位点的结合可增强兴奋性氨基酸的活性。

3. 抑制性氨基酸的生理功能 GABA 的主要生理功能是抗焦虑作用；抗惊厥作用；镇痛作用；抑制摄食活动；调节腺垂体和神经垂体的分泌。Gly 的主要功能是对感觉和运动进行抑制性调控；对 NMDA 受体起调制作用。

五、神经肽

在传统观念中，机体主要是由神经系统和内分泌系统这两大系统调节和控制的。神经系统是以神经冲动的形式通过释放的神经递质的作用传递神经信息，内分泌系统是通过血液循环以释放激素的形式传递化学信息的，这两种传递信息的方式是截然不同的。而神经肽类物质，根据作用部位的不同，既能起递质的作用，又能起激素样作用，有时也起调质作用。神经肽的这种多样化作用，将这两种信息传递方式结合起来，体现了神经系统和内分泌系统两大系统的功能结合，共同调节机体各器官的活动，以便于更好地适应机体内外环境的变化。

（一）神经肽的分类

神经肽是体内传递信息的多肽，主要分布于神经组织。同一个神经肽因其在脑内的分布不同，可能起递质、调质或激素样作用。目前已发现的神经肽已有几十种之多，根据其结构和功能的相似性或发现的部位，可以大致分为以下十几类，其中某些神经肽在中枢神经系统的确切功能还有待研究。

1. 垂体激素 ACTH、加压素、催产素、生长激素。

2. 下丘脑释放激素 促肾上腺皮质激素释放激素、生长抑素、生长激素释放因子、促甲状腺素释放激素、黄体生成素释放激素、神经降压素。

3. 内源性阿片肽 脑啡肽、内啡肽、强啡肽等。

4. 速激肽类 P 物质、神经激肽 A、神经激肽 B、神经肽 K 等。

5. 胰高血糖素相关肽家族 血管活性肠肽（VIP）、胰高血糖素、组异肽、组甲肽等。

6. 神经肽 Y 基因家族 神经肽 Y、胰多肽、生长抑素。

7. 内膜素家族 内皮素-1、内皮素-2、内皮素-3。

8. 心钠素家族 α-心钠素、脑钠素、C 型钠尿肽。

9. 降钙素基因相关肽超家族 降钙素基因相关肽、降钙素、淀粉多肽。

10. 铃蟾肽样肽家族 促胃泌素释放肽、蛇皮素。

11. 缓激肽 缓激肽。

12. 其他 胆囊收缩素样肽、胆囊收缩素

（二）神经肽的生物合成

神经肽在神经元胞体合成，合成的前体经轴突转运，以活性多肽的形式储存于突触前

神经终末，当神经元激活时释放，在突触水平作为神经递质或主要以神经调制物的方式起作用。有些肽通过弥散作用对其他神经元起旁分泌作用，有些肽直接分泌入血。

在染色体特定部位具有神经肽基因，基因含外显子和内含子，在5′端和3′端各有一定数量碱基对组成的非编码区，它们与基因表达的调节密切相关。基因表达时，先由DNA为模板经RNA聚合酶作用，转录出前体mRNA，剪辑去除内含子后，外显子拼接为成熟的mRNA。在核糖体，mRNA在翻译为前蛋白或称前神经肽原的过程中，首先在肽链的N末端合成出一段由20～30个氨基酸组成的信号肽，其中含有较多的疏水性氨基酸残基。该信号肽可被信号肽识别子SRP识别和结合，并被粗面内质网上SRP的受体识别，引导新生的肽链及其附着的核糖体到粗面内质网处，信号肽插入网内，其后的新生肽链边延长边被转运到网腔中，随即在特异性蛋白酶作用下，信号肽被切除，去除了信号肽的多肽链称为神经肽原。神经肽原在内质网合成后，被糖基化并发生折叠形成二硫键，折叠后的神经肽原被运送到高尔基体并进入囊泡，在囊泡中，随轴浆流输送至神经终末。囊泡内的神经肽原，在囊泡随轴浆转运至神经终末的过程中，经酶切、化学修饰和酰胺化等一系列翻译后加工过程，最后成为具有生物活性的神经肽。

（三）神经肽的降解和失活

神经肽失活的主要方式是酶促降解。脑内存在多种可使神经肽降解的酶，如氨基肽酶、羧基肽酶和内肽酶等。神经肽酶促降解的主要生理意义有两个，一个是通过一些肽酶将机体内的神经肽水平控制在一定的范围内，二是改变某种神经肽的生物学作用或使其丧失活性。

（四）神经肽受体

目前发现的神经肽受体大多数为G蛋白偶联型受体。这类受体在绝大多数情况下要通过细胞内第二信使产生效应。

（五）神经肽的生理功能

神经肽种类多，所具有的生理功能也多种多样，简单概述如下。

1. 内源性阿片肽类的生理功能 阿片肽类在镇痛中具有重要作用，内阿片肽还参与心血管活动、呼吸作用、体温、摄食和饮水行为的调节，并能影响精神活动、内分泌和免疫作用。

2. 胆囊收缩素的生理功能 胆囊收缩素的主要生理功能是镇痛作用；参与锥体外系运动功能的调节；调节脑血流；影响脑垂体激素的释放；调节胃肠道作用；厌食作用。

3. 心钠素的生理功能 心钠素的生理功能为利尿、利钠作用；参与水盐代谢调节；扩张血管和降低血压作用；调节心血管活动。

六、候选神经化学信使

近年来研究发现，除了经典的神经递质和神经肽之外，还有一些神经活性物质在中枢与周围神经系统中有着重要的生理功能，在神经化学信息传递中可能起到了递质或调质的作用。这些候选的神经化学信使主要是嘌呤类和一氧化氮，可能还有一氧化碳。

第三节　神经元跨膜信号的传递

几乎所有的神经元功能，包括发育成熟、生长存活、细胞骨架构成、基因表达、信息的传递、功能适应的过程均与细胞表面激活继而引起胞内信号的传递有关。神经元和胶质细胞对神经递质、生长因子及其他信号分子产生的效应是由这些细胞的受体和一系列从胞外到胞内的信号传递途径决定的；还与酶、离子通道及细胞骨架蛋白等的作用有关。上述信号分子在哺乳动物和无脊椎动物基因组内广泛存在，它们的浓度和分布的部位决定单个神经元的反应性；同时，神经元的基础活性也影响这一反应过程。细胞膜上的受体与配体特异性识别并结合后，参与了信息物质的放大或产生，进一步影响细胞代谢。信号转导系统还可以调节基因转录水平，决定细胞的分化和功能状态。通常所说的跨膜信号的传递多指此类机制。

受体介导的跨膜信号的传递过程包括三个主要环节，即受体配体的相互识别、胞内信号的转导和生物效应的产生。不同时期激活的几种信号系统使细胞信号的传递更加复杂。根据受体本身的结构及其效应体系的不同，可以把受体的跨膜信号的传递机制分成如下三种。

第一种信号系统是配体门控离子通道（图 5-8A），如烟碱型受体、$GABA_A$ 和 Gly 受体及所有的化学性离子通道。该信号系统传递迅速，10ms 内即可激活和灭活，使得神经系统多突触间的快速联系成为可能。该系统的受体本身是由配体结合部位与离子通道两部分构成（烟碱型受体是 Na^+通道，$GABA_A$ 及 Gly 受体是 Cl^-通道），当配体与受体结合时，离子通道开放，细胞膜的通透性增加。

第二种信号系统是受体酪氨酸激酶（图 5-8B），通常是与生长因子、营养因子结合，在神经元的生长、分化或存活中起重要作用。该系统的受体本身具有某种酶的活性，其催化部位在细胞膜的内面，当配体与受体结合后可以改变酶活性，从而导致一系列效应。

第三种信号系统也是数量最多的是 G 蛋白偶联信号系统（图 5-8C），该系统需要多步反应，信号传递时间为 100～300ms 以至几分钟。虽然传递速度不快，但是该信号调节系统调节方式丰富，并具有级联放大和可塑性特性。该信号系统通常是先在细胞内生成第二信使，进而激活包括蛋白激酶在内的一系列蛋白质，调节细胞过程。该系统的受体可以识别各种信息（如激素、递质、药物、光线等），并与之发生相互作用。细胞内面的则是各种效应器，如某些酶（腺苷酸环化酶、cGMP 磷酸二酯酶、磷脂酶 C）或者离子通道等。位于受体与效应器之间的则是偶联蛋白。被激活的受体促使偶联蛋白释放其活性因子，以调节效应器的活性。由于该系统的偶联蛋白都能结合并水解 GTP，而且其功能也受 GTP-GDP 转换的调节，所以通常

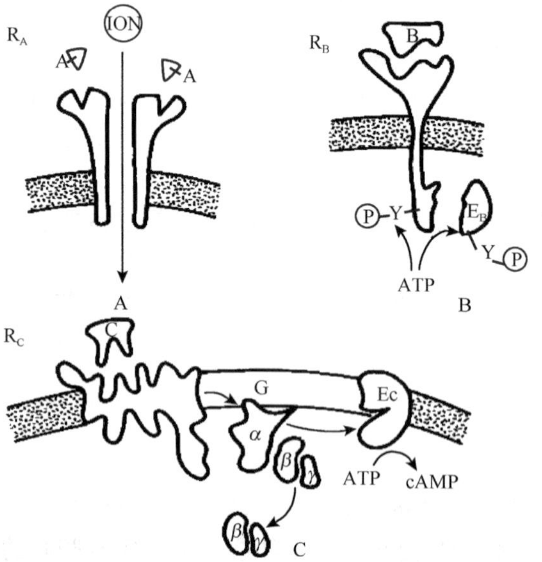

图 5-8　受体介导的主要跨膜信息传递机制

称之为 G 蛋白。

目前的研究表明上述所有膜受体都是膜蛋白，它们可以分为三个区域：在膜外侧面的肽链末端、跨膜部分和细胞内部分。膜外侧部分常常被多糖修饰，这一区域多由亲水性氨基酸组成，而且有时形成二硫键，以联系同一受体的不同部分或其他受体。跨膜部分多由疏水性氨基酸组成，形成 α 螺旋结构，每个结构有 20～25 个残基，有的受体肽链存在多个跨膜螺旋，这一区域与一些受体和配基的结合有密切联系。细胞内部分肽链的 C 末端在细胞内，受体与效应器偶联的部位或本身的效应部位（如酪氨酸激酶）也都在细胞膜内。

一、受体门控离子通道

由于这种受体直接操纵离子通道的开关，改变细胞膜的离子通透性，因此，它们大都介导快速的信号传递，而无须产生其他细胞内信使物质，其典型的例子就是肌肉的 *N*-ACh 受体。它由四种亚单位组成，ααβγδ 五聚体。每个亚单位都由若干跨膜区段组成，共同围成一个离子通道。ACh 的结合位点在 α 亚单位的细胞膜外侧。

其他许多受体门控离子通道，如 Glu 受体、$GABA_A$ 型受体、ACh 受体等，都是由数目和种类各异的亚单位组成这样的通道。值得指出的是，根据通道对离子的选择性，可以将其分成阳离子通道和阴离子通道两类。这与各亚单位靠近通道出、入口处的氨基酸残基所带的电荷密切相关。阳离子通道（如 *N*-ACh 受体-Na^+通道）入口处的氨基酸多带负电荷，反之，阴离子通道（GABA 受体-Cl^-通道）则多带正电荷。

（一）ACh 受体

ACh 受体是由五个亚基组成的，包括两个 α 亚基、一个 β 亚基、一个 γ 亚基和一个 δ 亚基。受体的分子量为 2.7×10^5，ACh 与受体的 α 亚基相结合。

图 5-9 显示的是胞膜上 ACh 受体的结构。图中 A 是 1983 年 Claudio 等提出来的 γ 亚基的结构模型。M1～M4 是嵌入膜的部分，—CHO 基团可能是糖基化作用的位置。图中 B 为 ACh 受体中所包含的五个亚基排列顺序的三维结构图。两个 α 亚基、一个 β 亚基、一个 γ 亚基和一个 δ 亚基围绕一个中心通道，α 亚基被一个 β 亚基或 γ 亚基分离开，每一个 α 亚基都有一个 ACh 结合位点。中央通道呈漏斗状，大的圆锥形部分面向膜外，狭长的部分位于膜内。圆锥形部分由各个亚基位于膜外空间的部分构成，狭长部分由各个亚基的 M5 部分构成。M5 中的一些氨基酸带有电荷，氨基酸中带电荷的部分排列在 α 螺旋面对通道的一侧，氨基酸的疏水部分排列在 α 螺旋的另一侧，这样的 α 螺旋称为两性 α 螺旋。

ACh 的结合位点位于 α 亚单位 N 末端段的二硫键附近。ACh 受体的原位实验显示，ACh 结合位点附近的二硫键特别容易被还原，用放射性的烷化剂可确定它们是 α 亚单位第 192 位和 193 位的半胱氨酸残基。在天然 ACh 受体中，这种由两个邻位半胱氨酸残基形成二硫键的独特情形仅出现在 ACh 受体的 α 亚单位，在其他三种亚单位中没有发现。由于受体有两个 α 亚单位，因而有两个 ACh 结合位点，这与生理学证据相一致，证明必须有两个 ACh 分子与受体结合才能完全开放通道。这两个结合位点的药理学特性稍有差异，可能是由于周围环境的不同所致。用 α 银环蛇毒素与 ACh 受体结合而可被 ACh 竞争性阻断的实验表明，ACh 结合位点的一部分靠近第 192 位半胱氨酸。

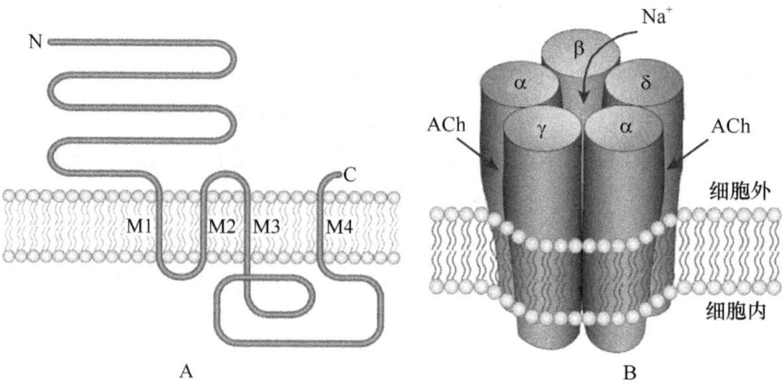

图 5-9　ACh 受体的分子结构图

A. γ 亚基的结构；B. Ach 受体中各亚基的组成

（二）谷氨酸受体

Glu 是哺乳动物中枢神经系统最常见的兴奋性递质。Glu 受体有三种亚型：即 *N*-甲基-*D*-天冬氨酸（NMDA）受体、使君子氨酸（QA）受体和海人藻酸（KA）受体，后两者合称为非 NMDA 受体。最近又发现一类 L-AP_4 型受体。

NMDA 受体有独特的电压依赖性。在静息状态时，其受体通道被 Mg^{2+}堵塞，去极化将通道中的 Mg^{2+}逐出而打开 NMDA 受体通道。现已克隆出 NMDA 受体有 NR_1、NR_{2A}、NR_{2B}、NR_{2C}、NR_{2D}和 NR_L 等多种亚单位，并且发现它们的基因在海马神经元发育过程中的不同时期表达。QA 受体分为两种亚型，一种是离子型受体，开启时直接开放阳离子通道，曾称为 Q_1 受体，因发现 AMPA（α-氨基-3-羟基-5-甲基异噁唑-4-丙酸）是 Q_1 受体的选择性激动剂，现称为 AMPA 受体。QA 受体的第二种亚型是代谢型受体（mGluR），激活时促使磷脂酰肌醇（PIP_2）水解，产生甘油二酯（DG）和三磷酸肌醇（IP_3）两种胞内第二信使，又称之为 Q_P 受体。

除了细胞外的信使物质以外，一些细胞内的信使物质如 cAMP、cGMP、1，4，5-三磷酸肌醇（IP_3）等，它们的受体位于细胞内的各种膜结构之上，也属于离子通道型。这种受体的激活常常可以改变细胞内离子浓度的变化（如 IP_3 使细胞内 Ca^{2+}储池的 Ca^{2+}外流，提高细胞质中游离 Ca^{2+}浓度）。本质上与细胞膜的离子通道是一样的。常见的受体门控型离子通道可参见表 5-3。

表 5-3　受体门控离子通道

调控配体	离子选择	调控配体	离子选择
A. 细胞外激活型		ATP（P_{2x}）	Ca^{2+}，Na^+，Mg^{2+}
$GABA_A$	Cl^-，HCO_3^-	B. 细胞内激活型	
甘氨酸	Cl^-，HCO_3^-	cGMP（光受体）	Na^+，K^+
乙酰胆碱（N 样，肌肉）	Na^+，K^+，Ca^{2+}	cAMP，cGMP（嗅神经）	Na^+，K^+
乙酰胆碱（N 样，神经）	Na^+，K^+，Ca^{2+}	ATP（关闭通道）	K^+
兴奋性氨基酸：非 NMDA 型	Na^+，K^+，Ca^{2+}	1，4，5-三磷酸肌醇	Ca^{2+}
兴奋性氨基酸：NMDA 型	Na^+，K^+，Ca^{2+}	Ca^{2+}（ryanodine 受体）	Ca^{2+}
5-羟色胺（5-HT_3）	Na^+，K^+		

二、G 蛋白和第二信使

这是目前已经发现的种类最多的受体，以这种方式工作的受体遍布机体的各个器官组织，其激动剂的种类包括生物胺、蛋白激素、多肽激素、脑/肠多肽、花生四烯酸系列的活性物质、淋巴细胞活性因子、光、嗅觉及其他许多因子。其作用之广泛由此亦可见一斑。

尽管受体的种类如此复杂，其各自的效应也各异，但这些受体与其效应器间都经过 G 蛋白介导，且受体在结构上也有很大的相似性。最明显的就是，所有这些受体都由一条肽链形成，其 N 端在细胞外，C 端在细胞内；而且肽链形成七个跨膜螺旋结构及相应的三个细胞外和三个细胞内环。即使是不同配基的受体，其一级结构（氨基酸序列）也表现出相当大的相似性。尤其是跨膜螺旋部位更为明显。正是利用这种特点，很多这类受体之一级结构都已经或正在用分子克隆技术予以阐明。

特别值得提出的是，分子生物学技术不仅应用于受体一级结构的阐明，同时也应用于受体功能及构效关系的研究。例如，可以相应改变克隆基因的特定位点，或者在基因中嵌入一段序列，使之形成杂合体。经过这样改变的受体基因在一定条件下得以表达后，研究其功能的改变，即可得到受体构效关系的直接证据。此外，根据受体的一级结构，制备某些关键片段肽链的特异抗体，观察这些抗体对受体功能的影响，也同样是很有效的方法。由于这些方法的应用，我们对受体与配基的结合与 G 蛋白及效应器的偶联机制等，都有了不少新的认识。例如，目前已知，小分子的生物胺及某些小肽受体的主要结合部位并不在细胞膜外面，而是在由若干跨膜螺旋构成的“袋状”结构之中；而大分子的蛋白激素的结合位点则主要由细胞外侧肽链的 N 端某些部位组成。更为特殊的是，凝血酶与其受体结合后，使受体被部分切除，然后才被激活。

（一）G 蛋白的结构及调节机制

1. G 蛋白的发现 根据 Sutherland 提出的第二信使学说，一些激素（如肾上腺素、胰高血糖素等）激活膜上的腺苷酸环化酶（adenylate cyclase，AC），生成第二信使物质 cAMP，并以之调节细胞内的代谢。药理学的研究表明，AC 的活性受各种特异受体的调制。当时据此提出的模式认为受体与 AC 是直接偶联的，或者认为受体与 AC 的关系类似酶的调节亚单位与催化亚单位的关系。

Rodbell 等（1971 年）发现，只有存在 GTP 时，胰高血糖素才可能激活 AC，同时，GTP 也影响胰高血糖素受体与其结合的亲和力。显示了 GTP 对受体及其效应器的双重调节作用。随后，Cassel 等发现儿茶酚胺类物质激活火鸡红细胞膜上的 GTP 酶，促使 GTP 水解为 GDP。提示受体与效应器的相互作用并非单纯地受控于 GTP，而是受体本身也能主动地参与 GTP 作用的调控。与此同时，Schramm 等使用细胞融合技术证实 β 肾上腺素受体与 AC 是两个不同的蛋白。随后一系列的研究表明，GTP 对受体-腺苷酸环化酶体系的调节需要另外一种蛋白（偶联蛋白）的参与。当这种蛋白被分离纯化之后，人们发现它具有特异的 GTP 结合位点，而且其活性受 GTP 调控，故称为 G 蛋白（早期文献亦有称为 N 蛋白）。G 蛋白的发现及其结构和功能的深入研究，开辟了跨膜信息传导机制研究的新时代，由此出现了许多新突破。因此其发现者获得了 1994 年的诺贝尔生理学或医学奖。

2. G 蛋白的种类和结构 与跨膜信息传递有关的 G 蛋白种类繁多，但它们无论在结构还是功能上都有许多共性：所有此类 G 蛋白都是膜蛋白；都由三个不同的亚单位组成；α 亚单位分子量为 39 000～46 000；βγ 亚单位通常组成紧密的二聚体，共同发挥作用。不同 G 蛋白的结构上的差别主要表现在 α 亚单位。正因为有了 α 亚单位的多样化才能实现 G 蛋白对多种功能的调节。例如，受体对腺苷酸环化酶的调节有两种结果，即激活（如 β 肾上腺素受体）和抑制（如阿片受体）。介导这两种作用的 G 蛋白也不相同，前者称为 G_s，后者则称之为 G_i。即使是 G_s 和 G_i 也有许多不同的类型。表 5-4 列举了目前已知的各种 G 蛋白的 α 亚单位及其基本性质。G 蛋白 α 亚单位的共性是它们都具有特异的 GTP 结合位点，有 GTP 酶活性，同时，都能被细菌毒素催化发生 ADP-核苷化。然而不同的 G 蛋白可被不同的毒素催化。如表 5-4 所列，G_s 只能被霍乱毒素催化，G_i 则只能被百日咳毒素催化，而 G_t 则既能被百日咳也能被霍乱毒素催化发生 ADP-核苷化。百日咳毒素与 G 蛋白反应后，使 G 蛋白与受体和效应器 AC 偶联，从而阻断了 G 蛋白介导的效应。而霍乱毒素则使 G_s 或 G_i 的 GTP 酶活性降低，使 G 蛋白结合的 GTP 不被水解，G 蛋白持续处于激活状态。

表 5-4　G 蛋白的种类及功能

种类	分子量（$\times 10^3$）	相似性（%）	毒素	组织分布	相关受体	效应/作用
$\alpha_{s(s)}$	44.2	100	CTX	广泛	βAR，胰高血糖素	AC↑，Ca^{2+}通道↑
$\alpha_{s(L)}$	45.7	—	CTX	广泛	TSH，其他	Na^+通道↓
$\alpha_{ol}f$	44.7	88	CTX	嗅神经上皮	嗅觉	AC↑
α_{il}	40.3	100	PTX	广泛	M2Ch，α2AR	K^+通道↑，Ca^{2+}通道↓
α_B	40.5	94	PTX	广泛		PLA2↑
G_{oA}	40.0	73	PTX	脑	Met-脑啡肽	
G_o	40.1	73	PTX	脑	α2AR1 其他	
α_{tl}	40.0	68	CTX，PTX	视网膜	视素蛋白	cGMP 磷酸
α_o	40.1	68	CTX，PTX	视网膜	视紫蛋白	二酯酶
α_g	40.5	67	CTX	味蕾	味觉	
α_q	42	100		广泛	M1Ch，α1AR	其他
α_{11}	42	88		广泛	其他	PLC-β1β2β3 等
α_{14}	41.5	79		肺，肾，肝		
α_{15}	43	57		B 细胞，骨髓细胞		
α_{16}	43.5	58		T 细胞，骨髓细胞		PLC-β1β2β3↑
α_{12}	44	100		广泛		
α_{13}	44	67		广泛		

相似性是指同族之中氨基酸组成的一致性，毒素指催化该种 G 蛋白发生 ADP-核苷酸化的细菌毒素；PTX：百日咳毒素；CTX：霍乱毒素；Ch：胆碱受体；AR：肾上腺素受体

3. G 蛋白的调节机制　根据多年来大量的研究成果，总结出了如图 5-10 所示的 G 蛋白循环的作用机制。当外环境中不存在受体激动剂时，G 蛋白的三个亚单位呈聚合状态，α 亚单位与 GDP 结合（$G_{\alpha\beta\gamma}\cdot GDP$）。而当外环境中存在受体激动剂时，受体与之结合，同时释放 GDP，这时受体与激动剂的亲和力较高。在 Mg^{2+}存在的条件下，GTP 取代 GDP，并使整个复合体解离为三部分，即对激动剂呈低亲和力状态的受体、βγ 复合体及被激活的 $\alpha_s\cdot GTP$ 亚单位。$\alpha_s\cdot GTP$ 可激活效应器，如腺苷酸环化酶。由于 α_s 亚单位本身具有 GTP

酶活性，因而 GTP 被水解成为 $\alpha_s \cdot$ GDP，后者再与 βγ 亚单位形成 G_s 三聚体。由于 α 亚单位上的 GTP 酶催化速度很慢，所以，一般认为 GDP 的释放是这个循环中的限速步骤。

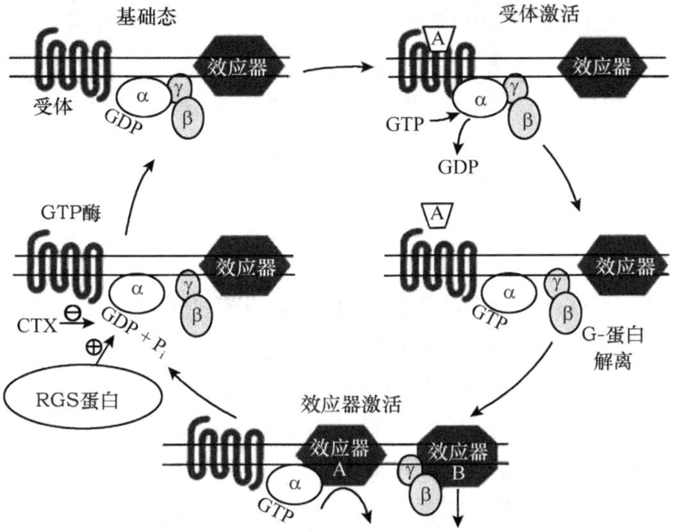

图 5-10 G 蛋白循环的作用机制

A：激动剂；CTX：霍乱毒素；RGS：G 蛋白信号调节子

在这一反应中，实际上包括了两种调节机制，即受体调节和 G 蛋白调节。前者受控于相应的激动剂与其受体结合，后者则受控于 GTP-GDP 的转换。两种调节间存在着重要的联系。这就是 G 蛋白对受体亲和力的调控。释出 GDP 的 G 蛋白（$G_{\alpha\beta\gamma}$）与受体结合，此时受体处于高亲和力状态，易与相应的激动剂结合，一旦 GTP 与 G 蛋白结合，受体-G 蛋白复合体即解离，释出有活性的 α·GTP 去激活其效应器，受体又回到低亲和力状态。

通过 G_s 调控的细胞功能以 β-肾上腺受体对细胞糖原代谢的调节最为典型。肾上腺素激活 β-受体后，通过 G_s 蛋白激活腺苷酸环化酶，使细胞内的 cAMP 含量升高，激活 cAMP 依赖的蛋白激酶，此激酶催化蛋白磷酸激酶发生磷酸化，并使其被激活。

以上是在生理条件下的调节过程。在实验研究中，常使用一些不易被水解的 GTP 衍生物，以便观察 G 蛋白的作用机制。常用的是 $CTP_\gamma S$、Gpp（NH）p、Gpp（cH）p。这些化合物与 G 蛋白结合后，会使它较长时间保持解离状态，持续地影响其效应酶。

（二）G 蛋白参与调节的跨膜信息转导体系

1. G 蛋白对腺苷酸环化酶活性的调节 很多激素或递质的受体通过调节细胞膜上的腺苷酸环化酶活性产生效应。参与受体与腺苷酸环化酶偶联的有两类 G 蛋白：介导激活腺苷酸环化酶作用的 G_s，介导抑制腺苷酸环化酶的 G_i。

G_s 通过图 5-11 所示的机制发挥其对腺苷酸环化酶的激活作用。其关键是生成活性状态的 α·GTP。某些激素或递质与受体结合后会导致 AC 活性降低。人们也分离和纯化了另外一种 G 蛋白 G_i。它的 β 和 γ 亚单位与 G_s 基本相同，只是 α 亚单位有较明显的差别。在抑制性受体未被激活的条件下，通过 G_s 的调节，细胞的 AC 保持一定的活性状态。当抑制性受体被激动时，抑制性受体与 G_i 结合，释出 GDP，结合 GTP，G_i 随即解离，进而抑制 AC 的活性。

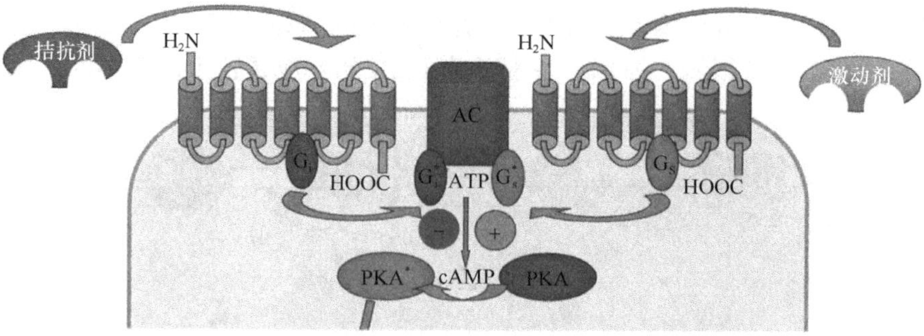

图 5-11　不同 G 蛋白对腺苷酸环化酶的激活和抑制

2. G 蛋白通过调节 cGMP 磷酸二酯酶活性来调节视网膜光感传导　神经系统通过存在于感觉器官特定细胞上的感觉受体（特定的蛋白质）接受感觉传入，如视网膜细胞的视觉受体、味觉细胞上的味觉受体、嗅觉细胞上的嗅觉受体等。神经系统的通信语言是电信号。所有感觉信息都必须被转化成为电信号才能被神经系统接受。某些感受细胞本身就是神经元，而且感受刺激的受体蛋白本身就是离子通道（如触觉和肌肉张力受体蛋白就是 Na^+离子通道），相应的刺激激活后即造成 Na^+离子通道开放，产生动作电位。但大多数感受器都是特化的上皮细胞，受体蛋白本身也不是离子通道。它们在接受相应的刺激之后，往往要经过 G 蛋白的转导及其后的复杂机制才产生细胞膜电位变化，被神经系统感知。嗅觉受体与视网膜杆状细胞上的光受体都是以这种方式起作用的。目前对光受体的介导机制了解得已经非常深入。

视网膜由两种主要的感光细胞组成，一种是杆状细胞，另一种是锥状细胞。两种细胞又都分为内层和外层两部分，由狭窄的纤毛相连。事实上，内层和外层是在功能上高度分化的两个部分。杆状与锥状细胞的外层都具有视觉感光色素，用以吸收光的刺激，导致神经元的兴奋。这种兴奋经过第 2 级神经元（双极细胞）传到第 3 级神经元（神经节细胞），并通过神经节细胞的轴突（视神经）传向外侧膝状体中的第 4 级神经元。杆状细胞系统（包括杆状细胞及与之相连的各级神经元）的主要生理功能是光线微弱时的视觉，它不能辨别颜色及精细的物体。而锥形细胞系统则以强光下的视觉功能为主，包括分辨颜色及精细物体等。杆状细胞和锥状细胞的外层都存在特殊的感光物质，接受进入眼球的光刺激，并通过特定的光化学反应产生冲动传入中枢。这方面的研究在杆状细胞中较为深入。

杆状细胞的细胞膜及其盘状体上都存在感光物质视紫红质。这是一种跨膜蛋白，分子量为 40 000 左右，其羟基末端附近在光照后可被视紫红质蛋白激酶磷酸化，该部位也是 G_t蛋白的结合位点。杆状细胞膜的电兴奋状态受细胞内 cGMP 的调节。在黑暗中，杆状细胞内的 cCMP 较高，促使细胞膜上的钠通道开放，Na^+与 Ca^{2+}同时进入杆状细胞的外层部分。这时 Ca^{2+}又被膜上的 Na^+-Ca^{2+}交换体系排出，换入 Na^+。实验表明，在黑暗中，每秒钟有（1～5）$\times 10^6$ 个 Na^+进入杆状细胞。光照使视紫红质被激活，从而降低细胞内的 cGMP 浓度，减少进入细胞内的 Na^+，使细胞膜逐步处于超级化状态（图 5-12）。

G_t 在对 cGMP-磷酸二酯酶的调节中起重要作用。像前述的各种 G 蛋白一样，G_t 也由三个亚单位构成，其 α 亚单位的分子量约 39 000，并具有 GTP 或 GDP 的结合位点及 CTP 酶活性。βγ 亚单位的分子量分别是 36 000 和 8000，它们在 cGMP 的调节中不具有单独的作用，作用类似于 α 亚单位调节因子。在黑暗的条件下，几乎所有的 G_t 都与 GDP 相结合，这时它不具有影响 cGMP 的活力。但光照使视紫红质被激活，与 G_t 结合后，促其释出 GDP 而与 GTP 结合，然后激活的视紫红质及 G_t 的 βγ 亚单位分别从复合物中释出，前者重新用来激活其他的 G_t，而 α · GTP 则进一步与 cGMP 磷酸二酯酶结合，使之从非活性状态转化为活性状态，水解 cGMP，从而降低细胞内的 cGMP 浓度。在这一过程中，一个被光激活的视紫红质分子可以被反复使用 500 次之多，换言之，光信号在这一过程中被放大了 500 倍。另外，被激活的磷酸二酯酶（PDE · α · GTP）水解 cGMP，同时，与 α 结合的 GTP 被 α 本身所具有的 GTP 酶水解成为 GDP，结果使 PDE 转化为非活性状态，复合物解离，βγ 重新与 α · GDP 结合。这种过程循环往复，就不断地产生光感的传入冲动。

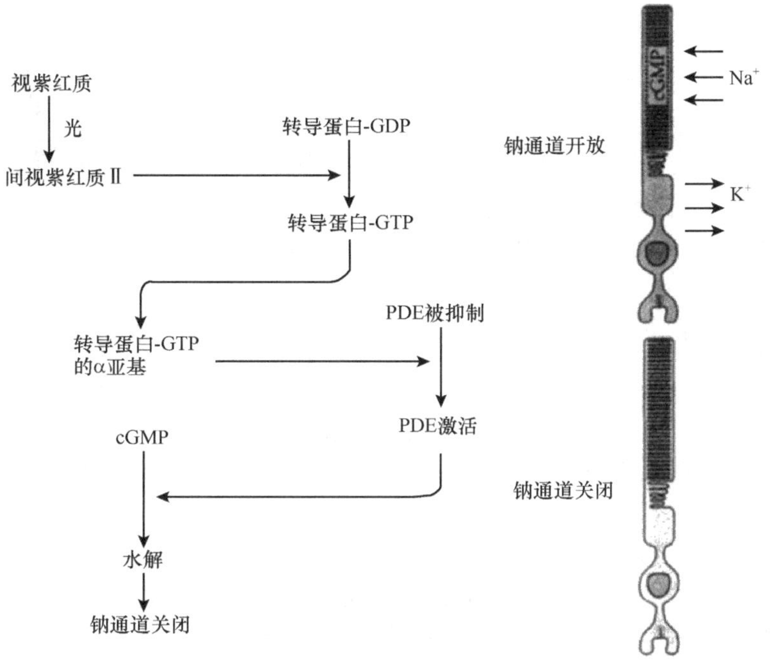

图 5-12　视色素激活与 G 蛋白激活的偶联

有视紫红质Ⅱ存在时，G 蛋白（转导蛋白）与 GTP 结合，而引起 PDE 的激活，后者水解 cGMP。随着 cGMP 浓度的减少，钠通道关闭

3. G 蛋白对磷脂酶 C 活性的调节　细胞膜上的肌醇磷脂是很多第二信使物质的前体。实验证实多种递质和激素的受体都与膜上肌醇磷脂特异的磷脂酶 C（phospholipase C，PLC）偶联，调节其活性，从而影响诸如 1，4，5-三磷酸肌醇（IP_3）和二酰甘油（diacylglycerol，DAG）等第二信使物质的产生。IP_3 和 DG 则分别调节细胞质中 Ca^{2+}浓度和蛋白激酶 C（protein kinase C，PKC）活性，影响细胞多方面的功能。近年来大量实验表明，磷脂酶 C 的活性是受 G 蛋白调节的，参与这种调节的 G 蛋白已被克隆，是 G_q 和 G_{11}。其调节方式及这一信息通路的主要调节过程如图 5-13 所示。

4. 一些受体门控的离子通道也受 G 蛋白的调节　以上所述 G 蛋白的数种功能都涉及酶活性的变化，由于这种变化才导致细胞内信息物质（cAMP、cGMP、IP_3、DAC）的变化。从而调节细胞功能。但是，在自然界中广泛存在的另一种调节方式是改变细胞膜的离子通透性或膜电位。膜电位及通透性的变化受多种机制的调节，近年来的研究表明，膜上

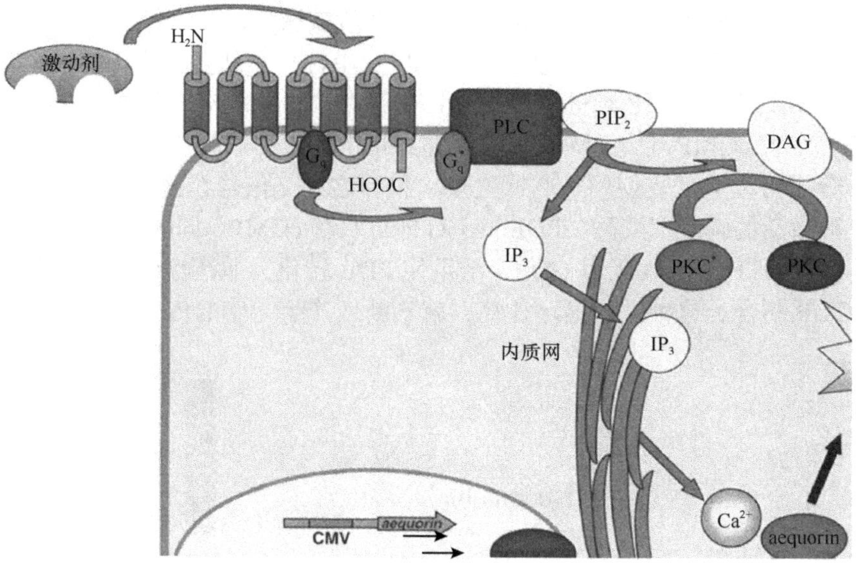

图 5-13 PIP_2 水解所触发的第二信使级联反应

激活的 G 蛋白刺激磷脂酶 C（PLC），PLC 使 PIP_2 水解成 DAG 和 IP_3。DAG 刺激蛋白激酶 C（PKC）；IP_3 刺激钙库释放 Ca^{2+}，Ca^{2+}进而刺激各种下游酶

的一些离子通道也受激素或递质的调节，如 K^+通道和 Mg^{2+}通道。以心房肌和心脏节律细胞为例，迷走神经释放 ACh 后，激活这四种细胞膜上的 M 胆碱受体，导致 K^+通道开放，形成细胞膜超极化状态，从而使细胞的节律性去极化减慢。人们很早以前就已注意到，给予 ACh 后，膜电流的变化并非即刻发生，目前认为，这种延搁的原因是 M 胆碱受体与 K^+通道之间需要 G 蛋白的介导，这种 G 蛋白也对百日咳毒素敏感。目前，G 蛋白与离子通道的研究多采用电生理方法来进行。上述心房肌的实验是采用完整细胞电压钳技术进行的。近年来，采用的膜片钳技术，可以用来说明 G 蛋白与离子通道之间的作用机制。早在 20 世纪 80 年代就有一些作者发现，牛脑中提取的 Gi 蛋白质的 α 亚单位不能激活 K^+通道。而 β、γ 亚单位则能激活 K^+通道。当时对这种现象的原因尚未明了。但无论如何，都表明 G 蛋白的确是参与 K^+通道的调节的。此后的研究表明，G 蛋白的 β、γ 亚单位并不仅仅是 α 亚单位的调节因子，其本身对效应器也有十分重要的调节作用。此外，实验证明 G_s 或 G_o 也参与 Ca^{2+}通道的调节。G 蛋白对 Ca^{2+}通道的调节有两种方式，一种方式与上述 K^+通道的调节相类似，G 蛋白与 Ca^{2+}通道直接偶联，直接调节。另一种方式为间接调节，以儿茶酚胺类及 ACh 等对心肌的节律及收缩力的调节为例，儿茶酚胺激活 β 受体，通过 G_s 使 AC 活性提高，产生大量 cAMP，从而使蛋白激酶 A 的活性提高，而 Ca^{2+}通道则是蛋白激酶的底物之一。换言之，蛋白激酶 A 使 Ca^{2+}通道磷酸化，改变其活性。

（三）广义的 G 蛋白调节机制

近年来大量研究表明，除了上文所介绍的与跨膜信息传递机制相联系的各种 G 蛋白外，体内尚有为数众多的能与 GDP-GTP 特异结合的蛋白质，其功能也受 GTP-GDP 转换的调节。

分子量较小的 G 蛋白一般只有一个亚单位，而且 GTP 酶的活性也需要其他的调节因子。这些分子量较小的 G 蛋白与信息传递、细胞生长与分化、蛋白质合成、合成后的加工及转运机制都有密切的关系。现以 Ras 蛋白为例说明。

Ras 蛋白是一组分子量为 21 000 的较小的 G 蛋白。大量的研究表明，此类蛋白在细胞的增殖与分化过程中都是关键的调节因子。编码 Ras 蛋白的基因突变或调节失常与许多人类肿瘤有关。最近的资料表明，30%的人类肿瘤细胞中可以检出突变的 *Ras* 基因。体外培养细胞的转化实验及转基因动物实验也都表明，突变的 Ras 蛋白的确能干扰细胞的生长与分化；此外，能使受体酪氨酸激酶活性增加的某些细胞外因子或刺激，同样也能使 Ras 蛋白被激活，提示两者之间的某些联系。正是由于 Ras 蛋白的这种重要性，人们对其功能及调节机制进行了大量深入的研究，发现它在跨膜信息传递过程中起着重要的作用。

像所有的 G 蛋白一样，Ras 蛋白的活性取决于其结合的是 CTP 还是 GDP。与 GTP 结合的是活性的 Ras 蛋白，而与 GDP 激活的则是非活性形式，Ras 蛋白也有 GTP 酶，但其基础活性很低，需要特殊的调节因子 GAPs（GPTase activating protein）使之激活，才能将激活的 GTP 水解成 GDP，使 Ras 蛋白失活。另外，Ras 蛋白与 GDP 的结合也很难解离，因此也需要特殊的因子促其解离。在哺乳动物中，起这种作用的是 Sos 蛋白。Sos 首先与 Ras·GDP 结合，使 GDP 与 Ras 蛋白的亲和力降低，并与之解离。此时若没有 GTP 存在，则生成“空载”的 Ras 蛋白，但在生理条件下，则重新生成活性状态的 Ras·GTP（表 5-5）。

表 5-5　GTP 结合蛋白的超级家族

介导跨膜信息传递的 G 蛋白（表 5-2）	Rab1，Rab2，Rab3，Rab4，Rab5，Rab8，Rab9
蛋白合成的翻译因子	Rap1A，Rap1B，Rap2
肽链延长因子 Tu（elongation factor Tu）	Rho A，Rho B，Rho C
RAS 蛋白	Smg p25A，Smg p25B，Smg p25C，Smg p21
Ha-ras p21，Ki-ras p21，N-ras p21，R-ras	Ran
其他小分子量 G 蛋白	微管蛋白（tubulins）
ADP-核苷化因子（ADP-ribosylation factor）	其他受 GTP-GDP 调节的代谢酶
Ral	succinate thiokinase，phosphoenolpyruvate carboxylase

与此同时，人们发现了另外一类蛋白，它们起一种连接器的作用，使激活 Ras 蛋白的 Sos 蛋白与被激活的酪氨酸磷酸化蛋白连接。这种蛋白就是 Grb2 蛋白（图 5-14）。

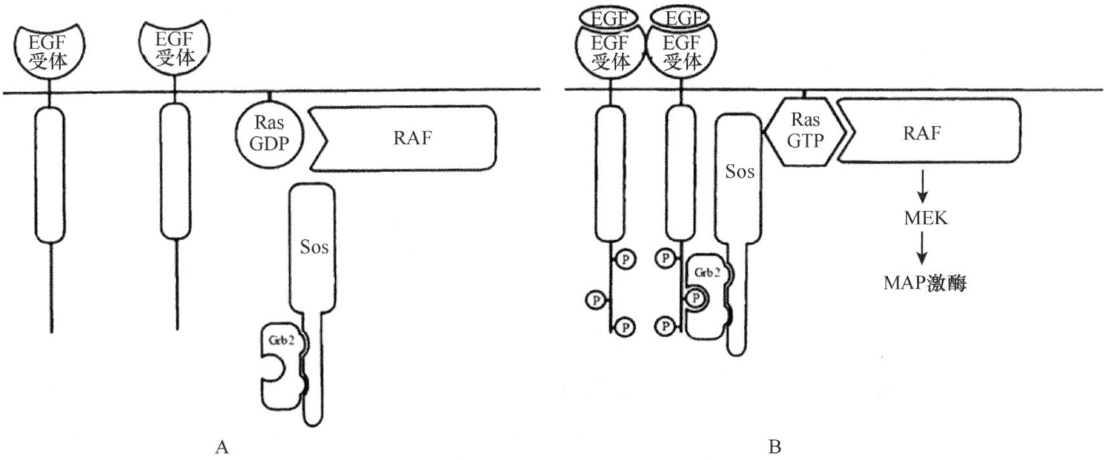

图 5-14　EGF 受体引起 Ras 蛋白的激活及其在信息传递中的作用

A. Ras 蛋白未激活；B. Ras 蛋白被激活

除此以外，近年来人们还发现了 Ras 蛋白与 Raf 蛋白的直接结合及其对 Raf 蛋白功能的调节作用。Ras-Raf 作用导致了一系列蛋白磷酸化连锁反应，使信息在细胞内不断传递。有结果表明，与 Ras 相关的 *Rapl* 基因表达产物 Rap1 蛋白能与 Ras 竞争 Raf 的结合位点。此外，也有证据表明，Ras 与 Raf 的结合受 cAMP 浓度的调节。说明不同的信息传递体系之间的交叉联系。

（四）G 蛋白 βγ 亚单位的结构和功能

上文已述及 G 蛋白 α 亚单位的结构及其功能。到目前为止，在哺乳动物中，已发现有 21 种 α 亚单位。此外，还存在五种 β 亚单位和九种 γ 亚单位。βγ 亚单位在体内以异源二聚体形式存在。近来的研究发现，βγ 亚单位同样作为一个功能单位参与整个信号传递过程。而并不像以往认为的那样，只有 G_{α}（G 蛋白 α 亚单位）在信号传导中起主要作用，$G_{\beta\gamma}$（G 蛋白 βγ 二聚体）并不直接调节效应器活性，仅对 G_{α} 功能起调节和终止作用。更有甚者，近年来的研究结果表明，$G_{\beta\gamma}$ 不仅直接参与调节效应器的活动，而且还是 G 蛋白偶联受体和受体酪氨酸激酶两种跨膜传导系统的交叉点，将两者有机地联系起来。

三、受体酪氨酸激酶信号系统

这一家族包括许多多肽激素和生长因子的受体。其激动剂与细胞膜外的受体识别部位结合后，细胞膜内的酪氨酸激酶便被激活，受体聚合并自身磷酸化，然后再使效应器蛋白的酪氨酸残基被磷酸化，从而改变效应器的活性。其效应器包括许多与细胞增殖和分化有关的因子和许多其他信号介导体系的组成因子，如 G 蛋白、离子通道、磷脂酶 C 等。这一体系的特点是除了产生快速反应之外，还能对细胞发挥长时效作用。其对 DNA 合成等方面的作用，常常在数小时之后才出现。同时，它也常常会影响到细胞对多种信息的复杂反馈作用。由于大多数调节细胞增生及分化的因子都以这种方式发挥作用，因此，这种受体与肿瘤发生及发展的关系非常密切，引起了广泛的重视。

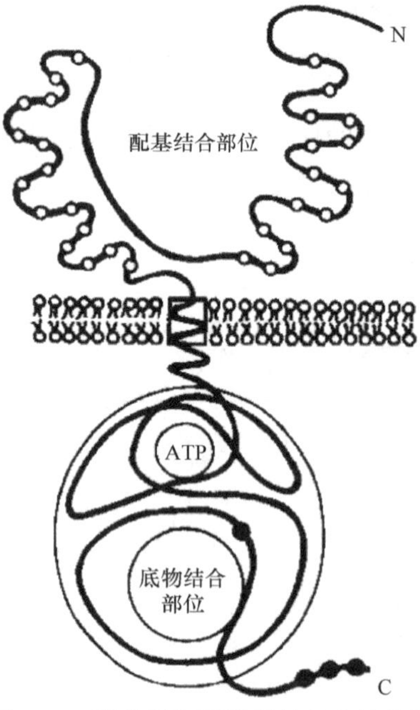

图 5-15　受体酪氨酸激酶的基本结构及其主要功能部位

（一）受体酪氨酸激酶的结构

受体酪氨酸激酶（receptor tyrosine kinase，RTP）由四个主要部分组成。位于细胞外侧的是它的识别和配基结合部位，由此接受外来的信息。与之相连的是一段跨膜结构，其氨基酸在脂双层中成螺旋状态。位于细胞内的是酪氨酸激酶的催化部位，它催化各种底物蛋白磷酸化，从而将细胞外的信息传导到细胞内部。最靠近羧基末端的肽链尾部含有一个或几个调节部位，这些部位能发生自身磷酸化，而且不同受体之间这部分的差异也很明显（图 5-15）。

由于目前许多 RTP 的蛋白一级结构都已从其基因结

构推知，而根据其结构可以将其分成两大类。每一大类中又可分成若干小类。具体见表 5-6。

表 5-6　受体酪氨酸激酶分类及其典型例证

分类	典型例证
第一类：细胞外部分有富含半胱氨酸的区域，而且酶的催化部位无中断	
1. 细胞外部分有 2～3 个富含半胱氨酸的区域，由单一肽链组成	上皮生长因子（EGF）受体、c-erbB2/neu、HER3/erbB3
2. 由二硫键相连的 2α2β 组成的四聚体，细胞外只有一个富含半胱氨酸的区域	胰岛素受体，胰岛素样生长因子受体（IGF-1R）
3. 由二硫键相连的 αβ 二聚体，一个富含半胱氨酸的区域	干细胞生长因子受体，c-met
第二类：细胞外半胱氨酸排列规则，形成富含 β 折叠构型的若干类似免疫球蛋白结构的部位。酶催化部位有插入的片段	血小板生长因子（PDGF）受体、集落刺激因子-1（CSF-1）受体、成纤维细胞生长因子（FGF）受体、c-kit 等都属于此类

除了表中所列的受体之外，最近发现 NGF 受体也是 RTP，但它既无富含半胱氨酸的区域，也无类似免疫球蛋白结构。现已证明它正是 *trk* 基因的表达产物。

（二）受体酪氨酸激酶活性的调控

1. RTP 对配基的识别及结合　RTP 结合的第一步是其受体与激动剂的结合。各种生长因子的受体结合部位未与激动剂结合之前，细胞内的酶活性呈抑制状态。而一旦与激动剂结合，酶被激活。如果因为突变失去 RTP 的细胞外受体识别部位（部分或全部），其细胞内的酶活性即持续高于其基础水平。识别部位关键的点突变亦可能导致酶活性持续升高。而且这些变化往往导致细胞间的信号传递异常及癌的生成。

2. RTP 的激活过程　激动剂与受体激活之后，往往导致受体聚合，形成二聚体受体。一般认为，二聚体的受体形成过程对其激活有重大意义。以血小板生长因子（PDGF）受体为例，可以很清楚地表明这一点。PDGF 是由两条肽链（两个亚单位）组成的生长因子，其亚单位有两种：A 和 B。与其对应的受体则是 α 和 β。这样，AA 型的 PDGF 即能与两个 α 型受体结合，形成 αα 受体二聚体。同样，BB 型或 AB 型 PDGF 就分别生成 ββ 和 αβ 型受体二聚体。其他生长因子受体虽不像 PDGF 受体这样典型，但聚合激活的现象是普遍存在的。

生长因子受体突变后产生的功能变化也支持上述机制。*c-erbB-2/neu* 基因在 664 位发生点突变，以 Glu 取代缬氨酸，形成二聚体，可造成酪氨酸激酶的持续激活。另外的研究表明，截去 PDGF 受体基因的细胞外部分，再令其与野生型 PDGF 受体基因共同表达，然后加入 PDGF，虽然也形成受体二聚体，但其自身磷酸化的活性消失。如果截去该受体基因的细胞内部分后做同样的观察，也得到类似的结果。提示完整受体的聚合对其功能的重要意义。

长期激活 RTP 可以造成 RTP 内化，即受体与酪氨酸激酶一起被摄入细胞。曾经有人认为这也是受体发挥激活效应的一种方式。但近年来的大多数证据表明，这种内化是受体下调或失敏的一种方式。使长期被激活的细胞对该激动剂的敏感性减低。

3. 激活后的 RTP 如何传递其信息　激活的 RTP 向细胞内部传递信息的方式有两种：一是蛋白磷酸化；二是蛋白质-蛋白质之间的相互作用。无论何种方式，都对其作用靶的结构有很严格的要求。大量的研究表明，所有这些靶蛋白都具有 Src 同源区 2 或 3（Src homobox 2，3；SH2，SH3）。SH 区域是一种蛋白一级结构的遗传保守区域，它广泛存在于多种与细胞内信息传递有关的蛋白，而且都处于非催化区域。SH2 与 RTP 含有磷酸酪氨酸的结合部位。换言之，靶蛋白的 SH2 区域与 RTP 被自身磷酸化的区域结合。同样，这个区域区可以与其他磷酸化蛋白的磷酸酪氨酸区域结合。一般说来，靶蛋白同时含有 SH2 和 SH3 的情况较常见。但也有些靶蛋白仅含有其中之一，或同一靶蛋白中含有多个 SH2 或 SH3 区域。

根据含有 SH2 或 SH3 区域的蛋白质之性质，可以把它们分成两类：一类蛋白质具有某种酶活性或已知的功能；而另一种则仅仅起连接作用。前者包括细胞质内存在的酪氨酸激酶（Src、Abl、Ayk、Csk 等），磷脂酶 C_γ（PLC_γ）、Ras-GAP、蛋白酪氨酸磷酸酶（protein tyrosine phosphatases，PTPs）等。典型的起连接作用的第二类 SH2/SH3 蛋白是 c-Crk（两个 SH2，一个 SH3），Grb2（一个 SH2，两个 SH3），Nck（一个 SH2，三个 SH3）。目前还发现有些蛋白兼具上述两种作用。例如，肌醇磷脂-3-激酶的 P85 亚单位，SH2 区域与酪氨酸激酶的结合完全取决于磷酸化的酪氨酸残基之存在。SH2 区域与其特定的结合位置有很高的亲和力和特异性。磷酸酪氨酸残基是 SH2 与激酶的结合点，而其特异性则取决于酪氨酸残基附近的氨基酸顺序和组成。事实上，正是这些氨基酸顺序决定着结合位点的蛋白立体构象，以保证其结合的特异性。SH2 和 SH3 区域对受体酪氨酸激酶与细胞内效应通路的选择性有很重要的作用。图 5-16 表示出目前已知的三种情况。

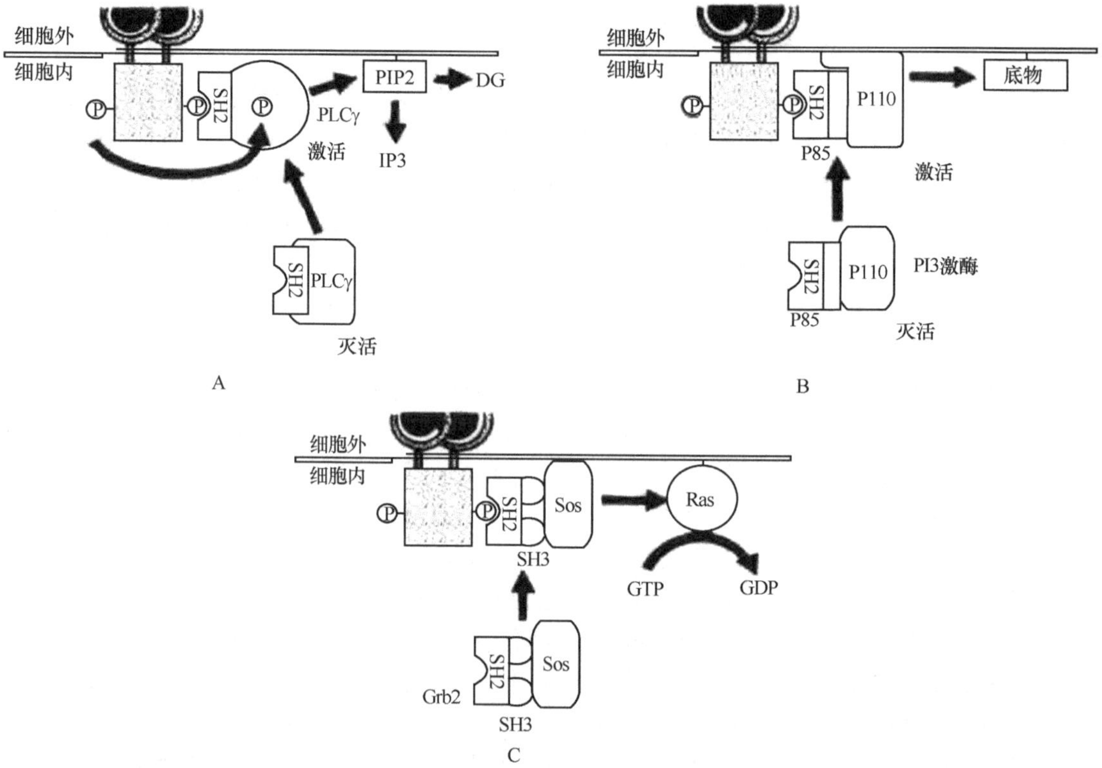

图 5-16　生长激素受体结合 SH2/SH3 信息分子的不同机制

A. 生长激素（EGF）受体结合后发生自身磷酸化，PLC_γ 的 SH2 区域与受体自身磷酸化部位结合，使 PLCγ 的 SH2 区域中的酪氨酸残基被磷酸化，从而使 PLC_γ 被激活，水解其底物 PIP_2；B. P85 蛋白的 SH2 区域与 PDGF 受体相互作用，促使 P110（PI_3 激酶）的构象发生变化，从非活性型变成活性型；C. 通过移动蛋白因子来激活效应，Grb2 的两个 SH3 区域本来与一种核苷酸释放的 Sos 结合在一起，通过 Grb2 区域与 EGF 受体之结合，使 Sos 从细胞质中移动到细胞膜上，而 Sos 可以与膜结合的 Ras 蛋白相互作用，促使 GTF 取代 Ras 结合的 GDP，而只有 GTP-Ras 才有活性总之，SH2 和 SH3 结构在跨膜信息传递机制中有很重要的意义。它们把膜受体与细胞内的多种效应体系联系在一起；而且以多变的方式对确定信息通道种类、放大信号，以及反馈调节都起到重要的作用。对信息从细胞膜到细胞质直到细胞核的传递，都有重要影响。

四、信息转导体系之间的相互调节

从上面所介绍的受体、效应器及细胞内重要的信使物质的活动规律，可以看出，受体及其内源性配基的种类远远超过已知的效应器体系。细胞外的信号物质数目种类更是远远超过已知的细胞内信使物质。这样，多种细胞外信号物质必然共用有限的效应体系和细胞内信使物质发挥作用。因此，多种递质、激素及调节物质作用于同一细胞的情况，就可以部分地归结为有限的几种细胞内信使物质之间的相互作用。以最常提到的 Ca^{2+}和 cAMP 之间的关系为例，我们可以看到这些信号系统间相互影响的情况（图 5-17）。

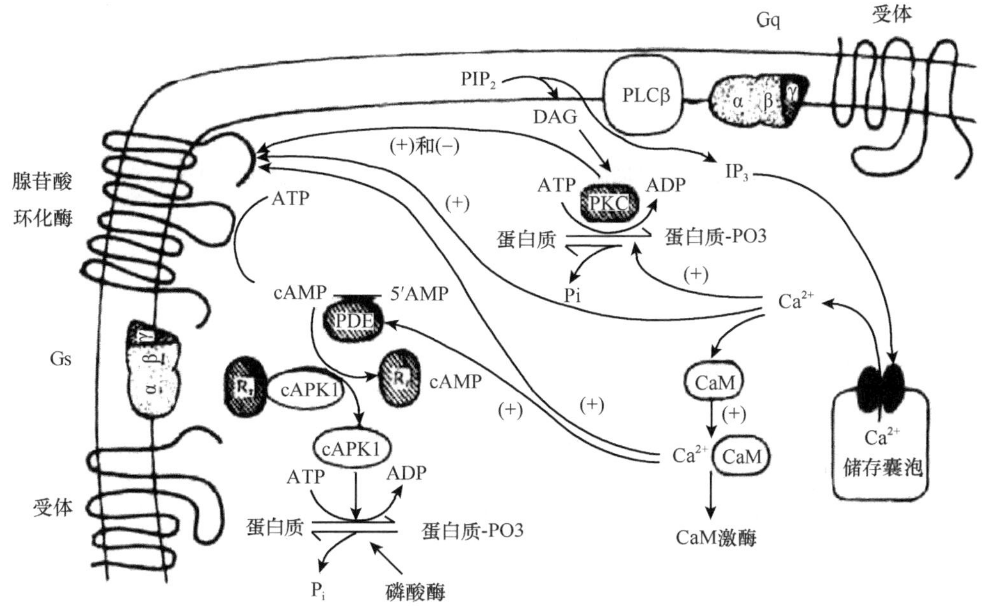

图 5-17　通过 G 蛋白介导的跨膜信息体系之间的交联与整合机制示意图

为便于说明，我们只观察通过 G 蛋白介导的腺苷酸环化酶体系和磷脂酶 C 之间的相互关系。通过 G_α 与磷脂酶 C_β（PLC_β）偶联的受体被激活以后，使膜中的 PIP_2 水解产生 IP_3 和 DAG。IP_3 促使细胞内钙池释放 Ca^{2+}，使细胞质中的 Ca^{2+}浓度升高，导致多种效应。其中包括激活蛋白激酶 C（PKC），激活腺苷酸环比酶，与钙调蛋白结合调节腺苷酸环化酶和磷酸二酯酶（PDE）的活性等。DAG 则直接激活 PKC，而 PKC 通过蛋白磷酸化对腺苷酸环化酶起调节作用。当然，PKC 对细胞的调节作用绝不仅仅是腺苷酸环化酶。腺苷酸环化酶和磷酸二酯酶共同调节细胞中的 cAMP 浓度，并通过它调节多种细胞内部的生化反应。

上述的例子中，两条信息通路虽然是来自不同的受体，影响不同的细胞内信息物质生成，但都是通过 G 蛋白介导的。众所周知，与 G 蛋白偶联的受体仅在哺乳动物中即已超过百种，其中包括各种受体的亚型。例如，M 胆碱受体的五个亚型，肾上腺素受体已确定的八个亚型和 5-HT 受体已知的五个亚型等。同一递质不同亚型的受体通常与不同的第二信使通路偶联，或者调节不同种类的离子通道。事实上，某种受体亚型可能与若干不同的效应器偶联，而若干不同种受体又可能影响同一效应器。除了受体的多型性之外，近年来的研究，尤其是基因克隆技术的广泛应用，也表明效应器也是有多型性的，如目前已确定了多种腺苷酸环化酶、磷脂酶 C 和多种磷脂酶 A_2，此外，也有材料表明存在不同亚型的与 G 蛋白偶联的离子通道。因此可以想象，如此众多种类的受体与效应器之间在特定情况下的正确交联与相互作用是多么复杂。但每一种信息体系与多种信号系统在细胞水平上的整合相比，就正如小小的每一颗螺丝钉之于正常运转的复杂机床。要产生协调一致的整体作用，在更大程度上有赖于整合交联机制。

近年来的研究发现，信息系统的整合交联不仅存在于 G 蛋白介导的各种信息体系之间，图 5-18 表示出了其中最典型的一例。

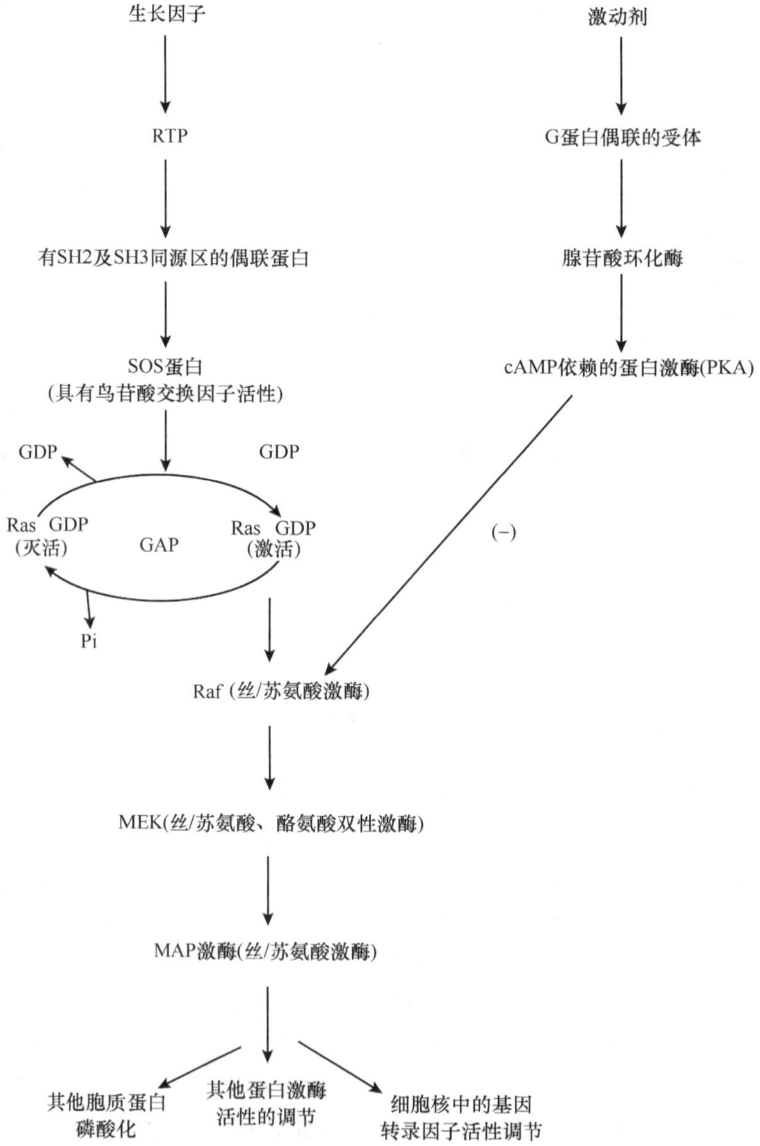

图 5-18 生长因子 RTP 体系与 G 蛋白-腺苷酸环化酶体系发生交叉调节的机制

生长因子 RTP 通过 Ras 通路激活 Raf-l 蛋白，随后激活促分裂因子激活蛋白激酶（MAPK）、MAPK 激酶（MAPK kinase，MAPKK）等一系列蛋白激酶，最终将生长因子的信号传入细胞核。另外，多年以来细胞生物学家就已发现，cAMP 能影响细胞的生长，但一直不明了其发生的机制。近年来一些实验室证明，cAMP 激活的蛋白激酶 A（PKA）能抑制 Ras 通路对 Raf-1 的激活。这是第一次发现了两种性质完全不同的信息传导体系之间的交叉调控。相信以此为开端，将使我们在更高的层次上深入了解跨膜信息传导的机制；同时，其实际应用价值也不可低估。例如，我们可能从 G 蛋白-腺苷酸环化酶-cAMP-PKA-Raf-1 通路的角度出发，设计新型化合物抑制异常的细胞增生，以治疗癌症。

信号系统之间的相互作用发生在各个不同的水平，除了细胞内信使物质的相互作用之外，还发生在受体-G 蛋白偶联的水平、受体水平，乃至细胞外信使水平。设想某细胞受到特定作用之后，必然会影响它的递质释放或激素分泌，这又反过来影响其他细胞释放或分泌的水平，发生更为复杂的变化。

五、蛋白磷酸化和细胞内信息传递机制

（一）蛋白磷酸化在生物功能调节中的重要意义

蛋白磷酸化是机体调节蛋白质生物功能的重要方式之一。这种调节通过两种酶的催化实现：蛋白激酶和磷酸化蛋白磷酸酶。两者的调节使蛋白磷酸化和脱磷酸化成为一种机体中普遍存在的可逆性调节机制。这种机制直接或间接地涉及大多数的生物功能。尤其在细胞外的信息传入细胞的跨膜信息传递机制中，蛋白磷酸化的作用尤其重要。

（二）蛋白激酶的分类及其功能

以前主要根据蛋白激酶磷酸化的氨基酸残基种类对蛋白激酶进行分类。使蛋白质的丝氨酸或苏氨酸残基发生磷酸化的是丝氨酸/苏氨酸激酶；而使酪氨酸残基发生磷酸化的则是酪氨酸激酶。此外，最近发现一些激酶既能使丝氨酸/苏氨酸，也能使酪氨酸残基发生磷酸化，人们称之为双重激酶。上述的每一类激酶都由很多激酶组成，而且很多种激酶又有多种同工酶。

蛋白激酶通过识别底物蛋白质上特有的氨基酸序列来识别其底物。

很多丝氨酸/苏氨酸激酶都能被跨膜信息传递产生的第二信使物质及其他由于外界信息导致的物质激活，如 cAMP 依赖的蛋白激酶、cGMP 依赖的蛋白激酶、Ca^{2+}-钙调蛋白依赖的蛋白激酶（其中包括 Ca^{2+}或钙调蛋白激活的蛋白激酶Ⅱ）及二酰甘油（DAG）激活的蛋白激酶 C（PKC）。目前也发现了一些其他的丝氨酸/苏氨酸激酶，但却还不清楚其被什么物质激活。一些丝氨酸/苏氨酸激酶的基础活性很低，这种激酶往往有一个抑制部位，这个抑制部位中含有激酶的识别序列，这样激酶的催化部位即与此抑制部位相互作用，因而不能与其底物蛋白发生反应。特定的激活物可以使激酶的立体构象发生变化，使其催化部位暴露出来与底物发生反应。

另外一类蛋白激酶是酪氨酸激酶。根据其结构及其在细胞中的部位，可以将其分成两类：即溶于细胞质的非受体细胞质酪氨酸激酶和穿过细胞膜的 RTP。

最早发现的细胞质非受体酪氨酸激酶是病毒的癌基因表达产物。这种病毒酪氨酸激酶

是正常细胞酪氨酸激酶结构变异的产物。它们使细胞中的酪氨酸激酶活性失控，从而造成正常细胞的癌变。这说明与其对应的正常酪氨酸激酶在细胞的生长分化等调节机制中起很重要的作用。

（三）磷酸蛋白磷酸酶的分类及功能

磷酸蛋白磷酸酶的基本功能是使被蛋白激酶催化磷酸化的蛋白质脱去磷酸。与蛋白激酶对应的是，此类激酶对其底物（磷酸化的蛋白质）磷酸化的氨基酸残基种类也有特异性。因此可分为磷酸丝氨酸/磷酸苏氨酸蛋白磷酸酶和磷酸酪氨酸蛋白磷酸酶。近年来发现也有对上述两类磷酸化蛋白均有作用的对应于双重蛋白激酶的双重磷酸蛋白磷酸酶。但无论哪种磷酸酶，都没有蛋白激酶那样高的底物选择性。它们的底物常常是重合交叉的。

磷酸丝氨酸/磷酸苏氨酸蛋白磷酸酶又可以根据其功能分成两大类，若干小类。磷酸酪氨酸蛋白磷酸酶的纯化等工作尚未完全清楚，但目前已知它也至少有七种不同的类型。近年还发现了一种类似 RTP、有跨膜结构的磷酸酪氨酸蛋白磷酸酶。这种磷酸酶是否真的有受体调节功能，尚在研究之中。

（四）系列磷酸化调节机制和多点磷酸化

大多数已知的信息传递体系都通过系列磷酸化机制最终达到调节细胞功能的效应。最典型的例子是肾上腺素 β 受体对糖原代谢的调节。

有趣的是，有些蛋白质可以被不同的蛋白激酶催化，在一个分子的多个部位发生磷酸化。这就意味着：①不同的蛋白激酶可能对同一个蛋白质的功能进行调节；②由不同的蛋白激酶对同一蛋白质相同部位的磷酸化可能产生同样的生物反应；③不同的蛋白激酶对同一蛋白质不同部位的磷酸化也可能产生完全不同的生物反应；④蛋白激酶的多点磷酸化有利于其对下一步蛋白激酶活性的调节。实际上，正是由于上述的特点，多点磷酸化也就可能产生不同蛋白磷酸化系列（亦即多种不同信息传递通路）之间的交叉点。而这种交叉点对跨膜信息传递的交联和整合是十分重要的。

（安　平　赵丽妮）

第六章　神经营养因子及其受体

神经营养因子（neurotrophic factors，NTFs）是指一类对神经细胞起营养作用的多肽分子。它们通过突触后成分、突触前成分、相关卫星（胶质）细胞和血流到达特定细胞，与特定受体相结合，产生不同的生理作用，如促进神经细胞生长、增殖、分化、存活和凋亡等。NTFs 的表达和作用具有时空特异性，在脑发育的不同阶段，NTFs 的表达不仅表现出组织特异性，还表现出阶段特异性，同一神经元在不同的发育时期表达不同的 NTFs，同一 NTFs 在不同的神经元表现出不同的生理作用。NTFs 有两种类型细胞表面受体，即 TrK 酪氨酸激酶和 75kDa 神经营养素受体（75kDa neurotrophin receptor，p75NTR）。TrK 酪氨酸激酶和 p75NTR 受体激活后分别通过不同途径来调控神经元的存活、分化、生长和凋亡。越来越多研究表明，NTFs 与其他肽类因子一样，也是多功能生长因子，它们不仅参与调节神经系统的发育和功能，而且也影响和调控非神经系统，如心血管、免疫、造血、内分泌和生殖等系统的功能。

第一节　神经营养因子的概念及分类

50 年前神经生长因子（nerve growth factor，NGF）的发现开辟了神经生物学研究的新领域。Hamburger（1934 年）最先在鸡胚芽上发现靶细胞对支配它的神经具有调节作用。Buerker（1948 年）将小鼠肉瘤 S-180 接种到了 3 日鸡胚的体腔内，发现感染和交感链增大 20%。Levi-Montalcini 和 Hamburger（1952 年）重复了上述实验，观察到瘤组织上有密集的神经支配，认为该现象是由于肉瘤组织产生了某种可扩散的神经细胞生长促进物质（nerve growth promoting agents）。她们将 S-180 瘤接种到鸡胚尿囊膜上，观察到瘤组织在胚胎内有明显地刺激神经生长的作用，在培养鸡胚神经节的培养皿中加入 S-180 瘤组织，10h 后发现从神经节长出了很多轴突。这些现象使人们相信 S-180 瘤细胞产生了一种可扩散的、刺激神经细胞生长及神经纤维延长的物质，这种物质随之被命名为神经生长因子（nerve growth factor，NGF）。Levi-Montalcini 和 Cohen 也因此获得了 1986 年的诺贝尔生理学奖。由于 NGF 只选择性地对几类神经细胞起作用，人们推测还有其他类型的 NTFs 存在。20 世纪 80 年代末和 90 年代初，随着分子生物学技术的发展，又发现了一系列具有神经营养作用的因子。Barde 等（1982 年）从脑中分离到脑源性神经营养因子（brain-derived neurotrophic factor，BDNF）。根据 BDNF 和 NGF 中保守性最强的部分序列，利用 PCR 等技术，发现 NGF 基因家族的第三个成员，神经营养素-3（neurotrophin-3，NT-3）的基因序列。此后，很快又发现了神经营养素-4/5（neurotrophin-4/5，NT-4/5）、神经营养素-6（neurotrophin-6，NT-6）、睫状神经营养因子（ciliary neurotrophic factor，CNTF）和胶质细胞源性神经营养因子（glia cell line-derived neurotrophic factor，GDNF），我们统称为“神经营养因子”（neurotrophic factors，NTFs）。

一、神经营养因子的概念

目前对 NTFs 较为一致的观点：①是一类可溶性的多肽因子，其表达是一个动态过程，具有周期性，为神经系统提供了一个营养因子的微环境；②NTFs 不仅来源于靶细胞，也来源于传入神经元及神经鞘细胞，甚至来源于支配神经元本身；③其作用方式具有多样性和多效性，在特定情况下有特异性，一个神经元往往需要多种 NTFs，而且对 NTFs 的需求会随着发育的进展而改变；④不同的 NTFs 可以结合同一受体或亚单位。

从分子结构、受体类型等方面，将 NTFs 分为神经营养素家族（neurotrophin，NTs）和其他 NTFs 两大类。各类 NTFs 特点及效应神经元见表 6-1、表 6-2。

表 6-1　NTFs 的分子生物学特性

NTFs	基因定位	前体 AA	信号肽 AA	前体裂解位点	前体糖基化位点数	成熟体 AA	成熟体分子量（kDa）	等电点	半胱氨酸残基数	二硫键形式，数目	体内主要存在形式	受体	体内分布
NGF	1p21-22.1	307	18	Lys-Arg	3	118	13.0	9.30	6	链内，3	二聚体	$P75^{NTR}$ Trk A	CNS，外周组织
BDNF	11p13	247	16	Arg Arg	1	119	13.5	9.99	6	链内，3	二聚体	$P75^{NTR}$ Trk B	CNS，外周器官
NT-3	12p13	257	18	Lys-Arg	1	119	13.6	9.30	6	链内，3	二聚体	$P75^{NTR}$ Trk C，Trk B	CNS，外周组织
NT-4/5	19q13.3	210	18	Arg Arg	1	130	13.9	9.00	6	链内，3	二聚体	$P75^{NTR}$ Trk B	部分外周组织，爪蟾卵巢，大脑
NT-6		286	19	Arg Arg	1	143	15.9	10.80	6	–	–		胚胎小脑瓣
CNTF	11q12	0	0	0	0	200	22.86	6.00	1	0	单体	CNTFR Gq130 LIFR	CNS，坐骨神经睫状神经元等
GDNF	5p13.1-p13.3	211.185	19	Lys-Arg	2	134	15.0	9.64	7	链间，3	二聚体	GDNFR Ret	CNS，外周组织

注：除 NT-5 来自硬骨鱼，其余均为人 NTFs

表 6-2　NTFs 的效应神经元和神经前体

效应细胞	NGF	BDNF	NT-3	NT-4	NT-5	CNTF	GDNF
外周神经系统（PNS）							
睫状节（副交感）	–			…	–	+	+
背根节（感觉）	+	+	+	+	+	+	+
Remak's 节（小肠）	<	…	+	…	…	…	…
结状节（感觉）	<	+	+	<	–	–	…
嗜铬细胞瘤细胞（PC12）	–	–		–	+	…	…
交感链神经节	+	–		–	+	+	+
三叉中脑核（感觉）	–	+	+	…	…	…	–
内耳螺旋神经节	–	+	+	…	…	…	+
前庭神经节	–	+	+	…	…	…	…
中枢神经系统（CNS）							
纹状体胆碱能中间神经	+	…	…	…	…	–	…
基底前脑 GABA 能神经元		+	…	…	…	+	…
小脑颗粒细胞		+	–	…	…	…	…

续表

效应细胞	NGF	BDNF	NT-3	NT-4	NT-5	CNTF	GDNF
中脑黑质多巴胺能神经元		+		…	+	…	+
基地前脑大细胞胆碱能神经元	+	+		…	…	…	…
隔胆碱能神经元	+	+	–	…	…	…	…
运动神经元	–	+	+	…	…	+	+
小脑浦肯野细胞	–	+	…	…	…	–	…
视网膜神经节细胞	–	+	…	…	…	–	…
交感节前神经元	–	…	…	…	…	+	…
神经前体细胞							
嗜铬前体细胞	+	…	…	…	…	…	…
神经脊细胞	–	–	+	+	…	+	…
神经上皮干细胞	+	…	…	…	…	…	…
感觉神经节前体细胞	+	+	+	…	…	+	…
交感神经节前体细胞	<	–	…	…	…	+	…

注：+：阳性；一：阴性；…：未知；<：效应弱

二、神经营养因子的分类

（一）神经营养素家族

神经营养素家族又称为神经生长因子家族。20 世纪末的 10 余年鉴定出几十种 NTFs，包括 NGF、RDNF、NT-3、NT-4/5 和 NT-6，它们均起源于同一基因家族，它们的基因都位于第一对染色体的近端短臂上，有多个氨基酸同源活性形式均为二聚体，单体分子质量为 14kDa 左右，氨基酸序列同源性大于 50%。受体为低亲和力的 p75NTR 和高亲力的 TrK 受体家族。细胞内信号转导多与 Ras 有关。

（二）其他神经营养因子

其他神经营养因子主要包括 CNTF 和 GDNF，CNTF 属于成血细胞因子（hematopoietic cytokines）超家族；GDNF 是转化生长因子-β（transforming growth factor-β，TGF-β）超家族成员之一。

第二节　神经营养因子的分子结构特征与表达调控

一、神经营养素家族

（一）神经营养素的分子结构特征

作为同一家族的成员，NTF 在基因结构上存在一些类似的特征：均为单拷贝基因，含多个转录本，最小的转录本可由 1 个外显子编码。它们都有较大的前体，起始密码子之后是约 18 个氨基酸的信号肽，前体结构中的最后 4 个氮基酸都具有“Arg-X-碱性氨基酸残基-Arg”的结构，是典型的蛋白酶切位点；成熟蛋白前的-8 或-9 处残基均为一个 *N*-糖基化位点（人 NT-4 的糖基化位点在-5 残基处），且有类似的结构：Asn-X-Thr（或 Ser）。这种成熟活性片段上游区域的高度保守性提示 NTs 家族在蛋白质前体加工、高级结构的形成及成熟活性因子的分泌上有着类似的机制。这些因子因不同转录起始位点而产生不同大小的前体，人 NGF 以-121 位（ATG）为转录起始点的是短前体，以-187 位（ATG）为起始点的是长的前体。小鼠 NGF 的不同转录起始点导致产生不同大小的 mRNA，而且已经检测到不同大小的蛋白质前体产物。BDNF、NT-3 和 NT-4 也存在不同大小的 mRNA 转录产物。这些不同大小的前体的生物学意义尚不明确。

NTs 家族的成熟活性蛋白全部为碱性蛋白（PI＞9.0），人 NGF、BDNF、NT-3 和 NT-4 分别由 118、119、119 和 130 个氨基酸组成，分子质量均在 14kDa 左右。其氨基酸匹配比较表明，四者几乎 50%的氨基酸结构保守，半胱氨酸残基处在 4 种因子的几个最大保守区域之内。4 个可变区的氨基酸数目不等，可能与 NTs 的功能特异性及受体特异性有关。人 NGF 的 6 个半胱氨酸形成的 3 对二硫键结构为 Cys^{15}-Cys^{80}、Cys^{58}-Cys^{108} 和 Cys^{68}-Cys^{110}。根据 BDNF、NT-3 和 NT-4 具有与 NGF 类似的生物学活性和蛋白质一级结构（包括前体结构），推测它们也形成类似的二硫键结构。

对不同种属的 NTs 研究表明，BDNF 和 NT-3 的氨基酸结构在小鼠、大鼠和人等哺乳类种属间没有差异，而 NGF 和 NT-4 在哺乳类中存在种属差异。

（二）基因表达与调控

1. 正常生理条件下的基因表达与调控 NGF mRNA 在多种外周组织器官及大脑中均可检测到，雄性小鼠颌下腺 NGF 含量最高，高于雌性小鼠 100 倍，其他各部位之间表达水平差别不大。BDNF 则主要集中在大脑、脊髓等中枢神经系统中合成，在某些部位，如海马中 BDNF mRNA 的含量高于 NGF mRNA 20～30 倍，BDNF 在外周组织如心脏、肺等表达量很低，在内耳和前庭，BDNF 和 NT-3 有明显表达，而缺少 NGF 表达。NT-3 的分布与 NGF 类似,在所观察到的含 NGF mRNA 的成年组织中除睾丸外几乎都可以检测到 NT-3 mRNA，而且外周组织中的水平与脑中的含量相当。人 NT4/5 仅在外周组织中检测到其转录产物，以前列腺中的水平最高，其次为胸腺、胎盘和骨骼肌。

NGF 和 NT-3 在大脑中的合成主要集中在海马等脑区，BDNF 的分布则相对较广，在其他脑区如中脑、下丘脑等都可检测到。但以海马、皮层及杏仁核等脑区的含量较高。海马是这些 NTs 的特异性合成部位，从出生后的发育期直至成年，海马是它们在中枢的主要合成部位。定位研究表明，它们在海马中的合成部位有别，NGF mRNA 主要在 CA1 区至 CA4 区的锥体细胞及齿状回的颗粒细胞中，BDNF mRNA 在 CA2 区和 CA3 区的锥体细胞及齿状回的门区，NT-3 mRNA 在 CA1 区的中部、CA2 区及齿状回的颗粒细胞中。

2. 发育调控 在脑发育的不同阶段，NGF、BDNF 和 NT-3 的表达不仅表现出组织特异性，而且还有阶段特异性：大鼠 NT-3 mRNA 在新生脑中的含量明显高于成年，NT-3 mRNA 于出生后的短期即达到最高水平，而后缓慢下降直至成年的低水平。NGF 和 BDNF 在大鼠中的最高表达分别在出生后的 3 周和 2 周。在出生后短期 NT-3 表达高峰是由于发育期扣带皮层神经元的暂时性高表达。BDNF 的早期表达则是大脑早期发育中许多脑区（主要是脑干）的暂时性表达。这种早期胚胎发育过程中 NTs 在出现时间上，正好与神经系统的发生一致。3 种因子所具有的这种表达阶段特异性和组织特异性，表明机体对脑发育过程中不同 NTs 基因的表达有严格的调控。

3. 基因转录调控　*NGF* 基因结构中包括 4 个外显子，编码成熟蛋白的序列位于第 4 个外显子近 3'端，由于 2 个独立的启动子和不同的 mRNA 剪接方式，转录后可产生 4 种不同大小的 mRNA。在基因上游的-24 至-28 位存在 TATA 盒，除此，上游处还有一些激活蛋白-I（AP-1）结合位点，外界刺激因子促进 AP-1 结合到基因启动子上的 AP-1 结合位点，启动 NGF 基因转录来调节 NGF 基因表达。

BDNF 基因结构由 4 个近 5′端的外显子和 1 个近 3′端的外显子组成，后者编码成熟的 BDNF 蛋白；*BDNF* 基因中至少含 4 个启动子，不同的启动子可调节不同脑区 BDNF 的表达。

小鼠 *NT-3* 基因结构包含基因上游 2 个较小的外显子（ⅠA 和ⅠB）及下游 1 个较大的外显子（Ⅱ），后者编码成熟蛋白，ⅠA 和ⅠB 分别和Ⅱ连接可产生两种不同长度的转录子；此外，ⅠA 和ⅠB 都含有 AP-1 和 SP-1 结合位点，ⅠB 上游还有 TATA 盒，通过 2 个启动子指导基因转录。

4. 药物刺激或病理条件下的基因表达调控　一些外源性物质作用或神经系统疾病时，NGF 和 BDNF 的基因表达发生改变。外周神经损伤可引起局部 NGF 表达增加，脑损伤后星形胶质细胞 NGF 表达增高，原因是某些炎症反应物质如白细胞介素-1β（IL-1β）、转化生长因子-β（TGF-β）、成纤维细胞因子（FGF）等细胞因子能诱导星形胶质细胞合成 NGF 增多，而这种增加能被同时存在的抑制炎症反应的药物如地塞米松所抑制。上述细胞因子对神经细胞的 NGF 和 BDNF 的表达水平没有影响，也不诱导星形胶质细胞 BDNF 表达水平增强。提示神经细胞和星形胶质细胞中 NGF 表达调控不同，而且 NGF 和 BDNF 在星形胶质细胞中的表达调控也不同。

在成年中枢神经系统，海人藻酸（Kainic acid，KA）经脑室内、脑内或全身给药可使海马和新皮质中神经细胞的 NGF 和 BDNF 表达增加；在电刺激引起的癫痫发作中海马齿状回 NGF 和 BDNF 的表达水平都显著提高。因此，NGF 和 BDNF 在神经细胞中的合成是由神经元的活性调节的，上行调节主要通过谷氨酸递质系统（由 NMDA 和非 NMDA 受体介导），下行调节主要通过 GABA 递质系统。BDNF 和 NGF 在神经细胞中的表达有相似之处，也有许多差别：①在体和离体脑中 NGF mRNA 水平均比 BDNF mRNA 水平低 20～30 倍，在体内经 KA 诱导后，海马和皮层中 BDNF mRNA 含量高于 NGF mRNA；②在正常条件及 KA 等诱导条件下，NGF mRNA 的分布有较大的局限，KA 使海马 CA1 至 CA3 区锥体细胞和齿状回颗粒细胞的 BDNF mRNA 水平显著提高，而 NGF mRNA 仅齿状回颗粒细胞中的表达量增高，其他表达 NGF mRNA 的区域如锥体细胞层、齿状回门区等在 KA 作用下并不增高；③糖皮质激素诱导 NGF mRNA 表达水平增高，而对 BDNF mRNA 水平却没有影响。

NT-3 在神经细胞中的表达调控与 NGF 和 BDNF 不同，它的表达似乎与神经元的活性状态并不同步。总之，NTs 的表达调控是一个非常复杂的过程，有待深入研究。

二、睫状神经营养因子

（一）睫状神经营养因子的分子结构特征

1984 年 Barbin 从鸡胚眼球中纯化出的 CNTF 后，1991 年有 4 个实验室先后报道了人 *CNTF* 基因克隆和表达。人 *CNTF* 基因定位于 11 号染色体，仓鼠 *CNTF* 定位于 19 号染色体。人 *CNTF* 基因结构是编码 38 个氨基酸的 114bp 外显子和编码 162 个氨基酸的下游 486 bp 外显子被 1000bp 左右的内含子隔开，内含子与外显子交界处为典型的酶切位点。在前 67bp 处有 CAAT 盒。CNTF 缺少信号肽序列，因此真核细胞中表达的 CNTF 不能分泌到胞外，这与 FGF 及 IL-1 类似。CNTF 在进化上比较保守，人、兔、大鼠间 CNTF cDNA 及氨基酸序列的同源性在 80%以上。CNTF 分子中含大量疏水氨基酸，以中性氨基酸占优势，无糖基化位点。二级结构富含 α 螺旋结构，以单体形式存在，高级结构由 4 个螺旋束组成分子的骨架结构，α 螺旋为维持其活性所必需，COOH 端对其生物活性贡献不大，α 螺旋中部 D_2 区和 A-B 襻构成受体结合位点，D_1 区为保守区的构象。由于 CNTF 与白血病抑制因子（leukemia inhibitory factor，LIF）在功能上的多效性、二级结构的相似性及共享 gpl30 受体亚基的相似性，从而认为 CNTF 和 IL-6、IL-1、LIF 等一起构成血细胞因子（hematopoietic cytokines）超家族成员。又由于 CNTF 与 LIF 的效应细胞在很大程度上重叠，故又称其为神经激肽（neurokine）或神经细胞因子（neurotrophic factors）。

（二）睫状神经营养因子的表达调控

发育过程中，靶组织的 CNTF 含量随胚龄增高而增高；出生时，运动神经元轴突离断可引起胞体的退变，出生后施万细胞增强 CNTF 的表达，使运动神经元对离断轴突的敏感性降低。当外周和中枢神经受损时，施万细胞和星形胶质细胞的 CNTF mRNA 升高，释放到胞外间隙，通过轴突逆向转运到胞体。发生 Wallerian 变性脱髓鞘时，CNTF 表达下调，而当神经再生而再髓鞘化时，CNTF 表达恢复正常。

三、胶质细胞源性神经营养因子

（一）胶质细胞源性神经营养因子的分子结构特征

GDNF 是 1993 年在大鼠胶质细胞系 B49 细胞中发现而得名。依据 GDNF 分子中保守的半胱氨酸绊环结构，将其归属于 TGF-β 超家族成员。人 GDNF 基因定位于染色体的 5p13.1—p11.3，由两个外显子和一个内含子组成，含有一个 633bp 的开放阅读框，GDNF 基因由于 mRNA 水平的选择性拼接，在人及鼠的纹状体、海马等部位可产生 633bp 和 555bp 两种长度的 mRNA，分别编码 221 个及 185 个氨基酸的 GDNF 多肽前体形式，185 个氨基酸片段为 211 个氮基酸片段在 N 端剪切 26 个氨基酸残基所致，这两种形式的剪切体有着相同的阅读框，多肽最终的成熟形式也相同，均为 134 个氮基酸。

GDNF 前体 N 端有一个 19 个氨基酸的信号肽，其成熟多肽链中有 7 个保守的半胱氨酸，并分别由 41 和 102、68 和 131、72 和 133 位半胱氨酸形成 3 对链内二硫键，101 位的半胱氨酸形成 1 对链间二硫键，从而形成同源二聚体的活性结构。GDNF 分子的半胱氨酸相对集中于一个区域，形成半胱氨酸绊环结构，这一结构特点与 TGF-β 家族相同。GDNF 单亚基多肽链上有 2 个 *N*-糖基化位点，其天然二聚体蛋白质分子质量为 40～45kDa，具有肝素亲和性。尽管 GDNF 的天然活性形式为糖基化的同源二聚体，但利用基因工程在大肠杆菌中表达获得的人及鼠 GDNF 无糖基化，也可形成具有相同活性的同源二聚体。目前已得到大鼠 GDNF 蛋白晶体，并利用 X-晶体衍射方法研究其三维结构。GDNF 单亚基的头尾部分别形成 2 个指状结构位于一侧，另一侧由中部第 78～90 位氨基酸形成一个螺旋结构，半胱氨酸富集于指与螺旋的连接区，2 个单亚基通过一对链间二硫键相连，4 个指状结构形成一个平面，2 个螺旋漂浮于指面之上。在进化上，GDNF 呈现相当的保守性，人和鼠成熟蛋白氨基酸序列同源性为 93%。

（二）胶质细胞源性神经营养因子的表达调控

从出生到成年纹状体内 GDNF mRNA 含量没有明显变化。发育过程中小肠 GDNF 含量逐渐上升，其他组织如主动脉、膀胱平滑肌、胃和食管等含量逐渐下降，在成年动物肝、肾中几乎测不出 GDNF。一些药物作用或病理状态下，如向大鼠脑内注射 6-羟多巴胺（6-OH-DA）损害黑质纹状体通路，毛果芸香碱诱发肢体惊厥，切断新生大鼠坐骨神经，或给大鼠亚惊厥剂量的 NMDA 和 KA 等均可引起相应部位 GDNF mRNA 的上调。

第三节　神经营养因子受体及其信号转导

一、神经营养素家族受体及信号转导

NTs 有 TrK 酪氨酸激酶和 p75NTR 2 种类型细胞表面受体，通过激活受体调控神经元的生长、发育、分化、存活和凋亡。这些受体常在同一个神经元上同时表达，共同调节神经元对 NTs 的反应。2 类受体的功能有很大的差别：Trk 转导的一般是“正性”信号，如维持神经元的存活、生长，而 p75NTR 转导在一定条件下可以是“正性”信号，也可以是“负性”信号（如凋亡）。这 2 类受体产生的效应可以是相互促进或拮抗，研究 NTs 信号转导的关键是了解 2 类受体结合 NTs 后相互作用的方式及发挥生物学效应的机制。

（一）神经营养素家族受体

1. Trk 受体及其作用　Trk 即原肌球蛋白受体激酶（tropomyosin receptor kinase），是原癌基因 *trk* 的产物，由原肌球蛋白和酪氨酸激酶融合产生，分子质量为 120～160kDa 的单跨膜糖蛋白，是受体酪氨酸激酶（receptor tyrosine kinase，RTK）家族中的成员，该家族有相类似的结构，由胞外一个大的糖基化的配体结合区、跨膜区（TM）、胞内区（可分为近膜区、酪氨酸激酶区、羟基尾区）组成，其中胞外区含亮氨酸富集结构（leucine rich motif，LRM）和免疫球蛋白区（IgG 区）。2 个位于 LRM 旁侧的半胱氨酸簇，将 Trk 同酪氨酸激酶家族的其他成员相区别；而 LRM 决定了与配体结合的特异性。

Trk 受体分为 TrkA（分子质量 140kDa），TrkB（分子质量 145kDa）和 TrkC（分子质量 145kDa），其相应的配基分别为 NGF、BDNF 和 NT-3，TrkB 的另一个配基为 NT-4/5，NT-3 也可作用于 TrkA 和 TrkB。NTs 家族成员主要通过 Trk 受体的自身磷酸化进行信号转导，产生效应；该类受体与 NTs 结合后缓慢释放，共解离常数为 10^{-11}mol/L，故又称为高亲和力受体。

TrkA 主要表达于胚胎和成年动物神经嵴来源的感觉神经元和交感神经元，也在中枢神经系统中的运动神经元及基底前脑表达。TrkB 在神经系统中广泛表达，在外周如肺、肌肉等也有少量表达。TrkC 主要在大脑表达，集中在海马、大脑皮质及小脑。TrkC 在外周组织表达比 NT-3 少很多，NT-3 在外周主要通过 TrkA 和 TrkB 发挥效应。在感觉神经元中，TrkC 则主要在传递本体感觉的粗大有髓感觉神经元表达，分别与 NGF 和 NT-3 的效应相吻合。

2. p75 受体 NTs 还有一个分子质量为 75kDa（p75NTR）的低亲和力受体，它能与所有的 NTs 以相似的亲和力结合（NT-6 尚不明确），解离常数为 10^{-9}mol/L，是富含半胱氨酸的糖蛋白。在远距离投射神经元，如视神经节细胞、运动神经元、基底前脑大胆碱能神经元、小脑浦肯野细饱、背根节细胞等 p75NTR 与 Trk 共存。

（二）神经营养素受体的信号转导

NTs 要发挥作用首先得与其受体结合，并依次引起以下反应。①受体同源二聚化。这一作用可能是由于配体结合后引起受体细胞外部分的构型改变所致。②受体分子的自身酪氨酸磷酸化。受体细胞外部分的二聚化引起细胞质部分的并列排列。细胞质部分的相互接触所引起的构型变化将刺激受体的内在酪氨酸激酶活性，从而导致 2 个酪氨酸激酶之间的相互磷酸化。③自身磷酸化后，受体具备对底物磷酸化的能力。④磷酸化的酪氨酸召集细胞内的各种靶信号分子，启动细胞内信号转导。在受体的磷酸化酪氨酸上，可以结合多种靶信号分子，按其功能可分为 3 类：第一类是酶，其活性可受酪氨酸激酶的激活，或因结合于受体后转位于质膜上，从而得以接近它们的底物，如 PLC-Y、PI-3K 等；第二类是接合器蛋白，它们没有明显的催化结构，而含有 Shc 同源结构区（SH2、SH3），可黏结其他信号分子，在信号转导中起衔接作用，如在 PKB 途径中就是通过接合器蛋白 Shc 和 Grb2 与受体的磷酸化酪氨酸的相互作用而启动的。第三类是结构蛋白，被磷酸化后将导致细胞膜或细胞内结构的重排。

1. Trk 信号转导 Trk 经 Ras 途径介导神经元存活。NTs 对发育阶段及培养的交感神经元和感觉神经元都有明显的促存活作用，其存活都依赖于一定浓度的 NTs 的持续存在。在 NT3 介导的存活中，第一个被激活的信号转导蛋白是小 GTP 结合蛋白 Ras。抑制 Ras 活性能够阻止大部分交感神经元存活。在缺乏 NTs 时，去除 Ras 调节抑制因子 NF-1（neurofibromatosis-1）能够使培养的周围神经元存活。在 NTs 依赖的神经元存活中 Ras 不是直接起作用，而是经过转化和介导 NTs 启动的多个信号转导途径，主要包括 PI3K/PKB 和 MEK/MAPK。

（1）PI3K/PKB 信号转导途径：Cooper 首先在 PC12 细胞依赖 NGF 的存活中发现了调节因子 PI3K。随后的研究发现在小脑神经元、交感神经元、感觉神经元、皮质运动神经元中 80%的 NTs 调节的细胞存活通过 PI3K 起作用。这表明 PI3K 是神经元主要的存活促进蛋白。但也有报道，在抑制 PI3K 活性的情况下，并不降低 NGF 介导的促鼠交感神经元存活。这可能与不同培养条件下及不同浓度的抑制因子有关。

PI3K 是 Ras 的靶分子：Downward 首先在 PC12 细胞内发现 Ras 和 PI3K 活性有密切关系。其后的研究表明 Ras 激活 PI3K 促进周围神经元的存活。而 PI3K 抑制因子能阻断 Ras 介导的存活。在 Trk 系统里，PI3K 的活化可能是由于 Ras 和 Gab-1 相互作用的结果，Gab-1 是结合和刺激 PI3K 的一种结合蛋白，它的过度表达能使神经元在缺乏 NGF 时亦能存活。

PKB（protein kinase B，一种丝氨酸/苏氨酸激酶，又称为 Akt）是 PI3K 诱导神经元存活的关键中介因子：PI3K 激活许多信号转导蛋白，其中 PKB 为 NGF 诱导 PI-3K 活性的靶分子。Crecnberg 发现 PKB 在维持小脑细胞存活中有作用。它还能维持去极化引起的细胞存活。在小脑细胞 PKB 诱导存活是通过刺激 *L*-型 Ca^{2+}通道引起 Ca^{2+}内流来实现的。而在交感神经元是通过促进 *L*-型 Ca^{2+}通道之后的途径及 Ras/PI-3K 来实现的，在后一种情况下低水平的 NGF 和氯化钾（使神经元去极化）相互配合能更有效的激动 PKB 的活性和促进神经元存活。这表明 PKB 是不同促存活信号转导的汇合点。

抑制 PI3K 的活性比抑制 PKB 能更有效的抑制神经元的存活。这提示 PKB 可能不是 PI3K 诱导存活的唯一靶分子。PI3K 的另一靶分子可能是 Caspase 抑制因子家族的 IAP（inhibitor of apoptosis），包括 XIAP（X-linked inhibitor of apoptosis protein）、NAIP（neuronal apoptosis-inhihitory protein）和 HIAP（human inhibitor of apoptosis protein；也称作 ITA：inhibitor of T-cell apoptosis）。在鸡感觉神经元和交感神经元，NGF 诱导的 HIAP 水平有赖于 PI3K 的活性。而抑制 XIAP 的活性能降低 NGF 诱导的存活。但 PKB 控制 IAP 的活性是在转录水平面还是经过蛋白磷酸化，目前尚不清楚。

PKB 的靶分子：PKB 只能促进神经元的存活，而对轴突的生长，细胞分化则无作用，所以以往的研究主要集中在其对细胞存活方面的直接靶分子，包括凋亡蛋白 Bad（是抗凋亡蛋白 Bcl-2 的抑制因子）、procaspase-9（分为 pro-apoptotic caspase-9 和 Forkhead，后者是一种转录因子，它通过增加 Fas 配体的水平诱导凋亡）。PKB 通过磷酸化凋谢蛋白而抑制凋亡。Bad 是第一个被发现的 PKB 介导存活的靶分子，PKB 使 Bad 第 136 位的丝氨酸残基磷酸化，从而阻止 Bad 与抗凋亡蛋白 Bcl-2 及 Bcl-XL 的结合，形成异源二聚体，防止 Bax 形成同源二聚体，这种同源二聚体是重要的凋亡信号。PKB 在体外能有效地抑制 procaspase-9 的作用，在缺乏第 196 位丝氨酸的突变型 procaspase-9，因为无 PKB 磷酸化位点，在 NTs 介导的存活中就无调节作用了。在神经元内叉头蛋白-1（FKHRL1）是 PKB 的直接靶分子，有实验表明 Forkhead 家族成员 DAF16（Dauer-formation-16）含与 PKB 一致的磷酸化位点，能够被 PKB 抑制。

这些资料表明，Ras/PI3K/PKB 组成了神经元存活的主要信号转导途径。PKB 通过直接抑制 Forkhead 或 Bad 而阻止凋亡，或通过阻断神经元凋亡途径来抑制凋亡，如对 JNK-p53-Bax 通路的阻断。PKB 可能经过多途径介导细胞存活，这有赖于不同类型的细胞靶分子的可获得性。

（2）MEK/MAPK 信号转导途径：Trk 信号转导的另一途径是 Ras-MEK-MAPK。PI3K/PKB 通过抑制凋亡抑制蛋白来促进存活，而 MEK/MAPK 通过刺激抗凋亡蛋白的表达而发挥作用该信号转导途径在神经元内有许多作用，包括突触的可塑性、LTP 效应和维持存活。

MEK/MAPK 通路具体途径：Shc 作为一种连接蛋白与 Y490 结合后被磷酸化，与 Grb2-Sos（Grb2 是一种连接蛋白，Sos 是 Ras 的 GTP 交换因子）结合后组成复合体，使 Sos 与 Ras 靠近后使 Ras 从失活的 Ras-GDP 状态转变成 Ras-GTP 激活状态。激活的 Ras 引起 C-raf 结合到质膜，并在 Ser217 和 Ser221 位点磷酸化 MEK1（MAPK 的激酶），引起 ERK1/2（extracellular signal-related protein kinase）的磷酸化，启动如下两个级联反应。①ERK1/2 激活进入核内，在 Ser383 和 Ser389 上磷酸化 Elk-1，Elk-1 刺激自身与转录因子 SRF（血清反应因子）及 SRE（血清反应元件）反应后启动转录基因表达。②ERK1/2 激活 RSK2 后，RSK2 在 Ser133 磷酸化 CREB（cAMP 反应元件结合蛋白）使其与 CBP（CREB 结合蛋白）结合，CBP 也与 SRF-Elk 复合体结合，由此产生扩大的转录信号刺激 Bcl-2 的激活。同时 RSK2 还可在 Ser121 诱导 BAD 的磷酸化，抑制其调节的凋亡。这种 Shc Grb2/ Sos 调节短暂而不是持久的 ERK 激活信号。持久的激活 ERK 信号通路需 Gab2/Crk/C3G/Rap1/B-Raf。用 FRA-2（纤维母细胞生长因子受体底物-2）与 Shc 竞争 TrkA 上的 Y490，FRS-2（人成纤维细胞生长因子受体底物 2）磷酸化后和 Grb2 及 Crk 结合形成复合体并激活 C3G，C3G

激活小 G 蛋白 Rap1 后导致 B-Raf 的激活，从而启动持久的 ERK 激酶级联反应，促进神经元分化存活及树突生长。

在交感神经元和 PC12 细胞 NTs 能够强烈而持久的激活 MAPK。但多数研究表明，抑制 MEK 活性对 NGF 依赖的存活影响很小。这提示在 NTs 介导的神经元存活中 NTs 能充分激活 MEK/MAPK，但这并不是 NTs 发挥这种作用于所必需的。

MEK 诱导的存活信号转导途径的主要作用是对受损神经元的保护，而不能维持缺乏 NTs 时神经元的存活。例如，这条通路能够保护阿糖胞苷毒性损伤的交感神经元、过氧化物损伤的小脑神经元、轴突切断后的视网膜节细胞；抑制由应激产生的神经损伤。抑制 MEK 后 BDNF 对 Campothecin 损伤所致凋亡的保护作用明显降低。此外，在 P6 小鼠小脑神经元，抑制 MEK 后能使 BDNF 介导的存活减少 20%～30%，表明 MEK/MAPK 在 BDNF 促进小脑神经元存活方面只是起了部分作用。

2. p75NTR 信号转导 p75NTR 是最早分离出来的 NTs 受体，是 p75NTR/Fas/TN-FR1 家族的成员。但对于其生理功能及信号转导途径的认识还不是很清楚。目前研究发现当 p7SNTR 与 NTs 结合形成 p75NTR 同源二聚体后，可连接多种信号转导蛋白，包括 TRAF2/4、TRAF6、NRAGE、SC-1、NRIF 和 RhoA，它们能够调节细胞存活、细胞周期和轴突生长；p75NTR 也能增加神经酰胺水平及激活 JNK-p53-Bax 细胞死亡通路。故 p75NTR 的主要生物学效应包括：①对神经元生长的调节；②促进神经元存活；③诱导神经元凋亡。

（1）p75NTR 对神经元生长的调节：在 Trk 活化后 p75NTR 的另一作用是调节神经元的生长，配体介导的 p75NTR 激活后，能抑制 TrkA 介导神经元的生长和突起长入靶区。在成年动物交感神经元中去掉 p75NTR 后，其纤维能在中枢髓鞘内大量出芽。在 p75NTR 缺陷的动物中基底前脑胆碱能神经元出现肥大和纤维过度长入海马。以上结果提示 NTs 通过 p75NTR 表现为生长抑制因子的作用。p75NTR 能增加神经酰胺，它是一种已知的 p75NTR 效应分子，能抑制 NGF 依赖的交感神经元轴突末梢的生长，调节培养中的海马细胞的生长。p75NTR 还可能通过生长调节蛋白 Rho 来抑制神经元生长。在局部微环境中与配体结合的 p75NTR 和未与配体结合的 p75NTR 两者的比例决定了 p75NTR 是抑制生长还是促进生长。

（2）p75NTR 促进神经元存活：p75NTR 的主要生物学效应是诱导神经元凋亡，但也可激活 NF-κB 通路促进神经元存活。鼠胚胎感觉和交感神经元的存活，有赖于 p75NTR 介导的 NF-κB 通路的激活。NGF 与 p75NTR 结合后激活 IκB 导致其降解，促进 IκB 与 NF-κB 分离，从而引起 NF-κB 的释放和核转位，促进神经元存活。研究发现，IL-1 受体相关激酶（IL-1 receptor associated kinase，IRAK）在 p75NTR 激活 NF-κB 的过程中发挥作用。

（3）p75NTR 诱导神经元凋亡：p75NTR 在发育期和受损后的神经元凋亡过程中均发挥重要的作用。当它与 NTs 结合后，可引起以下细胞凋亡：培养的交感神经元、运动神经元、感觉神经元、少突胶质细胞和施万细胞。但 p75NTR 的信号转导途径尚未完全阐明。JNK-p53-Bax 是目前研究较多的一条信号转导通路。P53 在该途径中起关键的作用，其水平的高低决定了在体或离体神经元的凋亡发生与否，p75NTR 缺陷的交感神经元在去除 NGF 后其死亡明显延迟。p75NTR 能诱导癫痫发作后濒死细胞的凋亡，且这一过程中需 JNK 和 p53。在交感神经元，活化的 TrkA 能通过 Ras 抑制 JNK-p53 途径，抑制 p75NTR 引起的凋亡。在 NGF 诱导的成熟少突胶质细胞的凋亡中可见 Caspase-1、2、3 的激活，Bax/Bad 控制细胞色素 C 的释放，后者与 Apaf-1（凋亡酶激活因子）反应激活 caspase-9，启动凋亡通路。上述结果说明 JNK-p53-Bax 在 p75NTR 介导的凋亡中发挥了重要的作用。另外，有报道 p75NTR 介导的凋亡途径与 NRIF（neurotrophin receptor interacting factor）及 NADE（p75NTR associated death element）相关。NRIF 缺陷小鼠胚胎视网膜细胞无凋亡产生，这与 NGF 和 p75NTR 缺陷鼠的结果一样。

去除 NGF 时 p75NTR 也可引起神经元凋亡，有以下两种途径参与：①第一条途径包括 CDC42/RAC、Ask1、MEKK1、JNK、p33，JNK 诱导细胞死亡是通过 c-JUN 及增加 Fas 配体，以及通过增加 p53 和 Bax 的水平来实现；②第二条通路涉及细胞周期调节因子的激活，如 CDK4/6 能促进 pRb 磷酸化，再通过 p19ARF 激活 p53。p53 是两条通路的交汇点。

3. p75NTR 与 Trk 的相互作用　p75NTR 与 NTs 的结合比 TrκB 快，它在聚集和呈递配体给 Trks 方面起重要的作用。p75NTR 与 Trks 常在同一细胞表达并形成复合物增加 Trk 与配体的结合。Trk 也影响 p75NTR 的生物学作用和信号转导，如它抑制 p75NTR 介导的 JUK-P53 凋亡通路，而不抑制 p75NTR 诱导的 NF-κB 的激活，提示 p75NTR 与 Trk 可共同促进神经元的存活。在施万细胞、少突胶质细胞、感觉神经元，p75NTR 激活转录因子 NF-KB，且此因子的激活不受 Trk 的抑制。NGF 能使交感神经元 NF-κB 活化，而其活化对于 NGF 介导的存活作用相当重要。有研究证明，p75 NTR 与 TRAF6（肿瘤坏死因子受体相关因子 6）相互作用激活 NF-κB。在非神经元 TRAF6 通过 TRANCE（肿瘤坏死因子相关激活诱导因子）激活 PKB。

综上所述，NTFs 在多个水平调节神经元的存活与凋亡。p75NTR 在多数情况下是配体激活的凋亡受体，激活凋亡信号转导途径 JKN-p53-Bax 和细胞死亡蛋白如 NRFIF。Trk 一般有两条途径起作用：①Ras/PI-3K/PKB 抑制凋亡蛋白的产生及其活性；②MEK/MAPK 激活抗凋亡蛋白促进存活。p75NTR 通过激活 NF-κB 加强 Trk 的活性。Trk 通过 Ras 和 PI-3K/PKB 抑制 JNK-p53-Bax 途径中的 JNK，或抑制死亡蛋白 Forkhead。p75NTR 通过神经酰胺抑制 PKB 和 Raf 活性而抑制 Trk 介导的存活和生长。Trks 和 p75NTR 之间的相互作用在神经系统的发育和损伤后修复中有重要的决定作用。

二、睫状神经营养因子受体及信号转导

（一）睫状神经营养因子受体复合物

CNTF 受体是目前发现的成血细胞因子受体超家族成员中最为保守的组分，为 372 个氨基酸残基组成的糖蛋白，分子质量为 52kDa。它有两个结构域，一是免疫球蛋白样结构域，另一是有 4 个保守半胱氨酸的细胞因子受体样结构域。CNTF 受体复合物由睫状神经营养因子受体 α（ciliary neurotrophic factor receptor α，CNTFR α）、白血病抑制因子受体 β（leukemia inhibitory factor receptor β，LIFR β）和 130kDa 的糖蛋白 gp130（130kDa glycoprotein）组成，其中 CNTF α 是受体结合部位，LIFRβ 和 gp130 是信号转导部分。CNTFR α 缺乏跨膜的和胞内的结构域，在体内以锚着型和可溶型两种形式存在，前者通过糖基磷脂酰肌醇键（glycosylphosphatidylinositol linkage，GPI）锚定在细胞膜上，在磷酸酰肌醇专一性磷脂酶 C（PLC）作用下从膜上释放，成为可溶型。这一特点与 NT 家族受体完全不同。CNTFRα 在神经系统中广泛存在，在非神经组织中以肌肉中分布较多。表明该组分与神经系统和运动系统的功能密切联系。神经损伤时，不仅在损伤部位有大量的 CNTF 聚集，而且锚着型 CNTFR α 从膜上释放，以可溶型形式与 CNTF 形成受体复合物，逆行输送到受损部位发挥作用。胚胎发育时期在来自神经上皮和神经嵴的神经母

细胞中 CNTFRα 高表达。

LIFRβ 和 gp130 均属于成血细胞因子受体家族成员，两者形成异源二聚体是 CNTF 受体的 β 成分。它们本身无酪氨酸激酶活性。gp130 是分子质量为 130kDa 的糖蛋白，LIFRβ 是白血病抑制因子结合蛋白，两个 gp130 形成的同源二聚体是白细胞介素-6（IL-6）受体的 β 成分；LITR 与 CNTF 一样，由 gp130 和 LIFRβ 形成异源二聚体组成其 β 成分。

还有细胞质酪氨酸激酶的 Jak-Tyk 家族，包括 Jak1、Jak2 和 Tyk，它们都是细胞因子信号转导途径中的重要成分。它们都有两个催化功能结构域，gp130 和 LIFRβ 聚合后，通过位于近膜处的保守区域 Jak-Tyk 偶联并激活之。STAT 家族是一类胞内的 DNA 结合转录激活因子蛋白，在 CNTF 信号转导过程中，Jak-Tyk 的激活后导致该家族成员的 STAT80/90 发生酪氨酸磷酸化，已知 STAT 家族成员能异质聚合，和其他信号转导辅助蛋白结合，使 STAT 家族对基因的调控更为精细。

（二）信号转导

CNTFα 对 CNTF 只具有低亲和力，CNTF 和 CNTFRα 的复合物先与 gp130 结合，再与 LIFRβ 结合，组成异源二聚体，形成高亲和力受体，激活 Jak-Tky，直接或间接使 STAT80/90 磷酸化，进一步丝/苏氨酸磷酸化，这两种形式都能易位至核内，在核内一些 CNTF 响应基因的上游启动子区，存在和 γ-干扰素结合位点 GAS 相似的 DNA 序列：TTCC-XXXAA（称为 CNTF 反应成分），STAT 与之结合，激活即早基因如 tis-11、c-jun、c-fos 等的转录。

CNTF 和 NTs 的信号转导机制不同，两者诱导即早基因和迟反应基因不同的亚群。这可以部分说明两者在其靶细胞上引起的不同生物学效应。

三、胶质细胞源性神经营养因子受体及信号转导

（一）胶质细胞源性神经营养因子受体复合物

GDNF 受体复合物包括配基结合成分 GDNFRα（又称 GNFα）和跨膜酪氨酸激酶蛋白 Ret。

GNFα1 是 GDNF 的高亲和力受体，它的功能类似于 CNTFRα，能特异地和 GDNF 结合，它本身无跨膜和胞内结构域，以 GPI 结构锚定在细胞膜上，可从膜上释放，变成可溶型。继 GFRα1 之后，又陆续发现了其相关受体，GFRα2、GFRα3 和 GFRα4。这些受体分别相应于 GDNF 家族每一成员，NTN（神经生长因子）与 GFRα2 结合；ART 与 GFRα3 结合；PSP 的受体 GFRα4 只在鸡组织中表达。这 4 种受体分子中 GFRα1 和 GFRα1 2 的同源性最高，其次是 GFRα4、GFRα3 的同源性最低。

Ret 是原癌基因 *c-ret* 表达产物，为受体酪氨酸激酶超家族的成员，Ret 的胞内区有 14 个酪氨酸残基。Ret 下游信号转导的许多靶细胞与一些临床疾病相关联。以前认为 Ret 是一种孤儿受体（orphan receptor），后来发现 GDNF 基因敲除小鼠也出现肾脏缺失和肠道神经系统功能紊乱，提示 Ret 就是 GDNF 受体，GDNF 就是 Ret 的配基。

（二）信号转导

GDNF 同源二聚体分子可直接与单亚基或双亚基的 GFRα1 结合形成复合物与 Ret 相互作用，导致 Ret 的二聚体化，激活 Ret，引起自身的磷酸化。Ret 可激活几条经典的酪氨酸

激酶信号途径，包括 Ras-MAPK、PI-3K、JNK 和 PLC-Y 等。与 NTs 信号途径类似，GDNF 的促神经元存活和突起生长的作用是通过 Ras-MAPK 信号途径实现的，GDNF 对培养的 DA 能神经元促生长和分化的作用是通过 PI-3K 信号途径实现的。

第四节　神经营养因子的生物学效应

（一）神经营养素

1. 发育期

（1）促进神经元存活、生长和分化成熟的作用：神经元进入成熟阶段的标志包括突起的充分发育和突触形成，神经元特异递质合成酶的表达，以及膜离子通道和膜电位的出现。NTFs 对发育中神经元在上述形态学和生物化学等方面指标有促进作用。NGF 对外周交感神经元、背根节感觉神经元和中枢胆碱能神经元从发育到成熟的过程具有生理作用。

（2）对神经递质选择的作用：在神经元分化初期，其递质属性尚未确定，在发育过程中必然经历递质选择。递质选择主要取决于从细胞迁移至最终定位所经历的环境因素。例如，成熟交感神经节中的大多数是去甲肾上腺能神经元，也有少量支配汗腺的胆碱能神经元。NGF 是促进交感神经元内 NA 酶系发育的主要生长因子。而那些胆碱能神经元在交感节发育早期也都经历过去甲肾上腺能阶段才最终成为胆碱能表型，即经历过递质的选择和转换。

（3）诱导神经纤维定向生长：从体外培养观察到，鸡胚或鼠胚背根节和长出的突起向分泌 NGF 的小鼠颌下腺生长，而不向缺乏 NGF 的舌下腺生长。在体内，NGF 是诱导神经纤维长向靶区的重要因素之一。

（4）控制神经元存活数量：发育过程中有一个神经元自然死亡的减数现象，出现在神经轴突长入靶区后不久。NGF 效应神经元的自然减数是通过靶区 NGF 水平来控制的。实验观察到，一是分散培养的发育期效应神经元依赖 NGF 存活；二是效应神经元的自然减数在时间上与靶区 NGF 水平的下降相一致；三是给予外源性 NGF 可以减少交感、感觉和中枢胆碱能神经元的自然死亡，而用抗体中和部分内源性 NGF 可增加它们的死亡数量。

2. 成年期　进入成年期，NTs 及其受体的表达和分布都明显减少，效应神经元对 NTs 的依赖也明显降低，只有部分交感神经元仍需依赖 NGF 存活。一些外周和中枢的神经元仍需要一定水平的 NTs 维持其正常功能。

（1）参与神经元的突触传递：BDNF 能增强兴奋性突触传递而降低抑制性突触传递，在海马，BDNF/TrkB 的活性对突触效能的调节至关重要。BDNF 清除剂 TrkB-Fc 可降低成年海马脑片的长时程增强（LTP）。BDNF 基因敲除动物海马脑片的 LTP 诱导障碍，而再给予 BDNF 则可使其恢复。此外，TrK 受体拮抗剂（如 K252a）能阻断 BDNF 对海马的兴奋作用，BDNF 调节突触传递的机制目前尚不完全清楚，可能包括递质释放的易化，特异性 NMDA 受体亚单位的磷酸化及对离子通道等方面的直接作用，也可能通过影响抑制性神经元的结构和功能，间接增强兴奋性突触传递。实际上，BDNF 本身即具有神经递质样作用，并且越来越多的研究表明 BDNF 符合神经递质的大多数标准，如 BDNF 能在神经元胞体中合成，能顺行性运输至神经终末，并能以囊泡形式储存。

（2）调节突触可塑性：NTFs 的表达水平被电活动和突触活动所调节首先是在海马发现的。在癫痫发作过程中，海马和大脑皮质内 NGF 和 BDNF mRNA 表达水平被迅速上调。

类似地，神经肌肉的活动能明显地上调骨骼肌内 NT-4/5 mRNA 的表达水平。在海马，癫痫诱导形成 30min 后，BDNF mRNA 的表达水平显著升高，其中齿状回颗粒细胞 mRNA 的表达水平是正常水平的 6 倍。有趣的是，类似情况下，NT-3 的表达水平则是下降的。在体外培养的海马和小脑颗粒细胞中加入谷氨酸受体激动剂或高浓度钾离子能使 BDNF 和 NGF mRNA 水平明显上调；相反，若活化 GABA 受体，则 BDNF 和 NGF mRNA 水平下调。这种活性依赖性的 BDNF 表达依赖于多个指导 BDNF 转录的启动子、钙离子的内流及转录活化因子 CRFB 的活化。

3. 损伤修复期 神经损伤包括外伤、疾病、中毒、老化等因素造成的中枢和外周神经系统的损伤，是临床医学至今难以解决的问题。成熟神经元和神经系统仍保留一定程度的再生修复能力是建立在神经元可塑性（neuronal plasticity）的基础之上。就单个神经元而言，可塑性使之在非致死性伤害后有发生改变与适应的能力；而就神经系统而言，则可利用存活的神经元，代偿死亡神经元的部分功能，从而减轻损伤的后果。由于多种因素的限制，在不加干预的条件下中枢神经再生是很困难的。随着对 NTFs 的深入研究，它们对神经元的作用已不再被狭义的“生长”二字所局限，而是从可塑性调节这一更广的意义上来理解。众多实验室的研究表明，NTFs 对损伤神经元具有保护作用，并在此基础上进一步促进神经损伤的修复，如周围神经损伤后，内源性 BDNF 对轴突的再生和髓化有重要作用。

4. 非神经系统 NTs 与其他肽类生长因子一样，也是多功能生长因子，它们不仅参与调节神经系统的发育和功能，而且也可影响和调节非神经系统，如心血管、免疫、造血、内分泌和生殖等系统的功能。

（二）睫状神经营养因子

CNTF 作用广泛，被称为多功能因子。它对外周及中枢多种靶神经元有促存活和分化作用。CNTF 能够防止神经轴突离断所引起的运动神经元退变；可以阻止视网膜退变鼠光受体的降解；还能改善运动神经元退变小鼠的行为并延长其生命。

CNTF 对神经元和胶质细胞的分化起作用。CNTF 是抑制交感神经元的胆碱能分化因子，能阻止交感神经元增殖并促进其向胆碱能神经元分化；CNTF 和 LIF 可诱导中枢神经系统多能干细胞分化为星形胶质细胞。CNTF 对少突胶质细胞有促存活及促成熟作用，并保护其免受 TNF 介导的损伤。

CNTF 对免疫、造血和肝脏等功能有影响，CNTF 还对去神经的骨骼肌有营养作用。

（三）胶质细胞源性神经营养因子

最初发现 GDNF 专一性促进中脑多巴胺（DA）能神经元的生长和分化，大鼠胚胎 16 日时，中脑 DA 能神经元形成过程中需要 GDNF 的营养作用。动物出生时，DA 能神经元的突起与靶器官建立联系，这时中脑停止表达 GDNF，而靶器官会有 GDNF 重新出现，提示中脑存在一种 DA 能神经元亚群对于选择 NT 具有时空依赖性。在切断神经通路或 6-OHDA 和 MPTP 建立的帕金森病（PD）动物模型中，GDNF 能保护 DA 能神经元的活性，改善帕金森病动物的行为，还可诱导残存的 DA 能神经元长出新的突起。

GDNF 还是目前最强的胆碱能运动神经营养因子，几十至几百倍于 BDNF 和 CNTF 对运动神经元的作用。

第五节　神经营养因子临床应用前景

NTFs 从研究初期就预示了临床应用的可能性，正是在这种前景的引导下，才有目的地进行了动物模型实验。这些实验的确像预期的那样表明 NTFs 对某些神经损伤和疾病有着以前疗法所未达到的疗效。不过，对动物模型有效不一定意味着最终能实际应用于临床，尤其是在一些动物模型还不够理想，治疗的远期效应尚需进一步考查的情况下。由于基因工程药的发展，获得大量 NTFs 用于临床试验已不是难事。但由于 NTFs 均为蛋白质，不易通过血脑屏障，故目前临床试验主要在脊髓或 PNS 疾病上进行，对中枢神经系统相关的疾病仍以动物模型研究为主。

一、神经营养因子与神经系统疾病

神经系统疾病主要包括神经退行性疾病（neurodegenerative diseases）和神经损伤等。神经退行性疾病如帕金森病（Parkinson’s disease，PD）、阿尔茨海默病（Alzheimer’s disease，AD）、肌萎缩性脊髓侧索硬化（amyotrophic lateral sclerosis，ALS）、亨廷顿病（Huntington’s chorea，HD）等，目前多无有效治疗手段。

（一）运动神经元疾病

ALS 是一种致死性运动神经元退行性疾病，目前尚无有效治疗措施。体内体外研究表明，发育及成熟运动神经元对 BDNF、NT-3、NT4/5 有反应，BDNF、NT-3 增加培养胎大鼠运动神经元的活性，BDNF 可防止运动神经元的自然死亡，并对损伤的新生大鼠面部运动神经元有保护作用；当神经切断后，BDNF、NT-3 逆行运输到运动神经元急剧增加，外源性 BDNF 能延迟运动神经元病中的运动失能，减轻神经肌肉萎缩和运动轴突消失，这些研究为应用 BDNF 治疗 ALS 提供了理论基础，目前，BDNF 已进入治疗 ALS 的临床试验阶段。

CNTF 能改善运动神经元退变的小鼠的行为、功能、并延长其生命；GDNF 也可防止面部神经运动神经元的萎缩退变，成体动物局部或全身给予 GDNF，可阻止面神经核 ChAT 活性下降，防止切断脊神经的鸡、小鼠运动神经元的萎缩退变。

（二）基底神经节疾病

基底神经节疾病在此主要指帕金森病，它是由于黑质纹状 DA 能神经元的进行性退化而引起的运动失调症。其神经元退化进程远在临床症状出现之前。由于 BDNF 对 DA 神经元的特殊营养作用，并对 6-OHDA 和 MPP^+损伤的神经元有保护作用。大量的体内体外实验研究表明 BDNF 有望用于帕金森病的治疗。另外，BDNF 对基底神经节的非 DA 能系统（如中脑 GABA 能神经元，纹状体内 5-HT 能神经元）也有营养作用，因而也可能用于 HD 的治疗。

GDNF 是目前发现对 DA 能神经元作用最强的因子之一，在帕金森病动物模型中，单次脑内注射 100μg 和 450μg GDNF，能扭转 DA 能神经元变性，且不会出现运动障碍，效果优于 *L*-多巴。尽管 GDNF 效应较强，但其作用范围较广，对多种神经元有作用，故在临床应用上，需考虑 GDNF 可能产生的多种作用。

（三）阿尔茨海默病

AD 的病理变化为广泛的大脑皮质神经元丧失，尤其是海马和基底前脑胆碱能神经元退化。NGF 能防止前脑胆碱能神经元的萎缩，提高出现认知损伤的老年大鼠的 ChAT 水平，增加存活胆碱能神经元的功能，提高记忆。这些现象为 NGF 用于 AD 治疗提供了理论基础。神经营养素家族其他成员如 BDNF、NT-3、NT4/5 均能维持胆碱能神经元存活，上调其 ChAT 表达，且有比维持神经元存活更为广泛的作用，这些广泛作用与 AD 尤其有关。例如，小脑内注入 BDNF 增加正常成年大鼠神经肽 Y（NPY）和生长激素抑制素（SOM）水平，注入 BDNF 降低大鼠海马强啡肽水平，脊神经注入 BDNF 增加局部 5-HT 水平及其代谢产物 5-HIAA，这些变化均与 AD 或认知疾病中相反。因此，TrkB 配基对与 AD 相关的多种神经元系统产生有益作用,GDNF 对中枢神经系统中的胆碱能神经元也有营养作用，能扭转运动活性下降，改善运动失调。多种 NTFs 的联用可能产生最佳效果。目前，用损毁大鼠基底前脑胆碱能投射系统复制 AD 患者的所有病症，但并不能完全模拟 AD 患者的所有症状，因此尚需建立更为合适的动物模型。

（四）外周感觉神经病

外周感觉神经元退化是外周神经病的常见病症，往往由糖尿病、抗癌药（如顺铂）、酒精中毒、艾滋病（AIDS）、遗传因素等引发。NGF 用于外周感觉神经病的临床试验已经开始，长期治疗可延缓感觉功能减弱并能使部分丧失的功能恢复。

除上述疾病以外，BDNF、NT-3、NT4/5 对听神经损伤、视神经损伤也有保护作用，NTs 在神经胶质瘤、成神经细胞瘤等疾病治疗中也有应用前景。

（五）急性神经系统损伤和脑缺血

机械损伤或脑缺血引起的急性神经系统损伤目前尚无有效的药物治疗。NGF 脑室注射可抑制沙土鼠脑缺血后引起的海马神经元死亡，BDNF 和 NT4/5 则可明显减少因结扎大鼠大脑中动脉而引起的梗死面积；动物实验表明 NTFs 可减少因缺血脑卒中引起的神经元变性，并改善症状；BDNF、NT-3 和 NT-4/5 均能增加皮质神经元对葡萄糖和氧的利用；最近发现 NTFs 可通过调节细胞内超氧化物歧化酶和 GSH 过氧化酶的水平及活性达到抗缺氧、缺血的损害。

（六）癫痫

癫痫发作可诱导海马内 BDNF 水平上调，进而激活海马门区及 CA3 区腔隙层的 TrkB 受体，通过促进兴奋性神经递质释放等效应加强海马通路尤其是苔状纤维的兴奋性突触传递，从而导致持续的高度兴奋状态，阻断 BDNF 信号转导通路可抑制癫痫的发生。可见 BDNF 的上调和 TrkB 受体的激活在癫痫发作过程中起关键作用,进一步阐明 BDNF 和 TrkB 在癫痫发生中的具体下游机制将为探索有效的癫痫治疗手段提供新的途径。

二、神经营养素的临床应用策略

由于神经营养素难以通过血脑屏障，故不能直接通过全身给药治疗中枢疾病，因而关于神经营养素的给药方式和提高其利用效率显得尤为重要。

（一）脑内给药方式

1. 用机械微泵装置将 NTFs 直接注入脑内。如 hrNGF 脑室给药可作为 NGF 治疗 AD 的有效给药方式。

2. 将活性蛋白因子包裹或微囊化后植入脑内，可作为体内一种有效的释放系统治疗中枢神经系统疾病。

3. 利用脑移植手段，如以胚胎黑质或自体肾上腺髓质嗜铬细胞为供体治疗帕金森病，移植后注入 NGFs 可提高移植物的存活率，并可增强治疗作用。

4. 通过细胞移植将有持续分泌 NTFs 活性的遗传修饰细胞植入脑内。一是直接移植分泌 NTFs 的工程细胞，二是将遗传修饰细胞微囊化后移入脑内。

5. 直接将 NTFs 基因导入中枢神经系统细胞内以增加 NTFs 的表达水平。

（二）利用蛋白修饰手段增加神经营养因子通过血脑屏障的能力

有人将 BDNF 与能穿越血脑屏障的载体（如 NLA-OX26）结合形成载体介导肽药，穿过血脑屏障而运送入脑发挥其特殊的生物作用。

（三）改造基因序列，利用基因工程手段增加因子功能，扩大因子应用范围

将 NGF、BDNF、NT-3 的活性结构域组入到 *NT-3* 基因主架中，表达名为 PNT-1 的合成营养因子，它能与 Trk 受体及 p75NTR 结合，其神经营养作用与三种因子联用相当，注入坐骨神经后显示很强的逆行运输到 DRG（背根节）神经元的能力，这一结果表明 PNT-1 是强有力的、多特异性的 NTFs，有望用于外周神经病和神经损伤。

（四）神经营养因子联用，产生最佳治疗效果

如 BDNF、GDNF 和 CNTF 均可提高 ChAT 的活性，促进运动神经元存活及突起生长，但三者作用方式不同，任两者联用均可产生超过单一因子的作用，它既增强了疗效，又减少了不良反应（如 CNTF 的大量全身给药治疗 ALS 的严重的不良反应）。BDNF 和 CNTF 联用可明显减缓 ALS 中运动神经元的退化进程，这是单一因子所不能达到的。另外，利用非共价键形成异二聚体也是期望增强因子的功能，减少用量而达到最佳治疗效果。

（五）寻找调控 NGFs 及其受体的表达或启动信号转导的小分子物质

有证据表明非蛋白激素可调节 NTFs 的表达，如糖皮质激素可防止外周神经中 NGF 的减少，刺激海马内 BDNF、NT-3 表达增加。另外，NTs 及其受体表达还受多种物质的影响，如 Glu 受体拮抗剂、cAMP、视黄酸（又称维甲酸 retinoic acid，简称 RA）等。有许多低分子量的亲脂化合物能激活 Tyr 磷酸化的信号转导途径，这些化合物单独或与抗氧化剂和钙稳定剂联用，在局部缺血脑损伤中可起到与 NTFs 类似的有益作用，提供了治疗脑损伤的途径。也有人致力于发现与天然蛋白配基构象类似及与天然蛋白结合于相同位点的非肽类 NTFs 类似物。总之，NTFs、神经活动、内分泌系统相互影响，相互作用，在神经系统的发育和成熟过程中及病理情况下发挥重要的作用。

（蔺　扬　谷艳婷）

第七章 神经肽概述

神经肽这一名词，出现的年代较久远，但远没有递质和激素那样在人们头脑中留下的深刻印象。生物体内存在多种多肽类生物活性物质，它们在机体内是传递信息的重要化学信使，并参与功能代谢的调节和器官功能活动的协调，神经肽即属于这些多肽类物质。神经肽的发现是神经生物学的一个重大突破，成为当前神经科学研究领域中最活跃的领域之一，应该说是从 20 世纪 90 年代开始的。随着生物学技术的飞跃发展，特别是基因重组技术的出现，发现新的神经肽的速度大大加快。

在传统观念中，机体主要是由神经系统和内分泌系统这两大系统调节和控制的。神经系统是以神经冲动的形式、通过释放的神经递质的作用传递神经信息，内分泌系统是通过血液循环以释放激素的形式传递化学信息，这两种传递信息的方式是截然不同的。而神经肽类物质，根据作用部位的不同，既能起递质的作用，又能起激素样作用，有时也起调质作用。神经肽的这种多样化作用，将这两种信息传递方式结合起来，体现了神经系统和内分泌系统两大系统的功能结合，共同调节机体各器官的活动，以便于更好地适应机体内外环境的变化。神经肽的研究成果，大大地加深了人们对神经系统与内分泌系统相互关系、相互作用、相互协调的理论认识，对传统的神经体液调节等基础理论的发展具有重大的推动作用。生命科学中的许多重要课题，临床医学研究中某些疾病的病理生理机制，一些疾病的起因和治疗等均与神经肽密切相关。因而，对神经肽的研究，不仅具有深入的理论意义，还具有重要的实际意义。

一、神经肽的发展简史和分类

（一）神经肽的发展简史

最早被发现的神经肽是 P 物质（substance power，SP）。1931 年，Von Euler 和 Gaddum 从哺乳动物的肠和脑组织中提取出一种粉末状物质，发现这种粉末状物质能引起肠道平滑肌收缩、血管舒张和血压下降，从而将这一粉末状物质命名为 P 物质。1936 年，发现该物质为多肽，但其分子结构一直没弄清楚。1945 年，Du Vignead 从下丘脑神经细胞中分离纯化出加压素和催产素，发现它们都是含有 9 个氨基酸的多肽，继而人工合成成功，这是弄清分子结构的最早的神经肽。但当时仅仅知道它们是从神经细胞分泌的激素。

20 世纪 60 年代，Erspamer 等从两栖类皮肤中分离出肽类物质，随着放射免疫分析（radioimmunoassay，RIA）方法的出现，使体内含量极微的神经肽得以测出，才发现这些肽类物质亦存在于哺乳动物脑内。到 60 年代后期，人们发现加压素和催产素是由下丘脑大神经分泌细胞分泌的，而小分泌细胞分泌的激素也是多肽类物质，开始出现了神经肽的概念。从而将这类神经元称为肽能神经元，所分泌的多肽类物质称作神经肽。

直到 20 世纪 70 年代初期，随着生物学技术的发展，1931 年发现的 SP 才得以分离纯化，并阐明其分子结构为含 11 个氨基酸的多肽，继而化学合成成功。同时，TRH、促黄体素释放激素、生长抑素等也得以一一阐明。这时，由于免疫组织化学方法的问世，能够精确地描绘神经肽的分布和细胞内的定位。进而发现，肽能神经元及其分泌的肽类物质，不仅存在于下丘脑，还广泛存在于脑内许多部位，以及外周神经系统，甚至分布于外周其他组织。大量研究资料表明，脑内肽能神经元不一定都是神经分泌性神经元，分泌的多肽类物质也不一定只是起内分泌作用的神经激素，更多地可能与神经信息传递或突触调制等功能有关。人们逐渐认识到，神经激素这一名词已不能代表这些肽类物质的全部含义。由此，人们把这种既有神经激素样作用，又具有神经元信息传递作用的物质称为神经肽，神经肽的概念就这样确立下来。

1975 年，Hughes 等发现了两种脑啡肽，接着并发现了内啡肽和强啡肽等一大类内源性阿片肽家族，这些发现，大大地加速了神经肽领域的研究进程。

20 世纪 70 年代后期，随着基因工程技术和克隆技术的出现，生长抑素的研究取得新的突破，使神经肽的研究得以蓬勃发展。降钙素基因相关肽（CGRP）就是基因重组技术的典型范例。回顾 30～60 年代的 30 多年时间里，仅仅发现了几种神经肽，而从 70 年代以后的 20 多年间却发现了上百种神经肽，神经肽的作用和意义越来越受到人们的广泛关注。

（二）神经肽的分类

由于神经肽的种类繁多，至今没有统一的合理的分类方法，按其分布和发现的部位进行分类，如垂体肽和下丘脑释放激素，已被人们普遍接受；但因多数神经肽的分布范围很广泛，如脑肠肽，并不能代表该类神经肽分布的全部意义。按家族进行分类，即按基因结构、分子结构和功能进行分类，已被人们广泛应用，如速激肽、内阿片肽；但此种分类方法又不能囊括所有的神经肽，如垂体肽和下丘脑释放激素等。因此，将这两种分类方法相结合，对神经肽进行分类，既符合人们的习惯称谓，又便于理解。

二、神经肽的代谢

神经肽的代谢过程与经典递质有明显的不同，比经典递质复杂得多。它是由 DNA 转录形成的 mRNA，再由 mRNA 翻译后，在胞体的核糖体上首先合成无活性的肽前体大分子蛋白，肽前体蛋白进入囊泡内随轴浆流运输到末梢，在随轴浆流转运过程中，再进行酶切等翻译后加工，最后产生有活性的神经肽。神经肽的失活，也不像经典递质那样发挥生物学效应后可以再吸收重新起作用，而是酶促降解的方式。

（一）神经肽的生物合成

神经肽前体包括前神经肽原和神经肽原，前神经肽原中的信号肽被切除后，余下的部分即神经肽原。因此，在神经肽的分子生物学研究中，主要对象是涉及前神经肽原。神经肽的合成过程可简单归纳为

$$\text{DNA} \xrightarrow{\text{转录}} \text{mRNA} \xrightarrow{\text{翻译}} \text{肽前体} \xrightarrow{\text{翻译后加工}} \text{活性肽}$$

1. 前神经肽原的合成 神经肽的 mRNA 首先在胞体的核糖体上合成前神经肽原。第一步，先合成信号肽。信号肽是一段含有 18～25 个氨基酸的序列，信号肽因含有连续的疏水性氨基酸残基，所以其疏水性强，很容易穿透粗面内质网膜的磷脂层结构。附着在胞体核糖体上的新生肽链，在信号肽的引导下，边穿透粗面内质网膜边延长，最后整个肽链随着信号肽进入内质网池。此时，含有信号肽的神经肽前体合成完毕，称为前神经肽原，

如前脑啡肽原和前速激肽原。信号肽在引导多肽链进入内质网池后，即被其特异的蛋白水解酶切除（图 7-1），余下的多肽链称为神经肽原，如脑啡肽原和速激肽原。之后神经肽原进入囊泡内，随轴浆流至神经末梢。每种神经肽的信号肽不完全相同，因此，切割的蛋白水解酶的种类也不完全相同。

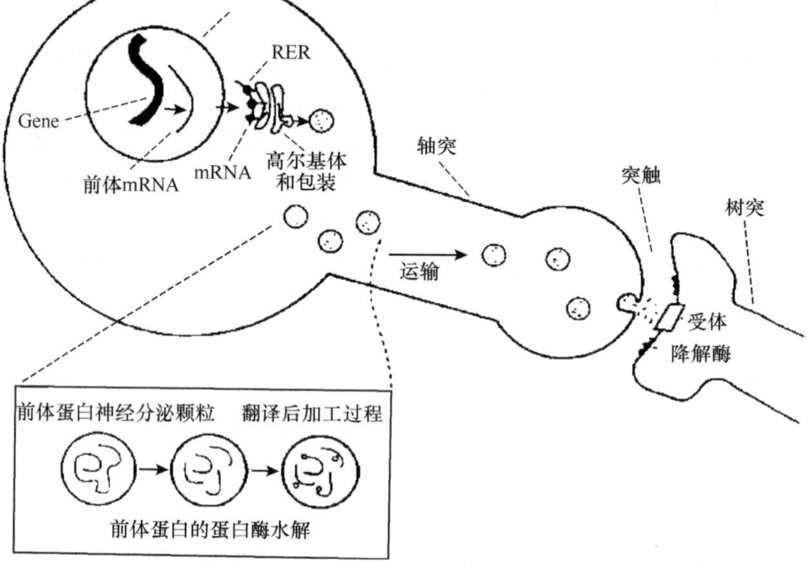

图 7-1　神经肽合成、加工、运输和分泌全过程

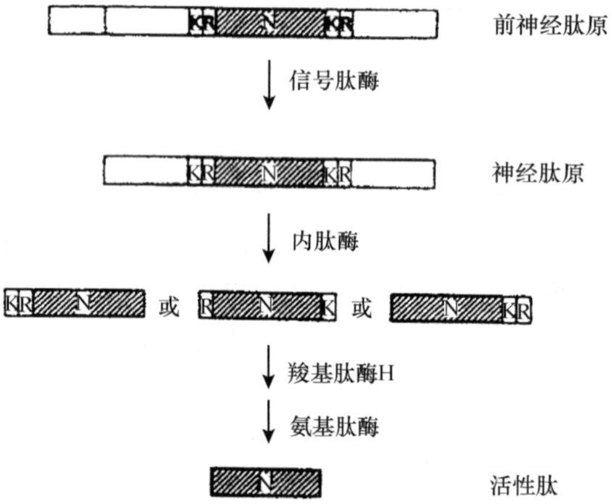

图 7-2　前神经肽原的加工过程

2. 神经肽原的翻译后加工　前神经肽原的信号肽被切除后，变成神经肽原。由神经肽原到产生具有生物活性的多肽，尚需经过一系列的酶切、修饰和酰胺化等复杂过程。这一翻译后加工发生在囊泡随轴浆流转运的过程中，各种神经肽的翻译后加工的过程，不尽相同（图 7-2）。

酶切常常发生在成对的碱性氨基酸之间，如精氨酸-精氨酸（R-R）之间，或赖氨酸-赖氨酸（K-K）之间等，但并非每个成对的碱性氨基酸之间的部位必然发生酶切。酶切常见的酶如胰蛋白酶样转化酶和羧肽酶 B 样转化酶。上述的成对的碱性氨基酸对即是胰蛋白酶样转化酶酶切的加工信号，其结果为产生多个肽链。经该酶切割的产物，又可以经羧肽酶 B 样转化酶切割，将其 C 端的碱性氨基酸依次切除，产生一个或多个具有生物学活性的神经肽，如强啡肽 B：Y-G-G-F-L-R-R-Q-F-K-V-V-T-R-。上述两种酶相互配合切割神经肽前体，是神经肽由其前体生成具有活性的神经肽的重要酶切方式。羧肽酶 B 样转化酶不止一种，近来发现一种对脑啡肽前体有高度亲和力的新的酶（图 7-2）。

这里值得一提的是，并不是所有的碱性氨基酸对都能被酶切，有人认为，精氨酸对最不易被酶切，相反，非碱性氨基酸对也可能被酶切。另外，单个的碱性氨基酸也能被酶切，如单个的精氨酸，酶切发生在精氨酸之前，这种酶是一种巯基蛋白水解酶。它专门识别脑啡肽前体的C端的延伸部分的精氨酸，酶切的结果产生强啡肽A1-8和强啡肽B，故又将此酶称为强啡肽转换酶。

另一种常见翻译后修饰，是两个半胱氨酸的巯基（—SH）形成的二硫键。二硫键的形成，往往可以改变神经肽分子的立体空间构型，这在许多种神经肽的分子结构中都可见到，如加压素、催产素和生长抑素等。

神经肽C端的酰胺化，也是一种重要的翻译后加工。多数神经肽分子的C端为酰胺，酰胺化时需要的—NH_2，多半是由与碱性氨基酸直接相连的C端内的甘氨酸所提供。因此，神经肽前体分子中的甘氨酸-赖氨酸-精氨酸或甘氨酸-赖氨酸常常是产生酰胺化的信号，又是酶切发生的部位。

此外，还有其他多种形式的翻译后修饰。例如，神经肽分子的N端的谷氨酸形成焦谷氨酸（TRH、LHRH），N端乙酰化（α-MSH、β-EP），酪氨酸残基硫酸化（CCK），糖类侧链形成糖基化和亚单位聚合等。

各种神经肽的翻译后加工过程不完全相同，有的很复杂，有的很简单。加工最多最复杂的如POMC，需经过多次酶切、糖基化等多种修饰，才能产生具有活性的神经肽。翻译后加工最少最简单的如GH和PRL前体,仅仅切除一段氨基酸序列即成为具有活性的激素。研究每种神经肽的翻译后加工过程，对探讨该神经肽的生理和病理作用乃至其临床价值都有重要的意义。特别是某些疾病的发病过程中，不仅其活性肽的含量可能改变，其活性也可能发生变化。

神经肽原在内质网合成后，即进入囊泡，并储存在囊泡中，随着轴浆流输送至神经末梢。囊泡内的神经肽原，在随轴浆流转运过程中，经过酶切等一系列修饰过程，生成具有生物活性的多肽，储存在直径大于70nm的大致密核心囊泡中。经典递质（ACh、NA）一般储存在小的（直径为30～50nm）清亮囊泡中。

（二）神经肽的释放和作用方式

1. 神经肽的释放　确定一种物质是否是神经递质的重要标准之一，要看这种物质是否对产生去极化的刺激发生反应，从而产生钙依赖性的释放，在这一点上，神经肽的释放与经典递质是极其相似的，即电刺激或高钾溶液引起的去极化，打开电压依赖性钙通道，可使经典递质和神经肽从神经末梢释放，但这种释放必须依赖细胞外Ca^{2+}的存在。由于细胞外Ca^{2+}的存在，Ca^{2+}得以通过神经末梢L型或N型钙通道进入细胞内（图7-3）。一般认为，神经末梢上有几种钙通道，其分布亦有不同，T型及N型位于突触区，L型位于突触外区。因此，储存神经肽的大致密核心囊泡的胞吐作用常发生在突触外区。最新的研究认为，还有P型电压依赖性钙通道及其他多种类型尚待进一步证实的钙通道。有人认为，神经末梢内的囊泡释放经典递质所需的Ca^{2+}来自T型及N型钙通道，大致密核心囊泡释放神经肽所需的Ca^{2+}经L型通道。因此，作用于L型通道的钙拮抗剂可阻断神经肽的释放。但也有人认为，L型和N型钙通道两者均参与神经肽从中枢或周围神经末梢的释放。

一般情况下，单一的或低频率的电刺激仅引起经典神经递质从小清亮囊泡中释放；而神经肽的释放往往需要高频的或成簇的神经冲动。神经肽的释放虽然往往与频率相关，但其功能反应并不绝对限于只在高频刺激时发生。例如，单一的或几个神经冲动，通过逆行兴奋大鼠皮肤的辣椒素敏感的感觉神经，产生明显的血管扩张。辣椒素可以使感觉性神经肽从感觉神经的末梢释放。因此，当应用辣椒素以后，感觉神经内的感觉性神经肽的量减少或耗竭时，应用免疫组织化学染色不能显现阳性纤维，则可以确定这些纤维是感觉性的，也可以证明这种神经肽是感觉性的。

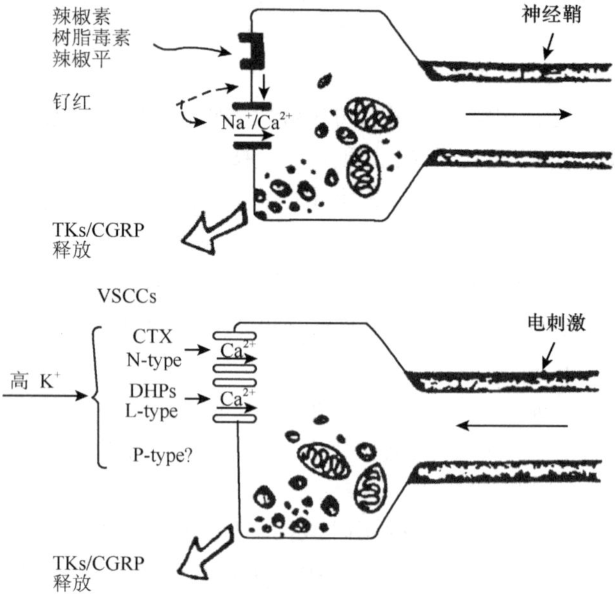

图 7-3 神经肽释放方式示意图

2. 神经肽的作用方式 神经肽的种类繁多，其作用方式亦十分复杂。一种神经肽可能有一种作用方式，也可能有多种作用方式。有的神经肽，因为有神经递质的作用方式，有人建议将其归类为神经递质，如一级传入系统内的 SP，被公认为是起神经递质的作用。归纳起来，神经肽的作用方式可分为以下几种。

（1）神经递质方式（突触传递方式）：像经典神经递质一样，神经肽从神经末梢释放后进入突触间隙，作用于突触后膜的特异性受体，引起突触后神经元或靶细胞产生兴奋性或抑制性的动作电位。因此，这一传递方式亦称突触传递方式。

按照神经递质的标准，已经得到公认的经典递质包括 ACh、儿茶酚胺、5-HT 和氨基酸等少数几种。近年来，越来越多的事实和证据表明，神经递质的队伍在不断地扩大，原来制订的标准也越来越受到挑战。有人曾提出这样的建议，认为凡是存在于神经纤维内的神经肽，只要是神经末梢去极化能导致该种神经肽的释放，并作用于突触后膜的特异性受体使突触后神经元的机能活动发生变化，就可将该种神经肽列为递质。换句话说，只要神经肽具有像神经递质那样的突触传递作用方式，就可列为递质。突触传递方式具有距离近、传递速度快、作用强和选择性专一等特点，是神经网络、环路传递神经信息的主要方式。一些实验研究表明，好多种神经肽符合上述标准。例如，免疫组织化学研究表明，脊神经节神经元的胞体合成 SP，SP 随着轴浆流输送至神经末梢，随着中枢突到达脊髓后角，含 SP 的神经纤维和终末主要分布于后角的 Ⅰ～Ⅴ层；随着周围突到达周围组织。免疫电镜的研究表明，SP 在突触小泡的含量最集中；灌流新生大鼠的离体脊髓时发现，重复刺激脊神经后根后，灌流液中 SP 免疫反应明显增强。此外，在 SP 引起蛙脊髓运动神经元去极化的同时，还增加膜的电导。这些研究结果均表明，SP 是一种神经递质。现在似乎已得到公认，初级感觉传入系统中由中枢突输送到后角的 SP，为传递痛觉的神经递质，而由周围突输送到周围组织的 SP，则参与周围组织反应，如血管舒张、血浆渗出等类似炎症的反应等。现在，脑啡肽、VIP 等神经肽，亦被公认为主要是作为神经递质在体内起作用。

（2）神经激素方式（神经内分泌方式）：早已熟知，由下丘脑释放的 TRH、CRH 和 LHRH，以及储存在神经垂体的 OT、AVP 等神经肽是神经内分泌物质，从神经末梢分泌后，随血液循环运输，作用于远隔的靶细胞，起神经激素或外周激素的作用。现已明确，分布于血管壁的感觉神经末梢，含有 SP，末梢分泌的 SP 进入血液循环，起神经激素样作用，作用于远隔的特异性受体，引起血管平滑肌舒张、血压下降等反应。

（3）神经调质方式（突触调制方式）：顾名思义，调质是指起调节作用的物质，对靶细胞起神经调制物的作用，就是说调质不直接作用于靶细胞使靶细胞产生动作电位，而是改变突触前终末递质的释放或改变靶细胞对释放的递质的反应程度。因此，又称为突触调制方式。大多数神经肽都具有神经递质样作用或神经激素样作用，兼具神经调质的作用，只起调质作用的神经肽的数目极少。

神经调质像神经递质一样，都是在神经细胞的胞体内合成，输送至突触前神经终末内，由神经膜去极化而释放，作用于特异性的受体而产生生物学效应。所不同的是，神经调质本身并无信息传递功能，它不是直接激活受体偶联的膜电导，而是改变这种膜电导，从而改变神经元的膜电位和改变神经元对神经递质的反应。

神经调质的这种突触调制方式，多半是通过类似旁分泌方式起作用。所谓旁分泌方式，是指神经细胞释放的起调质作用的神经肽，不像突触传递神经递质通过狭窄的突触间隙到达突触后神经元那样，而是像旁分泌那样弥散至周围的靶细胞与其特异受体结合而发挥作用。这种作用方式弥散速度慢，起效亦慢，作用较弱，在选择性方面也逊于神经递质（图 7-4）。

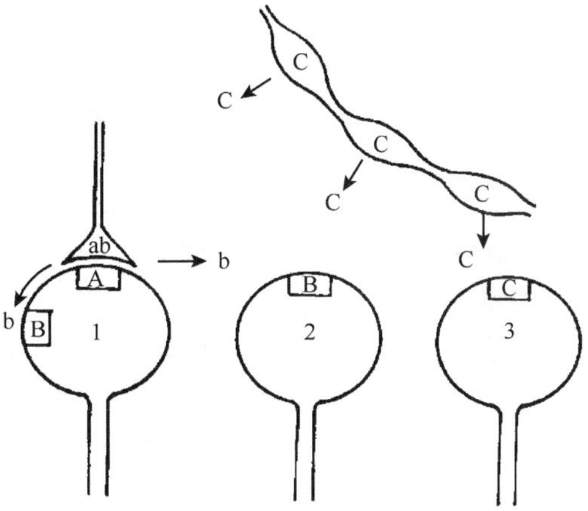

图 7-4　神经肽以弥散方式作用于邻近神经元以及受体分布对神经肽选择性作用的意义

一个研究得比较清楚的例子，是牛蛙交感神经节中存在的 LHRH。牛蛙交感神经节的形态特点是，第 7、8 交感节的节后神经元的 B 细胞和 C 细胞的是分开的（图 7-4）。电刺激第 7 和第 8 对脊神经，只在 C 细胞记录到快 EPSP（electric postsynaptic potential）、慢 EPSP 和迟慢 EPSP 3 种 EPSP。电刺激第 7 对交感神经节以上的交感链，在 B 细胞只记录到快 EPSP 和慢 EPSP，这两种电位可分别被烟碱样胆碱能阻断剂（双氢 β 刺桐啶，dihydro β-erythroidine）及毒蕈碱样胆碱能阻断剂（阿托品）所阻断。而且，切断第 7 对交感神经节以上的交感链，再刺激第 7、第 8 对脊神经仍可在 B 细胞记录到迟慢 EPSP。这些结果说明，有一种细胞间的信息物质弥散到 B 细胞，现已证明它是 LHRH。其根据：①LHRH 存在于交感神经节前神经纤维末梢；②电刺激或高钾溶液可引起 Ca^{2+}依赖性的 LHRH 的释放；③LHRH 的拮抗剂（D-pyro-Glu^{1}，D-Phe^{2}，D-$Trp^{3,6}$ 7-LHRH）可阻断电刺激或微电泳所致 LHRH 引起的迟慢 EPSP；④无论是电刺激或是微电泳所致的 LHRH 引起的迟慢 EPSP，其离子基础都是相同的，都是使 IM 失活；⑤LHRH 具有神经调质作用缓慢而持久的特点，因为没有有效的灭活机制，可弥散几十微米甚至更远，通过非突触联系作用于邻近的靶细胞，发挥非突触性神经分泌效应。

神经肽以神经递质方式，又以神经激素方式、神经调质方式发挥生物学活性的作用方式，血管升压素（ATⅡ）是个很好的例子（图 7-5）。ATⅡ是一强力的血管收缩剂，通过 AT_1 受体使平滑肌收缩。ATⅡ还能增加 NA 的传递，主要通过：①激活交感神经末梢的突触前 AT_1 受体增加 NA 释放；②抑制突触前交感神经末梢摄取 NA；③刺激由左旋多巴合成 NA；④增加效应细胞（平滑肌细胞）对 NA 的反应。前列腺素（PG）通过作用其突触前受体阻碍 ATⅡ介导的 NA 释放，而 ATⅡ反过来又刺激前列腺素释放。

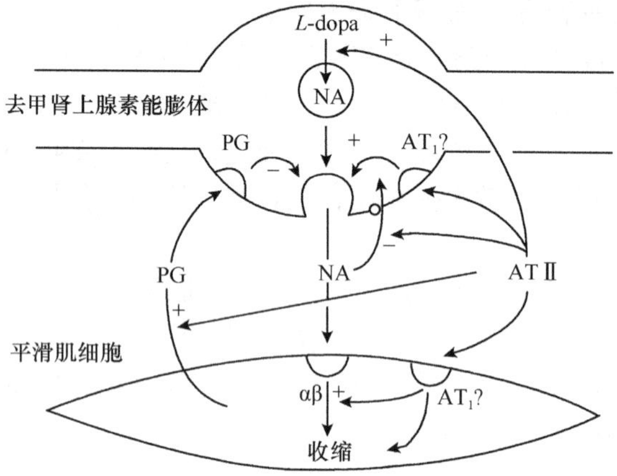

图 7-5　血管升压素的作用方式

由于神经肽的种类繁多，作用方式亦多样，有的神经肽可能具有上述多种方式，有的可能只有其中一种或两种作用方式，如 SP，由于作用部位不同，既起神经递质作用，也起神经激素样作用，甚或起神经调质作用。

（三）神经肽的降解和失活

神经肽的降解一般都没有重新再摄取的方式，因此，酶促降解是神经肽失活的主要方式，这也是神经肽与经典递质的主要不同点之一。脑内含有多种酶类可使神经肽降解和失活，如氨肽酶（aminopeptidase）、羧肽酶（carboxypeptidase）和内肽酶（endopeptidase）等。脑啡肽的失活主要是通过氨肽酶，其次是脑啡肽酶（亦称为内肽酶 24、11，endopeptidase 24、11）。β-内啡肽则通过其氨基酸分子序列中 N 端乙酰化而失活。内肽酶的种类较多，最近发现的一种内肽酶，专门切在 SP 的 7～8 位苯丙氨酸两侧的肽键使之灭活。

其实，探讨神经肽降解酶的更重要的目的，在于探讨降解酶的抑制剂，以阻断或抑制神经肽的降解。然而，像任何药物一样，肽酶抑制剂在不同的浓度时，对不同的肽的特异性亦不同。例如，thiorphan 是内肽酶 24、11 的选择性抑制剂，但只是在低浓度时；在高浓度时它也抑制血管紧张素转换酶（angiotensin converting enzyme）。要证明一种肽酶是否参与内源性神经肽的降解，应有下列根据：①这种肽酶是否存在于试验的组织内；②它裂解的肽是否参与神经信息传递；③该酶抑制剂是否能增强外源性神经肽产生的反应；④肽酶抑制剂能否增强相应的生理学反应和肽水平的恢复。

肽酶的降解作用常常是终止对应肽的生物学作用的机制。然而，某些情况下肽的一些生物学作用却被这种降解而增强。例如，降钙素基因相关肽可引发豚鼠嗜酸性多形核白细胞轻度化学趋向性反应，但是，胰蛋白酶对 CGRP 的降解作用却引起该种白细胞化学趋向活动增强。这些结果提示，当体内释放的 CGRP 降解时，某些生物学活性被终止了，而另外一些生物学活性可能增强或持续更长时间。

神经肽酶促降解的生理意义在于：一是通过一些肽酶控制机体内的神经肽在一定的水平范围，二是改变某种神经肽的生物学作用。例如，通过某些酶使其失活完全失去生物学作用，或通过某些酶使其从肽-受体复合物上解离或使其转化为一种非敏感的形式而终止其作用，或通过某些酶使其在作用部位被清除而丧失生物学作用。

三、神经肽与经典递质共存

Dale 法则认为，一个神经元只释放一种神经递质，它的所有末梢中也只能含有同一种递质。这一法则已经被越来越多的研究结果所否定。20 世纪随着免疫组织化学的问世和发展，1980 年瑞典学者首先发现，一个神经元可含有两种或两种以上的神经活性物质，通常是一种经典递质和一种或两种以上的神经肽。例如，在多种哺乳动物和人的肾上腺细胞及椎前神经节中含有 NA 和脑啡肽，在猫、狗和猴等动物的颈动脉球Ⅰ型细胞含有 DA 和脑啡肽，胆碱能神经元含有 VIP，下丘脑弓状核中有些神经元含 β-EP 和 ACTH 两种肽，延髓后部的一些神经元含 5-TH 和 SP 及 TRH 两种肽，哺乳动物和人的脊神经节中含有至少 SP、CGRP、DYN 和 CCK 等 4 种神经肽。还有研究认为，几乎所有的 SP 阳性的脊神经节神经元，都呈 CGRP 阳性反应，神经肽共存及其与经典递质共存已得到公认，这样的例子繁多，不胜枚举，常见的共存现象见表 7-1。

表 7-1　神经肽共存与经典递质共存的部位

经典递质	神经肽	共存部位
DA	ENK	颈动脉体（猫）
	CCK	腹底盖区（大鼠、小鼠、猫、人及猴）
	NT	腹底盖区（大鼠）
NA	ENK	肾上腺髓质（狗）、蓝斑（猫）
	NPY/APP/BPP	延脑（大鼠、人）、蓝斑（大鼠）、交感神经节（大鼠、人、猫）
	VP	蓝斑（大鼠）
	SS	交感神经节（豚鼠、牛）
ACTH	ENK	肾上腺髓质
	APP/BPP/NPY	延脑（大鼠）
	SP	延脑（大鼠）
	NT	孤束核（大鼠）
	CCK	孤束核（大鼠）
5-HT	SP	脊髓（大鼠）、延脑（大鼠、猫）
	TRH	延脑（大鼠）
	SP+TRH	脊髓、延脑（大鼠）
	CCK	延脑（大鼠）
	ENK	延脑（大鼠）、脑桥（猫）
ACh	ENK	脊髓（大鼠）、节前神经（猫）、耳蜗神经（豚鼠）
	SP	脑桥（大鼠）
	SP+ENK	睫状神经节（鸟）
	VIP	自主神经节（猫）、皮质（大鼠）
	Galanin	基底前脑（大鼠）
	CGRP	延脑运动神经核（大鼠）
	NT	椎前神经节（猫）
	LHRH	交感神经节（牛蛙）
	SS	心（蟾蜍）

续表

经典递质	神经肽	共存部位
GABA	SS	丘脑（猫）、皮质、海马（大鼠、猫、猴）
	CCK	皮质（猫、猴）
	NPY	皮质（猫、猴）
	Galanin	下丘脑（大鼠）
	ENK	视网膜（鸡）、苍白球腹侧区（大鼠）
CGRP	SP	脊神经节、脊髓
	NKA	脊神经节、脊髓
Glycine	NT	视网膜（斑鸠）

APP：avion paocreatic polypeptide；BPP：bovian-pp

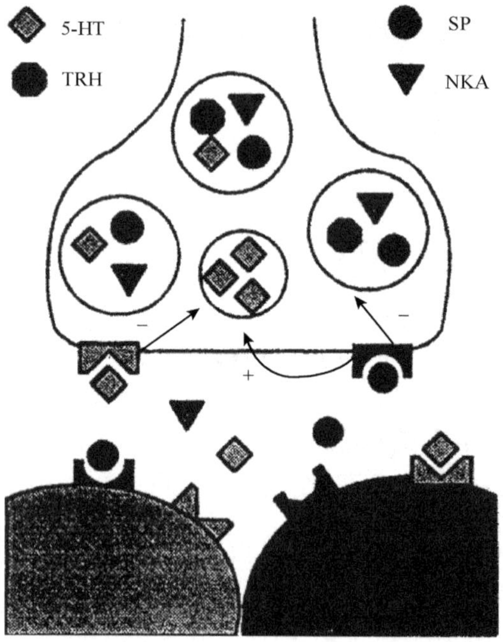

图 7-6　多种神经肽与经典递质共存示意图

5-HT：5-羟色胺；SP：P 物质；NKA：神经激肽 A；TRH：促甲状腺激素释放激素。轴突末梢内含有多种突触小泡。突触前的 5-HT 受体和 NK1 受体分别对 5-HT 和 SP 的释放起抑制作用，而 NK1 受体的激活对 5-HT 的基础释放有促进作用

神经肽共存或与经典神经递质共存，不仅见于神经元细胞体，也沿着轴突顺着轴浆流至轴突末梢。5-HT、SP、神经激肽 A 和 TRH 共存于胸髓的内侧中间外侧核细胞的神经末梢（图 7-6）。

在多种属的脊神经节神经元，SP 和 CGRP 的共存现象已被免疫组织化学证实，并应用原位杂交组织化学方法证明了两者对应的 mRNA 在脊神经节神经元的共同表达。同时，在超微结构水平，证明 SP 和 CGRP 共存于脊神经节神经元中枢突和周围突终末内的大致密核心囊泡中。SP 和 CGRP 的共存还涉及它们的失活机制，如 SP 的作用可由于与 CGRP 竞争共同的失活机制而得到加强。有人以不产生行为反应的低剂量鞘内注射 CGRP，结果却使鞘内注射 SP 引起的行为反应得到明显的延时性的增强。这一现象可作如下解释：①降解 CGRP 的内肽酶也对 SP 起作用；②CGRP 本身就是 SP 降解的强有力的抑制剂；③CGRP 可促进脊髓内释放的 SP 活性的恢复，这是由于 CGRP 通过阻止或减弱 SP 的失活加强 SP 的作用的可能原因。广泛存在的 APUD（amine precursor uptake decarboxylation）细胞能摄取某些氨基酸类衍生物，将其脱羧后变成单胺类递质，并储存和释放这类递质。有些肽能神经元也具有 APUD 细胞的化学特征，这可能是神经肽与单胺类递质共存的一种解释。APUD 细胞多起源于神经外胚层，在胚胎发育过程中移行至神经系统、内分泌腺、消化道和皮肤等。结果，神经肽和胺类递质一起存在于上述不同的器官系统中。Pearse（1976 年）等根据 APUD 细胞释放神经肽和单胺类递质这一特点，将神经和内分泌两个系统联系起来，从发生学角度解释了神经肽与经典递质的共存现象。

神经肽与经典递质不但共存，且能同时释放。Vireros 等（1980 年）观察到肾上腺髓质共存的脑啡肽和儿茶酚胺的同时的释放。共存的神经肽和经典递质同时释放，通过突触后和突触前等多种途径，发挥协同和调制作用。神经肽和递质共存的意义如下所示。

（1）共存的神经肽和经典递质共同释放后，通过分别作用于突触后膜的特异性受体，起相互协同作用，以利于更有效地调节组织器官的功能。如图 7-7 所示，猫唾液腺接受交感神经和副交感神经的双重支配，交感神经内含有 NA 和 NPY，NA 和 NPY 都可引起血管平滑肌收缩，血供减少，从而减少腺体分泌唾液，两者起协同作用。而副交感神经内含有 ACh 和 VIP，ACh 促进唾液分泌，VIP 既能使唾液腺血管扩张增加血供，也能增强唾液腺上 ACh 受体的亲和力从而增强唾液腺分泌唾液，两者在功能上起相互增强的协同作用。

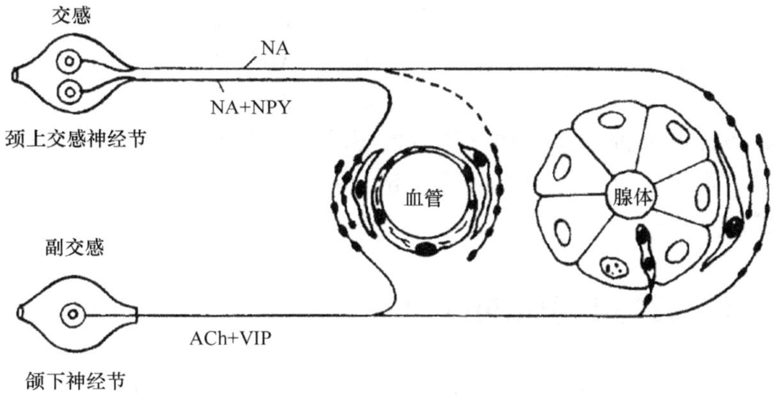

图 7-7　唾液腺中神经肽与经典递质共存

（2）共存的神经肽和递质，可互相调节彼此的释放。经典递质可以调节神经肽的释放，反之，神经肽也可调节经典递质的释放。如图 7-8 所示，DA 和 CCK 共存于猫纹状体内，神经末梢如释放 CCK，则可抑制 DA 的释放。而且外源性的 CCK 也可抑制 DA 的释放。同样，NA 和脑啡肽共存于肾上腺髓质嗜铬细胞内，当离体的肾上腺细胞利血平化使 NA 耗竭后，则脑啡肽的释放量明显增加。这充分表明，NA 对脑啡肽的释放起抑制作用。

（3）共存的神经肽和递质，通过作用于突触前受体，交互调节彼此的释放。例如，ACh 和 VIP 共存于支配猫下颌下腺的副交感节后纤维，两者释放后，除作用于各自的突触后特异性受体外，还作用于突触前受体，彼此抑制对方的释放，产生突触前交互抑制作用（图 7-9）。

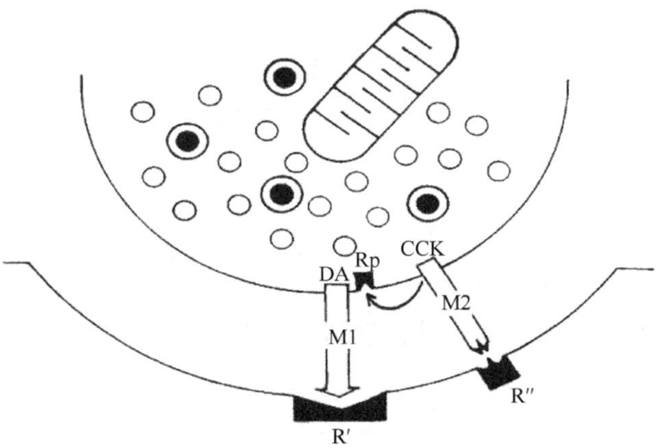

图 7-8　CC 运突触前抑制 DA 的释放

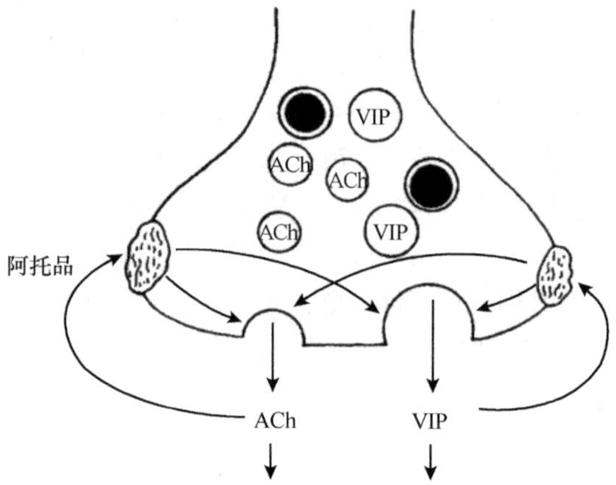

图 7-9 ACh 和 VIP 释放的突触前调节

（4）共存的神经肽和递质，通过共同作用于突触后受体，增强经典递质的效应。例如，5-HT、SP、TRH 共存于大鼠腹侧神经之中，高频刺激促使大囊泡释放 5-HT、SP 及 TRH，TRH 和 5-TH 共同作用于突触后受体加强 5-TH 效应。而 SP 则通过阻断 5-TH 突触前受体对抗 5-TH 的自身抑制作用，促进 5-TH 释放。

（5）共存的神经肽，通过抑制对方的失活，增强对方的生物学效应。例如，大鼠脊髓内有 CGRP 和 SP 共存，而 CGRP 通过抑制或减低 SP 的失活，增强 SP 的作用。

综上所述，神经肽和神经递质共存具有重要的生理学意义。它们通过作用于突触前受体或突触后受体，或是交互或是单方面地，起促进或是抑制作用。共存的意义很复杂，有许多问题尚待继续深入探讨。

四、神经肽与经典递质的区别

如前所述，有的神经肽类物质，也起神经递质作用，但与经典递质比较也有明显不同之处，现归纳如下。

（一）神经肽的合成特殊

1. 神经肽合成过程复杂 与经典递质合成过程相比，神经肽的合成过程要复杂得多，现将神经肽的合成过程简单归纳如下。

首先以肽的 mRNA 为模板，在胞体的核糖体翻译合成无活性的肽的大分子前体（前神经肽原），并在信号肽的引导下进入内质网池，在内质网池，信号肽被水解掉，形成神经肽原。神经肽原和相应的酶类等一起进入囊泡，随轴浆流转运至末梢。在转运过程中，伴有酶切、二硫键形成、糖基化、酰胺化、硫酯化等翻译后加工，有的神经肽还要经过复杂的分子修饰。这一翻译后加工过程，除受酶的控制以外，还受组织特异性和不同生理状态的调控，以致相同的前体大分子可生成不同的终产物。

2. 含有肽的 DNA 和 mRNA 的组织不一定都能合成活性肽 肽的基因和 mRNA 翻译生成肽前体大分子，经翻译后加工生成具有生物活性的神经肽。一般来说，组织中含有 mRNA 就含有对应的活性肽。也就是说，组织中 mRNA 的量与肽的含量是平行关系；因此，测定组织中的 mRNA 可反映组织中肽的含量变化是由于合成所致，还是由于释放的变化所致。当然也存在例外：组织中含有肽的 DNA 和 mRNA 却不一定都能生成具有生物学活性的神经肽。例如，牛的小脑中含有大量的脑啡肽 mRNA 却不含有脑啡肽；猪的小脑中胆囊收缩素 mRNA 含量很高，其化学结构与大脑中的胆囊收缩素相同，在体外都能翻译合成胆囊收缩素，但在小脑中却测不出。这些结果提示，小脑内的 mRNA 的翻译和翻译后加工过程可能有障碍。类似的情况也见于大鼠的心脏，其脑啡肽的含量与脑相似，也可测到少量的脑啡肽前体，但却测不出脑啡肽。

3. 同一前体在不同部位和组织生成不同的终产物　如大分子前体 POMC，在垂体前叶主要生成 ACTH、β-LPH 和少量的 β-EP，在垂体中叶主要生成 α-MSH、CLIP 和 β-EP，在下丘脑主要是生成 β-EP、少量的 β-EP1～27 和少量 β-EP1～26，在脑干主要生成 β-EP。在垂体前叶之所以 β-EP 量很少，是由于大部分没有乙酰化，而在其他部位是由于大部分被乙酰化而含量多。当然，同一前体在不同部位和组织生成的终产物不同，其原因也可能是乙酰化以外的翻译后加工的不同。

此外，同一种神经肽是否被乙酰化，其生物活性和生物学效应也发生变化。例如，β-EP 乙酰化后，其对 μ 型和 δ 型阿片受体的亲和力下降约 1000 倍，而其镇痛效应仅仅下降 100～200 倍。再如，α-MSH 乙酰化后，其对促黑色素细胞的促黑作用增强，但其抗阿片类镇痛的效应却减弱了。

（二）神经肽的作用复杂多样

1. 神经肽有多种作用方式　一般来说，神经肽的作用方式可归纳为如下 3 种：①同一种神经肽可作为神经递质，以递质的方式作用于靶细胞，引起相应的功能效应，完成神经元与神经元之间、神经元与效应器之间的神经信息传递；②作为激素，以神经内分泌的方式，随着血液循环作用于远隔的靶细胞；③作为调质，以旁分泌的方式，通过对经典递质等的调节，间接作用于效应器细胞引起相应的功能改变。

神经肽的多种传递信息的方式，说明了机体功能调节的复杂性，也给人们探讨神经肽的作用增加了不少的难度。当然，并不是所有的神经肽都具有上述 3 种作用方式，有的可能只具有其中的一种。

2. 神经肽的功能多样　每种神经肽或每个肽的家族，几乎都有多种不同的功能。例如，内源性阿片肽，除有镇痛作用外，还对运动、循环、呼吸、消化、内分泌、体温和免疫功能等起调节作用。再如速激肽，不仅是痛觉传递的递质，也参与对神经内分泌、心血管效应、呼吸系统、消化系统等功能的调节。

3. 作用部位不同功能效应也不同　多数神经肽既可作用于中枢，又可作用于外周，但引起的功能效应可以不同。例如，β-EP 在中枢神经素有镇痛和抑制呼吸的作用，在外周却有免疫调节作用；大鼠严重烫伤时，脑内和血浆内 β-EP 含量均明显升高，脑内的升高可强烈抑制心血管功能，但血浆内含量的升高对血管的作用尚不清楚。再如，初级传入神经元，其中枢突释放的 SP 主要是传递痛觉起神经递质的作用；而其周围突分布到关节腔的感觉神经末梢将 SP 释放入关节腔，促使滑膜细胞增殖、刺激前列腺素 E2 和胶原酶的释放，进而参与关节炎症的病理生理过程。

即使在中枢神经系统，在不同的部位，同一神经肽的作用也可能不同，甚至作用相反。例如，将强啡肽注入脊髓蛛网膜下隙，可产生明显的镇痛作用；但将其注入脑室，不仅不能产生镇痛作用，反而对抗吗啡的镇痛作用。又如，内源性阿片肽具有致惊厥和抗惊厥的双重作用，在海马和杏仁核等结构对惊厥发作似乎是起兴奋性作用，而在黑质和下丘脑等结构对抗惊厥似乎是起兴奋作用。

4. 剂量不同或动物种属不同作用也不同　当合理使用低剂量的 LHRH 时，有促进生育的功能；而高剂量长期连续使用，则有抑制生育的作用。也有研究证明，在中枢神经系统内，小剂量 CCK8 有抗阿片作用，大剂量则有促使阿片肽释放的作用。此外，在不同的动物，神经肽的作用可不同。例如，α-MSH 在两栖类和爬行类主要起调节皮肤颜色的作用，在哺乳类则可能起促进胎儿生长发育的作用。

5. 同一家族的肽对同一器官的效应也不一样 同是内源性阿片肽家族，但各成员对心血管系统的效应且不完全一样。例如，L-ENK 可升高血压、微增心率，M-ENK 则减慢心率、升降血压不恒定，α-EP 呈现升压大于降压，β-EP 是短暂升压、长时间降压。经纳洛酮处理后发现，纳洛酮只对 β-EP 的降压、L-ENK 和 α-EP 的升压有对抗作用，对 β-EP 的升压则无明显影响。

6. 对不同的细胞作用不同 神经肽通过作用于不同细胞上的特异性受体，产生的生物学效应可能不同。例如，血管紧张素Ⅱ作用于不同细胞上的特异性受体Ⅱ，产生不同的效应反应：像动物的饮水行为增强、ADH 的释放和醛固酮分泌增加、增强 NA 的血管收缩等效应。虽然对不同的细胞可产生不同的作用，但在作为一个完整的机体的整体上，这些效应是协调一致的。因此，在探讨神经肽的功能时，既要分析其对不同细胞或器官的作用，又要把握机体的整体生理效应。

7. 神经肽与递质共存的作用复杂 已如前述，一个神经元可以含有两种以上的活性物质，它们可以是经典递质、神经肽或调质。释放的活性物质通过其特异性的受体，产生不同的反应。这些活性物质的共存，使神经调节的形式多样化，也使神经肽的作用更加复杂。这些活性物质的共存，共同释放后，其意义在于：①起相互协同或拮抗作用；②一方调节另一方的释放，使效应增强或抑制；③交叉调节彼此的释放，产生相互抑制作用。

作为一个完整的机体，经典递质和神经肽共存，可使机体的调节和控制更加精密和完善，但其共存的意义远非于此，有些问题尚需进一步的探讨。

五、神经肽的信号转导机制

神经肽通过作用于效应细胞上的特异性受体，传递神经信息，而发挥生物学效应。神经肽受体大多数为 G 蛋白偶联受体，也有酪氨酸激酶偶联受体和细胞因子受体。

（一）G 蛋白偶联受体

神经肽与其特异性受体结合后，即与膜上的另一种蛋白（偶联蛋白）结合，促使偶联蛋白释放出活性因子，这种活性因子与受体的效应器发生反应，并调节效应器的活性。由于偶联蛋白能结合并水解三磷酸鸟苷（GTP），而且其功能也受 GTP-GDP 转换的调节，所以通常称之为 G 蛋白。与跨膜信息传递有关的 G 蛋白种类繁多，但它们无论是在结构上还是在功能上都有许多共性。即所有此类 G 蛋白都是膜蛋白，都由 3 个不同的亚单位组成，α 亚单位分子质量为 39～40kDa，β 和 γ 亚单位通常组成紧密的二聚体，共同发挥作用。不同 G 蛋白的结构上的差别主要表现在 α 亚单位上。正因为由于 α 亚单位的多样化，才使 G 蛋白对多种功能的调节得以实现。

神经肽受体几乎都属于 G 蛋白偶联受体，神经肽作用于 3 种亚型，即 Gs、Gi 和 Gq。如图 7-10 所示，现以速激肽受体介导的信号转导为例，介绍从膜到核的传导机制。

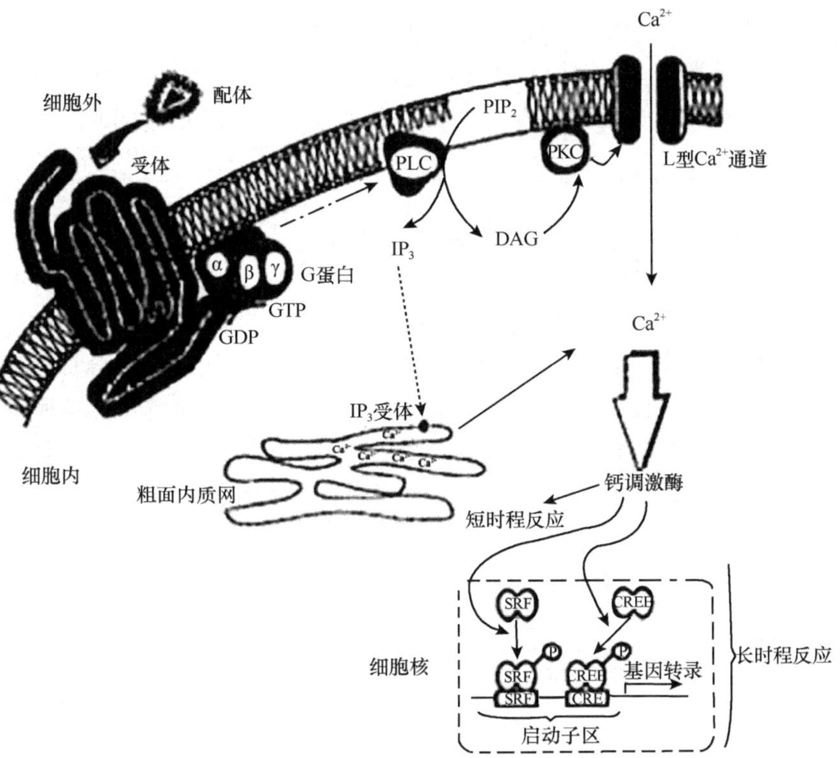

图 7-10　速激肽受体介导的细胞内信号转导

当细胞外环境中不存在神经肽配体或受体激动剂时，G 蛋白的 3 个亚单位呈聚合状态，α 亚单位与 GDP 结合形成 $G_{\alpha\beta\gamma}$-GDP。而当细胞外环境存在配体或受体激动剂时，α 单位与受体结合，受体内在化，释放 GDP 形成配体、受体、$G_{\alpha\beta\gamma}$ 复合体，在 Mg^{2+}存在的条件下，GTP 取代 GDP，激活了 G 蛋白，并使整个复合体解离为 3 部分：对激动剂呈低亲和力状态的受体、βγ 复合体和 α-GTP 亚单位。α-GTP 可结合并激活效应器-磷脂酶 C（phospholipase C，PKC）。α 亚单位本身具有 ATP 酶活性，可水解 GTP 变成 GDP，这样 α-GTP 再与 βγ 亚单位形成稳定的 $G_{\alpha\beta\gamma}$-GDP 复合体。

与 3 种速激肽受体亚型结合的 G 蛋白为对百日咳毒素不敏感的 G9/G11 家族。当 α 亚单位与 βγ 亚单位分离后，激活细胞内的磷脂酶 C。磷脂酶 C 水解细胞膜内的二磷酸磷脂酰肌醇（phosphatidyl inositol bisphosphate，PIP_2），生成三磷酸肌醇（inositol triphosphate，IP_3）和甘油二酯（diacyl glycerol，DAG）。IP_3 通过作用于特异性受体促使粗面内质网内储存的 Ca^{2+}从粗面内质网释放，DAG 通过作用于蛋白激酶 C（PKC），开放细胞膜上的 L-型钙离子通道，使细胞外钙离子内流，结果均促使细胞内 Ca^{2+}浓度升高。

可见，磷脂酶 C 是速激肽受体在细胞内的主要效应器。但是，由于细胞种类的不同，速激肽受体 G-蛋白的种类也可不同，通过激活不同的效应器而发挥生物学效应。例如，在培养的成神经细胞瘤细胞和狗的甲状腺，腺苷酰环化酶（adenylylcyclase）是速激肽受体在细胞内主要起兴奋作用的效应器，而在大鼠唾液腺则起抑制作用。

细胞内钙离子浓度升高，激活钙调激酶（此时为短时程反应）。钙调激酶进一步激活细胞核内的转录因子 SRF（serum response factor）和 CREB（cAMP response element binding protein），从而使 SRF 和 CREB 磷酸化，两者分别与靶基因的启动区Ⅱ（SRE 或 CRE）结合，启动靶基因的转录，产生生物学效应，为长时程反应。

由于神经肽的种类繁多，它们的特异性受体 G 蛋白也不尽相同，其细胞内信号转导的途径可能不完全相同，但引起细胞内钙离子的变化这一点可能是共同的。

（二）酪氨酸激酶受体

酪氨酸激酶受体与 G 蛋白不同，其跨膜构形比 G 蛋白偶联受体简单得多，只有一个跨膜环，该环将细胞外的 N 端和细胞内的 C 端分开。与配体结合的受体细胞外区也富含半胱氨酸和糖基化部位，N 端的糖基化部位为 Asn-X-Ser/Thr 序列的天冬酰胺。胰岛素、胰岛素样生长因子和神经生长因子基因家族等 NTFs 的受体多属于酪氨酸蛋白激酶偶联受体。

细胞内部分含有非常保守的蛋白激酶催化结构式，对于跨膜信号传导和磷酸化是非常必要的。酪氨酸激酶首先启动细胞质内的一连串的蛋白磷酸化，这些反应对于生长和发育是特别重要的。

（刘丽波　焦海霞）

第八章　神经干细胞

第一节　干　细　胞

一、干细胞的概念

在细胞的分化过程中，细胞往往由于高度分化而完全丧失了再分裂的能力，最终衰老死亡。机体在发育生长过程中为了弥补这一不足，保留了一部分未分化的原始细胞即干细胞。一旦机体生理需要，这些干细胞即可按照发育途径通过分裂而产生分化细胞。干细胞是一类具有自我更新与增殖分化能力的细胞，能产生表现型与基因型同自身完全一致的子细胞。干细胞有以下特征：干细胞不属于终末分化细胞，也未处于分化的终端状态；干细胞可无限增殖分裂，连续分裂几代，也可以长时间处于静止状态；干细胞分裂产生的子细胞或者保持亲代特征仍作为干细胞，或者分化成为功能专一的终末细胞。这主要是由于细胞质中调节分化的蛋白分配不均匀所致。

二、干细胞的分类

干细胞可按照分化潜能和来源进行分类。

（一）按照分化潜能分类

根据分化潜能的大小，干细胞基本上可分为 3 类：全能干细胞、多能干细胞和专能干细胞。

1. 全能干细胞（totipotent stem cells）　可以分化出人体的各种组织细胞，形成各种组织和器官，最终发育成一个完整的个体。例如，胚胎干细胞（embryonic stem cells，ES 细胞），可以无限增殖并分化成为全身 200 多种细胞类型，进一步形成机体的所有组织、器官，进而形成个体。

2. 多能干细胞（pluripotent stem cells）　是由全能细胞进一步分化所形成，也具有分化出多种细胞组织的潜能，但却不能发育成完整的个体。例如，骨髓间充质干细胞（mesenchymal stem cells，MSCs），在体外特定的诱导条件下分化为骨、软骨、肌肉、脂肪、肌腱、神经等多种组织细胞。

3. 专能干细胞（multipotent stem cells）　也称单能干细胞，由多能干细胞进一步分化形成，该类干细胞只能向一种类型或密切相关的几种类型的细胞分化，如神经干细胞（可以分化成神经组织的各种细胞）、造血干细胞（可以分化成红细胞、白细胞等各种血细胞）、上皮组织基底层的干细胞（可分化成皮肤的各类细胞，维持皮肤更新）等。

（二）根据干细胞来源分类

依干细胞来源不同，还可将干细胞分为胚胎干细胞和成体干细胞（adult stem cells，AS 细胞）两大类。

1. 胚胎干细胞 指来源于受精卵发育至桑葚胚之前的早期胚胎细胞、囊胚内细胞群或生殖嵴源性原生殖细胞等，能无限地增殖分裂并保持高度未分化状态和发育成有分化潜能的全能或多能干细胞。胚胎干细胞具有向外、中、内三个胚层来源的所有细胞分化的能力，可以分化为胎儿和成体内各种类型的组织细胞（图 8-1）。

由于胚胎干细胞具有多向分化潜能，理论上可以分化为体内所有类型的成熟细胞，因此在体外分离培养胚胎干细胞，使其依照需求分化发育为特定的组织或器官，并应用于临床移植治疗，已成为生物医学研究与应用的重要发展方向。

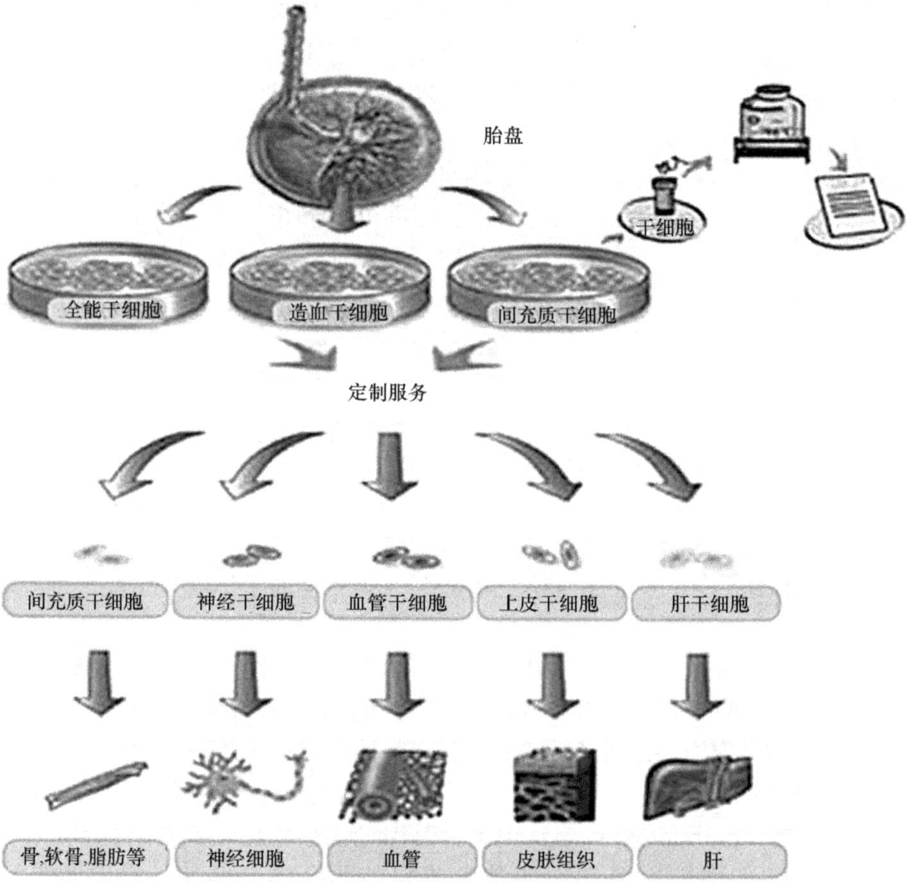

图 8-1 胚胎源性干细胞

2. 成体干细胞 指存在于各种组织中，具有自我更新和分化能力的专能或多能干细胞。它们是分布于已分化的特定组织中的未分化的细胞。成体干细胞数量很少，其主要功能是替换由于损伤或疾病而死亡的细胞。成年动物的组织或器官具有修复和再生能力，成体干细胞在其中起关键作用。在特定条件下，成体干细胞既可对称分裂为两个一致的子代干细胞，也可以不对称分裂为一个子代干细胞和一个祖细胞（progenitor cells）或前体细胞（precusor cells），从而保持组织和器官生长和衰退的动态平衡。祖细胞主要是指那些比干细胞具有更明确发展方向的细胞；而前体细胞则泛指那些处于发育更早期的细胞。如同所有干细胞一样，成体干细胞有两个特征：一个是它们能在很长的一段时间内准确地复制自己，具有长期自我更新的增殖能力；另一个则是它们能分化成具有一定的形态特征和特定功能的成体细胞类型。通过这些方式和途径，成体干细胞可以生成其来源组织的所有特化的细胞。

第二节　神经干细胞概述

一、神经干细胞的概念

1989 年，Temple 等从胚龄 13 日的鼠胚胎中取少量的隔区细胞培养，发现这些细胞在培养中保持了多分化潜能，能产生神经元和星形胶质细胞；1991 年，Williams 等也报道有近 20%的鼠胚脑皮质细胞能分化成神经元、星形胶质细胞和少突胶质细胞；1992 年，Reynolds 等从成年小鼠脑纹状体分离出了能在体外不断分裂增殖、具有多种分化潜能的细胞群。由此引发了中枢神经系统是否存在神经干细胞（neural stem cell，NSC）的讨论。Davis 在 1994 年、Gage 在 1995 年分别对神经干细胞的概念作了描述。随着研究的不断深入，研究学者对神经干细胞的特性有了进一步的了解，并对其分化调控进行了大量的基础性研究工作。

神经干细胞是指来源于神经组织，具有保持自我更新能力并能分化为神经元、星形胶质细胞、少突胶质细胞等的一类细胞。目前，神经干细胞的获得主要有如下 3 种方法。①以逆转录病毒为载体向神经细胞内导入原癌基因，如 V-myc，使部分细胞获得持续分裂的能力。但此方法转染率低，获得的细胞不稳定。②通过诱导胚胎干细胞使其分裂成 NSC。但目前定向诱导分化的条件尚不确定。③从胎脑或成年脑中分离出 NSC，用特殊的无血清培养基结合一些细胞因子的作用进行体外培养。这是目前大多数研究所采用的方法。但在一定的条件下，胶质细胞的前体细胞也可逆分化为 NSC。

在哺乳动物神经系统发生过程中，神经管最终形成成年后脑的脑室系统。神经上皮细胞起初位于脑室腔表面所形成脑室带（ventricular zone，VZ）。随发育的进行，部分细胞深入到脑组织中形成了脑室下带（subventricular zone，SVZ）。根据哺乳动物神经系统的衍变，胚胎神经干细胞主要位于脑室带和脑室下带。神经干细胞在胚胎的分布主要集中于胚胎神经系统的中轴部位，即脑室、脑室下区、中脑导水管周围等。在成年哺乳动物神经系统中，神经干细胞主要存在于前脑的神经发生区即脑室带和室下带。此后研究证实神经干细胞的分布更为广泛。自从 Reynolds 等发现成年小鼠脑纹状体分离出神经干细胞后，在中枢神经系统的其他区域如海马的齿状回、嗅球、皮质、隔区等也发现神经干细胞的存在。在脊髓也存在神经干细胞。Lois 等用 ^{3}H-胸腺嘧啶核苷标记脑室下带的内源性神经干细胞，发现脑室下带的细胞增殖后沿着一条比较固定的路径迁移到嗅脑并分化成神经元，这一路径就是后来所谓的吻侧迁移流（rostral migratory stream，RMS）。此研究证明，非神经发生区内的神经干细胞可能是由这些部位的神经干细胞迁移而来。

神经干细胞在成年鼠的神经系统中终身存在。谢瑶等应用组织块法培养成年和老年鼠前脑组织，均获得神经上皮干细胞蛋白（neuroepithelial stem protein，Nestin）阳性的神经干细胞。但研究表明，神经系统中神经干细胞的数量会随着年龄的增长而逐渐减少。但是，神经干细胞对某些因子的反应能力几乎没有随年龄增长而减退。来自 19 个月和 3 个月的成年鼠脑室下带的细胞对脑源性神经营养因子（brain-derived neurotrophic factor，BDNF）

的反应几乎无区别，BDNF 对来自发育未完全的和衰老的前脑室下带任何部位的新生神经元有着同样的作用。

二、神经干细胞的特征

一般而言，干细胞应具有以下特点：①具备增殖分裂能力；②在生物体内能终身自我维持或自我更新；③具备分化潜能，能分化为本系统大部分类型的细胞；④自我更新和多分化潜能的特性；⑤对损伤和疾病具有反应和产生新细胞的能力（图 8-2）。虽然不同系统干细胞的特性会有所差异，然而对神经干细胞而言，具备以下特征。

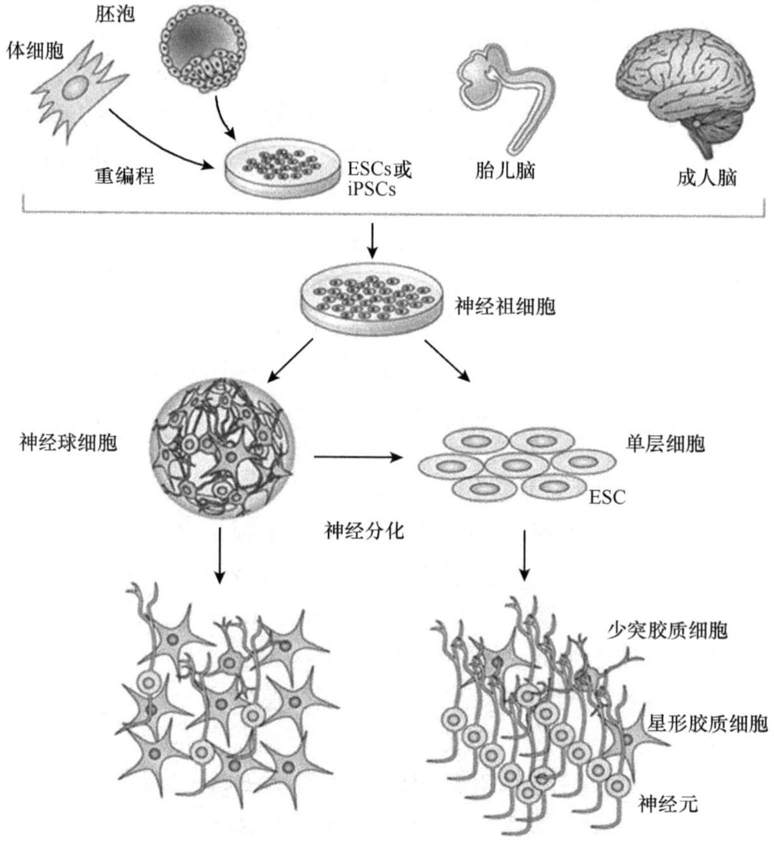

图 8-2　神经干细胞的分离

（一）自我维持或自我更新和增殖的能力

神经干细胞的自我更新和增殖有如下两种分裂途径。①对称性分裂（symmetric division）：即神经干细胞分裂后产生的两个子细胞均为与亲代相同的神经干细胞。在不断分裂的过程中，一部分神经干细胞向下一级细胞分化，最终分化成神经细胞，另一部分神经干细胞继续分裂。②不对称性分裂（dissymmetry cleavage）：即神经干细胞分裂后的两个子细胞，一个是与亲代相同的神经干细胞，而另一个则为神经组织细胞系祖细胞，祖细胞具有有限次的增殖能力，在外部环境刺激下可向相应的细胞系（神经元或胶质细胞）终末阶段细胞分化，而子代干细胞再一次不对称性分裂形成另一个子代干细胞和一个祖细胞。Temple 认为，在神经系统发育的早期，神经干细胞主要进行对称性分裂来增加脑细胞的数量；在神经系统发育的后期和成年时期，神经干细胞主要通过不对称性分裂以维持神经干细胞在中枢神经系统中数量的稳定性。

体外细胞培养实验证实了神经干细胞具有分裂增殖能力。Reynolds 等和 Svendsen 等分别从胚鼠、成年鼠及人脑中分离培养出神经干细胞。在表皮生长因子（epidermal growth factor，EGF）的刺激下，神经干细胞能不断地分裂增殖，约每周传代 1 次，可以维持 1 年以上。免疫组织化学方法证实，这些在体外长期培养的细胞仍然呈现 Nestin 阳性。EGF、碱性成纤维细胞生长因子（basic fibroblast growth factor，bFGF）、白血病抑制因子（leukemia inhibitory factor，LIF）等被称为分裂素的因子对维持神经干细胞处于不断的分裂状态起着关键作用。Reynolds 和 Weiss 在体外利用含 EGF 的培养基分离出神经干细胞，在 EGF 的刺激下神经干细胞成千上万倍的增殖，形成大量的神经干细胞球，这些细胞表达神经干细胞特异的 Nestin。

（二）多向分化潜能

神经干细胞另一个重要的特征就是多分化潜能。在体外神经干细胞的培养过程中，撤去分裂素或在培养液中加入血清，神经干细胞则可分化为神经元、星形胶质细胞和少突胶质细胞。在神经干细胞分化进程中，Nestin 的表达越来越少，而出现神经元特异性的微管相关蛋白-2（microtubule associate protein-2，MAP-2）、星形胶质细胞特异性的 GFAP 及少突胶质细胞特异性的 2′, 3′-环核苷酸磷酸二酯酶（2′, 3′-cyclic nucleotide-3′-phosphodiesterase，CNP）等。

在体动物实验发现，移植到宿主脑内的神经干细胞能很好地存活，并迁移到特定的区域后分化为神经元和胶质细胞。在病理情况下，如穹隆海马伞切割后，通过腹腔或脑室注射 5-溴脱氧尿嘧啶核苷（5-bromo-2-deoxy uridine，BrdU），发现海马齿状回门区增殖的 BrdU 阳性神经干细胞，随时间的推移沿着颗粒下层迁移，并分化为 BrdU/NF-200 免疫荧光双标阳性的神经元和 BrdU/GFAP 免疫荧光双标阳性的星形胶质细胞。

（三）细胞的迁移现象

体外培养成年鼠神经干细胞移植到新生鼠的海马和大脑皮质内，发现神经干细胞能够在宿主脑内存活，而且还向移植区周围迁移。将培养扩增的人神经干细胞分别移植到大鼠脑的室下带和海马齿状回中，发现被移植的细胞分别沿着嘴侧迁移流（rostral migratory stream，RMS）和颗粒下层迁移至嗅球和齿状回颗粒层中，并分化为神经元和胶质细胞；将人神经干细胞移植至纹状体内，其迁移竟达 1～1.5mm，并分化成神经元和胶质细胞。同时，发现迁移较远的细胞多分化为胶质细胞，而未迁移或迁移较近的细胞多分化为神经元。

三、神经干细胞的分类

神经干细胞根据其来源可以分为胚胎源性神经干细胞和成体源性神经干细胞。

（一）胚胎源性神经干细胞

胚胎源性神经干细胞是指来源于早期胚胎或胚胎神经组织的神经干细胞。人胚胎发育早期的囊胚中大约有140个细胞，位于腔内一端形成“内细胞群”，在三胚层期开始分化。每个胚层将分别形成人体的各种组织和器官，其中外胚层将分化为神经系统等。早期胚胎源性神经干细胞即包含于胚胎外胚层中。获得早期胚胎源性神经干细胞的前提条件是要获得来自外胚层的多能干细胞，常用的方法为从受孕动物体内或体外受精卵发育至桑葚胚或囊胚阶段的早期胚胎通过机械分离、胰酶或胶原酶消化得到多能胚胎干细胞悬液，最终经梯度密度离心法、免疫磁珠或流式细胞仪法等筛选出胚胎源性神经干细胞。

胚胎神经组织源性的神经干细胞又可分为胚胎室管膜源性神经干细胞、胚脑源性（包括胚脑海马、胚脑纹状体、胚脑皮质源性等）神经干细胞、胚脊髓源性神经干细胞等多种类型。这些胚胎神经组织源性神经干细胞的获取一般先通过显微手术操作由胚胎中枢神经系统中得到相应部位的神经组织，再经机械分离、胰酶或胶原酶消化等获得神经组织细胞悬液，采用相应的筛选法获得高纯度的神经干细胞。

（二）成体源性神经干细胞

成体源性神经干细胞是指成体神经组织或成体非神经组织中的神经干细胞。成体神经组织源性神经干细胞主要存在于脑室区、脑室下区、海马、纹状体、嗅球、脊髓等部位，它们在体内外适宜的条件下均可能诱导分化为神经元或神经胶质细胞等终末神经细胞，以完成修复再生受损神经组织的功能。成体干细胞在达到完全分化状态之前，还能产生一个或多个被称为祖细胞或前体细胞的中间细胞类型，这些中间细胞能分裂产生分化的细胞，常常被认为是“定向的”，沿着某一特殊的细胞发育方向分化。

对于成体非神经组织源性神经干细胞，研究较多的是由骨髓间充质干细胞、脂肪组织干细胞、皮肤干细胞等向神经干细胞的横向分化。不同的成体干细胞位于特定的微环境中，这种微环境参与调节成体干细胞的命运并对其存活与增殖分化（包括向神经干细胞的横向分化等）起特定的调控作用。例如，将骨髓间充质干细胞移植到外周血中，则骨髓间充质干细胞随血流进入脑组织并分化为神经元和胶质细胞，与脑组织良好整合，并具有成熟神经组织细胞的表型和功能，说明微环境在成体非神经组织源性干细胞向神经干细胞分化的过程中起重要作用。微环境中的间质细胞能产生某些生长因子，它们与成体干细胞相互作用并调节成体干细胞的更新和分化，从而使组织和器官保持生长和衰退的动态平衡。

四、神经干细胞的鉴定

（一）选择培养鉴定法

此方法是1990年以来发展起来的神经干细胞特殊鉴定法，主要是根据神经干细胞增殖分化特点，特殊培养条件对神经干细胞进行选择性分离培养。最常用的体外获得神经干细胞的方法是将中枢神经系统来源的组织用胰酶消化法或机械方法分离成单细胞悬液，加入有丝分裂源等特定因子。最主要的两种有丝分裂源是表皮生长因子（EGF）和碱性成纤维细胞生长因子（bFGF）。由于非干细胞存活时间短，在干细胞培养条件下很快死亡，所以可以将分离出来的神经干细胞进行长期的选择性培养，2～4 周后选择存活细胞经多次传代，即可获得纯化的神经干细胞。

一般情况下，神经干细胞可以两种生长方式在体外扩增，一种是贴壁生长，细胞在二维环境中生长，此时的中枢神经系统干细胞形成大的神经球，内含少量神经元、胶质细胞和大量干细胞；另一种则是在三维环境中呈悬浮的神经球进行扩增，在悬浮生长状态下形成多细胞混合神经球。

（二）神经干细胞特殊标记物及流式细胞分选鉴定法

由于在以神经球（neurosphere）方法调控的神经干细胞中，存在 Nestin 和 Musashil 的双阳性反应，而在分化了的神经元中两者均已消失，所以这两种标记物在鉴定神经干细胞中广泛使用。Musashil 是神经干细胞的 RNA 结合蛋白（RNA-binding protein），广泛存在于多种动物体内，在不同种属间具有高度保守性，故利用小白鼠的 Musashil 抗体亦可对低等脊椎动物（如鸟类）作神经干细胞鉴定。但严格地讲，无论 Musashil 还是 Nestin 都只是对神经干细胞具有高选择性，而并非特异性。以神经元祖细胞和出生后的星形胶质细胞为检测对象，可发现这两种标记物均呈持续的阳性反应。除 Nestin 和 Musashil 之外，波形纤维蛋白（vimentin）和 CD133 等也常被用做神经干细胞鉴定标记物。

近年来，利用流式细胞分选技术直接分离组织中神经干细胞的方法得到了较为广泛的应用。Uchida（2000）等经过长时间的研究和分选，发现根据细胞表面抗原，由流式细胞技术所分选出的 $CD133^+/CD34^-/CD45^-$细胞为神经干细胞，将其在体外培养可形成神经球并能长期增殖，具有多分化潜能。除此之外，在对来源于人胚胎末期或经基因修饰的神经干细胞系的研究中发现，神经干细胞还表达 CD9、CD15、CD81、CD95（Fas）、GD2 节苷脂，主要组织相容性复合体Ⅰ（MHC-Ⅰ）和 β_2 微管蛋白等，这些分子原来多为血液（造血）系统有核细胞（除红细胞和血小板之外）的表面抗原并参与免疫调节，但它们在神经干细胞中表达可能影响神经干细胞的许多重要特性，包括细胞分化、迁移、凋亡、免疫识别等。

（三）神经干细胞分化后产物鉴定反推判断法

当所分离培养的神经干细胞经免疫组化或免疫细胞化学鉴定，表达有相应的神经干细胞标记物之后，为了进一步排除可能存在的非特异性标记物干扰，可进一步对已初步判断为神经干细胞的细胞成分进行诱导分化，再对诱导分化后的神经元及神经胶质细胞样细胞进行进一步鉴定确认，从而反推前期所获得的干细胞是神经干细胞而非其他类型的干细胞。特别是应根据由神经干细胞分化而来的神经元这一终末细胞所具有的特点，进行免疫细胞化学、细胞内生物活性物质及细胞膜电位等生物化学和电生理学方面的特征性分析，以反推判断其亲代神经干细胞的可靠性。

五、神经干细胞在体内分布

（一）神经管形成以前

在胚胎神经发育早期，神经干细胞在神经管的管壁增殖，新生细胞沿放射状胶质细胞提供的脚手架迁移至脑或脊髓的特定部位；神经管腔则最终发育形成成年脑室系统和脊髓中央管。在神经管形成期均可于整个神经板检测到神经干细胞的选择性标记物 Musashil 与 Nestin。

（二）神经管形成之后

神经管形成以后，神经干细胞位于神经管的脑室壁周边部，与用 Musashil 免疫组化法分析的结果一致。发育时期神经管的神经干细胞既有对称分裂又有不对称分裂，其中对称分裂是使神经管细胞数急剧上升的主要方式；不对称分裂则为神经干细胞多分化潜能与自我复制所必需。

（三）成脑神经干细胞分布

在成年啮齿动物的中枢神经系统，比较明确的有如下 3 组干细胞（已经有初步证明，人脑内的情况也基本如是）。①位于邻近脑室的脑组织内，称为脑室带（ventricular zone，VZ）（室管膜上皮细胞本身就可能含有神经干细胞。室管膜上皮细胞衬在脑室壁的表面，过去一直认为它不会分裂，功能与血脑屏障有关。但是近来有一些研究证明它们具有干细胞的特性）和脑室下带（sub-ventricular zone，SVZ）（在这个室管膜上皮细胞层的深部即是室管膜下带或脑室下带。这一邻近脑室的脑组织在胚胎发育时期是细胞积极分裂的神经组织生发部位，到了成年时期，该部位体积大大减小，但仍含有干细胞）。②连接侧脑室和嗅球的条带区域（但此区在人类未获证实）。在啮齿类，感受嗅觉信息的嗅球神经元不断更新，更新的途径就经过这个条带区域。③海马（人和鼠海马干细胞的部位都是在齿状回的颗粒亚层）。海马参与记忆的储存。

六、神经干细胞分化的调控

众多研究表明，神经干细胞分化的因素包括内源性和外源性两大方面。内源性因素为细胞内自身基因和蛋白的调控；外源性因素主要是神经干细胞所处的局部微环境和细胞外界信号，但是外源性因素必须通过信号转导影响细胞内源性因素即基因而发挥作用。

（一）内源性因素

内源性因素主要指可对外界信号起反应，从而调节其增殖和分化的神经干细胞自身调控因素，包括调节细胞不对称分裂的蛋白，控制基因表达的核因子等。

1. 蛋白调控 神经干细胞分裂可产生新的子代神经干细胞和（或）分化的终末神经细胞，这种分化的不对称由亲代神经干细胞本身成分的不均等分配和周围环境因素而致。在此期间，神经干细胞的结构蛋白特别是细胞骨架成分对神经干细胞的发育尤为重要。

2. 转录因子调控 如转录因子 Oct4（在哺乳动物胚胎早期表达），它可通过诱导靶基因 FGF-4 等生长因子的表达而决定和调节神经干细胞的进一步分化。

3. 基因调控 是使神经干细胞按意愿向指定的终末神经细胞方向定向分化的重要干预手段，因为如果明确了神经干细胞向某一终末神经细胞方向分化的主要调控基因（包括发育分化不同阶段的主导基因）即可决定激活或沉默的基因，从而达到定向分化调控的目的。

（1）*bHLH* 基因：众多的研究表明，脊椎动物体内有与果蝇 achaete-scute 复合体（as-c）和 atonal（ato）功能相近的基因，这些基因编码产生碱性螺旋-环-螺旋转录子（basic helix-loop-helix transcription factor，bHLH），因而被称为 *bHLH* 基因。该基因是决定神经干细胞分化命运的功能基因。在 *bHLH* 基因家族中，与 as-c 功能相近的基因 Neuroge-nin1（*Ngn1*）、Neuroge-nin2（*Ngn2*）和与 ato 功能相近的基因 *MASH1*，在中枢和外周神经系统细胞谱系的决定中具有重要作用。在发育的哺乳动物大脑皮质，两个密切相关的 *bHLH* 基因 *Ngn1* 和 *Ngn2* 仅表达于神经发生时期皮质脑室区神经上皮前体细胞。Ngn1 和 Ngn2 均与普遍存在的 bHLH 蛋白（如 E12 和 E47）形成二聚体，然后二聚体通过碱性区域与带正电荷的 DNA 序列结合，启动组织特异基因表达，促使神经干细胞向神经元方向分化。之后的研究还证实，*bHLH* 基因不仅能调整神经细胞发生，还能抑制胶质细胞发生。Sun 等研究发现，Ngn1 能强力地抑制 LIP 诱导的体外培养的皮层神经干细胞向胶质细胞分化。

（2）*Notch* 基因：是中枢神经系统发育过程中确定神经元数量的重要调控基因，从人类克隆的三个同源基因（*Notch 1*、*Notch 2* 和 *Notch 3*）分别定位于 3 个不同的染色体上。*Notch* 基因编码细胞表面受体，在果蝇中其配体分别由 *Delta* 基因和 *Serrate* 基因编码。Notch 信号系统的激活抑制神经干细胞的分化，当 Notch 与其配体结合时，神经干细胞进行增殖，当 Notch 活性被抑制时，神经干细胞进入分化程序，发育为功能细胞。作为一种信号转导途径，Notch 信号系统的信号传递过程尚未完全明了，目前认为 Notch 受体是一种整合型膜蛋白，是一个保守的蛋白表面受体，它能通过与周围配体表达的细胞直接接触而被激活。Notch 家族成员是含一个简单的跨膜区和大的胞外、胞内区的多区域蛋白，其信号转导过程开始于 Notch 受体和配体结合后，其胞质区从细胞膜上脱落，并向细胞核转移，将信号传递给下游信号分子。该途径的信号传递主要是通过蛋白质相互作用，引起转录调节因子的改变，或将转录调节因子募集到靶基因上，实现对特定基因转录的控制。与 bHLH 信号作用相反，Notch 蛋白的作用为抑制神经干细胞向神经元方向分化，并促进向胶质细胞方向分化。

（3）同源盒基因：是一类含有共同的 183 个核苷酸序列即同源盒的调节基因。它所编码的同源盒蛋白为转录因子。同源盒基因在生物进化中具有高度保守性，对下游的靶基因具有调节作用。有人认为，同源盒基因是生物发育分化的主要调控基因，对 DNA 合成的转录过程起调控作用。根据基因在染色体上编码氨基酸序列的分布、序列的同源性及同源盒蛋白结构的不同，迄今已发现 100 多种同源盒基因，可分为多个亚族（如 Antp 家族，POU 家族、LIM 家族、PAX 家族等）。同源盒基因作为胚胎发育的主要调控基因，在胚胎发育，细胞生长、分化、迁移和某些组织特异性基因的表达中起重要作用。

（4）*Nurrl* 基因：Nurrl 是甲状腺激素受体转录因子超家族中的一员。*Nurrl* 基因的表达可以诱导神经干细胞向 DA 能神经元表型分化。Nurrl 是中脑腹侧 DA 神经元表型诱导的必要因子，在胚胎第 10.5 日开始在中脑腹侧表达，而 DA 能神经元中酪氨酸羟化酶（tyrosine hydroxylase，TH）则在胚胎的第 11.5 日才出现。应用 Nurrl 敲除鼠对 DA 能神经元前体细胞进行观察，认为 Nurrl 驱动了中脑腹侧 DA 能神经元前体细胞的分化。直接的证据是 Nurrl 敲除鼠缺失了 DA 能神经元的标记物 TH，结果导致纹状体中 DA 递质的缺失，而 NA、5-HT 和 ACh 等递质水平不受影响。在 Nurrl 敲除鼠的中脑，产生 DA 能神经元的神经上皮细胞分化成了与中脑腹侧神经元相同的表型。然而，这些神经元前体细胞却不能再进一步分化为 DA 能表型的神经元，证明 *Nurrl* 基因在中脑的 DA 能神经元前体细胞完全发育成 DA

能表型中的作用是不可缺少的。

（二）外源性因素

1. 微环境因素 包括营养因素、分泌因素、细胞间相互作用因素和细胞外基质理化因素等。

（1）营养因素：包括葡萄糖类、脂肪酸类、氨基酸类、维生素类和微量元素类等，这些物质都是细胞存活的基本要素。上述任何物质的缺乏都将导致神经干细胞功能丧失甚至死亡。同时，适当的调控营养因素又可影响神经干细胞的分化。

（2）分泌因素：指由神经干细胞自身合成或由邻近细胞及内分泌器官合成释放的细胞因子或递质等。在体内和体外培养系统中，相关的细胞因子具有阻止细胞死亡、促进细胞存活、增殖和（或）促进神经干细胞分化的作用。大量的分泌因子能够调节神经干细胞的增殖、分化和迁移方向。多数学者认为，应用生长因子诱导神经干细胞分化需要至少两种或两种以上的因子参与。EGF是调节成年大鼠脑室管膜下神经干细胞增殖、生存和迁移的一个重要因子。而EGFR是脑发育成熟的必要因素，不含EGFR的突变小鼠出现神经元迁移功能障碍。离体条件下，bFGF既是发育中的神经干细胞，又是成体中枢神经系统神经干细胞的一个强效有丝分裂原。bFGF与EGF共同诱导人神经干细胞的增殖。bFGF的活性可受到某些因素影响，如硫酸乙酰肝素蛋白多糖和硫酸软骨素蛋白多糖。值得注意的是，bFGF同它的高亲和力受体结合时需要肝素的参与。Li等（2000年）曾报道维甲酸（retinoic acid，RA）和NGF是定向诱导胚胎干细胞向神经干细胞分化为神经细胞的常用细胞因子。用含RA的培养液对由胚胎干细胞分化来的，含有外、中、内三个胚层的胚胎组织进行贴壁培养，可高效和重复地分化出神经干细胞和神经细胞，后者表达神经丝M和微管蛋白，有钠、钾等离子通道的特征。RA虽然在诱导胚胎干细胞向神经干细胞及神经元分化中具有十分重要的作用，但最终也仅有10%～30%的胚胎干细胞分化为神经元，大部分则分化为星形胶质细胞、少突胶质细胞。BDNF能够提高成年大鼠前脑室下带神经元的存活比率。在培养的神经元培养液中加入BDNF将明显促进神经元突起的生长作用，使神经干细胞分化来的神经元前体细胞从形态学上和抗原特性上表现出已分化的神经元的特性。参与神经干细胞诱导分化的细胞因子很多，不同种类的细胞因子、同一细胞因子不同浓度及多种细胞因子联合应用，对神经干细胞诱导分化作用各不相同，在神经干细胞发育分化的不同阶段，相同细胞因子的作用亦不同。因此，通过在神经干细胞分化发育不同阶段筛选定向诱导分化作用最佳的细胞因子，或探索细胞因子组合最佳方案，就可以在一定程度上提高神经干细胞向功能神经细胞定向分化的比例。

（3）细胞间相互作用因素：即细胞间的通讯与连接作用。神经干细胞的细胞与细胞间相互作用除了以分泌形式释放的细胞因子外，相邻两细胞间的连接方式也对神经干细胞分化产生影响。目前关于细胞间连接方式与干细胞发育分化之间关系的研究资料不多，研究显示，缝隙连接在神经系统发育过程中对神经干细胞的生长分化关系密切，这是由于缝隙连接在细胞间电流和信号分子传递方面起重要作用。

（4）细胞外基质理化因素：细胞外基质是指细胞与细胞之间的间隙内的非细胞成分，包括可溶性细胞因子、化学介质、蛋白成分及肽类、脂肪酸及各种小分子物质等。细胞外基质的黏附作用通过多种受体介导，其中最具有广泛特征的是整合素。整合素-β_1的高表达是维持神经干细胞特性不可缺少的，它可以通过相关的信号途径调节神经干细胞的分化。

在组织中，整合素表达的缺失或改变都可影响细胞的分化。整合素也是信号受体，能直接激活生长因子受体。同时，细胞外基质受体蛋白又能调节整合素-β_1的表达与活性，细胞外基质也能减少和调节在干细胞周围局部微环境中的有效分泌因子含量。神经干细胞外基质中各种因素之间的协调与平衡作用，影响着神经干细胞的增殖与分化。

2. 细胞外来信号　一般认为细胞外来信号能特异性地调控神经干细胞向着某一特异性方向分化。目前研究较多的外来信号有以下几种因子。

（1）EGF：除了作为有丝分裂源在体外促进神经干细胞分裂增殖外，它对神经干细胞的体外分化也有一定的影响。EGF 多促进神经干细胞向胶质细胞分化。

（2）FGF：该因子家族包含 22 个成员，有 4 种受体表型（FGFR1～4）。其中 FGF1、FGF2、FGF8 对中枢神经系统的发育具有重要作用。FGF 能使神经干细胞分化成神经元的比例增加，如能使来源于胚胎 16 日大鼠海马的神经干细胞分化为 50%的神经元表型细胞。但是随着培养时间的延长和神经干细胞传代次数的增多，分化的神经元比例也逐渐下降。FGF2 即 bFGF，可使神经干细胞表达基因 *OTX2*、*Pax6*，从而增加分化为皮层锥体神经元的数目。FGF2 对神经干细胞分化的影响则呈浓度依赖性，如在 0.1ng/ml 浓度时，皮层的神经干细胞增殖并形成神经元克隆；而浓度为 1～10ng/ml 时，则倾向于产生胶质细胞克隆，且随着浓度的增加，产生胶质细胞的克隆也增加。

（3）BDNF：是 Barde 等于 1982 年从猪脑中分离纯化的一种碱性蛋白，分子质量为 13kDa。作为脑组织中含量最丰富的 NTFs，BDNF 在中枢神经系统内合成并广泛存在于脑组织，以海马和皮层中含量最高。BDNF 通过其特异性受体酪氨酸激酶 TrkB 参与细胞的分化等重要的生物过程。研究发现，BDNF 在体外能影响神经干细胞间不同神经元亚群的分化。用 BDNF 孵育神经干细胞 10 日后，成熟神经元的数目将增加 2 倍，且有明显的突起生长，表明 BDNF 在体外有诱导神经干细胞向成熟神经元分化的作用。而在体内，将 BDNF 注入成年鼠侧脑室可导致嗅球新产生的神经元数目显著增加。BDNF 是中枢 DA 能神经元存活、生长和分化中的关键因素之一。

（4）NGF：是发现最早的一种 NTFs，它不仅影响交感和感觉神经元的发育与存活，而且对中枢神经系统内胆碱能、单胺类和肽能神经元均有效应。NGF 可以促进神经干细胞向神经元分化，还可以促进 TrkA、Akt、Erk 的磷酸化，且呈现剂量和时间依赖性，通过激活 P13K/Akt 信号通路促使神经干细胞分化为神经元。与其他生长因子相比，NGF 诱导作用最强。Lee H J 发现移植的神经干细胞 NGF 表达上调可以改善学习障碍大鼠的认知功能，NGF 被认为可能是阻止阿尔茨海默病基底节区胆碱能神经元变性最具潜力的治疗方法。

（5）神经营养因子-3（NT-3）：是 NGF 家族中的第 3 个成员。将 NT-3 加入经 bFGF 刺激增殖的神经干细胞悬液后，其增殖能力降低而分化增加。用抗体阻断 NT-3 的作用可显著地抑制它们分化为神经元。NT-3 还可使神经干细胞分化为谷氨酸能神经元的比例高达 96%。

（6）睫状神经营养因子（CNTF）：对不同来源的神经干细胞的分化方向具有不同的效应。CNTF 可以使胚鼠海马的 bFGF 反应性增殖的神经干细胞分化成星形胶质细胞的比例从 6%上升到 98%，而作用于新生大鼠小脑的 EGF 反应性增殖的神经干细胞，其主要效应则是使少突胶质细胞分化比例从 0%上升到 20%。

（7）其他因子：胶质细胞生长因子（glial growth factor，GGF）可以促使周围神经系统神经干细胞分化成施万细胞；血小板源性生长因子（platelet-derived growth factor，PDGF）能使海马神经干细胞分化为神经元的比例上升；IGF-1 可诱导培养的神经干细胞向成熟的神经元分化；白细胞介素-1a（interleukin-1a，IL-1a）加入到大鼠中脑神经干细胞中，可诱导 20%～25%的细胞表达 TH。

（8）其他物质：研究还发现，其他一些物质对神经干细胞的分化也具有诱导作用。培养液含 EGF 时，骨形成蛋白（bone morphogenetic proteins，BMPs）可以促进神经干细胞向星形胶质细胞分化，同时抑制少突胶质细胞和神经元的生成；向培养的神经干细胞悬液中加入 GABA 或 GABA 激动剂可促进神经干细胞向神经元方向分化；维甲酸也能够提高海马神经干细胞分化为神经元的比例。

第三节　神经干细胞与神经损伤修复

20 世纪 90 年代中期，神经生物学家观察到成人脑组织内存在着“神经干细胞”，在一定条件下具有神经元再生的可能性。因此，探讨如何使这些干细胞来取代脑组织的损伤和变性，就成了神经生物学的研究热点。对此，研究者提出了两个研究战略。一种战略就是用未分化的神经细胞在体外生长，将它们诱导分化为预先设计好的成熟神经细胞，再将这些分化好的细胞植入损伤的脑内，起修复作用；或将未分化的干细胞直接植入损伤脑内，靠脑内的微环境提供的信号因子让这些未分化细胞发育成为脑组织所需要的成熟神经元，以达到修复目的。另一种战略是探寻有助于细胞存活和生长的各种生长因子、激素和其他信号传递分子，这些物质能够激发患者自身的干细胞或修复机制，对损伤的组织进行修复。无论是哪一种战略，目前均处于基础研究阶段，临床试验尚需慎重。

一、神经干细胞与中枢神经损伤修复

神经干细胞在中枢神经损伤修复方面的应用研究有大量的报道。对中枢神经系统损伤和神经退行性疾病实行细胞替代治疗或基因治疗被认为是极具前景的治疗策略。而对神经干细胞增殖、分化特性的深入研究，使人们越来越相信神经干细胞能够为此提供丰富的细胞来源，将成为神经系统疾病治疗的新手段。

（一）神经干细胞与脑损伤修复

1. 神经干细胞在脑损伤时参与修复活动　很多报道证实，神经干细胞在脑损伤时会出现一定的反应，Tzeng 等（1999 年）将溴脱氧尿苷（bromodeoxyuridine，BrdU，是一种 DNA 前体物质，只能被处于分裂的细胞所摄取，因此观察 BrdU 标记细胞可以判断该细胞是否有分裂的可能性）注入刺伤侧脑室上皮质的大鼠脑部 10min 后，在病灶区可观察到小胶质细胞和巨噬细胞浸润，并出现 NFκB/P65（+）细胞激活，同时注射区和对侧非注射区的 SVZ/VZ 源性神经前体细胞均出现 BrdU 的强标记。结果证实，双侧大脑半球 SVZ/VZ 源性神经前体细胞在单侧脑损伤后均会出现 DNA 合成，提示神经干细胞在脑损伤时参与修复活动。Tada 等（2000 年）用 X 线辐照方法照射大鼠脑，120 日后观察到齿状回亚颗粒区的细胞总数及其中可增殖细胞数和未成熟的神经元数均下降，且随着辐射剂量的增大，神经干细胞受损数量增加，提示正常齿状回亚颗粒区的形态结构及功能有赖于神经干细胞的维持。

2. 用胚胎脑细胞治疗帕金森病的研究　用胚胎脑组织细胞来治疗帕金森病的研究可

以看为先期干细胞脑内治疗作用的例证。帕金森病是引起运动障碍的老年神经变性疾病，病变部位主要位于向纹状体投射的中脑黑质神经元。患帕金森病时，黑质神经元遭受死亡，多巴胺（dopamine，DA）合成减少，运动控制出现障碍。用左旋多巴来治疗帕金森病在初期疗效明显，但随着治疗时间加长，效果会逐渐减弱而不良反应却日趋严重。早期细胞治疗帕金森病的概念很简单，即向脑内植入细胞以取代丢失的 DA 能神经元。然而实施这个简单概念却很不简单，向脑内植入完全成熟的 DA 能神经元并不能在脑中存活，也不能与脑组织（如纹状体）形成突触联系。在 20 世纪 70 年代，就有试验将大鼠胚胎黑质 DA 神经元注入成年大鼠眼前房内，在此最终发育成为成熟的 DA 神经元。80 年代，有瑞典人将胚胎黑质神经元移植到帕金森病模型大鼠和猴的纹状体，这些植入的胚胎细胞能够发育为成熟的 DA 神经元，并与宿主脑的神经组织构成突触联系，使动物的运动症状得到明显的改善。后来在临床试验中，使用妊娠 8 周的胎儿脑的黑质植入帕金森病患者脑内，在某些患者身上取得了良好的疗效，还用正电子发射断层成像（positron emission tomography，PET）证实，患者的脑内 DA 能神经元明显增加，DA 神经元与宿主脑组织也显示较好整合。研究者认为，植入胚胎黑质细胞的疗效正反映了神经元前体细胞具有明显的可塑性，对神经损伤的修复有重要价值。但是，使用胎儿脑组织作为移植物来源受限制，且存在诸多伦理和法律问题。所以，也有一些人试图使用动物（如猪）的胎脑来取代人的胎脑（如美国的 Diacrin 和 Genzyme 两家生物技术公司就使用了猪的胎脑）。但是除免疫问题外，治疗效果还不能肯定。

3. 神经干细胞替代治疗帕金森病研究　基于上述理由，人们积极研究培养实验室来源的干细胞治疗帕金森病，即选择合适的生长因子和培养条件将干细胞培养成为 DA 能神经元前体细胞，再用它进行脑内移植，使之在脑内完成最终的发育成熟；也可以将干细胞直接植入脑的损伤部位，使之在脑的微环境因素影响下，发育成合适的替代神经元。将未分化的干细胞演化成为 DA 能神经元或前体细胞可以通过不同途径，包括用转入某种仅在细胞发育早期表达的基因。也有人使用囊胚内细胞团的胚胎干细胞，使其在培养基中保持未分化状态，但使用这种细胞要注意不能有分化为其他组织如肌肉或骨骼的细胞混入其内。还有人使用来自其他组织的干细胞（如脐带血细胞和骨髓基质细胞），它们可经过处理而被诱导成为神经细胞，但还不清楚它们能否具备正常的神经元功能。近年来已有研究证明，将上述细胞植入帕金森病模型动物脑内，可以看到症状的改善，DA 能神经元形成或建立新的突触联系。这些研究为使用神经干细胞治疗帕金森病提供了令人鼓舞的前景。

4. 通过诱导自身干细胞来修复脑损伤　尽管也显示有一定治疗前景，但诱导损伤脑组织自身干细胞的方法还不如细胞替代疗法成熟。诱导脑组织自身干细胞可以通过向损伤脑组织引入他人胚胎或成年干细胞的办法，也可以给予患者药物来达到这一目的。我们已经知道，灵长类脑内的干细胞主要位于脑室下带和海马齿状回。但在正常情况下，灵长类动物这两个地方都没有什么新生的细胞出现。直到 20 世纪 90 年代中期，研究者才观察到这两个部位在脑损伤情况下有生成一些细胞迁向损伤区域的现象。所以现在研究者在探讨这种现象究竟能对脑损伤修复起多大作用。

最近的研究发现，一种在机体发育早期存在的肽类物质——转移生长因子 α（transforming growth factor alpha，TGFα）对机体多种器官（包括肝和皮肤）的修复有重要作用。研究提示，在一些慢性进程的脑疾病（如帕金森病）中，基本不会出现正常的脑修复机制；如果给予足够的 TGFα，就能够激发脑组织的修复功能。研究还发现，将 TGFα

注入健康大鼠脑内，可以引起脑室下带的干细胞增殖若干日，然后这种现象消失。但是，如果将 TGFα 注入经过 6-OHDA 损毁的大鼠脑内，干细胞在脑室下带增殖数日之后，会通过一种“迁移波”的方式移向损伤部位并在那里分化成为 DA 能神经元；同时，动物的运动功能得到明显改善。

（二）神经干细胞与脊髓损伤修复

应该说，帕金森病在神经系统疾病中还算是相对简单的，只涉及一个脑区的一种细胞，而脊髓损伤后的修复就困难得多。脊髓损伤后，可累及多种类型的细胞，特别是那些在脑和其他部位起着联系作用的神经元。要使这些神经元能够在损伤部位生长，并与机体各部建立功能联系，无疑十分困难。但是，脊髓损伤的患者只要有些许功能的恢复就对其生活有重大意义（如部分肢体的活动、膀胱活动得以管制或疼痛予以减轻等），而这种部分修复可能正是目前的治疗目标。在多数情况下，脊髓损伤并非全断，往往还有一些传导信息的轴突是完整的，然而这种完整的轴突并不能传递正常的信息，因为同时还失去了少突胶质细胞，即缺失髓鞘。因此，目前研究是设法给脊髓补充失去的少突胶质细胞。现有实验证明，干细胞有助于使神经损伤后大鼠的神经纤维重新披上髓鞘（如经过化学去髓鞘后大鼠脊髓，注入由胚胎干细胞诱导而成的少突胶质细胞可以使轴突重获髓鞘），同时动物瘫痪的肢体显示出有一定程度的恢复。然而，同样不能判断的是这种改善是由于重获髓鞘，还是由于其他营养因子所致。脊髓损伤由于轴突离断退变或脱髓鞘导致功能丧失，而急慢性脊髓损伤后亦少见轴突自发再生。因此，通过植入有产生髓鞘能力的细胞，提高轴突和髓鞘的再生，对于恢复脊髓的功能是一种有效途径。

Liu 等提出维甲酸诱导胚胎干细胞分化成少突胶质细胞，进而产生髓鞘，可能是治疗中枢神经系统原发性或继发性脱髓鞘性疾病的有效途径。他们把胚胎干细胞植入脱髓鞘后大鼠的脊髓，发现大量胚胎干细胞存活并分化成有生鞘能力的成熟的少突胶质细胞。McDonald 等将胎儿的中枢神经系统细胞植入急性脊髓损伤后，也发现有轴突再生。Johansson 等研究还证实在脊髓损伤时，室管膜细胞可迅速增殖迁移并分化为星形细胞。提示，室管膜细胞作为神经干细胞在中枢神经系统损伤时参与其反应。虽然成人中枢神经系统中确实存在有神经干细胞，且近年来的研究也取得了较大进展，但由于其绝对数量和局部微环境所限，致中枢神经系统损伤或变性时自我修复作用微乎其微。因而，弄清神经干细胞在体内大量增殖及分化的调节因素仍是开发神经干细胞最终临床应用的关键所在。

（三）转基因干细胞及其他转基因细胞在脑及脊髓损伤中的作用

除了神经干细胞可直接植入中枢神经系统外，目前神经干细胞的另一个研究方向是，把体外经基因修饰后可表达特定因子的神经干细胞植入中枢神经系统。现已能从发育期及成年中枢神经系统中分离出干细胞，并可将这些细胞在体外培养成永生化细胞系，使其成为体外转基因载体。移植后可以将转基因产物在中枢神经系统损伤区大量表达，从而对那些广泛或多发性损伤发挥治疗作用。常用的基因是 SV40 的大 T 抗原及病毒 V-myc 等，这种干细胞的特点：①能自我复制并在体外大量增殖；②植入体内后仍具有多向分化潜能；③可以转染并稳定地表达外源性基因。但是这些经过癌基因修饰的细胞，在遗传特性上有继续突变的趋势，可能在移植后产生肿瘤或对子代细胞分化过程产生一定的影响，这在一定程度上限制了它们的应用。

（四）神经干细胞与脑及脊髓损伤修复研究的前景及展望

对中枢神经系统损伤转基因治疗是新发展起来并极有前景的神经病学治疗战略，过去 10 年在神经干细胞生物学领域取得了巨大进步，预计不久的将来，这项技术从实验室到临床应用将成为可能。随着研究的深入，相信人类永生化神经干细胞株将成为新的有前途的基因治疗载体。但目前，干细胞移植尚有许多问题待解决，包括：①获取纯化干细胞，在体外保存，控制使其不进一步分化的技术尚有待于进一步完善；②干细胞植入和注入方法，需建立标准并作效果评价；③植入后如何控制免疫排斥反应；④通过植入干细胞，同时带入目的基因不失为一种更有效、更有目的治疗损伤或疾病的方法，但如何选择及提高载体运载能力和增加基因表达产物等，仍有待进一步完善。

二、神经干细胞与周围神经损伤修复

神经干细胞应用于周围神经损伤修复方面的研究报道不多，这可能与人们认为周围神经再生及周围神经损伤修复要较中枢神经损伤修复容易得多，而把注意力集中于脊髓损伤、神经系统退行性疾病等中枢神经系统损伤修复有关。就现有的资料看，神经干细胞应用于周围神经损伤修复方面主要集中于以下两个方面。

（一）神经干细胞作为种子细胞

Murakimi 等报道，将来源于海马的神经干细胞，借助于胶原质（collagen gel）填于硅胶管中，桥接大鼠坐骨神经 15mm 的缺损。术后 6 周和 10 周检测发现，硅胶管中充满了大量的有髓纤维，其纤维的数量和直径及动作电位的波幅均大大地优于对照组。在再生的神经纤维中，发现 BrdU 标记的移植细胞显著表达 SI00 和 $P75^{NGFR}$，说明部分移植的神经干细胞已分化成了类施万支持细胞，这些分化的细胞可能分泌一些 NTFs，促进了轴突再生。

（二）基因修饰神经干细胞的应用

Heine 等将表达胶质细胞源性神经营养因子（glial cell line-derived neurotrophic factor，GDNF）的工程神经干细胞植入到延迟修复 6 个月的陈旧性胫神经损伤的远端，然后进行吻合。6 个月后计数再生轴突的数量和检测足底肌肉的复合动作电位。结果显示，移植神经干细胞的动物神经再生效果较好。这可能与神经干细胞分泌 GDNF 和分泌基质金属蛋白酶-2，降解了损伤远端神经中再生抑制性物质硫酸软骨素蛋白多糖的免疫反应性有关。

雷正旺等报道，将 *NT-3* 基因修饰的神经干细胞接种于修复的坐骨神经支配靶器官小腿三头肌中，通过坐骨神经功能指数（SFI）、组织学切片、电镜及肌湿重等指标的观察，发现接种 *NT-3* 基因修饰神经干细胞的动物明显地好于注射生理盐水的对照组动物和单纯接种神经干细胞的动物。说明 *NT-3* 基因修饰的神经干细胞能在小腿三头肌局部释放 NT-3，被吸收后有利于再生轴突的成熟和与靶肌组织形成突触，从而提高了周围神经再生的效果。

（马 珺 王 萍）

第九章　感觉及其调控

第一节　感　受　器

一、感受器的分类

感受器是指分布在体表或组织内部的一些专门感受机体内、外环境条件变化的结构或装置。感受器的组成形式是多种多样的：有些感受器就是外周感觉神经的末梢本身，如体表和组织内部与痛觉感受有关的神经末梢；有的感受器是裸露在神经末梢周围再包绕一些特殊的、由结缔组织构成的被膜样结构，如环层小体；有些则是在结构和功能上都高度分化了的感受细胞，它们以类似突触的形式同感觉神经末梢相联系，如视网膜中的视杆和视锥细胞、耳蜗中的毛细胞等（图 9-1）。

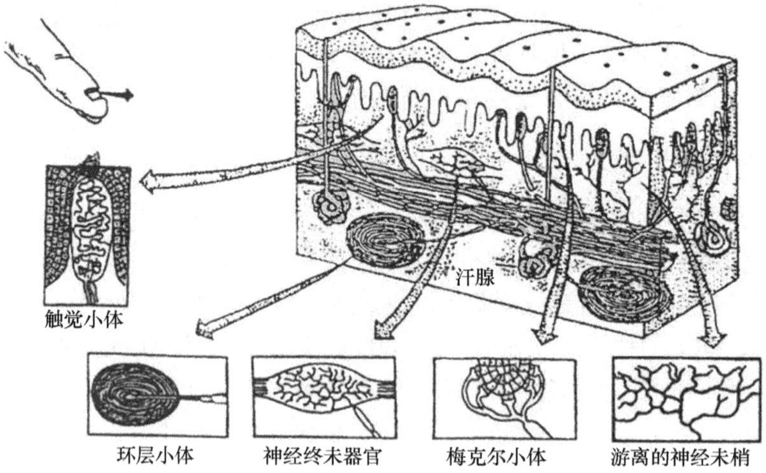

图 9-1　皮肤中的各种感受器

对感受器可根据许多方法进行分类：根据感受器所在的部位，可将感受器分为内感受器和外感受器；根据感受器所接受刺激的性质，可将感受器分为机械感受器、伤害感受器和化学感受器等；但较为常用的是结合刺激物和它们所引起的感觉效应的性质来分类，据此能区分出的人体的主要感觉类型和相应的感受器，如表 9-1 所示。

表 9-1 中只有前面 11 项是通常能引起明确的主观感觉的，其余的感受器一般只是向中枢提供机体内、外环境中某些因素改变的信息，引发各种调节性反应，但并不能使机体在主观意识上产生特定人体的感觉。

人体的感觉总的说来可分为一般感觉和特殊感觉两大类。一般感觉包括浅感觉（如痛、温、触等感觉）和深感觉（又称本体感觉，如肌肉、关节的运动和位置觉及深部压觉等）；特殊感觉则包括视觉、听觉、味觉、嗅觉及平衡觉等。这些感觉的产生都是通过各自感受器将施加于其上的各种刺激（即不同的能量变化形式），转变成为相应的传入神经冲动，最终经各有关中枢的整合而建立起来的。下面，我们扼要介绍一下有关感受器的具体情况。

表 9-1 人体的主要感觉类型及其感受器

感觉类型	感受器名称	感受类型	感受器名称
视觉	视杆和视锥细胞	关节位置和运动觉	神经末梢
听觉	听毛细胞	肌肉长度	神经末梢（肌梭）
嗅觉	嗅神经元	肌肉张力	神经末梢（腱器官）
味觉	味感受细胞	动脉血压	神经末梢
旋转加速度	半规管中的毛细胞	肺扩张	神经末梢
直线加速度	椭圆囊和球囊中的毛细胞	头部血温	下丘脑某些神经元
触-压觉	神经末梢	动脉氧分压	神经末梢
热觉	神经末梢	脑脊液 pH 值	中枢化学感受器
冷觉	神经末梢	血浆葡萄糖	下丘脑某些神经元
痛觉	游离神经末梢	血浆渗透压	下丘脑某些神经细胞

二、各种感受器的特点

（一）一般感受器

1. 机械感受器 这类感受器的任务是为机体提供来自触、压、震动及皮肤紧张度等方面的刺激信息，其特点是敏感性高。机械感受器又可分为触觉小体（Meissner's corpuscles）、环层小体（lamellar corpuscle）及梅克尔小体（Merkel's disks）和皮下神经终末器官（Ruffini's corpuscles）等。触觉小体位于指掌和足底等处的真皮下方，呈细长型，周围包绕着由数层施万细胞组成的囊。囊的中心含有一个或数个传入神经纤维；当皮肤受到轻微的触压时，传入纤维即可迅速产生传入冲动；触觉小体最敏感的是震动频率为 30～50Hz 的刺激。环层小体位于皮下组织中（有的可深达骨膜和肠系膜），体积较大，其由洋葱样的多层囊所包裹，每层之间为添充有液体的间隙；一个或多个传入纤维的轴突位于环层小体的中央；环层小体的适宜刺激是频率较高（250～350Hz）的震动波，其感觉阈值也较触觉小体的低。这些区别表明，环层小体所负责感受的是那些纹理更为精细的触觉刺激。触觉小体和环层小体均属于快适应性感受器，而梅克尔小体和皮下神经终末器官则是慢适应性感受器。梅克尔小体呈乳头状，精细地排列于皮下，以手指尖端、口唇及外生殖器等处的分布最为致密；其与慢适应性神经纤维的终末接合并膨大成碟状结构，周围辅以另一种特化的细胞，这类细胞含有囊泡，囊泡内含肽类物质，这些肽类物质是作为调质而存在的。实验研究表明，梅克尔小体可能在感受刺激物的形状、边缘和质地方面发挥着重要作用。皮下神经终末器官位于皮肤深处及韧带和肌腱等处，为纺锤状囊性结构；对肢体在运动时所产生的牵拉刺激特别敏感。

2. 伤害感受器 是单纯的游离神经末梢，其作用是引起疼痛感觉。与其他感受器相似，刺激首先导致感受器产生发生器电位，而后引发动作电位。伤害感受器可根据形成感受器的神经元的轴突性质来分类，通常为 Aδ 类有髓纤维和 C 类的无髓纤维。这类感受器的兴奋传导速度较慢，前者的传导速度为 20m/s，后者为 2m/s。因而痛觉可分为快痛和慢痛两种传导路径。一般说来，传导快痛的 Aδ 类感受器可对强烈而危险的机械或温度刺激发生反应，而无髓的伤害感受器则对温度、机械和化学等的刺激发生反应。总之，伤害感受器可分为三大类：Aδ 类机械伤害感受器、Aδ 类温度伤害感受器和 C 类多因素伤害感受器。

所有痛感受神经元的感受野都是比较大的，在丘脑和大脑皮质尤其如此。

3. 温度感受器 分为外周温度感受器和中枢温度感受器。前者见于人体的皮肤、黏膜和内脏中，后者则分布于中枢神经系统中。皮肤温度感受器又包括冷感受器和温热感受器。当局部温度升高冷感受器抑制，温热感受器兴奋；反之，温热感受器抑制而冷感受器兴奋。从动物实验中可以观察到，皮肤的温热感受器和冷感受器各自对一定范围的温度变化敏感。例如，大鼠阴囊的冷感受器 28℃时发放冲动的频率最高，而温热感受器则在 43℃时发放冲动的频率最高；当局部温度偏离两个温度时，两种感受器发放冲动的频率都逐渐下降。皮肤的温度感受器以冷感受器为主。

（二）特殊感受器

特殊感受器指的是嗅觉、味觉、视觉、听觉和平衡觉等的感受器。

1. 嗅觉感受器 位于上鼻道及鼻中隔后上部的嗅上皮，两侧总面积约 5cm^2。由于嗅感受器的位且较高，平静呼吸时气流不易到达，因此人们在嗅一些不太显著的气味时，要用力吸气，以使气流上冲，达到嗅上皮。嗅上皮含有 3 种细胞：主细胞、支持细胞和基底细胞。主细胞也称嗅细胞，呈圆瓶状，细胞顶端有 5～6 条短的纤毛，细胞的底端有长突，长突组成嗅丝穿过筛骨直接进入嗅球（图 9-2）。当嗅细胞的纤毛受到空气中的物质分子刺激时，就会有神经冲动传向嗅觉中枢而引起嗅觉。

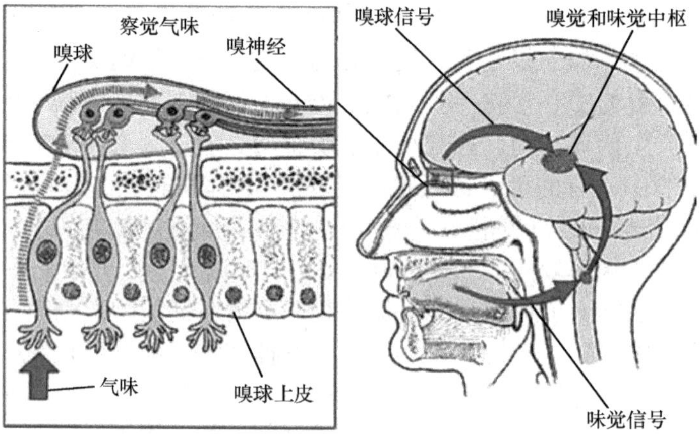

图 9-2 嗅觉的产生

不同动物的嗅觉敏感程度差异很大，同一动物对不同气味物质的敏感程度也不同。关于嗅上皮和有关中枢感受并区分多种气味的机制，目前已有初步了解。

2. 味觉感受器 是味蕾，主要分布在舌背部表面和舌缘，口腔和咽部黏膜的表面也有散在的味蕾存在。儿童的味蕾较成人的多，老年人的味蕾则因萎缩而减少。每一味蕾由味觉细胞和支持细胞组成（图 9-3）。味觉细胞的顶端有纤毛，称为味毛，由味蕾表面的孔伸出，是味觉感受的关键部位。

舌表面的不同部位对不同味刺激的敏感程度不一样。人类一般是舌尖部对甜味比较敏感；舌两侧对酸味比较敏感；舌两侧的前部对咸味较为敏感；软腭和舌根部对苦味比较敏感。味觉的敏感度往往受食物或其他刺激物本身温度的影响：20～30℃味觉的敏感度最高。此外，味觉的辨别能力也受血液化学成分的影响。例如，肾上腺皮质功能低下的人，血液中低钠，喜食咸味食物；动物实验显示，正常大鼠能辨别出 1∶2000 的氯化钠溶液，而切除肾上腺皮质的大鼠，可辨别出 1∶33 000 的氯化钠溶液，主动选择含盐多的饮料。因此，味觉的功能不仅在于辨别不同的味道，而且与营养物的摄取和机体内环境的稳定有关。

人和动物的味觉系统可以感受和区分出多种味道。目前所知，众多的味道是由甜、咸、酸和苦 4 种基本的味觉组合而成。不同物质的味道与它们的分子结构相关，但也有例外。通常 NaCl 能引起典型的咸味；无机酸中的 H^{+}是引起酸感的关键因素，但有机酸的味道还与它们带负电荷的酸根有关；甜味的引起与葡糖糖的主体结构有关；奎宁及一些有毒植物的生物碱结构能引起典型的苦味。研究不同味觉刺激在味觉感受器细胞和传入神经纤维所引起的电反应时得到的结果表明，一条神经纤维并不是只对一种基本味觉刺激发生反应，如对咸有反应的纤维对酸也有反应，对酸有反应的纤维对苦也有反应等。这说明，一种味道并不是简单地由一条或一组只对这一种味道起反应的纤维传向中枢的。进一步研究则发现，虽然每个味觉细胞几乎都能对 4 种基本味觉刺激发生反应，但在同样分子浓度的情况下，只有一种味觉刺激能引起最大的感受器电位，其余 3 类味觉刺激只引起幅度较小但也具有一定排列顺序的感受器电位。但即便如此，人们也很难设想，味觉中枢可以根据由某一条或某一组对某一刺激特别敏感的传入通路来的高频冲动来辨别出这一特殊味道；因为这些通路在遇到更高浓度的其他味觉刺激时也可以产生同样高频的传入冲动。因此，味觉产生的机制可能是这样的：中枢辨别感受器受到了何种刺激，既需要来自对某种刺激特别敏感的传入通路来的信息，还必须对照同时输入的那些对这一刺激并不敏感的传入通道的信息；而且，不论 4 种基本味觉刺激的浓度怎样改变，每一种单一刺激在 4 种对基本刺激的敏感性各不相同的传入纤维上产生的传入冲动在数位上的组合形式，是各有其特异性的。这种利用不同纤维或信息通道之间传入信号数量多少在组合形式上的不同，来区别外在刺激的性质的编码原理，也见于其他感觉系统。例如，单一频率的声音刺激或单色光并不只兴奋那些对它们特别敏感的内耳毛细胞或某种视锥细胞，虽然不同的毛细胞或视锥细胞各有其最敏感的振动频率或光波长度。

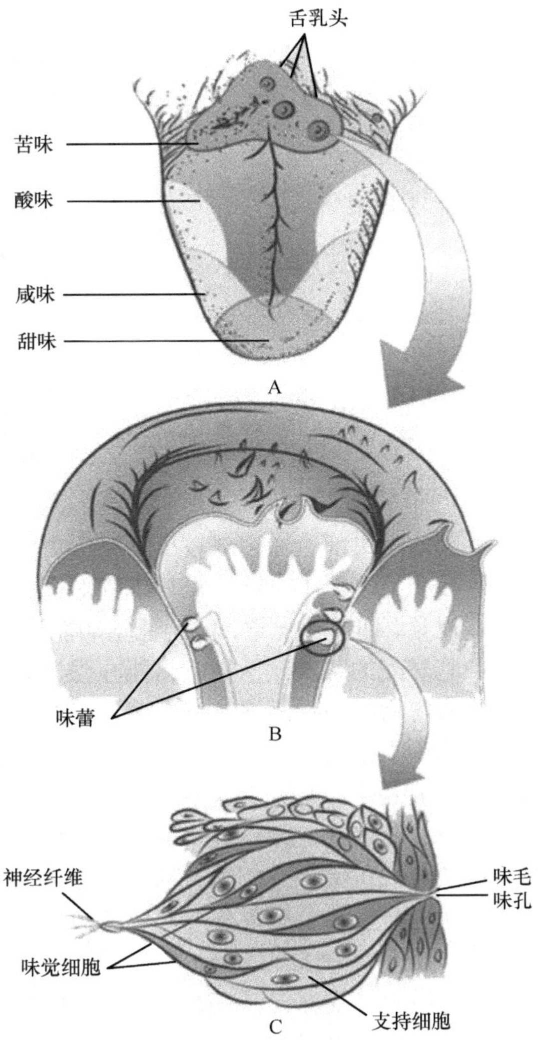

图 9-3 味觉的产生

A. 舌表面的不同部位对不同的味刺激的敏感程度不同；B. 味蕾在舌体的分布；C. 味蕾的结构

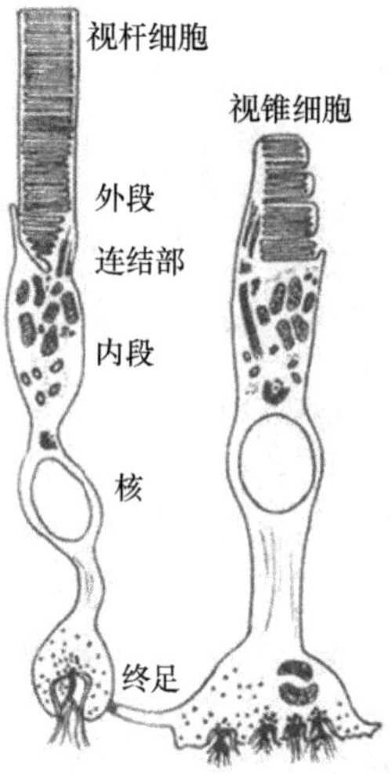

图 9-4 哺乳动物的视杆细胞和视锥细胞

3. 视觉感受器 是位于视网膜感光细胞层中的感光细胞，即视杆细胞和视锥细胞。如图 9-4 所示，两者在形态上均可分为外段、内段、胞体和终足 4 个部分。在细胞的外段内有许多由细胞膜折叠构成的囊状圆盘，重叠成层，称为视盘；视盘膜与细胞膜在形态上很相似，其有脂质双分子层，其间镶嵌着大量的结合蛋白质——感光色素。细胞内段含有大量的线粒体及内质网等结构，其功能是合成感光化学物质和供能。视杆和视锥细胞的主要区别表现在以下几个方面。①两者外段的形状不同：视杆细胞的外段呈杆状，而视锥细胞的外段呈锥状。②两者的空间分布不同：视杆细胞主要分布在视网膜的周边部，中央部则较少；视锥细胞则主要分布于视网膜的中央部，周边部较少，在中央凹处则只有视锥细胞而无视杆细胞。③视杆和视锥细胞在功能上分工不同：视杆细胞对光的敏感度高，能在夜晚或暗光条件下感受光刺激而引起视觉，即司晚光觉，但无色觉功能，也不能精确地分辨物像的边缘轮廓及微细构造；视锥细胞对光的感觉阈值高，只能在强光条件下发挥感光作用，即司昼光觉，且有色觉功能，能分辨物像的表面细节和轮廓。④两者所含的感光化学物质不同：视杆细胞的感光化学物质称为视紫红质（rhodopsin），一种由视蛋白与生色集团视黄醛结合而成的色素蛋白，其中视黄醛是由维生素 A 氧化生成的；视锥细胞的感光物质称为视锥色素，人的视锥色素又可进一步分为红、绿和蓝 3 种；视锥色素也由视黄醛和视蛋白构成，其中视黄醛与视杆细胞中所含视黄醛完全相同，而视蛋白的分子结构与视杆细胞所含视蛋白结构稍有不同，而且 3 种视锥色素之间也有所差异，这些差异决定了视黄醛分子对不同波长的光波敏感性。

4. 听觉和平衡觉感受器

（1）听觉感受器：是存在于内耳耳蜗的螺旋器，螺旋器又称 Corti 器，位于基膜上，浸润于蜗管的内淋巴中（图 9-5），含有内、外毛细胞和支持细胞群。耳蜗的内、外毛细胞是感音细胞。人类的外毛细胞约 12 000 个，内毛细胞约 3000 个。每个内、外毛细胞的顶端又含有数目不等的纤毛，即听毛。在胚胎期，听毛具有静毛和动毛两种类型。动毛较长较粗，只有一条，位于毛细胞顶部的外侧缘，出生后退化。人类的每个外毛细胞含有 120～140 条静毛，呈 W 形排列；每个内毛细胞有静毛 50～60 条，排列成 V 形。静毛是毛细胞中最先感受声波刺激的部位，对毛细胞的兴奋具有重要意义。毛细胞的顶端覆盖有一厚薄不等的盖膜，有些听毛被包埋在盖膜的胶状物中，有些则和盖膜的下面相接触（图 9-6）；因盖膜和基膜与蜗轴骨板的连接点不在同一水平，当行波引起基膜震动时，基膜的震动轴和盖膜的震动轴不一致，于是两者之间就发生一个横向的交错移动，使听毛受到一个切向力的作用而弯曲（图 9-6）。毛细胞听纤毛的弯曲是耳蜗中机械能转变为电变化的第一步。因而，耳蜗基膜的振动是一个关键因素；基膜的振动使位于其上的毛细胞受到刺激，从面引发耳蜗内的各种过渡性的电位变化（感受器电位），最终引起位于毛细胞底部的神经纤维产生动作电位。

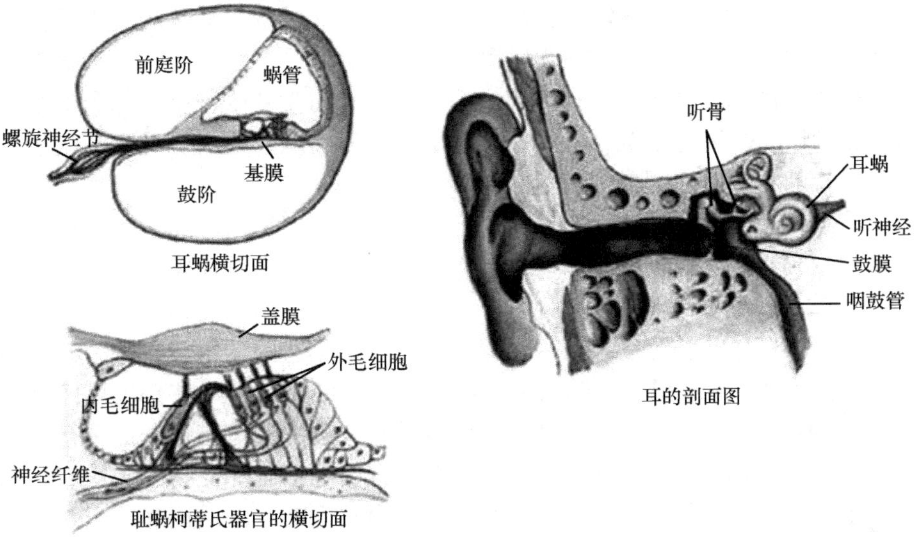

图 9-5　耳的结构

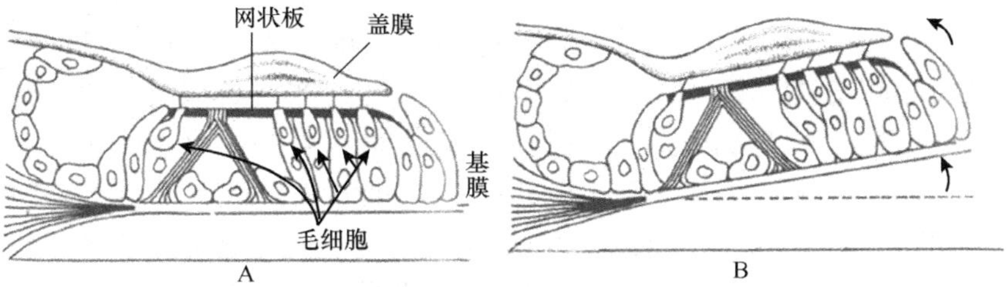

图 9-6　基膜和盖膜震动时毛细胞顶部受力情况

A. 静止；B. 基膜震动与盖膜之间的切向运动

（2）平衡觉感受器：是位于内耳的前庭器官，由 3 个半规管、椭圆囊和球囊组成（图 9-7），是人体对自身运动状态和头在空间位置的感受器。半规管每侧有 3 个：外半规管（水平半规管）、上半规管（垂直半规管）和后半规管。人耳两侧相应的半规管同在一个平面上。3 个半规管互相垂直。每个半规管为 2/3 的圆周形，由外周的骨半规管和内部的膜半规管组成。

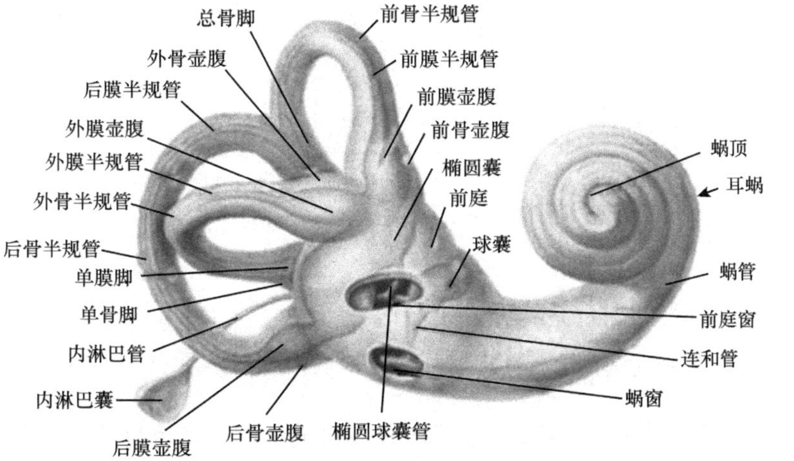

图 9-7　内耳结构

在骨半规管与膜半规管之间充满外淋巴液。而膜半规管管腔内则充满内淋巴液。半规管的一端的有膨大的壶腹，壶腹中一侧黏膜增厚，向腔内突起，形成脊状，称为壶腹脊。壶腹脊处的黏膜上皮由毛细胞和支持细胞组成；毛细胞为平衡觉感受细胞。每个毛细胞的顶部均有许多纤毛，由一根动毛和 50～100 根静毛组成。静毛从动毛一侧起逐渐变短，排列成 5～8 行。半规管的适宜刺激是旋转变速运动。

（3）椭圆囊和球囊：椭圆囊和球囊均位于前庭中。前庭是内耳迷路的一部分，位于半规管和耳蜗之间。椭圆囊和球囊的基本结构相似，两者均为内耳迷路的一部分，腔内充满内淋巴液，两囊之间相通。椭圆囊向后与三个半规管相通，而球囊则与膜的蜗管相连。椭圆囊和球囊在组织学上与半规管有许多相似之处：同为膜迷路的组成部分，外层为含有血管的纤维膜，中层为结缔组织，内层为上皮细胞。上皮细胞层的某些部位增厚并高度分化为感受器，分别称为椭圆囊斑和球囊斑，合称位觉斑。椭圆囊斑与地平面平行，而球囊斑则与地平面垂直。味觉斑上皮与壶腹脊上皮相似，也由毛细胞和支持细胞组成。毛细胞的顶部也有纤毛：一根动毛和 40～70 根静毛，静毛形成毛束，动毛比静毛长，位于静毛束外。在位觉斑的表面覆盖有胶质膜。胶质膜由碳酸钙、黏多糖和蛋白质等组成，称为耳石。椭圆囊的适宜刺激是直线变速运动，而头的位置相对于地球引力的作用方向的变化则是球囊的适宜刺激。电生理的研究表明，当外力使这些毛倒向一侧时，位于毛细胞底部的神经纤维上就有神经冲动发放频率的变化。图 9-8 是以在一个半规管壶腹中的毛细胞所做的实验，当动毛和静毛都处于自然状态时，细胞内外存在着约−80mV 的静息电位，同时在同此毛细胞相接触的神经纤维上有中等频率的持续放电；此时如果用外力使毛细胞顶部的纤毛由静毛所在一侧倒向动毛一侧，可见到细胞去极化变化，同时有神经纤维冲动发放频率的增加；反之，当外力使纤毛弯曲的方向是由动毛一侧倒向静毛一侧时，可看到细胞呈超级化变化，而神经纤维上的冲动发放频率也变得比纤毛处于不受力的自然状态时为低。以上是前庭器官中所有的毛细胞接受刺激的一般规律。

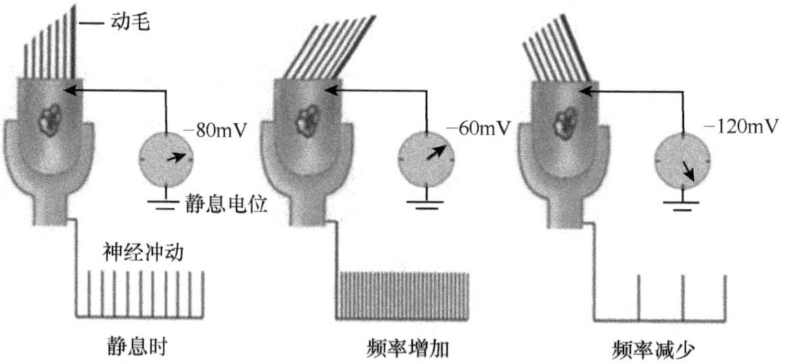

图 9-8　前庭器官中毛细胞顶部纤毛受力情况对静息电位和神经冲动的影响

三、感受器的一般生理特性

（一）感受器的适宜刺激

前述各种感受器的共同功能特点是其均有各自最敏感、最容易接受的刺激形式；即用某种能量形式的刺激作用于某种感受器时，只需极小的刺激强度（即感觉阈值）就能引起相应的感觉。这一刺激形式或种类就称为该感受器的适宜刺激（adequate stimulus），如一定波长的电磁波是视网膜光感受细胞的适宜刺激，一定频率的机械震动是耳蜗听毛细胞的适宜刺激等。感受器对于一些非适宜刺激也可能发生反应，但所需的刺激强度常常要比适宜刺激大得多。正因如此，机体内、外环境中所发生的各种形式的变化总是先作用于和它们相对应的那种感受器。这一现象的存在，是因为动物在长期进化的过程中逐步形成了具有各种特殊功能和结构的感受器及相应的附属结构的结果，使得它们有可能对内、外环境中某些有意义的变化进行精确的分析。不同动物所处的生活环境和条件不同，在进化中有可能形成一些不同的感受装置和功能，这在动物界屡见不鲜，早已引起人们极大的兴趣。研究这些可能是极低等动物的特殊感受装置，不仅对理解感受活动的一般规律有帮助，而且有很大的仿生学意义。

（二）感受器的换能作用

各种感受器在功能上的另一个共同特点，是把作用于它们的各种刺激形式转变为相应的传入神经纤维上的动作电位或锋电位，此即感受器的换能作用。目前已确定，尽管作用于各种感受器的刺激形式多种多样，但各种传入纤维向中枢传输的信号，都是神经纤维自身产生的动作电位，它们具有“全或无”的性质，不衰减地传向中枢。至于能引起何种感觉，这是各种中枢的职责所在。例如，不论在视神经、听神经，或其他任何感觉的传入纤维，当其感受器受到有效刺激时，我们都只能记录到产生机制和波形都基本一致的动作电位。由此可见，每一种感受器都可以被看作是一种特殊的生物换能器，其功能是把作用于它们的那种能量形式的刺激，转换成以电能形式表现出来的动作电位。根据现有资料，不论何种感受器在它们把刺激的作用转变成为相应的传入神经的动作电位之前，一般都要先在感受器引起某种形式的过渡性电变化，称为发生器电位（generator potential）或感受器电位（receptor potential）。发生器电位在性质上类似于局部电位，是感受神经末梢或感受细胞在静息电位基础上发生的小幅度的电位波动；它没有潜伏期，且其大小在一定范围内和刺激强度成正比，并能以电紧张形式而非“全或无”形式沿细胞膜扩布；表现有总和现象。当发生器电位达到一定强度时，通过感受器释放足量的递质而使传入神经产生动作电位；后者则以“全或无”的形式传向中枢，在一定的中枢部位引起主观感觉。

（三）感受器的编码作用

感受器在把外界刺激转换成沿着神经而传入的一个个动作电位时，不仅仅是发生了能量形式的转换，更重要的是把刺激所包含的环境变化的信息，也转移到了新的电信号系统之中，此即感受器的编码作用。“编码”本是工程通讯理论中的一个名词，它是指一种信号系统（如通讯密码）如何把一定的信息内容（如电文内容）包含在少量特定信号的排列组合之中。感受器的作用也是如此：它们将外界各种能量形式的刺激最终转变成了神经动作电位的序列，如每秒钟的锋电位次数，或某种其他形式的锋电位组合。

（四）感受器的适应现象

当刺激作用于感受器时，有时刺激虽然仍在继续作用，但沿传入神经纤维传导的冲动频率却已开始下降，这一现象称为感受器的适应（adaptation）。适应是所有感受器的一个功能特点，但它出现的快慢在不同的感受器有很大的差别；感受器因而可分为快适应和慢适应两类：快适应者以皮肤触觉感受器为代表，当它们受刺激时只在刺激开始后的短时间内有传入冲动发放，以后刺激虽然仍然在作用，但传入冲动的频率可以降低到零；慢适应者如深部感觉的感受器、颈动脉窦的压力感受器及角膜的痛觉感受器等，受到刺激时传入冲动可在较长时间维持于一定水平。感受器适应速度的快慢，有不同的生理意义。一般说来，快适应有利于感受器及中枢接受新异刺激；而慢适应则有利于机体对刺激进行长期监测和及时调节。应该指出，适应现象的出现，并非感受器的疲劳，因为在出现适应现象之后，如果增加刺激的强度时，还能看到传入冲动的增加。另外，感受器在受到刺激的过程中，对刺激的敏感性也有提高。例如，视觉的暗适应。应该认识到，完整机体感觉功能的适应，不仅是感受器适应的结果，而且也同中枢神经系统，特别是同大脑皮质的功能变化有关。

第二节　特殊感觉的感觉异常

一、屈光缺欠和屈光不正

（一）近视

近视可由两种原因所致：眼的前后径过长，而屈光力大致正常，此谓轴性近视；眼的屈光力过强，而前后径正常，是为屈光性近视（图 9-9）。这两种情况均可使平行入眼的光线聚焦于视网膜之前，导致视网膜上的物像变得模糊不清。人眼在看近物时，所需调节较小或不需调节，就可以在视网膜上获得清晰的物像，看清近物。所以，患近视的人其近点较正常人为近。近视的纠正方法是佩戴适当焦度的凹透镜片，使平行光线在入眼之前适当辐散，然后经过聚焦而使物像呈现在视网膜上。这样就可使患者看清远物，而在视近物时则如正常眼一样调节。

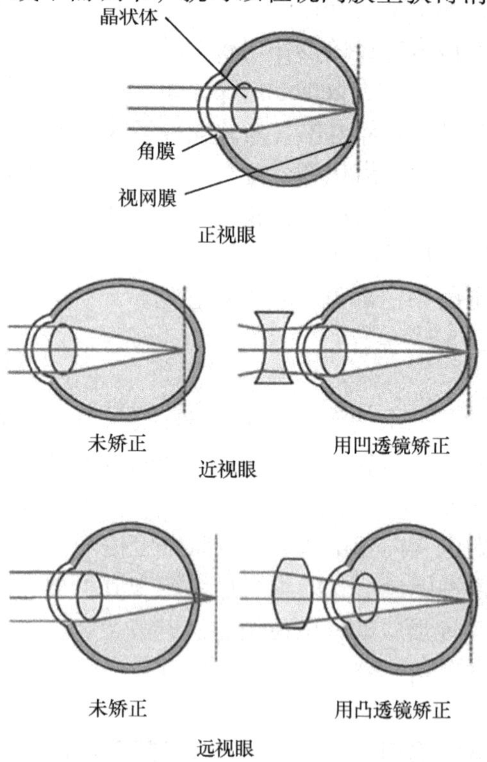

图 9-9　近视与远视

（二）远视

远视可分为如下 3 类。①轴性远视：由于眼的前后径过短所致，最为常见。②曲率性远视：眼的屈光系统中某些屈光体的表面弯曲度较小所致。③屈光性远视：由晶状体的屈光力减弱所致，常见于老年人（图 9-9）。

以上 3 种类型的远视眼在屈光特点上是一致的：视远物时，其平行光线进入眼内，物像将聚焦在视网膜后而导致视物不清。这就是说，远视者无论在视远物还是视近物时都需要动用眼的调节能力。远视的纠正方法是使用适当焦度凸透镜，使光线在入眼之前即有一定程度的汇聚，以使远视眼在视近物时不发生困难。

（三）散光

正常眼的折光系统的各个折光面都是正球面，即在球表面任何一点的曲率半径都是相等的。如果由于某些原因，折光面（通常发生在角膜）在某一方位上的曲率半径变小，而在于其相垂直方位上的曲率半径变大，这样就会导致通过角膜不同方位的光线在眼内不能聚焦于视网膜面的同一水平，而致视物不清或物像失真，此即谓之散光。散光可通过佩戴适当的柱面镜矫正。

二、听力障碍

（一）耳聋

耳聋是各种听力减退症状的总称，包括传音性耳聋、感音性耳聋和混合性耳聋 3 种。传音性耳聋是由于外耳与中耳病变，阻碍声波传入内耳所致；感音性耳聋是由于耳蜗及蜗后的病变使耳不能或难以感受声音所致；混合性耳聋则是前述两种耳聋同时存在的一种情况。耳的传音系统包括外耳道、鼓膜、听骨链、前庭窗和蜗窗。因此，外耳道阻塞，如先天性或后天性的外耳道畸形或闭锁；中耳的发育不良，如鼓膜和听骨链缺如或畸形；中耳的炎性疾患，如鼓膜的炎性缺损、鼓室粘连和听骨缺损；听骨固定，如鼓室硬化和耳硬化症等均能影响声音传导而导致传音性耳聋。

感音性耳聋，根据病变发生的解剖部位可分为以下 4 类。

（1）耳蜗性耳聋：多为听毛细胞病变，如耳毒性药物中毒所致。听毛细胞的病变可使其换能作用减弱甚至消失，传入内耳的振动波因而不能正常转换成经蜗神经传导的生物电能。

（2）神经性耳聋：蜗神经的病变，如发生在内耳道的听神经瘤压迫蜗神经，可破坏神经纤维的生理完整性而干扰冲动向高位中枢（如脑干）的传导过程，导致听力障碍。

（3）脑干性耳聋：脑干的病变，如发生于小脑脑桥角的占位性病变，可压迫或损害脑干内的听神经纤维，导致听力障碍。

（4）皮层性耳聋：听皮层是听觉的最高整合分析中枢。由于每侧的听觉是由两侧听皮层所管理的，因而皮层性耳聋只有当两侧听皮层都受损时才会出现。

（二）耳鸣

耳鸣是患者耳部或头部的一种声音感觉，但外界并无相应的声源存在，为耳部疾病的常见症状，亦可见于内、外科，神经和精神科等的疾病中。

耳鸣可分为耳源性和非耳源性两种。绝大多数耳鸣属耳源性，如外耳、中耳、内耳、蜗神经、听觉中枢传导通路或皮层等的损害均可引起耳鸣。耳源性的耳鸣又可分为低音调和高音调者，前者常如风吹、火车或机器运转的“轰轰”声，后者常如蝉鸣、吹哨或汽笛声。耳鸣音调的改变，如从低音转为高音调时，可以是病变从传音器影响到感音器的征象。少数耳鸣属非耳源性的，如血液、内分泌、肾脏或血管等的病变均可引起耳鸣。

三、平衡障碍与运动病

（一）平衡觉障碍

在病理情况下，前庭功能可完全丧失，这时患者将难以保持身体平衡，特别是在不规则的地面上行走、双腿紧贴站立、单脚站立及缺少视觉辅助时，尤其困难。这种患者在做旋转运动、坐车及行走时，将由于视力的改变及视野的上下摆动而出现与头部运动同步的摆动性幻视。

当一侧前庭器官由于炎症、外伤等而受到损伤时，患者可因同侧前庭功能的突然丧失，而出现眩晕、恶心、呕吐，同侧的快速眼震，头部摆动，头倾向患侧，站立时容易倒向患侧等表现。而当平衡觉的中枢传导通路损伤时，患者会出现自发性眼震（快动相）、头向患侧倾斜、头部自发旋转、环形步态、四肢肌紧张异常、站立不稳、空间定向障碍等现象，并可伴有眩晕、恶心及呕吐等。

（二）运动病

晕车、晕船及晕机等称为运动病，但这并非一般意义上的疾病。运动病是正常人对某种形式的运动刺激的不适性反应，这种反应是进展性的，由嗜睡、淡漠及胃部不适，然后出现恶心及呕吐，头晕、出冷汗、面色苍白，严重时可出现身体衰竭的表现。运动病是由于在乘车、船等时运动刺激的对人体的作用时间过久或刺激的方式多而杂所致。这些信息同时或相继传入中枢后的处理过程复杂，有时从不同感受器上传的信息之间似有矛盾，使中枢难以对其加工整合，由此机体产生的反应就可能是不适性的。例如，在有的情况下，从半规管传入的信息与从位觉斑传入的信息相互矛盾（称为半规管-耳石失匹配），即可导致运动病。同样，视觉与前庭来源的信息之间的不匹配也会引起运动病，虽然这种不匹配所引起的反应有时对人体是有益的。

第三节　中枢神经系统的感觉分析功能

一、脊髓的感觉传导功能

由脊髓上传到大脑皮质的感觉传导路径有两大类，一类为浅感觉传导路径，另一类为深感觉传导路径。浅感觉传导路径传导痛觉、温度觉和粗略触觉。其传入纤维由后根的外侧部（细纤维部分）进入脊髓，而后在后角更换神经元，再发出纤维在中央管前交叉到对侧，分别经脊髓丘脑侧束（痛温觉）和脊髓丘脑前束（粗略触觉）上行抵达丘脑（图 9-10）。深感觉传导路径传导肌肉本体感觉和深部压觉（浅感觉中的辨别觉也经此路径传导），其传入纤维由后根的内侧部（粗纤维部分）进入脊髓后，其上行分支在同侧后索上行，抵达延髓下部薄束核和楔束核并更换神经元，再发出纤维交叉到对侧，经内侧丘系投射到丘脑（图 9-11）。由于浅感觉的传导路径是先交叉再上行，而深感觉的传导路径是先上行再交叉；在脊髓半离断的情况下，浅感觉的障碍发生在离断的对侧，而深感觉的障碍则发生在离断的同侧。在脊髓空洞症患者，由于中央管部分有空腔形成，破坏

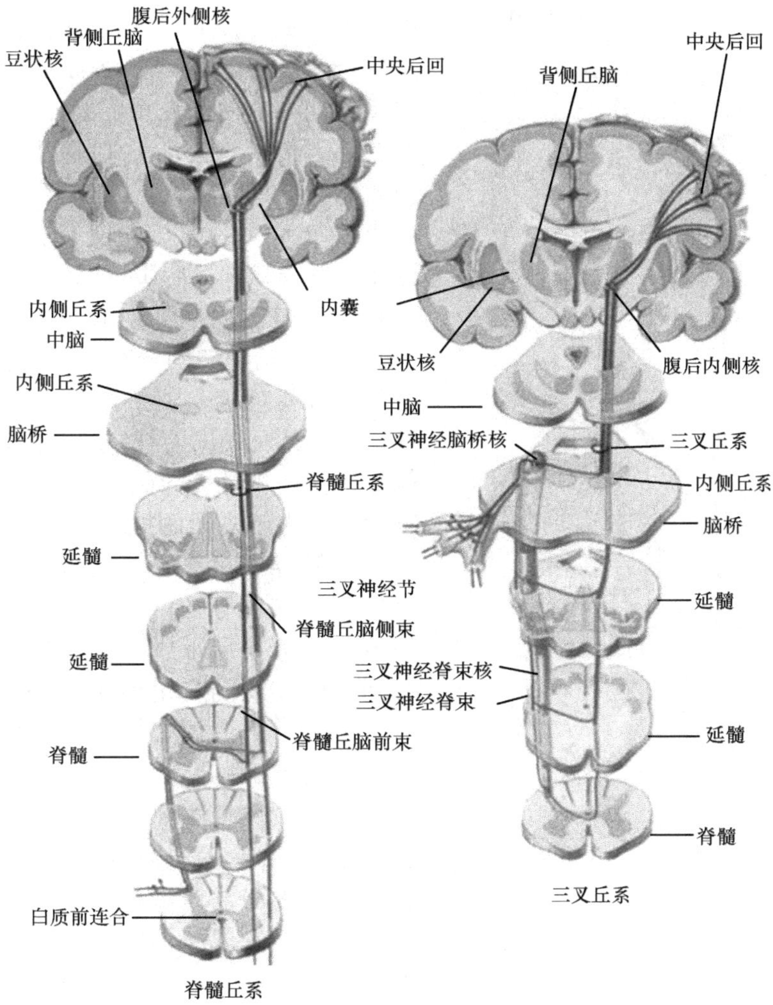

图 9-10 痛觉、温度觉和粗略触觉传导通路

了在中央管前进行交叉的浅感觉传导路径，因而可导致浅感觉障碍。但由于负载痛、温觉信息的传入纤维进入脊髓后，在进入水平的 1～2 个节段内更换神经元交叉到对侧，而负载轻触觉信息的传入纤维进入脊髓后则分成上行与下行纤维，分别在多个节段内更换神经元交叉至对侧，故脊髓空洞症患者的浅感觉障碍以相应节段双侧皮节的痛、温觉丧失为主，而轻触觉则几乎不受影响。此即发生在脊髓空洞症患者的所谓感觉分离现象。

二、丘脑的感觉分析机能

（一）丘脑的感觉核团

在大脑皮质不发达的动物，丘脑是感觉的最高中枢；在大脑皮质发达的动物，丘脑则降为感觉传导的换元接替站，只进行感觉的粗略分析与综合。丘脑与下丘脑及纹状体间有纤维相互联系，三者成为许多复杂的非条件反射（unconditioned reflex，UR）的皮层下中枢。丘脑是由大量神经元组成的核团集群。丘脑的各种细胞群大致可分为如下 3 大类。

1. 感觉接替核 主要包括后腹核的内侧部和外侧部、内侧及外侧膝状体等。这类核

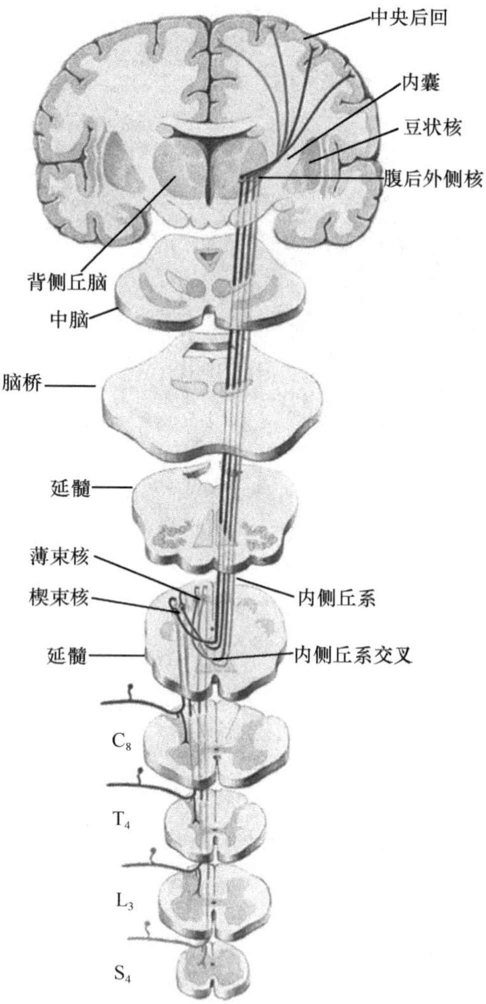

图 9-11 本体感觉和精细触觉传导通路

群接受感觉的投射纤维，经换元后投射到大脑皮质特定的感觉区（图 9-12）。后外侧腹核为脊髓丘脑束与内侧丘系的换元站，同躯干和四肢的感觉传导有关，后内侧腹核为三叉丘系的换元站，与头面部感觉的传导有关。不同部位传来的纤维在后腹核内换元有着严格的空间分布：下肢感觉在后腹核的最外侧，头面部感觉在后腹核的内侧，上肢感觉则在中间部位（图 9-12）；这种空间分布与大脑皮质感觉区的空间定位相对应。内侧膝状体是听觉传导路的换元站，其所发出的纤维投射至颞叶皮层；外侧膝伏体是视觉传导路的换元站，所发出的纤维投射到大脑皮质的枕叶。

2. 联络核 包括丘脑前核、丘脑的外侧腹核、丘脑枕等核群。这类核群接受感觉接替核和其他皮层下中枢来的纤维，换元后投射到大脑皮质的特定区域。例如，丘脑前核接受下丘脑乳头体来的纤维并发出纤维投射到大脑皮质的扣带回，参与内脏活动的调节；丘脑的外侧腹核主要接受小脑、苍白球和后腹核来的纤维并发出纤维投射到大脑皮质的运动区，参与对肌肉运动的调节。丘脑枕接受内侧与外侧膝状体的纤维并发出纤维投射到大脑皮质的顶叶、枕叶和颞叶的中间联络区，参与各种感觉的联系功能。此外，联络核还包括丘脑的其他细胞群，这些细胞群发出纤维向下丘脑、大脑皮质的前额叶和眶区或顶叶后部的联络区等区域投射。所以说，联络核是各种感觉通向大脑皮质的联系与协调部位。

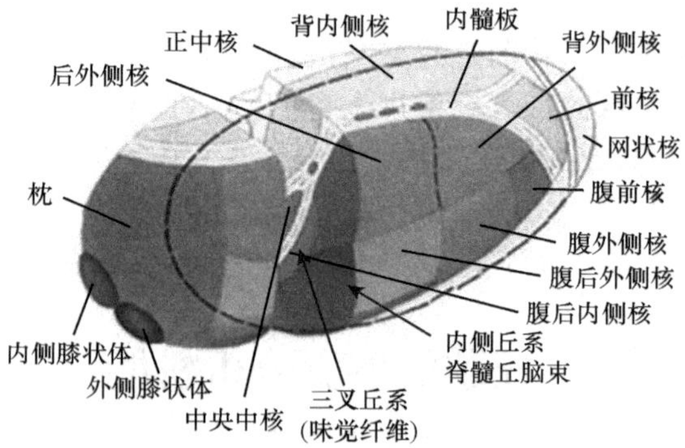

图 9-12 丘脑核团模式图

3. 髓板内核群 包括中央中核（CM）、束旁核（Pf）及中央外侧核（CS）等。这类核群不直接与大脑皮质联系，通过多突触的接替神经元，再弥散地投射到整个大脑皮质。这类核群的作用是使大脑皮质维持兴奋状态。

（二）丘脑的感觉投射系统

根据丘脑各部分向大脑皮质投射特征的不同，可把丘脑分成两大系统：特异投射系统和非特异投射系统。

1. 特异投射系统（specific projection system）　一般认为，经典的感觉传导路是由 3 个神经元的接替完成的。第 1 级神经元位于脊神经节或有关的脑神经感觉神经节内，第 2 级神经元位于脊髓后角或脑干的有关神经核内，第 3 级神经元在丘脑的感觉接替核内。特殊感觉（视、听、嗅）传导路的情况较为复杂。视觉传导路包括视杆细胞和视锥细胞在内，则为 4 个神经元接替；听觉传导路更为复杂，从外周到大脑皮质很难说包含几个神经元；嗅觉传导路与丘脑的感觉接替核无关。所以，一般经典的感觉传导路是经丘脑的感觉接替核投射到大脑皮质的。这就是说，丘脑的感觉接替核一方面接受具有专一传导路径的各种感觉的传入投射，另一方面发出纤维向大脑皮质投射；其向大脑皮质的投射具有点对点的投射关系，故称特异投射系统。这个系统的主要生理功能是引起特定的感觉，并激发大脑发出传出冲动。丘脑的联络核在结构上也与大脑皮质有特定的投射关系，所以也属于特异投射系统，但它不引起特定感觉，主要起联络和协调作用。

2. 非特异投射系统（unspecific projection system）研究表明，感觉传导向大脑皮质的投射还有另一条途径，那就是当上述经典传导路的第 2 级神经元纤维经过脑干时发出许多侧支，与脑干网状结构的神经元发生突触联系，经过多次换元，抵达丘脑的髓板内核群，再由此发出纤维弥散地投射到大脑皮质的广泛区域（图 9-13）。丘脑的这一投射途径称为非特异投射系统。其纤维进入大脑皮质后反复分支，广泛终止于各层细胞，此系统的投射不具有点对点的关系，因而是不同感觉上传的共同通路。其主要功能是维持与改变大脑皮质的兴奋状态。

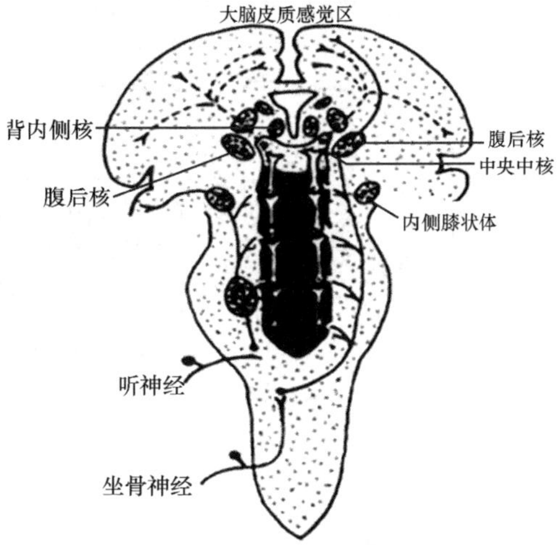

图 9-13　感觉投射系统示意图

黑色区代表脑干网状结构，实线代表丘脑特异投射系统，虚线代表丘脑非特异投射系统

进一步的研究表明，在脑干网状结构内存在一个有“唤醒”作用的上行系统。刺激该系统，动物可出现觉醒状态的脑电波，而抑制这一系统则可使脑电呈同步化慢波，动物同时出现类似睡眠的现象。这个系统称为上行激动系统（ascending activating system）。上行激动系统主要是通过丘脑非特异投射系统而发挥作用的，其作用就是参与维持和改变大脑皮质的兴奋状态。由于这一系统是一个多突触接替的上行系统，因此易于受到药物的影响而发生兴奋的传导阻滞。例如，巴比妥类催眠药的作用可能就是由于阻断了上行激动系统的传导；乙醚等全身麻醉药可能就是抑制了上行激动系统和大脑皮质的活动而发挥作用的。

显而易见，非特异投射系统的功能状态是特异投射系统能否正常工作的前提条件，即大脑皮质只有处在一定的兴奋状态下，特异投射系统才能更好地履行其感觉分析功能。

三、大脑皮质的感觉分析功能

各种感觉传入冲动最后到达大脑皮质，通过分析和综合，产生感觉。因此，大脑皮质是产生感觉的最高级中枢。皮层的不同区域具有不同的功能作用，这就是大脑皮质的功能定位。不同性质的感觉在大脑皮质都有各自的投射区。

（一）浅感觉

中央后回（3、1、2 区）主要是机体浅感觉，即体表感觉的投射区域，称为第一感觉区。通过在灵长类动物皮层诱发电位的研究及对患者的临床观察，得出中央后回感觉的投射规律如下所示。①躯体体表感觉传入向皮层的投射具有交叉性质，即一侧体表感觉传入投射到对侧皮层的相应区域，但头面部感觉的投射是双侧性的。②投射区域具有一定的分布：下肢代表区在顶部（膝部以下的代表区在皮层的内侧面），上肢代表区在中间部，头面部代表区在底部。因此，总的安排是倒置的，但头面部代表区内部的安排是正立的。③投射区域的大小与不同体表部位的感觉的灵敏度有关，感觉灵敏的体表部位在中央后回的代表区大。例如，大拇指和五指代表区的面积要比脚部感觉代表区总面积要大几倍。这说明感觉灵敏部位具有大量的感受装置，皮层与之相联系的神经元的数量也必然多，这种特点有利于进行精细的感觉分析（图 9-14、图 9-15）。

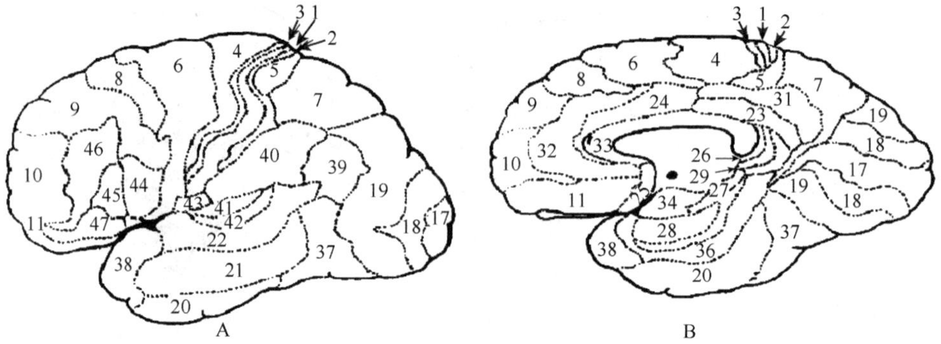

图 9-14　大脑皮质分区

A. 大脑半球外侧面；B. 大脑半球内侧面

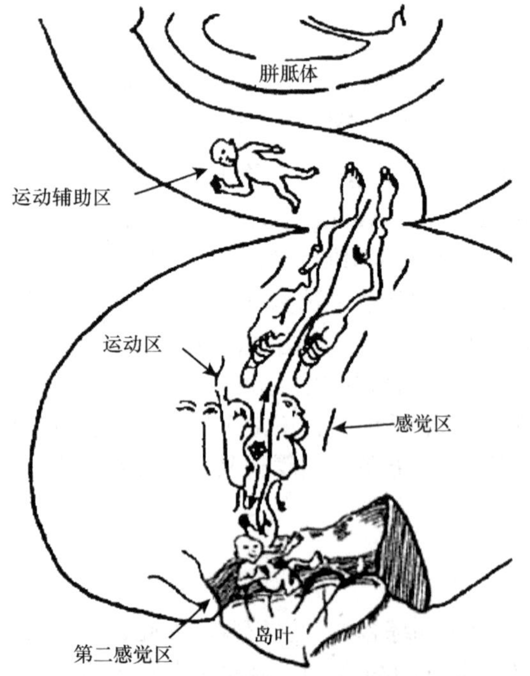

图 9-15　大脑皮质体表感觉与躯体运动功能代表区示意图

中央后回是第一感觉区所在部位，在人脑的中央前回与岛叶之间还有第二感觉区。第二感觉区面积远比第一感觉区小，区内的投射也有一定的分布安排，安排属于正立而不倒置（图 9-14）。刺激第二感觉区能引起体表一定部位产生麻木感，且这种感觉是双侧性的。此区能对感觉进行较为粗略的分析。但在人类切除第二体感区后，并不产生明显的感觉障碍。有人认为，第二感觉区与痛觉有较密切的关系，它可能接受痛觉传入的投射。

（二）内脏感觉

内脏感觉在皮层也有代表区。电生理研究表明，刺激来自内脏的传入神经可以在皮层一定区域内引导出电位变化。例如，刺激内脏大神经的快速传入纤维可以在相应的躯干水平体表感觉代表区引出皮层诱发电位；刺激盆神经的传入纤维可以在下肢体表感觉代表区引出皮层诱发电位。以人为观察对象的研究发现，第二感觉区和运动辅助区（supplementary motor area）都与内脏感觉有关。刺激第二感觉区会使受试者产生味觉、恶心或排便感等；刺激运动辅助区则可引起心悸、脸发热等感觉。

（三）深感觉

深感觉又称本体感觉，是指肌肉、关节的运动和位置觉及深部压觉等。目前认为，中央前回（4 区）是运动区，也是肌肉本体感觉投射的代表区域。切除动物的运动区，由本体感觉刺激作为条件刺激建立起来的条件反射（conditioned reflex，CR）就会发生障碍。而刺激人脑的中央前回，也会引致受试者企图发动肢体运动的主观感觉。

（四）视觉

位于大脑距状裂上下两缘的枕叶皮层（17 区），是视觉的投射区域。视皮层接受来自外侧膝状体的投射纤维。外侧膝状体向视皮层投射的纤维统称为视辐射（optic radiation）。视辐射绕过侧脑室后行，在相当于侧脑室颞角和枕角的位置显现于颞叶和枕叶皮层表面。而代表视网膜下部的视辐射纤维在颞角处弯成一个大的弧度，称为 Meyer 弧，因而凸出得最为表浅，然后投射到视皮层（图 9-16）。这可解释为何一侧的颞叶皮层损伤常常导致对侧上 1/4 视野视觉的障碍。传导视网膜下半部视觉信息的膝状体——皮层束纤维投射到距状裂的下缘，而传导视网膜上半部的膝状体——皮层束纤维投射到距状裂的上缘。视网膜中央的黄斑区投射到距状裂的后部，视网膜的周边区则投射到距状裂的前部（图 9-17）。因此，膝状体下缘的损伤可引起对侧上半部视野视觉的缺失。

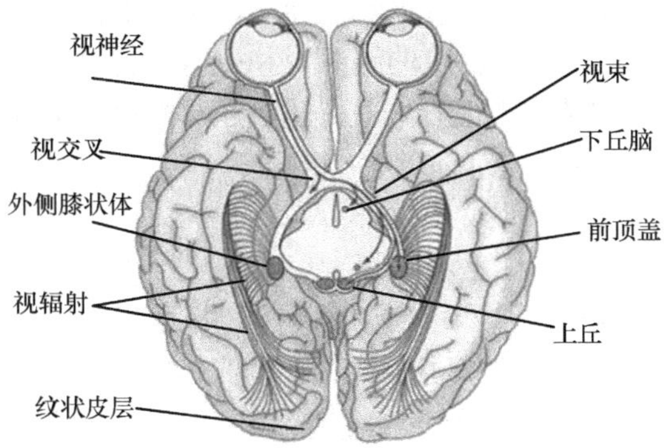

图 9-16　视辐射的主要脑区和结构

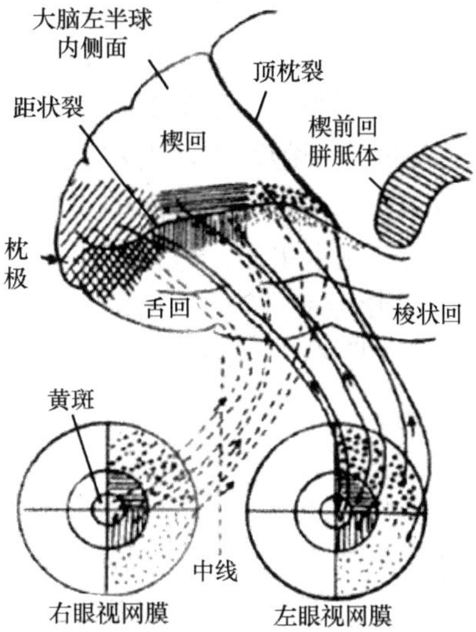

图 9-17　视网膜各部分投射到大脑皮质枕叶

视皮层中有一小部分神经元的感受野同膝状体神经元一样也是同心圆型的，而大多数神经元的感受野是有方向性的狭长带状。这些细胞按照感受野又分为简单细胞和复杂细胞两类。简单细胞感受野有一中央带，可以是光型或撤光型，两侧是平行的拮抗区。一条与中央带方向一致的刺激可以引起简单细胞的强烈反应。简单细胞对光线这种方向上的一致性要求非常严格，方向稍稍偏离，细胞的反应即迅速衰减。从中央带朝向各个方向的细胞数大致相等。如果用弥散光照射整个感受野细胞，几乎记录不到任何反应，表明中央带与两侧拮抗区在功能上可以严格地相互抵消。复杂细胞感受野对特定方向的光带移动也呈现最强反应，然而与简单细胞相比较，则有明显差异，即复杂细胞对在感受野中任何位置的同方向的线性光都有相似反应，即只有方向信息没有位置信息。

复杂细胞多分布在第Ⅱ、Ⅲ和Ⅳ层中，而简单细胞则在第Ⅴ层。这些聚集的细胞在感受野复杂的程度上分类相似，但其他的性质并不相同。这些聚集细胞的感受野互相重叠。视皮层中有相似感受野方向的神经元分布在称为朝向柱的组织片中。朝向柱垂直于皮层表面，并占据整个视皮层的厚度（第Ⅳ层细胞除外）。同一朝向柱中的神经元（第Ⅳ层除外）的感受野的方向很相似，而相邻的朝向柱中细胞的感受野的方向则出现一些微小但可感知的改变，而且这种改变是渐进性、连续发生的，总的变化角度为 90°～270°，使朝向柱的排列具有高度的有序性和连续性。电刺激人脑的距状裂上缘（17 区），可以使受试者产生简单的主观光感觉，但不能引起完善的视觉形象。对视皮层单个神经元担忧生理研究指出，极少数神经元只对单眼视觉刺激发生反应，这些神经元集中在皮层第Ⅳ层内，它们接受外膝体投射纤维的传入冲动；绝大多数神经元能对双侧眼球视觉刺激发生反应，这些神经元主要分布在第Ⅳ层之外的层次中，它们与双眼视觉和立体视觉功能有关。第Ⅳ层中对单眼视觉刺激发生反应的神经元的感受野通常呈带状，一条光带刺激的朝向如果与该神经元的感受里的朝向一致时，则能够诱发它的最强反应；光带刺激的朝向如果与感受野的朝向垂直时，则几乎不能诱发反应。第Ⅳ层以外对双眼视觉刺激发生反应的神经元的感受野也呈带状，它们对特定朝向的光带刺激有最佳的反应，并对光带运动的刺激相当敏感，即当特定朝向的光带刺激向一个方向运动时可以诱发很强的反应，而反向的运动引起的反应弱得多。

同一刺激通常在两眼所引起的反应大小不等，即往往是一侧眼占优势，这称为眼优势。眼优势的基础来自视细胞的视优势。视细胞的视皮层各层相邻的细胞几乎都有着相同的视优势。实验观察表明，如果微电极垂直移动，记录到的第一个视皮层细胞属左视优势，此方向向下的各层所有细胞都表现为左视优势。实际上，眼视优势的细胞的分布与朝向柱的分布方式大体相同，也存在垂直走向的视优势柱。视优势柱与朝向柱各自互相独立，互不干扰。超柱是视皮层的基本单位，包含一组对所有方向的光刺激都有反应的组织片和一组左右眼的视优势柱及对颜色有反应的几个斑形区域。17 区皮层的基本组成方式就是这种超柱。超柱结构的含义，是使眼易于对来自视觉目标的二维或三维有关信息中的诸多参数处理整合。

（五）听觉

随着动物的进化，复杂声音信息的精确处理和整合主要在听皮层进行。人类两侧听皮层区域损伤将导致全聋。一般认为，人的听皮层位于颞叶的颞横回和颞上回（41、42 区，10～13 区），电刺激上述区域能引致受试者产生铃声或吹风样的主观感觉。虽然听觉的投射是双侧性的。即一侧皮层代表区与双侧耳蜗感受功能有关，但每一侧半球的听皮层主要负责对侧的听觉，并根据两耳间声波强度之差和传入时间之差来确定声源的方向和位置。只有听皮层的大面积损伤才可明显影响其对听觉的定位功能。

在听觉中枢可以找到一些细胞，这些细胞不仅对声音强度反应的阈值不同，还有特定的强度敏感范围：在一定范围内，其放电频率随声音强度而增加，但超过一定强度时放电频率反而下降。进一步研究表明，这些细胞对声音强度的感受具有专一性。

在听觉系统各级中枢的结构中，特征频率不同的神经元在解剖上是按着一定顺序排列的。耳蜗不同部位的感觉传入冲动投射到听皮层的一定部位，耳蜗底部（高频声感）投射到前部，耳蜗顶部（低频声感）投射到后部，说明不同音频感觉的投射有一定的分野。每一个特定部位感受一种特定频率的声音，称为音频区域定位。耳蜗神经核团在背核、腹核中特征频率不同的细胞排列基本相似：背侧细胞感受高音频，腹侧细胞感受低频音；在上橄榄核团，其腹内侧支的细胞感受高音频，背外侧支细胞感受低音频。在外侧丘系核、下丘、内侧膝状体及皮层听区，特征频率不同的细胞也都按着一定的顺序排列。总之，中枢细胞的音频区域定位说明部位原则在中枢对声音频率的分析中发挥着重要作用。

（六）嗅觉和味觉

目前已知，嗅觉在大脑皮质的投射区随着动物的进化而缩小。在高等动物，只有边缘叶的前底部区域（包括梨状区皮层的前部、杏仁核的一部分等）与嗅觉功能有关。在人脑的刺激研究中观察到，刺激这些相应的结构可以引致特殊的主观嗅觉，如焦橡胶气味等。此外，味觉投射区在中央后回头面部感觉投射区下侧。

第四节 痛 觉

疼痛包括痛感觉和痛反应，是一项与临床关系十分密切的基础理论研究。痛感觉是伤害性刺激作用于机体所引起的主观知觉的反应；痛反应是机体对伤害性刺激的反应，包括躯体运动性反应（如屈肌反射、甩头、甩尾、嘶叫等），内脏植物性反应（如出汗心跳加剧、血压升高、呼吸深而慢等）和情感反应（如恐惧、惊慌等）。近年来，由于临床治疗的需要，关于阿片肽、电刺激止痛和针刺止痛的发现和应用，极大地促进了对痛觉调制的研究进展。

一、疼痛的分类与特征

根据疼痛的性质，人们将疼痛分为如下 3 类。①刺痛（快痛、第一痛）。其特点是感觉清晰、尖锐、定位明确，迅速发生迅速消失，情绪变化不明显。由 Aδ 类纤维兴奋产生。②灼痛（慢痛、第二痛）。其特点是感觉相对缓慢形成，常在受刺激后 0.5～1s 才产生，但持续时间较长，解除刺激后数秒才消失，定位不明确，呈烧灼痛使人不易忍受，常伴有心血管和呼吸功能等自主神经系统的反应。由 C 类纤维兴奋产生。③钝痛（酸痛、胀痛、绞痛）。多属深部组织和内脏受伤害性刺激而产生，痛持续而固定，有时伴烧灼感，难描述其性质，定位差，难确定痛源，可引起明显的情绪变化和内脏及躯体反应。该类痛由 Aδ 类纤维和 C 类纤维同时兴奋产生。

根据疼痛的原因来分，疼痛又可分为如下 3 类。①外周性痛。由躯体痛和内脏痛共同组成。躯体痛由快痛和慢痛这两种浅表痛和钝痛这种深部痛共同组成；内脏痛可由胆囊炎、肾结石、消化道溃疡、阑尾炎等疾病引发。②中枢性疼痛，如丘脑综合征和截肢后的幻肢痛。③心因性疼痛，如臆症性疼痛和精神病。该类疼痛无明显的躯体和内脏的痛因，由中医所说的喜、怒、哀、乐等情绪因素所引起。

内脏痛在临床上极为常见，主要分为以下 3 类。①真脏器痛：是脏器本身的活动状态或病理变化引起的疼痛。此类痛多为慢痛、钝痛，定位不清，比较弥散；若性质剧烈，持续时间长，常伴有自主神经反应及情绪变化。②壁层痛或准内脏痛：脏器炎症扩散、渗出、压力摩擦或病理过程浸及胸、腹壁内面，使浆膜受到刺激时产生。此类冲动由体壁、躯体神经传导，多呈现锐痛、快痛，部位局限，定位清楚。③牵涉痛：脏器病变可引起身体其他体表结构产生疼痛。此疼痛常出现于远离病变器官的部位，此部位除疼痛外，还表现出皮肤感觉过敏。产生脏器痛和壁层痛的病变均可引起牵涉痛。各脏器牵涉痛的体表区对临床诊断有一定意义。

人们在研究疼痛时，通常采用测定痛阈（pain threshold）的方法。痛阈又可分为痛感觉阈和痛反应阈。痛感觉阈是受试者用语言报告有痛觉时所受到的最小刺激量。痛反应阈是指引起躯体反射（屈肌反射、甩头、甩尾、嘶叫等）和内脏反应（血压、脉搏、瞳孔、呼吸、血管容积、皮肤电反射、皮肤温度等变化）所需的最小伤害性刺激量。但所有这些反应大多是非特异性的，因此在研究痛觉时需要采用多项指标进行综合性研究。例如，采用操作式条件反射来研究痛觉，受试动物可以按压杠、跨越障碍或进入另一小室来减少致痛因素，或加强抗痛因素。动物的这些操作行为有赖于高级神经中枢的完整性，因此是一个较好的研究痛觉的模型。另外，还可采用电生理学指标，在传导痛觉有关的神经传导通路上或神经核团内记录伤害性刺激引起的神经活动的电变化。从以上指标看，研究人类的痛觉还是以语言报道最为直接、可靠，但缺点在于它是一种内在感受的体验，很难精确定量，加上引起痛觉的刺激都是伤害性的，都在不同程度上产生局部组织反应，使痛阈不易维持稳定，给研究疼痛带来了困难。

二、痛觉的形成机制

（一）伤害性感受器的激活

伤害性感受器是指背根神经节和三叉神经节中感受和传递伤害性冲动的初级感觉神经元的游离神经末梢，广泛分布在皮肤、肌肉、关节和内脏器官。伤害性刺激能使受损伤组织释放致痛性化学物质，致痛物质可以通过直接和间接的作用，激活受损组织中伤害性感受器上的不同受体，产生传入冲动。能够引起疼痛的内源性致痛因子，一般有 3 个来源：①直接从损伤细胞中溢出，如 K^+、H^+、5-HT、ACh、ATP、组胺等；②由损伤细胞释放出有关的酶，然后在局部合成产生，如缓激肽，以及花生四烯酸的代谢产物，如前列腺素和白三烯；③由伤害性感受器本身释放，如 SP。人多形核白细胞（PMN）被激活时 SP 从 C 纤维末梢释放入组织液，刺激肥大细胞释放组胺，再作用于 PMN，可引起痛过敏。近年来还发现 NGF、细胞因子及一氧化氮等也可能是疼痛信息的外周成因。

外周局部的致痛性物质通过 3 种作用途径引起伤害性感受器的兴奋。①直接作用：伤害性刺激损伤细胞，引起细胞内 K^+释放和 BK、前列腺素合成，K^+和 BK 等直接兴奋伤害性感受器的游离神经末梢，前列腺素增加末梢对 K^+和 BK 的敏感性。②继发作用：伤害性传入冲动在传入中枢的同时，还可通过纤维分叉传向另一末梢分支，在外周末梢释放 SP；释出的 SP 直接引起血管舒张和组织水肿，进而增加 BK 的积累；SP 还可刺激肥大细胞和血小板释放组胺（HA）与 5-HT。③持续作用：组胺、5-HT 在胞外浓度升高，继发地激活邻近的伤害性感受器，从而造成在伤害性刺激停止后的持续疼痛和痛觉过敏的发展。

（二）痛觉传入在脊髓后角的初级整合

脊髓分为10层，其中第Ⅰ～Ⅶ层和第Ⅹ层与感觉传入有关。在第Ⅰ～Ⅳ层（特别是第Ⅱ层）中，有轴—轴、轴—树和树—轴型的突触。这些结构在伤害性信息调制中起重要作用。

1. 脊髓后角伤害性感受神经元的类型 脊髓后角各层细胞有不同的生理特性。Ⅰ层中大多数为对伤害性刺激起反应的细胞；第Ⅱ层细胞（胶状质细胞）轴突走行距离短，参与对伤害性信号的调节作用。第Ⅴ层细胞对触压觉、温度觉及伤害性刺激等各种刺激均发生反应，且对伤害性刺激的反应具有高频率持续放电的特殊形式，被称为广动力型细胞。第Ⅴ层细胞可在动脉内注射致痛物质缓激肽时被选择性地兴奋，而麻醉性镇痛药能选择性地抑制该层细胞的活动。因此，第Ⅴ层细胞在传递伤害性信号中起着重要的作用。

根据脊髓后角神经元对伤害性刺激反应的性质，可以分为特异伤害性感受神经元和非特异伤害性感受神经元两类。特异伤害性感受神经元主要分布在后角第Ⅰ层，少量在第Ⅴ层，它们分别被来自皮肤和内脏传入的Aδ纤维和C纤维激活。根据对刺激的反应特点，又可分为仅对伤害性机械刺激产生反应和对伤害性机械及热刺激均产生反应两类。这两类神经元没有或很少有自发放电，外周感受野较小。经过重复刺激神经或伤害性辐射热照射皮肤后，其反应阈值明显降低，出现敏感化。它们在痛觉的空间定位和分辨感觉的性质中起主导作用。非特异伤害性感受神经元广泛分布在后角第Ⅳ～Ⅵ层，以第Ⅴ层最集中。这类神经元可被多种刺激激活，其反应形式依赖于刺激强度。神经元的外周感受野变异大，而且感受野常呈同心圆式，其中心区同时介导非伤害性和伤害性刺激，而外周区仅介导伤害性刺激；环绕外周区的最外一层是抑制区，刺激该区引起神经元反应抑制。这类神经元的另一特征是会聚现象，由皮肤和内脏传入在这类神经元的会聚，可能是产生牵涉性痛的原因。非特异伤害性感受神经元在痛强度分辨中起重要的作用。

2. SP和兴奋性氨基酸介导伤害性初级传入向背角传递 研究证明，含SP的初级传入C纤维主要终止在脊髓后角第Ⅱ层，SP受体广泛分布于脊髓第Ⅰ和第Ⅹ层；当伤害性刺激兴奋外周感觉神经C纤维时，可诱发脊髓后角第Ⅱ层释放SP，并诱发和易化后角痛敏神经元的伤害性反应，当敲除SP基因，或阻断SP受体后，伤害性信息传入受到抑制。伤害性刺激和SP都可明显增加兴奋性氨基酸（谷氨酸和天冬氨酸）在脊髓的释放。在脊髓水平NMDA和非NMDA两类受体在介导浅表痛和深部痛的作用不同：NMDA受体介导浅表皮肤痛，而非NMDA受体则介导关节和肌肉痛。在脊髓背角存在两个传递痛觉信息的递质系统，一个是短时程反应的兴奋性氨基酸系统，经非NMDA受体介导，另一个是SP与兴奋性氨基酸共存的长时程反应系统，由SP受体和NMDA受体共同介导。

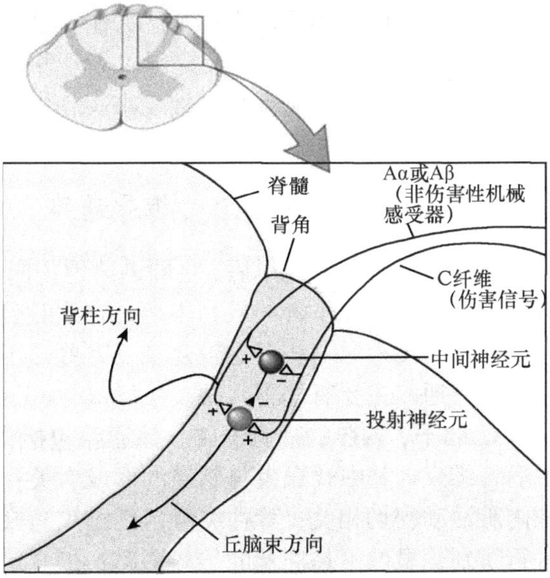

图9-18 闸门控制学说示意图

（三）伤害性信息传递在脊髓水平的调节

在脊髓后角存在一种神经机制能够起到一种类似“闸门”的作用，可增强或减弱由外周神经传入脊髓的神经冲动，这些冲动在诱发痛知觉和痛反应之前就受到该闸门的控制（图 9-18）。“闸门控制”过程由 3 个系统共同控制，包括：①闸门控制系统；②中枢控制系统；③作用系统。在脊髓后角中传递痛觉信息的第一级细胞称为 T 细胞，主要位于第Ⅴ层；SG 细胞即为第Ⅱ层的背角胶状质区细胞，它在该系统中以突触前抑制的方式来调节 T 细胞的放电水平，是痛觉调制的关键部位。L 为大神经纤维即非伤害性感受神经纤维（Aβ 纤维）；S 为小神经纤维，即伤害性感受神经纤维（Aδ 纤维和 C 纤维）。要理解该“闸门”是如何运作的，我们必先掌握以下几点：①T 细胞接受来自非伤害性感受神经纤维 Aβ 纤维和伤害感受性纤维 Aδ 纤维和 C 纤维的共同的兴奋性输入；②大直径的 Aβ 纤维通过激活第Ⅱ层中的抑制性中间神经元 SG 来抑制 T 细胞产生兴奋；③Aδ 和 C 纤维（S 纤维）兴奋 T 细胞，但也抑制第Ⅱ层中的抑制性中间神经元 SG，SG 由 Aβ 纤维来激活；④当 S 神经纤维传递伤害性刺激进入脊髓后兴奋了 T 细胞，同时也抑制了 SG 神经元，该神经元是 T 细胞的抑制性神经元，使 T 细胞的活动加强，使“闸门”开放；⑤当 L 纤维传递的非伤害性刺激进入脊髓，兴奋了 SG 神经元和 T 细胞，由于 SG 神经元可抑制 T 细胞，故 T 细胞的活动被减弱，则“闸门”关闭。简述之，非伤害性感受刺激传入脊髓为抑制突触联系，可以使痛反应和痛感觉的产生减弱或消失，使“闸门”关闭；而伤害性感受刺激为兴奋性突触联系，输入使“闸门”打开。当 T 细胞的活动超过一定临界水平时，便能激活作用系统，直接导致痛知觉和痛反应。从 L 纤维传入的冲动经后束内侧丘系上行，通过中枢控制系统（认识控制）处理后下行作用于“闸门”控制系统，改变闸门机制的敏感性，参与对“闸门”的调节。

这一学说得到了不少实验结果的支持，也能解释一些临床痛症的机制。后来作者一再进行了修改：①伤害性的信息可由对伤害性刺激起反应的 Aδ 纤维和 C 纤维传递，也可由低阈值粗纤维的高频发放来传递；②在脊髓和三叉神经相关核团中被伤害性信息兴奋的神经元，能被非痛信号所易化或抑制；③这些神经元也可受脑的下行控制系统所影响。总之，中枢通过一个闸门控制系统来接受有关伤害性的信息，该系统受伤害性信号、其他传入信号和脑的下行控制的影响。

（四）伤害性信息的上行传导通路

疼痛信号进入脊髓以后，立即迅速地传向脑内。丘脑作为感觉传递通路中的重要环节，大脑皮质作为神经系统的最高中枢，在痛觉传递中都起关键的作用。

痛觉的传入通路相对比较复杂，有些还不十分清楚。一般认为，与痛觉的传导有关的脊髓上行通路主要有如下几条。

1. 躯干、四肢的痛觉通路 该通路包括脊丘束、脊网束、脊中脑束、脊颈束、背柱突触后纤维束。其中脊丘束与刺痛的形成有关；脊网束在功能上和灼痛时伴随强烈情绪反应和内脏活动密切相关；背柱突触后纤维束对来自躯体、四肢精细的触觉、运动觉、位置觉进行辨别，虽然不是痛觉的传导通路，但它可能参与痛觉的中枢整合过程。

2. 头面部的痛觉通路 头面部痛觉主要由三叉神经传入纤维传导，它们的第 1 级神经元胞体位于三叉神经半月神经节，其轴突终止于三叉神经感觉主核和三叉神经脊束核。由此换元发出纤维越过对侧，组成三叉丘系，投射到丘脑腹后内侧核（VPM）；发自感觉主核背内侧的一束不交叉纤维，投射到同侧的 VPM。自 VPM 发出的纤维，经内囊枕部投射至大脑皮质的中央后回（3、1、2 区）下 1/3 处。

3. 内脏痛通路　大部分腹、盆部器官的内脏痛主要由交感神经传导，从膀胱颈、前列腺、尿道、子宫来的痛冲动是经过副交感神经（盆神经）传到脊髓的，在脊髓后角换元，其轴突可在同侧或对侧脊髓前外侧索上行，伴行于脊髓丘脑束达到丘脑 VPM，投射到大脑皮质。经面、舌咽、迷走神经传入的痛冲动，传到延髓孤束核，由孤束核发出上行纤维，可能在网状结构换元后向丘脑、下丘脑投射。内脏痛觉传入纤维进脊髓后也可由固有束上行，经多次中继，再经灰质后连合交叉到对侧网状结构，在网状结构换元后上行到丘脑髓板内侧核群和下丘脑，然后投射到大脑皮质和边缘系统。内脏痛的传入途径比较分散，即一个脏器的传入纤维可经几个节段的脊髓进入中枢，而一条脊神经又可含几个脏器的传入纤维，因此内脏痛往往是弥散的，定位不够明确。

三、内源性痛觉调制系统

20 世纪 70 年代中有人提出了内源性痛觉调制系统的概念，当时也有人称为内源性镇痛系统。该概念提出，以中脑导水管周围灰质为核心，联结延髓头端腹内侧网状结构，通过下行抑制通路对脊髓背角的痛觉初级传入活动进行调节。90 年代有研究者又发现了下行易化系统，这一系统的活动可以提高机体对伤害性刺激的反应能力。

（一）下行抑制系统

1. 中脑导水管周围灰质（PAG）　是内源性痛觉调制系统中起核心作用的重要结构。大量实验结果表明，吗啡镇痛、针刺镇痛、电刺激间脑和边缘系统中一些与镇痛有关的核团（尾核、下丘脑、隔区、伏隔核等）产生的镇痛效应，都可被注入 PAG 微量阿片受体拮抗剂纳洛酮而部分阻断。刺激人和动物的 PAG，第三脑室的脑脊液中 β-内啡肽含量和阿片样物质的含量明显升高，针刺镇痛时动物 PAG 的灌流液中阿片样物质的含量也明显升高。目前认为电刺激 PAG 腹外侧部是“单纯”的镇痛区。电刺激 PAG 或注射吗啡于 PAG 之所以镇痛，是由于激活了下行抑制系统。如以热烫伤害刺激皮肤，用微电极在相应的脊髓背角神经元引导单位放电，发现随着温度升高，神经元放电频率呈线性增加。电刺激 PAG 时，神经元对高温的反应是温度越高放电频率衰减越大，即温度-放电频率曲线的起点不变而斜率降低。这一脑刺激镇痛效应在切断脊髓背外侧索后消失。

2. 延髓头端腹内侧网状结构（RVM）**及下行抑制通路**　目前多数学者认为 PAG 的下行抑制需经其他核团传递。PAG 的下行抑制需经 RVM，沿背外侧索（DLF）下行到脊髓后角。而且在正常情况下，延髓对下级中枢的神经元有张力性控制作用。从 RVM 下行的通路主要是以下两条。

（1）中缝脊髓系统：中缝大核（nucleus raphe magnus，NRM）的 5-HT 能神经元是 PAG 下行抑制的重要转递站。电生理实验表明电刺 PAG 可引起 NRM 放电增加，形态学上也证明从 PAG 有神经纤维投射到 NRM。电刺激 NRM 或脊髓内注射 5-HT 均可提高痛阈；反之，如破坏 NRM、应用 5-HT 合成阻断剂或受体拮抗剂等可减弱脑刺激镇痛、针刺镇痛和吗啡镇痛。NRM 的 5-HT 能纤维在 DLF 内下行，主要分布于同侧后角第Ⅰ、Ⅱ、Ⅴ～Ⅶ

层，同时也到达三叉神经脊束核。

（2）中缝旁脊髓系统主要包括：①猫的网状大细胞核（Rmc）或大白鼠的网状旁巨细胞核（Rpg）；②外侧网状旁巨细胞核（Rpgl）；③Rpg 腹侧的网状巨细胞核的 α 部分（Rgcα）。Rpg 有 NA 能神经元，Rpgl 有脑啡肽能、NA 能或脑啡肽能、5-HT 能共存的神经元，Rgcα 有脑啡肽能神经元。它们统称为中缝旁-脊髓系统，都经 DLF 下行，终止于脊髓背角，是痛觉下行抑制的重要组成部分。

在 PAG 和 RVM 中存在两类痛觉调制神经元。一类被称为“启动”神经元，在机体痛反应出现前，神经元放电突然增加；另一类称为“停止”神经元，在痛反应中止前数百毫秒，该神经元放电突然停止。这两类神经元的作用也相反。“启动”神经元的活动增强伤害性信息传递；“停止”神经元活动既兴奋其他的“停止”神经元，又抑制“启动”神经元的活动，起阻抑伤害性信息传递的作用。总之，内源性痛觉调制系统这一概念的提出及有关下行抑制作用的深入研究，是痛觉生理研究方面的一个重要成就。

（二）下行易化系统

20 世纪 90 年代初，人们在深入研究下行抑制系统时，发现了下行易化系统也是内源性痛觉调制系统的一个组成部分。它起源于和下行抑制系统相同的中枢神经核团，性质相同但不同量的刺激可分别激活这两个系统。下行易化系统的激活是通过降低痛阈值来提高机体对伤害性刺激的反应能力。这可能在某些生理及病理状态下有着重要的意义，从而有利于机体的自身保护。而在一般情况下，下行抑制系统的作用往往强于易化效应而将其掩盖。

四、间脑和端脑的调制

（一）丘脑

脊髓的伤害性传入冲动到达大脑皮质前的最重要痛觉整合中枢是丘脑。丘脑接受来自脊髓、脑干的纤维投射，信息经过丘脑的中继再投射到大脑皮质。

1. 腹侧核群 VPL 和 VPM 分别接受脊丘系和三叉丘系投射，接受来自躯干、四肢和头面的痛觉纤维。刺激 VPL 可引起对侧身体有触电、麻木感，很少有痛感。损毁此核则引起触、温、位置觉消失，但不能缓解患者原有的疼痛。

2. 髓板内核群 是丘脑内接受痛觉信息的主要结构，它包括中央中核（CM）、中央外侧核（CS）及束旁核（Pf）等，它们接受来自脑干上行的丘外系通路的纤维投射。破坏 CM-Pf 复合体可取消动物对刺激牙髓的逃避反应。刺激人的 Pf 核及邻近处可明显增加患者的痛觉症状，并引起对侧身体弥漫烧灼痛。临床上，也有人用损毁 CM-Pf 核方法治疗中枢顽痛，取得了一定成功。研究认为 Pf、CL 是痛觉冲动的接受中枢，而 CM 核可能是一个调制痛觉的中枢结构。

（二）边缘系统和基底神经节

疼痛时常伴随着的强烈情绪变化与边缘系统的功能有关。文献报道，刺激边缘系统引起动物嘶叫、瞳孔扩大、竖毛等“怒”行为反应，当切除或损毁双侧的杏仁核，动物就变得顺服，不表现恐惧、愤怒和攻击等的行为活动。在边缘系统的某些结构，如扣带回、海马和下丘脑等部位也可记录到痛敏细胞，这可能和痛的情绪成分有关。

尾核是基底神经节中最大的一个核团。近年来有资料表明，刺激尾核能产生镇痛作用，在一定范围内，随着对尾核刺激强度的加大，痛阈也随之升高；停止刺激后，镇痛作用可持续几分钟之久。有人观察到电刺激尾核可以有效地抑制在非特异投射系统内诱发的电活动。具有抑制效应的刺激点，主要位于尾核头部背外侧部浅层。临床上电刺激尾核常常可以有效地缓解癌症患者的顽痛。

（三）大脑皮质

这是多种感觉信号进入意识领域形成感觉的重要部位。在临床上观察到，大脑皮质受损伤时有暂时的感觉丧失，以后痛觉很快恢复，但对疼痛精确分辨的能力则恢复得很慢，也很不理想。直接刺激大脑皮质并不唤起痛觉，而刺激丘脑外侧的纤维和核团才产生疼痛。因此大脑皮质的功能似乎在于痛觉的分辨而不是痛觉的感受。

五、疼痛的治疗

镇痛是指抑制痛觉的感受，以及抑制由疼痛引起的患者情绪方面的反应。疼痛是许多疾病的常见症状，常用的镇痛方法主要有两种，一是用药物、手术等方法阻断痛觉冲动的产生、疼痛的传递或感知；二是激发体内的痛觉调制系统，抑制疼痛。

（一）药物镇痛

镇痛药包括麻醉药、镇痛药等。一般认为非麻醉性镇痛药（如阿司匹林）主要作用于外周感受器，而麻醉性镇痛药（如吗啡等）作用于中枢神经系统。一般疼痛都先采用非麻醉性镇痛药。严重的躯体痛通常用阿片或阿片类镇痛药（如可待因、吗啡、哌替啶、芬太尼等），除可待因的镇痛作用较弱外，其他的阿片类药物的镇痛效果都是很强的，但它们都会产生严重的成瘾性。以往认为阿片类药物镇痛主要是阻断了痛觉传导通路，也就是说它的作用是“被动”的。目前看来不完全如此，如吗啡镇痛就是由于激发了体内痛觉调制系统而发挥作用。

局部麻醉药是局部应用于神经末梢或神经干，阻滞神经冲动传导的药物。临床上常用的局部麻醉药有普鲁卡因、利多卡因、丁卡因等，它们可用做表面局部麻醉、浸润局部麻醉和区域局部麻醉。根据疼痛的性质和部位，可将药物注入不同的部位，从而达到止痛的目的。

（二）外科手术镇痛

切断或损坏包括从外周神经直到大脑皮质的各个环节，这是对顽固性疼痛所采取的一种治疗措施。例如，神经切断术暂时有助于痛的解除，但由于周围神经再生的特性，以后感觉又会逐渐恢复，疼痛会再次出现。外科和化学的神经根切除术，用乙醇或酚有目的地注入脊髓蛛网膜下隙，可解除注入区域的疼痛。对三叉神经痛患者可做半月神经切断术，对顽痛患者还可根据疼痛的部位做脊髓前侧柱切断术，这是切断上行的新背丘束和脊髓网状纤维，使 4～6 个节段平面以下的对侧身体痛、温觉消失，但以后疼痛又会复发。另外，用脑立体定向仪做丘脑感觉核破坏术、丘脑内髓板破坏术等镇痛。有时也可做额叶手术，破坏额叶后由疼痛引起的不适情感反应会消失，但病痛的感觉却依然存在。上述手术多数可以缓解疼痛，但手术后复发率高，所以患者在反复用药物镇痛或其他疗法失败后，才不得不采用手术来缓解疼痛。

（三）刺激疗法镇痛

1. 针刺镇痛 针刺穴位镇痛在我国已有几千年的历史，目前被国外广泛应用。这是安全、经济、有效的止痛方法。经大量临床观察和实验研究表明，针刺穴位是一种生理性刺激，它可有效地激活体内痛觉调制系统，通过内源性的下行抑制等作用发挥镇痛效应。

2. 经皮肤电刺激神经镇痛 近年来由于闸门控制学说而提出的经皮肤电刺激神经镇痛应用日趋广泛，是治疗慢性疼痛的有效方法。刺激电极可放在疼痛部位或邻近的皮节，还可放置在支配疼痛区域的神经干上。刺激参数为波宽 0.1～0.5ms、低强度、高频（100Hz）的电刺激。镇痛范围局限于同节段或同神经支配区。这种镇痛作用不能被纳洛酮所阻断。后来国外学者考虑到我国传统的针刺疗法所用的频率是低的（2～5Hz），也将皮肤电刺激神经镇痛的刺激频率改为每秒两串、每串 7 个（100Hz）的电刺激，称为针刺样皮肤电刺激神经镇痛，内阿片肽能系统参与这种皮肤电刺激神经的镇痛。

3. 刺激脊髓后柱镇痛 脊髓后柱由粗的、有髓鞘的传入纤维所组成，传导触觉、振动觉和本体感觉，有人在患者的脊髓后柱埋藏一个刺激电极板，患者可用刺激器与电极板相连，然后对后柱进行刺激。患者愿意选择的刺激频率为高频（100～200Hz），刺激强度由患者自己控制，一般也是弱的强度。通过刺激后柱可以解除包括脊髓在内的病变引起的灼痛。这种疼痛一般是中枢性的。

4. 脑刺激镇痛 在动物实验中已明确看到刺激脑内一些结构可产生镇痛效应，并对其原理进行了多方面的探讨。这一结果现已应用于治疗顽痛。有人在 PAG、下丘脑的室周核、丘脑的腹后外侧核、丘脑的室周灰质等处埋藏刺激电极，刺激上述部位可以独立自主地控制癌症患者的顽痛，有些患者可不再需要麻醉性镇痛药物，但也有些患者无效或在短时缓解后又复发。在患者尾核头部埋藏刺激电极做止痛治疗，也对癌症患者的顽痛取得明显镇痛效果。刺激尾核头部镇痛的特点为缓解疼痛有诱导期与后作用，患者通常愿意选择 5Hz 左右的低频刺激。

（四）应激镇痛

应激引起镇痛在实际生活中屡见不鲜，如战士在战斗中负伤流血而浑然不觉，消防队员抱起发烫的物品奔离火场等。应激镇痛实际上没有治疗疼痛的价值，但在痛觉的理论探讨及实验研究方面仍具有一定的意义。大量的实验研究表明，各种应激刺激均能产生镇痛效应。这对机体适应环境的剧变有着重要的作用，有利于排除疼痛信号的干扰而对引起应激的恶性刺激产生强有力的反应。一般认为，阿片肽介导的机制与非阿片肽介导的机制均参与了应激引起的镇痛。

（马 珺 王 萍）

第十章　躯体运动的调节

运动是动物和人类维系个体生存和种族繁衍的基本功能之一。躯体运动是由运动神经元发射冲动影响骨骼肌的收缩而产生的运动。而内脏活动是由自主神经系统调控各内脏器官、平滑肌和腺体来实现的。人类与动物的各种运动都是在神经系统的控制下进行的。从最简单的腱反射到复杂的随意运动，都是在中枢神经系统不同水平的调节下进行的，运动越复杂就越需要高级中枢参与调节。

第一节　概　　述

一、躯体运动分类

躯体运动主要分为 3 大类，即为反射运动（reflexive movement）、随意运动（voluntary movement）和节律性运动（rhythmic movement）。

1. 反射运动　是最简单最基本的运动，它是随意运动和节律性运动的基础。反射运动通常是运动装置对某种特异的感觉刺激做出的运动，运动形式有固定的轨迹，又称定型运动。其特点是不受意识控制，即当特异的刺激出现时，反射自动发生，躯体反射随刺激的大小而产生强弱不同的反射运动，其强弱不能被随意改变。躯体反射可在皮质下中枢的控制下完成，所以即使在意识丧失或神经系统高级中枢受损时，仍可产生反射运动。在正常情况下，反射运动接受高级中枢的调控。但是，在某些情况下，某些反射运动可受意识运动的影响而被改变，甚至被完全抑制。例如，经过努力，可以在一定程度上克制咳嗽、打喷嚏反射。反射运动大都在较短的时间内完成，所牵涉的神经元数量较少。

2. 随意运动　是指为了达到某种目的而指向一定目标的运动，可以是对感觉刺激的反应或因主观意愿而产生。随意运动和反射运动不同，它的方向、轨迹、速度、时程等都可以随意选择，并且可以在运动的执行过程中随意改变。随意运动一般是在较长的时间里通过参与为数众多的神经结构完成的，这些神经结构广泛分布在中枢神经系统的各个部位。并且绝大多数复杂的随意运动都需要经过反复练习，使其逐渐完善和被熟练掌握、例如，篮球运动，在做已经熟练掌握的随意运动时，我们就不再需要思考每个具体动作是如何进行的，可以下意识地顺利完成运动。再如织毛衣运动。这是因为运动的复杂细节已被编成“运动程序”（motor program）储存起来，可以随意调用而完成运动。

3. 节律运动　是另一类介于反射运动和随意运动之间的运动，如呼吸、咀嚼、行走等。这类运动通常可以随意开始或中止，一旦开始，就不再需要意识的参与而能自动重复进行。这类运动的大多数可以在执行过程中被感觉信息所调制。

二、调节躯体运动的神经结构

运动控制系统（motor system）包括具有产生运动与调节运动两种功能的中枢结构。产生运动的中枢结构包括 3 个部分的神经结构，由低级到高级，由简单到复杂分别是脊髓、脑干和大脑皮质的运动区，它们之间有各自的功能，又有广泛的相互关联。参与调节的中枢结构除了上述 3 个重要脑区外，还有小脑、基底核和丘脑等。而且运动过程中始终有感觉信息的反馈调节，所以实际上不同的感觉中枢也参与了运动的调节。

运动产生的基本中枢是脊髓，脊髓前角运动神经元传出冲动通过神经-肌接头的兴奋传递引起骨骼肌收缩，这是各种运动的基础。脊髓内参与运动调节的基本功能单位是 α 运动神经元，它直接支配骨骼肌。传达到骨骼肌的指令，无论来自什么部位，都需要兴奋 α 运动神经元引起所支配的肌肉收缩后才能实现。临床上称为下运动神经元（lower motor neuron）。脊髓中的中间神经元接受来自高级中枢的下行投射及周围的感觉传入，参与形成与运动有关的反射。这两种神经元对完成运动非常重要，即使脊髓失去上位脑的控制，动物仍能完成一些运动反射。躯体运动的协调和精确必须由大脑皮质与皮质下各运动中枢的相互配合来完成。各级中枢对运动的调节都要通过下行传导通路到达脊髓，并最终兴奋脊髓前角运动神经元才得以完成，这一现象被称为运动控制的“最后公路原则”。

位于脑干和大脑皮质的上运动神经元（upper motor neuron），它的轴突组成下行投射于脊髓内的运动神经元和中间神经元构成突触。因此，它们主要是发出运动指令，位于大脑皮质的运动神经元与随意运动的策划、起始、指导密切相关；位于脑干的上运动神经元把前庭、躯体和视觉等感觉信号整合后，下行投射，影响脊髓的反射活动，与姿势体位的维持、驱动身体进行等基本运动有关。小脑和基底神经节不直接作用下运动神经元，而是通过上运动神经元来调节运动行为。其中小脑的主要功能是对皮层发出下行运动指令和实际产生的运动反馈信息进行比较，从而协调复杂运动，提高运动的精确程度；基底神经节在运动控制中的作用比较复杂，它除支配肌肉运动，维持正常姿势，产生平稳而准确的协调运动外，还与运动的起始有关。随意运动是在机体的动机和意愿驱动下，由大脑皮质发出指令支配骨骼肌收缩而完成的。当切断了大脑皮质与皮质下的联系，随意运动则不能产生，但躯体反射仍然存在。随意运动及运动中的条件反射一般需要感觉皮质与运动皮质的功能联系，这在感觉形成部分已作阐述。

三、运动调节的意义

骨骼肌产生躯体运动的动力引起躯体运动的骨骼肌一般跨过关节。肌肉活动产生的力作用于关节产生运动。每一个关节至少具有两组使关节活动方向完全相反的肌肉。使关节活动方向相同的一组肌肉称为协同肌（synchronous muscle）；而在作用上相互对抗的肌肉称为拮抗肌（antagonistic muscle）。骨骼肌只有在接收到运动神经的信号后才能收缩或舒张，自身不能产生内源性兴奋，一般没有自律性活动。因此，骨骼肌收缩的幅度、力量、时间均取决于神经的传出冲动（指令）。肌肉在接到指令后才能使运动开始，在新指令下改变肌肉的活动状态使运动变化或停止。在运动过程中，中枢神经系统随时对许多肌肉发出指令，使它们按照运动的需要依次收缩或舒张。神经系统发出的指令必须十分精确，才能控制运动的各种参数，如速度、加速度、力量、位移等，以适应各种动作的需要。

四、感觉信息在运动调节中的作用

为了对运动进行正确精细的控制，中枢神经系统需要不断地接受感觉信息，不断地矫正运动的过程，以保证运动的准确进行。与控制运动有关的感觉信息有两大类：其一是来自视觉、听觉和皮肤感觉的传入冲动，主要提供运动目标的空间位置及其和自身所在的位置的相互关系的信息，其中视觉信息最为重要的；其二是来自肌肉、关节和前庭器官所提供的有关肌肉长度、张力、关节位置等本体感觉方面的信息。这些信息一方面在发起运动前为运动的编程提供一系列基本信息；另一方面，在运动过程中不断地监测运动进行的情况，以便在出现偏差时及时对运动进行调节，使运动不偏离预定轨道，顺利地到达预定的目标。

在运动过程中，运动的即时状态和身体的空间位置等信息必须传入控制运动的各级中枢。神经系统根据反馈到中枢的感觉信息及时纠正偏差、使运动达到预定的目标称为反馈控制。这些感觉信息对于运动过程中的反馈调节是必需的，它使运动中枢根据不断反馈来的信息及时纠正偏差，使运动达到既定目标。这些反馈的感觉信息主要来自肌肉、关节的本体感觉传入、来自前庭器官的平衡觉传入，以及来自视觉、听觉和皮肤的浅感觉传入。反馈控制只适用于缓慢运动或维持姿势。而快速运动、神经系统的控制方式是前馈控制。例如，足球守门员扑救点球，守门员必须事先根据视觉等各种信息预测出球的性质和轨迹，决定扑救方向，待扑出后无法加以修正。

五、骨骼肌及其感觉器

骨骼肌是机体赖以完成躯体运动的运动器官。骨骼肌纤维可以分成以下 3 类。①慢肌纤维：当被直接刺激时产生较慢的收缩，且不易疲劳，主要分布在需要长时间收缩的肌肉，如维持直立姿势的肌肉中。慢肌纤维内有大量肌球蛋白，有丰富的血液供应，它的 ATP 的生成需要有氧供应。②快肌纤维：当被刺激时产生快的收缩，容易疲劳。它的 ATP 的生成依赖糖原的分解，所以能较快地提供能量，这类肌纤维主要组成能产生大的收缩力但收缩时间较短的肌肉，如用于跳跃的肌肉。③特性介于两者之间的肌纤维。

神经系统对肌肉的控制的最小单位是单个脊髓运动神经元及其支配的肌纤维。一个运动神经元与它所支配的全部肌纤维共同组成一个运动单位。运动单位中包括的肌纤维数目一般为数根至 2000 根不等。参与粗大运动的肌肉的运动单位的肌纤维数目较多，而参与精细运动的肌肉的运动单位所包含的肌纤维数目较少。

运动单位根据其肌纤维的收缩特性可分为以下 3 类。①慢型（S 型）：这种运动单位的收缩张力小（平均强直收缩张力小于 40μN），收缩时间长（平均收缩时间大于 50ms），强直刺激引起的收缩能较久地维持，即不易发生疲劳。②快速收缩抗疲劳型（FR 型）：这类运动单位的特点是收缩张力较大（平均强直收缩张力为 250μN），收缩较快（平均收缩时间为 25ms）和不易疲劳。③快速收缩易疲劳型（FF 型）：此型运动单位的收缩张力大（平均强直收缩张力为 640μN），收缩速度快（平均收缩时间 24ms），但极易疲劳，对强直刺激引起收缩维持的时间很短。

3 类运动单位的收缩特性和 3 类肌纤维的收缩特性相一致，提示一个神经元所支配的往往是同一类型的肌纤维，这种特性有利于中枢神经系统选择性地使特定类型的肌肉收缩。

第二节　中枢神经系统对躯体运动的调节

一、脊髓对躯体运动的调节

（一）脊髓运动神经元

脊髓是完成躯体运动最基本的反射中枢。在脊髓的前角内存在大量运动神经元（motoneuron），分为 α、γ 和 β 运动神经元。其轴突经前根离开脊髓后直接达到所支配的肌肉。

1. α 运动神经元　约占前角运动神经元的 2/3，胞体直径 30～70μm，其轴突构成 α 传出纤维，该纤维又分成许多小支，每小支支配一根骨骼肌中的梭外肌纤维，当其兴奋时，末梢释放 Ach。α 运动神经元大小不等，大 α 运动神经元支配快肌纤维，小 α 运动神经元支配慢肌纤维。α 运动神经元既接受来自皮肤、关节、肌肉等处的外周传入信息，也接受皮层与皮层下中枢的下传信息，产生一定的反射传出冲动，引起所支配的梭外肌收缩。因此，通常认为 α 运动神经元是骨骼肌运动反射的最后公路（final common path）。

2. γ 运动神经元　胞体分散在 α 运动神经元之间，约占前角运动神经元的 1/3，胞体直径为 10～30μm，其轴突构成 γ 传出纤维，支配骨骼肌中的梭内肌纤维，调节肌梭的敏感性。γ 运动神经元兴奋性较高，常以较高频率持续放电。α 和 γ 运动神经元末梢释放的递质相同，都是 Ach。在一般情况下，当 α 运动神经元活动增加时，γ 运动神经元的活动也相应增加，从而调节肌梭对牵拉刺激的敏感性。

3. β 运动神经元　较大的 β 运动神经元发出的纤维同时支配梭内肌和梭外肌。中介各种反射的神经反射通路由感觉传入纤维、各类中间神经元和运动神经元组成。除简单反射是由传入纤维直接兴奋运动神经元而产生外，大多数反射通路都包括数目不等的中间神经元。在脊髓灰质所有区域中都存在中间神经元，中间神经元网络是各类外周传入冲动和高级中枢下行冲动互相整合所在，往往有多种下行冲动和外周传入冲动在同一类中间神经元上会聚，即同一类神经元可参与中介多种反射，各类中间神经元之间又有复杂的相互联系。大多数信号首先通过中间神经元，并在那里经过适当处理，然后再刺激前角运动神经元。皮质脊髓束几乎完全终止于中间神经元，大脑正是通过这些中间神经元传递其控制肌肉功能的大多数信号。只有少数传到脊髓的感觉信号和来自脑的信号直接终止于前角运动神经元上，高级中枢也可以直接控制最低一级神经元。

（二）脊髓对躯体运动调节

有很多反射可在脊髓水平完成，但由于脊髓的活动经常受到高位中枢的调控，故其本身具有的功能不易表现出来。因此，将动物脊髓与延髓的联系切断，常采用离断脊髓与高位中枢联系的实验方法，也就是在第 5 颈椎水平以下将动物的脊髓切断，称这种动物为脊动物（spinal animal），用以研究脊髓单独功能。脊动物可有产生腱反射及屈肌反射等简单的躯体反射能力，并仍保持一定的张力，故认为这些躯体运动是脊髓功能的表现。

1. 脊休克（spinal shock）　刚与高位中枢离断的脊动物暂时丧失一切反射活动的能力，进入无反应状态，这种现象称为脊休克。脊休克的主要表现为横断面以下的脊髓所支配的骨骼肌紧张性降低甚至消失，血压下降，外周血管扩张，发汗反射不出现，直肠与膀胱中粪尿潴留，说明动物躯体和内脏反射活动明显减退，以至消失。经过一段时间后，脊髓的反射活动可以逐渐恢复，但恢复的快慢与动物的种类有密切的关系。低等动物（如蛙）在脊髓离断后数分钟即恢复，犬需几日时间，而人类则需数周乃至数月才能恢复。在反射的恢复过程中，首先恢复一些比较简单的、原始的反射，然后才恢复比较复杂的反射。

脊休克时出现上述现象表明：①脊髓是最基本的运动中枢，可以独立完成一些简单的反射活动；②在正常的生理状态下，脊髓受高位中枢的调节，突然失去高位中枢控制将导致脊髓的反射功能暂时丧失；③动物进化越高级，反射活动越复杂，脊髓对高位中枢的依赖程度就越大。

脊休克的产生不是由于切断性损伤的刺激引起的，因为反射恢复后进行第二次脊髓横断术并不能使脊休克重现。脊休克的产生是由于离断水平以下的脊髓突然失去高位中枢的调节，特别是大脑皮质、前庭核和脑干网状结构的下行纤维对脊髓的易化作用所致。

2. 脊髓反射

（1）屈肌反射（flexor reflex）与对侧伸肌反射（crossed extensor reflex）：当脊动物的皮肤接受伤害性刺激时，受刺激一侧的肢体关节的屈肌收缩而伸肌弛缓，称为屈肌反射。屈肌反射强度也与刺激强度有关，如足部的较弱刺激只能引致踝关节屈曲，增加刺激强度，则膝关节也可发生屈曲。如刺激强度更大，则可在同侧肢体发生屈肌反射基础上出现对侧肢体伸直的反射活动，称为对侧伸肌反射。屈肌反射是一个多突触联系的反射，其反射弧传出部分通向许多关节的肌肉。该反射具有避免伤害性刺激、自我保护的意义，是一种原始的防御反射，但不属于姿势反射（postural reflex）。对侧伸肌反射是姿势反射一种，在维持躯体平衡中具有重要意义。

虽然脊髓能够完成某些简单反射，但是一般被高位中枢控制。例如，以钝物划足跖外侧时，出现大趾背屈，其他四趾向外展开如扇形的反射，称巴宾斯基征（Babinski sign）阳性。这是一种屈肌反射，当刺激加强时还伴有踝、膝、髋关节的屈曲。由于平时脊髓在上位中枢调节下，这一原始的屈肌反射被抑制而不表现出来，只有在锥体束或大脑皮质运动中枢的功能发生障碍、婴儿的锥体束未完全发育及成人深睡或麻醉状态下才出现。

（2）牵张反射：由神经支配的骨骼肌，如受到外力牵拉时，引起受牵拉的同一肌肉收缩，称此为牵张反射（stretch reflex）。

1）牵张反射的感受器

A. 肌梭（muscle spindle）：是一种感受牵拉刺激的感受器，呈梭形。肌梭的外层为一结缔组织囊，长约数毫米，囊内含有 6～12 根特化的肌纤维，称为梭内肌纤维（intrafusal muscle fiber），而囊外的一般肌纤维称为梭外肌纤维（extrafusal muscle fiber）。肌梭与梭外肌纤维呈并联关系（图 10-1）。梭内肌纤维根据其形态可分为核链纤维（nuclear chain fiber）和核袋纤维（nuclear bag fiber），纤维的两端具有肌原纤维，是肌梭的收缩成分；梭内肌的中央部分不含肌原纤维，不能收缩，但分布有螺旋状的感觉神经末梢，是肌梭的感受装置，肌梭内的收缩部分与感受装置呈串联关系。肌梭的传入纤维有Ⅰa、Ⅱ两类，分布在梭内肌的感受装置部位。

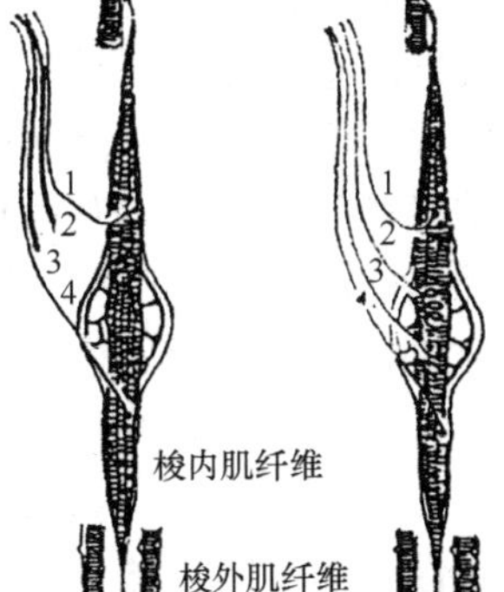

图 10-1　肌梭
1，4：γ 传出纤维；2：Ⅰ类传入纤维；3：Ⅱ类传入纤维

肌梭能感受肌肉的长度变化，故它是一种长度感受器。通常在如下两种情况下，肌梭感受器受刺激而兴奋。

当肌肉被牵拉时，不仅拉长了梭外肌，也拉长了梭内肌，特别是梭内肌中间部位的感受装置受牵拉后兴奋性增加，传入纤维发放的冲动也增加，神经冲动的频率与肌梭被牵拉的程度成正比，肌梭的传入冲动到达脊髓前角的 α 运动神经元。当其兴奋后，由 α 传出纤维反射性地引起同一肌肉的梭外肌收缩，产生牵张反射。当 γ 运动神经元兴奋时，并不能直接引起肌肉收缩，因为梭内肌收缩的强度不足以使整块肌肉缩短。但当 γ 运动神经元兴奋时，神经冲动经 γ 传出纤维至梭内肌，使梭内肌纤维的两端收缩，从而使中间部位的感受装置被牵拉而兴奋，传入纤维发放的神经冲动也增加。肌梭的传入冲动引起脊髓前角的 α 运动神经元兴奋及其支配的梭外肌收缩，这一反射途径称为 γ 环路。由此可见，γ 传出纤维的活动对调节肌梭内感受装置的敏感性，进而调节牵张反射具有重要作用。

通常梭外肌收缩可使整块肌肉缩短，由于肌梭与梭外肌平行排列，因此梭内肌的长度也随之缩短，此时梭内肌的感受装置所受的牵拉刺激将减小或消失，通过传入神经发放的冲动将减少，α 运动神经元的兴奋性减弱，传出冲动减少，肌肉停止收缩，以免肌肉处于持续缩短状态。然而人体在正常情况下所进行的活动，一般都是 α 和 γ 运动神经元共同处于激活状态，这样肌肉便可以维持持续的收缩。

B. 腱器官：存在于肌腱的胶原纤维之间，它与梭外肌纤维呈串联关系，其传入纤维是Ⅰb 类纤维。肌梭与腱器官在功能上存在很大的差异：首先腱器官是感受肌肉张力的感受装置，是一种张力感受器，而肌梭是感受肌肉长度的感受装置，是一种长度感受器；其次，两者传入冲动引发的效应不同，腱器官的传入冲动对同一肌肉的 α 运动神经元起抑制作用，而肌梭起兴奋作用。肌肉受牵拉时，肌梭首先兴奋而引起受牵拉肌肉的收缩，当牵拉力量进一步加大时，则可兴奋腱器官而抑制牵张反射，这样可避免被牵拉的肌肉因强烈收缩而受到损伤，从而具有保护作用。

2）牵张反射的类型：牵张反射有两种类型，一种为腱反射（tendon reflex）也称位相性牵张反射（phasic stretch reflex）；另一种为肌紧张（muscle tonus），也称紧张性牵张反射（tonic stretch reflex）。

A. 腱反射：是指快速牵拉肌腱时发生的牵张反射，如膝反射、跟腱反射等。表现为受牵拉肌肉快速明显的同步缩短，使关节伸或屈，肢体位置移动，故也称位相性牵张反射。腱反射的感受器为肌梭，效应器为同一肌肉的肌纤维，传入神经纤维的直径较粗，传入速度较快，反射反应的潜伏期很短，腱反射为单突触反射（monosynaptic reflex），传入神经纤维经背根进入脊髓灰质后，直达前角与运动神经元发生突触联系。当叩击肌腱时，肌肉内的肌梭同时受到牵张，同时发生牵张反射。因此肌肉的收缩几乎是一次同步性收缩。腱反射主要发生于肌肉内收缩较快的快肌纤维成分。膝反射是最简单的腱反射，仅有两级神经元，在脊髓中直接形成突触，是一种单突触反射。

B. 肌紧张：是指缓慢持续牵拉肌肉时发生的牵张反射。其表现为受牵拉的肌肉发生紧张性收缩，阻止被拉长，因此也称为紧张性牵张反射。其生理意义是维持躯体姿势，是姿势反射的基础。肌紧张是维持姿势最基本的反射活动，如由于重力影响，支持体重的关节趋向被动弯曲，关节弯曲又使伸肌肌腱受到持续牵拉，从而产生牵张反射引起该肌的收缩以对抗关节屈曲、维持站立姿势。肌紧张和腱反射的反射弧基本相似，感受器也是肌梭，但中枢的突触接替可能不止一个，即可能是多突触反射（polysynaptic reflex），其效应器主要是肌肉内收缩较慢的慢肌纤维成分。肌紧张的反射收缩力量并不大，只是抵抗肌肉被牵拉，不表现明显的动作。肌紧张时在同肌肉内的不同运动单位进行交替性收缩而不是同步收缩。所以肌紧张持久维持而不易疲劳。牵张反射基本反射弧是简单的，但在整体内牵张反射受高位中枢调节的，腱反射的减弱或消失，常提示反射弧传入、传出通路受脊髓反射中枢的损害或中断；而腱反射的亢进，则常提示高位中枢的病变。因此，临床上常用测定腱反射的方法来了解神经系统的功能状态。

（3）节间反射（intersegmental reflex）：脊动物在反射恢复后期，可出现复杂的节间反射。节间反射是指脊髓一个节段神经元发出的轴突与临近节段的神经元发生联系，通过上下节段之间神经元的协同活动所发生的反射活动。例如，刺激动物腰背皮肤，可引致后肢发生一系列节奏性搔爬动作，称为搔爬反射，此反射依靠脊髓上、下节段的协同活动，是节间反射的一种表现。

二、低位脑干对躯体运动的调节

位于中脑、脑桥和延髓中央部的神经元及神经纤维的集合区域称脑干网状结构。脑干网状结构是个整合中枢，它的功能涉及躯体运动的下行控制、感觉中断、上行激活及自主神经活动控制。其下行控制系统根据功能和解剖又分成内侧下行系统和外侧下行系统。内侧下行系统主要终止于脊髓腹角的腹内侧区，紧靠支配躯干肌和近端肢体肌的运动神经元，外侧下行系统主要终止于脊髓灰质的背外侧区，与支配肢体远端肌肉的运动神经元相邻。低位脑干对躯体运动调节主要表现在参与肌紧张和姿势反射的调控。

（一）肌紧张

1. 去大脑僵直　在中脑上、下叠体（上、下丘）之间切断脑干的动物，称为去大脑动物。去大脑动物由于脊髓与低位脑干相连接，因此不出现脊休克现象，很多躯体和内脏的反射活动可以完成，血压不下降，而在肌紧张活动方面反而出现亢进现象，动物四肢伸直、头尾昂起、脊柱挺硬，称为去大脑僵直（decerebrate rigidity）。去大脑僵直主要是伸肌（抗重力肌）紧张性亢进、四肢坚硬如柱（图 10-2）。

图 10-2　去大脑僵直

在去大脑动物，如以局部麻醉药注入一肌内中，或切断相应脊髓根，以消除肌梭传入冲动进入中枢，则该肌的僵直现象消失。可见，去大脑僵直是在脊髓牵张反射的基础上发展起来的，是一种增强的牵张反射。电刺激动物脑干网状结构不同区域，可观察到脑干网状结构中具有抑制肌紧张及肌运动的区域（抑制区），也还有加强肌紧张及肌运动的区域（易化区）。电刺激抑制区可致去大脑僵直减退。易化区对肌紧张和肌运动有易化作用。从运动的强度来看，易化区的活动比较强，抑制区的活动比较弱，因此在肌紧张的平衡调节中，易化区略占优势。抑制肌紧张的中枢部位除分布在脑干网状结构外，还有大脑皮质运动中枢、纹状体、小脑前叶蚓部；易化肌紧张的中枢部位除网状结构外还有前庭核、小脑前叶两侧部。这些脑干外结构与脑干内部的有关功能结构有功能上的联系。例如，刺激小脑前叶蚓部，可以在网状结构抑制区获得诱发电位，表明引起小脑前叶蚓部的作用可能是通过网状结构抑制区来完成的；这些脑干外的抑制肌紧张的区域，不仅通过加强网状结构抑制区活动，使肌紧张受到抑制，还能控制网状结构易化区，使易化区的活动受到抑制后，转而使肌紧张减退。前庭核、小脑前叶两侧部等易化肌紧张中枢的易化肌紧张作用，可能也是通过网状结构易化区来实现的。去大脑僵直的发生是因为较多的抑制系统被削弱，特别是来自大脑皮质运动区和纹状体的抑制作用被消除，使易化作用相对地占了优势。这些易化作用主要影响抗重力肌，使四肢的伸肌和头部上抬的肌肉紧张加强，造成强直现象。少数动物如经常悬挂在树上的南美洲的树獭（sloth）屈肌是抗重力肌，多数运动为伸肌。人类在某些疾病中，如蝶鞍上囊肿引致皮层与皮层下失去联系时，可出现下肢明显的伸肌僵直及上肢半屈状态，称为去皮层僵直（decorticate rigidity）。上肢的半屈状态是抗重力肌紧张增强的表现，因为人是直立动物，人类去大脑僵直有时可在中脑疾患时出现，表现头后低仰、上下肢僵硬伸直、上臂内旋、手指屈曲，患者出现大脑僵直现象，往往表明病变已严重地侵犯脑干。

2. α 僵直和 γ 僵直 从牵张反射的角度，肌紧张加强的机制分为两种。一种是由于高位中枢的下行性作用，直接或间接通过脊髓中间神经元提高脊髓 α 运动神经元的活动，从而导致肌紧张加强而出现僵直，称为 α 僵直。另一种是由于高位中枢的下行性作用，首先提高脊髓 γ 运动神经元的活动，使肌梭的敏感性提高而传入冲动增加，转而使脊髓 α 运动神经元的活动提高，从而导致肌紧张加强而出现僵直，称为 γ 僵直。

（二）姿势反射

中枢神经系统调节骨髓肌的骨紧张或产生相应的运动，以保持或改正身体空间的姿势，这种反射活动总称为姿势反射（postural reflex）。牵张反射、对侧伸肌反射是最简单的姿势反射。比较复杂的姿势反射有状态反射（attitudinal reflex）、翻正反射（righting reflex）、直线或旋转加速运动反射等。

1. 状态反射 是指头部在空间的位置改变及头部与躯干的相对位置改变时，可以反射性地改变躯体肌肉的紧张性。状态反射包括迷路紧张反射与颈紧张反射两部分。迷路紧张反射是指内耳迷路的椭圆囊和球囊的传入冲动对躯体伸肌紧张性的调节反射。在去大脑动物实验中见到，当动物仰卧时则伸肌紧张性最高，而当动物俯卧时则伸肌紧张性最低。这是由于不同头部位置会导致内耳迷路产生不同刺激造成的。颈紧张反射是指颈部扭曲时，颈椎关节韧带或肌肉受刺激后，对四肢肌肉紧张性的调节反射。实验证明，头向一侧扭转时，下颏所指一侧的伸肌紧张性加强；头后仰时，则前肢伸肌紧张性加强，而后肢伸肌紧张性降低；头前俯时，则后肢伸紧张性加强，而前肢伸肌紧张性降低，人类在去皮层僵直的基础上，也可出现颈紧张反射；即当颈扭曲时，下颏所指一侧上肢伸直，而对侧上肢则处于更屈曲状态。在正常人体中，由于高级中枢的存在，状态反射常被抑制不易表现出来。

2. 翻正反射 正常动物可保持站立姿势，如将其推倒则可翻正过来，这种反射称为翻正反射。例如，将动物四足朝天从空中掉下，则可清楚地观察到在下坠过程中，首先是头颈扭转，然后前肢和躯体跟着也扭转过来，最后后肢也扭转过来，当下坠到地面时由四足着地。这一翻正反射包括一系列反射活动，最先是由头部位置不正常，视觉与内耳迷路感受刺激，从而引起头部的位置翻正。头部翻正以后，头部与躯干位置关系不正常，使颈部关节韧带或肌肉受到刺激，从而使躯干的位置也翻正。

三、小脑对躯体运动的调节

小脑是调节躯体运动的重要中枢之一，其对维持姿势、调节肌紧张、协调随意运动均有重要作用。小脑并不直接发起运动和指挥肌肉的活动，而是作为一个皮层下的运动调节中枢配合皮层完成这些运动功能。因此，切除全部小脑并不妨碍运动的发起和执行，但运动是以缓慢、笨拙和不协调的方式进行的。

（一）小脑的解剖

小脑由外层的灰质（皮层）、内部的白质和位于白质中心的 3 对小脑核团组成。这 3 对核团分别是顶核、间位核和齿状核。在人类间位核分化为球状核和栓状核。

小脑表面由原裂和后外侧裂横向分为前叶后叶和绒球小结叶。根据 Jansen Brodal 的纵区组构概念，可将小脑自内侧向外侧纵向分为内侧区（蚓部）、中间区及外侧区。

从种系发生，可分为原小脑、旧小脑和新小脑。发生上最古老的是原小脑，即绒球小结叶，它与前庭系统相连接，所以又称前庭小脑。旧小脑包括前叶及后叶的中间带区（后部的蚓垂、蚓锥和副绒球），它主要经脊髓接受来自全身的本体和体表感觉信息，所以又称脊髓小脑。后叶余下的部分称为新小脑，这部分小脑不接受外周感受器的传入，而是经大脑皮质-脑桥-小脑通路与大脑皮质交互联结，故又称皮层小脑。

（二）小脑的运动调节功能

1. 前庭小脑 主要由绒球小结叶构成，与身体平衡功能有密切关系。由于前庭小脑主要接受前庭器官传入的有关头部位置改变和直线或旋转加速运动情况的平衡感觉信息，而传出冲动主要影响躯干和四肢的近端肌肉的活动，因而具有控制躯体平衡的作用。实验观察到切除绒球小结叶的猴，由于平衡功能失调而不能站立，只能躲在墙角里依靠墙壁而立；但其随意运动仍然很协调。在第四脑室附近出现肿瘤患者，由于肿瘤压迫损伤绒球小结叶，将导致明显的平衡紊乱，患者出现倾倒、步态蹒跚等症状。但当躯体得到支持物扶持时，其随意运动仍能协调进行。绒球小结叶的平衡功能与前庭器官及前庭核活动密切关系。犬切除小结叶后，则运动病不再发生，猫切除小结叶后，可出现位置性眼震颤（positional nystagmus），说明绒球小结叶对调节前庭核的活动有重要作用。

2. 脊髓小脑 由小脑前叶和后叶的中间带区构成。这部分小脑的传入主要来自脊髓，其感觉传入冲动主要来自肌肉和关节等本体感受器；前叶还接受视觉、听觉的传入信息，而后叶的中间带区还接受脑桥纤维的投射。前叶的传出纤维主要在顶核换神经元，转而进入脑干网状结构；后叶中间带区的传出纤维经间位核到红核，有一些纤维再投射到丘脑外侧腹核，最后抵达大脑皮质运动区。小脑前叶与肌紧张调节有关。刺激去大脑动物的前叶蚓部可抑制同侧伸肌紧张，使去大脑僵直减退。因此，前叶蚓部有抑制肌紧张的作用。抑制肌紧张的区域在前叶蚓部有一定的空间分布，前端与动物尾部及下肢肌紧张的抑制功能有关，其后端及单小叶部位则与上肢及头面部的抑制功能有关，分布安排是倒置的。前叶蚓部抑制肌紧张的作用可能是通过延髓网状结构抑制区改变脊髓前角运动神经元活动的。在猴的实验中观察到，刺激小脑前叶两侧部有加强肌紧张的作用；这些肌紧张易化区也有一定的空间分布，而且安排也是倒置的，其作用可能是通过网状结构易化区改变脊髓前角运动神经元活动的。因此，小脑前叶对肌紧张的调节既有抑制又有易化的双重作用。在进化过程中，前叶的肌紧张抑制作用逐渐减弱，而肌紧张的易化作用逐渐占主要地位。后叶中间带也有控制肌紧张的功能，刺激该区能使双侧肌紧张加强。由于后叶中间带还接受脑桥纤维的投射，并与大脑皮质运动区之间有环路联系，因此它在执行大脑皮质发动的随意运动方面有重要作用。当切除或损伤这部分小脑后，随意动作的力量、方向及限度将发生很大紊乱，同时肌张力减退，表现为四肢乏力。受害动物或患者不能完成精巧动作，肌肉在完成动作时抖动而把握不住动作的方向（称为意向性震颤），行走摇晃呈酩酊蹒跚状，如动作越迅速则协调障碍也越明显。患者不能进行拮抗肌轮替快复动作（如上臂不断交替进行内旋与外旋），但当静止时则看不出肌肉有异常的运动。因此说明，这部分小脑是对肌肉在运动进行过程中起协调作用的。这种动作性协调障碍，称为小脑共济失调（cerebellar ataxia）。

3. 皮层小脑 指后叶的外侧部，它不接受外周感觉的传入信息，仅接受由大脑皮质广大区域（感觉区、运动区、联络区）传来的信息。这些区域的下传纤维均经脑桥换元，转而投射到对侧的后叶外侧部，后叶外侧部的传出纤维经齿状核换元，再经丘脑外侧腹核换元，然后投射到皮层运动区。皮层小脑与运动区、感觉区、联络区之间的联合活动和运动计划的形成及运动程序的编制有关。

现在认为，一个随意运动的产生包括运动的设计和程序编制，以及运动程序的执行两个不同的阶段。在随意运动的发动过程中，皮层小脑主要参与随意运动的设计，而脊髓小脑则参与运动的执行。皮层小脑与基底神经节一起接受并处理来自感觉联络皮层的运动意念信息，编制运动指令并将生成的运动指令交给前运动皮层和运动皮层去执行。

精巧运动是逐步在学习过程中形成熟练起来的。在开始学习阶段，大脑皮质通过锥体系所发动的运动不是协调的，这是因为小脑尚未发挥其协调功能。在学习过程中，大脑皮质与小脑之间不断进行着联合活动，同时小脑不断接受感觉传入冲动的信息逐步纠正运动过程中所发生的偏差，使运动逐步协调起来。在这一过程中，皮层小脑参与了运动计划的形成和运动程度的编制。当精巧运动逐渐熟练完善后，皮层小脑中就储存了一整套程序；当大脑皮质要发动精巧运动时，首先通过下行通路从皮层小脑中提取储存的程序，并将程序回输到大脑皮质运动区，再通过锥体束发动运动。这时候所发动的运动可以非常协调而精巧，而且动作快速几乎不需要思考。例如，学习打字运动的过程或演奏动作的过程，都是这样一个过程。动物实验也发现，齿状核功能受损后，猴经过训练后形成的快速而熟练的动作丧失，代之以缓慢而不精确的动作。而临床资料也发现，小脑外侧区损伤引起的一个重要症状就是运动起始的延缓。

当切除或损伤小脑后，即表现为随意运动的力量、速度、方向和稳定性发生障碍，同时肌张力减退，不能完成精巧的动作，行走摇晃呈蹒跚状；不能作拮抗肌的快速交替动作，在进行某一动作时，手臂抖动，把握不住运动的方向称为意向性震颤（intention tremor），但静止时则看不出肌肉有异常的运动，所以这种震颤也称为运动性震颤。这些小脑损伤后出现的动作协调障碍，称为小脑性共济失调（cerebellar ataxia）。

4. 小脑内局部神经元回路 小脑皮质各区的组织结构都是相似的。进入小脑皮质的纤维只有攀缘纤维和苔藓纤维两类，两者均起到兴奋作用。小脑皮质内有 5 类神经元，即颗粒细胞、高尔基细胞、篮状细胞、星状细胞和浦肯野细胞；除颗粒细胞为兴奋性神经元外，其余均为抑制性神经元。浦肯野细胞的轴突是小脑皮质唯一的传出细胞，它与小脑深部核团（顶核、间置核、齿状核）发生突触联系，抑制核团内神经元（兴奋性神经元）的紧张性放电运动。攀缘纤维主要来自延髓的下橄榄核，进入小脑皮质起到强烈的兴奋作用。苔藓纤维是进入小脑皮质的主要传入纤维，来源很广泛，进入小脑皮质后与颗粒细胞发生突触联系，起着兴奋颗粒细胞的作用。颗粒细胞的轴突进入小脑皮质浅层后形成平行纤维，转而兴奋其他神经元。例如，兴奋高尔基细胞，高尔基细胞兴奋后即反馈抑制颗粒细胞的活动。由于高尔基细胞轴突的分布比较广泛，它能同时抑制许多颗粒细胞的活动，造成颗粒细胞的兴奋反应在空间上局限起来。也就是说，由苔藓纤维直接兴奋的颗粒细胞处在兴奋状态，而其外围的颗粒细胞则处在抑制状态。又如，平行纤维可兴奋浦肯野细胞、篮状细胞和星状细胞，而篮状细胞和星状细胞能抑制浦肯野细胞和活动；由于篮状细胞的轴突分布较广，浦肯野细胞受抑制的范围较大，造成浦肯野细胞的兴奋反应在空间上局限起来。也就是说，由平行纤维直接兴奋的浦肯野细胞处在兴奋状态，其邻旁的浦肯野细胞则处在抑制状态。因此，通过上述局部神经元回路的作用，使许多不同来源的苔藓纤维的冲动进入小脑皮质后，出现许多兴奋与抑制镶嵌的区域，这对于小脑精确地调节不同部位的肌肉肌紧张或协调其随意运动是很重要的。

四、基底神经节对躯体运动的调节

基底神经节（basal ganglia）是皮层下一些核团的总称。鸟类以下动物由于皮层发育不好，基底神经节是运动调节的最高级整合中枢。在哺乳动物，基底神经节退居皮层下调节结构，但对运动功能仍具有重要的调节作用。

（一）基底神经节的组成及纤维联系

基底神经节包括尾状核、壳核、苍白球、丘脑底核、黑质和红核。尾状核、壳核和苍白球统称纹状体；其中苍白球是较古老的部分，称为旧纹状体，而尾状核和壳核则进化较新，称为新纹状体。尾状核、壳核、苍白球与丘脑底核、黑质在结构与功能上是紧密联系的。其中苍白球是纤维联系的中心，尾状核、壳核、丘脑底核、黑质均发出纤维投射到苍白球，而苍白球也发出纤维与丘脑底核、黑质相联系。基底神经节接受大脑皮质的兴奋性纤维投射。基底神经节的传出纤维发自于苍白球内侧部能抑制丘脑前腹核和外侧腹核的活动，经丘脑前腹核和外侧腹核来兴奋大脑皮质。

（二）基底神经节的运动调节功能

基底神经节有重要的运动调节功能，它与随意运动的稳定、肌紧张的控制、本体感觉传入冲动信息的处理都有关系。在清醒猴，记录苍白球单个神经元的放电活动时观察到，当肢体进行随意运动时神经元活动发生明显明确的变化；有的神经元在肢体屈曲时放电增多，说明基底神经节与随意运动有关。电刺激纹状体的动物实验中观察到，单纯刺激纹状体并不能引起运动效应；但如在刺激大脑皮质运动区的同时，再刺激尾状核或苍白球，则皮层运动区发出的运动反应即迅速抑制，并在刺激停止后抑制效应还可继续存留一定时间。在猴，单侧损毁苍白球后，则对侧上肢的运用就不如同侧上肢的运用那样灵便。以上均说明基底神经节的功能与躯体运动有密切关系。

临床上，基底神经节损害的主要表现可分为两大类：一类是具有运动过少而肌紧张过强的综合征，另一类是具有运动过多而肌紧张不全的综合征。前者的常见的疾病是帕金森病（Parkinson disease，PD）又称震颤麻痹（shaking palsy），后者的常见的疾病是亨廷顿病（Huntington Disease，HD）与手足徐动症（athetosis）等。临床病理的研究指出，帕金森病的病变主要位于黑质，而亨廷顿病与手足徐动症的病变主要位于纹状体。

1. 帕金森病 是一种进展缓慢，原发于黑质-纹状体通路的锥体外系变性病。帕金森病患者的主要临床症状为全身肌紧张增高、肌肉强直、随意运动减少、动作缓慢、面部表情呆板。此外，患者常伴有静止性震颤，此种震颤多见于上肢（尤其是手部），其次是下肢及头部；震颤节律为每秒钟 4～6 次，静止时出现，情绪激动时增强，进入自主运动时减少，入睡后停止。

帕金森病主要病变部位在中脑黑质，由于色素神经元核团（包括黑质、蓝斑和迷走神经背核）内色素细胞的显著减少，因此肉眼即可见黑质变得苍白。原发性帕金森病的标志性病理改变是 Lewy 小体。Lewy 小体是主要由神经丝和泛素化 α 突触核蛋白（α-synuclein）组成的包涵体结构，其主要组成成分为 α 突触核蛋白、神经丝蛋白和泛素蛋白。

关于帕金森病的产生原因，目前已有较多的了解。近年来，通过对中枢递质的研究，已明确中脑黑质是 DA 能神经元存在的主要部位，其纤维上行可抵达纹状体。帕金森病患者的病理研究证明，其黑质有病变，同时脑内 DA 含量明显下降。在动物中，如用药物（利血平）使儿茶酚胺（包括 DA）耗竭，则动物会出现类似帕金森病的症状；如进一步给予左旋多巴（L-dopa，DA 之前体，能通过血脑屏障进入中枢神经系统）治疗，使体内 DA 合成增加，则症状好转。由此说明，中脑黑质的 DA 能神经元功能被破坏，是帕金森病的主要原因。

早已知道，帕金森病患者能用 M 型胆碱能受体阻断剂（东莨菪碱、苯海索）治疗，说明帕金森病的产生与 ACh 递质功能的改变也有关系。在帕金森病患者进行苍白球破坏手术治疗过程中，如将 ACh 直接注入苍白球，则导致对侧肢体症状加剧，而注入 M 受体阻断剂则症状减退。由此说明，纹状体内存在 ACh 递质系统，其功能的加强将导致帕金森症状的出现。总结 DA 递质系统和 ACh 递质系统的不同作用，目前认为黑质上行抵达纹状体的 DA 递质系统的功能，在于抑制纹状体内 ACh 递质系统的功能；帕金森病患者由于 DA 递质系统功能受损，导致 ACh 递质系统功能的亢进，才出现一系列症状。如果应用左旋多巴以增强 DA 的合成，或应用 M 受体阻断剂以阻断 ACh 的作用，均对帕金森病有一定的治疗作用。

2. 亨廷顿病（Huntington disease，HD） 是以新纹状体和皮层损害为主的锥体外系病，好发年龄为 40～50 岁，多数在患病后 15～20 年死亡。临床的特征表现是不自主地肢体舞蹈样运动，故又称为慢性进行性舞蹈病。此外，患者还伴有进行性的精神活动异常、智能衰退及精神分裂症的某些症状。给以左旋多巴后症状加重，而阻断 DA 神经系统的功能，可减轻病情，这提示 HD 的发病可能与 DA 能神经功能亢进有关。HD 的病理变化包括尾壳核神经细胞的变性，细胞数量减少达 10%，伴侧脑室的扩大。随着病情发展，累及皮层神经元，导致脑萎缩，脑重量减轻可达 30%。另外，基底神经通路中 γ-氨基丁酸/脑啡肽/P 物质（GABA/ENK/SP）能神经传递被破坏，而 DA 能传递通路仍完整，从而表现锥体外系 DA 功能相对亢进的临床表现。

病理研究证明，遗传性 HD 患者有显著的纹状体神经元病变，新纹状体严重萎缩，而黑质-纹状体通路是完好的，脑内 DA 含量一般也正常。在这类患者，若采用左旋多巴进入治疗反而使症状加剧，而用利血平耗竭包括 DA 在内的神经递质，却可使症状缓解。神经生化的研究发现，患者的纹状体中胆碱能神经元与 GABA 能神经元的功能明显减退。因此认为，HD 病变主要是纹状体内的胆碱能和 GABA 能神经元功能减退，而黑质 DA 能神经元功能相对亢进，这和帕金森的病变正好相反。目前知道，黑质和纹状体之间有环路联系的；黑质的 DA 能神经元的轴突上行抵达纹状体，能控制纹状体内的胆碱能神经元的活动，转而改变纹状体内 GABA 能神经元的活动，然后 GABA 能神经元的轴突下行抵达黑质，反馈控制多巴胺能神经元的活动。当纹状体内的胆碱能和 GABA 能神经元病变时，上述环路功能受损，导致 DA 能神经元活动亢进。

HD 的发病机制至今尚不清楚。有人提出 HD 神经元选择性损害的几种不同机制和多种因素共同作用的假说。

五、大脑皮质对躯体运动的调节

（一）大脑皮质运动区

高等动物，特别是人类的随意运动是受大脑皮质控制的。用刺激和损毁等方法发现，大脑皮质的一些区域与躯体运动有比较密切的关系，这些区域称为大脑皮质运动区（cortical moto area）。它包括中央前回运动区、辅助运动区和第二运动区等。

1. 主要运动区 大脑皮质的某些区域与躯体运动功能有比较密切的关系。在灵长类动物，中央前区的 4 区和 6 区是控制躯体运动的运动区。运动区有下列的功能特征。

（1）交叉支配：对躯体运动的调节支配具有交叉的性质，即一侧皮层主要支配对侧躯体的肌肉。但这种交叉性质不是绝对的。例如，头面部肌肉的支配多数是双侧性的，像咀嚼运动、喉运动及脸上部运动的肌肉的支配是双侧性的；然而面神经支配的下部面肌及舌下神经支配的舌肌却主要受对侧皮层控制。因此，在一侧内囊损伤后，产生所谓上运动神经元麻痹时，头面部多数肌肉并不完全麻痹，但对侧下部面肌及舌肌发生麻痹。

（2）精确定位：具有精细的功能定位，即一定部位皮层的刺激引起一定肌肉的收缩。功能代表区的大小与运动的精细复杂程度有关；运动越精细而复杂的肌肉，其代表区也越大，手与五指所占的区域几乎与整个下肢所占的区域大小相等。

（3）倒置安排：从运动区的上下分布来看，其定位安排呈身体的倒影；下肢代表区在顶部（膝关节以下肌肉代表区在皮层内侧面），上肢代表区在中间部，头面部肌肉代表区在底部（头面部代表区内部的安排仍为正立而不倒置）。从运动区的前后分布来看，躯体和肢体近端肌肉的代表区在前部（6 区），肢体远端肌肉的代表区在后部（4 区），手指、足趾、唇和舌的肌肉代表区在中央沟前缘。对正常人脑进行局部血流测定时观察到，足部运动时足部代表区血流增加，手指运动时手部代表区血流增加（图 10-3）。

在动物实验中还观察到，电刺激 8 区可引致眼外肌的运动反应，刺激枕叶 18、19 区也可获得较为微弱的眼外肌运动反应。此外，在猴与人的大脑皮质，用电刺激法还可以找到运动辅助区。该区在皮层内侧面（两半球纵裂的侧壁）4 区之前，刺激该区可以引致肢体运动和发声，反应一般为双侧性。

在大脑皮质运动区的垂直切面上，可以见到该区细胞和皮层感觉区类似，呈纵向柱状排列，组成大脑皮质的基本功能单位，称为运动柱（motor column）。一个运动柱可控制同一关节的几块肌肉的活动，而一个肌肉可接受几个运动柱的控制。

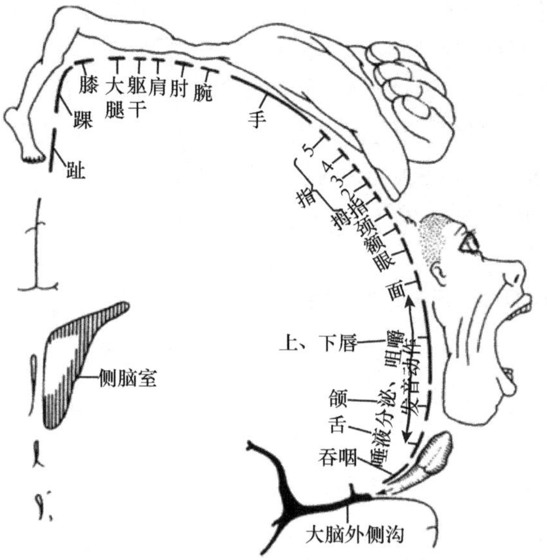

图 10-3 人体各部在大脑皮质运动皮质区的定位

2. 第二运动区 此区位于中央前回与岛叶之间（即为第二体感区的位置），当用较强电流刺激时，可引起双侧躯体运动，其代表区的分布与第二体表感觉区的分布一致。

3. 其他运动区 动物实验证明，如用较强的电流刺激猿猴皮层的第一、第二体表感觉区时，也能引起肢体运动反应，故可将这两个区域称为第一感觉运动区和第二感觉运动区。此外，5、7、8、18、19 区也都与运动有关。

（二）锥体系

皮层的躯体运动调节功能，是通过锥体系和锥体外系下传而完成的。前者包括皮质脊髓束和皮质核束（见脑干章节），后者包括红核脊髓束、前庭脊髓束等。

上运动神经元由位于中央前回和中央旁小叶前半部的锥体细胞及位于额、顶叶部分区域的锥体细胞组成。上述神经元的轴突组成锥体束经内囊下行，其中，下行至脊髓的纤维束称皮质脊髓束；止于脑干内一般躯体和特殊内脏运动核的纤维束称为皮质核束。

1. 皮质脊髓束 由中央前回上、中部和中央旁小叶前半部等处皮质的锥体细胞轴突集中而成，下行经内囊后肢的前部、大脑脚底中 3/5 的外侧部和脑桥基底部至延髓锥体。在锥体下端，75%～90%的纤维交叉至对侧，形成锥体交叉。交叉后的纤维继续于对侧脊髓侧索内下行，称皮质脊髓侧束，此束沿途发出侧支，逐节终止于前角运动神经元（可达骶节），主要支配四肢肌。在延髓锥体交叉处，皮质脊髓束中小部分未交叉的纤维在同侧脊髓前索内下行，称皮质脊髓前束，该束仅达上胸髓节段，并经白质前连合逐节交叉至对侧，终止于前角运动神经元，支配躯干和四肢骨骼肌的运动。皮质脊髓前束中有一部分纤维始终不交叉而止于同侧脊髓前角运动神经元，主要支配躯干肌（图 10-4）。所以，躯干肌是受两侧大脑皮质支配，而上、下肢肌只受对侧支配，故一侧皮质脊髓束在锥体交叉以上部位受损，主要引起对侧肢体瘫痪，躯干肌运动不受明显影响；在锥体交叉以下部位受损，主要引起同侧肢体瘫痪。

实际上，皮质脊髓束只有 10%～20%的纤维直接终止于前角运动神经元，以单突触联系，直接止于前角内支配四肢肌的 α 运动神经元。其他大部分纤维须经中间神经元与前角细胞联系，使一部分肌肉兴奋，另一部分拮抗肌抑制，协调完成运动。

2. 皮质核束 又称皮质脑干束，主要由中央前回下部的锥体细胞的轴突聚集而成，下行经内囊膝至大脑脚底中 3/5 的内侧部，由此向下陆续分出纤维，大部分终止于双侧脑神经运动核（动眼神经核、滑车神经核、展神经核、三叉神经运动核、面神经核支配上部面肌的神经细胞群、疑核和副神经脊髓核），这些核发出的纤维依次支配眼球外肌、咀嚼肌、面表情肌上部、咽喉肌、胸锁乳突肌和斜方肌。皮质核束的小部分纤维完全交叉至对侧，终止于面神经核支配下部面肌的神经细胞群和舌下神经核，两者发出的纤维分别支配对侧面部眼裂以下的面肌和舌肌。因此，除支配面下部肌的面神经核和舌下神经核只接受单侧（对侧）皮质核束支配外，其他脑神经运动核均接受双侧皮质核束的纤维。一侧上运动神经元损伤，可产生对侧眼裂以下的面肌和对侧舌肌瘫痪，表现为病灶对侧鼻唇沟消失，口角低垂并向病灶侧偏斜，流涎，不能做鼓腮、露齿等动作，伸舌时舌尖偏向病灶对侧，称为核上瘫（图 10-5、图 10-6）。一侧面神经核的神经元损伤，可致病灶侧所有的面肌瘫痪，表现为额纹消失，眼不能闭合，口角下垂，鼻唇沟消失等；一侧舌下神经核的神经元损伤，可致病灶侧全部舌肌瘫痪，表现为伸舌时舌尖偏向病灶侧，两者均为下运动神经元损伤，故统称为核下瘫（图 10-5、图 10-6）。

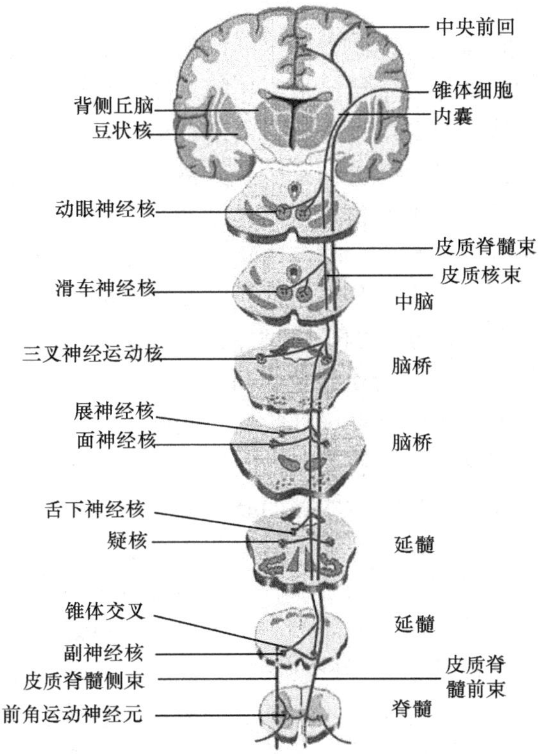

图 10-4 锥体系中的皮质脊髓束与皮质核束

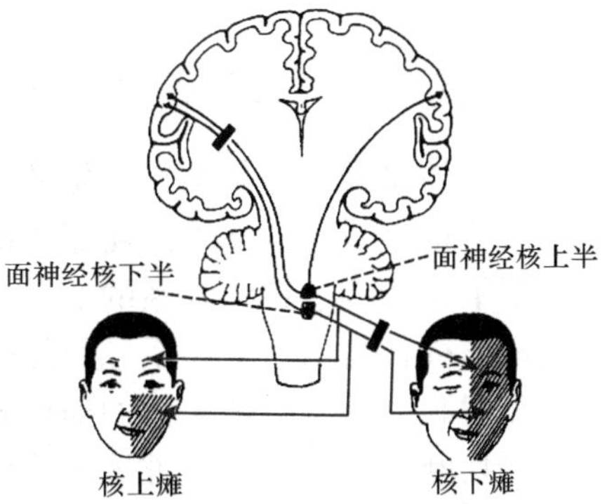

图 10-5 面肌瘫痪

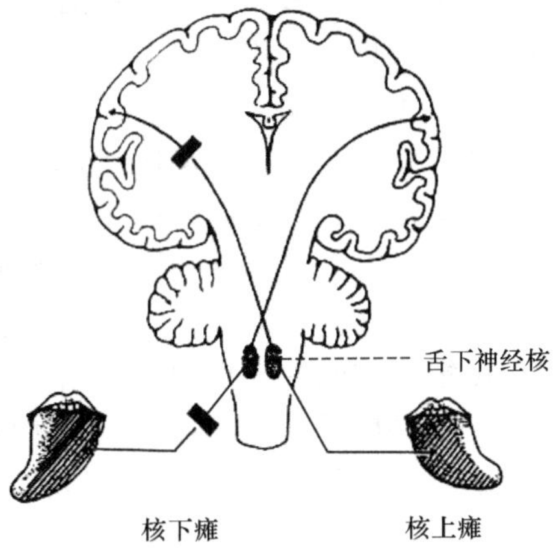

图 10-6 舌肌瘫痪

（三）锥体外系

锥体外系（extrapyramidal system）是指锥体系以外、影响和调控躯体运动的所有传导通路，由多级神经元组成，其结构十分复杂，包括大脑皮质（主要是躯体运动区和躯体感觉区）、纹状体、背侧丘脑、底丘脑、中脑顶盖、红核、黑质、脑桥核、前庭核、小脑和脑干网状结构等，以及它们的纤维联系。锥体外系的纤维最后经红核脊髓束、网状脊髓束等中继，下行终止于脑神经运动核和脊髓前角运动神经元。在种系发生上，锥体外系是较古老的结构，从鱼类开始出现，在鸟类成为控制全身运动的主要系统。但到了哺乳类，尤其是人类，由于大脑皮质和锥体系的高度发达，锥体外系主要是协调锥体系的活动，两者协同完成运动功能。人类锥体外系的主要功能是调节肌张力、协调肌肉活动、维持体态姿势和习惯性动作（如走路时双臂自然协调地摆动）等。锥体系和锥体外系在运动功能上是互相依赖不可分割的一个整体，只有在锥体外系保持肌张力稳定协调的前提下，锥体系才能完成精确的随意运动，如写字、刺绣等；而锥体外系对锥体系也有一定的依赖性，锥体系是运动的发起者，有些习惯性动作开始是由锥体系发起，然后才处于锥体外系的管理之下，如骑车、游泳等。锥体外系有如下几个经典通路：①皮质-新纹状体-背侧丘脑-皮质环路；②新纹状体-黑质环路；③苍白球-底丘脑环路；④皮质-脑桥-小脑-皮质环路。

锥体外系对脊髓反射的控制常是双侧性的，其功能主要与调节肌紧张、肌群的协调性运动相关。

（四）皮层运动区和锥体系功能障碍对运动的影响

由于锥体系和锥体外系在皮层的起源互相重叠的，因此皮层运动区的损伤效应就难于分清是属于锥体系还锥体外系功能缺损。同时，锥体束下行经过脑干时，还发现许多侧支进入皮层下核团调节锥体外系的活动。所以，从皮层到脑干之间，由于种种病理过程产生的运动障碍往往是由于锥体系和锥体外系合并损伤的结果。但是到达延髓尾端水平，锥体束出现相对独立性，延髓锥体的损伤效应可以认为主要是锥体系功能缺损。

单侧切断猫或猴的延髓锥体所造成的结果并不严重；动物仅表现对侧肌张力减退，肢体远端肌肉麻痹（随意运动消失）和腱反射减弱，巴宾斯基征阳性，以及动物减少对此肢体的运用和永远失去其敏捷灵巧活动的能力等。若切断双侧延髓锥体，则上述缺损表现在双侧肌肉。可见，锥体束的功能主要是对四肢远端肌肉活动的精细调节。中央前回运动区的损伤，在不同运动表现不一样。猫和犬双侧大脑皮质运动区切除后仍能站立、奔跑；灵长类动物双侧大脑皮质运动区切除后，动物完全麻痹，四肢肌张力亢进。但单侧切除猴的大脑皮质运动区，则功能缺损比双侧切除轻得多，动物能运用其四肢，虽然对侧手指的动作笨拙而不灵巧，但奔跑和站立并无明显困难；说明猴的大脑皮质运动区对肌肉运动的调节虽然以对侧为主，但在失去对侧皮层功能的情况下，可以对双侧的运动进行调节。在人类，单侧中央前回的损伤则使对侧肢体完全丧失随意运动的能力，手和脚的肌肉常完全麻痹，关于中央前回运动区损伤后产生痉挛性麻痹还是柔软性麻痹，这一问题已争论多年。目前知道，严格的 4 区损伤出现肢体远端肌肉麻痹，并不产生痉挛，一般是柔软性麻痹；损伤 6 区后则肢体近端肌肉麻痹并伴有痉挛；若整个中央前回运动区损伤，则肢体全部肌肉麻痹并伴有痉挛，出现痉挛性麻痹。

临床上把涉及锥体束损害的一系列表现称为锥体束综合征（上运动神经元麻痹）。它包括随意运动的丧失，肌紧张加强，腱反射亢进以致出现阵挛，巴宾斯基征阳性，部分浅反射减退或消失等。肌紧张加强或腱反射亢进，都是牵张反射亢进的表现；所谓阵挛也是由于牵张反射过强，以致人工持续牵拉肌腱会反射一系列连续的腱反射。部分浅反射减退或消失，是指腹壁反射（轻划腹皮肤引致壁肌收缩）、提睾反射（轻划股内侧皮肤引致提睾肌收缩）等减退或消失，其原因还不完全清楚。一般认为，这类浅反射存在经由大脑皮质的反射通路，以致锥体束损害使反射弧中断，反射发生障碍；但也有人认为，浅反射减退或消失仅是由于锥体束损伤后脊髓浅反射中枢的兴奋性减退所致。因为有人用肌电图法观察人体腹壁反射，发现其中枢延搁时间很短（3.55～5.4ms），与动物的脊髓多突触反射相当，似乎不存在大脑皮质的反射通路，所谓锥体束综合征实际上是锥体系和锥体外系合并损伤的结果，而不是严格的单纯锥体束传导中断的表现。为此，有些人反对采用传统的锥体系和锥体外系概念，因为这两个系统在功能上和在损伤后功能缺损上无法完全区分。

上运动神经元损害与下运动神经元损害的临床表现是不同的，见表 10-1。

表 10-1　上、下运动神经元麻痹的区别

表现	上运动神经元麻痹（硬瘫、痉挛性瘫、中枢性瘫）	下运动神经元麻痹（软瘫、萎缩性瘫、周围性瘫）
损害部位	皮层运动区或锥体束	脊髓前角运动神经元或运动神经
麻痹范围	常为广泛的	常为局限的
肌紧张	张力过强、痉挛	张力减退、松弛
腱反射	增强	减弱或消失
浅反射	减弱或消失	减弱或消失
病理反射	巴宾斯基征阳性	无
肌萎缩	不明显	明显（肌肉失去了神经的营养性作用）

第三节　神经系统对内脏活动的调节

一、自主神经系统对内脏活动的调节

自主性神经系统相对于躯体神经具有在一定程度上不受意识支配的特点，其主要功能是调节内脏的活动，也称内脏神经系统。实际上，自主神经系统的自主性也是相对的，其活动还是受到中枢神经系统的控制。和躯体运动神经一样，自主神经系统也包括对内脏反射活动有关的神经系统的传入、中枢及传出部分，但习惯上仅指其传出部分。自主神经分为交感神经和副交感神经系统两部分。它们分布至各内脏器官、心血管和腺体，并调节这些器官的活动。

自主神经系统的功能主要是调节心肌、平滑肌和腺体（消化腺、汗腺和部分内分泌腺）的活动，使内脏活动与整体环境变化相适应，从而维持机体内环境的稳定。自主神经系统的主要功能见表 10-2。

表 10-2　自主神经的主要功能

	交感神经	副交感神经
循环器官	心跳加快加强，腹腔内脏血管、皮肤血管及分布于唾液腺与外生殖器的血管均收缩，脾包囊收缩，肌肉血管收缩（肾上腺素能）或舒张（胆碱能）	心跳减慢，心房收缩减弱，部分血管（如软脑膜动脉和分布于外生殖器的血管）舒张
呼吸器官	支气管平滑肌舒张	支气管平滑肌收缩，促进黏膜液体分泌
消化器官	分泌黏稠唾液，抑制胃肠运动，使括约肌收缩，抑制胆囊活动	分泌稀薄唾液，促进胃液、胰液分泌，促进胃肠运动，使括约肌舒张，促进胆囊收缩
泌尿生殖器官	逼尿肌舒张，括约肌收缩，有孕子宫收缩，无孕子宫舒张	逼尿肌收缩，括约肌舒张
眼	瞳孔扩大，睫状肌松弛，上睑平滑肌收缩	瞳孔缩小，睫状肌收缩，促进泪腺分泌
皮肤	竖毛肌收缩，汗腺分泌	
代谢	促进糖原分解，促进肾上腺髓质分泌	促进胰岛素分泌

自主神经系统主要具有如下的功能特征。

1. 紧张性作用　在静息状态下，自主神经不断向效应器官发出低频的神经冲动，称为紧张性作用（tonic action）。根据对效应器官产生作用的不同，可以将紧张性作用分为兴奋性紧张性作用和抑制性紧张性作用。这可以通过切断神经后观察其所支配的器官活动是否发生改变而得到证实。例如，切断心脏交感神经后，心率减慢，交感神经对心脏的紧张性作用是兴奋性的；而切断心脏迷走神经后，心率加快，迷走神经对心脏的紧张性作用是抑制性的。一般认为，自主神经的紧张性来源于中枢，而中枢的紧张性则来源于神经反射和体液因素等多种原因。

2. 双重神经支配 自主神经系统调控的组织器官一般都接受交感神经和副交感神经的双重神经支配。在这些具有双重神经支配的器官中，交感神经与副交感神经的作用往往是相反的，称为拮抗作用（antagonism）。例如，心脏交感神经能够加强心脏活动，而心脏迷走神经则抑制心脏活动。但有时两者对某一器官的作用并不表现为拮抗，而是一致。例如，交感神经和副交感神经都能促进唾液腺的分泌，只不过交感神经兴奋使唾液腺分泌少量黏稠的唾液；而副交感神经兴奋则使之分泌大量稀薄的唾液。

3. 效应器所处功能状态对自主神经作用的影响 自主神经对某些效应器官的作用还与该器官的功能状态有关。例如，交感神经对处于松弛状态的胃肠平滑肌不表现为抑制效应，而是产生兴奋作用，即提高平滑肌的紧张性；反之，副交感神经对处于紧张状态的胃肠平滑肌则引起抑制作用而不再是兴奋作用。又如，刺激交感神经能够抑制未孕动物的子宫活动，而能够加强妊娠子宫的运动。这是因为未孕子宫和有孕子宫表达的受体不同。

4. 参与对整体生理功能的调节 在内外环境出现急剧变化时，自主神经系统在应对变化、协调各系统的过程中发挥重要的作用。自主神经系统通过增强交感神经活动，使体内循环、呼吸、消化及内分泌等系统协调活动，紧急动员，应对内外环境急剧变化，避免机体遭受损伤。交感神经活动具有广泛性，但对于一定的刺激，不同脏器的交感神经的反应方式和程度是不同的，表现为不同的整合形式。副交感神经系统活动的主要生理意义，在于促进消化、积蓄能量、加强排泄、使机体尽快休整恢复，发挥保护机体、休整恢复的作用。例如，机体在静息状态下，副交感神经活动加强，出现心率降低、瞳孔缩小、消化功能增强以促进营养物质的吸收和能量的补充等。

二、各级中枢对内脏活动的调节

在中枢神经系统的各级水平都存在调节内脏活动的核团，它们在内脏反射活动的整合中起不同的作用。简单的内脏反射通过脊髓整合即可完成，而复杂的内脏反射则需要延髓以上中枢的参与。

（一）脊髓对内脏活动的调节

脊髓是调节内脏反射活动的初级中枢，一些最基本的内脏反射活动在脊髓水平就可以完成，如血管张力反射、发汗反射、排尿反射、排便反射及勃起反射等。脊髓动物在脊休克期过去后，上述内脏反射活动逐渐恢复。但脊髓的反射调节功能是初级的，平时接受高位中枢的控制。如果仅依靠脊髓本身的反射调节能力，则不能很好地适应正常的生理功能的需要。例如，脊髓离断导致截瘫的患者，虽有排尿、排便反射能力，但常会出现大、小便失禁，而且在由平卧位转成直立位的时候，会出现血压反射调节能力障碍而导致的头晕。

（二）低位脑干对内脏活动的调节

延髓是维持生命活动的基本中枢，能够初步完成许多基本生命现象（呼吸、循环及消化等）的反射调节，有生命中枢之称，此区损伤往往危及生命。延髓发出的副交感神经纤维支配头面部的所有腺体及心脏、支气管、食管、胃、小肠、肝脏及胰腺等内脏器官。同时延髓也是吞咽、咳嗽、喷嚏、唾液分泌、呕吐等反射活动的整合部位。脑桥前端 1/3 区域存在呼吸调整中枢和角膜反射中枢；中脑存在着瞳孔对光反射中枢和视、听探究反射中枢的部位。

（三）下丘脑对内脏活动的调节

下丘脑是调节内脏功能的较高级中枢。下丘脑与大脑皮质、边缘前脑、皮层下中枢、丘脑、脑干网状结构及垂体都有广泛的纤维联系；通过垂体门脉系统和下丘脑-垂体束调节垂体的功能。下丘脑的传入和传出纤维很多，在调节内脏活动的功能中具有重要作用，下丘脑能把内脏活动与其他生理活动联系起来，进行整合，从而对体温、摄食、水平衡、内分泌、情绪控制、生物节律等重要生理过程进行调节。

下丘脑的主要功能包括如下几种。

1. 调节内脏活动 刺激下丘脑前区常可引起膀胱收缩、胃酸分泌增多等反应。刺激下丘脑后区可引起血压升高、心率加速、瞳孔扩大等反应。这些都说明下丘脑与自主神经系统的活动密切相关。下丘脑的这些作用不是直接控制机体某一内脏活动，而是机体复杂生理功能整合的组成部分。此外，下丘脑还可通过垂体的内分泌影响自主神经系统的活动。

2. 调节体温 哺乳类动物在间脑以上水平切除大脑皮质后，体温仍能基本保持正常水平并相对稳定。而在下丘脑以下部位横切除脑干后，则动物不能再保持其体温的稳定。人脑前部有一些温度敏感神经元，可感受所在部分的温度变化，并能对传入的温度信息进行整合。这种温度敏感神经元的活动水平构成了体温的调定点（setpoint），如果体温超过或低于这一水平，机体则通过调节散热和产热活动来维持体温的相对稳定。

3. 调节摄食行为 摄食行为是动物维持个体生存的基本活动。实验表明，下丘脑内存在双重调节摄食行为的中枢。

（1）摄食中枢（feeding center）：实验发现下丘脑外侧区存在着摄食中枢，用埋藏电极刺激该区可使动物摄食增加，而破坏此区，动物摄食减少，甚至拒食。

（2）饱食中枢（satiety center）：下丘脑腹内侧核存在饱食中枢，刺激该区则动物拒食，破坏此区则动物多食和肥胖。

用微电极分别记录下丘脑外侧区和腹内侧区的神经元放电，观察到动物在饥饿情况下，前者放电频率较高而后者放电频率较低；进食或静脉注入葡萄糖后，则前者放电频率减少而后者放电频率增多。说明摄食中枢和饱中枢的神经元活动具有交互抑制的关系。

4. 调节水平衡 下丘脑对水平衡的调节包括水的摄入与排出两个方面。

（1）控制水的摄入量：下丘脑外侧区有控制摄水的区域，称为饮水中枢（drinking center），又称渴中枢（thirst center），该中枢与摄食中枢极为靠近。电刺激该区，动物饮水增多。当机体缺水时，则渴中枢兴奋。

（2）调节肾脏活动控制水的排出量：下丘脑的视上核和室旁核区域内存在着渗透压感受器，当机体缺水或血浆晶体渗透压升高时，渗透压感受器兴奋性增高，抗利尿激素的分泌增加，从而使肾脏的远曲小管和集合管上皮细胞对水的通透性增加，促进水的重吸收，使尿量减少，从而使机体保持水的平衡；反之亦然。

5. 神经内分泌调节 下丘脑神经元能合成 9 种下丘脑调节肽，调节各种腺垂体激素的分泌。同时，下丘脑内还存在一些监察细胞，可以感受血液中某些激素浓度的变化，从而反馈调控下丘脑调节肽的分泌。下丘脑大细胞神经元分泌的催产素和血管升压素经下丘脑-垂体束运送并储存于神经垂体，下丘脑可控制催产素和血管升压素的释放。

6. 对生物节律（biorhythm）的控制 机体内的各种活动常按一定的时间顺序发生变化，这种变化的节律称为生物节律。研究发现，下丘脑的视交叉上核可能是生物节律的控制中心。破坏小鼠的视交叉上核，可使原有的日周期节律性活动（如饮水、排尿等）消失。

7. 调节情绪（emotion）变化 情绪是人们对于事物情境或观念所引起的主观体现和客观表达。主观体现的是心理反应，客观表达包括一系列的生理变化，如自主神经的功能、内分泌功能和躯体运动功能的改变。实验证明，在间脑水平以上切除猫的大脑，可在轻微刺激后或者自发出现恐惧（fear）和假怒（sham rage）等本能防御反应（defense reaction），表现为出汗、瞳孔扩大、心率加快、血压上升、竖毛、张牙舞爪、挣扎、企图逃跑或攻击行为、疑似发怒等一系列交感神经系统过度兴奋的表现。而在正常情况下，下丘脑的这种作用不能表现出来，切除大脑后则解除抑制，出现防御反应。

此外，下丘脑还参加性行为和睡眠等生理活动的调节。

（四）大脑皮质对内脏活动的调节

1. 边缘系统（limbic system） 包括边缘叶及与之有密切联系的皮层部分及皮层下结构。大脑半球内侧面皮层与脑干的连接部及胼胝体旁的环周结构称为边缘叶（limbic lobe），它由扣带回、海马回、海马和齿状回等结构组成。这部分结构是调节内脏活动的重要中枢。由于大脑皮质的岛叶、颞极、眶回，以及皮层下的杏仁核、隔区、下丘脑、丘脑前核等，在结构与功能上和边缘叶密切相关，因而有人把边缘叶和这些结构统称为边缘系统。有人还把中脑中央灰质及被盖等结构也归入该系统，从而形成边缘前脑（limbic forebrain）和边缘中脑（limbic midbrain）的概念。边缘系统的功能比较复杂，曾有“内脏脑”之称，它与内脏和内分泌活动、情绪反应、学习记忆、摄食行为等生理活动有关。有人将边缘系统的功能总结为两个方面：一类是维持个体生存，是指获取食物、促进消化、避免伤害等；另一类是种族繁衍，指的是动物的生殖行为。

2. 新皮质 边缘叶包括原皮质和旧皮质，原、旧皮质与新皮质不论在发生、解剖上都是互相联系的，而在生理功能上更是难以分割。边缘系统对血压、呼吸、消化、排泄等自主性功能有调节作用，电刺激新皮质也能引起内脏活动的变化。例如，电刺激皮质内侧面4区一定部位，会引区起直肠与膀胱运动的变化；刺激皮质外侧面，可产生呼吸运动和血管运动的变化；刺激皮质6区一定部位，可引起出汗、竖毛等反应，也可引起上、下肢血管的舒缩反应，并且引起上、下肢血管舒缩反应的区域，与其躯体运动代表区相对应。这些现象说明新皮质与内脏活动有密切关系，它参与了对内脏活动的调节。

（尚　超　焦海霞）

第十一章　脑的高级功能

认知、学习、记忆、情绪和语言等是人脑最复杂也是最精巧的功能，脑的大部分区域都执行这些功能。但是由于研究方法上的限制，脑的高级功能的机制常常很难阐明。然而通过对不同脑区损伤患者的症状和体征的观察，随着神经解剖的功能图谱的不断完善，电子计算机断层扫描（CT）和正电子发射断层扫描（positron emission tomography，EPT）等非侵入性影像学技术的应用，以及在灵长类动物相应脑区进行的各项实验，脑的高级功能的研究获得较迅速的进展。

神经科学是以整合的方法研究思维活动，现介绍研究神经功能常用的 5 种方法。

1. 单神经元记录技术　在 20 世纪 60 年代和 70 年代，记录技术用于检查无损伤的脑和正在进行行为活动动物（包括灵长类动物）的单神经元放电活动，主要是由 E D. Evarts 和 V. Mountcastle 发展的。随着这些技术的逐渐成熟，一些学者采用增加活动（刺激）、减低活动（损伤）等方法检验行为和细胞的相关性，使动物进行典型的行为作业的同时在细胞水平检查感知和运动加工处理的过程有了可能。这些研究结果表明，人类感知的机制与猴子和其他更简单的动物几乎是一致的。

2. 细胞电活动和认知加工过程的相关性研究　在猴子模型的细胞水平的研究，为特定脑区的单个细胞放电模式与更高级的认知加工过程进行相关性研究提供了可能，如注意和做决定的加工过程。这个进步改变了研究实验性动物和人类行为的方式，研究不再集中观察由刺激引起的行为反应特点，而是集中在探索脑的信息加工过程是如何指导行为的。

3. 脑损伤和行为分析的研究　神经科学和认知心理学的发展，促进了对脑损伤患者的行为分析兴趣的复兴。众所周知，对于认知的神经基础的了解开始于脑损伤手术，而且大量知识来自皮层的损伤，如不同脑的特定区域的损伤，患者表现出相当特定的认知缺损。脑损伤导致的特定行为变化的结果告诉我们：脑的特定功能区域和传导通路内有许多认知加工系统，每个系统存在许多独立的信息加工模块，如在视觉系统里，与感觉感知相关的认知系统原型有相关于加工颜色、形式和运动信息的独特的传导通路。

4. 影像学技术　正电子断层发射扫描图（PET）、磁共振（MRI）、功能磁共振（fMRI）、磁电波（MEG）和电压敏感染色技术，使在活体脑研究进行性的神经元活动变化与特定的思维加工过程的相关性成为可能。

5. 电脑科学　电脑科学对认知神经科学做出了卓越的贡献。电脑专家为模拟大量神经元的活动提供了可能，同时开始探索与观念（ideas）有关的脑的特定成分在特殊行为的作用。为了解复杂行为神经元的组织，如说话，我们不仅需要了解单个细胞的性质及其连接通路，还需要了解脑的功能性环路网络的特点。电脑技术，特别是其与心理物理的结合，分析刺激物物理的作用和感知的关系，可以帮助我们了解某一系统的全部特征，明确细胞组成的特性及解释特定系统的独特功能，从而阐明某一系统的特性。

第一节　认　知

认知（cognition）是指脑对外界刺激或内在动机的注意、分辨及计划做出有意义

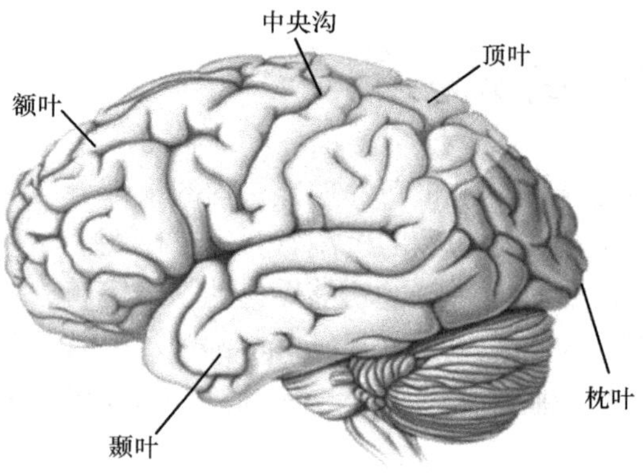

图 11-1 人类大脑的分叶（背外侧面观）

的反应的能力。大脑活动支配认知功能的加工主要在大脑皮质，覆盖大脑半球的有沟回的灰质。脑的两侧半球的每侧有褶皱的皮质，按颅骨解剖命名为额叶、顶叶、枕叶和颞叶（图 11-1）。每一脑叶有它的特定的功能：额叶的大部分参与计划未来的动作，动作的控制；顶叶则与本体感觉、身体想象的构成、本体想象相关的个人空间有关；枕叶与视觉密切相关；颞叶与听觉相关，它通过它的深部结构海马和杏仁核分别参与学习、记忆和情绪的加工过程。

大脑皮质根据功能上来分，由感觉皮层、运动皮层和联合皮质组成。联合皮质包括顶叶联合皮质、颞叶联合皮质和前额叶联合皮质。联合皮质不参与纯感觉或运动功能，而是接受来自感觉皮层的信息并对其进行整合，然后将信息传至运动皮层，从而对行为活动进行调控。联合皮质之所以被这样称呼，就是因为它在感觉输入与运动输出之间起“联合”作用。

大脑联合皮质具有典型的 6 层结构。在系统发生上，随着动物从低等向高等进化，联合皮质从不发达到比较发达，最后进化到如灵长类及人类那样高度发达的联合皮质。在个体发育中，联合皮质是中枢神经系统成熟得最晚的结构（人的联合皮质到生后几个月才开始出现髓鞘化）。根据 Haeckel 法则，系统发生上出现最晚、个体发育中成熟最迟的联合皮质参与大脑高级认知功能。

由于对联合皮质功能的认识多数来源于在猴上进行的实验研究，因此本节分别从人和猴两个方面介绍联合皮质在认知中的作用。

一、顶叶联合皮质参与触知觉、空间知觉和眼球运动控制

人类顶叶联合皮质包括 Brodmann 5 区、7 区、39 区和 40 区，猴顶叶联合皮质包括 Brodmann 5 区和 7 区（图 11-2）。5 区主要接受初级躯体感觉皮层（1、2、3 区）和丘脑后外侧核（nucleus lateralis posterior，LP）的投射，而 7 区主要接受纹状前视区（pre-striate visual areas），丘脑后结节（pulvinar）、颞上回、前额叶皮层和扣带回（23、24 区）的投射。5 区和 7 区尽管有着不同的输入来源，但却有着共同的投射靶区，这些靶区包括运动前区、前额叶皮层、颞叶皮层、扣带回、岛回和基底神经节。不同的是，5 区更多地投射到运动前区和运动区，而 7 区投射到那些与边缘结构有联系的颞叶亚区（5 区则没有这种投射）。此外，7 区还直接向海马旁回投射，并接受来自蓝斑和缝际核的投射。因此，5 区可能更多地参与躯体感觉信息及运动信息的处理，7 区则可能主要参与视觉信息处理，并参与运动、注意和情绪调节等功能。

（一）人顶叶联合皮质受损导致触知觉及空间知觉的障碍

顶叶联合皮质受损或病变通常导致患者在触知觉及空间知觉方面异常。在触知觉方

面，5 区受损或病变的患者丧失通过触觉来识别物体形状和大小的能力（触觉失认，astereognosis）。在空间知觉方面，右侧顶叶联合皮质受损或病变的患者表现：①地理概念丧失，不能识别日常生活中常来常往的道路或场所；②衣着失行，不能正确地穿着衣服，衣服前后、左右或里外不分；③半侧空间忽视（hemispatial neglect），行为活动时忽视对侧空间中的要素或事实；④空间构成失行，不能通过正确的空间搭配，把个别的部件或要素构造成整体的空间结构（如搭积木）。

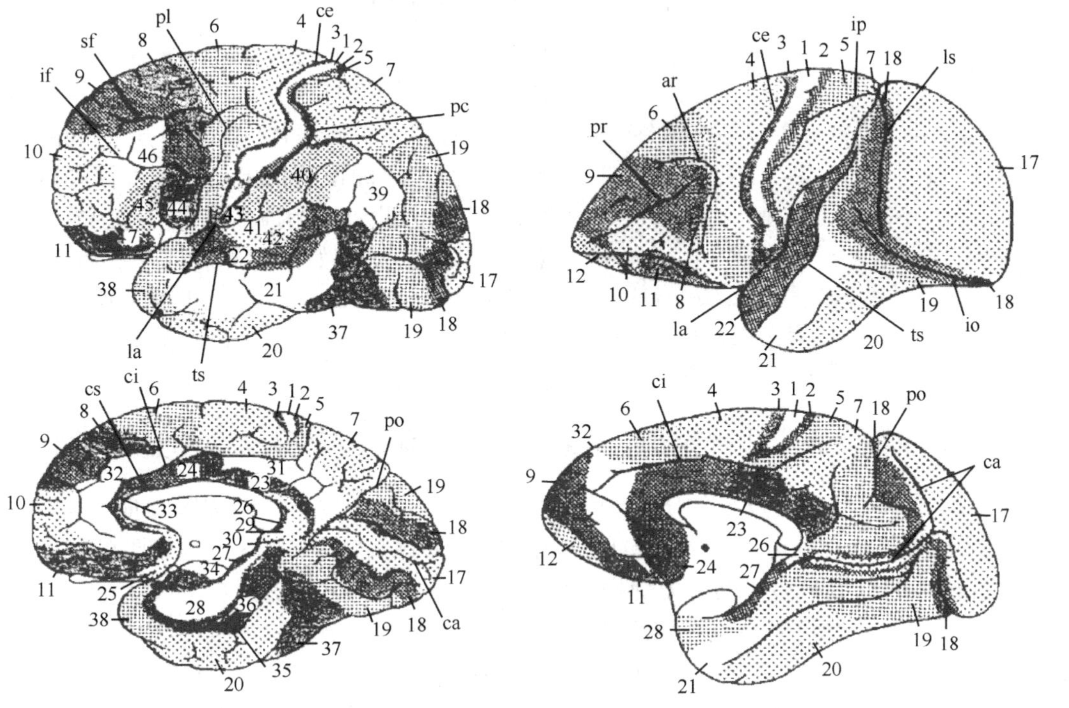

A　　　　B

图 11-2　人和猴的大脑皮质 Brodmann 分区

上为背外侧面观，下为内侧面观。A. 人大脑皮质分区；B. 猴大脑皮质分区；

ar：弓状沟；ca：距状沟；ce：中央沟；ci：扣带沟；cs：胼胝沟；if：额下沟；io：枕下沟；ip：顶间沟；la：外侧裂；ls：月状沟；pc：中央后沟；pl：中央前沟；po：顶枕沟；pr：主沟；sf：额上沟；ts：颞上沟

半侧空间忽视是最常见的例子（图 11-3）。1941 年英国神经病学家 Brain W. R. 报道一侧顶叶损伤患者的各种程度的认知障碍，这些患者尽管没有地形记忆的丧失，却不能在自己家里从一个房间走到另一房间，他们总是犯同样的错误：选择右转弯而代替左转弯，或者选择右侧门而代替左侧门，提示他们不注意或忽视左侧空间。Brain 描述的这种缺陷发生在非优势侧半球通常是右半球损伤患者。患者不能感知或“注意”自己脑损伤对侧身体（自身体象失认）或与该侧身体有关的客观空间（单侧空间失认症）。当左侧肢体被动地移至患者视野内，患者否认该侧肢体属于自己的。患者也不能接受给予忽视一侧的躯体刺激或视觉刺激，由于左侧的忽视，患者完成复杂的运动任务也发生困难，如穿衣服时不能把左手伸入袖管，写字、画图都忽视左半侧，不能辨别来自左侧方向的声音。但是患者忽视侧的感觉和运动功能其实都是正常的。这种忽视可以是“注意”的短暂缺损，随着患者的康复而消失，也可以持久地保持下去。检测半侧空间忽视的方法很多，图画临摹和线条等分分割是常用的方法。例如，当要求患者临摹一朵花时，患

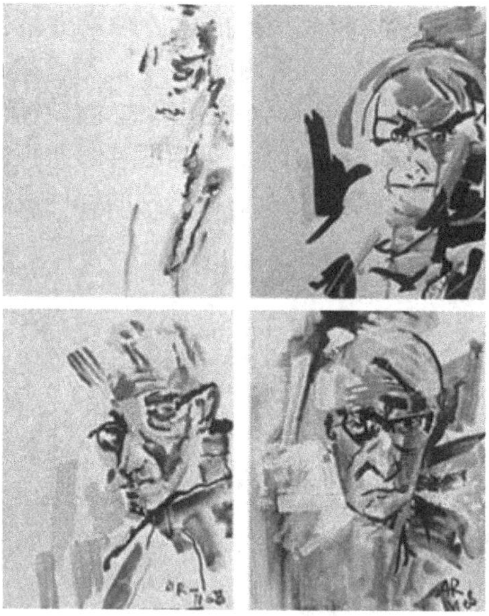

图 11-3　中风引起半侧空间忽视患者的自画像
从患病到逐渐恢复不同时期画的自画像

者只描绘右半部分，忽视左半部分；当要求患者把一条直线进行二等分分割时，患者总是忽视线条的左半部分，把右半部分当作一个整体进行分割。

现在认为顶叶，特别是后顶叶（5、7 区，可能还包括人的 39、40 区）是担任“注意”任务的主要皮质区。半侧空间忽视与非优势侧半球的后顶叶皮质损伤有关。这种特异性认知功能在两半球的不对称分布可能是因为右侧后顶叶皮质管理左右侧身体和身体之外空间的“注意”，而左半球顶叶仅担负右侧身体和空间的“注意”。因此，左侧顶叶损伤引起的右侧“注意”缺损可以被完好的右侧后顶叶的功能代偿。而右侧顶叶损伤时，右侧“注意”缺损可被左侧顶叶的功能代偿，仅表现左侧的“注意”功能发生缺陷。

（二）猴顶叶联合皮质切除损毁导致精细触知觉、空间知觉及视觉-运动的障碍

切除损毁猴顶叶联合皮质的研究结果显示，猴顶叶联合皮质在精细触知觉、空间知觉及视觉-运动控制等功能方面起着关键的作用。在精细触知觉方面，5 区被切除的猴通过触觉来分辨物体的重量和形状的能力受损，前肢位置感觉丧失，捉握反应亦发生障碍，温度差（小于 12℃时）分辨障碍。在空间知觉方面，5 区及 7 区被切除的猴在物体和物体之间空间关系（如远近或距离）的认知方面受损。在视觉-运动控制方面，7 区被切除的猴不能完成用手接近视觉目标的操作，手实际到达的位置严重偏离目标所在位置。

（三）顶叶联合皮质神经元参与躯体感觉及视觉空间信息的整合处理

行为神经生理学研究表明，顶叶联合皮质神经元参与躯体感觉信息及空间视觉信息的整合处理。表 11-1 归纳了猴顶叶联合皮质神经元的信息处理特征。特别要强调的是 7 区神经元在眼动控制中的功能[注视（fixation）、追踪（pursuit）、扫视（saccade），以及手眼协同]。由于这些功能，动物和我们人类的眼睛能在极短的时间内把静止的或移动着的视觉目标捕捉住，并在必要时对其做出迅速的反应。

表 11-1　猴顶叶联合皮质神经元的信息处理特征

神经元类型	分布部位	信息处理特征
1. 复杂躯体感觉神经元	5 区	与特定的身体姿势相关；对皮肤与关节的复合刺激起反应
2. 视觉-运动神经元	5 区，7 区	在手眼一致运动，即手主动接近视觉目标的过程中放电活动增强
3. 眼球运动神经元	7 区	
（1）注视神经元		当猴眼睛注视某一目标时（实验时猴子的头部固定），这类神经元放电频率显著增加或减少，其放电频率随注视位点的空间方位或远近程度而改变
（2）扫视神经元		当猴眼睛离开注视目标朝某一方向作快速运动（扫视）时，这类神经元放电频率显著变化，并根据扫视的方向不同放电变化的幅度亦不相同

续表

神经元类型	分布部位	信息处理特征
（3）追踪神经元		当猴眼睛平滑地追踪某一移动目标时，这类神经元放电频率显著增加或减少，其放电频率随追踪方向的改变而改变
4. 视觉注意神经元	7 区	在猴选择性地注意某一视觉刺激时放电活动增强
5. 异种感觉整合神经元		
（1）视觉与躯体感觉整合	7 区	这类神经元对视觉刺激及躯体感觉刺激都有反应，但只有当两者结合起来时，反应最大。例如，实验者的手接近猴颚部（视觉刺激）并触摸颚部皮肤（躯体感觉刺激）时，反应最大
（2）视觉与平衡感觉整合	7 区	这类神经元对视觉刺激及前庭感觉刺激有反应，但只有当两者结合起来时，反应最大。例如，这类神经元在猴身体倾斜时放电活动增强（前庭感觉反应），这种反应在明室（有视觉刺激）与在暗室（无视觉刺激）时强度不一样（前者要强得多）

以上简述了顶叶联合皮质的功能。总之，顶叶联合皮质 5 区主要参与躯体感觉信息的整合，而 7 区则主要参与视觉空间信息的整合。

二、颞叶联合皮质参与形状知觉和相貌认知

颞叶联合皮质由 3 部分组成。颞上回（brodmann 22 区）与听觉信息处理相关；颞下回（brodmann 20、21 和 37 区）与视觉信息处理相关；颞叶古旧皮质或称内侧颞叶（梭状回、旁海马回，海马及杏仁核）与记忆和情感相关。本节仅介绍颞下联合皮质的视觉信息处理功能。

颞下联合皮质有 4 类主要的纤维联系方式：①20 区接受来自纹状前视区（18 区和 19 区）的投射，21 区则接受来自 20 区的投射；②20 区和 21 区分别投射到颞上沟的底部；③20 区和 21 区分别投射到颞叶古旧皮质；④20 区和 21 区分别投射到前额叶皮层。

（一）人颞下联合皮质受损导致物体、颜色及相貌的失认

颞下联合皮质损伤或切除的患者表现为视知觉（颜色、物体和相貌认知）及记忆和情感人格等方面的障碍。在视知觉方面，患者对颜色、熟悉的物体和面孔的识别或分辨能力受到损害[颜色失认（achromatopsia）、物体失认（object agnosia）和相貌失认（prosopagnosia 或 face agnosia）]，对有相同或类似特征、性质的事物加以组织和分类的能力受到损害，患者对视觉刺激常常产生解释性错觉（interpretative illusion，即变形视）。颞下联合皮质及颞叶古旧皮质（包括海马、杏仁核及旁海马回等）受损的患者还表现为记忆障碍及情感人格方面的异常（如性功能亢进等）。此外，电刺激患者颞下联合皮质会使过去经历过的情景或场面在患者脑海中浮现，即所谓的经验幻觉（hallucination），提示颞下联合皮质可能与长期记忆有关。

（二）猴颞下联合皮质切除损毁导致图形或物体分辨及记忆的障碍

切除损毁研究表明，猴颞下联合皮质与物体或图形的识别、分辨及短期记忆、长期记忆密切相关。20 区、21 区被切除后，猴对复杂特征的图形的分辨学习能力受损（图 11-4），对特征相近的物体或图形进行分类的能力受到伤害。21 区被切除后，对这些复杂特征的物

体或图形的记忆能力受到损害。

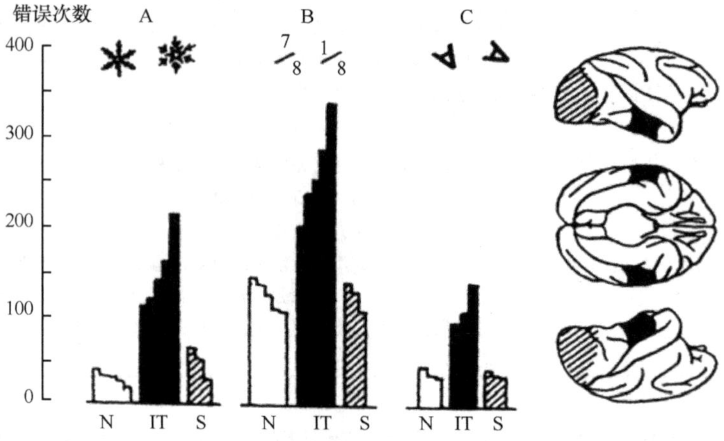

图 11-4 猴的图形分辨学习

A、B、C. 三对图形。纵坐标. 达到学会标准所要的犯错次数。N. 正常对照猴；IT. 颞下回切除猴；S. 纹状皮层切除猴

（三）猴颞下联合皮质神经元参与图形或物体识别、记忆及相貌认知

行为神经生理学研究表明，猴颞下联合皮质（20 区和 21 区）存在对复杂图形或物体进行识别分类及记忆的神经元（表 11-2）。21 区和颞上沟（superior temporal sulcus，STS）底部存在对特定相貌起反应的神经元。图 11-5 为一例对特定形状图形起反应的 21 区神经元；图 11-6 为一例对特定相貌起反应的 21 区神经元。

表 11-2 猴颞下联合皮质神经元的信息处理特征

神经元类型	分布部位	信息处理特征
1. 形状识别神经元	20 区，21 区	这类神经元对某一特异形状的图形起反应 当这一图形的大小变化时，神经元的反应幅度也随着改变，但对这一图形的类似图形或它的旋转图形没有反应
2. 形状分类神经元	21 区	这类神经元对某一特异形状的图形起反应 这种反应不因图形的大小、颜色、亮度等物理属性的改变而改变。对这一特异图形的类似图形或它的旋转图形有相似的反应，但对构成该图形的要素没有反应
3. 图形/物体记忆神经元	21 区	这类神经元参与对图形或物体的短期或长期记忆
4. 相貌认知神经元	21 区，STS 底部	这类神经元选择性地对人或动物的相貌起反应，对相貌以外的复杂刺激没有反应

Miyashita 等训练猴操作一种图形联想式记忆任务。他们把 24 个复杂的图形固定搭配成 12 对。实验时，猴用手压下一个压板启动任务操作，1s 后，计算机屏幕上呈现 12 对图形中任意一对图形中的任意一个图形，呈现时间为 1s（暗示图形），经过 4s 的延缓期后，荧屏上出现两个图形，其中一个是与暗示图形固定搭配的。另一个是其他 11 对（即 22 个）图形中的任意一个。要求猴去触摸与暗示图形固定搭配的那个图形，然后获得少量的橘汁作为奖励。要正确地完成这一任务，猴必须在延缓期内联想与暗示图形固定搭配的另一图形。Miyashita 等发现，在颞下回 21 区有两类神经元：一类为配对编码（pair-coding）神经

元，这类神经元只对某一对特定的图形有最大反应；另一类为配对回忆（pair-recall）神经元，这类神经元在猴看到某一特定图形后，联想与之固定搭配的另一图形的时候（即在延缓期内）放电频率显著增大。Miyashita 等认为，配对编码神经元与猴对特定图形的长期记忆有关，而配对回忆神经元与猴联想某一特定图形的神经过程有关。

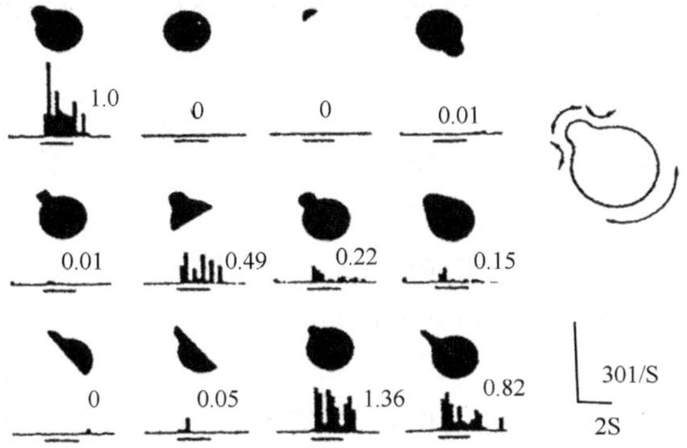

图 11-5　颞下回 21 区对特定形状的图形起反应的神经元

每一图形下面是该神经元放电活动的直方图。直方图下面的横线代表图形刺激时间

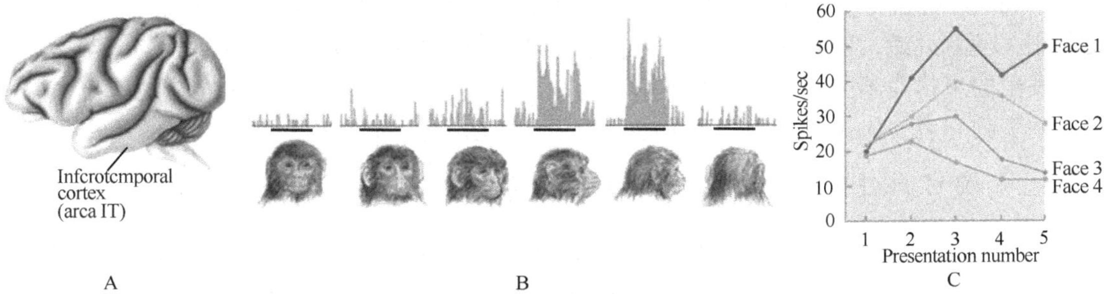

图 11-6　颞下回 21 区对特定相貌起反应的神经元

以上简述了颞下联合皮质的功能。概述之，颞下回 20 区和 21 区参与对图形或物体的特征识别与分辨，21 区参与对图形或物体特征的短期或长期记忆，21 区和颞上沟底部参与相貌认知。

三、前额叶联合皮质参与注意力调节、情感人格及工作记忆

前额叶联合皮质在解剖学上具有几个显著的特征：位于大脑皮质最前方；具有显著发达的颗粒第Ⅳ层；接受丘脑背内侧核的直接投射；具有广泛的传入传出纤维联系。动物从低等向高等进化，前额叶联合皮质面积也相应地变得越来越大。灵长类（包括人类）具有最发达的前额叶联合皮质。在人类，前额叶联合皮质占整个大脑皮质面积的 29%左右。人类前额叶联合皮质由 Brodmann 的 9～14 区及 45～47 区组成。11～14 区及 47 区总称为前额叶眶回；9、10、45 和 46 区总称为前额叶背外侧部。

前额叶联合皮质有着极丰富的皮层及皮层下纤维联系。前额叶皮层与纹状前视区、颞叶联合皮质、顶叶联合皮质有着交互的纤维联系。①前额叶皮层是唯一与丘脑背内侧核有交互纤维联系的新皮质，也是唯一向下丘脑有直接投射的新皮质。②前额叶皮层与基底前脑、扣带回及海马回有直接或间接纤维联系。③前额叶皮层发出纤维投射到基底神经节（尾

核和壳核）。这种复杂的纤维联系决定了前额叶皮层功能上的复杂性。

（一）人前额叶联合皮质受损导致注意力分散、反应抑制障碍及情感人格异常

人类前额叶联合皮质受损导致多种多样的功能异常。比较典型的表现有如下几种①前额叶患者注意力调控能力低下，很难把注意力集中到被特别暗示的事情上，容易受无关刺激的干扰。患者要么注意力容易分散，要么注意力很难在不同的事物或不同的行为操作之间进行切换。②前额叶患者常常不能根据暗示信号调整自己的行为。例如，要求患者根据文字提示摹写一串简单的图形或符号，患者通常能正确地摹写出第一个、甚至亦能正确地摹写第二个。但是，越到后来，患者就无法再根据文字暗示进行摹写，而是一个劲儿重复绘第一个或第二个图形。也就是说，前额叶患者很难抑制已经建立起来的行为模式。③前额叶患者的联合学习和工作记忆（working memory）能力低下。所谓工作记忆，指动物或人在进行某种复杂的认知任务操作（如下棋、思维、推理、行为的计划和组织、语言交流等）时，脑内“在线”式地短暂储存某种必要的信息的神经过程。④前额叶患者的发散思维（divergent thinking）能力及策略形成能力受到损害。患者很难列举出有相同或类似特征的一系列事物，如很难在规定的时间内写出具有相同特征的英文词；不能形成有效的策略来解决问题。⑤前额叶患者的社会及情感行为表现异常。例如，患者盲目乐观，生活态度无节制，随意说谎，伴有儿童行为；存在性犯罪、色情亢进及盗窃等反社会行为；对外部世界发生的事情漠不关心，缺乏积极意义的行动意欲。⑥左侧前额叶 45 区（Broca 区）受损或病变的患者丧失讲话能力，即 Broca 失语症（Broca’s aphasia）。

（二）猴前额叶联合皮质切除损毁导致空间记忆能力低下

猴前额叶联合皮质大致可分为 5 个功能亚区：弓状沟凹（8 区）参与眼球运动控制；主沟区（4 远区）参与空间工作记忆；前额叶上凸部（9 区）参与运动感觉分辨（kinesthetic discrimination）；前额叶下凸部（11、12 和 13 区）参与反应抑制；内侧眶回（14 区）参与嗅觉分辨及社会情感行为调控。

20 世纪 30 年代，Jacobsen 首先报道，前额叶被切除后，猴的短时空间记忆能力受到严重损害。短时空间记忆的经典行为模型是延缓反应任务（delayed-response，DR 任务）（图 11-7）。DR 任务一般都有 3 个时期：暗示期（cue）、延缓期（delay）和反应期（choice）。要求猴在几秒或几十秒的延缓期内把被暗示的某一空间位置记住，然后在反应信号出现后对被暗示的空间位置进行操作。这种短时程的、对空间位置的“在线”（on-line）记忆近年来亦被称作空间工作记忆（spatial working memory），或空间表象记忆（spatial representational memory），或活动记忆（active memory）。在 Jacobsen 的开创性工作之后，大量的研究表明前额叶皮层主沟区（46 区）是空间工作记忆的关键区域。例如，Bauer 和 Fuster 通过冷冻的方法，把前额叶皮层主沟区的局部温度降低至 20 ℃，使主沟区可逆地失活，发现猴的延缓反应任务操作正确率显著地下降，延缓期越长，操作正确率下降越多。

（三）猴前额叶联合皮质主沟区神经元参与空间工作记忆

在前额叶联合皮质的诸多功能中，研究得较为深入的是空间工作记忆。20 世纪 70 年代初，Fuster 和 Kubota 分别率先在神经元水平上研究了前额叶皮层的空间记忆功能。Fuster 等训练猴进行延缓反应任务操作，实验者在猴前方左右位置上放置两只盒子，当着猴的面

在左边或右边的盒子下放置食物（暗示期）。然后拉下一挡板挡住猴的视线，不让猴子看到食物盒子（延缓期）。几秒或几十秒后重新拉起挡板，让猴子翻盒子取食（反应期）。每一次测试中，猴必须在延缓期内记住左右两个盒子中哪个盒子里放有食物，才能在反应期做出正确的反应选择（图 11-7）。Fuster 等发现，前额叶皮层主沟区有一类神经元选择性地在左边暗示或右边暗示测试的延缓期内放电持续增加；延缓期结束，这类神经元的放电活动也随之结束；如果某一次测定中没有出现延缓期放电，猴在反应期内的位置选择也出错；如果暗示期内不在盒子里放置食物（“假”暗示），延缓期放电也不出现，猴在反应期内也不作任何反应选择。Fuster 等认为，前额叶皮层主沟区的这种延缓期放电代表着对空间位置信息的短时记忆。与此同时，Kubota 等在猴前额叶皮层主沟区采用空间工作记忆的另一个经典行为模型，即延缓交替任务来检测，结果表明，前额叶皮层主沟区一类神经元在延缓期内负责编码暗示位置的空间信息。

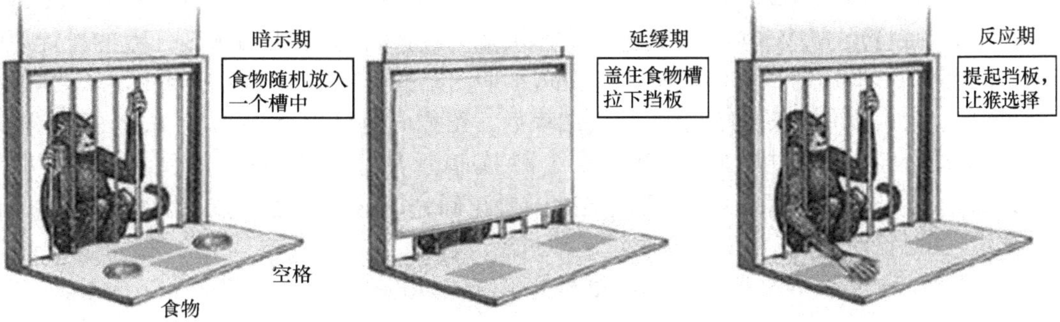

图 11-7　检测空间工作记忆的经典延缓反应任务

在 Fuster、Kubota 及后来许多关于前额叶皮层神经元在空间工作记忆中的作用的研究中，一个没有很好地得到排除的因素是，实验猴在延缓期内有可能把眼睛“锁定”（lock at）在被暗示的空间位置上，因而延缓期放电活动实际上可能并不代表对空间位置信息的记忆，而是与猴眼睛野锁定暗示目标有关（后来的研究表明前额叶皮层的确存在这类神经元）。直到 1989 年，Funahashi、Bruce 和 Goldmen-Rakic 才真正地把前额叶皮层主沟区神经元的活动与空间工作记忆机制关联起来。Funahashi 等训练猴操作眼动延缓反应任务（oculomotor delayed response，ODR 任务）。ODR 任务是这样设计的：猴用眼睛注视出现在计算机显示器中央的、形状为“X”的光点以启动任务操作。在猴注视“X”的过程中，一方块光斑在围绕“X”的外周位置（0°、45°、90°、135°、180°、225°、270°和 315° 8 个位置中的任意一个位置）上闪烁 0.5s（暗示期）。然后是 4.0s 的延缓期。在暗示期和延缓期内，要求猴把眼睛一直注视着“X”光点（否则该次测试强行结束，重新开始下一次测试）。延缓期结束后，“X”光点消失，触发猴做行为反应。反应方式是猴移动眼睛，把日光移至暗示期内被暗示的外周位点上。正确反应后，猴可以得到奖励（通常是橘子汁或水）。因此，猴必须在延缓期内在眼睛不能移动的情况下记住 8 个空间位置中哪一个是被暗示的位置，才能做出正确的反应选择。实验发现，前额叶皮层主沟区许多神经元在延缓期内放电频率持续增加。由于猴的眼睛在延缓期内一直注视着中央位点。因此，延缓期放电活动的确反映了猴对被暗示的空间位置信息野的“在线”记忆。而且，这些延缓期相关神经元具有空间“记忆野”（memonic field），它们有各自最适的空间记忆位置。

前额叶主沟区接受来自顶叶联合皮质的纤维投射。顶叶联合皮质在空间视觉（spatial

vision）中起关键作用。视觉信息传至初级视皮层后，视觉信息中的空间成分（如视觉刺激的运动方向、朝向、远近及组成刺激的各要素之间的空间关系等）传至顶叶联合皮质，在此加工处理成空间知觉（这就是所谓的视觉空间信息处理的“背侧通路”dorsal pathway；图 11-8）；经过整合的空间信息再由顶叶联合皮质传至前额叶皮层主沟区，在此形成空间工作记忆。另外，前额叶下凸部（12 区和 45 区）接受来自颞下联合皮质的纤维投射。颞下联合皮质在物体视觉（object vision）中起关键作用。视觉信息传至初级视皮层后，视觉信息中的特征成分（如颜色、形状、模式和相貌等）传至颞下联合皮质，在此加工处理形成物体知觉（这就是所谓的视觉特征信息处理的“腹侧通路”cventral pathway；图 11-8）；经过整合的特征信息再由颞下皮层传至前额叶皮层下凸部，在此形成物体工作记忆（object working memory）。

与前额叶主沟区在空间工作记忆中的作用一样，前额叶皮层下凸部在物体工作记忆中的作用也得到了神经心理学和神经生理学研究的支持。延缓样本匹配任务（delayed matching to sample，DMS）是检测物体工作记忆的经典行为模型。DMS 任务的设计原则如下：假定有 A 和 B 两个物体或图形。在暗示期内给猴呈现 A 或 B 物体或图形[“样本”（sample）]，然后延缓一段时间。延缓期结束后，给猴同时呈现 A 或 B 物体或图形，要求猴去翻动暗示期呈现过的哪个物体或去触摸暗示期呈现过的那个图形[“匹配”（matching）]。正确操作后，猴可获得奖励。要正确完成这一任务，猴在延缓期内必须记住“样本”的特征，才能在反应期内正确地进行“匹配”。Passingham 发现，前额叶皮层下凸部被切除后，猴 DMS 任务操作成绩显著下降。Miller 等发现，猴在进行 DMS 任务操作时，前额叶皮层下凸部一些神经元选择性地在 A“样本”或 B“样本”呈现后的延缓期内放电频率持续地增加，即使延缓期内接连出现多个无关的干扰图形，这些神经元的延缓期放电也依然“顽固地”保持着，直到“配对”图形出现为止。前额叶皮层下凸部神经元的这种延缓期放电代表着对被暗示的物体的特征信息的记忆。

因此，前额叶皮层不同亚区管理不同性质的工作记忆：背外侧部主沟区管理空间工作记忆，下凸部管理物体工作记忆。行为神经生理学研究进一步支持这一点。Wilson、O’Scalaidhe 和 Goldman-Rakic 训练猴既操作空间工作记忆的延缓反应任务，又操作物体或相貌工作记忆的延缓反应任务。他们发现，前额叶皮层主沟区神经元在猴记忆空间位置时，放电活动增加，记忆物体或相貌特征时，放电活动没有变化；反之，前额叶皮层下凸部神经元在猴记忆物体或相貌时，放电活动增加，记忆空间位置时，放电活动没有变化。表明，空间工作记忆（即 where memory）和物体工作记忆（即 what memory）分别在前额叶的主沟区和下凸部处理。这与主沟区和下凸部在解剖学上分别接受“背侧通路”和“腹侧通路”的输入相一致（图 11-8）。

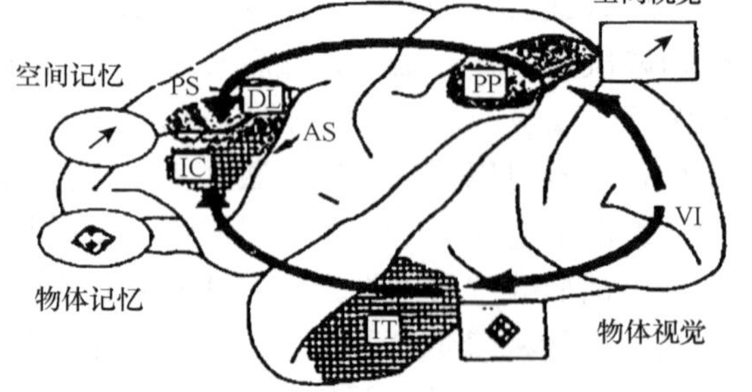

图 11-8　视觉空间信息和视觉特征信息

PS. 主沟；AS. 弓状沟；PP. 后顶叶；IT. 颞下回；DL. 前额叶皮层背外侧部；IC. 前额叶皮层下凸部；VI. 初级视皮层

基于灵长类动物神经解剖学和行为神经生理学研究，Goldman-Rakic 提出了前额叶皮层工作记忆模块（working memory domains）假说。根据这一假说，前额叶皮层具有多个工作记忆模块，不同模块位于不同的亚区，不同模块主管不同性质的工作记忆。具体地说，前额叶皮层主沟区管理空间工作记忆；前额叶皮层下凸部管理物体或相貌工作记忆；在人类，前额叶前端部分和（或）更下部的区域管理与语言信息处理相关的工作记忆。Goldman-Rakic 认为，脑内存在多个模块化的、并列的工作记忆系统。Goldman-Rakic 的工作记忆模块假说得到了脑功能成像研究的支持。

综上所述，前额叶联合皮质参与注意力调控及反应抑制；在空间和物体工作记忆中起关键作用；前额叶联合皮质与性格、情感及社会行为调控密切相关。在人类，左侧前额叶联合皮质 45 区与运动性语言功能有关。

第二节　学习和记忆

学习（learning）和记忆（memory）是人和动物赖以生存必不可少的重要脑功能。巴甫洛夫条件反射（conditioned reflex）现象的发现和研究方法的建立，为学习和记忆的神经科学研究创造了条件，提供了客观有效的实验研究方法。从现代神经科学观点来看，巴甫洛夫条件反射是一种典型的学习和记忆模式。

一、学习和记忆的典型模式——条件反射

反射是神经系统活动的基本方式。反射分为非条件反射和条件反射。前者是机体先天固有的反射，如婴儿的吞咽反射；后者是机体在后天生活过程中的一定条件下形成的，具有更大的易变性和适应性。

（一）条件反射活动的基本规律

1. 条件反射的建立　要求在时间上把某一无关动因与非条件刺激结合多次，且无关动因要先于非条件刺激而出现。例如，在动物实验中，给狗吃食物会引起唾液分泌，这是非条件反射，食物为非条件刺激。而给狗以铃声刺激则不会引起唾液分泌，因为铃声与食物无关，此时铃声为无关动因，或称为无关刺激。但是，如果在每次给狗食物前先出现一次铃声，然后再给食物，这样多次结合以后，当铃声一出现，动物就会分泌唾液。铃声本来是无关刺激，现在由于多次与食物结合应用而具有了引起唾液分泌的作用，即铃声已成为进食的信号。因而，此时就把铃声称为条件刺激，由条件刺激所引起的反射则成为条件反射。由于该反射是由巴甫洛夫发现的，所以称为巴甫洛夫条件反射或经典条件反射（classical conditioned reflex）。可见，形成条件反射的首要基本条件是无关刺激与非条件刺激在时间上的多次结合，这个过程成为强化（reinforcement）。一般来说，任何一个能为机体所感受的动因均可作为条件刺激，他们既可以来自体外（如作用于口、耳、眼、鼻及皮肤等动因），也可来自体内（如作用于胃、肠及其他内脏器官的动因）；他们既可以是单一的，也可以是复合的刺激，如一定强度的声或者光可作为条件刺激，两者组合在一起也可以作为条件刺激。此外，在所有非条件反射的基础上均可以建立条件反射，因此，除了常见的食物反射、防御反射、性反射等非条件刺激可作为非条件刺激外，凡能引起或者改变任何内脏器官活动的刺激均可作为非条件刺激，如某一无关刺激与能引起肾功能活动改变的刺激（如经直肠向体内注入一定量的水，以引起利尿）结合若干次后，单独条件刺激便可引起利尿。条件反射的建立还与动物机体的状态密切相关，如处于饱食状态的动

物很难建立起食物性条件反射，处于困倦状体的动物也很难建立起条件反射。

有些条件反射的建立比较复杂，它要求动物完成一定的操作。例如，将大鼠放入实验箱内，当动物在走动中偶尔踩在杠杆上时，即喂食物以强化这一操作，反复多次，动物即学会自动踩杠杆而获得食物。然后，在此基础上训练动物只有当某一特定信号（如灯光或铃声）出现时踩杠杆才能获得食物的强化。训练完成后，动物见到特定信号就会去踩杠杆而得食。由于此类条件反射的特点是动物必须自己完成某种运动或操作才能得到强化，故称之为操作式条件反射（operant conditioned reflex），亦称为工具性条件反射（instrument conditioned reflex）。

2. 条件反射的消退 条件反射建立起来之后，如果反复应用条件刺激而不给非条件刺激的强化，条件反射就会逐渐减弱，以致完全不出现，这种现象称为条件反射的消退（extinction）。例如，铃声与食物多次结合应用，使狗建立了唾液分泌的条件反射后，如果反复单独应用铃声而不给食物强化，则铃声引起的唾液分泌量将逐渐减少，最后将完全不引起分泌。巴甫洛夫认为，条件反射的消退是由于在不强化的条件下，原来引起唾液分泌的条件刺激，转化成了引起中枢发生抑制的刺激。从这一观点出发，条件反射的消退不是条件反射的丧失，而是从原先引起兴奋（有唾液分泌）的条件反射转化成了引起抑制（无唾液分泌）的条件反射；前者称为阳性条件反射，后者称为阴性条件反射。这种由条件反射消退产生的抑制称为消退抑制（extinctive inhibition）。条件反射的消退可能是遗忘的基础。

3. 条件反射的泛化和分化 在条件反射形成的初期，除条件刺激本身外，那些与条件刺激相近似的刺激也能或多或少地引起条件反射的效应，称为条件反射的泛化（generalization）。例如，用 100Hz 音响与食物相结合，形成了唾液分泌的条件反射，此时不仅 100Hz 的音响，就是 80Hz 或 120Hz 的音响也能引起或多或少的唾液分泌反应。如果以后只对 100Hz 音响刺激给予食物强化，而对 80Hz 或 120Hz 的音响刺激不给予强化，那么最终将导致只对 100Hz 刺激保持阳性效应（有唾液分泌），而对 80Hz 或 120Hz 音响则出现阴性效应（无唾液分泌），此现象称为条件反射的分化（differentiation）。泛化和分化现象在人类同样可以发生，如初学英语者对单词 diary（日记）和 dairy（牛奶房），常因两者拼写和发音近似而产生泛化，造成拼写和词义上的混淆，但经过强化学习，则逐渐产生分化，从而正确掌握了拼写和词义。巴甫洛夫认为，条件反射的分化是由于那些近似刺激引起了大脑皮质的抑制，并把这种抑制称为分化抑制（differential inhibition）。

（二）人类的条件反射和两种信号系统学说

1. 人类的条件反射 研究动物条件反射的方法，原则上也可用于人类条件反射活动的研究。例如，将无关刺激与食物性唾液分泌非条件反射相结合（常用于儿童条件反射研究），或将无关刺激与防御性运动非条件反射相结合等。此外，由于人类具有语词思维功能，因此还可以应用语词强化的运动条件反射研究方法来研究人类的条件反射。例如，当红光在受试儿童面前出现时，实验者说“按”，受试儿童即用手按压皮球。在此实验中，红光是条件刺激，“按”是语词强化。用语词强化与红光结合 2～3 次后，当受试者再次见到红光信号时，就会立即自动按球，这就形成了对红光的条件反射。

2. 两种信号系统学说 人类同样可以用光、声、嗅、味、触等感觉刺激作为信号来形成条件反射，这种信号直接作用于 眼、耳、鼻、舌、身等感受装置，都是现实的具体信号。此外，抽象的语词也可以代替具体的信号而引起条件反射反应。例如，受试者对 120 次/分的快节拍器声音形成了用温热刺激强化的手臂血管舒张反射，而对 60 次/分的慢节拍器声音形成了用冷刺激强化的手臂血管收缩反射；当这些条件反射被巩固后，当实验者说“快节拍器音”或“慢节拍器音”时，这些语词也分别能引起受试者相应的血管舒张或血管收缩反应。如果说具体的信号是第一信号，那么相应的语词则是第一信号的信号，即第二信号。因此，对于人类来讲，有两类性质完全不同的信号，第一信号是具体的信号，第二信号（语词）是抽象信号。巴甫洛夫提出人脑有两个信号系统：第一信号系统是对第一信号发生反应的大脑皮质功能系统，第二信号系统是对第二信号发生反应的大脑皮质功能系统。动物只有一个信号系统，相当于人的第一信号系统。人类有两个信号系统，是人类区别于动物的主要特征。第二信号系统的发生和发展是人类社会的产物，人类由于社会性劳动与交往产生了语言，语词是现实的概括和抽象化，人类借助于语词来表达思维，并进行抽象思维。

二、学习和记忆

学习和记忆是两个互相联系的神经过程，学习是指人和动物不断接受环境变化的信息而获得外界知识（新的行为习惯或经验）的神经活动过程，而记忆则是将获得的知识进行储存和读出的神经活动过程。学习是记忆的前提，记忆是新的学习的基础。

许多重要的行为都是通过学习获得的。通常人的能力依赖于人们所学习到的和记忆到的东西。人们学习到的运动技能使人们能够适应周围的环境；学习语言，能够促进各个国家民族之间的交流；学习医学知识，能够强身健体，治病救人。但不是所有的学习对人类都是有益的。有些学习也能够产生不良行为，有些不良行为甚至最终引起严重的后果，导致精神上的异常。因此了解行为异常和了解正常行为一样重要。采用心理治疗方法进行行为异常治疗是非常有效的，改变环境可以有效地改变人的行为方式。

（一）学习的分类

根据神经基础的不同，学习可以分为非联合型学习（non-associative learning）和联合型学习（associative learning）。

1. 非联合型学习　是一种简单的学习形式，即在刺激和反应之间不形成某种明确联系的学习形式，主要指单一刺激长期重复作用后，个人对该刺激的反射性反应增大或减弱的神经过程。非联合型学习又分为两类：习惯化（habituation）和敏感化（sensitization）。

（1）习惯化：是指当一个不产生伤害性效应的刺激重复作用时，神经系统对该刺激的反射性行为反应逐渐减弱的过程。例如，细棒轻触海兔（神经系统比较简单的海洋软体动物）喷水管周围皮肤，会导致海兔缩腮动作，当这一刺激不断重复，缩腮动作就会逐渐减弱，最后不再有行为反应。又如，人在集中精力从事某项工作时，可对一个有规律重复出现的强噪声逐渐不再产生反应；某人办公室电话铃响，却总是打给同事的，结果其对电话铃声反应逐渐减弱。这种类型的学习就是习惯化，即学习不理会无意义的、重复出现的刺激。人和动物依靠习惯化可以去除对许多无意义信息的应答。

（2）敏感化：又称假性条件化（pseudo conditioning），是指一个新异的、强烈的伤害性刺激可引起对另外一个弱刺激发生的反应增强，由于习惯化而减弱的反应也可以得到增强。例如，当一种伤害性刺激作用于海兔头部或尾部时，则单一或重复的触觉刺激喷水管皮肤所引起的缩腮反射会大大增强。强刺激和弱刺激之间不需要建立什么联系，在时间上也不要求两者的结合。敏感化要求动物学会注意某一刺激，因为它伴随可能的疼痛或危险的后果。这种学习有助于人和动物注意避开伤害性刺激。

2. 联合型学习 是指两个在时间上靠近的事件按严格时间顺序重复发生，在脑内逐渐形成联系，从而发生恒定变化的学习类型。联合型学习又可分为经典条件反射（classical conditioned reflex）和操作式条件反射（operated conditioned reflex）两类。

（1）经典条件反射：包含着条件刺激和非条件刺激之间形成的某种联系，使一种刺激成为预示另一种刺激即将出现的信号。根据非条件刺激的性质，经典条件反射又分为食物性（alimentary）和防御性（defensive）条件反射。

（2）操作式条件反射：是操作和强化刺激之间形成了某种联系。强化形式有多种，可以每操作一次给予一次强化，也可以每两次操作给予一次强化。这种按一定操作次数给予强化所建立的条件反射称为固定比例（a fixed ratio schedule）的操作式条件反射，间隔一定时间给予一次强化的称为固定间隔（a fixed interval schedule）的操作式条件反射。操作反射可有如下几种类型。

1）回避性条件反射（avoidance conditioned reflex）：可分为主动回避和被动回避。动物对伤害性条件刺激事先做出适当反应以避开这种刺激称为主动回避，如穿梭箱和爬杠试验。动物受到伤害性刺激后被动地采取某种行为避开刺激称为被动回避，如避暗和跳台试验，跳台试验在电击前施以条件刺激（如铃声）则可观察动物的主动回避反应。

2）辨别性学习（discrimination learning）：指动物学习辨别时间、空间或图形的能力。迷宫学习（maze learning）是一种空间辨别性学习。Morris 水迷宫（Morris water maze）是目前常用的空间辨别性学习模型。

3）延缓反应（delayed response）：种类较多，如猴的延缓反应作业和延缓交替作业。延缓作业的特点是要求被试者在延缓期内，即暗示信号出现后到要求完成某一行为，以获得非条件刺激强化的一段时间内，必须记住刚才出现的暗示信号，否则就不能正能完成训练作业。

上述例子，实际上是学习记忆测试法，因为学习和记忆是密不可分的过程。人类的学习方式多是联合型学习，与动物不同之处在于人类可以利用语言、文字和符号进行学习和思维，这样即使没有具体事物的刺激，也能依靠文字建立很多联系，并且把积累起来的知识通过文字传给其他人，这样既简化了学习过程，又提高了学习效果。

（二）记忆的过程和分类

通过感觉器官对外界事物认知以后，即使该事物不再作用于感官，事物在脑中的印象也可以保持相当长的时间，并在某种条件下这种印象再现出来，这就是记忆。记忆大致可分为如下 3 个阶段。①获得（acquisition），通过学习在大脑留下记忆痕迹的过程。②储存和巩固（storage and consolidation），记忆痕迹由短时不稳定状态逐渐转化为长期牢固并储存下来的过程。③再现（retrieval），储存在脑内的记忆痕迹回忆出来的过程。

1. 根据信息储存和回忆方式分类 可分为陈述性记忆（declarative memory）和非陈述性记忆（non-declarative memory）。

（1）陈述性记忆：指与特定时间、地点有关的事实、事件、情节和资料等的记忆。例如，北京是中国的首都，联合国总部在美国等，这是与地点相关的事实。此类记忆可以将记忆内容用语言陈述或以一种非语言映像形式保存，上升到意识能被清楚地回忆出来。它的形成通常要通过对获得的信息进行评价、比较和推理等认知过程及回忆的意识表达过程来实现。陈述性记忆储存在海马、内侧颞叶、间脑及它们之间形成的神经网络。陈述性记忆能够较快建立，往往只经过一个测试或一次经验即能建立，但也容易忘却。陈述性记忆包含了对片段信息的加工，脑可以利用这些片段的信息重组成过去的事件或情节。某些陈述记忆经过不断地重复可以转变为非陈述记忆，如学习驾车技能，开始涉及有意识的认知过程，后来则可成为自主的和无意思的。情节记忆（episodic memory）和语义记忆（semantic memory）即属于陈述性记忆。

1）情节记忆：指与时间、地点相联系的个人经验（经历）的记忆。常以映像形式浮现，如在游览某地后所遇事实的记忆。

2）语义记忆：指对各种有组织的知识（如概念、公式、定理、语法规则和词义等）的记忆。几乎不伴映像浮现。

（2）非陈述性记忆：指与实际操作、亲自实践作业有关的记忆，具有自主或反射性质，故此又称为反射性记忆（reflexive memory）或程序性记忆（procedural memory）。非陈述性记忆是需要反复从事某种技能的操作、某些专项的学习，经过长期的经验积累才能缓慢地保存下来的一种记忆。这种记忆一旦获得，不易忘却。它的特点是没有意识参与，也不能用语言表达，具有自主或反射的性质。例如，骑自行车、杂技技巧的记忆、乐器的演奏等。

陈述性记忆与非陈述性记忆有两个明显的区别。第一，陈述性记忆是有意识的回忆，可以用语言来描述被记忆的内容，而非陈述性记忆则不行。例如，不需要有意识的回忆，我们就可以操作我们学会的技巧，如骑自行车（非陈述性记忆）。第二，陈述性记忆容易形成也容易遗忘，而非陈述性记忆通常需要多次的重复和练习，但一旦形成则不容易忘记。例如，记忆英语单词和记忆如何骑自行车之间的差别就是如此。日常生活中我们所说的“记忆”，多指陈述性记忆。而非陈述性记忆更像是一种“习惯”，是一种无意识的行为。

2. 根据信息编码方式及记忆保持时间长短分类　无论陈述性记忆还是非陈述性记忆，都可以分为短时记忆（short-term memory）和长时记忆（long-term memory）。

（1）短时记忆：对简单事情含有信息的识别或保留。短时记忆一般指持续几秒或几分钟的记忆，是对刚发生的事情的记忆，有限信息仅被简单的保留。例如，有人告诉你他或她的电话号码时，你能在很短的时间内通过复述记住这个号码。如果短时记忆经过复述等方式刻意努力将其保留，将转为长时记忆。

工作记忆是一种特殊类型的短时记忆，它是完成某项任务时所需要的有关信息的短时保持，如在搜寻房间找回遗失的物品时的短暂记忆。工作记忆和通常意义上的短时记忆之间相区别的一个关键特征是进行工作记忆时产生的临时性信息储存可以在大脑的多个部位同时进行，工作记忆不是单一的短时记忆系统。这就是说不能确切地知道脑的不同部位在同一时刻所储存的所有工作记忆信息。例如，骑自行车是一个需要多种类型信息同时被处理的复杂任务。如果有足够的认知过程，能够使信息保留一段时间，而后信息将被遗忘。

（2）长时记忆。指保持几日、几周，甚至终身的记忆。并非所有信息都会长期储存。人们将短时记忆和长时记忆之间的，能够保持几分至几小时的记忆称中间记忆（intermediate-term memory）。长时记忆的信息量极大，有人认为可达5万～10万个组块。

短时记忆的内容可以逐渐通过记忆巩固的过程转变成长时记忆，但是记忆巩固过程并不一定需要短时记忆作为中介，两种类型的记忆可能同时平行存在，即感觉信息可以通过短时记忆系统进入长时记忆系统，也可以不通过短时记忆系统而直接进入长时记忆系统。虽然我们把学习和记忆进行了分别论述，但实际上学习和记忆是不可分割的一个神经过程。

（三）学习和记忆障碍

1. 学习无能（learning disabilities，LD） 神经生物学定义的学习无能，不是先天痴呆、先天智力低下或因脑损伤及情绪紊乱等因素造成的疾病，而是一种特定的学习无能，也称学习障碍（learning disorder）。这种人的智商在中等或中等以上水平，感觉与运动系统的功能也适中，但其神经系统对外界的反应始终处于过度缓慢状态。主要表现为语言表达能力差、学习能力差、各项行为活动等方面均异常，其整合系统不正常，而诸项欠缺并不随生长发育和年龄增加而改善。对于学习无能的人群，已引起国外一些研究机构的关注，研究尚无定论。

2. 遗忘（amnesia） 在日常生活中，遗忘是一种普遍存在的现象。遗忘包括生理性遗忘和病理性遗忘两类。生理性遗忘分为增时性遗忘和增龄性遗忘，病理性遗忘包括顺行性遗忘（anterograde amnesia）和逆行性遗忘（retrograde amnesia）。生理性遗忘不属于记忆障碍，病理性遗忘属于记忆障碍。

（1）顺行性遗忘是指脑损伤后不能形成新的记忆。这种遗忘表现为不能储存新近获得的信息，严重时，完全丧失对任何新事物的学习记忆能力。比较常见的表现是对新事物的学习变得较慢，需要更多的重复。顺行性遗忘的机制可能是由于新的信息接收后，不能将短时记忆转化为长时记忆。

（2）逆行性遗忘是指对脑损伤前发生的事情的记忆丧失。患者表现为不能回忆起紧接着本症发生之前一段时间的经历，而更远的一些记忆尚存，严重时可能彻底忘记损伤前知道的所有陈述性记忆内容。逆行性遗忘的可能机制是短时记忆或长时记忆的神经通路在发病的一段时间内发生障碍，而永久记忆未受影响。例如，车祸造成脑震荡的患者在恢复后，不能记起车祸发生前一段时期内的事情，但自己的名字等仍能记得。所以，发生本症的机制可能是第二级记忆发生了紊乱，而第三级记忆却不受影响。

有一种时间非常短的遗忘，称为瞬时性遗忘（transient amnesia）。这种遗忘可同时表现为顺行性遗忘和逆行性遗忘。瞬时性遗忘一般呈短时状态。例如，短暂性脑缺血、外伤性脑震荡会产生这种遗忘，甚至生理压力、药物、冷水浴等也能导致瞬时性遗忘，这可能是因为上述因素影响了大脑血流所致。

（四）学习和记忆的重要脑区

现代神经科学研究表明，学习和记忆的功能定位在中枢神经系统内是十分广泛的，各种感受器、感觉器、效应器，整个神经系统，乃至整个机体的大部分结构，都参与学习和记忆的活动，但某些脑区损伤所造成的学习和记忆障碍远比其他脑区损伤更为严重。海马、大脑皮质、小脑和杏仁体等结构对人类学习和记忆具有特殊重要的意义。

1. 大脑皮质 根据种系发生的先后将大脑皮质区分为原（古）皮质、旧皮质和新皮质。大脑新皮质的面积和厚度随动物进化而不断增加，在人类，新皮质约占整个皮质的95.9%。

根据功能，新皮质分为初级感觉皮质、二级感觉皮质和联合皮质，动物进化得越高级，联合皮质在新皮质中所占的比例越大。大脑联合皮质系指感觉区、运动区以外的广大皮质区域，包括颞叶联合皮质、顶叶联合皮质和前额叶联合皮质。联合皮质参与大脑的高级认知功能。不同部位联合皮质受损或病变可引起不同的认知和记忆功能障碍。

颞叶联合皮质：受损导致再认和识别及记忆功能障碍。联想记忆可分为视觉联想记忆和听觉联想记忆，下颞叶后段可能与视觉联想有关，而上颞叶皮质可能与听觉联想记忆有关。辨识记忆是指人或动物对于曾经见过的物体，在消失一段短时间以后，能辨认出来的一种记忆。辨识记忆也是短时记忆的一种，内侧颞叶皮质、颞极和眶额皮质在视觉辨识记忆中都是很关键的脑区。颞叶联合皮质损伤的患者出现视知觉障碍（即对复杂图形或物体的识别能力及对具有类似特征和性质的事物加以组织和分类能力受损）和相貌失认（变得不认识熟人）。此外，刺激患者颞叶皮质外侧表面可诱发患者对往事的回忆，患者可生动地叙述自己过去的经历。刺激颞上回某一点时，患者似乎听到了过去熟悉的某一曲调，这一结果可以重复。刺激同一点可使其听到同一曲调，提示颞叶与长期记忆有关。

顶叶联合皮质：人类顶叶联合皮质受损导致触知觉、语言及空间知觉障碍。例如，brodman 5 区受损者丧失通过触觉识别物体形状的能力，左侧 39 区和 40 区受损表现为失读和失行症（即操作有误）。右侧顶叶联合皮质受损表现：包括地理概念丧失、衣着失行、半侧空间忽视和空间构成失行等（详见第一节“认识”）。

前额叶皮质：前额叶皮质的基本功能是工作记忆指导和组织行为。工作记忆是指大脑皮质接受某一短暂刺激后，刺激消失一段较短的时间后再现，观察动物做出反应的能力。一系列研究证明，工作记忆的重要脑区是在前额联合皮质。前额皮质神经元有很多不同的活动特征，以延缓反应任务操作为例，一些神经元在猴看到食物位置时放电增加，在延缓期没有反应，当猴做出选择时放电又增加。另一些神经元的反应模式不同，它们只在延缓期内放电频率增加。另外，前额皮质的不同亚区具有不同功能。例如，前额皮质主沟区神经元在信息综合和短时记忆保持中可能起关键作用；眶额皮质和主沟以下的外侧区对环境的干扰因素有抑制功能，同时还与情绪调节有关。前额叶联合皮质损伤的患者工作记忆能力、空间记忆能力、时间顺序分辨能力、注意控制能力及策略形成能力受到严重损害。患者的注意力不能在任务与任务之间进行切换，行为的计划和组织紊乱无序。

联合皮质参与组成以杏仁核为主体的与近期陈述记忆有关的基底外侧边缘环路：额叶眶部皮质→前额皮质→杏仁核→丘脑背内侧核→额叶眶部皮质。该环路中杏仁核到的丘脑的通路参与情感记忆（对某一事物喜或惧的记忆）信息的储存。

2. 海马结构（hippocampal formation）

（1）组成：海马结构由海马（hippocampus）、齿状回（dentate gyrus）和下托（subiculum）3 部分组成。三者都属于原皮质。

（2）结构特点：神经元有规律地分层排列是海马和齿状回皮质结构的一个突出特点。

1）神经元：海马和齿状回的神经元主要有两类：一类是主神经元，另一类是非主神经元。海马和齿状回的主神经元分别是锥体细胞和颗粒细胞，非主神经元是中间神经元，中间神经元的类型很多，数量约占神经元总量的 12%。

2）海马结构的分层：海马的皮质分为分子层、锥体层和多形层。分子层主要由锥体细胞的顶树突和内嗅区投射来的纤维组成，中间有中间神经元分布。海马锥体层内的锥体细胞排列很有规则，故海马的外观结构比较一致。但海马各部的细胞形态存在许多差异。

根据细胞的形态、纤维排列及不同皮质区发育的差异等，将海马分为 4 个区：CA_1 区、CA_2 区、CA_3 区和 CA_4 区。这 4 个区沿海马长轴排列，CA_1 区与旁下托相连，CA_4 区与齿状回相邻。海马多行层主要含有锥体细胞的底树突与较小且多种形状的中间神经元。这些小细胞为抑制性中间神经元，接受传入至海马的纤维，以及由海马发出的轴突侧支的终末，形成轴树突触与轴体突触。在海马皮质多形层之外是室床，由白质构成，紧贴室管膜。室床主要由海马的传入和传出纤维构成。

齿状回皮质分为分子层、颗粒细胞层和多形层。其神经元发出的纤维都分布在海马结构内。

下托位于前下托与海马之间，前端伸延至海马旁回钩，可分为下托中央外侧区、下托边缘外侧区、下托嘴内侧区、下托尾内侧区和下托后极区 5 个区。下托皮质分层介于海马和海马旁回之间，也可以分为远层。

（3）海马结构的纤维联系

1）传入纤维：海马结构主要接受内嗅区皮质、前梨状区皮质和杏仁体的纤维，最多的是从内嗅区皮质发出的传入纤维。内嗅区是海马结构的主要信息来源，其发出的纤维分布到海马的全长。此外，传入纤维中还有来自隔核、丘脑前核、下丘脑、扣带回、中缝核和蓝斑发出的纤维。小脑顶核，大脑额叶和颞叶皮质也有纤维投射到海马。

2）传出纤维：海马的传出纤维主要由海马锥体细胞的轴突组成，大多数纤维经过穹隆。这些纤维有一部分终止于乳头体和对侧海马；另一部分止于隔核、扣带回、视前区、丘脑前核、下丘脑外侧区等处。从下托发出的纤维大部分投射到内嗅区皮质的第Ⅴ、Ⅵ层。

3）三突触内回路：Lomo 和 Andersen 等用电生理学的方法，通过刺激内嗅区的传入纤维，在家兔海马结构内部记录到一条沿 4 级神经元组成的神经冲动的传导通路：内嗅区来的纤维→穿通道（PP）纤维→齿状回颗粒细胞（第 1 级突触）→发出苔状纤维（MF）→CA_3 区的锥体细胞（第 2 级突触）→发出侧支（Sch）→CA_1 区锥体细胞（第 3 级突触）→下托→返回内嗅区皮质（图 11-9）。这样，在内嗅区皮质、齿状回颗粒细胞、海马 CA_3 区锥体细胞、海马 CA_1 区锥体细胞之间形成一个内回路，称为三突触回路。此回路对传入信息的处理、编码、整合、复制和储存，具有重要意义。同时，此回路可以把接收的信息进行长时程登录，并使信号刺激增强。

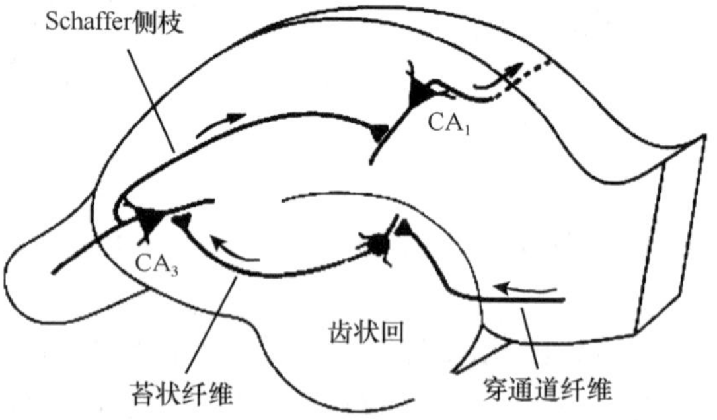

图 11-9 海马结构的三突触内回路和纤维联系

（4）海马在学习和记忆中的作用：海马是学习和记忆的关键脑区。实验观察到，海马与学习和近期记忆有关。例如，损毁动物海马后，操作式条件反射很难建立，需要 100～200 次或更多次的训练。临床也观察到，因为治疗需要而接受外科手术的患者，当手术切除了前 2/3 海马、海马回和钩及杏仁核后，产生了术后 30 年顺行性遗忘和术前 3 年逆行性遗忘，但远隔的长期记忆保持良好。临床上还观察到，穹隆或乳头体受损或有病变的患者亦常有近期记忆丧失。临床亦发现海马损伤后的患者虽然智商正常，有非陈述性记忆，但无法形成陈述性记忆。双侧海马、杏仁核及颞叶外侧部有病变的患者主要表现为陈述性记忆的情节记忆障碍，如能认得照片上的人物和景色，但无法回忆具体的拍摄时间和地点。

海马亦与空间位置的学习记忆有关。例如，切除海马的大鼠水迷宫试验时程延长。大鼠在进行迷宫学习时，可在海马记录到与空间地点记忆有关的神经元的电活动，其表现是，当大鼠到达某一位置，一些神经元的放电就增加，而在其他位置则没这种观象，且此种放电活动取决于迷宫外各种线索（如灯等）的相对位置。空间地点记忆属于情节记忆，因而此实验进一步说明海马参与了近期记忆中的情节记忆。

动物实验发现损伤双侧海马的大鼠，迷宫分辨学习能力和防御条件反射的保持均遭到破坏，说明双侧海马损毁可以严重妨碍动物的视觉分辨学习；损毁双侧海马严重损害大鼠空间作业的习得，也损害空间反转学习等，但损毁双侧海马并非对所有学习都有损伤作用。例如，损毁兔双侧海马，兔的防御性条件反射建立明显受损，但对一次性尝试学习则无明显影响。上述实验说明海马受损可能仅损害某些学习类型。

研究损伤动物海马的不同区域对学习和记忆的影响，发现海马不同区域学习记忆的功能是不同的。例如，损毁大鼠海马腹侧部，其分辨学习的记忆明显受损，而损毁其背侧部，则无此影响。这些通过损毁动物海马研究学习和记忆障碍，已经基本证明了海马结构参与了学习和记忆，并在学习记忆中起重要作用。海马的不同区域参与不同类型的学习和记忆，海马 CA_3 区可能与长时记忆有关，CA_1 区可能与分辨学习有关，齿状回与分辨学习有关。

3. 小脑

（1）小脑的结构

1）小脑皮质分层：小脑皮质由浅入深分为分子层、浦肯野细胞层和颗粒层 3 层。小脑皮质的神经元有 5 种：浦肯野细胞（PC）、颗粒细胞、篮状细胞、星状细胞和高尔基细胞。

2）小脑核和小脑白质：小脑核包括齿状核、栓状核、球状核和顶核 4 对，其中栓状核和球状核又称中位核。齿状核最大，仅见于哺乳类，在人类最发达。

小脑白质由各种神经纤维构成，包括各种传入纤维和传出纤维。小脑的传入纤维中，爬行纤维和苔状纤维是小脑特有的纤维。浦肯野细胞的轴突是小脑皮质的唯一传出成分，这些神经纤维向深层穿过小脑皮质的颗粒层，进入小脑白质，大部分止于小脑核，小脑核发出纤维构成小脑的传出成分。

小脑的 3 个主要功能区前庭小脑、脊髓小脑和皮层小脑并非横向排列，而是主要以纵向排列的纵区。因此，纵向的纵区和纵带结构的概念逐渐取代了横向的小脑叶结构的经典功能活动分区。在纵区的基础上，进一步将小脑分成若干个纵带。关于纵带的划分，目前尚无统一的分法。

（2）小脑在学习和记忆中的作用

1）小脑在运动学习和记忆中起重要作用：关于此方面已在第七章小脑运动功能中有所论述，可参阅。运动学习和记忆属于非陈述性学习和记忆。小脑皮质与大脑皮质感觉联络区、运动前区及基底神经核一起参与了运动计划和运动程序的编制过程。一个随意运动的产生包括运动的计划和程序的编制，以及程序的执行两个阶段。小脑和基底神经核作为从大脑到脊髓的运动信息流主要通路上的两个侧环参与了随意运动的发起和管理。皮质小脑和脊髓小脑在运动的不同阶段发挥不同作用，前者参与运动计划和程序的编制，后者利用感觉反馈参与对运动的即时管理。

2）小脑在运动技巧学习中可能有重要功能：1924 年，Flurens 在研究鸡小脑功能时，发现鸡小脑具有通过学习重新组合，代偿缺损部位功能的能力。Marr 和 Albus 提出了“小脑在运动技巧学习中有非常重要功能”的论点。他们指出，小脑的学习机制很可能是通过爬行纤维-浦肯野细胞-苔状纤维通路及平行纤维-浦肯野细胞突触的可塑性实现的。爬行纤维的传入对浦肯野细胞具有异突触效应（heterosynaptic interaction），是引起学习功能的原动因素。训练猴子屈腕关节克服一定负荷，将一个物体的把手拉回原位，完成此操作则获得一定奖赏，与此同时记录动物在完成这一操作过程中小脑前叶前肢代表区浦肯野细胞的放电活动[苔状纤维传入活动使浦肯野细胞产生简单锋电位（SS），爬行纤维传入活动使浦肯野细胞产生复杂锋电位（CS）]。观察发现，在负荷不变情况下，动物在每次拉把手复位动作过程中，浦肯野细胞均呈现出一定频率的 SS 和间断的 CS；当负荷增加时，动物一开始不能将把手复位，经过数次训练后，动物逐渐适应了负荷，又可将把手复位。在这一适应过程中，开始时爬行纤维传入活动引起的 CS 频率逐渐增加，随着对新负荷的适应，CS 频率又逐渐下降。而与此同时苔状纤维传入活动引起的 SS 则逐渐减少，并维持在低水平，如果负荷不再改变，即使 CS 恢复正常后 SS 依然如此。此结果提示，在新任务的学习过程中，下橄榄核可检测运动程序目标与执行情况之间的误差，并将此误差信息经攀缘纤维传入小脑，抑制浦肯野细胞对苔状纤维传入活动的反应，使运动逐渐完善。

3）小脑在联想学习和记忆中的作用：联想学习常用的研究模型是兔的瞬膜/眨眼条件反射（nictitating membrane/eye-blink classical conditioning，NM/EBCC）。这种反射是一种经典式条件反射：将声音信号和向角膜吹气相结合，经多次训练，被试兔听到试音以后就会产生 NM/EBCC，即条件反射。在该条件反射中，条件反射和非条件反射涉及的肌肉和运动核基本是相同的。但两者在许多方面是相异的，如条件反射和非条件反射的潜伏期不同；条件反射基本不受条件刺激性质影响，而受条件刺激-非条件刺激的刺激间隔影响；在运动核损毁后恢复中，非条件反射减弱明显，而条件反射则表现出比非条件反射有更大的可塑性。

小脑是 NM/EBCC 学习记忆活动的关键部位。研究发现，分别损毁大脑皮质、海马或背侧丘脑，动物仍然可以学会 NM/EBCC；而损毁小脑的关键部位，则 NM/EBCC 不能建立。由此认为小脑可以储存记忆信号，记忆痕迹似乎存在于小脑及其与脑干形成的环路中。

4）小脑在其他学习活动中的作用：小脑在习惯化，尤其是长时习惯化中起一定作用。例如，小脑退行性变的小鼠，在水迷宫中出现空间学习的获得性缺陷，说明小脑在空间学习中起重要作用。但是损毁猫的小脑皮质，可以导致猫分辨学习障碍；而鱼和爬行动物小脑皮质损毁都对分辨学习更为敏感。说明小脑在分辨学习中都有重要功能。

通过一系列关于 NM/EBCC 的实验研究，提示小脑中位核及其相关的小脑皮质的 C_1 纵带-C_3 纵带可能是联想学习的关键记忆位点；NM/EBCC 的学习记忆痕迹在小脑皮质内似乎是多位点的；小脑前叶是机体完成“感觉-运动”学习任务中，进行准确计时的部位。关于人的小脑研究也有许多报道，有些结果与动物实验的结果相一致，但是人类的学习记忆功能活动，比其他动物更复杂。

4. 杏仁核（amygdala） 又称杏仁复合体，是由多个核组成的大核团，主要分为两群：皮质内侧核群和基底外侧核群。皮质内侧核群位于杏仁复合体的背内侧分，包括 4 个亚核，即内侧核、皮质核、外侧嗅束核和中央核。基底外侧核占据杏仁体的腹外侧分，由基底核、外侧核和副基底核组成。多种感觉信息通过皮质和皮质下结构传入杏仁体。杏仁体的两个核群传出通路不同：皮质内侧核群发出纤维组成终纹，主要投射至内侧下丘脑；基底外侧群的神经元发出纤维达皮质、纹状体、伏隔核和下丘脑等处。目前认为，杏仁体在一次性尝试学习中起关键作用，其功能还与发动目的性行为有关。切除杏仁体的患者，变得冷淡，做事无目的性；电刺激杏仁体，会使之产生攻击性意识。损毁杏仁体外侧核和中央核的动物，其回避伤害性刺激的反射发生困难。杏仁基底外侧核和中央核的神经元，对与奖赏有关的条件刺激发生反应，并能保持较长时间。

值得注意的是，学习和记忆是非常复杂的神经生物学过程，涉及的脑区也很广泛。目前关于学习和记忆的脑定位远远未弄清。尤其是人类的复杂学习，不是某一种特定脑区能独立完成的。

（五）学习和记忆与突触可塑性

关于学习和记忆的神经机制的研究，是近年来神经生物学的一个热门课题，也取得了长足的进展。但是，关于学习和记忆的神经机制尚未完全弄清，很多问题正在研究中。大量的研究结果表明，神经系统结构和功能的可塑性（plasticity）是学习和记忆的神经机制之一。

1. 神经系统结构和功能的可塑性　神经系统的可塑性是指神经系统的结构和功能，不仅在损伤的情况下发生代偿性变化，而且在完成正常生理功能的过程中，神经纤维联系、神经微环境及突触结构、功能活性、递质传递、离子配布、受体构象、酶系统甚至基因转录等诸方面都在不断地产生变化。我们把神经系统这种病理性代偿变化和生理性变化统称为神经系统的可塑性。也可称为可变化性（variability）或可修饰性（modifiability）。这种性质是人或动物终生具备的特性。

影响神经系统可塑性的因素有许多，如有遗传因素、内外环境的变化，学习与训练的种类、层次、程序和频率等方面的变化等。

神经系统可塑性的表达在生长发育的各时期及各种功能活动中呈多样性变化：在出生前发育期，神经元和神经网络形成过程中的神经系统的诸多变化；在后天发育过程中，功能依赖性神经环路的健全及突触结构和功能的变化；神经的损伤与再生（包括神经移植和脑移植等）；脑老化过程中，神经元和突触形态结构的代偿性改变；机体在新陈代谢过程中，神经系统形态及功能的变化；机体在完成各种功能活动中，突触及神经环路的可塑性；在学习和记忆过程中，神经结构和功能的可塑性等。

2. 神经系统突触的可塑性　动物研究表明，学习和记忆的神经结构基础是神经元之间的连接——突触，突触是信息传递和信息储存的一个重要位点，学习和记忆过程储存于突触结构和功能变化之中，这种改变称为突触的可塑性（synaptic plasticity），具有可塑性潜力的突触多半是化学性突触。

突触可塑性可以表现为突触结合的可塑性和突触传递的可塑性。突触结合的可塑性指突触形态的改变，以及新的突触联系的形成和传递功能的建立，是一种持续时间较长的可塑性，在长期记忆中发挥作用。突触传递的可塑性指突触的反复活动引致突触传递效率的增加（易化）或降低（抑制）。早在 1949 年，Hebb 就提出：神经细胞 A 的轴突重复或持续地兴奋细胞 B，在这两个细胞或其中一个细胞上必然有某种生长和代谢过程的变化，使细胞 A 对 B 激活的效率有所增加。即反复的突触前神经兴奋可以导致突触后神经元的活动增加，即突触传递效率增加。以后又发现突触前活动与突触后活动在时间上的先后顺序也影响突触传递的效率。如果突触前活动先于突触后，即突触后神经元反复被突触前神经元兴奋，将引起突触传递增强，如果突触前神经元活动迟于突触后神经元 B，即神经元 B 被另一突触传入兴奋。而此兴奋又早于神经元 A 的兴奋，将引起细胞 A 与 B 之间的突触传递产生抑制。

活动依赖性的突触传递效率的增强和抑制可以发生在同一突触上，也可以发生在不同突触之间，大致分为：①同突触增强，如突触传递长时程增强（long-term potentiation，LTP）；②异突触增强，如敏感化；③联合型突触增强，强刺激和弱刺激分别通过两个输入通路传至同一神经元。强刺激的突触传入可以引起弱刺激的突触传入增强，如联合型的长时程突触传递增强，条件反射；④同突触抑制，如习惯化；⑤异突触抑制，如长时程突触传递抑制。

（1）LTP：1973 年，Bliss 和他的同事首先在兔海马发现了 LTP 的现象，后来发现 LTP 现象普遍存在于神经系统，如皮质运动区、视皮质、内嗅皮质、外侧杏仁核、小脑，以及脊髓等部位。LTP 是指在海马的某一神经通路上给予短暂重复刺激引起的突触传递持续性增强。由于海马内 LTP 现象研究得比较清楚，所以这里主要介绍海马的 LTP。

1）海马的 LTP 现象：海马内有 3 条主要的兴奋性通路，并形成 3 类兴奋性突触：①齿状回的穿通纤维与颗粒细胞间的突触；②颗粒细胞的轴突（即苔状纤维）与 CA_3 区锥体细胞间的突触；③CA_3 区锥体细胞的 Schaffer 侧支与 CA_1 区锥体细胞间的突触，这 3 类突触都以谷氨酸为递质，都可以发生 LTP。但多数研究工作集中在海马的 Schaffer 侧支-CA_1 区锥体细胞的突触部位，一方面是因为此处能引导出稳定的 LTP，另一方面是临床上发现 CA_1 区损伤的患者可以有严重的记忆缺陷，所以该区可能与人的记忆关系密切。

低频刺激（2～3 次/分）Schaffer 侧支，在 CA_1 区神经元激发的兴奋性突触后电位（EPSP）大小是恒定的。如果用一定强度的高频刺激（如 15Hz，10s 或 100Hz，1s）重复刺激 Schaffer 侧支，然后用单个刺激测试，可以发现突触后神经元 EPSP 明显增强（图 11-10），可表现为潜伏期缩短，振幅增大，斜率增加。这种突触传递增强现象即 LTP。LTP 经诱导后，在海马脑片上可持续数小时，在整体动物可长达数天至数周。

LTP 持续的时间长短与高频刺激的数量有关，给予一串长 1S 的 100Hz 刺激，1 次/秒，1～3 次能诱导出早时相的 LTP（early phase of LTP，E-LTP），维持 1～3h，同样的刺激参数给予 10 次则可诱导出持续 8～10h 的晚时相 LTP（late phase of LTP，L-LTP）。

2）海马 LTP 产生的机制：LTP 大致分为两种：NMDA 受体依赖性 LTP（NMDA-receptor-dependent LTP）和 NMDA 非依赖性 LTP（NMDA-receptor independent LTP），主要区别在于其诱导是否需要 NMDA 受体激活。NMDA 受体依赖性 LTP 见于海马齿状回的穿通路纤维-颗粒细胞突触和 Schaffer 侧支-CA_1 突触部位。NMDA 受体非依赖性 LTP 见于苔状纤维-CA_3 突触。其他类型 LTP 的产生机制还有待研究。这里主要讨论海马 CA_1 区 LTP 的产生机制。

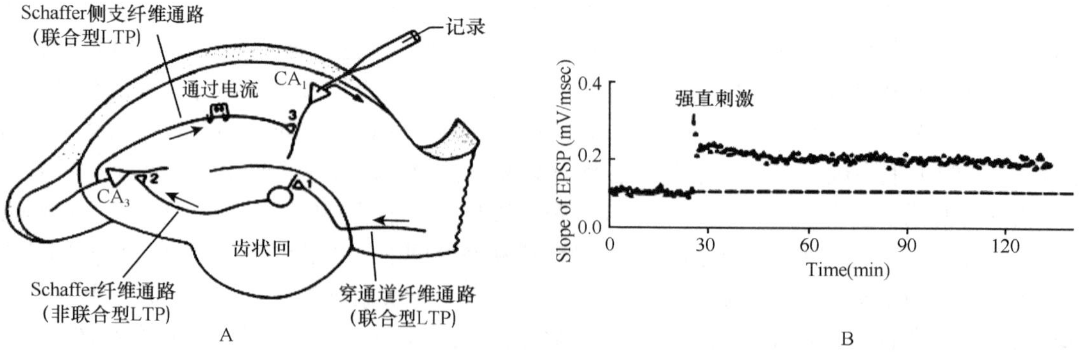

图 11-10 海马 CA1 区 LTP 的产生

A. 刺激 Schaffer 侧支，记录 CA_1 区神经元激发的 EPSP；B. 输入强直刺激诱导产生的 EPSP

LTP 通常分为两个时相，即诱导期（induction phase）和维持期（maintenance phase）或表达期（expression phase）。诱导期指高频刺激引导突触反应逐渐增强的时期，维持期指突触反应达最大值后维持的时期。

A. 诱导期的突触后机制：LTP 的诱导需要细胞内 Ca^{2+}浓度的增加，并且 NMDA 受体激活后突触细胞内 Ca^{2+}浓度升高至少维持 2.5s，才能出现 LTP。

细胞内 Ca^{2+}的升高主要由细胞外流入，它必须依靠 NMDA 受体的激活。在低频刺激条件下，NMDA 受体偶联通道不能开放，这是因为此时它被电压依赖性的正常生理浓度的 Mg^{2+}阻塞，细胞膜的超极化水平越高，Mg^{2+}进入 NMDA 受体通道堵塞的程度越大。低频刺激兴奋的纤维数量较少，EPSP 增大的幅度较小，突触后神经元的膜电位所处的负电位值不能解除 Mg^{2+}对 NMDA 受体通道的堵塞，通道不能开放。此时突触后的 EPSP 几乎都是由非 NMDA 受体（AMPA 型受体）对 Na^{+}的通透性所引起的。

强直刺激兴奋一定数量的传入纤维，使谷氨酸大量释放，非 NMDA 受体的激活引起的突触后膜去极化可以传导到 NMDA 受体所处的部位，当去极化达到一定程度后，NMDA 受体偶联通道内 Mg^{2+}移出，通道开放，Ca^{2+}（还有 Na^{+}、K^{+}）内流引起细胞内 Ca^{2+} 水平升高（LTP 诱导期细胞内 Ca^{2+}升高的第一条途径）；Ca^{2+}内流使膜进一步去极化，达到一定阈值又使电压门控性 Ca^{2+}通道开放，进一步促进细胞内 Ca^{2+}升高（LTP 诱导期细胞内 Ca^{2+}升高的第二条途径）；此外，突触后代谢性谷氨酸受体（mGluRs）激活后，通过 G 蛋白介导激活磷脂酶 C（PLC），PLC 水解膜脂质磷脂酰肌醇（PIP_2）生成三磷酸肌醇（IP_3），使胞内 Ca^{2+}释放，成为 LTP 诱导期细胞内 Ca^{2+}升高的第三条途径。

mGluRs 激活还可以生成二脂酰甘油酯（DAG），DAG 与 Ca^{2+}协同激活 PKC，PKC 可以减少 Mg^{2+}对 NMDA 受体偶联通道的堵塞，以致在较负的膜电位时能够产生 NMDA 受体介导的电流，即 PKC 能够增加 NMDA 受体介导的电流。因此 mGluRs 的激活能够降低 LTP 诱导的阈值。

由于 NMDA 受体偶联通道存在化学依赖和电压依赖的双重门控特性，所以可以解释 LTP 的联合性，弱刺激或低频刺激的传入，突触后膜去极化的程度不足以使 NMDA 受体偶联通道开放，如果同时给予邻近的终止在同一神经元的通路强刺激使该突触后膜去极化程度增加，Mg^{2+}就能移出通道，因此当两种刺激在时间上使突触前和突触后成分协同活动就能使该突触产生 LTP。

非 NMDA 型 LTP 的产生主要依靠电压门控性 Ca^{2+}通道的开放，使突触后神经元内 Ca^{2+}浓度升高。海马 CA_3 区的 LTP 可以被 mGluRs 的拮抗剂 MCPG 阻断，所以 mGluRs 也参与了非 NMDA 型 LTP 的产生。

B. 维持期的突触后机制：LTP 诱导后，突触后可见到多种蛋白激酶被激活，它们作为信息传递的第二信使，在突触后使受体增敏，基因转录增加，以致当高频刺激去除后 LTP 仍然可以维持较长的时期。

a. 激活蛋白激酶：Ca^{2+}进入细胞后，与钙调蛋白（CaM）结合，激活 Ca^{2+}/CaM 依赖蛋白激酶Ⅱ（CaMK Ⅱ）。Ca^{2+}与细胞膜上的 DAG 协同激活 PKC，突触后 PKC 被激活后促进底物 neurogranin 与 CaM 解离，游离的 CaM 浓度增加有利于 CaM 依赖酶的激活，如 CaMK Ⅱ。另外，磷酸酶可以使 CaMK Ⅱ脱磷酸而活性降低，进而增强高浓度 Ca^{2+}使钙依赖性磷酸酶活性降低，CaMK Ⅱ的活性增强。高钙又通过激活腺苷酸环化酶，激活

cAMP/PKA 通路，PKA 通过激活底物蛋白磷酸酶抑制剂-1（protein phosphatase inhibitor-1）抑制磷酸酶-1 的活性，从而使 CaMK Ⅱ不被磷酸酶脱磷酸而保持活性。

CaMK Ⅱ的活性虽然由 Ca^{2+}激活，但当 CaMK Ⅱ的苏氨酸通过自身磷酸化后可成为 Ca^{2+}不依赖的形式，即使 Ca^{2+}浓度下降至正常或缺 Ca^{2+}时依然保持酶活性。同样，激活后的 PKC 在 Ca^{2+}存在的条件下，由活化的 calpain 催化水解，使其催化亚基与调节亚基分离，催化亚基被释放到细胞质，以一种 Ca^{2+}非依赖性方式较长时间地维持活性，这对 LTP 的维持是非常有利的。

被激活的蛋白酶还有酪氨酸蛋白激酶。cGMP 依赖性蛋白激酶（PKG）和丝裂素激活的蛋白激酶（mitogen activated protein kinase，MAPK）。酪氨酸蛋白激酶在突触前和突触后都可以被激活，突触后该酶激活后可以使 NMDA 受体的亚单位磷酸化，受体的反应性因而上调。

b. AMPA 受体功能增强：在 LTP 维持期，突触反应的增强主要依靠 AMPA 受体的功能上调。CaMK Ⅱ的激活使突触后膜 AMPA 受体偶联通道的 GluR1 亚基丝氨酸 627 磷酸化，活性也因而上调；PKC 激活后可以增加 AMPA 受体的敏感性，此外 PKC 还可以与 Ca^{2+}激活的蛋白酶 calpainl 相互作用，改变细胞骨架，突触后结构的变化可能也增加 AMPA 受体的敏感性。AMPA 受体功能的增强可能由如下原因所致：突触后受体密度增加；受体的特性改变，如受体亲和力增加；树突棘颈直径改变以致突触电流从树突棘扩散到树突的效率增加。

c. 基因转录增加：CaMK Ⅱ、PKC、PKA 的长期作用都可以影响基因转录活动和蛋白质的合成。LTP 维持期各种激活的蛋白酶也可诱导即刻早期基因的表达，主要有 c-fos，c-jun 家族和 zif/268，实验证明清醒鼠海马齿状回诱导 LTP 后 0.5～3h 有 c-fos 的表达。这类基因表达产物进一步影响核内靶基因的启动和转录。应用蛋白合成抑制剂菌香霉素能使 LTP 的维持时间从 72h 缩短到 3～6h。用放线菌素 D 抑制基因转录同样可以使海马脑片的 LTP 时程缩短。基因转录和蛋白质合成不仅是 LTP 维持所必需的，也是短时记忆转入长时记忆的重要步骤。

C. 维持期的突触前机制：LTP 突触后功能的改变，但是某些部位的 LTP 表达还涉及突触前机制，如海马 CA_1 区的 LTP 需要突触后和突触前机制的参与。在突触前同样有许多蛋白激酶的激活，种类与突触后相似，但功能不同。例如，PKC 的突触后底物是 neurogranin，突触前底物是 B_{50}，不同的底物磷酸化后发挥不同的功能。突触前机制的最终结果是递质释放增加。突触前后改变的联系需要一种或几种因子在 LTP 诱导后从突触后释放，作用于突触前，这种逆向传递信息的因子称逆行信使（retrograd messenger）。

a. 蛋白激酶的激活：突触前 PKC_{β} 被激活可能依靠突触前 Ca^{2+}内流及突触前自身受体（如 mGluRs）调制生成的 DAG、顺式不饱和脂肪酸（CUFAs）等第二信使的协同作用。PKC 激活后增加 L 型和 N 型 Ca^{2+}通道电流，并使底物 B_{50}（或称 F1，GAP43）磷酸化，B_{50} 是神经特异性蛋白，主要位于轴突的生长锥和突触前膜的浆膜侧。该部位也是递质释放的活性区，B_{50} 能加速囊泡入坞（vesicle docking）和囊泡与突触前膜的融合，该作用是 Ca^{2+}依赖性的，在 Ca^{2+}的参与下，B_{50} 可以增加 LTP 诱导后的递质释放。B_{50} 也可以调节轴突生长速率和膜骨架的稳定性，加快泡裂外排后的囊泡膜融入突触膜，加强细胞骨架与新膜之间的联结。通过囊泡膜与突触膜的融合扩大末梢的表面积，也可能是突触传递增强的机制之一。

另外，细胞内 Ca^{2+}浓度增加激活 Ca^{2+}依赖的 CaM 及 CaMK Ⅱ，后者又使突触囊泡相关蛋白突触素（synapsin）和突触小泡蛋白（synaptophysin）磷酸化。正常非磷酸化的突触素与骨架肌动蛋白（actin）联结，将突触囊泡束缚在蛋白网络中，突触素磷酸化后，与肌动蛋白的联结降低，囊泡从骨架蛋白网络中释放出来进入突触前活化区。突触小泡蛋白参与构成囊泡膜与突触前膜融合后的融合孔，它既是 CaMK Ⅱ的底物，也是酪氨酸激酶的底物。

LTP 时酪氨酸激酶的活性增高，在突触前它可以被花生四烯酸激活，使递质释放增加。酪氨酸激酶除了使突触小泡蛋白磷酸化外，还可能使 MAP（mitrogen-activated protein，MAP）激酶活性增加，突触素 I 又是 MAP 激酶的底物，突触素 I 的磷酸化也使递质释放增加。

b. 逆行信使：突触后与突触前的相继活动需要逆行信使进行联系。现在认为的逆行信使主要有一氧化氮（NO）、花生四烯酸（arachidonic acid，AA）、一氧化碳（CO）、血小板激活因子和 NTFs 等。

NO 是一种具有高度弥散性的气体，由其前体物质 *L*-精氨酸在 NO 合成酶（NOS）的催化下生成。突触后神经元树突中有 NOS 存在，谷氨酸诱导的细胞内 Ca^{2+}增加可激活内皮型和神经元型 NOS，促进 NO 释放增加。NO 释放后作用于突触前靶酶鸟苷酸环化酶和 ADP 核苷酸转移酶，增加突触前递质释放。

花生四烯酸由 Ca^{2+}激活的磷脂酶 A_2（PLA_2）作用于膜磷脂生成，或由 DAG 经脂酶分解而成。在海马脑片，NMDA 受体激动可引起神经元释放花生四烯酸。花生四烯酸可增加突触反应，引起缓慢发展的 LTP（slowly-developing LTP），这种延迟发生的 LTP 不是即刻快速的递质释放增加所致，有人认为，花生四烯酸的作用可能不限于突触前末梢，还能抑制胶质细胞对谷氨酸的重摄取，以及增强 NMDA 受体介导的电流。花生四烯酸在突触前末梢作用的位点可能是 K^+通道和 PKC。

一氧化碳（CO）是一种可弥散的膜通透性气体，由血红素加氧酶（HO）催化血红素生成。在哺乳动物组织中，有两种 HO 同工酶，中枢神经系统主要是 HO-2 酶，该酶在海马锥体细胞、颗粒细胞含量丰富。抑制 HO 可减少谷氨酸的释放，提示 CO 的作用部位在突触前。CO 作用的靶酶是突触前的可溶性鸟苷酸环化酶，能够催化 cGTP 生成 cGMP，如果用可溶性鸟苷酸环化酶抑制剂可以阻止 CA_1 区 LTP 的诱导，用 cGMP 拟似物则产生活动依赖性的 EPSP 长时程增加，提示 CO 能够通过 cGMP 诱导 LTP 产生。CO 与 NO 的作用不同在于 CO 可使弱或强的刺激都产生快速和长时的突触传递增强，而 NO 增强或压抑突触传递，取决于突触前刺激的频率。

D. LTP 的突触形态改变：LTP 形成过程中可以见到突触形态的可塑性改变。主要有如下几种。

a. 树突棘形态和数量变化：强直刺激小鼠海马穿通纤维后，齿状回分子层外侧 1/3 部位树突棘体积增大，头部膨大而颈部缩短，这些变化能够降低输入阻抗，易化突触电流传导。还有时可见树突棘密度增加，棘头分裂形成分支棘的百分率增加。

b. 突触数目增加和突触界面增加：强直刺激 10s、2h、8h，连续观察可见，大对突干（直径大于 2μm）上的干突触数目增加，小数突干上的干突触及无柄棘突触数目增加。此外兴奋性突触的突触膜前后界面扩大，突触前膜深深嵌入后膜。纵切面在电镜下呈 U 形，体积增大，突触前膜形成多个活性区，也加强了突触传递的功效。

c. 突触后致密物增厚：突触致密物内含微量蛋白、肌动蛋白、受体与酶分子（如

CaMK Ⅱ）。LTP 形成后，突触后致密物不仅增厚，还可出现裂隙，在裂隙处的突触后膜向突触间隙膨出，突触前膜内陷，将突前囊泡分隔成 2～4 个活动区，形成穿透性突触（perforated synapses）。

此外，还有突触前末梢内线粒体数量增加，突触小泡向活动区聚集，但小泡总数不变或下降。

（2）突触传递长时程抑制：突触传递效率的长时程降低称突触传递长时程抑制（long-term depression，LTD），LTD 广泛存在于神经系统，如海马、小脑皮质、新皮质等部位，但各部位产生的 LTD 诱导方法和生化机制不同。

1）海马的 LTD 和诱导机制：海马的 LTD 可发生在 CA_1 区的 Schaffer 侧支-CA_1 锥体细胞的突触部位，低频（1Hz）长时（10～15min）刺激 Schaffer 侧支，可以抑制突触后细胞 EPSP 或场电位 EPSP 的反应，这种抑制可持续几小时。

在 CA_1 区产生的同突触 LTD，与 LTP 有相似的产生机制，需要激活 NMDA 受体或者开放 L-型电压门控制 Ca^{2+}通道，诱导 Ca^{2+}进入突触后细胞。区别在于进入细胞的 Ca^{2+}数量，细胞内 Ca^{2+}少量增加最终导致 LTD，而 Ca^{2+}的大量增加导致 LTP，因此在同一突触部位，到底产生 LTP 还是产生 LTD，是通过对同一个调节蛋白进行磷酸化或脱磷酸化的调节决定的。CaMK Ⅱ是这种调节蛋白的一个很好例子，中等浓度 Ca^{2+}，使磷酸酶活性明显增加，其底物磷酸酶抑制剂-1 脱磷酸而活性降低，原来受它抑制的磷酸酶-1 脱抑制而活性增加，因此 CaMK Ⅱ脱磷酸活性降低，受 CaMK Ⅱ调制的 NMDA 受体磷酸化程度减少，功能下调，突触传递效率降低，产生 LTD。

2）小脑的 LTD 和诱导机制：小脑皮质的浦肯野细胞接受爬行纤维、平行纤维的兴奋性传入。爬行纤维、平行纤维与浦肯野细胞间的突触都以兴奋性氨基酸作为递质。浦肯野细胞上不存在 NMDA 受体，所以平行纤维激活后释放谷氨酸，谷氨酸与浦肯野细胞上的非 NMDA 受体（多数 AMPA 受体）结合，诱导 Na^+内流，引起突触后膜去极化，加速兴奋性突触传递。此外，平行纤维与浦肯野细胞的突触间还存在 1 型代谢型谷氨酸受体（mGluk1），mGluR1 兴奋后通过 G 蛋白介导，激活 PLC，生成 DAG 和 IP_3，DAG 以及通过电压门控型 Ca^{2+}通道进入的 Ca^{2+}激活 PKC。爬行纤维也兴奋激活相应的受体使突触后膜达到一定程度的去极化，开放电压门控性 Ca^{2+}通道，诱导细胞内 Ca^{2+}增加，Ca^{2+}激活 PKC 和 PLA_2，PLA_2 又通过激活花生四烯酸再激活 PKC。因此 PKC 可同时被平行纤维和爬行纤维的兴奋性激活，PKC 是诱导 LTD 的重要信使。

诱导 LTD 产生另一信使是 NO。浦肯野细胞不含有 NOS，但有 NO 的靶酶-鸟苷酸环化酶，而与之相邻近的中间神经元如篮细胞、平行纤维含有神经元型 NOS。这样可以通过如下两种方式可产生 NO：一是 Ca^{2+}进入细胞激活 CaM 依赖的 NOS；其次是 LTD 形成时，Ca^{2+}大量进入浦肯野细胞导致 K^+流出，细胞外高 K^+足以使邻近的突触前细胞成分去极化产生 NO。NO 能弥散到浦肯野细胞，以旁分泌方式作用于鸟苷酸环化酶产生 cGMP，cGMP 激活 PKG，PKG 使底物 G（G-substate）磷酸化，活化的底物 G 是一种强有力的磷酸酶抑制剂，以致浦肯野细胞上 AMPA 受体被 PKC 磷酸化后无法被磷酸酶脱磷酸而恢复正常的敏感性，造成平行纤维-浦肯野细胞突触传递的抑制。NO 生成后还可作用于突触前腺苷 A 受体，抑制平行纤维兴奋后产生的突触后电流。

目前对 LTD 维持期的机制研究尚无定论。

小脑的 LTD 主要与运动学习相关。它参与前庭-眼反射的适应。LTD 的损害可见某些类型的运动学习缺损。

（3）突触可塑性与学习和记忆：现代神经科学认为，神经系统的突触可塑性是包括学习和记忆功能在内的行为适应的基础。我们以海兔缩腮反射的习惯化和敏感化为例，简述突触可塑性与学习和记忆的关系。

海兔缩鳃反射习惯化和敏感化的神经机制：海兔缩腮反射的习惯化和敏感化是典型的非联合型学习方式。海兔缩鳃反射的神经元线路十分简单（图 11-11A）：对喷水管皮肤的触觉刺激激活感觉神经元，该神经元既可直接又可通过中间神经元兴奋腮内运动神经元而导致缩腮动作。该反射的习惯化是由于作用于喷水管皮肤的重复刺激导致了感觉神经元突触前的 N 型 Ca^{2+}通道失活，造成 Ca^{2+}内流减少，使突触前递质释放逐渐减少，从而使感觉神经元在运动神经元和中间神经元引起的 EPSP 逐渐减小，缩腮动作亦相应减弱。因此缩腮反射的习惯化是突触传递效能的减弱。

敏感化是由于作用于头部或尾部的伤害性刺激通过终止于支配喷水管周围皮肤的感觉神经元突触前末梢的易化中间神经元而作用于感觉神经元的（图 11-11B），此类易化中间神经元所释放的递质是 5-HT。5-HT 通过一系列步骤使突触前膜 Ca^{2+}内流增加而导致感觉神经元释放递质增加，最终造成行为上的敏感化。因此，敏感化是突触传递效能的增强。

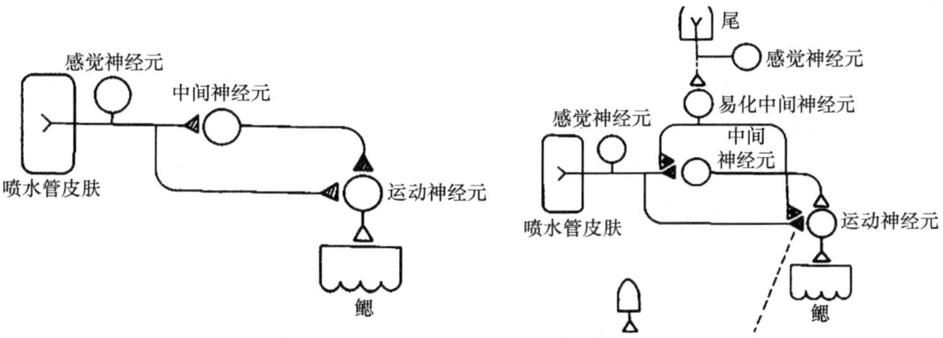

A　　　　B

图 11-11　海兔缩腮反射及其敏感化的神经回路

A. 海兔缩腮反射的神经回路；B. 海兔缩腮反射敏感化的神经回路

（六）学习和记忆的神经生物化学机制

1. 生物大分子与学习和记忆　从神经生物化学角度看，在学习和记忆过程中，必然伴随脑内的物质代谢。科学家发现，训练大鼠学习爬绳索以取得食物，学会后的大鼠其前庭细胞中 RNA 的碱基比例有明显变化，腺嘌呤增加，尿嘧啶减少；给金鱼注射 RNA 合成抑制剂喜树碱，使 RNA 合成抑制 65%～70%，注射 8 日后，动物难以完成主动回避反应。这些实验资料提示 RNA 可能与学习和记忆有关。科学家也发现，短时记忆与长时记忆有不同的神经机制，短时记忆只需原有蛋白质分子的共价修饰，长时记忆则要求合成新的 mRNA 和蛋白质分子。例如，以灯光和电击相结合训练金鱼建立起主动回避的条件反射，训练后立即向其颅内微量注射嘌呤霉素，以抑制蛋白质的合成，动物在训练后 6h 内的记忆仍正常，但训练后 1 周的记忆则显著受损，说明长时记忆有赖于蛋白质的合成。人类的第二级记忆可能与这一类机制关系较大。在逆行性遗忘症中，可能就是脑内蛋白质合成代谢受到了破坏，以致使前一段时期的记忆消失。新近的工作认为，从无脊椎动物到哺乳动物在长时记忆的编码方面有共同的分子机制，其中转录因子 cAMP-反应元件结合蛋白（cAMP response element-binding protein，CREB）在长时记忆过程中可能起着关键性的作用。

2. 递质及神经肽与学习和记忆 中枢神经递质和神经肽参与学习和记忆过程的调制。中枢胆碱能上行激动系统使大脑处于觉醒状态，是学习和记忆不可缺少的背景。中枢胆碱能系统是学习和记忆环路和认知过程中的一个主要环节。例如，阿尔茨海默病患者的基底前脑胆碱能神经元发生退变可能是其认知功能障碍的一个重要原因。动物学习训练后注射拟胆碱药（氧化震颤素）可增强记忆的保持，而脑室或海马注入抗胆碱药物东莨菪碱则使学习减慢，记忆保持减弱，先天性胆碱乙酰化酶活力低的小鼠，记忆保持能力差。

儿茶酚胺类和氨基酸类递质也参与对记忆储存的调制。NA 系统的活动有利于信息的储存和再现，增强记忆的保持。例如，试验前抑制 NA 的合成可阻碍动物的回避学习；应用 NA 或其受体激动剂可减轻各种因素所致的遗忘症，且脑内 NA 的水平与记忆保存程度相关。抑制性氨基酸 GABA 和兴奋性氨基酸 NMDA 也参与学习和记忆过程的调节。有人观察到，在训练后的一定时间内给动物注射 GABA 的拮抗剂对记忆的保持有增强作用，而注射 GABA 激动剂则将损坏记忆的保持。将 NMDA 受体拮抗剂 AP5 注入杏仁复合体可产生一次性回避学习和记忆的顺行性遗忘。

神经肽（neuropeptide）是泛指存在于神经组织并作用于神经系统的活性肽。现有的资料表明，有一些神经肽能增强或易化记忆过程，另一些神经肽则有导致遗忘的效应，还有一些神经肽对学习和记忆的作用尚不能得出一致的结论。最引人注意的是血管升压素（vasopressin，VP）易化记忆巩固的效应。例如，切除垂体后叶的大鼠，其条件性回避反射的消退明显加快，如注射垂体后叶的提取物则使回避反射的保留时间延长，减慢消退的速度；隔核、海马内微量注射血管升压素可增强动物的学习能力。另一个垂体后叶激素是缩宫素（oxytocin，OXT），它除第 3 个氨基酸残基是异亮氨酸和第 8 个是亮氨酸外，其他氨基酸均可与血管升压素相同，但对学习和记忆的作用则与血管升压素相反。例如，在大鼠被动回避反射训练后不同时间向脑室注射缩宫素，发现学习后立即注射和 3h 内注射回避行为明显减弱，学习后 6h 注射无作用，23h 后注射又使回避行为明显减弱，表明缩宫素对行为的影响是时间梯度式的，缩宫素不仅减弱记忆的巩固过程，而且减弱再现过程，因而被称为“遗忘肽”。

促肾上腺皮质激素（ACTH）也具有促进短时记忆的作用，其肽链的 4～10 位这一小段七肽是有效部分，将其微量注入中脑、丘脑，特别是束旁核，可防止动物回避性条件反射的消退。促黑细胞激素（MSH）因为与 ACTH 的第 4～10 位氨基酸顺序相同，因而具有与 ACTH 相似的作用。

近年来，人们注意到阿片肽（opioid peptides）对学习和记忆的调节作用。腹腔微量注射亮氨酸脑啡肽（leu-enkephalin）、甲硫脑啡肽（met-enkephalin）均可破坏大鼠主动回避反射学习过程。阿片受体激动剂左啡诺（levorphanol）同样可以破坏记忆的保持，而它的拮抗剂纳洛酮（naloxone）则可增强记忆的保持。

其他一些神经肽如胆囊收缩素（cholecystokinin，CCK）、P 物质（substance P，SP）、生长抑素（somato-statin，SOM）、降钙素（calcitonin，CT）、神经肽 Y（neuropeptide Y，

NPY）对学习和记忆作用虽有报道，但尚缺乏明确的报道。

近年来由于分子生物学技术的迅速发展，神经生物学家正试图研究学习和记忆过程中的基因调控问题。

（七）学习和记忆的神经解剖学机制

从神经解剖学角度看，学习和记忆不仅与脑的功能定位及神经元和神经环路的活动有关，而且与突触具有形态结构可塑性（原有突触的修饰和新突触的建立）有关。在小鼠被动回避反应实验中看到，衰老性记忆衰退动物其海马 CA_3 区和大脑皮质感觉运动区 Gray Ⅰ型突触表现为突触间隙宽度增大，突触后致密物质厚度变小，其中海马 CA_3 区突触活性带长度变短，正向弯曲型突触数目减少，平坦型突触数目增多。在大鼠视皮质脑片标本观察到，当视皮质产生 LTP 后，有大的 U 形突触形成，界面曲率大于 2（正常平均为 1.1）。人们认为，长时记忆可能与新突触联系的建立有关。

第三节　情绪的脑机制

情绪（emotion）表现为喜、怒、哀、乐、恐惧、惊奇等。情绪活动对人类来说有着重要的意义，可以想象，没有了情绪，生活将变得怎样的苍白而乏味。情绪是人类要研究的最重要的几个问题之一。自古以来有很多人研究情绪问题。情绪机制的研究是一个具有挑战性的课题，尤其在研究手段上难度很大，因为很难将研究感觉和运动系统的技术用于情绪的研究：如果研究对象是感觉系统，我们可以施加刺激来寻找其发生反应的神经元，还可以调节刺激参数来选择最适刺激以引起一个最大反应。但这样的方法不能用来研究情绪。目前所知的能够观察和研究的内容仅限于个体内在情绪的外部行为表现，涉及具体脑机制的研究，主要来源于对动物情绪表达的研究及从临床病例着手深入观察所得的综合结果。

情绪反应通常是来自于我们身体对内外环境的感觉，并由运动系统、自主神经系统和下丘脑神经内分泌系统所控制。因此，我们要了解的情绪反应是感觉刺激如何引起代表情绪表达的行为和生理反应。关于情绪体验，知之甚少。一般认为，大脑皮质在情绪体验中起了关键作用，但我们尚不清楚感觉输入或躯体内部信号如何最终引起一个反映特定情绪的皮层活动。

一、什么是情绪

情绪这个普遍承认和使用的词，从传统观念看来，包括喜、怒、哀、乐、爱、恶、欲等，但是这些感觉的确切定义是什么？由于情绪的神经基础涉及大脑皮质、皮层下结构如何调节自主活动和内分泌活动等，存在着复杂性。因此，根据对人类和动物情绪表达和对人类情绪体验的细致观察，科学家们形成了一些关于情绪表达和体验的学说，这里主要介绍两种。

（一）James-Lange 学说

早在 1884 年美国的心理学家和哲学家 William James 第一次明确地提出了关于情绪的

学说，丹麦的心理学家 Carl Lange 也提出了有关情绪的想法，因此一般将这一学说称之为 James-Lange 学说。他们提出，情绪的产生依赖于能引起个体生理反应的刺激。一般认为，情绪是在人们对外部事物知觉的基础上产生的，随着情绪的产生，又引发一系列身体上的变化。但他们的情绪理论正与此相反，主张情绪是身体变化的感觉，使人激动的外部事件所引起的身体变化是情绪产生的直接原因。感觉系统将有关状态的信息传递给大脑后，并不立刻引起情绪。知觉之后、情绪之前，必定先有身体上的表现发生。大脑把加工后的信息传到躯体，从而改变肌肉张力、心跳频率等。然后，感觉系统再对大脑引起的这些变化做出生理反应，正是这些感觉为情绪产生的基础。根据 James-Lange 学说，生理的变化诱发了情绪，如果这些生理变化被解除，情绪也随之消失。即人们是因为哭泣感到悲伤，而不是因为悲伤而哭泣。

情绪与生理状态紧密相关，并不意味着没有明显的生理信号就不能有情绪产生（James 和 Lange 也同意这个观点）。对于那些与身体变化有明显的强烈情绪，情绪与情绪的生理表现之间存在密切的关系，但两者的因果关系目前尚不清楚。

（二）Cannon-Bard 学说

1927 年，美国生理学家 Cannon 对 James-Lange 学说提出了几点质疑，并建立了一个新学说。后来 Cannon 的学生 Bard 在他的实验室做了假怒实验，对 Cannon 学说进行了进一步的完善，形成现在的通称的 Cannon-Bard 学说。这一学说认为，情绪实际上包括两个方面：一个是情绪动作，另一个是情绪的感觉，而情绪的感觉体验能独立于情绪动作表达之外而产生。Cannon 反对 James-Lange 学说的第一点理由是在没有感觉到生理变化时，仍然可以产生情绪。例如，横断脊髓使断面以下的感觉完全丧失，这时动物仍然可以产生情绪，在人也观察到类似的现象。按照 James-Lange 的学说，脑受到生理变化而激发情绪，感觉被阻断了，那么情绪也就不应该产生了。但与上述病例的事实相悖。Cannon-Bard 学说反对 James-Lange 学说的第二个理由是情绪体验和躯体的生理状态之间没有必然的联系。例如，恐惧时会出现心跳加快、消化抑制和出汗增加等现象，但是同样的生理变化也会伴随其他的情绪，如愤怒，甚至是无情绪的病理状态（如发热等），因此不能认为害怕这种情绪状态是这些生理变化的结果。

Cannon-Bard 学说认为丘脑在情绪感受方面起着特殊的作用。感觉输入到达大脑皮质后可引起身体的某些反应。根据 Cannon 新的学说认为，这种刺激-反应神经回路并不产生情绪，只有这些信号到达丘脑才能产生情绪。换言之，情绪的产生及特征是由丘脑的活动形式所决定的。James-Lange 学说认为因为你哭泣而感到悲伤，如果你能制止哭泣，悲伤也就消失了。Cannon 学说则认为不是哭泣造成你伤感，情绪是丘脑对所处情境所产生的反应，只需你的丘脑受到某个简单刺激而适当地激活，便可产生悲伤的情绪。

二、情绪机制的实验研究

除了 James-Lange 和 Cannon-Bard 提出的关于情绪的学说，1937 年，Papez 提出的 Papez 环路，提到丘脑与情绪有关，还强调了大脑皮质和原皮质（如边缘叶，包括海马、扣带回、乳头体和下丘脑）构成的环路也与情绪的感觉体验有关。不同的情绪依赖于不同的神经环路，但在大多数情况下，这些环路集中在相同的脑区。还有 Zurich 大学的 Hess 因对间脑

（下丘脑部分）的功能组构与情绪之间的关系研究所作的杰出贡献，荣获了 1949 年的诺贝尔生理学或医学奖。近年来，越来越多的神经生物学家认为情绪是外周和中枢诸多因素相互作用所产生的。在这方面 Antonio Damasio 做出了重要贡献，他在杏仁核或前额皮层损伤的患者上进行了研究。另一位对情绪的神经基础做出贡献的是 Stanley Schachter，他强调了大脑皮质在形成情绪中的作用，他提出大脑皮质对来自外周的信息产生认知性的情绪反应。

除了 James-Lange 学说和 Cannon-Bard 学说之外，还有其他关于情绪的学说，我们不在此一一介绍了。后来研究证明每种学说既有优点也不足。例如，恐惧和愤怒都激活自主神经系统的交感支，但这两种情绪分别与不同的生理反应相关联。虽然还未能证明这两种情绪是不同的生理反应的产物，但至少两者的生理反应是不同的。这一点与 Cannon-Bard 学说的观点是不一致的。

另一个与 Cannon-Bard 学说对立但被实验研究所证实的观点是，情绪有时受到脊髓损毁的影响：对脊髓损伤的一位成年男子的研究表明，感觉丧失的程度与情绪体验的降低之间存在一定的相关性。这一结果支持情绪体验依赖于情绪表达观点的 James-Lange 学说。另外一些研究表明，如果强迫自己进行一种情绪的行为表达，如微笑，的确使一些人感到愉快。因此，有些情绪的体验可能的确依赖于情绪的行为表现，而另一些情绪的体验则不必依赖于情绪的行为表现。

三、情绪的表现

情绪活动其实是人们对于事物情境或观念所引起的主观体现和客观表达，是由神经生理和肌肉变化等因素组成的复杂过程，它不仅具备独特的主观感受，而且还具有独特的外部行为表现。通常各种情绪通过表情显现出来，表情有 3 种类型。

1. 面部表情（facial expression） 指在情绪发生时，面部肌肉和腺体的变化。人的面部表情主要依靠眼、眉、嘴、鼻、面部肌肉等器官组织的协调运动来完成。1971 年开始，Ekman 和 Friesen 通过对来自世界上不同文化背景的受试者面部表情在不同情绪状态下的分析，提出人的基本表情可以分为 6 种：高兴、悲伤、惊讶、恐惧、愤怒和厌恶，系统地建立了上千幅不同的人脸表情图像库，并给出了 6 种基本表情的具体面部表现，包括惊奇、恐惧、厌恶、愤怒、高兴和悲伤。这种对于面部表情的基本模式的分类方法没有充分的理论根据和严格的逻辑基础，但在以上 6 种表情之间，面部器官组织的运动特征确实存在着较大的差异，容易进行区分。例如，快乐时两眼放光、双眉舒展、嘴角上提，悲痛时头部低垂、双眉紧锁、嘴角下撇、眼泪汪汪，愤怒时咬牙切齿、双眉倒竖，惊恐时目瞪口呆等。

2. 肢体表情 指在情绪发生时四肢和躯体部位的动作变化。例如，快乐时手舞足蹈，愤怒时挺胸握拳，恐惧时手足无措等，甚至连耸肩、抱臂、摸下巴等一些细微的动作，都能很好地体现出各种情绪。

3. 言语表情 指在情绪发生时，言语的声调、节奏、速度和音色等的变化。例如，悲哀时语调低沉、声音断断续续，愤怒时声音高尖而且颤抖等。此外，感叹、烦闷、惊讶、厌恶、激动等都常常伴有一定的语气和语调的变化。

除此之外，情绪反应还常常伴有自主神经活动增强或抑制的表现。例如，汗腺分泌的多少、心率的改变、血压的改变、皮肤血流速度的变化、脸色变红或苍白、立毛、胃肠活动亢进或抑制等。

四、参与情绪调节的主要结构

脑内是否存在调节情绪的系统？大约从 1930 年开始，科学家证明边缘系统是参与情绪调节的重要结构，但将调节情绪的结构归为一个单独的系统存在很大困难。近年来，越来越多的神经生理学家认为情绪是外周和中枢诸多因素相互作用产生的。

1. 下丘脑是调节情绪状态的关键结构

（1）下丘脑对自主神经系统的调控及其与情绪状态的关系：伴随情绪状态出现的典型生理变化，如出汗、口干、肌肉紧张、呼吸加快和心跳加速等主要是神经系统调控的。自主神经系统主要是一个效应器系统，它调控平滑肌、心肌和腺体，区别于调控骨骼肌的躯体运动系统，这两个系统平行地调节身体使适应于外界环境的变化。躯体运动大部分是随意的，而自主活动是反射性的，不经过意识的，也称不随意运动。随意和不随意是相对的，不是绝对的，某些躯体活动，特别是一些反射活动也是不随意的。

自主神经系统包括交感、副交感和肠道神经系统 3 个主要的部分。这里我们主要讨论前两个部分，这两个部分在情绪行为和内环境恒定的调节中有不同的功能。交感神经系统调制恐惧和逃遁反应，而副交感神经系统是调控休整和营养（rest and digest）。在紧急情况下，身体需要对内外环境中的突然变化迅速做出反应，这时下丘脑和交感神经系统兴奋，使心跳加快和心排血量增加，出汗、瞳孔扩大、体温升高和血糖增加等。相反，副交感神经系统使心率、呼吸及代谢保持在正常基础水平。如果我们把一个动物的交感神经系统损毁，那么这种动物可以存活在一定恒定状态下而不能暴露在应激状态下，它不能照料自己，不能把需要的血糖从肝脏中调出来，他不能像正常动物那样收缩血管对寒冷起反应等。自主神经系统的活动不只是为了对付紧急状态或恢复正常，交感和副交感神经系统的很多活动是具有紧张性的，并且和躯体运动系统共同在外界环境变化时，控制行为的正常和使内环境维持在一个恒定的状态。

大脑皮质、杏仁和部分网状结构等均能影响自主神经系统的活动，而这些脑区对自主神经系统的作用又大多通过下丘脑来实现的，来自这些脑区的信息在下丘脑进行整合以形成适宜的反应。来自下丘脑的纤维投射到脑干或直接投射到脊髓，从而调节自主神经系统的活动。脑干的孤束核接受来自下丘脑的投射，同时也是内脏感觉信息的接收处，然后作用于迷走神经核和其他脑干副交感神经核，以调节体温、心率、血压和呼吸等。延髓的腹侧嘴部（rostral ventral medulla）也接受来自下丘脑的投射，主要对交感神经系统的节前输出进行调控，这一脑区兴奋可导致交感神经系统的活动增加，如竖毛、血压升高、心跳加快、出汗和瞳孔扩大等。下丘脑也可直接调节脊髓的自主神经系统的输出。

（2）下丘脑调整内分泌系统：内分泌系统的调节由直接和间接两种方式来完成，直接方式是由垂体后叶分泌内分泌产生物至体循环而影响内分泌腺，间接方式是通过下丘脑分泌的调节激素进入垂体门脉系统调节垂体前叶。神经分泌（neurosecretion）是 Schaffer 提出的，指某些神经元具有神经和内分泌转换的功能，可以把神经的电信号直接转换成体液信号。这些细胞也称神经内分泌神经元（neuroendocrine neuron），主要是指下丘脑的视上核和室旁核中的一些大细胞，即是神经元，又能分泌活性物质。后来发现不仅在下丘脑视上核和室旁核的神经大细胞有神经分泌现象，在下丘脑弓状核的神经小细胞也有神经分泌。另外还发现这些细胞分泌的活性物质都是肽类，但不一定是神经激素，因此也被称为神经肽。

调节内分泌功能的下丘脑肽能神经元可分为两类。一类投射到神经垂体的下丘脑肽能神经元，即经典的神经分泌大细胞；另一类是投射到正中隆起，其末梢与垂体门脉血液接触的小细胞，它们调控垂体前叶的功能。下丘脑神经分泌大细胞释放血管加压素与催产素，而小细胞分泌释放激素和抑制激素。它们起到相互制约的调节作用。

（3）刺激下丘脑某些区可引起情绪状态：1932 年 Stephen Ranson 用脑定位仪在麻醉条件下精确地刺激了下丘脑各区，他发现能引起多种自主反应，可改变心率、血压和肠胃活动，也可观察到竖毛和膀胱的收缩。1940 年 Walter Hess 进一步在不麻醉的清醒动物上进行了工作，他发现刺激下丘脑的某些区所产生的反应与特定的行为有关。刺激猫外侧下丘脑可引起与愤怒有关的自主和躯体反应，如血压升高、竖毛、缩瞳、弓背和竖尾等，与去大脑半球所造成的假怒极为相似。刺激停止，动物就迅速平静下来，蜷缩甚至入睡。20 世纪 60 年代耶鲁大学的 John Flynn 发现刺激下丘脑的不同区可引起不同的攻击行为，刺激内侧下丘脑可观察到情绪性的攻击（愤怒攻击）和 Hess 描述的“发怒”相似，有发怒的表现但并不对靠近的老鼠攻击。捕食性的攻击则可由刺激外侧下丘脑激发，并没有很多威胁性的姿态出现，而是迅速地扑向猎物而咬住它的脖子。Flynn 把这种攻击称为无声捕食攻击（silent-biting attack）。

2. 边缘系统 有人提出，其实在脑内有多个部位参与情绪的产生过程，且对不同的情绪有着不同的影响。大约从 20 世纪 30 年代开始，科学家们便证明在脑内的确存在与感觉有关的系统，并归结为现在熟知的边缘系统。

1878 年法国神经生物学家 Broca 首先提出边缘系统的概念，即在所有哺乳动物大脑的内侧表面，都有一组明显区别于周围皮层的皮层区域。Broca 用拉丁语中表示“边缘”的词 limbus，将这部分脑区称为边缘叶（limbic lobe）。因为它们形成了围绕脑干的一个环（图 11-12）。根据这一定义，海马及扣带回、嗅皮层（在脑的底面）等位于胼胝体周围的皮层称为边缘叶。但是，Broca 当时的报道并未提到这些结构对情绪的重要性。而且，在随后相当长的一段时间内，边缘叶一直被认为其主要功能是参与嗅觉的实现。

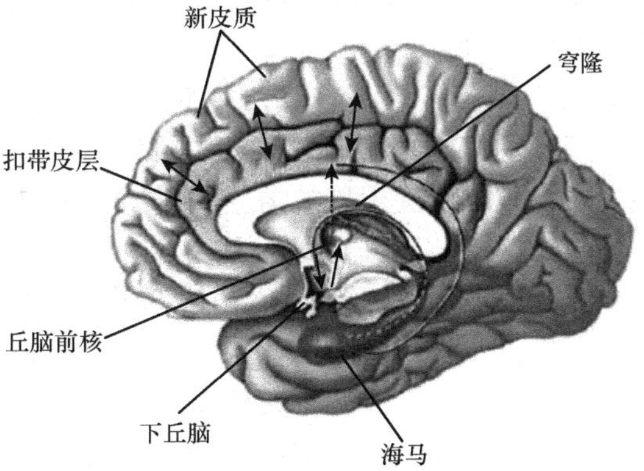

图 11-12 边缘叶

1937 年 Jame Papez 提出大脑皮质边缘叶是情绪的神经基础。他指出脑的内侧面上有一个“情绪系统”，将皮层和下丘脑的功能联系起来，他把这样一组结构称为 Papez 环，每一个结构之间由粗大的纤维束相连。Papez 环路是指在海马、乳头体、丘脑前核与扣带回间形成的一个环路，即

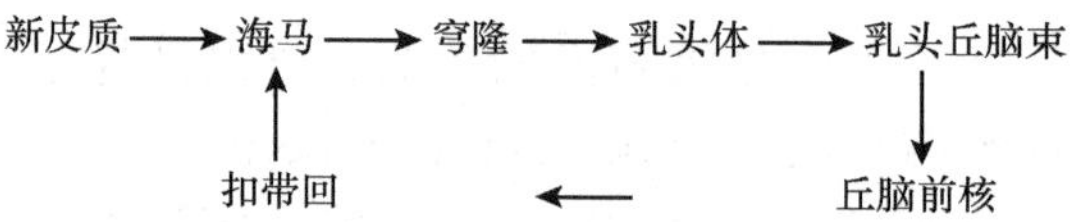

Papez 环路调控情绪，不仅提到丘脑与情绪有关，还将大脑皮质和原皮质（如边缘叶，包括海马、扣带回、乳头体和下丘脑）与情绪联系在一起。Papez 发现，某些皮层区域被损毁对情绪行为有深刻的影响。例如，扣带回肿瘤的患者会出现恐惧、易激惹、抑郁等情绪失调的行为表现。感染狂犬病毒的患者会出现情绪的过分抗拒，呈现过分夸张的恐惧和攻击行为，病理学检查发现海马神经元出现不正常的胞体。根据这些结果，Papez 推断出了 Papez 环路的具体构成。他认为，下丘脑整合自主神经系统的活动，也控制情绪行为的表达。下丘脑与新皮质的连接将情绪表达与情绪体验联系起来。同时解剖学的研究提示，扣带回通过海马和穹隆与下丘脑之间存在着双向联系（图 11-13），下丘脑与皮层间的这种双向交流为 James-Lange 和 Cannon-Bard 所提出的关于情绪的学说提供了重要的解剖学基础。

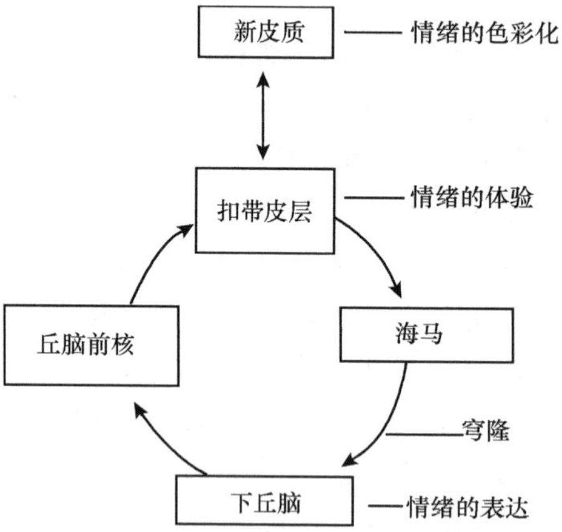

图 11-13　Papez 环

边缘系统的杏仁核与情绪有着特殊的关系，刺激人的杏仁核可以产生恐惧的感觉，在实验动物上损毁杏仁核使动物变得驯服。杏仁核团对很多情绪状态的作用是通过下丘脑和自主神经系统来实现的，因此这些作用与刺激和损毁下丘脑的某些区所产生的效应极为相似。杏仁核位于颞叶的颞极中，在中央皮层的下方，由于它的形状，用希腊文“almond”命名为杏仁核。杏仁核由很多核团组成，包括基底外侧核、皮层内侧核和中央核。这些核团和下丘脑、海马结构、新皮质和丘脑都有双向的连接。杏仁的基底外侧核接受各种感觉的传入信息，然后由杏仁中央核发出两个主要的传出投射：终纹和杏仁腹侧通路（ventral amygdaloid pathway）。终纹的传出纤维投射到下丘脑，终纹的床核和伏隔核；杏仁腹侧通路到达脑干，丘脑背内侧核和扣带回的嘴部。

进入杏仁核团的感觉输入主要到达基底外侧核，这些感觉来自丘脑的感觉核团和初级感觉皮层。对某些类型的情绪和恐惧，来自丘脑的感觉输入尤为重要，它较来自皮层的感觉输入更快到达杏仁核团。因此，这些直接来自丘脑的输入可引起短潜伏期的初始情绪反应，使杏仁核团做好准备以接受来自高级中枢（如腹内侧前额皮层）的与认知相关情绪的复杂信息。杏仁核的输出和自主神经系统的活动一样反馈给大脑皮质，引起一种意识性的情绪反应。有相当多的事实证明，习得性情绪状态是由杏仁基底外侧核团所介导的，特别是与恐惧和焦虑相关的情绪状态。损毁基底外侧核团可使经典的恐惧性条件反射消失。开始建立条件反射时，作为条件刺激的声音不引起自主神经系统的活动，与电击结合就会产生疼痛、害怕及自主神经系统的活动，经多次结合单独声音即能引起恐惧反应，也包括相应的自主神经系统活动如心跳加快、血压升高等。因此，杏仁核团对本能性和习得性的恐惧反应都起重要作用。

我们以听觉为例介绍一下参与情绪性信息加工的通路。听觉信息传入内膝体的内侧部，还有其他听觉通路可到达内膝体的外侧部和丘脑的其他核团。内侧部只投射到初级听皮层，而外侧部投射到听觉的初级皮层和联合皮质，同时也投射到杏仁的基底外侧核。这些从丘脑到杏仁的通路参与情绪性的学习。杏仁的中央核与脑干有丰富的连接，并通过这些连接参与情绪反应的调控，同时还有纤维投射到基底核，基底核与皮层有广泛的连接，并且已证明这种连接通路参与皮层的唤醒反应和可塑性。

信息从杏仁的基底外侧核又传至中央核，中央核的传出纤维投射到外侧下丘脑和脑干的某些区，通过调节自主神经系统的活动对情绪性的刺激产生反应。另外，杏仁中央核直接或间接（通过床核）投射到下丘脑的室旁核，这是介导与情绪相关的神经内分泌反应的重要脑区。所以刺激杏仁中央核可引起心跳加快、血压升高和呼吸频率增加，相反，如损毁中央核则可抑制恐惧条件反射中自主神经系统的反应。杏仁中央核的传出纤维也投射到联合皮质，特别投射到眶额皮层和扣带回，这一通路对情绪的意识性感知很重要，在调节唤醒状态和伴随的心率变化中起重要作用。杏仁中央核的传出纤维投射到基底核以调节唤醒状态。如损毁眶额皮层或扣带回的前部则可改变情绪反应。如果损毁只局限于眶额皮层则可使动物攻击的情绪反应明显减弱。根据这些实验结果，在 30 年代用额叶切除来控制某些精神病，使这些患者大大减弱了狂躁的表现。然而后来发现，额叶皮层切除常伴随癫痫、人格的改变、缺乏主动性和创造力等出现，后来这种切除治疗不再沿用，而采用药物治疗获得了较好的效果。

3. 中脑 中脑也是参与情绪的重要结构，其中最主要的是中脑中央灰质（periaqueductal grey，PAG）。PAG 是围绕中脑导水管的灰质区，中央灰质头端在后连合和动眼神经核上端水平，尾端在中脑被盖背核水平。人的 PAG 分为 3 个区，即背侧区、内侧区和外侧区，内侧区围绕导水管周围，背侧区位于内侧区背方，外侧区又分为背外侧区和腹外侧区。中央灰质具有很多重要功能，与情绪活动有关的功能柱有背柱、背外侧柱、腹外侧柱和内侧柱，如刺激背外侧柱或腹外侧柱能产生防御反应（鼠的逃跑行为，人的恐惧、不愉快，以及血压升高和心动过速）。

4. 大脑皮质 人脑比其他哺乳动物的脑更为复杂，个人的经验能够影响情绪的产生，如某些能够引起某人兴奋或愉悦的刺激对另一个人的情绪可能没有作用，虽然这种特异反应的神经机制还没有阐明，研究发现较高层次的的皮质参与了情绪的加工。

额叶和颞叶是与情绪关系密切的脑区，前额叶损伤（常见的是眶额皮质损伤）的患者可以表现人格的改变，情绪易于波动，或欣快或暴躁，缺乏对情绪活动的适宜调节。邻近前额皮质的前扣带皮质损伤，患者出现冷漠、缺少情感，以及运动不能缄默症（akinetic mutism）。双侧切除或损伤颞叶严重影响猴的恐惧反应，猴子表现出许多异乎寻常的变态行为反应。应用功能性影像技术也证明在悲伤和快乐时最常见的激活脑区是眶额皮质。不同的脑区对情绪调节的精细分工尚不清楚。

对人类情绪的脑机制研究起源于对脑损伤患者的研究。脑对情绪表达影响的研究之一是一次工伤事故。这个研究的不幸对象是 Phineas Gage，铁路工地上的一个 25 岁的工人。1848 年 9 月，这名铁路工人，在美国佛蒙特州施工时，因爆炸事故中被一根铁棍击穿头颅。幸运的是，他活了下来。但是原先那个严谨、谦虚和勤奋的他消失了，取而代之的是一个毫无恒心、胡言乱语、攻击性很强的酒鬼。没有任何心理学的测验结果能告诉我们 Phineas Gage 的认知能力发生了什么问题。但很明显，他的性格发生的改变远比智力大。他的朋友和熟人都肯定地说："他不再是 Gage 了。" Gage 毫无目标地又活了 12 年。Gage 死后没有对其进行尸检，但是 Gage 的颅骨和铁棒被保存于哈佛医学院的博物馆内。图 11-14A 是 Harlow 画的 1 张草图，显示了铁棒和 Gage 颅骨的比例。

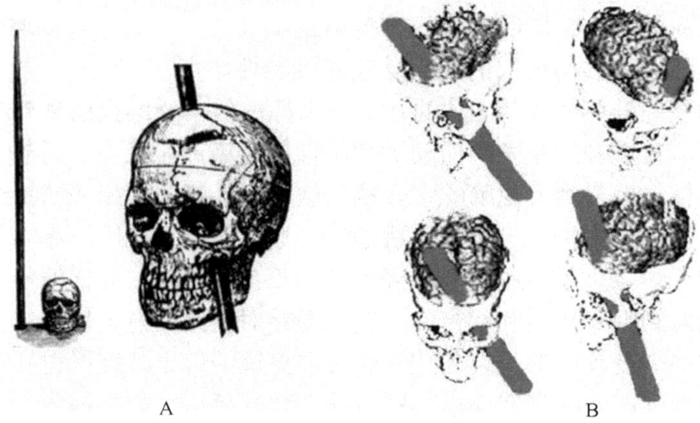

图 11-14　铁棒和 Gage 颅骨的比例草图及铁棒穿脑通路模拟图

A. 铁棒和 Gage 颅骨的比例草图；B. Hanna 和 Antonio Damasio 及其同事重建的铁棒的穿脑通路模拟图

1994 年 Iowa 大学的 Hanna 和 Antonio Damasio 及其同事对颅骨进行了重新测量，用现代成像技术对 Gage 脑的损伤进行了推测。他们重建的铁棒的穿脑通路，如图 11-14B 所示，铁棒严重地损坏了两个半球的大脑皮质，特别是前额叶。正是这些损伤引起 Gage 行为像病态的儿童，导致了没完没了的强烈的情绪发泄。情绪行为的明显增加提示了大脑皮质在调节情绪表达中起了重要作用。

神经成像研究表明，人类大脑的前额叶皮层（prefrontal codex，PFC）可以分为 3 个主要的区域：大细胞性的（magnocellular）背内侧核（mediodorsal nucleus）的中间部位，即前额皮层的腹侧表面，此区域被称为眶额皮层（orbitofrontal codex，OFC），正是 Gage 在事故中受损的脑区；小细胞性的（parvocellular）背内侧核的侧面，即前额皮层的背外侧，此区域接收来自顶叶皮层的信号，并负责如短时空间记忆操作的功能；背内侧核的部分侧薄层区域，即处于弓形回间沟前背侧的额叶眼动区（frontal eye fields）。其中眶额皮层从初始的皮层区域接收味觉、嗅觉或者疼痛刺激的输入信号，进而对这些刺激产生反应。它还能调节人类的情绪、决策行为、动机和社会性行为。

近年来，随着神经成像技术的快速发展，以电信号为基础的方法，如脑电图（electroencephalogram，EEG）和事件相关电位（event-related potential，ERP），以及以功能成像为基础的方法，如正电子发射断层成像（positron emission tomography，PET）和功能磁共振成像（functional magnetic resonance imaging，fMRI），都为更好的研究情绪的脑机制提供了可能。

此外，两半球在情绪活动中起了不同的作用。右半球对感情的语言表达和理解特别重要，损伤右后额叶和前顶叶外侧裂上部（supra-sylvian portion）的患者无法用语调表达自己的情感，但仍保留正常的情绪体验。损伤左侧同样部位则引起 Broca 失语症。情绪的建立在两半球也不对称。左半球与积极情绪的建立有关，而右半球主管消极情绪，总体来讲右半球比左半球更多地参与情绪的感受和表达。

五、几种情绪的产生机制

（一）恐惧和焦虑

机体在焦虑和恐惧的情况下，通常会出现交感神经系统的剧烈反应，这个反应影响广泛，涉及全身的各个部分，从心率和呼吸增加到出汗。一般来说，焦虑的水平和身体的反应与受到的危险程度成比例。例如，你晚间走在回家的路上，经过让人感到不安的漆黑街路时，你会感到担心；不久，你又发现有一些人不断向你靠近，你顿时感到恐惧和焦虑。这种焦虑和恐惧，会使你感觉到自主神经系统的交感支引起的强烈反应。甚至在表现出行为反应之前，下丘脑和自主神经系统已发动了一个反应。这个反应影响你身体的每一部分，使你心率加速、呼吸加快、出汗增多等。究竟传入的感觉信息如何产生与恐惧和焦虑相关的行为和生理反应？目前较多的证据提示，颞叶的一个结构——杏仁核起着关键的作用。这一研究发现归功于 20 世纪 30 年代进行的实验研究，我们先来了解一下当时的神经心理学实验观察。

1. Kluver-Bucy 综合征 20 世纪 30 年代，芝加哥大学的学者 Kluver 和 Bucy 发现，当那些很凶残的恒河猴被切除双侧颞叶后，在行为上会有很多的异常表现，包括精神盲（psychic blindness）、口识倾向（oral tendency）、过度变态（hypermetamorphosis）、变异性行为（altered sexual behavior）和情绪变化（emotional change）。这些症状的集合被称为 Kluver-Bucy 综合征（Kluver-Bucy syndrome）。

切除颞叶的猴虽然能看见东西，却似乎不能识别普通物体或不能理解它们的含义（精神盲）。同时会出现一些口识倾向的表现，它们捡起视野内的每一个物体并加以察看，然后把这些物体一一放进口里。它们似乎用口而不是用眼来鉴别每一件物体。把猴与很多物体放在同一间房间，对于不能吃的物体，如杯子、桌子和钉子等，猴先是用口检验，然后吐出。对于食物，同样也是先用口检验，然后吃掉。对于一只颞叶被切除的饥饿猴，给予它曾经见过的物体并混在食物之中，猴仍然是进行一一捡起所有的物体，并放进口里检测，而正常的饥饿猴则会直接取食物。除了精神盲和口识倾向外，颞叶切除的猴似乎还有一种难以抗拒的检查物体的欲望，情不自禁地靠近并触摸每一件物体，并且把看到的每一件物体放到口里。这种行为称过度变态。此外，颞叶被切除后，猴在性行为方面也有改变。一些猴对性兴趣明显增长，包括异性性行为、同性性行为等。

Kluver-Bucy 综合征的猴的最典型的情绪改变是对恐惧反应的明显降低。例如，野生恒河猴在正常情况下会躲避人和其他动物，如果有人接近，它会立刻跳到更安全的角落里并保持不动。双侧颞叶切除的恒河猴没有这种恐惧和兴奋，这类实验猴不仅会接近人类，并且还让人抚摩和击打它们，甚至当它的天敌蛇从身后接近并攻击它时，实验猴也不会逃避。此外，通常与恐惧有关的发声和面部表情也明显减少。这些都提示，颞叶切除将导致正常的情绪体验和表达的减少。事实上，猴的 Kluver-Bucy 综合征的症状也可在颞叶损伤的患者身上观察到，并表现有情感淡漠。

在解释 Kluver-Bucy 综合征时，有一个前提，切除的是包括颞叶在内的一大块脑组织。切除不仅涉及颞叶皮层，还包括所含的杏仁核、海马等所有皮层下结构。Kluver-Bucy 综合征中的精神盲可能是由于颞叶的视觉皮层（颞下回）被摘除而导致的，但是情绪障碍则可能是由于杏仁核损毁而导致的。研究证据表明，杏仁核除了恐惧反应有关外，还与许多情绪反应有关。如前所述，杏仁核接受来自海马、扣带回及新皮质各脑区的输入，所有感觉系统的信息都传至杏仁核，特别是杏仁核的基底外侧核。不同的感觉系统在杏仁核有不同的投射模式。杏仁核各部分之间的相互联系使来自各个感觉系统的信息在此进行整合。杏仁核和下丘脑之间通路主要有两条：杏仁腹侧通路（ventral amygdaloid pathway）和终纹（terminalis stria）。双侧损毁杏仁核导致与 Kluver-Bucy 综合征相似的呆板情绪反应。双侧切除杏仁核除了对攻击行为和记忆有影响外，还严重降低动物的恐惧反应。

通过总结众多的资料可以发现，杏仁核特定部位的损伤可以产生类似 Kluver-Bucy 综合征的情感淡漠。人类杏仁核的损毁也会出现情感和激动减少。在多年药物治疗无效的情况下，一位 28 岁就患上难治性癫痫的妇女接受了大脑手术，手术损伤了左右半球的杏仁核。手术有效控制了癫痫的发作，但是术后患者在识别面部表情时出现了困难，尤其是对恐惧和厌恶的表情的识别。动物双侧杏仁核切除导致恐惧显著减少，并影响攻击和记忆。双侧杏仁核切除野猫会像家猫一样温驯。大鼠双侧杏仁核切除后会主动接近一只安静的猫，咬它的耳朵。还有研究认为，恐惧缺失是杏仁核的基底外侧核损毁的结果。但是，有关人类选择性杏仁核损毁症状的资料很少。Lowa 大学的 Adophs 教授曾经对一名患有 Urbach-Wiethe 病的妇女进行过观察，这种患者的双侧杏仁核均发生了严重的病变，其最明显的表现是，她不会描述害怕时的恐惧情绪，说明杏仁核的损伤选择性地降低了她对恐惧的认知。如果切除杏仁核会造成恐惧表达和对恐惧认知的降低，那么电刺激完好的杏仁核又会怎样呢？研究发现，对杏仁核不同部位的电刺激可造成警惕和注意的增强，而刺激猫杏仁核的外侧部则造成恐惧和暴力攻击的增加。电刺激人类杏核会导致焦虑和恐惧。因此，杏仁核的确在感觉输入和与恐惧和焦虑相关的情绪中起一定的作用。

2. 习得性恐惧（learned fear） 为了更加透彻地了解杏仁核在恐惧反应中的作用，一些学者还从习得性恐惧着手开展了一些研究。日常生活中，一般人们都能学会因为害怕被伤害而逃避某种行为，如果某人在孩提时由于将一个黄豆塞到鼻子内而遭受到医院内手术的痛苦后，他以后再也不会干同样或类似的事情。与恐惧有关的记忆可迅速形成，而且能长久储存。虽然杏仁核并不被认为是记忆储存的基本结构，但是它可能确实参与了带有感情的记忆。

Vermont 大学的 Kapp 和他的同事们训练兔在音调与中等强度的痛之间建立起条件反射。动物在感到恐惧时，心率会发生变化。Kapp 等以此为依据来判断兔是否有恐惧反应。兔被关在笼子里，在不同的时刻让兔听到两种声调（CS^+和 CS^-）中的一种。当 CS^+声调出现时，通过笼子的金属底板给兔的足部一个中等强度的电刺激，使兔感到中等强度的痛；当 CS^-声调出现时，没有电刺激。Kapp 等发现，经过训练，兔对 CS^+声调产生了恐惧性的条件反应，即心率加快，而对 CS^-声调没有恐惧性的反应。训练前，杏仁中央核的神经元对 CS^+声调和 CS^-声调都没有反应。训练后，中央核神经元对 CS^+声调起反应，对 CS^-声调没有反应。纽约大学的 LeDoux 的实验表明，在习得性恐惧形成后，损毁杏仁核将消除这种习得性的心血管反应（如心率和血压的改变）。Kapp 等的实验提示，杏仁核的神经元能“学会”对痛觉相关刺激产生反应，通过训练后，这些刺激就能诱发恐惧反应。也就是说，通过训练让受试动物形成对恐惧刺激的条件反射。后来 Emory 大学的 Davis 还利用对大鼠听觉惊跳反射的研究提出了参与恐惧反应的环路，而这一反射环路的关键部位就是杏仁核。

此外，很多研究都提示杏仁核在习得性恐惧中的作用，并且研究已从动物扩展到人类。

其中一项研究显示，内侧膝状体与听皮层之间的通路被切断，以视觉刺激之后，配合一种弱电刺激，使用功能核磁共振仪（fMRI）对人的脑活动进行监控。MRI图像显示正常情况下，恐惧的视觉刺激比与电击无关的视觉刺激更明显地激活杏仁核。而且，除杏仁核外，还有一些大脑皮质区域显示活动增强，这些都是与条件刺激相关的皮层区域。通路被切断后，恐惧的条件反射仍能发生。这就提示，只要内侧膝状体（听中枢）与杏仁核的联系保持完整，恐惧条件反射就能发生，这一结果还是说明杏仁核在恐惧反射通路中的重要作用。

LeDoux提出有关习得性恐惧的可能神经环路（图11-15）：即听觉信息传入杏仁核的基底外侧区，然后发出纤维至中央核，再投射至下丘脑，从而改变自主神经系统的活动状态，引起自主神经系统的条件性反射活动；也可能由杏仁中央核投射至脑干的导水管周围灰质，协调躯体运动系统产生行为反应。此外，此外基底外侧核还直接投射到大脑皮质，产生恐惧有关的情绪体验，因此情绪体验被认为是建立在大脑皮质活动的基础之上。

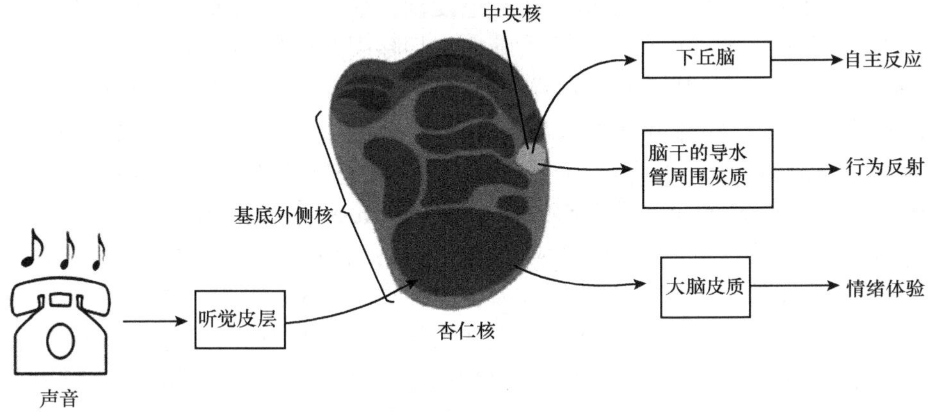

图11-15　习得性恐惧的神经回路

（二）愤怒与攻击

攻击是一种多面性行为，根据不同的目的可分为多种类型。一些研究已经表明，这种情绪不是单一脑结构的产物，不同类型的攻击行为具有不同的神经基础。例如，一只动物攻击另一只动物可能是为了捕食、保护后代、争夺配偶或恐吓潜在的敌人等具有不同的神经基础。攻击是一种复杂的行为，不是脑内某个孤立系统活动的产物。影响攻击的因素很多，雄激素（androgen）水平是影响攻击行为的一个因素。动物季节性的雄激素水平变化和攻击行为之间存在相关性。注射雄激素（如睾酮）能使未成熟动物表现为更具攻击性，而阉割则能够降低动物的攻击性。但在人类，睾酮水平和暴力犯罪的攻击行为之间相关性的研究报道很少。

根据动机的不同，人们把攻击分为捕食性攻击（predatory aggression）和情感性攻击（affective aggression）两种形式。捕食性攻击是指为了获取食物而攻击另一个种族成员的行为（如狮子捕食斑马），因此又称为掠夺性攻击。典型的动物捕食性攻击，一般不发出叫声，而是直接瞄向猎物的头和颈；但是动物不出现交感神经系统活动增强现象。情感性攻击则不同，通常伴有交感神经系统活动增强现象；而且一般都发出叫声，摆出一副威胁性的或防御性的姿势。例如，一只猫对正向它走近的一只狗弓起背并厉声嘶叫着，这是典型的情感攻击。这两种类型的攻击行为及其生理表现都由躯体运动系统和自主神经系统介导，但两者的神经传导通路上有些不同，从而出现在行为反应上的不同。

1. 下丘脑与攻击行为　下丘脑是与攻击行为相关的重要结构之一。我们从下面的一些实验研究，可以发现这个研究过程和研究方向的变化。

（1）假怒：19 世纪末，Sherrington 在进行动物实验时发现动物在做浅麻醉情况下会出现类似怒的行为。但是，对“怒”这一行为的系统观察始于 20 世纪 20 年代，Bard 在 Cannon 实验室做了一系列关于假怒的实验。研究显示，手术前不易被激怒的动物，在手术切除双侧大脑半球的皮层后会出现明显的行为变化。只要很小的刺激便会使之进入强烈的愤怒状态。例如，轻轻抓一下猫背就可导致它产生一系列类似怒的反应，包括血压上升、瞳孔扩大、立毛、伸爪等，这种状态被称为假怒（sham rage），因为这时动物显示出的愤怒行为，正常动物在同样刺激条件下是不会产生的。Bard 认为这些动物的这种怒不带有真正的攻击对象和目的，不是动物发自内心的表达，而真正的愤怒行为是为了对付敌人采取的一种自我保护，一般伴有不自主的行为反应。实验还发现，如果将损毁范围略微扩大至间脑的一部分，特别是下丘脑，则可以反转双侧大脑皮质切除引起的假怒行为效应；如果沿着皮层损毁下丘脑前部可以观察到假怒，但当损毁扩展到下丘脑的后半部时，假怒将不会出现。于是 Bard 推论，下丘脑后部可能对愤怒和攻击特别重要，这种作用平时被端脑所抑制。

（2）下丘脑电刺激实验：20 世纪 20 年代还进行了很多与愤怒和攻击相关的研究，Zurich 大学的 Hess 研究了电刺激间脑后引起的行为变化。Hess 在麻醉猫的头骨上钻一个小孔，在脑部埋植电极。动物清醒后，通小强度电流记录对动物行为的影响。根据电极埋植部位的不同，电刺激下丘脑可以引起不同的行为反应，如打喷嚏、喘气、进食、恐惧或愤怒等。提示下丘脑有两个基本的功能：内环境稳定和情绪表达。电刺激下丘脑引起的与情绪表达有关的反应包括心率变化、瞳孔散大及肠胃蠕动等。由于电刺激下丘脑的不同部位能使动物表现出具有恐惧和愤怒特征的行为反应，因此，下丘脑被认为是情绪表达系统中的一个重要组成部分。

电刺激下丘脑引起的动物愤怒表达与大脑皮质损毁后动物表现出的假怒现象很相似。低强度刺激下丘脑后，猫表现出流口水、嘶叫、耳朵向后、毛发竖立等行为。当猫受到敌人威胁时，通常也出现这些复杂的行为。如果刺激强度增加，猫会做出一个真正的攻击反应，即用爪子猛烈敲打或扑向假想敌人。刺激停止后，猫的愤怒行为立刻消失，甚至还会蜷成一团睡觉。此外，刺激下丘脑的不同部位能分别引起情感性攻击和捕食性攻击。刺激下丘脑内侧部引起情感性攻击，刺激下丘脑外侧部引起捕食性攻击。

2. 中脑与攻击行为　下丘脑通过两条主要通路把信号传递到脑干：内侧前脑束（medial forebrain bundle）和背侧纵束（dorsal longitudinal fasciculus）。下丘脑外侧部的传出纤维组成部分内侧前脑束，投射到中脑被盖腹侧区（ventral tegmental area，VTA）。如同刺激下丘脑外侧部那样，电刺激 VTA 使动物表现出捕食性攻击的行为特征。相反，损毁 VTA 则减少动物的捕食性攻击。内侧前脑束被切断后，电刺激下丘脑则不引起动物的攻击行为。提示下丘脑是通过影响 VTA 而参与攻击行为的。下丘脑内侧部的传出纤维经背侧纵束至中脑导水管周围灰质（periaqueductal gray mater）。如同刺激下丘脑内侧部那样，电刺激中脑导水管周围灰质使动物发动情感性攻击，而损毁这部分结构则减少情感性攻击行为。

3. 杏仁核与攻击行为　杏仁核在焦虑和恐惧行为中起关键作用之外，还与攻击行为有关。20 世纪 50 年代，美国科学家 Pribram 和他的同事们报道，杏仁核损毁对 8 只雄性猕猴的社会等级关系产生了重要的影响。这些猕猴在一起生活一段时间后，它们之间建立起一种社会等级关系。Pribram 等实验性损毁地位最高猴的双侧杏仁核，然后把这只猴重新放回群体中。不久，这只猴的地位降为最低，原先排名第二的猕猴地位升到最高，成为新猴王。然后，Pribram 等损毁了新猴王的双侧杏仁核。同样，这只猴的地位降为最低。Pribram 等的实验提示，杏仁核对攻击行为是非常重要的，而攻击能力的强弱直接决定猕猴在社会群体中的地位。

为了更好地理解这个问题，回顾一下杏仁核的结构。杏仁核（amygdala）位于颞叶的颞极中，在中央皮层的下方，由于形状的缘故，被命名为杏仁核。杏仁核是一群核团簇，通常被分为 3 组：基底外侧核、皮层内侧核和中央-前核。杏仁核的传入包括新皮质的所有叶、海马回和扣带回。值得指出的是，所有感觉系统的信息都传入杏仁核的基底外侧核。每一个感觉系统都有不同方式的杏仁核投射，在杏仁核中相互联系，使不同的感觉系统信息在杏仁核中得到整合。随后再经杏仁腹侧通路和终纹将信息传递到下丘脑和脑干。杏仁核至下丘脑和脑干（可能远至脊髓）的投射使其既能控制自主神经系统，又能控制躯体运动系统。

对杏仁核团各亚结构的电刺激损毁实验提示，杏仁核团对攻击行为起多方面的影响。电刺激基底外侧核导致情感攻击，可能是通过杏仁腹侧通路对下丘脑和脑干核团的影响而产生的；损毁基底外侧核则降低动物的情感攻击。皮层内侧核对攻击行为有抑制作用。皮层内侧核神经元发出纤维经终纹投射至下丘脑。损毁皮层内侧核或终纹显著地增强动物捕食性攻击行为。因此通常情况下，皮层内侧核可能对下丘脑起抑制作用，从而抑制捕食性攻击。

动物研究还发现，切除杏仁核能降低动物的攻击性。人杏仁核切除术的步骤大致是：把电极穿过脑下插至颞叶，通过记录神经元放电活动和 X 线成像方法，把电极的尖端准确地插起杏仁核，然后通过电极施加电流或注射溶液，全部或部分地损毁杏仁核。临床报道这种手术可以成功地降低攻击行为的发生，提高注意力，减少过度活动，同时还减少癫痫的发作。但是切除脑的一个功能部位显然是一种极端的做法，移去杏仁核和（或）其他结构是不可复原的，只有通过术后长时间地跟踪观察，才可能知道是否错误地损毁了哪些认知或行为功能。

4. 5-HT 与攻击行为　5-HT 能神经元位于脑干的中缝核群。这些神经元经内侧前脑束上行投射至下丘脑及与情绪有关的边缘系统。对啮齿动物的研究表明，5-HT 可能参与抑制攻击行为。

在小饲养笼里隔离 4 个星期后，小鼠或大鼠通常变得活动过多，对其他鼠发动猛烈攻击。隔离对脑内 5-HT 的总体水平没有影响，但降低 5-HT 的合成、释放和重新合成的速率，这种改变只见于隔离后攻击力异常增强的小鼠，攻击力不增强的小鼠没有这种改变。阻断 5-HT 合成释放的药物能增强动物的攻击行为。例如，大鼠服用阻断 5-HT 合成的药物 PCPA（parachlorophenylanine）后，对小鼠的攻击行为显著增多。

基因敲除（gene knock-out）5-HT_{1B}受体的变异小鼠行为表现正常，群居生活时互相之间也没有异常的攻击行为。但是，当把它们放在一个有外界压力的环境中，它们的攻击行为显著增多。标记研究证明，杏仁核、中脑导水管周围灰质、中缝核群及基底神经节等与攻击行为有关的脑结构中，都有 5-HT_{1B}受体的分布，这就是为什么 5-HT_{1B}受体激活后小鼠攻击性降低，而缺乏这一受体的小鼠攻击性增强的原因。通常情况下，5-HT 可能通过

$5\text{-}HT_{1B}$受体抑制杏仁核、中脑导水管周围灰质及中缝核神经元的活动，从而抑制攻击行为。

（三）强化和奖赏

1954年，美国学者Olds和Milner对大鼠丘脑下部的不同区域进行了一系列实验。他们首先在大鼠的下丘脑背部埋上电极，然后将大鼠置于自己设计的方盒内，大鼠在盒中自由活动，盒中有一个杠杆，当大鼠踩踏杠杆时，脑部就受到一次刺激。实验结果令人难以置信！大鼠在第一次刺激后，离开杠杆，但又迅速返回，重复压杠杆活动，使脑部受到第二次刺激。很快大鼠就学会了通过按压杠杆获得对下丘脑的电流刺激。起初，大鼠在盒中走动时只是偶尔踩到杠杆，但是不久它就会不断重复踩踏，频率最高可达到每小时8000多次，并能持续15～20h，甚至对食物和水都不感兴趣，直至筋疲力尽而倒下。而且，当它醒来之后又立刻投入到这种高频率的工作中。这种行为被称为自我电刺激（electrical self-stimulation）。那么，大鼠为什么这么疯狂地踩压杠杆？是否大鼠从中得到了与食物和性所给予的相似的满足？什么结构被刺激才能得到这种强化？这是一种愉快的效应吗？为得到答案，研究人员在下丘脑以外的其他脑区也埋上电极，但是大鼠并没有表现出上述情形。Olds和Milner还在给癫痫患者进行检查和治疗时发现，刺激隔区和中脑被盖区同样会出现愉快的感觉和性冲动。中脑的刺激给人一种“幸福陶醉”的感觉，其他轻度的正性感觉由刺激杏仁核和尾核所产生。

关于Olds和Milner的这个自我电刺激实验中，大鼠不断地踩压杠杆的原因尚未完全清楚。一种解释是，大鼠从电刺激中获得一种正性感觉，从而不断重复以获得更多的刺激。因此，引起强化刺激的脑部位被称为愉快中枢。但是，这个术语有可能在两个重要方面误解实验结果：①并不知道动物是否能体验到愉快的感觉，自我电刺激可能只是使大鼠要求更多的刺激，但刺激并不一定引起愉快感觉，好像人有时会不由自主地一直喝酒，尽管此时这种行为并不引起愉快的感觉一样；②即使刺激是愉快的，也不一定存在一个特定的中枢来负责这种强化行为。但这些发现为强化和奖赏通路的研究提供了很好的基础。自我电刺激现象后的数十年中，在大鼠脑的边缘结构和其他部位又发现了许多自我电刺激位点，包括隔区、下丘脑外侧部、内侧前脑束、中脑腹侧被盖区和脑桥背侧部。其中，刺激内侧前脑束产生很强的强化效应，而有些位点的电刺激则使动物产生回避行为。动物还能学习某种操作以终止这些部位的电刺激，这些不愉快中枢或负性强化位点位于下丘脑的内侧部和中脑腹侧被盖区的外侧面。电刺激这些部位可能引起了一个负性感觉或激活了一条神经通路，这条通路负责负性强化行为。

关于这些正性或负性强化体验的具体脑机制，研究者们对每一个散在的自我刺激位点进行分析后，认为它们都是通过一条与正常奖赏行为有关的共同通路而相互联系，电刺激内侧前脑束和中脑腹侧被盖区可以诱发高频率的自我刺激。内侧前脑束的下行纤维，可以将奖赏信号传至腹侧被盖区。中脑腹侧被盖区的神经元主要是DA能来源，它们发出轴突通过内侧前脑束到脑的广泛区域。药理学研究发现，DA激动剂安非他明能增加自我刺激的频率。给大鼠注射一种阻断DA受体的药物可减少自我刺激。目前，研究表明各种成瘾药物（海洛因、尼古丁和可卡因），都可以通过增强DA的效应，导致其在伏隔核中的释放，产生快感。但是，也有某些实验资料不符合DA能神经元在内侧前脑束中起关键作用的假设。例如，切断内侧前脑束并未产生人们所希望的抑制自我刺激的作用；进一步发现，自我刺激的位点不局限在接受中脑DA能传入的脑区。因此，研究尚有许多疑问之处，即药理学实验提示 DA 的重要性，但是损伤实验又对其提出了疑问。所以，DA 在强化行为相关通路内所起的作用还有待进一步的研究。

（四）后悔、愉快和尴尬与大脑皮质

1. 后悔 来自脑损伤患者的研究发现，眶额皮层损伤患者比正常人体验更多的愤怒情绪，而且比正常人体验的幸福情绪少。2004 年，Camille 等研究发现眶额皮层受损患者不能像正常人那样体验到后悔情绪，这表明他们并不具有能够感知体验那些左右决策的高级情绪的能力。他们的实验要求被试者在两个转盘中选择一个进行赌博游戏，被试者有时候可以看到自己没有选择的转盘得到的结果。研究发现，正常被试者会根据另一转盘的结果来调整自己的情绪并进行下一步选择，尝试缩小将来的损失。而眶额皮层损伤患者则不关心另一转盘的结果，也不会据此调整自己的选择。从该实验可以看到，后悔这一复杂的社会情绪可以帮助人们做出正确的决策，而眶额皮层在后悔情绪的发生、评价与调节过程中起到重要作用，会影响人们预见自己行为后果的能力。通过赌博实验表明，眶额皮层受损的被试者表现出较差的反事实性思维策略运用能力，以及较差的社会性判断和独立性决策能力，并呈现反常的情绪期待反应。

2. 愉快（happiness） 是积极情绪中的一种基本情绪，一系列的研究表明，眶额皮层的活动与产生愉快的情绪密切相关。Nitschkc 等在 2004 年报道了眶额皮层与母爱的关系，母亲看自己孩子的照片比看不熟悉的孩子照片，双侧眶额皮层有更明显的激活。Doherty 等发现美丽的面孔会引发内侧框额皮层的激活，再次说明了这个脑部区域可以引发强的愉悦情绪。Rolls 等应用嗅觉刺激研究情绪的脑机制，发现在气味识别的实验中面对知觉愉快或不愉快的两种气味刺激物时，眶额皮层都会被激活，遇到好闻的气味时眶额皮层的激活位于内侧，而给予难闻的气味时眶额皮层的激活偏于外侧。

3. 尴尬（embarrassed） 是一种负性的自我意识社会情绪。2002 年，Berthoz 等最先研究尴尬的脑机制，结果发现，在故意违反和无意违反（尴尬）社会准则的情况下激活的脑区相似，人尴尬时会激活眶额皮层侧部。此外，愤怒和悲伤情绪的强度也与眶额皮层的激活有关。眶额皮层在产生愤怒和悲伤情绪中扮演了重要的角色。眶额皮层损伤患者比正常人产生更多的愤怒情绪，这能说明眶额皮层与产生愤怒情绪有关，愤怒情绪的调节功能也通过眶额皮层来实现。

第四节　语言和语言障碍

语言是人类特有的通信手段，是人类区别于其他动物的关键特征之一，其本质上是一套符号系统，人类借助语言进行交流，借助语言进行思维、推理。人的语言潜能似乎在出生时就已存在。从生物学意义上讲，语言不是单一能力，而是一组能力，理解和表达就是其中的两个能力。现已清楚，语言功能定位于大脑左半球，语言的理解和表达能力定位于左半球大脑皮质的不同区域，这些区域受损将导致不同表现形式的失语症（aphasia）。语言学家和心理学家对语言的研究已经很久，我们对某些脑区在正常人类的语言处理中作用的认识主要来源于一般实验研究和脑损伤后所引起语言障碍的研究。

大量的临床观察表明，管理人类的语言功能的皮质区域相对集中于颞叶和额叶等处，而且大多数人的语言管理功能集中于左侧大脑半球，此即所谓的优势半球现象。尽管如此，

人们也注意到，右侧脑半球在情感和空间认知等非词语性认知方面发挥着主要作用。

一、语言起源的两种假说

人类语言的起源，一直是人们感兴趣的问题。由于大脑皮质存在重要的沟和回结构，这使得颅骨内侧面存在压迹，由此导致大脑皮质呈现左右不对称状态。追溯这种不对称的历史，LeMay 发现这种不对称性早在尼安德特（Neanderthal）人（距今 3 万至 5 万年前）和北京人（距今 30 万至 50 年前）就已经存在了。

关于语言的起源有两种假说：手势假说和发音假说。手势假说认为语言是由手势系统演变而来的。在类人猿向人类进化的过程中，当某些类人猿开始直立行走后，手被解放出来开始从事除劳动外的社会交流，从而出现了手势。随后，声音交流的出现又使手进一步解放，使手能够用于其他目的。发音假说认为，语言由种类繁多的本能叫声（如表达高兴、悲伤、愤怒和性觉醒等情感状态的叫喊）演变而来。大约 10 万年前，类人猿的口、颌和声道等解剖学结构开始出现变化，这就使有意识地控制各种发声成为可能。于是，至少在理论上，声音可以创造性地组合起来运用了。人类的这些祖先们分散生存在不同的地方，这种地域之隔导致了不同语音系统的发展。有人认为语言在人类进化上可能是一次性出现的，这可以解释为什么各种人类语言有如此之多的共同之处。此外，语言也可能来自手势和发声的共同演变。这种可能性或许可以解释词汇语言和利手为什么都定位于同一大脑半球（左半球）。

二、语言的优势半球与大脑皮质的语言优势区

（一）大脑皮质功能的一侧优势

大约一个世纪以前，Broca 等就已注意到人类左侧大脑皮质在语言功能上占优势的现象，并提出了所谓优势半球的概念。后来积累的研究资料表明，优势现象虽然与一定的遗传因素有关，但主要是在后天生活实践中逐步形成的，是与人类习惯运用右手进行劳动有着密切关系的。2～3 岁之前的小儿如果发生左侧大脑皮质的损伤，其语言功能活动的紊乱和右侧半球损伤时的没有明显的区别，说明此时尚未建立左侧优势，双侧半球均与语言功能活动有关。10～20 岁时，左侧优势逐步建立。但在左侧大脑半球损伤后，尚有可能在右侧建立起语言活动的中枢。成年人由于左侧优势已经形成，如果发生左侧大脑皮质损伤就很难在右侧皮质再建语言活动中枢。实际观察显示，在左利手的人中，左右双侧的皮质的有关区域都有可能建立起语言活动中枢。而右利手的人，则往往只在左侧皮质建立语言活动中枢。

通过解剖学的学习，我们知道左半球为语言功能的优势半球，这个结论是最初来源于 Broca 和 Wernicke 等的病理解剖学观察。1861 年，法国神经科医生 Paul Broca 通过对临床上出现语言功能障碍的患者的研究，提出语言表达由一侧大脑半球控制，而且几乎总是左半球，这种观点进一步得到了 Wada 实验（通过麻醉一侧大脑半球而分别对两侧半球语言功能进行评估的方法）结果的支持。Broca 的发现：左侧额下回损伤能够导致语言输出障碍（运动性失语症，Broca 失语症），后来该区被称为 Broca 区（Broca’s area）。Broca 的工作具有重要的意义，它第一次证明脑功能可以进行解剖上的定位。1874 年，德国神经科

医生 Kal Wernicke 发现，损伤左半球 Broca 区之外的脑区也可以干扰语言功能，该区位于听觉皮层和角回之间的颞叶表面的上部，该区损伤后能够导致语言理解障碍（感觉性失语症，Wernicke 失语症），现在该区被称为 Wernicke 区。除去上述两个脑区外，左半球其他部位的损伤或病变能够导致其他形式的语言障碍。

左半球是语言优势半球的证据，是通过 Wada 实验证明的。该方法为在一侧颈动脉注射异戊巴妥钠后，同侧脑半球要先于对侧脑半球进入麻醉状态。注射药物后，要求受试者举起双手，同时嘴里数数。当注射侧脑半球进入麻醉状态时，对侧举起的手就会落下来。此时，如果数数也停下来了，说明言语优势在与注射同侧的脑半球；否则，注射侧对侧的脑半球便是语言优势半球。应用 Wada 方法，Rasumssen 和 Milner 报告了他们对语言优势半球的研究成果（表 11-3）。

表 11-3 语言优势半球及其与利手关系

利手	检测人数	优势半球（人数和百分比）		
		左侧	双侧	右侧
右利手	140	134（96%）	0（0%）	6（4%）
左利手	120	86（70%）	18（15%）	18（15%）

从上表可以看出，96%的右利手人的语言优势在左半球；对于左利手人来说，70%的人的语言优势在左半球，但也有 15%的人不存在语言优势半球，另外 15%的人的语言优势半球在右侧。单侧电休克研究也表明，左侧半球休克后导致 Broca 失语症和 Wernicke 失语症、语言选择和语言记忆严重受损。

（二）右半球具有一定的语言功能

虽然左侧大脑皮质在语言活动方面占优势，但研究显示，右侧半球也有其特殊的功能优势。人类的语言除了有认知成分外，还有更重要的情感成分。这些成分包括音乐性的语调（语韵）和情感性的姿态。Ross 发现，语言的某些情感成分依赖于右半球的专门处理。与右半球损伤相关的语言情感成分丧失称为语韵缺失（aprosodia）。语韵处理在右半球的组织方式与语言的认知方面与在左半球的组织方式似乎相对应。右半球前部损伤的患者无论是悲或是喜，讲话时总是平板的；右半球后部损伤的患者则不能理解别人语言中的情感成分。目前已知的是，右侧大脑皮质在非词语性认知功能，如对于空间的辨认、深度知觉、触觉认识、音乐的欣赏分辨等方面是占优势的。例如，右侧顶叶皮质损伤的患者，常表现出穿衣失用症（apraxia）：患者穿衣困难，或者将衣服前后穿倒，或者只将一只胳膊伸入袖内。再如，右侧顶叶、枕叶、额叶结合处皮质损伤的患者常分不清左右侧及不能绘制图表等。右侧半球后部皮质病变的患者常常不能辨认别人的面部，甚至不能认识镜子里面的自己的面部，而且还伴有对颜色、物体以及地方的认识障碍。

（三）两侧大脑皮质功能的相关性

尽管两侧大脑半球在词语性认知和非词语性认知功能上各有侧重，但两者在功能上又是互相联系的。这种联系是通过两侧大脑半球之间的许多联合纤维，如胼胝体、前联合和视交叉等实现的。其中胼胝体是最大的联合纤维，进化越高级的动物，其胼胝体越发达。人类的胼胝体约含 100 万根纤维。有人观察到，刺激犬身体的一侧皮肤，并将此刺激与食物相结合而建立唾液分泌的条件反射后，则另一侧皮肤的相应部位的同样刺激也自然具有阳性的条件反射效应。如果事先切断受试动物的胼胝体，则这种现象就不再能出现。大脑皮质对运动的调节活动也是如此，如果某人的右手学会了一种技巧运动，其左手虽然没有经过训练，但在一定程度上也会进行这种技巧运动。

两侧半球在功能上的相关性还可通过裂脑（split brain）实验得到进一步的证实。临床上常对患有顽固性癫痫发作的患者施行胼胝体切断术，以控制癫痫在两半球之间传布发作。胼胝体切断后，患者对出现在左侧视野中的物体（物像投射到右侧半球）不能用词语表达出物体的名称，而对出现在右侧视野中的物体（物像投射到左侧半球）就能说出物体的名称。例如，先让患者的左侧视野看一支香烟，他不能说出这一物体是“香烟”，但患者能认识到这一物体是“香烟”，因为他可以闭着眼睛借助于触觉用左手把许多香烟收集起来以表示他对这一物体的认识。眶额皮质和扣带回前部，即所谓的额叶边缘皮质的病变可引起情感行为方面的复杂改变，而单独毁损其中一部分则并不能诱发明显的情感异常。这说明，人脑对事物的认知和表象都是多种感觉综合活动的过程，依赖于大脑各部皮质系统间的协同工作。语言活动中枢在左侧半球，但信息可传送给右侧半球，联合纤维使左右半球的功能发生了联系，两半球在完成语言和其他功能中是紧密配合、相辅相成的。

三、语言信息处理的神经模型

（一）Wernicke-Geschwind 模型

在发现 Wernicke 失语症后不久，Wernicke 提出了脑的语言加工模型，后来波士顿大学的 Norman Geschwind 对该模型进行了拓展，因此这一模型被称为 Wernicke-Geschwind 模型。Wernicke-Geschwind 模型是临床鉴别脑的两大语言区受损的有用模型。该模型可用复述一个听到的词来很好地加以说明。根据最初的 Wernicke-Geschmind 模型，在复述一个听到的词的任务中，信息自耳蜗基膜经过听神经传至内侧膝状体，继而传至初级听皮层（Brodmann 41 区），然后至高级听皮层（42 区），再传至角回（39 区）传递。角回是顶-颞-枕联合皮质的一个特定区域，被认为与传入的听觉、视觉和触觉信息的整合有关。由此，信息传至 Wernicke 区（22 区），又经弓状束传至 Broca 区（45 区）。Broca 区把语言的知觉翻译为短语的语法结构，并储存着如何清晰地发出词的声音的记忆。然后，关于短语的声音模式的信息被传至控制发音的运动皮层面部代表区，从而使这个词能清晰地被说出。

Wenicke 和 Geschwind 认为，命名一个视觉识别的物体涉及类似的通路（图 11-16）。根据他们的模型，视觉信息由视网膜传至外侧膝状体，从外侧膝状体传至初级视皮层（17 区），然后传至一个更高级的视觉中枢（18 区），并由此传至角回，然后至 Wernicke 区。在 Wernicke 区，视觉信息转化为该词的听觉表象。声音模式形成后，经弓状束传至 Broca 区。

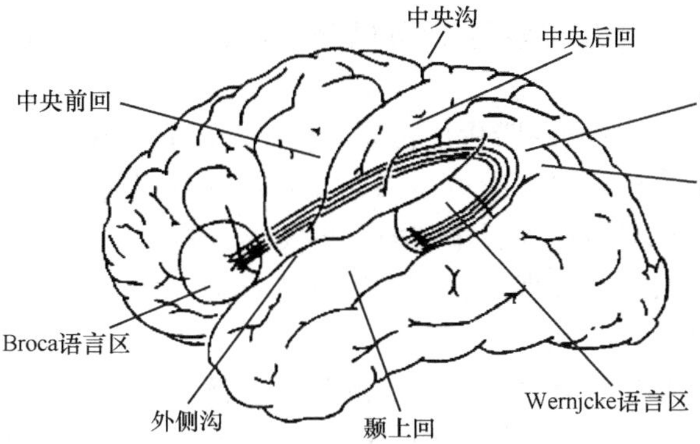

A

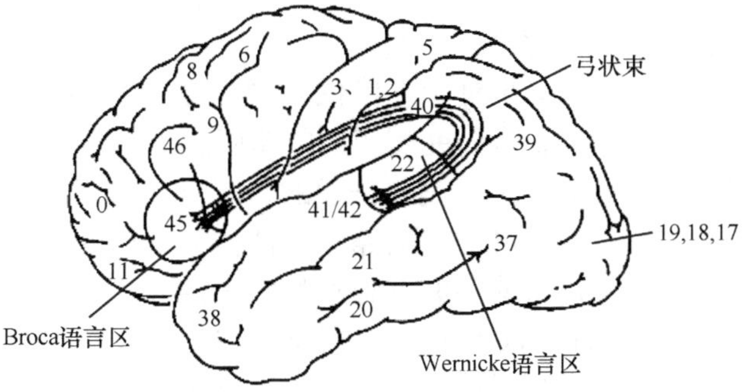

B

图 11-16　大脑语言信息处理的 Wernicke-Geshwind 模型

A. 左半球主要沟回及语言功能相关的区域：Wernicke 语言区位于颞上回部，靠近听觉皮层；Broca 语言区靠近运动皮层的面部代表区；连接 Wernicke 区和 Broca 区的通路称为弓状束。B. 左半球的 Brodmann 分区：41 区为初级听皮层；22 区为 Wernicke 语言区；45 区为 Broca 语言区；4 区为初级运动皮层

Wernicke-Geschwind 模型对临床工作进行了如下几条非常有用的预测。

（1）它预言了 Wernicke 区损伤导致的后果。到达听皮层的语言信息不能激活 Wernicke 区，因而将无法被理解。如果损伤后向后方和下方扩展超越了 Wernicke 区，还将影响视觉性语言输入的处理。结果是患者对说的或写的语言都无法理解。

（2）该模型正确地预言了 Broca 区的损伤将不影响对说和写的语言的理解，但引起语言和词句生成的严重障碍，因为语言的声音模式和语言的结构模式不能传至运动皮层。

（3）该模型预言了弓状束损伤中断 Wernicke 区和 Broca 区的联系，将扰乱词语生成，因为听觉输入无法传至参与语言生成的脑区。

（二）Wernicke-Geschwind 模型的不足之处

尽管 Wernicke-Geschwind 模型在临床上仍然有用，但在如下方面尚有不全面之处。

（1）此模型中强调的 Wernicke 区和 Broca 区在语言接收与表达方面的重要性实际上是基于范围大得多的损伤。实际上，Wernicke 区和 Broca 区原先确定的区域的损伤并不能引起 Wernicke 失语症和 Broca 失语症的全部特征性症状。Wernicke 失语症和 Broca 失语症典型症状的产生通常是周围区域同时损伤的结果。

（2）Wernicke-Geschwind 模型强调皮质区域（及它们之间的相互联系通路）的重要性。而现有的证据表明，皮层下结构（左侧丘脑、左侧尾核及邻近的白质）对处理语言也是非常重要的。例如，左侧尾核损伤导致听觉理解缺陷，可能是通过扰乱语言处理所需的听觉-运动整合而导致的。

（3）听觉输入的语言信息的确由听皮层传至角回，然后至 Wernicke 区，再传递至 Broca 区。然而视觉输入的语言信息可以不通过角回，而是从视觉联合皮质直接传至 Broca 区。因此，通过眼睛看到的词并不转化为听觉表象。事实上，对一个词的视知觉和听知觉是由感觉模式特异的通路相互独立地处理的。这些通路各自独立地到达 Broca 区，以及与语言含义和语言表达相关的更高级区域。

（4）大部分失语症患者同时有理解和表达的问题。例如，Broca 失语症的患者的一般理解能力尚可，但是无法理解复杂问题；而 Wernicke 失语症的患者除了具有严重的理解能力缺陷外，语言表达方面的问题也很严重。因此，皮层进行语言加工时，该模型所描述的脑区之间明确的功能界限并不存在。

（5）语言的认知研究在一些方面（不仅仅是视觉语言信息处理通路方面）不支持 Wernicke-Geschwind 模型。例如，有研究表明，并非所有的语音听觉输入都是以同样方式处理的。无意义声音（没有意义的词）是与普通的、有意义的词分开另行处理的。因而，认为存在着处理声音和含意的相互独立的通路。与此类似，尽管 Broca 区是说出或写出有意义词的共同输出端，无意义词可能另有其独立的输出端，此外，语言心理学的一些研究指出，Broca 失语症患者和 Wernicke 失语症患者都不仅有语言缺陷，还有一些不同的认知功能缺陷，这些缺陷模糊了语言接受障碍与语言表达障碍之间的区分。

事实上，越来越多的研究表明，语言功能涉及多个脑区及这些脑区之间复杂的相互联系，并非仅由 Wernicke 区至 Broca 区及它们间的联系所能概括。语言障碍比 Wernicke-Geschwind 模型所预测的更复杂。

四、失语症的临床特点及类型

失语症（aphasia）是由特定脑区损伤导致的语言障碍，导致损伤的原因可能是大脑皮质区域损伤，如血管破坏，创伤或肿瘤等。表 11-4 列举了一些失语症类型与其临床表现和对应损伤的特定脑区。特定脑区的损伤并不导致语言能力的全面减退，而是不同脑区的损伤引起不同形式的语言障碍。例如，Wernicke 失语症的损伤部位是左颞叶后上部，它表现为理解说和写的语言均有困难，而 Broca 失语症的损伤部位是左额叶后下部，表现为难以通过写字或说话来表达思想。

表 11-4 失语症的临床特征

类型	输出	复述	理解	命名	损伤区域
Wernicke 失语症	流畅	受损	受损	受损	左颞叶后上部
Broca 失语症	不流畅	受损	正常	受损	左额叶后下部
传导性失语症	流畅	受损	正常	受损	左顶叶
完全性失语症	不流畅	受损	受损	受损	左额-颞-顶叶
命名性失语症	流畅	正常	正常	受损	左颞叶后下部或颞枕区
跨皮层运动性失语症	不流畅	正常	正常	受损	左颞叶内侧部或边界区前部
跨皮层感觉性失语症	流畅	正常	受损	受损	左顶叶内侧部或边界区后部
混合性跨皮层失语症	不流畅	正常	受损	受损	左顶叶内侧部或整个边界区

特定脑区的破坏导致特定的语言障碍为深入研究语言组织提供了良机。令人印象最深的就是 Bellugi 等对手语的研究。口头语言由听觉通路来感知，用声音来表达。手语则不同，它是由视觉通路来感知，用手势来表达。尽管如此，与口头语言同样复杂的手势语言也定位于左半球。因此，当左半球受损后，聋人变得对手语失语，而右半球则不产生手语缺陷。而且，左半球损伤所致的手语障碍可以是有选择性的，要么累及手语的理解和语法，要么累及手语的流畅性，这说明了如下 3 个问题。第一，左半球蕴藏着对语言的认知能力。这种能力与以何种感觉模式或运动模式处理语言信息无关。第二，发声和听觉并非是左半球出现语言能力的前提条件。第三，口头语言只是左半球所介导的众多认知功能之一。

失语症和其他形式的讲话障碍不同，如构语障碍（难以清晰地发出词的声音）和发音困难。后两者起因于控制发声装置的肌肉功能减弱或活动不协调，因而只是讲话的理解或语言表达的中枢过程。小脑疾病患者（伴有构语障碍）和帕金森患者（伴有发音困难）虽有严重的讲话障碍，但他们的语言能力是完好的。相反，失语症的标志是那种不能归因于机械因素的语言能力障碍，失语症要么是理解能力方面的障碍，要么是言语生成能力方面的障碍，或两者兼有。

失语症最常见的原因是颅脑创伤，其次是脑卒中。大脑两半球主要血管发生意外的患者中，40%都有语言障碍。由于血管损伤不呈进行性发展，而且受损的大脑区域的解剖位置常与关键血管的分布直接相关，因此通过对脑卒中患者的大脑血管损伤的研究极大地增进了我们对失语症的认识。

目前，失语症尚无普遍接受的分类方法。以下简述失语症的几种主要的临床综合征。由于皮层的损伤范围并非总与某功能位点范围完全重合，因此临床上患者的症状不一定总是符合单一的某种类型。

（一）失语症的临床特点

无论何种失语症在临床上都可通过简单的神经科检查来加以断定，条件是患者必须反应机敏，能和医生配合。检查内容包括以下几个方面：患者的自发性讲话，对词或短语的复述，对语言的理解，对事物的命名，阅读能力，书写能力和技巧等。

1. 自发性讲话 失语症患者的一个最显著的特点就是语言反常，这种反常可以分为流利性和非流利性两种。非流利性者的讲话速度往往低于 50 字/分，在力图讲得快一些时常显得吃力；讲话呈“电报式”，即短句形式，每个句子只含有一两个单词，且常常是名词，讲话缺乏韵律。这类患者多由中央裂之前的额叶损伤所致，称为前失语症。Broca 失语症是最为常见的非流到性失语症。

流利性失语症患者的说话速度正常，且几无发音障碍，所用句子的长度亦无大碍。但此类患者说活累赘，往往用含混的词语来替代所涉及的事物的具体名称。所以，流利性失语症患者的讲话特点是废话连篇，实质内容不多，而且常发错音、用错词或使用自造词。此类失语症通常是由中央裂之后的皮质损伤所致，称为后失语症，包括感觉失语症和传导性失语症等。

2. 词语的复述 对词语的复述是一个常常被忽略的语言功能。如果某一患者能够按医生的要求复述单词、短语和数字，那么他的语言中枢的功能尚属正常，这些中枢包括 Broca 区、Wernicke 区及弓状束（连接 Wernicke 和 Broca 两区的纤维束）等。弓状束任何部位的损伤均可导致传导性失语症和词语复述功能的障碍。复述功能障碍也见于 Broca 区和

Wernicke 区损伤。

3. 对语言的理解能力 对理解力的检验通常采取让患者遵循医生的指令进行某些活动或回答某些问题的方式进行。患者通常表现出以下 3 种类型的理解障碍：感受障碍型，该型患者有时见于 Wernicke 失语症患者，主要表现为患者对口语理解困难，而对书面语言的理解力可能不受明显影响；感受理解障碍型，见于听语言中枢完全受损时，此型以 Wernicke 失语症和跨皮质的感觉失语症为代表；语义理解障碍型，此型是以患者对某些特定的单词或某些单词的特殊含义的理解障碍为特征的，常见于传导性失语症，偶见于 Broca 失语症。

4. 对事物的命名 命名不能的患者难以对所见的事物给出正确的名称。临床观察表明，此类患者因皮质损伤部位的不同，而表现不一。前失语症导致产字不能（word-production anomia）的患者，不能产生正确的词语来称呼他所面对的事物，即使他似乎知道应该使用什么词语称呼；后失语症导致择字不能（word-selection anomia）的患者只能简单地表现为不能称呼所见的事物；由顶叶的角回损伤导致语义性命名不能（semantic anomia）的患者的主要表现是“看”不懂词义；由顶-枕叶或枕叶皮质损伤导致感觉通路特异性（如触觉、视觉及听觉）或类目特异性命名不能，如颜色命名不能的患者，虽然能够对不同的颜色进行比较并且能正确地称呼其他事物，但不能正确地称呼颜色。

5. 读与能力 失写症是指患者失去文字书写能力，较少单独发生；失读症则是几乎见于任何失语症的阅读不能；两者常相伴出现。单独发生的失读症常由位于胼胝体膝部附近的左侧枕叶皮质损伤所致，这种损伤多因左侧大脑后动脉梗塞造成。这类患者完全失去阅读能力，常伴有颜色命名不能，同时不能从单词的拼读得出单字的含义，如犬左+苗=猫；反之，也不能正确拼写出单字。失读症伴有失写症常预示患者有角回的损伤，此种损伤可能由肿瘤和休克等原因所引起。此类患者的主要表现是失去书写和阅读能力，且伴有轻微的命名不能。

6. 其他临床征象 除上述表现外，其他一些神经病学表现也能有助于医生判定失语症患者的脑损伤部位。例如，前失语症的患者几乎都伴有轻度右侧半身瘫，而且通常是上肢和头面部的症状重于下肢；而后失语症的患者除少数表现有轻微的视野缺失外，大多没而固定的体征。

（二）临床失语症

1. Wernicke 失语症（Wernicke's aphasia） 的特征是语言理解力的显著缺陷，而语言表达相当流畅。损伤部位主要涉及 Wernicke 区：左侧颞叶后部或 Brodmann 22 区，但常延及颞叶上部的 40 区和 39 区及颞叶下部的 37 区。损伤广泛时，视觉性和听觉性语言输入的理解都严重受损。然而，语言输出是流畅的。患者可能使用错误的词或词的错误组合（言语错乱，paraphasia），但语速、节奏和语调均正常。这些患者倾向于给词加上多余的音节，给短语加上多余的词，还可能进行语词创新（neologisms）。言语错乱和语词创新常涉及一些关键的词汇（名词、动词、介词和副词，特别是名词）。

患者可能表现为言语过多（多语症，logorrhea）。因为用词过多，患者的言语往往传递不了真正含意。例如，问一患者“你来医院做什么啊”，患者可能回答“我在流汗，我特别紧张，我在来这里之前刚去餐厅吃饭”。这类患者无法清晰地表达想法，常显得言语空洞（empty speach）。可能由于语言理解受损，患者一般意识不到自己的这种缺陷。因为理解能力严重障碍，复述词和短语的能力也受损。另外，Wernicke 失语症患者可伴有严重的阅读和书写障碍。除了上述失语症状外，患者没有其他神经病征，但偶见右侧视野缺损。

2. Broca 失语症（Broca's aphasia）　主要特征是语言表达能力障碍（语言的生成不流畅），而语言理解和阅读能力通常部分地保留着。患者损伤的部位在额叶运动联合皮质，通常涉及第三额回的后部（44 区和 45 区），即额叶盖（Broca 区）的一部分。重症患者尚有邻近的运动前区和前额叶（6、8、9 和 46 区）的损伤。患者的语言生成的缺陷程度不同，从几乎完全无语到慢速的、费力的、仅由很简单的语法结构组成的言语。Broca 失语症患者只使用关键词。他们通常用单数形式的名词，用不定式或分词形式的动词，并往往将冠词、形容词和副词一概省略。例如，在说"大灰猫"时，Broca 失语症患者可能只说"灰猫"。类似这种省略的现象在较复杂的句中尤为明显。因此，Broca 失语症的第二个特征是，无法用几个短语成分协调地构建一个句子。例如，女士们、先生们现在都请进餐厅，Broca 失语症患者可能只能说女士们、先生，房间。当被问及职业时，一位患 Broca 失语症的邮递员答道"送信…送信…"除了这些电报式的或无语法的言语外，患者的复述能力总是受损，命名能力也可能有轻中度损伤。与 Wernicke 失语症不同，Broca 失语症患者一般都能意识到自己的语言错误。

Broca 失语症患者虽然在语言的生成上有严重障碍，但对口头和书写语言的理解正常，因为他们的 Wernicke 语言区未受损。然而，Broca 失语症患者朗读困难，写字也像说话一样困难。有实验表明，Broca 失语症患者对于那些他们构成不了的句法，理解起来也有困难。因为 Broca 区毗邻运动皮质及其下方的内囊，Broca 失语症几乎总是伴有右侧轻偏瘫和右侧同侧偏盲。

3. 传导性失语症（conduction aphasia）　一个模型的价值不仅在于它能很好地解释以往的观测结果，还在于它具有预测能力。Wernicke 认为根据所提出的语言加工模型能预测到另一种失语症的存在——传导性失语症。这种失语症是由于各种原因导致 Wernicke 区和 Broca 区之间的联系被切断，但并没有损伤这两个脑区本身。研究证实了行走于白质中的弓状束是连接 Wernicke 区与 Broca 区的重要通路，弓状束的损伤导致传导性失语症。临床研究证实了这一预言。

传导性失语症患者的理解能力正常，语言流利，典型的患者能够毫无困难地通过语言表达自己的思想。传导性失语症的主要特征是复述能力严重受损。对于听到的单词，患者想尽可能将其复述，但是复述过程中存在大量的单词替换、省略和错语。这类患者驾驭不同词性单词的能力不同，在复述过程中，复述效果最好的是名词和常用短语，而对功能词、多音节词和无意义词几乎完全不能复述。传导性失语症的其他特征也符合 Broca 区与 Wernicke 区的功能分离。命名严重受损，朗读异常，但患者能默读，默读时能很好理解文意。书写也可能有障碍，拼写能力差，有字母的省略和颠倒甚至替换等现象。许多传导性失语症患者有一定程度的随意运动障碍。

4. 命名性失语症（anomic aphasia）　唯一的语言障碍是找不到恰当的词来命名物体。这是一种罕见的失语形式，通常继发于左下颞叶的后部邻近颞-枕边界之处的损伤。命名性失语症患者偶而也有右上象限视野缺损。

5. 完全性失语症（global aphasia）　是 Broca 失语症、Wernicke 失语症和传导性失语症的联合。完全性失语症患者既不会说话，也理解不了语言；他们不能读、写、复述或命名物体。导致完全性失语症的损伤通常涉及整个外侧裂周围区域（perisylvian areas），从而同时损伤 Wernicke 区、弓状束和 Broca 区。完全性失语症的症状伴有完全性右侧偏瘫和右侧感觉障碍，通常还有右侧同侧偏盲。

6. 跨皮层失语症（transcortical aphasia） 有两个重要特征：一是患者有复述能力；二是病灶位于外侧裂周围的语言中枢以外。这种失语症常常是由于大脑前、中、后动脉连接处，即所谓的边界区（border zone）或水注区（watershed）的血管破坏所致。边界区包括对词义记忆重要的联合皮质及对技巧运动重要的辅助运动皮层。跨皮层失语症有如下 3 种类型。

（1）跨皮层运动失语症：由 Broca 区与辅助运动皮层间的联系中断所致。损伤通常位于 Broca 区前方的额叶，引起非流畅性失语，患者不能生成创造性的言语，试图交流却只能说出少数几个音节。与此形成鲜明对比的是，患者能很好地复述词和词语。对语言的理解和阅读（默读与朗读）障碍均较轻，但书写可能严重受损。

（2）跨皮层感觉性失语症：由 Wernicke 区与后顶-颞联合皮质间的联系中断的致。常引起流畅性失语，伴有理解力的缺陷、记忆手势或单词含义的困难。患者不能读写，很难找到适当的词，但能流畅地复述别人说的话。这种类型的失语症通常由顶-颞-枕联合区损伤所致。

（3）混合性跨皮层失语症：是一种极其罕见的失语症，是跨皮层运动性失语症与跨皮层感觉性失语症的混合形式。患者不会说话，除非别人先对他说。患者的反应通常也只是直接复述对方的话（言语模仿，echolalia）。患者缺乏其他任何语言能力。

7. 皮层下失语症（subcortical aphasia） 除了大脑皮质损伤能够导致失语症外，皮层下损伤也可导致失语症，典型的例子是基底神经节和丘脑血管病变。左侧尾核或壳核的损伤引起流畅性失语，伴有词语创新，但病程短暂。丘脑损伤亦可致失语症，其表现常与跨皮层失语症相似。常见的症状是言语错乱，对口头语言理解力差，而复述能力完好。病程短暂，许多患者能完全康复。

在那些有理解障碍的皮层下失语症患者中，观察到了对应的左侧颞-顶区域代谢时活动减退。这也支持正常语言功能不仅有赖于皮层-皮层联系，还有赖于皮层下联系的概念。

第五节　睡眠与觉醒

觉醒（wakefulness）、睡眠（sleep）和做梦不但是人们感兴趣的古老话题，而且因其与健康和疾病之间关系密切更具有了重要的生物学意义。为此许多人进行了大量的实验及临床研究并取得了很多重要成果，但因其涉及生理、生化、病理诸学科，尤其心理学的复杂课题，直到目前仍有相当多的问题有待研究。本章将从觉醒维持与睡眠发生的机制、睡眠的时相、梦的研究、睡眠剥夺及影响因素、睡眠质量和评价等几方面加以阐述和探讨。

一、概述

（一）觉醒与睡眠的区别

觉醒与睡眠是脑活动在两种不同知觉状态下不同表现的正常生理活动方式。觉醒时机体与周围环境有密切的主动性联系，能迅速地以适当的行为反应来应答环境的各种变化，从事各种运动和智力活动。睡眠时机体嗅、视、听、触等感觉功能暂时减退，意识暂时丧失，并失去对环境变化的应答能力，骨骼肌反射运动和肌紧张减弱。除了躯体感觉和运动功能变化外，睡眠还伴有一系列自主神经功能的改变。例如，血压下降、心率减慢、瞳孔缩小、尿量减少、体重下降，代谢率下降、呼吸变慢、胃液分泌可增多而唾液分泌减少、发汗功能增强、内分泌活动的改变等。总之，睡眠时整个机体处于休息和恢复状态中。特别要指出的是睡眠是一种周期性的可逆静息现象，即睡眠时的各种生理变化可以很容易自行恢复为觉醒状态，这也是睡眠与昏迷或麻醉的不同之处。

（二）睡眠的功能

觉醒和睡眠呈周期性交替，成人约以 16h 觉醒相和 8h 睡眠相互交替。乳幼儿睡眠的时间比成人长，新生儿 18～20h，儿童 12～14h。而且乳幼儿与成人的睡眠模式不同，一昼夜中要经历多次觉醒与睡眠交替，一个睡眠相持续时间只有 50～70min，是一种原始型多相性节律。随着年龄增长每一睡眠相持续时间延长而总睡眠时间减少，即转变为成人进化型单相性节律的睡眠模式。研究表明，随着动物进化，动物的睡眠模式由多相性节律进化为单相性节律。因而，人类个体发育过程中的这种睡眠模式变化，实质是动物进化进程中伴有的睡眠模式进化在人类个体发育中的反应。成年人每日睡眠时间一般为 7～9h，老年人 5～7h，正常人睡眠时间个体差异很大。除受年龄因素影响外还受着诸多因素的影响。一般而言，睡眠约占生命活动总时间的 1/3，由此可见，觉醒和睡眠都是人体所必需的生理过程。睡眠的功能大致有以下几点。

（1）消除机体疲劳，恢复体力：睡眠是消除疲劳的最主要方式，它的作用是其他休息方式无法替代的。

（2）保护和恢复脑细胞的功能，恢复精力：睡眠可促进脑内蛋白的合成，促进脑的发育，保护和恢复脑细胞，提高脑力。睡眠障碍时会影响中枢神经系统尤其是大脑皮质的功能，患者表现为烦躁，易激惹或精神萎靡，注意力涣散，记忆力减退等。

（3）增强免疫，康复机体：睡眠能增强机体产生抗体的能力，增强机体抵抗力。同时睡眠可增进组织器官修复过程。

（4）促进生长发育：睡眠时伴有内分泌变化，生长素分泌增加，尤其对幼儿神经系统的发育成熟具有重要作用。

（5）有利于皮肤美容：睡眠过程中皮肤分泌增强，清除过程加强，皮肤毛细血管舒张，血液循环增加，加快皮肤修复及再生。

（6）促进学习与记忆功能：研究证明睡眠有利于建立新的突触联系，同时睡眠时脑内记忆储存所需的 RNA 和蛋白质合成增加，脑血流量（CBF）及脑温也增高，尤其记忆的主要部位海马区血流增加明显。有人认为睡眠与觉醒的周期交替中睡眠可能起着神经活动的整合作用，梦是在整理记忆。

二、睡眠时相和睡眠阶段

（一）脑电图

正常脑电图（electroencephalogram，EEG）波形主要根据其频率来划分。一个正常成年人于清醒状态下的脑电图，在头皮所在区域表现为一个无规则的波形，呈低电压快速的电位变化，是频率最快而波幅最小（12～30Hz，5～20μV）的 β 波，它出现在清醒状态接受刺激或思考问题时，这种电活动起源于大脑皮质和皮质-丘脑环路的去同步化活动（asynchronous activity）；当人们处于清醒而又无任何刺激的闭目养神时，出现频率和波幅居中（8～13Hz，20～100μV）的 α 波；当人们困倦时，出现频率较慢，波幅较大（4～7Hz，100～150μV）的 θ 波；在人们睡眠、疲劳和麻醉期间时，出现频率最慢，波幅最大（0.5～3Hz，20～200μV）的 δ 波。成人清醒状态时几乎没有 δ 波，但婴幼儿脑电波频率比成人慢常见 θ 波和 δ 波。总的看来大脑皮质处在紧张活动状态时，脑电波呈现频率快的 β 波，称为快波；而大脑皮质处于安静状态（α 波）或睡眠状态（θ 波和 δ 波）主要呈现频率较慢的脑电波，称为慢波。

目前已知，脑电波是大量大脑皮质神经元突触后电位的总和，因此当它们电活动表现为同步化时，脑电波将表现为频率慢，波幅大的慢波；反之，当它们电活动表现为去同步化时，脑电波将表现为频率快，波幅小的快波。因而常称快波为去同步化波，慢波为同步化波。

（二）睡眠的时相

在睡眠研究方面，1953 年 Kleitman 和 Aserinsy 通过对婴儿整个睡眠过程的仔细观察，发现睡眠具有两种不同的时相状态：一个是脑电图呈现同步化慢波时相称为慢波睡眠（slow wave sleep，SWS）；另一个是脑电图呈去同步化快波时相称快波睡眠（fast wave sleep，FWS）。

睡眠早期通常呈现全身松弛的慢波睡眠，出现高幅慢波，它由皮质和皮质-丘脑环路的同步化活动（synchronous activity）形成，故此种睡眠也称同步化睡眠。此阶段机体感觉功能降低，呼吸和心率减慢，血压降低，血浆量及全血量增加而血液中溶质的浓度下降，肺泡气和血液内 CO_2 分压升高，呼吸中枢对 CO_2 的敏感性减弱，肺通气量减少 10%～20%，整体耗氧量下降，但脑的耗氧量不变，胃液分泌可增多而唾液分泌减少，代谢降低，产热量减少，尿量减少，体温下降，发汗功能增强，整个自主神经功能主要表现为副交感神经活动占优势，骨骼肌反射活动和肌紧张减弱，出现生长素分泌峰等。慢波睡眠阶段无明显的眼球运动，故又称非快动眼（non-rapid eye movement，NREM）睡眠。继慢波睡眠后出现快波睡眠，这时感觉功能进一步降低，骨骼肌反射运动和肌紧张进一步减弱，肌肉几乎完全松弛，偶尔出现肌肉痉挛与肢体抽动。这个阶段称为快波睡眠，或称去同步化睡眠、异相睡眠。若一只狗在火炉旁睡觉，在此睡眠阶段，可出现轻微的奔跑样运动，并会发出喃喃细声，就像在做梦。此时，即使其闭着眼睛，仍可看出其眼球在作快速的水平运动，因此这个睡眠阶段又被称为快动眼睡眠（rapid eye movement，REM）。虽然脑电图波形类似于清醒状态时，但这时的个体实际上比脑电图呈现慢波时更难以唤醒。当一个人在快波睡眠中或快波睡眠刚刚结束时被唤醒，其往往报告他正在做梦，能回忆起刚刚被打断的梦。在睡眠其他阶段被唤醒的被试者，很少说在做梦。做梦在不同睡眠阶段中出现的比例不同，出现在快波睡眠中约占 80%，而出现在慢波睡眠中占 20%左右；噩梦则主要出现在快波睡眠中。

（三）睡眠的阶段

正常人的睡眠可以根据脑电图的改变将上述两个时相分成 5 期，其中慢波睡眠分为Ⅰ～Ⅳ期，另一期为快波睡眠。在整个睡眠过程中，慢波睡眠与快波睡眠不断相互转化。成人睡眠首先进入慢波睡眠，持续 80～120min，然后转入快波睡眠持续 20～30min，再转回到慢波睡眠，如此周而复始形成规则的周期性交替，在一夜睡眠中交替 3～5 次。

慢波睡眠第Ⅰ期：α 波逐渐减少，出现低幅的 θ 波，与 β 波不规则地混杂在一起，脑电图波形呈现平坦的趋势。正常人此期一般不超过数分钟，随即进入第Ⅱ期。第Ⅱ期：出现特征性的睡眠梭形波，并伴有少量的δ波。梭形波实际上是一种变异的α波，频率较α波略快，波幅低于α波，为20～40μV，持续时间0.5～1s，比α波稍短。第Ⅲ期：出现特征性的κ复合波。一般认为κ复合波为δ波和梭形波的复合，即梭形波重叠于δ波之上，或紧接在δ波之后。第Ⅳ期：脑电图上出现较多数量，通常超过50%，频率为1.5～2Hz、波幅在75μV以上的δ波。几种波的模式图如图11-17所示。

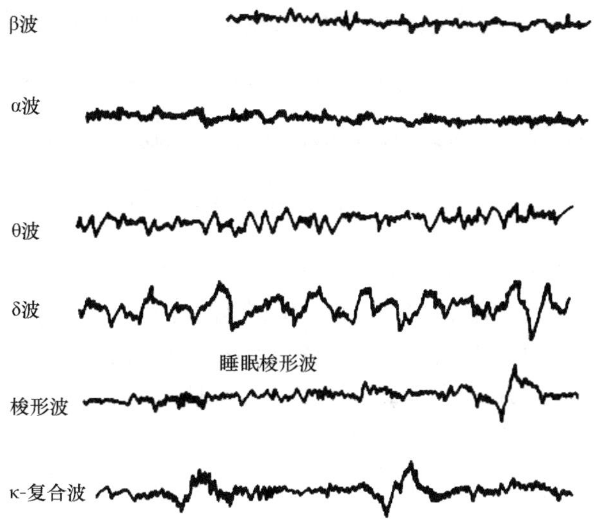

图 11-17　几种脑电波形的模式

随着睡眠的加深，脑电图频率逐渐变慢、波幅增加，δ波所占比例逐渐增多。睡眠开始后，通常需要30～40min顺序经过Ⅰ、Ⅱ、Ⅲ期到达Ⅳ期，然后以相反的顺序由Ⅳ期回到Ⅰ期，并进入快波睡眠。睡眠完成第一次周期后，又转回到慢波睡眠进入睡眠的第二周期交替，但每次交替后表现为快波睡眠持续时间越来越长，而慢波睡眠持续时间越来越短，以致不能到达第Ⅳ期或第Ⅲ期（图11-18）。成人在整夜睡眠中慢波睡眠占75%～80%，其中第Ⅰ期占5%～10%，第Ⅱ期占50%，第Ⅲ、Ⅳ期共占20%。快波睡眠占20%～25%。慢波睡眠和快波睡眠均可直接转为觉醒状态。但觉醒状态只能进入慢波睡眠，而不能直接进入快波睡眠。实际上睡眠的各个阶段往往是重叠交错，各期之间逐渐移性，很难找出截

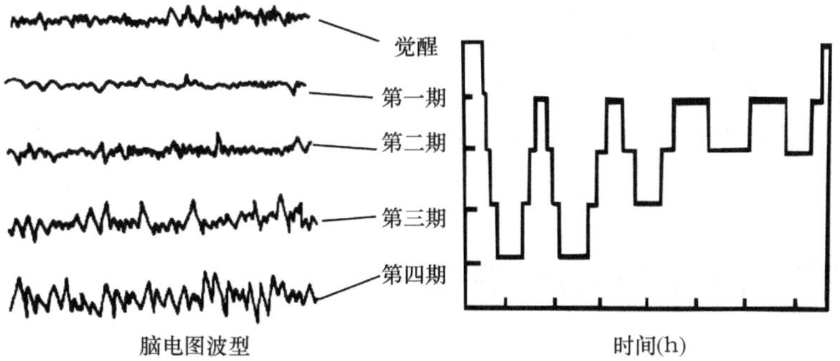

图 11-18　睡眠周期及脑电图变化模式图

然的分界点。图 11-19 显示从一只猫的感觉运动皮质、大脑外侧皮质、海马、延髓与脑桥网状结构等导联记录的脑电图，在清醒、慢波睡眠和快波睡眠 3 种状态下的不同改变。

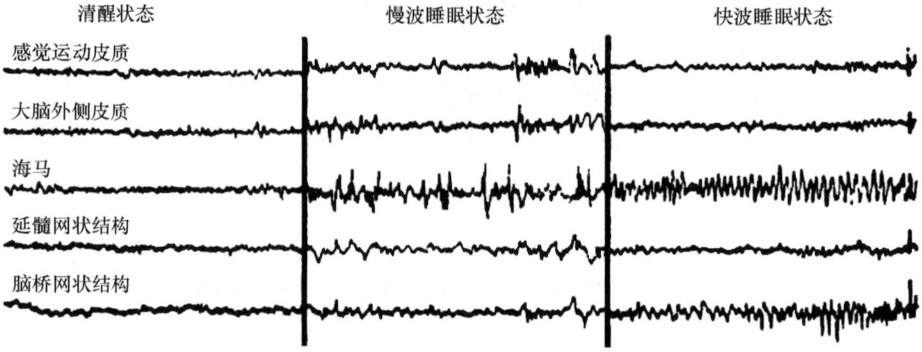

图 11-19　猫在不同睡眠状态下各相关部位脑电图的变化

快波睡眠是睡眠过程中出现的生理现象，有一定的生理意义。曾观察到，如连续几日当被试者睡眠中一出现快波睡眠就将其唤醒（剥夺异相睡眠），则被试者出现易激动，有时出现幻觉和焦虑，出现睁着眼似乎觉醒状态下的短暂快波睡眠。然后，又让被试者不受打扰的自然睡眠，发现开始几日快波睡眠增加，以补偿前阶段快波睡眠的不足，在这种情况下快波睡眠可直接出现在觉醒之后，而不需要经过慢波睡眠阶段。由此认为快波睡眠是正常生命活动中所必需的生理活动过程。有一些事实能加深我们对快波睡眠意义的认识，低等动物没有快波睡眠，快波睡眠在鸟类才出现，但只占总睡眠时间的 0.5%～1%，每次持续时间不超过 15s；哺乳动物都有快波睡眠，其中肉食动物的快波睡眠时间比草食动物多。灵长目动物睡眠情况已接近人类，正常成人快波睡眠占总睡眠时间的 20%～25%，根据这一睡眠的动物进化来看快波睡眠随动物进化，尤其智力的发育而增加。就个体发育来看，从儿童期到老年期快波睡眠和 δ 睡眠（慢波睡眠第Ⅳ期）时间逐渐减少，提前 10 周出生的早产儿快波睡眠占 80%，提前 2～4 周的早产儿为 60%～65%，足月新生儿期占 50%，儿童期占 30%，少年期占 25%，青春期后才达到成人水平直至老年。这表明快波睡眠可能对儿童期脑的发育至关重要。许多研究发现，睡眠模式与精神发育迟滞有关，Peter Quadens 等发现精神发育迟滞儿童比健康儿童快波睡眠时间和快动眼频率都低，认为快波睡眠时间可作为神经系统可塑性的指标。一些实验也证明儿童快波睡眠出现率较高。动物脑灌注实验也观察到快波睡眠期间脑内蛋白质合成加快。目前认为快波睡眠有利于脑细胞的发育和新的突触联系的建立，有利于脑智力网络的构筑，促进人的学习和记忆过程。因而快波睡眠对儿童脑和智力的发育，对于成人脑力的恢复和提高智商都有极其重要的作用。但快波睡眠期间会出现间断性阵发性表现，致使呼吸、心血管等内脏功能变得不稳定，这可能使某些疾病在夜间发作和恶化，如心绞痛、哮喘、呼吸及心功能不全等，这些成为临床危重症患者多在夜间病危的原因之一，医护人员应予以特别的关注，以及时给予救治挽回更多人的生命。

三、睡眠与觉醒产生的机制

（一）生物钟

睡眠、觉醒的周期性变化是机体生物钟（biological clock）的表现之一。生物钟是生物体内一种无形的“时钟”，实际上指的是生物体生命活动的内在节律，它是先天就有的，普遍存在的，人们可以观察到它影响所有生物体的生理过程。机体的各种功能活动常按一定的时间顺序发生变化，这类变化称为生物节律。当生物钟的振荡周期接近地球的自转周期时，这样的节律称之为日节律或昼夜节律（circadian rhythm）。机体中的大部分生物节律为日节律，如觉醒和睡眠、体温、血压、尿成分、激素分泌、对药物的反应等。小到细胞中酶的活性变化，大到人体行为活动都有这种日节律。日节律这个周期非常精确，每日的误差不到 1～2min，但受光的诱导，一次可调整近 1h。日节律几乎不受温度的影响，也能经受化学物质的作用，如乙醇、麻醉、缺氧、惊厥、激素等的影响均不明显。但日节律的构成可能受自然环境周期变化的影响，如果人为改变每日光照及黑暗的时间可使机体功能的日节律相位发生移动。但如将受试者置于特定消除一切标志时间的外在因素（如昼夜明暗、温度变化、定时进餐、钟表、报纸、收音机等）的环境中，经过一段时间（觉醒和睡眠需经过两日左右），日节律将发生改变，逐渐延长超过 24h，称为自由运转周期（free running period），即机体内源性生物节律是由体内存在的生物钟来控制的。

哺乳动物的生物钟依赖于下丘脑，若下丘脑因疾病受到损害，则生物钟的周期可能变成很短暂的、活动与休息无规律的随机振荡。在小鼠的实验中观察到下丘脑视交叉上核（suprachiasmatic nuclei）的代谢强度与放电活动都表现明确的日节律。而且在胚胎期，当视交叉上核与周期组织还未建立联系时，其代谢及放电活动的日节律即已存在。破坏小鼠的视交叉上核，可使原有的日节律活动（如饮水、排尿等）的日周期丧失。研究结果表明，下丘脑视交叉上核可能就是生物节律的控制中心，即生物钟的部位。视交叉上核可通过视网膜、视交叉上核束与视觉感受装置发生联系，由此，外环境昼夜变化可影响视交叉上核的活动，从而使机体内源性节律与外环境的日节律同步起来。在一些情况下，机体内源生物节律如无法与外环境日节律变化同步时，机体功能将不能很好适应环境（如洲际飞行的时差反应；夜班工作者在凌晨工作效率下降易出事故；睡眠障碍的临床表现等）。在临床实践中一些人对生物钟的临床意义至今仍估计不足，如在医学诊断（测量值要充分考虑其生物节律的波动）、临床治疗（日节律中不同时刻人体对药物的反应差异及对疗效的影响）等方面应给予特别的关注。

生物钟到底是如何工作的？2017 诺贝尔生理学或医学奖颁发给了美国遗传学家 Jeffrey C. Hall、Michael Rosbash 和 Michael W Young。3 名科学家的研究工作窥探了生物钟的秘密，并解释了其工作原理，他们的研究成果解释了植物、动物及人类是如何适应这种生物节律，并同时与地球的自转保持同步。其实早在 20 世纪 70 年代，加州理工学院的 Seymour Benzer 和他的学生 Ronald Konopka 就开始寻找可以控制果蝇昼夜节律的基因。他们发现，有个当时还不知道的基因如果发生突变，就会扰乱果蝇的昼夜节律。他们给这个新基因起了个名字：period（周期）。这 3 位诺贝尔奖获得者的主要贡献是从果蝇身上分离出了 *period* 基因，并把这个基因编码的蛋白命名为“PER”。他们发现，在晚上 PER 会在果蝇体内积累，到了白天又会被分解，所以 PER 的浓度会循环震荡，周期为 24h，和昼夜节律相同。但 PER 蛋白如何保持稳定的震荡周期。Jeffrey C. Hall 和 Michael Rosbash 提出了一个假说：PER 蛋白可以让 *period* 基因失去活性。即 PER 和 *period* 形成了一个抑制反馈的环路，PER 可以抑制基因合成自己，这样就形成了一个连续、循环的节律（图 11-20）。

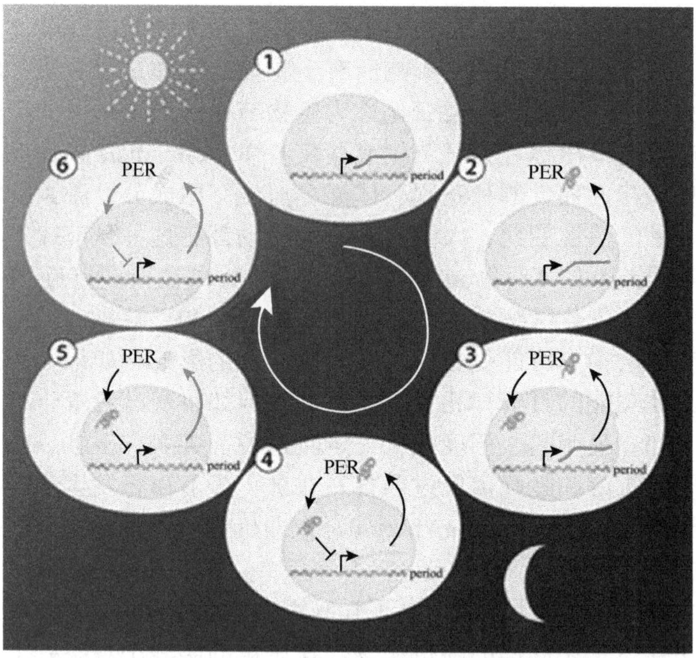

图 11-20 *period* 基因反馈条件的简单示意图

period 基因经过了一个完整的 24h 周期。当 *period* 基因有活性的时候，可以合成 *period* mRNA，后者进入细胞质后合成 PER 蛋白。PER 又进入细胞核，逐渐积累，抑制 *period* 的活性，形成了一个抑制性的反馈机制，形成昼夜节律

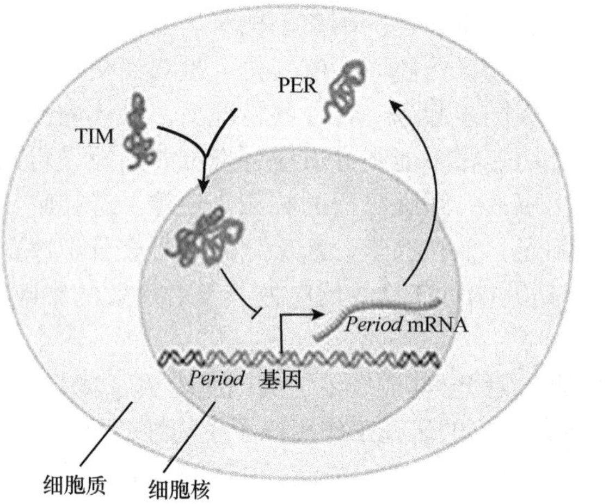

图 11-21 生物钟的分子成分示意图

为了阻断 *period* 基因的活性，PER 蛋白需要接触到细胞核。Jeffrey C. Hall 和 Michael Rosbash 的研究表明，每当晚上的时候，PER 蛋白会在细胞核里积累，但是它是如何进入细胞核的？1994 年，Michael W. Young 发现了两个节律基因：*timeless* 和 *doubletime*。Timeless 可以编码 TIM 蛋白，TIM 结合到 PER 上，可使两个蛋白可以一起进入细胞核，抑制 *period* 基因的活性（图 11-21）。而 *doubletime* 基因则可以编码 DBT 蛋白，DBT 可以延迟 PER 蛋白的积累，这解释了为什么震荡的周期为什么会稳定在 24h 左右。

这 3 位诺贝尔奖得主的研究阐述了生物钟的理论基础。在随后的几年里，其他一些分子也被发现，进一步解释了生物钟的机制和稳定性。例如，他们 3 人还发现了其他一些蛋白可以维持 period 的活性，以及外界的光如何调节生物钟。

（二）觉醒状态的维持——脑干网状结构上行激动系统

19 世纪末 20 世纪初，欧洲曾流行昏睡性脑炎，患者嗜睡，尸体解剖可见中脑网状结构，特别是中脑导水管周围的中央灰质有损害，因而推测中脑网状结构是维持觉醒状态的重要部位。20 世纪 50 年代，Magoun、Lindsley 及其同事发现感觉系统以外的机制对于唤

醒和觉醒状态的维持是非常必要的，他们对猫和猴做了大量的实验。应用电损毁脑干上部和中脑尾侧，其中一些损害阻断了动物主要的感觉通路，但保留其嗅觉、视觉和脑干的中轴核心部分；另一些损害影响了动物脑干的中轴核心部分，而保留主要的感觉通路。结果发现，如果中脑的脑干网状结构部分和向间脑的投射被保留，动物仍表现规则的觉醒-睡眠周期，能寻找食物并进食，大体上能照料自己，只是行为变得怪异，与周围环境的联系变得不协调。如果中脑网状结构受损，尽管保留其主要的上行感觉通路，但动物将持续昏睡，此时记录的脑电图显示连续的高幅慢波，仅在刺耳的汽笛声等情况下慢波会被短暂打断。这种动物无自发的行为觉醒或脑电觉醒的迹象，不能进食，要人为地进行管饲与精心照料，就像处于昏迷状态的患者。例如，在猫的第一颈髓水平横断脊髓（孤立脑标本），猫仍能保持近似正常的觉醒和睡眠周期，如果在中脑上下丘间横断脑干（孤立前脑标本），则猫呈现永久的睡眠。上述结果证明脑干内确有维持觉醒的结构。用电刺激法沿脑干的中央轴进行测试，证明刺激脑干网状结构的某些区域具有激醒作用，这些激醒的范围包括中脑和脑桥的几乎整个中央灰质部和延髓的中轴部分，尤以刺激中脑导水管周围的激醒效应最强。脑干网状结构上行投射纤维的活动能激发大脑皮质的觉醒反应，提高大脑皮质的兴奋水平。这一上行投射系统就称为脑干网状结构上行激动系统（ascending reticular activating system，ARAS）。

解剖学证明，非特异投射系统上行纤维在通过大脑白质时就已开始分支，进入皮质后又一再分支。以游离末梢的形式广泛地与皮质各层（主要是Ⅰ和Ⅱ层）神经元的树突形成突触，使接近皮质表面的大量树突去极化。用微电极研究大脑皮质神经元单位放电的实验表明，当刺激丘脑后腹核时（特异投射系统）大脑皮质感觉区的神经元通常只放电 1 次，即使增加刺激强度也不能使其连续放电超过 2～3 次，当刺激丘脑髓板内侧核时（非特异投射系统），不会引起其放电，但如在这个刺激之后紧接着刺激丘脑后腹核，大脑皮质感觉区神经元可连续放电 4～5 次以上，说明非特异投射系统的功能是维持和改变大脑皮质的兴奋状态。非特异投射系统可视为脑干网状结构上行激动系统的丘脑部分，破坏脑干网状结构的头端而保持各种上传的特异感觉传导通路，动物可陷入长久的昏迷状态，各种感觉刺激都不能唤醒动物，脑电图呈同步化慢波；相反，刺激动物脑干网状结构能唤醒动物，脑电波呈现去同步化快波，同时引致整个脑的普遍兴奋，包括大脑、丘脑、基底神经核、下丘脑及脑干其他部分乃至于脊髓，而且这种兴奋状态可维持半分钟或更长时间。由于这一系统是一个多突触接替上行系统，因此易受药物的影响。例如，巴比妥类催眠药的作用就是阻断了上行激动系统的传导，一些全身麻醉药（如乙醚）也可能是首先抑制了上行激动系统和大脑皮质的活动而发挥麻醉作用的。有人认为睡眠与觉醒的相互转化就是由于这一系统上行激活作用强度的周期性波动造成的，甚至觉醒状态下微细的行为变化（如注意力程度）亦归之于这一系统活动的微小波动。

脑干网状结构接受各种感觉的传入冲动的兴奋外，也接受大脑皮质下行冲动的兴奋，大脑皮质的感觉运动区、额叶、眶回、扣带回、海马、颞上回等受刺激时，也可使脑干网状结构兴奋，所以这些区域被认为是维持觉醒的大脑皮质结构。然而也有一些否定网状结构在觉醒中起决定性的事实，如失去网状结构的慢性隔离脑猫仍具有觉醒、睡眠节律。所以，脑干网状结构可能不是唯一的维持觉醒的机制。

（三）睡眠发生的机制

人们对睡眠发生机制进行了大量的研究，也建立了许多假说。早期有人提出“睡眠的体液学说”，认为睡眠是由体内产生的某种导致睡眠的化学物质所引起的。但迄今为止也没有证实这种物质的存在，对联体孪生儿的观察也否定这一学说，联体孪生儿具有共同的血循环，但有各自的脑，他们的觉醒睡眠周期是互不影响的。巴甫洛夫曾提出“抑制扩散学说”，认为睡眠是抑制过程在大脑皮质内广泛扩散甚至达到皮质下中枢而引起的；也有人认为睡眠是由于网状结构上行激动系统活动减弱，觉醒状态不能维持而引起的。以上的学说都把睡眠的发生看成被动过程，这种观点被后来大量的研究结果所否定。现在普遍认为，睡眠的发生是脑的主动活动过程，即脑内存在有管理睡眠的中枢结构。研究表明快波睡眠和慢波睡眠分别由不同的神经中枢活动来触发，它们的活动向上传导进而改变睡眠的脑电波和大脑皮质的活动，有人称为上行抑制系统。该系统与上行激动系统相对抗，从而调节着睡眠觉醒的转化。睡眠不是脑的静止，睡眠和觉醒只不过是脑的不同活动状态。关于睡眠与觉醒的调控中枢、神经递质及通路的研究已取得了很多成果，当然内分泌对睡眠也起着调控作用。

1. 与慢波睡眠有关的中枢神经结构 在哺乳类动物主要有以下结构。①丘脑中间块的外侧（其尾侧至僵-脚间束，头侧至乳头体-丘脑束），丘脑前核和某些板内核。用低频电流刺激这一区域，能抑制网状结构上行激动系统，使原来觉醒的动物入睡，刺激停止后睡眠仍能继续一段时间，唤醒这种动物也和唤醒正常自然睡眠的动物一样容易，说明这种刺激作用的确触发了真正的睡眠功能。②延髓的两侧孤束核和腹侧网状核的区域。用低频电流刺激这一区域出现典型的慢波睡眠，但损毁这一区域并不造成失眠，因而它可能与上行激动系统的调节有关。③前脑基底部的视前区外侧及其相邻的 Broca 斜束处。用任何频率的电流刺激这个区域都可引起广泛的脑电同步化和行为睡眠，而且在丘脑、脑干网状结构的一些区域可记录到慢波。很可能前脑基底部在中枢性触发睡眠方面起重要作用。④脑干中缝核的头端。选择性破坏这个区域，慢波睡眠就明显减少，动物出现不眠状态，损毁的范围越大睡眠的时间就越少。

2. 与快波睡眠有关的中枢神经结构 快波睡眠是由许多神经通路的共同活动来实现的，其中枢神经结构主要在脑桥，如脑桥头侧网状核、脑桥尾侧网状核、蓝斑核的中后部及中缝核的后部等。破坏猫的这些部位可使快波睡眠减少甚至消失，但不影响慢波睡眠、觉醒及其正常周期。脑桥头侧和尾侧网状核主要是维持快波睡眠时的去同步化脑电波；蓝斑核的中部支配脑桥网状结构引起眼球的快速运动；蓝斑核的尾部通过网状脊髓束对肌紧张有抑制作用。蓝斑核的这些活动又有赖于中缝核的触发，中缝核的尾部可引起蓝斑核中部和尾部兴奋，从而触发整个快波睡眠。

总之，睡眠的发生是由许多中枢神经结构的系统作用来完成的，其中蓝斑核与中缝核之间的关系最为密切，蓝斑核的中后部和中缝核的尾部在功能上互相协同，共同实现快波睡眠；而蓝斑核头部与中缝核头部的功能则完全不同，前者参与觉醒状态的维持，后者参与快波睡眠的维持。通过上述所有的神经结构的共同作用使得睡眠与觉醒能周期性地交替进行。

（四）与觉醒和睡眠有关的中枢递质

调节觉醒和睡眠重要中枢递质有 5-HT、NA、DA 和 ACh。5-HT 是中缝核产生的神经递质，毁损中缝核可使脑内的 5-HT 减少，用药物阻断 5-HT 的合成，可造成严重的失眠，其快波和慢波睡眠均减少。此时若给予 5-HT 的前体左旋 5-羟色氨酸，失眠便迅速消失。

有人报告给正常人服用5-羟色氨酸可增加慢波睡眠而减少快波睡眠，因而认为5-HT与维持睡眠，尤其是慢波睡眠有关。

NA是蓝斑核神经元的递质。破坏猫的蓝斑核中部及后部神经细胞，能消除快波睡眠，与此同时脑内NA也减少。用抑制NA合成的药物能抑制快波睡眠，应用利血平耗尽脑内5-HT和NA的储备，可使动物极度失眠，在此基础上投给5-羟色氨酸可使慢波睡眠恢复，投给NA的前体——多巴则可使快波睡眠恢复。因而认为NA与快波睡眠和觉醒的维持有关。DA是黑质-纹状体系统神经元的递质，是维持行为觉醒的重要递质。ACh的作用是多样的，大脑的胆碱能神经元有助于维持脑电和行为的觉醒而抑制中缝核头端的活动，从而对抗慢波睡眠，脑干中的胆碱能神经元则参与快波睡眠的产生，这点与NA相一致，脑内NA还能促进ACh的释放。

在参与觉醒和睡眠调节的众多神经递质中NA和5-HT是其中最主要的一对。在脑内NA含量不变或增高的情况下，降低5-HT含量可产生失眠；而在脑内5-HT含量不变或增高的情况下，降低NA含量则可引起多眠。已有证据表明脑内多种肽类物质也可能参与了睡眠的调节。

（五）褪黑素

褪黑素是松果体以色氨酸为原料合成并分泌的激素。褪黑素的分泌表现出明显的昼夜节律变化，白天分泌减少，而黑夜分泌增加。视交叉上核被认为是控制褪黑素分泌的昼夜节律中枢。人类褪黑素分泌量与年龄有关，出生后几个月即开始分泌，3～5岁分泌最多，6～8岁降至70%，12岁降至成人水平。老年后褪黑素分泌水平更低，尤其夜间最低，这种随年龄增加分泌递减与发育及衰老有关。褪黑素生理作用中更重要的是它参与了觉醒-睡眠周期的控制。将褪黑素注入猫的下丘脑能改变觉醒-睡眠周期、脑电图和行为活动。褪黑素具有较好的催眠作用，可能使脑内GABA递质增加，加强了中枢性抑制。维生素B_6是谷氨酸脱羟酶的辅酶，可促使谷氨酸转变为GABA，与褪黑素同用可增强褪黑素的催眠效应。褪黑素与催眠药物同用则显著延长其催眠时间。褪黑素亦与体温降低效应有关。目前提纯及人工合成的褪黑素已广泛应用于临床，对于治疗时差综合征、睡眠位相后移、盲人及儿童脑损伤睡眠障碍、老年人及抑郁症患者入睡困难及其他疾病或药物造成的睡眠障碍都有较好的疗效。

四、睡眠质量及评价

（一）睡眠剥夺

人工或病理因素造成睡眠质量的下降称为睡眠剥夺（sleep deprivation）。对于睡眠剥夺可以从两个途经来观察：一个是人工强制性地使受试者处于不同的不眠状态，然后观察期反应；另一是对临床不同的失眠患者进行实验观察。睡眠剥夺可分为3种方式：全睡眠剥夺、部分睡眠剥夺和选择性睡眠剥夺。最有临床价值的是剥夺快波睡眠的研究，一般研究的方法是在多导生理记录仪监视下进行，当生理指标出现快波睡眠时相特征时即将受试者唤醒。也可用某些药物抑制睡眠，如丙咪嗪、戊巴比妥和单胺氧化酶抑制剂等剥夺睡眠的方法来观察。

1. 睡眠剥夺对生化的影响 目前研究主要集中在血液生化及脑生化方面。①血液生化：有人对持续不眠 123h 的人做血清及红细胞生化研究，发现不眠初期 ATP 和 ADP 的合成增加，第 2 日达到高峰，其后趋减，第 4 日后低于原水平。不眠对脂类的代谢有明显影响，不眠的第一日即可见血浆总脂增高，β 脂蛋白、胆固醇、未酯化的脂肪酸含量都增高，第 4 日后脂类代谢酶的活性则急剧下降，不眠的这种生化改变，可能导致动脉硬化的发生。②脑生化：剥夺睡眠使脑内某些部位蛋白质合成减少，分解代谢增强、糖酵解增强、天冬氨酸增多等。尤其剥夺快波睡眠时脑神经元内蛋白质及 RNA 含量降低，说明快波睡眠在脑内蛋白质合成中具有生理意义。

2. 睡眠剥夺对生理的影响 睡眠剥夺的后果个体差异很大。健康志愿者的睡眠剥夺实验通常不会产生不可逆改变，经过充足睡眠后其影响可得到消除。但对于临床失眠者的睡眠剥夺实验则对受试者会有很大影响。

在年轻、健康的志愿者身上进行睡眠剥夺实验发现，第一夜后，受试者显得很疲乏，心情不佳，容易激动，创造性思维和内容单调的重复性作业的成绩下降，一般性作业尚可。2～3 夜后，受试者会出现每次持续几秒的“微型睡眠”，注意力难以集中，影响测验成绩。剥夺睡眠超过 3 夜，这种“微型睡眠”会越来越稠密，持续时间也会越长。如果超过 10 夜，受试者会陷入半睡半醒的状态，“微型睡眠”与觉醒交错重叠，但未发现其他不良影响。试验之后，第一夜睡眠中慢波第Ⅳ期睡眠增加，以后则快波睡眠代偿性增加。睡眠剥夺实验结果表明通宵不睡对健康受试者身心并无长期影响。

对临床上失眠者进行全睡眠剥夺试验 60h 以上，受试者会出现一系列症状，疲乏、焦虑激动、发怒或不友好、注意力涣散、记忆力减退、思维迟钝、动作缓慢、头痛、耳鸣和复视等。如果持续 100h 以上，便无法完成脑力工作，嗜睡极为严重，有时发生明显的意识障碍，出现幻觉和其他精神症状，个别受试者会出现类似精神分裂症行为。脑电波记录 α 节律减少或消失，呈现慢波，有时出现高波幅的电活动。长时间睡眠剥夺还会引起眼球震颤、眼睑下垂和肌张力下降等症状。

健康志愿者和临床失眠者在睡眠剥夺实验中表现不同的原因：①失眠者往往伴发于精神障碍或躯体疾病，睡眠剥夺实验可加重原发病症状；②失眠者对睡眠剥夺心理压力大，常伴有焦虑与抑郁，这些负性心境可加重症状；③睡眠剥夺实验对健康志愿者来说事前有心理准备。

3. 睡眠剥夺对心理的影响 长期失眠实质是一种慢性睡眠剥夺。多数慢性失眠者每日睡眠时间少于 5h，即每日剥夺 2～3h 睡眠，这对失眠者除生理方面外，心理上会产生重要的不良影响。主要表现为对入睡时间估计过长，对睡眠时间估计过短，同时伴有焦虑与抑郁。有实验统计证明：正常人对自己入睡时间估计比实际平均长 3.8min，而失眠者则长 73.3min；正常人对自己睡眠时间的估计比实际平均只短 11.2min，而失眠者则短 169.4min。这说明失眠者都有紧张内在的心理表现，这使他们处于一种慢性情绪唤醒状态。他们具有共同的心理特点：抑郁、焦虑、易疲劳、乏力及对健康过于关心。研究表明，失眠者脑电波显示快波睡眠缩短并提前结束。正常人慢波睡眠第Ⅲ、Ⅳ期约占整个睡眠 37.2%，而失眠者仅占 27.1%。即失眠者多处于浅睡状态，因而他们对睡眠时间的自我估计与实际相差甚远。

4. 睡眠剥夺的抗抑郁作用 值得一提的是在研究睡眠剥夺对行为的影响时发现，选择性剥夺快波睡眠时虽不会导致精神紊乱，但受试者变得多动，食欲及性欲亢进。剥夺抑郁患者的快波睡眠可使其情绪得到改善。因而已有人尝试用剥夺快波睡眠来治疗抑郁症。

（二）睡眠质量及影响因素

1. 睡眠质量 一般而言，成人的睡眠时间每日需 7～8h，但同样的睡眠时间，觉醒后有的人觉得精力充沛，有的人却头晕脑胀，精神萎靡。原因是仅仅保证充足的睡眠时间不一定能达到高效率的睡眠，即睡眠的质量除取决于睡眠时间，还取决于睡眠的深度。睡眠的深度主要看慢波睡眠第Ⅲ、Ⅳ期和快波睡眠在整夜睡眠中所占比例。例如，有些失眠者，他们的总睡眠时间不短，但真正能达到深睡和中睡期（脑电波的 δ“深睡眠波”）的时间不多，大部分睡眠在浅睡中度过，所以睡眠质量不高。从睡眠质量曲线（图 11-22）看出，如果睡眠质量一定，睡眠深度和时间呈双曲线关系。H_1 代表睡的深，H_2 代表睡得浅，则所需的睡眠时间 t_1 比 t_2 少得多。

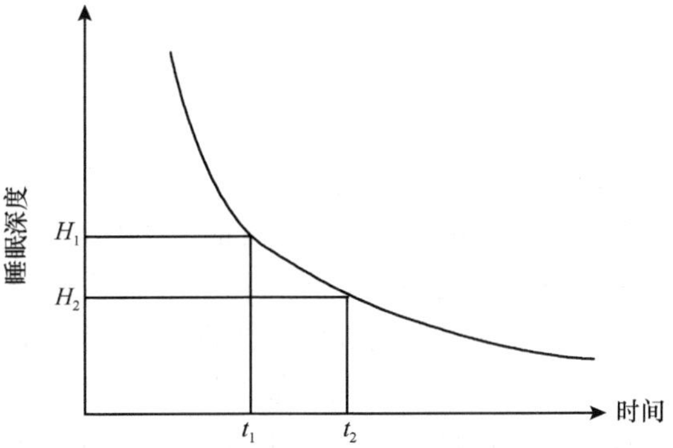

图 11-22 睡眠质量关系曲线

2. 影响睡眠质量的因素 影响睡眠质量的因素很多，有环境、年龄、性格和躯体疾病等因素。

（1）环境因素

1）声音：可使睡眠者被唤醒，但对声音的敏感程度个体差异非常大。其取决于以下几方面。①性别：女性一般对声音的敏感性比男性高。②睡眠时相：慢波睡眠第Ⅳ期唤醒阈最高，快波睡眠及慢波睡眠第Ⅱ、Ⅲ期次之，第Ⅰ期最低。快波睡眠时唤醒阈还取决于声音是否可与梦境结合，如声音可与梦境结合则不易唤醒。另外，睡眠时相亦与睡眠是否满足有关，已经睡足后非常容易唤醒，因为这种情况下睡眠已不再进入第Ⅳ期。③声音的特别含义：唤醒声音除取决于声音强度外，也取决于声音有无特别含义，如呼唤别人的名字很难将你唤醒，但呼唤你的名字时则较易将你唤醒。④单调的声音：恒定而单调的声音常具有催眠作用。

2）光线：对不同动物睡眠具有不同影响，夜行动物白日睡眠，人类在夜晚睡眠，这主要是生物钟的影响。

3）温度：对不同动物睡眠的影响也不同，老鼠在 30～32℃睡得最好，猫在 22℃左右睡得最好，人类最佳睡眠温度尚无定论，大约在室温 24℃，因为人类对体温有外在的保护而适应相当大的室温范围。但当人进入快波睡眠时对体温调节能力下降，因而温度变化对后半夜睡眠影响较大。

4）气压：过高过低对睡眠都有影响，在南极及高原地区的研究表明，低气压及低氧的情况下 δ 波睡眠消失，造成失眠。

（2）年龄：由新生儿到老年人随年龄增长总睡眠时间减少，而且睡眠模式亦发生变化，已如前述。这里主要介绍老年人睡眠特点。衰老使老年人脑细胞减少、脑萎缩、脑部神经递质代谢发生变化。因而老年人睡眠障碍发生比例相当高，睡眠质量下降，除总睡眠时间缩短外，觉醒次数随年龄增长而增加，躯体疾病也使觉醒次数增加。老年人脑电波各波即“深睡眠波”（慢波第Ⅲ、Ⅳ期睡眠）随年龄增长而减少，快波睡眠也减少，快波睡眠的减少与脑的器质性和精神性改变，CBF 减少及 α 波脑电活动量相关。老年人生长素及褪黑素分泌大幅度减少亦影响睡眠的生物节律。总之，老年人睡眠呈浅睡眠增加，深睡眠减少的模式。另外，老年人失眠不同于年轻人的失眠，年轻人失眠多为精神性，由焦虑抑郁等引起。而老年人失眠多为原发性，除心理因素外常伴有躯体性疾病。老年人夜间肌阵挛发作亦为影响睡眠的常见原因。睡眠时相提前在老年人中更为常见，表现傍晚过早嗜睡，夜间觉醒次数多（片断睡眠），凌晨过早觉醒。成人常规剂量的镇静催眠药可能使老人致命，临床用药需十分慎重。

（3）性格：有人将正常人总睡眠时间为每日 7～9h 者称为正常睡眠者，4～5h 者称为短睡眠者，10～11h 者称为长睡眠者。研究发现，这三者睡眠时间虽然差别较大，但其慢波睡眠的第Ⅲ、Ⅳ期时间差别不大。长睡眠者主要是快波睡眠及浅睡眠时间较长。正常睡眠者约占人群的 80%以上，而短睡者及长睡者只各占人群的 1%～2%。研究也表明，三者虽在生理方面无明显差异，但在心理方面有显著差异，短睡眠者常为外向型性格，乐观、有能力、多动、精力充沛、无焦虑。长睡眠者常为内向型性格，懒散、工作效率不高、文静、困倦、易于焦虑和抑郁。因而睡眠的时间并非越长越好，睡眠时间过长可能改变睡眠觉醒周期，导致生物钟节律紊乱。大脑长期处于抑制状态，生理活动及新陈代谢处于低水平过久都会影响正常生理功能和心理状态。剥夺睡眠实验，尤其是剥夺快波睡眠的实验具有抗抑郁效应，可能作为短睡者具有精力充沛，多动等外向型性格的实验根据。

（4）躯体疾病：临床上许多躯体疾病均可从不同方面影响患者的睡眠质量，主要有如下几种。①中枢神经系统疾病，如脑外伤、脑肿瘤、松果体瘤、脑血管疾病、老年痴呆、癫痫、偏头痛等。②呼吸系统疾病，如慢性支气管炎、慢性阻塞性肺气肿等。③泌尿系统疾病，如慢性肾衰竭患者的睡眠常为短促片断睡眠，主要为尿毒症在神经系统毒害方面的表现。④过敏性疾病，如瘙痒、鼻阻塞等。⑤消化系统疾病，如溃疡、肠炎等。⑥心血管疾病，如心力衰竭、心绞痛、高血压、动静脉炎等。⑦骨骼、肌肉、关节的炎症疼痛等。

3. 睡眠质量的评价 包括主观与客观评价，两者结合才能对睡眠质量做出正确的判断。人对自身睡眠的主观评价受其对睡眠、失眠认识的正确程度及心理反应的影响，因而评价的可靠性差。在这种情况下，对睡眠质量的客观评价就显得尤为重要，它直接关系到睡眠障碍的诊断准确性和研究结果的可靠性。对睡眠质量的客观评价主要包括以下几个方面。

（1）睡眠觉醒状态：可由多导睡眠图（polysomnography，PSG）记录判断。

（2）睡眠深度或睡意：用于评定睡眠深度的方法有唤醒阈值、平均诱发电位、脑电图功率谱、瞳孔描记图（pupillography）和睡眠潜伏期测定等，其中平均诱发电位有助于确定清醒至睡眠过渡状态，而睡眠潜伏期测定可确定嗜睡的程度和性质。

（3）复原满意度（restorative satisfaction）：即睡眠转醒后的自我感觉，如何客观的评定尚有待研究。

（4）睡眠觉醒节律：由 14 日睡眠觉醒节律图描述，该图还可用来诊断是否存在片断化睡眠。

以上是睡眠质量的客观评价方法，这对那些主观评价上有偏差的患者极为重要。可以指出患者对睡眠、失眠认识上的错误。当然主观评价也是必不可少的，它反映出患者对失眠的认识和心理状况。主观评价法很多，主要是一些心理测量表，如“匹兹堡睡眠质量指数”（pittsburgh sleep quality index，PSQI）。

在实际生活中，一个高质量的睡眠可用以下简单的标准衡量：①入睡快，在 10min 左右即能入睡；②睡眠深，呼吸深长，肌肉松弛，不易惊醒；③夜间很少醒来，无惊梦现象，醒后梦境很快遗忘；④起床快，觉醒后头脑清晰，不困倦，工作效率高。

五、睡眠障碍

1979 年美国睡眠障碍协会（American Sleep Disorder Association，ASDA）和睡眠心理生理研究协会发表了睡眠和唤醒障碍诊断标准，随后形成了睡眠障碍的国际分类（international classification of sleep disorders，ICSD）。1997 年在此基础上进行了修订。新的国际分类将睡眠障碍分为 4 大类，即睡眠障碍，深眠状态，精神、神经或其他内科疾患伴发的睡眠障碍，以及拟建议的睡眠障碍。睡眠障碍是常见疾病，临床表现复杂多样，主要包括内源性睡眠障碍、外源性睡眠障碍和昼夜节律失调性睡眠障碍等，本章节简要叙述睡眠障碍中常见类型的病因、临床表现和实验室检查等相关内容。

（一）内源性睡眠障碍

内源性睡眠障碍主要是指源于体内或与躯体某些因素相关的睡眠疾病。“内源性”意指引起睡眠障碍的主要原因为躯体内部生理性变化或病理性异常。某些内源性睡眠障碍，外在因素也起着重要作用。内源性睡眠障碍包括一组不同的疾病，如精神生理性失眠、主观性失眠、不安腿综合征和特发性失眠等，其主要的临床表现为自觉睡眠的“质”与“量”不能满足需要，并常有睡眠始发与睡眠维持障碍；发作性睡病、反复发作性过度睡眠、特发性过度睡眠及创伤后过度睡眠等，则是以觉醒障碍、睡眠增多为特征；阻塞性睡眠呼吸暂停综合征、中枢性睡眠呼吸暂停综合征、中枢性肺泡低通气综合征及周期性肢体运动障碍等疾病，则属于可导致失眠或过度睡眠的疾病；创伤后过度睡眠可在无脑外伤的情况下发生。一般认为，这种类型过度睡眠的主要问题是在中枢神经系统，可在外伤后表现出来并可能持续存在，故将其列入内源性睡眠障碍之中。

1. 精神生理性失眠（psychophysiological insomnia）　是由于患者过分的关注睡眠问题而引起的一种失眠类型。精神生理性失眠亦称心理生理性失眠、学得性失眠、条件性失眠等。

（1）临床表现：一般青年（20～30 岁）发病，中年期逐渐增多，女性常见，少年儿童罕见。人群中的总体发病率不明。由于患者过分关注自身的睡眠问题，可产生躯体紧张和学得性阻睡联想（指患者对睡眠的过度关注，而不能入睡），这两种因素相互强化便出现了这种失眠类型。患者内在的因素（刻意试图入睡的意念）为失眠的驱动因素，当患者不进行上述尝试时，如看电视、阅读即可能轻松入睡（称为无意识性入睡）。失眠的外在因素，常见于持续存在难以产生睡意的环境和缺乏睡眠相关行为的联想。

精神生理性失眠的标志为患者全神贯注于睡眠问题，而对其他精神或情感性的关注降低到最低程度。精神生理性失眠的临床表现与其他失眠一样。慢性患者白天的幸福感降低、情感和动机恶化，注意力、警惕性、精力和对食物的关注能力降低，疲劳和不适感增加。如未经治疗，精神生理性失眠的病程可持续数年或数十年不等，并可能形成恶性循环，导致某些症状逐渐加重。

（2）实验室检查：多导睡眠图显示睡眠潜伏期延长、入睡后觉醒次数增多、睡眠效率降低等。慢波睡眠第Ⅰ期时间延长，第Ⅲ、Ⅳ期时间减少等。可见肌紧张升高，脑电图 α

节律增多。可有颠倒的首夜效应，即患者在实验室中的首夜睡眠比在家中的睡眠要好。

2. 主观性失眠（subjective insomnia） 是指对于睡眠状态感知不良，虽然患者主诉失眠或白天过度嗜睡，但并无睡眠紊乱的客观证据。主观性失眠亦称为睡眠状态感知不良（sleep state misperception）、假性失眠、无客观阳性发现的失眠和睡眠疑病症。

（1）临床表现：该类型失眠可见于任何年龄，在成人的早、中期多见，女性更常见。主观性失眠在患者中的比例不足 5%。主观性失眠患者无明确的心理病理损害，虽然其主诉与多导睡眠图结果之间存在显著差异，但患者坚信自己的“失眠”是客观存在的，并可具体描述为入睡困难、睡眠不足或根本不能入睡，即主诉睡眠不好，夸大入睡困难和低估睡眠维持时间，主观和客观睡眠感觉不一致。主观性失眠患者常主诉失眠导致日间功能障碍，而一旦失眠症状缓解后，日间功能障碍即可改善。如发病后未经有效治疗，可出现焦虑和抑郁症状。

（2）实验室检查：多导睡眠图可表现为正常的睡眠类型，睡眠潜伏期一般短于 15～20min，睡眠持续时间可持续 6.5 h 以上，觉醒次数和持续时间正常，无其他睡眠疾病的征象。与客观记录获得的睡眠参数相比，患者自己主诉的睡眠总时间和睡眠质量相差显著。

3. 特发性失眠（idiopathic insomnia） 是指于儿童期起病的失眠，患者终生不能获得充足的睡眠。本病亦称为特质性失眠、儿童期起病的失眠、终生失眠、过度唤醒和睡眠系统发育不全等。

（1）临床表现：典型特发性失眠患者的失眠始于出生后，发病率及性别比例尚不清楚。患者终生不能获取充足的睡眠。特发性失眠患者的睡眠紊乱包括不能入睡，觉醒次数增多或早醒。由于慢性睡眠不良常导致日间的健康感下降，患者表现出情感和动机的退缩，注意力和警觉性降低，精力下足，疲劳感增加。严重者日间功能受到严重影响，以至于无法坚持工作。多数特发性失眠患者，轻度或中度睡眠紊乱时，其心理状态仍可保持正常；重度睡眠紊乱时，患者的心理状态十分压抑，常伴有抑郁症状，如无助感、悲观和顺从等，但患者可能否认存在上述情感问题，偶尔可出现类妄想狂样的多疑状态。

（2）实验室检查：多导睡眠图多表现为轻度-中度异常，在睡眠实验室中也可记录到极差的失眠图形。典型患者可见睡眠潜伏期很长，睡眠效率极差。睡眠纺锤波形态变异，由于缺乏特征，不同睡眠阶段互相混合，难以辨认。典型的特发性失眠患者可出现缺乏任何眼球运动的、长程的快波睡眠。较为矛盾的现象是与正常睡眠者或其他失眠者相比，特发性失眠患者在单位睡眠时间内的躯体活动减少。很多患者可见颠倒的首夜效应。

4. 发作性睡病（narcolepsy） 是指于白天出现不可克制的发作性短暂性睡眠，常伴有猝倒发作、睡眠麻痹和入睡前幻觉。如果以上 4 种症状均存在时，称为发作性睡病四联症。发作性睡病亦称为过度睡眠和异常动眼睡眠。

（1）临床表现：发作性睡病是一种相对常见的疾病，从儿童早期到老年期（3～72 岁）均可发病，常见于青少年和成人早期，12～25 岁为发病高峰。发作性睡病家族成员起病的年龄类似，无性别差异。发作性睡病在经历一段相对短暂的进展期之后，症状趋于稳定，但极少完全缓解。本病不影响患者的寿命。主要症状包括以下几点。①白天过度睡眠：为该病首先出现的症状，患者通过努力可忍受倦意，保持觉醒，但是最终常常不能对抗继续出现的复发性睡眠发作。②猝倒发作：可于白天过度睡眠症状出现的同时或迟至 1～30 年后发生，而先于过度睡眠之前出现罕见。发作性睡病 65%～70%的患者可见猝倒发作，为发作性睡病的特征性表现之一。猝倒发作过程中，在开始的几分钟内，患者尚存在意识，之后逐渐进入快波睡眠。③睡眠麻痹：是发作性睡病患者从快波睡眠中（通常是从梦中）醒来时发生的一过性的全身不能活动或不能讲话，仅呼吸和眼球运动不受影响。睡眠麻痹可以持续数秒至数分钟，患者极为恐惧，尤其是在首次出现时，常有不能呼吸的感觉。④入睡前幻觉和醒后幻觉：此时患者处于从觉醒向睡眠转换或睡眠向觉醒转换时期，可出现生动的、常为不愉快的感觉体验。不到半数的患者可同时出现睡眠发作、猝倒发作、入睡前或醒后幻觉和睡眠麻痹 4 种症状，称为发作性睡病四联症。随着时间的迁移，猝倒发作、入睡前幻觉、睡眠麻痹出现的次数逐渐减少，但发作性日间过度睡眠可终生存在。⑤自动行为是指患者在看似清醒的情况下出现同时存在或迅速转换的觉醒和睡眠现象。其产生原因为患者在进行日常活动时，努力克制要发作的睡眠，但最终仍然无法抗拒入睡。自动行为发作时表现为对当时正在进行动作的异常延续，或出现一些不合时宜的复杂行为或言谈。⑥其他症状：除上述常见症状，发作性睡病患者还可见失眠、睡眠不深、早晨起床后无清醒感，晨间头痛与肌肉疼痛，还可出现耳鸣、心悸、无力、抑郁、焦虑、记忆力减退等。

（2）实验室检查：日间和整夜多导睡眠图常见睡眠潜伏期缩短，一般少于 10min。日间常出现睡眠始发的快波睡眠等特征性表现；夜间出现睡眠起始时的快波睡眠周期（快波睡眠始于入睡后 20min 内），这可能与入睡前幻觉或睡眠麻痹相关。

5. 阻塞性睡眠呼吸暂停综合征（obstructive sleep apnea syndrome，OSAS） 睡眠呼吸暂停综合征是 20 世纪睡眠研究最重要的成果。1978 年，Guilleminault 等首次提出了睡眠呼吸暂停综合征的概念。睡眠呼吸暂停是指在每夜 7 h 睡眠中吸暂停反复发作 30 次以上，或睡眠呼吸暂停/低通气指数大于或等于 5。睡眠呼吸暂停综合征可分为如下 3 种类型。①阻塞性：指口、鼻无气流，但胸腹式呼吸运动仍然存在。②中枢性：指口、鼻无气流，胸腹式呼吸运动也不存在。③混合性：指在一次呼吸暂停过程中，开始时出现中枢性呼吸暂停，继之出现阻塞性呼吸暂停。临床上以阻塞性最常见。

OSAS 是指于睡眠期反复发作的呼吸暂停和低通气，呼吸暂停时出现持续的气流停止，但膈肌与胸廓运动仍然存在，伴有白天过度嗜睡等症状。OSAS 常见术语：①呼吸暂停指数（apnoea index，AI）指每小时呼吸暂停的次数；②低通气指数（hypopnea index，HI）指每小时低通气（指呼吸气流减少 50%以上的时间超过 10s）的次数；③呼吸紊乱指数（respiratory disturbance index，RDI）或称睡眠呼吸暂停/低通气指数（apnea/hypopnea index，AHI）指 AI 与 HI 之和；④氧饱和度降低指数（oxygen desaturation index，ODI）指每小时氧饱和度下降大于或等于 4%的次数。

（1）临床表现：OSAS 可见特征性打鼾类型，由响亮的鼾声或简短的气喘及持续 20～30s 的沉默期交替组成。呼吸暂停时段，患者的口、鼻气流停止，但胸、腹式呼吸运动仍然保留完好，这是 OSAS 的重要临床特征。OSAS 常严重影响睡眠结构，出现睡眠片段、觉醒次数增加、深睡眠减少、浅睡眠增加和睡眠质量下降。OSAS 患者神经精神症状十分常见，表现为精力不充沛、头昏、定向不良、醉酒感、反应迟钝、轻度听力减退和动作不协调等。此外，OSAS 患者可表现为认知功能减退，特别是记忆力、注意力、判断力和警觉能力下降。OSAS 患者在阻塞性呼吸后突然惊醒，试图重新呼吸时可发生胃食管反流，尤以上床前进食较多时明显，有半数以上的患者存在胃食管反流。患者口干常见，患者多在夜间或早晨醒后喝水；可出现夜尿次数增多；夜间睡眠不好和异常运动，可能出现夜间多汗；有 28%的患者出现阳痿或性欲减退现象；OSAS 患者常发生肥胖。

（2）实验室检查：多导睡眠图显示呼吸暂停持续时间多在 10s 以上，典型的呼吸暂停可持续 20～40s，罕见可持续数分钟。呼吸暂停最常见或可仅见于快波睡眠期，亦可见慢波睡眠第Ⅰ、Ⅱ期，罕见第Ⅲ、Ⅳ期。OSAS 患者的多导睡眠图监测应包括脑电图、眼震电图、气流、呼吸肌肌电图、心电图、血氧饱和度检查等。

（二）外源性睡眠障碍

外源性睡眠障碍（extrinsic sleep disorders）是指机体由于受到外界因素直接或间接的影响而产生的睡眠障碍。消除外界因素后，睡眠障碍可以得到缓解；内在因素具有一定作用，但如果外界因素不存在，临床上不至于表现出睡眠障碍的症状。外源性睡眠障碍通常包括睡眠卫生不良、环境性睡眠障碍、高原性失眠、调节性睡眠障碍、睡眠不足综合征、强制入睡性睡眠障碍、入睡相关性障碍、食物过敏性失眠、夜间进餐（夜饮料）综合征、催眠药物依赖性睡眠障碍、兴奋剂依赖性睡眠障碍、乙醇依赖性睡眠障碍和毒素诱发的睡眠障碍等。

1. 睡眠卫生不良（inadequate sleep hygiene）　是指由于各种可能诱发睡眠困难的日常生活与行为习惯所导致的睡眠障碍，精神状态检查并无精神病理学异常，同时也不存在明显的躯体疾病因素。睡眠卫生不良亦称为不良睡眠习惯、不规律睡眠习惯和睡眠卫生陋习等。

（1）临床表现：睡眠卫生不良多见于成年人，是失眠症中较为常见的类型。临床主要表现为入睡困难，睡眠中容易觉醒和早醒等。在许多患者，睡眠维持困难，觉醒次数增多可能成为突出的症状。由于睡眠和觉醒之间具有一定的互补性和相互依赖性，因此任何干扰调节睡眠-觉醒周期持续时间和过程的行为，都可能影响睡眠的稳定性和时程。

（2）实验室检查：多导睡眠图显示睡眠潜伏期延长、睡眠零乱、早醒和睡眠效率降低。但睡眠实验室的环境可能纠正了患者的一些不良睡眠习惯，从而影响对病情严重程度的评估。

2. 环境性睡眠障碍（environmental sleep disorder）　是指由于受到各种环境因素的干扰而引起的失眠或睡眠过多。环境性睡眠障碍亦称为环境诱发的睡眠障碍、境遇性失眠等。

（1）临床表现：环境性睡眠障碍可见于任何年龄，老年人常见。主要临床表现为入睡困难、易醒或觉醒次数增多，总睡眠时间减少，也可表现为白天嗜睡或打盹，产生继发注意力不集中、警惕性下降、认知功能缺陷，疲劳、不适，甚至出现情绪抑郁和易激惹。精神检查和心理测验并无精神病性表现，体格检查也无潜在的躯体异常情况。

（2）实验室检查：由于睡眠实验室各种环境条件都有利于睡眠，因此多导睡眠图显示总睡眠时间比患者在家睡眠时间长，睡眠结构正常。使用便携式多导睡眠图装置，在通常的环境下作睡眠记录，可能发现总睡眠时间减少，慢波睡眠时间缩短，快波睡眠比例下降，睡眠效率降低。对于表现为过度嗜睡的患者，在白天进行 MSLT，可以发现患者存在轻到中度的嗜睡。

3. 调节性睡眠障碍（adjustment sleep disorder）　是指与急性应激、冲突或引起情绪明显波动的环境变化有关的短暂性睡眠障碍，亦称为短暂性心理生理性失眠、短暂性失眠或短时失眠。

（1）临床表现：本病可发生于任何年龄，成年女性多于男性；发生于儿童时，主要表现为失眠而不是白天嗜睡；约 1/3 成年人每年有短暂性睡眠不良的经历。

起病较急，存在应激性因素并出现应激性反应是本病的主要特征。起病前有较为明确的心理刺激因素或应激源，如各种矛盾冲突等，或者儿童入学前一日、考试之前等所谓“正常事情”，均可能导致睡眠障碍。

失眠是主要的临床表现，包括入睡困难与早醒。常伴有明显的情绪变化，如焦虑、哭泣、昏睡、心灰 意冷、易激惹。中、重度患者可出现社交功能、职业功能和教育方面的功能受损，甚至可表现为抑郁或急性精神病性症状（幻觉、妄想等），但这些症状均须继发于睡眠障碍之后，随着问题的解决和应激反应的缓解，上述症状将得到缓解或恢复至正常。一般无神经系统异常体征，通常能找到影响睡眠的各种心理社会因素或事件。

（2）实验室检查：由于存在较大个体差异，多导睡眠图可无明显特征性。可表现为正常的睡眠结构和进程，或存在入睡潜伏期延长、早醒或比正常睡眠时间略延长。MSLT 可正常或呈轻至重度的嗜睡。

4. 睡眠不足综合征（insufficient sleep syndrome）　是指由于持续不能获得充足的夜间睡眠，以至于在白天不能保持正常敏捷的觉醒状态。本病亦称为夜间睡眠不足、睡眠缩短、睡眠减少和睡眠受限等。

（1）临床表现：本病好发于 25～30 岁，男性发病略多于女性。本病的核心问题是患者生理需要与实际达到的睡眠量之间存在显著差异。临床主要表现为睡眠减少，夜间睡眠时间缩短，并易出现慢性化特点。神经系统常无异常定位体征或精神病性症状。病程大都较迁延，但预后一般良好。

（2）实验室检查：多导睡眠图表现为入睡潜伏期缩短，睡眠效率升高，与患者在家的睡眠时间相比较，睡眠时间延长；快波和慢波睡眠周期与正常人相同，常可见到慢波睡眠的深睡期增加，MSLT 显示过度嗜睡，99%的打盹发生在慢波睡眠第Ⅰ期。入睡潜伏期测定结果表明，在家与在睡眠实验室观察到的总睡眠时间的不一致，是本病最敏感、最具有特异性的指标。

（刘丽波　薛一雪）

第十二章　神经内分泌学

第一节　神经内分泌学概述

神经内分泌学（neuroendocrinology）是研究神经系统和内分泌系统关系的学科，也是神经学（neurology）和内分泌学（endocrinology）之间的边缘学科，包括神经系统如何调节内分泌功能、内分泌激素如何影响神经功能、神经元的内分泌功能等。虽然神经学和内分泌学都已经有百年以上的历史，但神经内分泌学却是一门很年轻的学科。

神经内分泌主要是指下丘脑及其调节的内分泌腺。神经内分泌系统各部位及其分泌的激素如下所示。

（1）下丘脑（hypothalamus）：抗利尿素 ADH（antidiuretic hormone）、催产素（oxytocin，OXT）和调节性多肽（TRH、GnRH、生长抑素等）。

（2）垂体前叶：促肾上腺皮质激素（adrenocorticotrophic hormone，ACTH）、促甲状腺激素（thyroid stimulating hormone，TSH）、生长素（growth hormone，GH）、催乳素（prolactin，PRL）、促卵泡激素（follicle stimulating hormone，FSH）、黄体生成素（luteinizing hormone，LH）和促黑素细胞激素（melanocyte stimulating hormone，MSH）。

（3）垂体后叶：催产素和抗利尿素。

（4）松果体：褪黑素（melatonin，MLT）。

（5）甲状腺：T_3、T_4和降钙素（calcitonin，CT）。

（6）甲状旁腺（甲状腺后表面）：甲状旁腺激素（parathyroid hormone，PTH）。

（7）胸腺（成人期间萎缩）：胸腺激素。

（8）心脏：心房钠尿肽（atrial natriuretic peptide，ANP）。

（9）肾上腺髓质：肾上腺素（epinephrine，E）和去甲肾上腺素（noradrenaline，NA or NE）。

一、神经内分泌学的诞生

机体各组织、器官和系统的生理活动不是各自孤立的，而是相互协调、相互制约的，使机体成为一个统一的整体。这样才能有效地适应机体内外的各种变化，保持机体的生存和功能的完整。神经系统和内分泌系统是实现这种协调与制约的两大调节系统。在相当长的时间里，人们一直认为它们是互无联系、相互独立的两个系统，因为它们在许多方面存在差异。从形态学方面看，神经细胞有树突与轴突，与其他神经细胞形成突触联系，构成复杂的神经网络；内分泌细胞是腺上皮细胞，有很多分泌颗粒。从生理功能方面看，神经细胞通过神经冲动在神经网络的传导来传递信息；而内分泌细胞则通过将激素释放入血液，由血流带到靶细胞来传递信息。神经系统的反应一般非常迅速，定位明确而局限，后作用很短；内分泌系统的反应则比较缓慢、广泛，后作用较长。而且内分泌腺即使没有神经支配（如移植后），仍可维持其正常功能。

但是，许多现象又说明神经系统与内分泌系统之间存在着密切联系。神经系统的许多刺激能引起内分泌腺分泌功能的改变。例如，急性寒冷引起垂体 TSH 和甲状腺激素的分泌增加；疼痛引起垂体ACTH的分泌增加；交配引起兔垂体LH的分泌，导致排卵等。同样，临床上也常见内分泌功能的改变影响神经系统功能的现象。例如，甲状腺功能亢进症患者多有自主神经功能紊乱，甲状腺功能减退症患者智力低下等。因此，人们开始探索神经系统与内分泌系统之间的关系，特别是神经系统是否能够调节及如何调节内分泌系统的功能。由于主要的内分泌腺（甲状腺、肾上腺、性腺）都受腺垂体调节，而垂体又通过垂体柄与下丘脑相连，人们很自然地首先关注中枢神经系统（特别是下丘脑）是否可以调节腺垂体的功能以及如何调节的问题。

二、神经内分泌学的发展

神经内分泌系统作为机体所有生命活动的统一的整合系统，无论在生理过程中还是在病理过程中都起着极其重要的作用，所以尽管它还是一门新兴的学科，但在现在已经获得了突飞猛进的发展。

（一）下丘脑促垂体激素相继获得分离、鉴定

TRH是最早鉴定的激素，而后LHRH、SS、CRH、GHRH等陆续分离鉴定成功。

（二）下丘脑促垂体激素的分布及其作用的阐明

借助于放射免疫分析（radioimmunoassay，RIA，又称放免法）和免疫组织化学分析，弄清促垂体激素在下丘脑、其他脑区、血液和全身各种组织中的分布状况。人工合成了大量促垂体激素的类似物，人工合成的激素既阐明了激素的构效关系，弄清其作用机制，又开发了大量作用更特异、更持久、更强的激动剂和拮抗剂，为实验研究和临床应用开辟了极其广阔的前景。

（三）神经-内分泌-免疫网络的提出

近年来的研究又发现，免疫细胞既能生成和分泌各种内分泌激素和神经递质，又具有这些激素或递质的受体；下丘脑的神经内分泌细胞既有各种细胞因子的受体，又能生成和分泌各种细胞因子；在神经内分泌系统和免疫系统之间存在双向调节，提出了神经-内分泌-免疫调节网络的概念。

（四）一些医学传统概念的更新和发展

神经内分泌学的发展还从根本上更新或发展了医学的一些传统概念。例如，“激素”和“递质”这两个传统上完全不同的概念，现在它们之间的界限已越来越模糊了。神经内分泌学的研究证明，许多神经元在其终末释出的是公认的“激素”，如LHRH、TRH等，但它们显然起着递质的作用，甚至还在脑内追踪到由它们组成的神经通路。另外，由下丘脑释出、被垂体门静脉血流带到腺垂体调节PRL分泌的促垂体激素，正是公认的“递质”——DA。机体能够通过稳态维持体液中各种成分的稳定。但神经内分泌学的研究却发现，下丘脑促垂体激素和垂体激素几乎都是以脉冲方式分泌的。除脉冲方式以外，激素的分泌还有各种节律性波动，如近日节律、月节律、年节律等。

三、下丘脑调节垂体分泌的神经-体液学说

（一）下丘脑和垂体的解剖关系

由于上、下丘脑通过垂体柄与垂体相连，而下丘脑和垂体又分别属于神经系统和内分泌系统，提示人们中枢神经系统是否可以通过某种途径调节垂体功能，一般我们首先关注的就是神经系统的刺激是否能够改变垂体分泌功能，进而研究神经系统是通过何种调节方式和解剖结构来实现调节垂体功能。

（二）各种神经性刺激能够改变腺垂体分泌功能

1. 视觉刺激 光照影响：一昼夜光照与黑暗时间为 2∶1 时，可促进雪貂（长日照繁殖动物）的性周期；一昼夜光照与黑暗时间为 1∶2 时，则促进绵羊（短日照繁殖动物）的性周期。如果切断动物的视神经，上述效应均不出现。

2. 温觉刺激 温度也是决定季节性繁殖动物繁育期的一个因素。高温环境中大鼠的性周期缩短。

3. 触觉刺激 兔、猫、雪貂等只有交配才引起排卵。

4. 精神性应激可以影响腺垂体分泌 应激时，由于恐惧和紧张，可引起妇女闭经；有些妇女因为过分盼望妊娠可能发生假孕现象。

从上面可以得出神经系统的刺激能够改变垂体分泌功能，那么神经系统是通过何种调节方式和解剖结构来实现调节垂体功能，亟待研究。

为此有学者刺激或损伤大脑某些区域，特别是下丘脑的若干区域，对腺垂体的功能有极显著影响。例如，电刺激家兔下丘脑灰结节可以引起排卵；损毁豚鼠的正中隆起可导致性周期消失等。以往的知识告诉我们排卵和性周期是和垂体通过调节靶腺相关的，初步证明了作为神经系统的下丘脑和作为内分泌系统的垂体有着功能上的联系，那么这种联系是否通过垂体柄？为此在 20 世纪三四十年代，为了进一步证明下丘脑对腺垂体功能是否有影响，以及这种影响是否通过垂体柄传到腺垂体，许多人进行了切断垂体柄的动物实验。观察动物性周期和性腺萎缩程度，结果发现有些动物性周期延长，性腺萎缩；有些动物性周期和性腺没有改变；有些动物性周期延长，性腺萎缩一段时间后又恢复正常，结果十分混乱。

（三）下丘脑和垂体的联系方式

为了进一步弄清和解释这种混乱的结果，学者观察了联系下丘脑和垂体的垂体柄的微细结构，根据以往的研究经验，神经系统调节其他组织系统一般首先是通过神经来调节的，我们首要研究的是下丘脑与腺垂体的神经联系。

1. 下丘脑与腺垂体的神经联系 从下丘脑到垂体柄的神经纤维几乎全部终止于神经垂体，极少数可能进入中间部，但并无纤维进入垂体前叶。对多种脊椎动物垂体组织学检查，没有发现腺垂体细胞的神经支配。从胚胎发育看，神经垂体来自神经垂体芽，而腺垂体则来自拉特克囊（Rathke pouch），似乎也支持上述结果。

2. 腺垂体与交感神经的神经联系 组织形态学检查发现，颈动脉周围的交感神经丛进入垂体的纤维主要分布在血管丰富的结节部，这些神经主要是血管运动性神经。切除雌猫

的颈交感神经后，对生殖行为没有明显影响，进一步证明这些交感神经与腺垂体功能无关。

3. 腺垂体与副交感神经的神经联系 早在20世纪30年代已发现面神经岩大神经有纤维进入颈动脉丛，但是其功能是扩张血管，属于血管运动性神经。家兔在切除双侧面神经膝状节或破坏膝状节的岩神经后，交配仍可引起排卵。进一步证明这些副交感神经与腺垂体功能无关。

直至20世纪50年代，科学家始终未能证明下丘脑对腺垂体存在直接的神经支配。

（四）垂体门脉及其功能

由于一直不能证明垂体与下丘脑之间的神经联系，两者间血管联系才受到关注，1930年Popa与Feilding对沿垂体柄纵行的血管进行了系统的研究，他们用连续切片追踪，发现了垂体柄血管向上终止于正中隆起的毛细血管丛，向下终止于垂体的毛细血管窦，中间为静脉，两端为毛细血管网，类似肝门静脉血管，命名为下丘脑-垂体门静脉。但当时认为其血流是从垂体向下丘脑方向。相继又有一些学者对其血流方向进行探讨，特别Harris等通过活体直接观察证实垂体门脉血流方向是从下丘脑流入腺垂体。并进一步证实切断垂体柄后，垂体门脉血管具有再生能力，其再生程度与生殖功能保存程度平行，阻止垂体门脉血管再生可导致性器官萎缩和性周期消失，解释了切断垂体柄后性器官萎缩和性周期变化实验结果混乱的原因，提示垂体门脉系统与垂体功能关系密切。

垂体门静脉在维持垂体功能中的特殊作用更有力的证据是Nikitovitch和Everett的经典垂体移植实验，一般的内分泌腺移至身体其他部位（如肾包膜），很快发生血管化，恢复足够的血液供应，腺体的分泌功能也很快恢复。可是垂体被移至其他部位时，即使迅速发生血管化，仍然不能恢复正常的分泌功能，垂体激素的分泌及靶腺功能显著降低，如将垂体及时植回正中隆起下方，垂体及靶腺功能可有明显恢复，而移植其他脑区（如颞叶下）则无此效应（图12-1）。

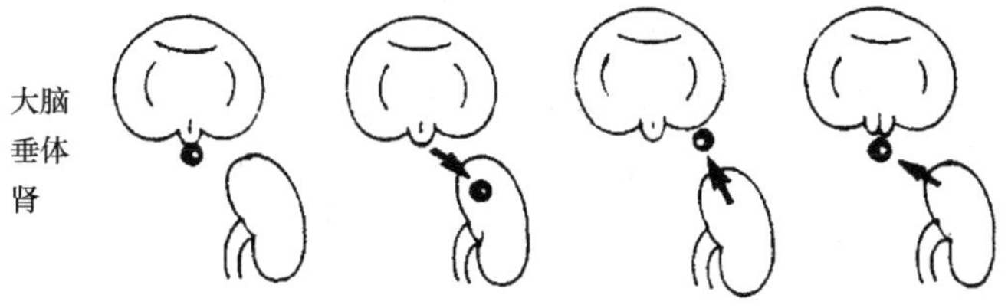

动情周期	100%	0	0	93%
卵巢重量	2.7	0.61	0.43	1.6
甲状腺^{131}I吸收率	0.07	0.012	0.003	0.03
肾上腺重量	0.91	0.24	0.28	0.54

图12-1 垂体移植及再移植对大鼠内分泌功能的影响

以上的研究结果充分表明，垂体门静脉显然不是一般意义上的血液供应，在维持腺垂体功能，实现下丘脑对腺垂体功能的调节中具有特殊的作用。据推测，垂体门静脉中可能含有影响垂体功能的特殊物质（激素）。

（五）神经分泌

下丘脑有许多神经细胞既能产生和传导冲动，又能合成和释放激素，称为神经内分泌细胞（neuroendocrine cell），其产生的激素称为神经激素（neurohormone），后者可沿轴浆流动运送至末梢而释放入血，这种方式称为神经分泌（neurocrine）。1928 年，Scharrer 等发现了一种鱼视前神经元存在类似分泌颗粒物质，并指出某些神经元可能有分泌功能，第一次提出神经分泌的概念。Scharrer 等证实了从无脊椎到脊椎动物普遍存在这一现象。更有力的证据是 Bargmens 采用网状纤维染色法[格莫瑞（Gomori）染色法]，显示了在下丘脑视上核（supraoptic nucleus）、室旁核（paraventricular，PVN）神经元内及沿其轴突直到神经垂体内毛细血管周围的终末内外都有被染色的颗粒存在。当动物脱水时，这种颗粒减少或消失，动物饮水后又出现，切断或结扎垂体柄后，颗粒在其中枢侧堆积，末梢侧颗粒消失，凡有此颗粒的部位均证明有垂体激素活性，这就令人信服地证实神经垂体激素是由下丘脑神经元生成和释放的，这不仅回答了一直争论的神经垂体激素从何处生成的问题（因为神经垂体无典型的分泌细胞），而且也使神经分泌概念被广泛接受。

（六）Harris 提出神经-体液学说

根据以上内容，可以得到以下结论。①神经系统可以通过下丘脑调节垂体。②未找到下丘脑支配垂体的神经纤维。③垂体门脉系统联系下丘脑和垂体，但并非一般意义上的血供，而是垂体门脉中含有调节腺垂体功能的某种物质。④下丘脑神经元可以分泌激素。

Harris 在分析上述研究结果的基础上，提出了下丘脑调节腺垂体分泌的神经-体液学说，该学说认为各种神经性传入最终将作用于下丘脑的一些具有神经分泌功能的神经元，这些神经元将神经性传入转变为神经分泌输出，它们分泌的体液因子（促垂体激素或因子）通过正中隆起的末梢释放到垂体门静脉初级毛细血管丛、由门静脉血流带到腺垂体，以调节相应垂体细胞的分泌。

Harris 这一假学第一次将神经和内分泌两大系统结合起来，合乎逻辑而又有充分根据的完整推测，立即受到世人瞩目。但是很明显，要使这一设想从假说成为科学理论，最关键的是获得由下丘脑神经元分泌的促垂体因子，从 20 世纪 50 年代开始，许多科学家投身这一探索中来。研究下丘脑促垂体因子的困难：下丘脑促垂体因子在下丘脑中的含量极微；下丘脑本身的体积也很小，又是很多生物活性物质集中的部位，分离困难；人们对这些物质的性质一无所知，是一种开创性的研究；生物检测系统，实验手段不完善，其困难是可想而知的。美国 Schally 和 Guilemin 两个实验室克服无数艰难困苦，经过近 20 年艰苦卓绝的、有时几乎令人绝望的努力，前后用了近几百万只羊和猪的下丘脑（总重量以吨计），终于在 20 世纪 60 年代末分离、纯化了第一个下丘脑促垂体因子即 TRF。进而又阐明了它的结构，正式命名为促甲状腺素释放激素（thyrotropin releasing hormone，TRH）。这一获得诺贝尔奖的辉煌成果不仅标志了学说从假说变成了科学理论，确立了神经和内分泌两大调节系统联系环节，神经内分泌作为一切生命活动的统一整合系统，也宣告了神经内分泌学（neuroendocrinology）作为一门独立的学科正式诞生。它的诞生充分体现了人类在科学探索中所表现出的创造性思维、艰苦努力和曲折的经历。随后人们又相继发现一些促垂体激素释放激素，见表 12-1。

表 12-1　下丘脑促垂体因子

因子名称	首次发现者
促肾上腺皮质激素释放因子（CRF）	Saffran & Schally；Guillemin & Rosenberg
黄体生成素释放因子（LHRF）	McCann，et al.；Harris et al.

续表

因子名称	首次发现者
催乳素释放因子（PRF）	Meites，et al.
促乳素释放抑制因子（PIF）	Talwalker，et al；Pasteels
促甲状腺素释放因子（TRF）	Schreiber & Kmentova；Guillemin，et al.
生长激素释放因子（GRF）	Deuben & Meites
促卵泡素释放因子（FRF）	Lgarashi & McCann；Mittler & Meites
促黑素细胞激素释放因子（MRF）	Taleisnik & Orias；Kastin，et al.
生长激素释放抑制因子（GIF）	Krulich & McCann

第二节　下丘脑促垂体激素

一、促甲状腺激素释放激素

在下丘脑中分离出近十种影响垂体激素分泌的激素或因子，就其化学本质来说，它们大都是分子量不大的肽。虽然许多研究工作者努力探索它们的化学结构，除少数几种外，其他大部分还没有搞清其化学本质，有待进一步研究。关于下丘脑激素或因子的命名大多数是根据其初始分离时所知道的生理作用。但根据目前的研究，这种命名对某些激素或因子来说是不十分确切的。

（一）分离提取及化学结构

早在 20 世纪 40 年代即已证明下丘脑提取物具有影响垂体促甲状腺素分泌的作用。1950 年，人们就已经认识到下丘脑对哺乳动物的垂体-甲状腺轴具有重要的影响。Schally 发现 TRH 只含有 3 种氨基酸，即谷氨酸、组氨酸和脯氨酸，其分子质量为 362.4，分子中这 3 种氨基酸的比为 1∶1∶1。进一步研究证明，TRH 三肽分子的一端为谷氨酸环化形成的焦谷氨酸，另一端则为脯氨酰胺。用红外分光光度计和质谱分析最后确定了羊的 TRH 的结构为焦谷氨酰-组氨酰-脯氨酰胺。

TRH 分子结构的突出特点是具有 3 个环状结构，这种环状结构将肽键包围，构成了对体内肽酶和蛋白水解酶降解作用的空间障碍。因此，在体内 TRH 具有抗酶解作用，但 TRH 在血中半衰期仍很短。实验证明对维持 TRH 的生物活性要求严格的空间结构，分子中任何一个氨基酸的改变都明显降低其生物活性。TRH 的分子结构如图 12-2 所示。

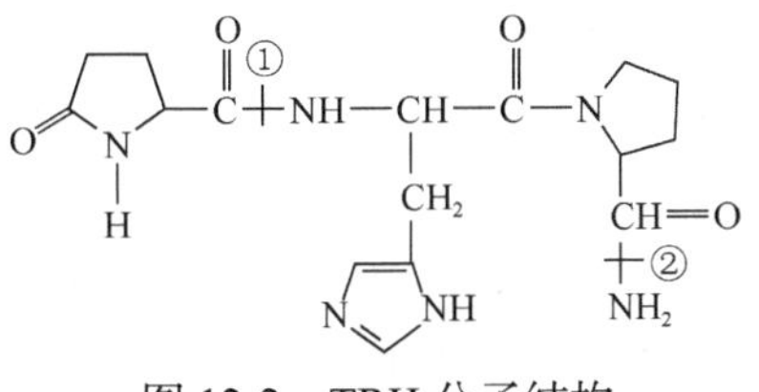

图 12-2　TRH 分子结构
①②为代谢酶解部位

（二）TRH 在体内的分布

1. 中枢神经系统及垂体的分布　采用放免法测定组织提取物及用免疫组化法研究下丘脑中 TRH 分布，发现正中隆起富含 TRH 神经末梢，TRH 浓度也非常高。另外，下丘脑背内侧核和交叉上核的细胞体也含有免疫反应阳性 TRH。腹内侧核、前部下丘脑和视前区、室周区、室旁核测定结果证明 TRH 浓度相当高。动物实验研究发现离断大鼠双侧视交叉后外侧区后，动物正中隆起 TRH 水平下降，表明下丘脑中 TRH 有相当部分来自下丘脑外神经元的胞体，通过轴突转运到基底下丘脑、结节漏斗和正中隆起。

虽然下丘脑内含 TRH 浓度最高，可是中枢神经系统中 70%以上的 TRH 分布在下丘脑以外的脑区。免疫组化研究也证明全脑，脑干、丘脑、隔区和伏隔核含有一定量的 TRH，而大脑皮质和小脑含量相对较少。脊髓富含 TRH，而且腹侧（前角）和中央管区浓度最高。某些动物研究发现大鼠、猴和羊的下丘脑、大脑皮质、海马、丘脑、中脑、嗅球、脑干、纹状体和脊髓腹侧含有高亲和力 TRH 受体。到目前为止，关于 TRH 的神经通路还不确定。但有研究资料指出，TRH 具有神经递质或神经调质的作用，而且下丘脑外的中枢神经系统的 TRH 看来大部分并非来自下丘脑。因此，无论手术隔离内侧基底下丘脑（下丘脑“岛”），还是损伤下丘脑促甲状腺区，均使下丘脑 TRH 耗竭，但是下丘脑外 TRH 含量没有变化。此时，TSH 近日节律消失，平均 TSH 水平降低。

下丘脑内的 TRH 存在于神经元胞体和神经末梢中，释放前储存于分泌颗粒，分泌时由神经末梢释出。含 TRH 的神经末梢在正中隆起外层中间部、背内侧核最丰富。

在大鼠的垂体后叶发现有 TRH，研究表明损伤下丘脑导致垂体后叶中 TRH 几乎全部消失。体外研究也证明位于垂体后叶神经末梢的 TRH 通过钙依存性的 K^+去极化刺激可以使其释放。在这个区域的 TRH 的作用之一是影响血管加压素的分泌。另外，垂体后叶的 TRH 通过血管到达垂体前叶，影响垂体前叶激素的分泌。

近期研究结果证明人的下丘脑及下丘脑外中枢神经系统的 TRH 分布与所研究过的某些动物相似。

2. 中枢神经系统外的 TRH 分布

（1）胰腺和胃肠道：大鼠的胃肠道和胰腺有 TRH。个体发生的研究发现在刚出生的大鼠胰腺 TRH 水平高于下丘脑，以后随年龄增长胰腺和胃肠道 TRH 水平下降，而下丘脑和全脑中 TRH 浓度逐渐上升。

目前关于新生儿时胰腺中 TRH 的作用还不清楚。但在成熟狗，TRH 增加精氨酸诱导的胰高血糖素的释放，用链脲佐菌素破坏胰腺的胰岛素分泌细胞则胰岛中 TRH 明显减少，但生长抑素水平升高。用新出生鼠研究发现胰腺 TRH 免疫组化染色存在于腺胞腔的表面，因此认为 TRH 可能参与外分泌的调节作用。

（2）体液中的 TRH：人们试图用测定血液循环中 TRH 和其他下丘脑释放激素作为下丘脑功能的直接指标，但是由于 TRH 在体内的广泛分布及垂体门脉血在体循环中被稀释，因此测定血循环中 TRH 水平并不能准确反映下丘脑功能情况，除非直接测定垂体门脉血中的 TRH 含量。血液循环中 TRH 由于肽酶的降解作用很难测出。

在人和大鼠的尿中及正常人的脑脊液中测出 TRH 免疫阳性物质存在。脑脊液中的 TRH 是来自下丘脑、大脑还是脊髓，目前还不清楚。

（3）在其他组织中的分布：在雄性大鼠的生殖系统，包括前列腺、睾丸、附睾和精囊中发现 TRH。在人类胎盘中也发现了 TRH，其作用尚不清楚，但已经证明 TRH 对胎盘催乳素和绒毛膜促性腺激素（hCG）的释放没有明显的调节作用。

动物视网膜也发现有 TRH，视网膜内 TRH 含量受光照的影响，其作用尚不肯定。

（三）TRH 的生理作用及其机制

1. 对垂体功能的调节作用

（1）促进 TSH 分泌：体外研究用纯化的分离细胞研究结果证明，TRH 作用于垂体促甲状腺细胞引起 TSH 分泌。给动物体内注射 TRH 导致 TSH 分泌增加，大鼠在注射后 2min 血中 TSH 明显升高。正常人给予 TRH 注射，大约 15min 后血中 TSH 升高。进一步证明，引起 TSH 升高所需最小剂量为 15μg，在 400μg 以内 TSH 升高与 TRH 存在剂量反应关系。TSH 细胞对 TRH 的反应性受甲状腺素的影响。

下丘脑释放的两种因子 DA 和生长抑素在促甲状腺细胞水平抑制 TSH 分泌，它们可能作为促甲状腺激素释放的生理抑制因子，TRH 能影响这两种因子对 TSH 释放抑制作用。

TRH 不仅促进 TSH 的释放，而且对 TSH 的合成也有促进作用。对这一作用在调节垂体反应中的重要性，尚未十分了解。

（2）TRH 对 PRL 分泌的调节：哺乳动物实验证明给予 TRH 通过作用于催乳素细胞引起 PRL 分泌。其作用可能是通过腺苷酸环化酶系统而发挥。在人类，一般给予 TRH 后 15～30min，已能引起 PRL 释放高峰。TRH 仅对 PRL 细胞有刺激作用，对 PRL 分泌的生理调控没有重要作用。

在临床上原发甲状腺功能低下的患者可伴有高 PRL 血症。

外源性给予 TRH 发现与血中 PRL 升高存在剂量关系，血浆中 PRL 与 TSH 的水平呈现平行改变。但在哺乳期妇女和动物实验研究均证明吸吮引起 PRL 释放，同时并不伴随血浆 TSH 的改变，可能在吸吮引起的 PRL 释放中不涉及 TRH 的调节作用。

（3）对生长激素分泌的作用：TRH 对生长激素释放，体内外研究结果迥异。在体内，TRH 对正常大鼠垂体 GH 释放没有刺激作用，体外实验 TRH 刺激 GH 释放。手术离断大鼠垂体前叶与下丘脑的联系，发现 TRH 对 GH 释放有一定影响。某些肢端肥大症患者其 TRH 能促进生长激素释放。

在某些情况下，TRH 对 GH 分泌具有抑制作用。TRH 能阻止正常人睡觉时血液中 GH 的升高。用苯巴比妥刺激 GH 释放的大鼠，静脉注射 TRH 也能引起 GH 降低。这些实验综合分析提示 TRH 的主要作用是抑制 GH 自垂体释放。只有当中枢神经系统胺类和（或）肽能神经通路受到干扰时，在正常情况下比较微弱的 TRH 对 GH 刺激性作用才明显地表现出来。

2. TRH 对中枢神经系统的作用 外周给予 TRH 已经发现其对中枢的作用。TRH 可以使巴比妥麻醉的小鼠的麻醉抑制作用逆转，TRH 的这种生物学效应的神经生理研究提示 TRH 直接影响单一神经元的电活动，或者通过 NA 和 ACh 这些神经递质影响兴奋反应或抑制反应。

近来的工作强调，神经肽在调节中枢神经系统中的作用是通过影响交感和副交感的传出来调节内脏功能。给大鼠脑室注射 TRH 引起心跳加快，血压升高（可能增加肾上腺儿茶酚胺释出）增加胃酸分泌和结肠的运动。在大鼠静脉注射以后常发生血压一过性升高，这可能是直接对中枢神经系统产生影响的结果。

神经生理和神经药理学研究结果提出 TRH 构成脑的非特异性兴奋系统。TRH 与内啡肽相互作用拮抗阿片肽的某些行为效应。特异的阿片肽拮抗剂纳洛酮在实验性内毒素、出血和脊髓休克的动物能够改善血压和存活率。在脊髓休克时，TRH 能改善血流动力学，可能是通过 TRH 对自主神经系统的效应。还有人报告，TRH 在猫脊髓外伤后能够促进神经活动的恢复。这些动物研究指出，在人的休克和脊髓外伤情况下，TRH 可能具有重要的治疗作用。

3. TRH 的作用机制 用分散细胞进行研究证明，TRH 作用于垂体促甲状腺细胞和催乳素细胞，并以高亲和力结合于细胞膜受体，其亲和常数为（0.25～1.0）$\times10^{-8}$mol/L。TRH 结合于这些受体后引起细胞外的钙离子通过 TRH 依存性的钙通道迅速进入细胞内，使细胞质 Ca^{2+}浓度升高。随着细胞质 Ca^{2+}浓度升高，Ca^{2+}钙调蛋白复合物形成引起一系列关键的特异催化酶的磷酸化，刺激促甲状腺细胞和催乳素细胞的分泌和生物合成等生物过程。

关于 TRH 作用是否通过 cAMP 为第二信使的作用机制，目前还有争论。有人认为 TRH 刺激促甲状腺细胞分泌 TSH 是通过 cGMP 介导的，而 TRH 刺激催乳素细胞分泌 PRL 则为 cAMP 所介导。

（四）TRH 的生物合成、分泌和代谢

1. TRH 的生物合成 TRH 在神经分泌性神经元中产生和进行生物合成的机制还不清楚。用豚鼠下丘脑和蝾螈前脑的器官培养的早期研究，曾认为 TRH 生物合成是非核糖体的酶促合成，但目前认为尚不能肯定。Rupnow 等认为生成的是大分子的 TRH 前体，TRH 前体分子经翻译后加工成 TRH，并认为这种 TRH 前体分子可能是在核糖体中合成。近来研究发现，大鼠中枢神经系统所有含人的 GH 样物质的神经元中均有 TRH，此种研究结果提出生长激素样物质构成了 TRH 前体部分，前体可以转变为 TRH。

2. TRH 的释放 下丘脑合成的 TRH 经神经末梢释放到垂体门脉系统，运抵垂体。此外，下丘脑可以把 TRH 和其他肽类激素一起分泌到第三脑室脑脊液中，脑脊液中的 TRH 通过室管膜细胞运送到垂体门脉血管。体外用下丘脑碎片、脑切片和分离的神经末梢（突触体）进行 TRH 释放的研究发现，在高分子浓度的钾和电刺激的去极化作用刺激 TRH 释放，TRH 释放依存于钙离子存在。

3. TRH 的降解 组织和体液中的 TRH 被迅速酶解，天然的猪、牛、羊和人的 TRH 及人工合成的 TRH 在数分钟内即被降解，血浆中的 TRH 的半衰期仅为 5min。

TRH 在血液和组织中迅速发生脱酰胺作用，形成酸性 TRH 的失活产物。在脑和垂体通过除去 N 端的焦谷氨酸形成另外一种重要代谢产物，这个初始的二肽酰胺不稳定，很容易环化形成具有生物活性的组氨酰-脯氨酸二酮哌嗪（环化组-脯）。该环化组-脯在大鼠下丘脑分布广泛，而且其浓度高于 TRH。有人报告它具有 PRL 抑制因子活性，并引起体温降低。由于环化组-脯在脑内分布广泛，因此有人提出，在某些情况下，TRH 降解为环化组-脯调节 TSH 对下丘脑的反馈。

用地鼠进行实验研究表明，TRH 降解能力最高部位是下丘脑、血液、肝和肾，其他组织也有降解 TRH 能力，如心脏和骨骼肌。

（五）TRH 类似物

对 TRH 类似物的生理和药理学研究已成为非常活跃的研究领域。在大多数人工合成的 TRH 类似物中，3-甲基-TRH 是目前体内外研究唯一具有很高的 TSHT 释放活性的 TRH 类似物。迄今尚未合成具有 TRH 拮抗物活性的类似物。放免测定 3-甲基-TRH 具有交叉反应，在大鼠下丘脑中 3-甲基-TRH 低于内源性 TRH 的 1%。

3-甲基-TRH 中间组氨酸的 3-位甲基阻碍了 TRH 降解酶的作用，TRH 甲基化增加了其分子本身的疏水性，加之其咪唑环的质子化使其 pK_a 值低于 TRH。由于以上特点，所以 3-

甲基-TRH 较 TRH 具有更强的生物活性。3-甲基-TRH 的抗降解酶作用可以延长其在血循环和组织中的存留时间，对增加其生物活性也有作用。

二、促性腺激素释放激素

（一）分离提取、化学结构、生物合成及其降解

1. 分离提取及化学结构　黄体生成素释放激素（luteinizing hormone releasing hormone，LHRH）是第二个被分离、鉴定的下丘脑促垂体激素。对促性腺激素释放激素（Gonadotropin releasing hormone，GnRH）的研究始于 20 世纪 60 年代初，当时 Harris 等发现将动物及人的下丘脑提取物注入家兔或大鼠的腺垂体时，可以引起排卵，注入血循环中可引起 LH 释放。体外垂体培养也证明，下丘脑提取物可使释放入基质中的 LH 增加，如给去卵巢雌激素处理鼠注射，则使血浆 FSH 增加，这表明下丘脑提取液中有 LH 和 FSH 的释放因子。

最初发现，提取的 GnRH 具有促进 LH 分泌的作用，故命名为黄体生成素释放激素（LHRH）。进一步研究证明 LHRH 还有促进 FSH 释放的作用。之后，有人提出下丘脑中理应存在不同于 LHRH 的 FSH 释放因子，其根据是在不同情况下 LH 和 FSH 的分泌可以被分离。但迄今为止没有分离到 FSH 释放因子，LHRH 既促进 LH 释放，也促进 FSH 释放的一元论观点仍被广泛接受，而且认为 LHRH 的命名应改为促性腺激素释放激素（GnRH）更为贴切。但也有人仍然认为有 FSH 释放因子存在，只是目前还没有分离得到而已。

2. 生物合成与降解　关于 GnRH 的生物合成，目前所知甚少。1972 年向体外培养下丘脑碎片中加入具有放射活性的脯氨酸和酪氨酸，在培养基质中发现有合成的放射性 GnRH 性质的物质。进一步向阉割动物的下丘脑组织培养液中加入睾酮，则放射性氨基酸掺入 GnRH 减少。关于 GnRH 的体内合成，有些研究结果表明 GnRH 的合成方式与其他多肽类激素极其相似，GnRH 首先是被合成较大分子的前体，然后被下丘脑中的肽酶降解为具有生物活性的激素。用嘌呤霉素、环己亚胺或核糖核酸酶可以阻断 GnRH 的合成，因此，证明 GnRH 的细胞内合成部位是核糖体。

GnRH 的体内降解过程是在组织和血浆的肽酶作用下，在分子不同部位的肽键断裂而被降解失活。肽键断裂的部位取决于识别特定氨基酸连接的酶，酶对一切有这种连接的肽键均有裂解作用。例如，GnRH 分子中 Pyro-Glu-His 肽键的裂解酶对 TRH 分子中同样的结构亦有裂解作用。GnRH 降解作用主要来自下丘脑和垂体的研究。研究资料表明 GnRH 分子被内切酶从分子内断裂为 GnRH-6 和 GnRH7-10 两个片段，这可能是 GnRH 的主要灭活机制。最近的研究提示脯^{9}-甘^{10}也是肽酶的降解部位。这些降解酶的功能有些已弄清楚，但是还不能完全阐明这些 GnRH 降解的生物化学与 GnRH 灭活的生理机制的关系。有些研究表明肽酶降解 GnRH 可能调节下丘脑内可释放的 GnRH 量；也有人认为类固醇的反馈作用机制之一就是调节下丘脑内 GnRH 降解酶的活性：这些都有待进一步研究。

血浆中也有降解 GnRH 的肽酶，GnRH 主要裂解的部位是色^{3}-丝^{4}和酪^{5}-甘^{6}处。目前关于血浆肽酶降解 GnRH 的意义尚不明了，因为存活生物体内肾脏可能是主要降解部位，而且在血循环中，GnRH 的半寿期只有 5～8min，离体血浆中 GnRH 半寿期则长得多，可达数小时。这一结果表明血浆中肽酶对 GnRH 降解无重要生理意义。

（二）GnRH 神经元的定位和神经传入

早在 1973 年，Barry 等就第一次用免疫细胞化学方法研究了豚鼠脑切片中 GnRH 的神经元定位。之后进一步研究不同种属的 GnRH 神经元分布，发现几乎所有种属 GnRH 的核周体定位是相同的。大量的体内外实验研究证明，分泌 GnRH 的细胞分布于下丘脑内侧视前区和视交叉上区，而紧张性分泌中枢是在弓状核、腹内侧区，尤其是处于动情前期的动物下丘脑弓状核及正中隆起 GnRH 含量明显升高，用免疫学方法研究证实内侧基底下丘脑和 GnRH 分泌密切相关，GnRH 主要存在于弓状核核周体，并沿着正中隆起定向分布。但弓状核的轴突中少见，因此认为 GnRH 在弓状核中合成，经正中隆起和第三脑室室管膜细胞（tanycyte）运送到垂体门脉。

用更精确的放免法研究表明，在视前区有一组 GnRH 神经元的胞体有突触伸入正中隆起；而另一组的细胞体则位于弓状核，发出纤维终止于器官血管终板（organum vasculosum lamina terminalis，OVLT）经第三脑室进入室管膜细胞，最后进入垂体门脉。GnRH 的胞体和神经纤维还在小鼠和大鼠的嗅结节中发现。此外，在杏仁中也发现有 GnRH 神经元。

含有 GnRH 免疫反应物质的脑区，其神经传入是广泛的。这表明神经信息高度复杂的整合性。这种神经信息不仅来自性激素的反馈调节机制，而且还来自环境因素和非特异刺激（如情绪刺激）。下丘脑 DA 能神经元在调节 GnRH 分泌上具有重要作用。现已证明在正中隆起这些 DA 能神经末梢和含 GnRH 神经末梢间存在着轴-轴联系。目前的研究清楚地证明了 DA 对 GnRH 的释放和促性腺激素分泌具有复杂的效应，一般认为支配下丘脑 GnRH 的神经发自脑干蓝斑的 NA 能神经元，而中脑 5-HT 能神经元（有相当多的投射到视交叉上核）则发出 LH 高潮的神经信号。中脑、前脑和边缘系统有相当多的神经纤维传入下丘脑，这些神经纤维把外部（视、听、嗅）和内部因素的作用传向下丘脑，调节 GnRH 的释出。边缘系统主要传递嗅信号，这种作用在低等动物的生殖行为中尤为重要。光信号则通过视网膜-下丘脑通路直接影响促性腺激素的分泌。

大鼠脑的刺激和损毁研究证明，吻侧下丘脑和视前区向内侧基底下丘脑的神经传入对雌激素的正反馈效应及发动排卵前 LH 高潮是必不可少的，而孤立的下丘脑（下丘脑“岛”）本身可以维持正常低水平的促性腺激素分泌。这说明以上部位在引起 LH 高潮上的重要作用。对此，不同的研究室所获的结果并不完全一致。

（三）GnRH 的生理作用

1. 对垂体的作用 一般认为 GnRH 从神经末梢释出是神经分泌过程，放免法已测定垂体门脉血中 GnRH 的水平。这些研究已经肯定分泌到垂体门脉血中的 GnRH 足以改变 LH 和 FSH 的分泌，甚至可以选择性地释放一种激素。

GnRH 在垂体门脉中的放免测定结果显示，其释放为脉冲式。体内研究证明 GnRH 分泌的脉冲幅度和频率对垂体反应大小至关重要，如给雌猴连续输注 GnRH 可以引起垂体反应消失，如果以大约每小时一个脉冲的 GnRH 间歇输注则可重建正常垂体功能。更高频率输注可抑制促性腺激素分泌，提示 GnRH 释放方式在决定垂体反应性上是极其重要的。GnRH 对垂体作用的生物反应是使 LH 和 FSH 释出增加，但在某些生理情况下（如青春期或月经周期时）血循环中 LH：FSH 值有所改变，对此多数人不认为另有 FSH 释放因子，而是由于类固醇的反馈机制改变了 GnRH 分泌率和垂体促性腺细胞的反应性，或者是来自性腺的抑制素（inhibin）使 FSH 分泌降低。此外，GnRH 对垂体有“自身预备作用”，即反复注入 GnRH 时，LH 反应的幅度越来越高，但对 FSH 则无此作用。GnRH 不仅促进促性腺激素的释放，而且还能增加促性腺激素的合成。有实验证明，下丘脑释放的 GnRH 调节垂体中 LH 和 FSH 的含量，从而决定其自垂体释出量。

2. GnRH 对行为的影响　GnRH 对下丘脑和下丘脑外的一些神经元有兴奋和抑制两种效应。被 GnRH 刺激或抑制的神经元广泛分布于中枢神经系统，尤其是下丘脑和视前区，也发现存在于隔核、中脑中央灰质区和大脑皮质。视前区和下丘脑的神经元大多被 GnRH 兴奋，这些区域含有的 GnRH 神经元终止于正中隆起，有侧支到下丘脑和下丘脑外其他区域，可能参与各种行为的启动或调节。GnRH 是性行为的重要介导者，此种作用在动物实验研究中已得到证明，如给去垂体、去肾上腺、去性腺雌激素处理雌性大鼠静脉注射 GnRH 能增强其交配行为（脊柱前凸），在雄性动物的实验中也证明有同样的效应，如射精加速作用。GnRH 诱发交配行为雄性必须有睾酮，雌性则需有雌激素存在。类似研究指出 TRH 对交配行为具有抑制作用，TRH 和 GnRH 影响性行为的敏感部位限于内侧视前区、弓状核以及中脑中央灰质。在雌性大鼠的中脑中央灰质 GnRH 活性特别强，此处是下行轴突引起脊柱前凸反应的脑区。中脑中央灰质内注射 GnRH 抗血清抑制雌鼠的性行为。损伤雌性大鼠下丘脑、视前区后性行为消失。

GnRH 促进大鼠的交配行为的观察研究，使人对用 GnRH 治疗人类性功能障碍的可能性发生兴趣。对正常人和性功能丧失的患者（主要是男性）的临床试验和治疗，有人报告在性欲方面有改善，也有人报告无此作用。

（四）GnRH 的作用机制

GnRH 激活促性腺激素分泌亦为受体机制，但目前研究认为似乎不涉及腺苷酸环化酶。GnRH 与受体结合后通过磷脂酰肌醇二磷酸影响细胞内蛋白激酶 C 活性而促进促性腺激素的释放（图 12-3）。也有人报道 GnRH 与受体结合后动员细胞内 Ca^{2+}而促进激素释放。

（五）LHRH 类似物

用 GnRH 裂解后的分子片断的实验研究结果表明。要使 FSH 和 LH 分泌，就要有完整的 GnRH 分子。去掉分子中任何一个氨基酸均不能引起 LH 和 FSH 释出；反之，取代 GnRH 分子中一个或多个氨基酸的 GnRH 类似物，则表现为激动剂的作用或拮抗剂的作用。迄今为止已合成了几百种 GnRH 类似物，并试图从中找到促进或抑制受孕的药。具有 GnRH 拮抗作用的类似物，对 GnRH 受体高亲和力结合，长时间占据受体，排斥内源性 GnRH 的作用，使 GnRH 生物作用降低或丧失。

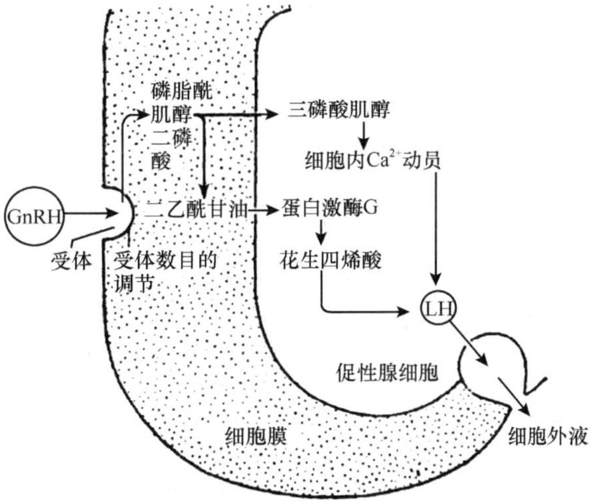

图 12-3　GnRH 的作用机制

在组[2]、色[3]和甘[6]位置上取代后的类似物具有拮抗剂作用，目前研究旨在寻找更有效的拮抗剂。发现上述 3 个部位的取代物抑制大鼠排卵，但需要毫克剂量，在组[2]、色[3]、甘[6]和亮[7]取代的类似物以微克剂量能抑制大鼠排卵。

具有强有力的 GnRH 激动剂作用的类似物取代部位是在甘[6]和亮[7]，激动剂作用为增加受体亲和力及调节酶的活性、降低类似物降解等过程。有调节生育意义的是缓慢摄入 GnRH 激动剂，可提供避孕的可能。

三、促肾上腺皮质激素释放激素

（一）研究历史及分离提取

早在 1955 年 Guillemin 与 Saffran 和 Sehally 两个研究小组就分别在体外研究证明，下丘脑中存在一种刺激垂体前叶分泌 ACTH 的因子。这种物质当时被命名为促肾上腺皮质激素释放因子（corticotropin releasing factor，CRF）。但是进一步研究发现，几种已知的物质对 ACTH 分泌都具有刺激作用，如加压素、催产素、NA、肾上腺素和血管紧张素Ⅱ。许多研究工作者报告，在下丘脑和神经垂体中含有一种具有 ACTH 释放活性的肽，并对其进行了进一步的研究，但是由于诸多原因，尚没有一种被肯定为 CRF。

1981 年，Vale 等报道了从羊的下丘脑分离出调节 ACTH 分泌的含 41 个氨基酸的肽，并鉴定其氨基酸顺序，后来又进行了合成，鉴定其生物学性质，称之为 CRF。对 CRF 的研究，从它的提出到分离鉴定，历时长达 25 年之久，其原因是在体内研究生物检定法不够灵敏，后来随着体外垂体细胞培养方法的建立以及对 ACTH 放免法的应用，大大促进了 CRF 的研究。初步确定 CRF 是促进 ACTH 释放的主要物质。

近年来，研究证明 ACTH 的释放是受多因素调节的，这些因素包括 CRF、加压素、催产素、肾上腺素及 NA 等。体外研究证明加压素本身对 ACTH 的释放作用很弱，而与 CRF 一起则有累加作用。OXT 的作用类似加压素。NA 和肾上腺素在应激情况下增加 CRF 的反应。

（二）化学结构及测定

Burguss 等（1960 年）用 50 万只羊的下丘脑经过精心设计的生化学提取方法最后得到约 90mg、纯度为 80%的 CRF。对这种提取物采用 Edman 降解测定，发现其一级结构为 41 个氨基酸组成的直链结构，具有游离的 N 端和氨基化的 C 端。

羊的 CRF 与几种已知的肽具有同源性，如钙调素、血管紧张素原等。进一步研究证明人和大鼠的 CRF 结构与羊的一致。CRF 肽链中从 15 到 41 片段具有 CRF 活性，目前多数研究者认为肽链的 C 端对 CRF 活性更重要。

用 CRF 免疫家兔得到的抗体可作为抗血清，用放免法已测定羊、狗、大鼠、猴和人的下丘脑、正中隆起和垂体中 CRF 样免疫活性物质。

（三）CRH 在体内的分布

放免法测定 CRH 的免疫反应性发现在几个种属存在于正中隆起。已证明在羊、猪和猴体内存在于室旁核；也有人证明室旁核的 20%的细胞含 CRH。在含有催产素的某些区域也含有一定数量的 CRH。

除正中隆起外，在垂体后叶和其他下丘脑区发现含有 CRH 纤维。另外，杏仁中央核、大脑皮质、边缘区和脑干中用免疫组化法也证明 CRH 存在。

（四）CRH 的生理作用及其机制

CRH 的主要生理作用是促进垂体前叶促肾上腺皮质细胞 ACTH 分泌及合成。腺垂体体外培养液中加入 CRH，促进 ^{11}C-苯丙氨酸掺入 ACTH，其速度为不加入 CRH 的 15～26 倍。CRH 还对 ACTH 释放具有促进作用。

在不同脑区均有 CRH 分布，提示 CRH 在中枢神经系统内可能也具有某种作用。在培养的大鼠下丘脑和大脑皮质细胞 CRH 刺激生长抑素的分泌。

除了垂体-肾上腺轴作用以外，CRH 还有另外的调节作用。例如，动物对应激的反应，给大鼠或狗脑室注射 CRH 引起交感神经系统的活动。脑内注射 CRH 可发现在几分钟内，血中肾上腺素和 NA 升高，继而血浆胰高血糖素、葡萄糖水平、平均动脉血压及心率均上升。

CRH 还对某些行为产生影响，如脑室注射 CRH 大鼠行为活动增加，但行为活动影响是复杂的，常常受环境因素的影响。

CRH 作用机制也是通过细胞膜受体发挥作用，其细胞内机制包括两方面：一是通过 cAMP 系统；二是 CRH 与受体结合后引起细胞外 Ca^{2+}内流，使细胞内 Ca^{2+}升高。用分子杂交技术证明 CRH 能增加促肾上腺皮质细胞内 POMC 的 mRNA 水平和 ACTH 含量。

四、生长激素释放因子

（一）研究的历史及化学结构

早在 1960 年，Reichlin 用损伤大鼠下丘脑引起 GH 分泌不足而导致生长停止，他认为下丘脑中含有促进 GH 分泌的生长激素释放因子（growth hormonereleasing factor，GHRF）。还发现麻醉的动物，包括灵长类和人，出现明显的 GH 释放高潮，血中 GH 水平升高 10～100 倍。电刺激猫的室旁核，大鼠腹内侧核及正中隆起可增高血中 GH 水平。向体外垂体培养的介质中加入下丘脑提取液可促进 GH 释放，这些研究均表明下丘脑中存在 GHRF，但一直没有分离到这种释放因子。1971 年，Schally 认为分离到 GHRF，后来证明只是血红蛋白一个片段。

1973 年，Burger 从肢端肥大症患者的胰腺肿瘤中提取到对 GH 分泌具有刺激作用的提取物。1980 年，Frohman 等从肢端肥大症患者的垂体外肿瘤分离到部分纯化的 GHRF。Thorner 对伴有特纳（Turner）综合征的肢端肥大患者手术摘除垂体肿瘤并未治愈，进一步检查证明胰腺有肿瘤，切除胰腺肿瘤后血中 GH 水平迅速从 70ng/ml 降至 2ng/ml。Guillemin 和 Vale 从瘤组织进一步体外培养及分析中分别获得具有 GH 释放作用的由 44 和 40 个氨基酸组成的两种肽。其中，44 肽被称为人胰腺生长激素释放因子（human pancreatic growth hormone releasing factor，hpGRF）。Vale 则报道为 40 个和 37 个氨基酸的两种肽。这几种肽的体内外研究均证明它们具有明显的生物活性，其中以 GHRH40 活性最高。Guillemin 认为 GHRH37 和 GHRH40 是 GHRH44 的降解物。

有人从数千个人的下丘脑中分离出两种具有 GHRH 活性的组分。1984 年，Guillemin 证明下丘脑中的 GHRH 与来自胰腺肿瘤的相同。大鼠的 GHRH 与人的 GHRH 具有明显差异（其中有 15 个氨基酸不同）。大鼠的 GHRH 为 43 肽，并有一游离的 C 端。牛和猪的下丘脑的 GHRH 为 44 肽，羧端被酰胺化。目前研究看来，GHRH 存在种属差异。

（二）GHRH 的分布

1. 中枢神经系统　用免疫组化研究发现 GHRH 胞体位于弓状核。对人、猴、猪和大鼠的研究表明，在弓状核中 GHRH 胞体非常密集。电生理研究证明电刺激腹内侧核引起 GH 分泌。

除弓状核、腹内侧核外，在猫的海马、杏仁、壳核；大鼠的内侧前脑束、背内侧核及室周核和穹隆附近也有 GHRH 胞体分布。

GHRH 在中枢神经系统中有着较为广泛的分布，其中以下丘脑中浓度最高。人和猫的 GHRH 神经末梢对称分布在正中隆起外侧平行于毛细血管走行，终止于垂体门脉血管。大鼠的 GHRF 纤维则主要分布在正中隆起中央。

2. 中枢神经系统外的分布　对猴的实验研究发现 GHRH 分布在垂体前叶细胞，GHRH 样活性在人的胎盘、胰腺中存在，用放免法测得 hGHRH 存在于人的空肠、十二指肠和胃的提取物中。

（三）生理作用及可能机制

生长激素分泌受着生长抑素和生长激素释放因子的双重调节。正常情况下，GH 分泌每日是以一定的时间间隔的脉冲式释出，给清醒大鼠注射 GHRH 发现在生长激素释放的谷期只有极小的刺激作用，而在峰期则明显刺激 GH 释放。如果用生长抑素抗血清处理大鼠，则在 GH 释放的谷期即有很强的类似 GH 释放高峰的 GH 释出。以上研究说明。在生长激素的释放中生长抑素起着关键作用。GHRH 对 GH 的释出脉冲则是必要的。体外研究结果也证明了 GHRH 对 GH 释放具有刺激作用。向垂体培养液中加入 GHRH，立即诱发 GH 释放。而且释放脉冲时间延长。

有关 GHRH 的研究还有许多方面没有最后明确，有待进一步研究。

五、生长抑素

（一）生长抑素的研究历史及化学结构

1968 年，Krulich 等在研究测定下丘脑 GHRH 的过程中发现，下丘脑提取物中含有 GH 释放和抑制两种成分。由此提出，GH 分泌是由刺激因子（如 GHRH）和抑制因子（如 SS）调节的。随后，Schally 和 Gillemin 分别从猪和羊的下丘脑中发现 GH 释放抑制因子。1973 年，Brazeau 研究确定其化学结构为 14 肽分子，进一步研究发现还包括此种 14 肽 N 端延长的生长抑素 28（SS-28）。现已证明 SS 和 SS-28 均为其主要生物活性型。1980 年，Goodman 和 Hobart 首次从鮟鱇鱼胰内分泌腺克隆并测定了 SS 的 cDNA。1982 年，研究证明了人和大鼠的 SS cDNA。目前有人认为 SS 及 SS-28 的生理作用不同，前者主要起神经递质作用，后者则主要参与神经-体液调节，但仍有待进一步深入研究。

SS 为一环状 14 肽，在第 3 位和第 14 位半胱氨酸间形成一双硫键，还原型线状结构与环状结构具有相同的生物活性，且无种属差异。

（二）生长抑素的生物合成、分泌和降解

生长抑素的生物合成与一些其他肽类激素一样，首先合成大分子的前体，然后降解为小分子的生长抑素，在细胞的高尔基体加工为分泌颗粒，经内质网转运到细胞膜，通过胞吐作用分泌到细胞外。

生长抑素在血中半衰期很短，大约为4min。生长抑素在某些肽酶的作用下裂解。现已证明在血浆、中枢神经系统及外周组织细胞质和溶酶体中的多种肽酶都有降解生长抑素活力，主要降解部位是色氨酸8-赖氨酸9。体内生长抑素的生物活性受有关降解酶活力的影响。肝肾功能障碍患者血浆生长抑素半衰期延长，说明其可能在肝、肾被清除。

（三）体内分布

1. 神经系统中的分布　用放免法和免疫组化法研究证明生长抑素广泛分布于中枢神经系统。脑内正中隆起富含生长抑素神经末梢，细胞体分布于下丘脑各部，还包括视前区和室周核，弓状核和腹内侧核也含有相当丰富的生长抑素。经正中隆起进入垂体门脉的生长抑素对垂体前叶GH等分泌起着重要的调节作用。生长抑素神经元终止于垂体后叶调节血管加压素和催产素的分泌。此外，大脑皮质也含有相当丰富的生长抑素，有人研究分析大脑皮质内所含生长抑素约为全脑的22%，杏仁核的生长抑素含量高于海马，脑内生长抑素的11%在脑干和中脑，在脊髓中也发现有生长抑素。

2. 胃肠道及胰腺中的分布

（1）胰腺中的分布：随着研究证明生长抑素抑制胰高血糖素和胰岛素的分泌，有人试图确定生长抑素在胰腺局部的调节机制，现已证明生长抑素在大多数种属中存在于胰腺的D细胞。这种D细胞不同于胰岛的A细胞和B细胞，D细胞通过其指状突起与其他胰岛细胞保持交错位置，通过激素系统将生长抑素分泌到其他胰岛细胞。

（2）胃肠道中分布：在所有种属动物的消化道均存在含生长抑素的上皮细胞。人类从胃到低位结肠，其含量逐渐降低，在胃窦部则含有大量生长抑素细胞。

分泌生长抑素的细胞存在于胃和小肠的隐窝，并通过小的突起直接开口于胃和肠腔。氢离子和某些营养物调节生长抑素分泌。释放入小肠的生长抑素与位于小肠的胃泌素等细胞膜受体结合。

一般来说，脑中生长抑素对中枢神经系统外的生长抑素没有直接影响，损伤下丘脑对胰腺的生长抑素没有影响。

3. 其他内脏器官的分布　唾液腺中含有生长抑素细胞，静脉给予生长抑素，能减少唾液的分泌。

人的甲状旁腺的滤泡细胞含有生长抑素。一些研究证明甲状腺髓质肿瘤细胞也能合成生长抑素，有的工作指出生长抑素抑制降钙素的分泌。

免疫反应性生长抑素在蟾蜍肾脏收集管中存在已得到证实，但在哺乳动物中没有发现。有人报道在人的肾脏中发现含有免疫反应性生长抑素，其分子量与下丘脑中发现的相同。在尿中也发现有生长抑素，对肾素的分泌有抑制作用。

（四）生理作用

1. 对垂体的作用

（1）对 GH 的影响：有几方面的研究证明生长抑素调节 GH 的分泌。损伤生长抑素结节漏斗束导致正中隆起生长抑素耗竭，GH 基础水平升高。电刺激前部室周区引起 GH 分泌抑制和增加生长抑素释放到垂体门脉血中。给动物生长抑素抗血清可以中和内源性生长抑素，因而调节 GH 的分泌。

当 GH 分泌不足时，正中隆起中生长抑素降低，给予 GH 则生长抑素发生逆转。

生长抑素对 GH 分泌的影响，看来可能是与 GH 释放因子相互作用，调节了 GH 基础和刺激情况下的分泌。

（2）调节 TSH 分泌：体外研究大鼠的垂体制备物证明生长抑素抑制 TSH 的释放和降低人和大鼠基础 TSH 水平，此种抑制作用在甲状腺功能低下时和给予 TRH 刺激后均可见到。给予生长抑素抗血清能够增强 TSH 对寒冷刺激的反应。以上研究结果指出在垂体水平 TSH 的分泌是受 TRH 和生长抑素相互作用的调节。甲状腺素可能通过下丘脑调节生长抑素的分泌。Berelowitz 等（1980）报道甲状腺功能低下，则大鼠下丘脑生长抑素降低。体外研究给正常大鼠下丘脑加入三碘酪氨酸刺激生长抑素分泌。甲状腺功能低下时，大鼠垂体门脉血中生长抑素低于正常。

2. 对胰、肠道的作用

（1）对胰岛功能的调节：关于生长抑素对胰腺功能的作用已有不少论述，所有脊椎动物静脉给予生长抑素可抑制胰岛素和胰高血糖素分泌，经静脉给予生长抑素抗血清对胰岛素和胰高血糖素的分泌没有调节作用，但是如果向分离的胰岛加入生长抑素抗体，则胰高血糖素和胰岛素分泌增加。以上研究说明生长抑素对胰岛素和胰高血糖素的紧张性和刺激性分泌起调节作用。这种作用是通过局部的旁分泌作用影响胰岛细胞，而不是来自体循环的生长抑素的作用。但目前关于胰腺中生长抑素与其他胰岛细胞相互作用控制胰岛功能的问题仍不清楚。生长抑素和两种胰岛激素的负反馈调节有关，胰高血糖素刺激生长抑素分泌，生长抑素反过来作为胰高血糖素的释放抑制因子，又抑制了后者的分泌。胰岛素对生长抑素没有急性作用，损坏胰岛 B 细胞引起胰腺生长抑素分泌及胰腺中含量增加，在高血糖情况下用抗胰岛素抗血清可使胰岛的生长抑素释放增加。

（2）对胃肠道的作用：生长抑素作为激素可以调节胃肠道的功能，分泌入肠腔后作用于脂类消化。生长抑素对胃肠道的大多数生理作用是对细胞的直接影响。有些情况下则是对其他因素的抑制作用，如生长抑素妨碍胃的排空，部分是由于抑制了“运动素”（促进固体食物自胃排空）的分泌。

生长抑素对所有胃肠外分泌腺的分泌有抑制作用，包括胃、小肠、胰腺，从而影响消化吸收功能。有人研究指出生长抑素可以阻止餐后三酰甘油升高，如果静脉注射生长抑素抗血清则引起餐后三酰甘油异常升高。据此有人提出生长抑素是作为真正的激素起调节作用，而不是通过它的旁分泌发挥作用。

生长抑素也作为调节胃泌素的反馈环的一部分刺激胃酸的分泌。

（3）对胃肠道的保护作用：实验研究证明给予生长抑素能降低胃肠道、肝和胰腺等对某些化学物质的毒性反应。如对大鼠给予生长抑素可以阻止给予硫醇类（如巯乙胺等）引起的十二指肠溃疡的发生及巯乙胺引起的大鼠肾上腺皮质坏死，但其机制尚不明了。

3. 生长抑素对中枢神经递质和行为的影响 生长抑素对神经递质释放亦具有抑制作用，已经证明其对小肠的 ACh 释放、下丘脑和肾上腺髓质的 NA 及大鼠下丘脑 TRH 等的释放均有抑制作用。另外，生长抑素对大鼠海马突触体 ACh、大脑皮质的 NA 及几个其他脑区的 5-HT 释放则表现为刺激作用。脑室注射生长抑素可发现几个脑区 DA 含量增加，边缘系统 5-HT 升高。

脑室注射生长抑素能引起许多不同的行为改变。在许多情况下，生长抑素引起大脑皮质兴奋性增加，如果脑室注射生长抑素抗血清能降低马钱子碱诱导的激烈的捕食行为。过高的药理剂量可引起“多动症”。

（五）作用机制

关于生长抑素作用的生理生化学机制目前还不了解。通过对垂体和胰腺的研究表明，生长抑素的作用不像是由环磷腺苷系统介导的。

生长抑素具有降低膜对 Ca^{2+}通透性的作用，因此认为生长抑素的作用是关闭 Ca^{2+}离子通道，或者是生长抑素阻断 Ca^{2+}介导的细胞内反应。

（六）人工合成类似物

由于生长抑素具有广泛的生理作用，人们早已进行研究合成其类似物。目前已经合成了具有选择性增强某一方面作用的类似物，如（*D*-半胱氨酸 ^{14}）-GIH。这种类似物对 GH、胰岛素和胰高血糖素的分泌均有抑制作用，其抑制效力分别为生长抑素的 24%、10%和100%。这表明分泌 GH、胰岛素和胰高血糖素的 3 种细胞，其生长抑素受体识别相应配基的结构部分是不同的。

六、催乳素及促黑素的下丘脑调节因子

（一）催乳素释放抑制因子

Everett（1989 年）证明垂体前叶 PRL 释放处于下丘脑抑制性控制之下。如损伤下丘脑、切断垂体柄或将垂体移植到肾包囊均可使血中 PRL 水平明显升高。体外研究发现将下丘脑提取液加入垂体培养介质中抑制 PRL 释放。Meites 等（1977 年）称这类物质为 PRL 释放抑制因子（prolactin release-inhibiting factor-PIF）。这种 PIF 作用于垂体前叶，抑制 PRL 的合成和释放。研究进一步证明吮乳可以耗竭 PIF 而使 PRL 释放增加。Grosvenor 等（1965 年）则证明了牛的 PIF 存在于垂体柄-正中隆起的酸性提取物中。目前研究尚未确定 PIF 的化学本质，但许多研究结果证明有几种已知的因子对 PRL 释放起抑制作用。

在下丘脑正中隆起内侧栅状区的 DA 神经末梢终止于垂体门脉毛细血管上。在垂体门脉血中测得相当高水平的 DA。离体的垂体前叶组织或细胞的体外研究证明 DA 对 PRL 释放具有强烈的抑制作用，动物体内实验研究也证明了 DA 的这种抑制作用。在垂体前叶 PRL 细胞证明有 DA 受体，下丘脑 DA 释出减少伴有 PRL 释出增加。临床上应用 DA 激动剂-溴隐亭（bromocriptine）对高 PRL 血症和溢乳不孕具有明显疗效。

目前认为 DA 即使不是唯一的也是非常重要的 PRL 释放抑制因子。

尽管 DA 在 PRL 释放上有重要抑制作用，但目前不能肯定地认为 DA 是唯一的 PIF，因为去除 DA 的下丘脑提取物对垂体 PRL 释放仍有剂量依存性抑制效应。从 DA 入手对

PRL释放抑制作用的研究还不能确定DA分泌到垂体门脉毛细血管中的速率与PRL反应幅度的关系。有人提出GABA可能作用于垂体前叶抑制PRL分泌。GABA的作用与催乳素细胞的DA受体无关。进一步研究发现此种氨基酸在正中隆起和垂体中含量不高，而且，其对垂体作用极其有限。提示GABA在调节PRL释放中不起重要的生理作用。

（二）催乳素释放因子

相当多的研究均证明下丘脑对PRL释放有紧张性抑制作用，研究结果表明在某些情况下用DA的更新率变化不能解释PRL的释放。例如，授乳大鼠血中催乳素水平升高，但下丘脑中DA更新率也增加，因此提出下丘脑中也存在PRL释放因子（prolactin releasing factor，PRF），但目前关于PRF的化学本质尚不清楚。

在垂体门脉血中存在相当量的TRH和VIP，这两种肽均以8～10mol/L的亲和力结合于垂体前叶刺激PRL释放，在PRL分泌细胞上有这两种肽的明确的识别位点。有实验结果证明这两种肽均能降低DA对PRL释放的抑制作用。

（三）黑色素细胞刺激素释放抑制因子和黑色素细胞刺激素释放因子

离断蟾蜍的垂体柄、损伤正中隆起或将垂体移至肾包囊，垂体中间叶细胞呈现过度活动状态，动物皮肤持续变黑，丧失对光反应，可能是垂体中间叶失去了下丘脑控制黑素细胞刺激素（melanocyte-stimulating hormone，MSH）分泌增加所致。体外研究也证明，不同的下丘脑提取物对体外培养的垂体中间叶具有促进其MSH释放或抑制的作用，因而提出了下丘脑中存在促黑激素释放抑制因子（melanocyte-stimulating hormone release-inhibiting factor，MIF）和促黑激素释放因子（melanocyte-stimulating hormone releasing factor，MRF）两种因子，而且以MIF活性为主。

1966年，Kastin等开始从事MIF化学结构的研究，而且后来科学家的研究均提出MIF的化学结构为三肽：脯-亮-甘氨酰胺。但进一步研究发现此种三肽分子在大鼠和家兔下丘脑中是一种肽链端解酶作用下自催底物分子C端断裂下来的三肽。因此认为具有MIF活性的这种三肽可能是催产素降解产物，这种三肽只能抑制蛙、大鼠的MSH释放，对人体则无此抑制作用。

在对MIF进行研究的同时，也有人给大鼠静脉注射下丘脑的提取物，发现血中MSH水平升高，认为下丘脑提取物中同时存在MRF，报道其化学结构为半胱-酪-异亮-谷-门冬-OH。

这种五肽在毫微克的量下即可使血浆MSH水平升高。有人认为这种五肽也是催产素降解产物，而且分析认为MIF和MRF是催产素在不同酶的作用下的裂解产物。亦有报道称有多种MIF活性的肽，MSH释放可能是受多种因子调节。目前MIF和MRF的化学本质还不能最后确定，有待进一步研究。

第三节　腺垂体激素分泌的反馈调节和旁分泌调节

一、腺垂体激素分泌的反馈调节

（一）控制论与反馈调节

20世纪40年代兴起的控制系统理论，运用数学和物理学原理与方法分析研究各种工程技术的自动控制。自动控制系统中有控制部分和受控部分，两者通过不同形式的信号进行信息传递。系统有输入和输出，输入不受输出影响的是“开环”系统；输出的一部分又加入（反馈）输入中的是“闭环”系统，即反馈调节系统。在反馈调节系统中有3个要素：监测受控变量（输出）的感知元件、设定控制水平的参比输入和误差信号（即感知量与参比量之差）。当输出（受控变量）增加，超过设定的参比水平时，此信息被感知并反馈（误差信号），控制系统使输出降低，回到设定的水平，这就是负反馈调节。反之，如果输出增加，通过反馈使输出进一步增加，则为正反馈。

人体的各种功能调节与之十分相似，大多数生理性稳态（homeostasis）机制属于闭环负反馈调节机制。内分泌系统的突出特征就是激素生成的反馈调节。激素在外周血中的水平是受控部分的输出变量，参比输入就是所谓“调定点”，感知元件就是相应的感受器。几乎所有的激素都受某种形式的负反馈调节，如甲状旁腺素的分泌受血中钙离子浓度的调节，胰岛素、胰高血糖素受血糖浓度的调节等，从而使各种激素的水平维持在一个狭窄的范围内。在内分泌系统中正反馈调节较少见，因为将导致“爆炸性”结果。例如排卵前，雌激素与促性腺激素间就是这种关系，可引发LH高潮，导致排卵。由于存在反馈调节，所以在评估内分泌状态时，必须同时了解激素及其靶腺（靶组织）两个方面。例如，只有同时了解血清甲状腺素的水平，才能理解所测TSH水平的意义。反馈关系也是大多数内分泌功能检测的基础，内分泌功能紊乱时，几乎总是有反馈关系的紊乱。本部分主要介绍腺垂体激素分泌的反馈调节。

（二）腺垂体激素分泌反馈调节的形式和作用点

1. 长环反馈、短环反馈和超短环反馈　由下丘脑神经内分泌神经元分泌的促垂体激素（因子）通过垂体门静脉到达腺垂体，调节腺垂体的分泌；垂体分泌的各种激素通过体循环到达各靶腺或靶组织，调节它们的分泌或功能活动。习惯上将靶腺或靶组织生成的激素或化学物质对相应垂体激素分泌的反馈作用或者对相应下丘脑神经元激素分泌的反馈作用称为长环反馈（long-loop feedback）。另外，垂体激素本身也能对自身的分泌有反馈作用，称为短环反馈（short-loop feedback）。有人认为，下丘脑的促垂体激素本身似乎也能对其自身的分泌产生反馈作用，又提出了超短环反馈（ultrashort-feedback）的概念（图12-4）。有人把垂体激素通过自身分泌/旁分泌调节自身分泌也作为超短环反馈。

2. 反馈调节的作用部位　短环反馈（及超短环反馈）的作用点显然主要是下丘脑，但长环反馈的作用点就存在下丘脑或垂体或两者都有3种可能。早期的研究由于方法不够严密，难以获得肯定的结论。例如，企图通过向下丘脑植入靶腺激素使垂体对应促激素分泌减少，以证明该靶腺激素反馈作用于下丘脑。但植入下丘脑的激素可能从脑室脑脊液及室管膜细胞或直接经垂体门静脉达到垂体起作用，使结果难以分析。用静脉注入标记靶腺激素后，观察它在垂体或下丘脑的分布来证明其作用部位也有问题。因为激素与该部位结合，并不就能证明它的负反馈作用。近年来由于分子生物学研究的进展，特别是对类固醇激素（及甲状腺激素）通

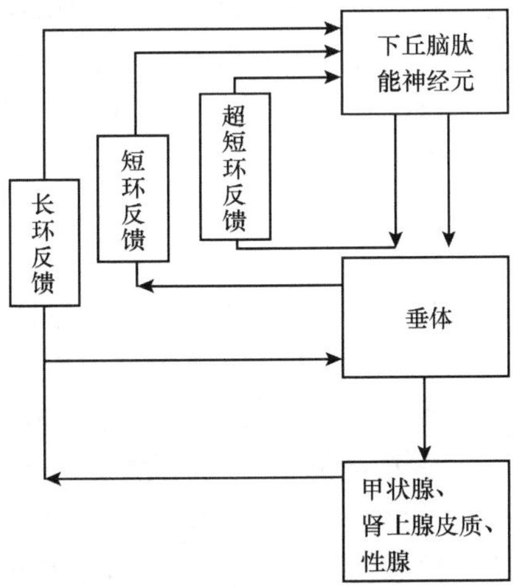

图12-4　神经内分泌反馈调节的3种形式

过相应核受体（转录因子）调控多肽激素基因表达的机制深入了解，才阐明了激素反馈作用的部位。一般说来，如果在垂体细胞证明存在其靶腺激素的受体，向垂体（植入或体外）给予该靶激素，使该垂体激素的基因表达降低或对下丘脑相应促垂体激素的反应降低，表明靶激素的反馈作用点在垂体。同样，如果下丘脑组织存在某激素的受体，向下丘脑（植入或体外）给予该激素，使下丘脑相应促垂体激素（因子）的基因表达降低，则表明该激素反馈作用于下丘脑。

（三）腺垂体激素分泌的反馈调节

1. TSH 下丘脑-垂体-甲状腺之间的相互关系，是负反馈调节的一个最典型的例证。早在半个多世纪以前就已知道，当循环甲状腺素水平升高时，TSH 的释出被选择性抑制。这个系统的反馈机制十分敏感。正常人摄入不足以使其血清浓度显著升高的少量甲状腺素，就可使垂体 TSH 细胞对 TRH 的敏感性降低，血中甲状腺素水平足够高时，TSH 细胞可对 TRH 完全无反应。摄入碘化钠使血浆甲状腺素极轻微的降低，即足以使垂体对 TRH 的敏感性升高。损毁下丘脑促垂体区后，切除甲状腺仍可使 TSH 升高，摄入甲状腺素仍可使 TSH 分泌减少。腺垂体 β 亚型的甲状腺素受体，T_3 与之结合可使 $TSH_β$ 亚单位的基因转录降低。甲状腺素使 TSH 细胞上的 TRH 受体减少，所以对 TRH 敏感降低。以上结果也表明，垂体是甲状腺素反馈作用的部位。但下丘脑 PVN 的小细胞部分也有甲状腺素受体，植入 T_3 后 TRH 原的 mRNA、前 TRH 原都减少，故表明下丘脑也参与了反馈作用。

曾有人报道，切除甲状腺大鼠给予外源 TSH 可增加 TSH 释放，降低下丘脑 TRH 储存；将 TSH 输入猫的前部下丘脑可抑制甲状腺素的释放。提示 TSH 存在正、负短环反馈的可能性，但是有待进一步探讨。

2. ACTH 各种动物切除肾上腺都可引起 ACTH 分泌增加，甚至发生垂体肿瘤。早在 20 世纪 40 年代初就知道用糖皮质激素（GC）预处理，可阻断肾上腺皮质对应激刺激的反应。现在知道 GC 对 ACTH 分泌的负反馈既作用于垂体，也作用于下丘脑。腺垂体已证明存在 GC 受体，GC 与之结合可抑制 POMC 基因转录，阻断 CRH 对 POMC 基因转录的刺激作用，使 POMC mRNA 水平降低，ACTH 分泌减少。在下丘脑 PVN 也证明有 GC 受体，GC 在此可抑制 CRH 和 AVP 的基因转录。根据 GC 抑制 ACTH 分泌有快速相和延迟相的时程差别，提示其机制有非基因组作用和基因组作用两种可能。快速反馈在数秒至数分钟内发生，与血中 GC 的水平升高速率相关，可能是对细胞膜的作用，延迟反馈发生在数小时至数日，与血中 GC 水平相关，是通过 GC 核受体的作用，先是 CRH 和 ACTH 的分泌降低，以后合成降低。

动物实验发现，垂体切除可使下丘脑 CRH 含量增加，给予外源 ACTH 后外周血中 CRH 降低。ACTH 植入正中隆起，可使血中皮质酮降低，但植入大脑皮质或垂体则无效，特别是切除肾上腺的动物用固定量 GC 维持，给予外源性 ACTH 可使内源性 ACTH 分泌降低，说明短环反馈的存在。在人类也可能有类似情况。例如，切除垂体的脂肪萎缩性糖尿病患者，外源性 ACTH 可使其血中原先较高的 CRH 水平降低。这种短环负反馈也许有治疗意义。

3. 促性腺激素 促性腺激素分泌的反馈调节颇具代表性。既有负反馈、又有正反馈；既有长环反馈、短环反馈，又可能有超短环反馈。但由于存在性别的差异、雌性的性周期及 3 种性激素（雌激素、孕激素和雄激素），因此反馈调节十分复杂。

（1）长环反馈

1）负反馈：切除性腺或给予抗雌激素或抗雌激素药物，可使 LH 和 FSH 分泌增加。反之，外源给予雌激素和雄激素，则抑制 LH 和 FSH 分泌。例如，大鼠卵巢切除后，垂体 LH 和 FSH 基因表达显著增强，给予雌二醇则可使其降低。性激素对 GTH 的负反馈作用在垂体和下丘脑两个水平。正常成年女性摄入生理量雌激素，可使 LH 和 FSH 基础分泌受到抑制，最初 1～3 日垂体对 GnRH 的反应降低，提示垂体受到抑制。以后尽管 LH 和 FSH 水平仍低，但垂体对 GnRH 已敏感，表明对下丘脑具有作用。男性给予雌激素后 LH 和 FSH 水平也降低，但垂体对 GnRH 的反应始终低下。表明在男性，雌激素的负反馈作用主要在垂体水平。男性给予睾酮可使 GTH 基础分泌降低，但垂体对 GnRH 的反应没有变化，表明睾酮的负反馈作用主要在下丘脑。此作用可被纳洛酮所阻断，可见还有内源性阿片肽的参与。下丘脑的 GnRH 为脉冲式释放，性激素主要是使其脉冲频率降低，从而使垂体 LH 的分泌减少，但对 FSH 影响不大。对 FSH 的负反馈因子主要是睾丸支持细胞及卵巢生成的抑制素。FSH 可刺激抑制素的生成，而抑制素则选择性抑制 FSH 基因转录。

2）正反馈：性激素对促性腺激素分泌的反馈调节受性别、性周期等影响。一般情况下，性激素对促性腺激素分泌起负反馈作用已如前述。但在成年女性的排卵前期，发育卵泡不断分泌的雌激素却作为正反馈信号，刺激 GnRH 的分泌，并增加垂体对 GnRH 的敏感性，使 LH 的分泌急剧增加，形成 LH 高潮，导致排卵。迄今研究过的所有雌性动物都有这种正反馈。但雌激素不能使男性 LH 分泌增加。男性不出现雌激素的正反馈作用的原因仍未明确。雌性大鼠如在生后 5 日内受过雄激素处理，则雌激素对促性腺激素的正反馈作用就不能出现。

（2）短环反馈：去势大鼠（消除靶腺的作用）下丘脑植入 LH 或 FSH 可分别降低垂体和血浆 LH 或 FSH 水平，同时降低下丘脑 LHRH 或 FSHRF 含量。垂体切除可使外周血中 GnRH 增加。一侧性腺切除可引起对侧性腺肥大，FSH 植入正中隆起则可抑制之，但植入垂体无效，似提示促性腺激素通过下丘脑对自身分泌有负反馈调节作用。FSH 植入未成熟雌鼠下丘脑可使血浆 FSH 水平增加，并诱发早熟，提示为正反馈作用。此外，有人报道，去势、去垂体大鼠给予含 FSH 释放因子的下丘脑提取物，可使下丘脑升高的 FSH 释放因子降低，则又提示了存在超短环反馈作用的可能性。

4. GH　GH 的靶组织遍布全身，然而却没有像前述 3 个激素所有的靶腺。因此过去一直认为 GH 分泌只存在短环反馈，而没有长环反馈。异位 GH 分泌性肿瘤患者，血 GH 水平高，而原位垂体 GH 含量降低，肿瘤切除后即恢复，提示了上述论点的可能。GH 在垂体水平无作用，下丘脑内植入 GH 则明显降低垂体 GH 和下丘脑 GHRH 含量，切除垂体使血浆 GHRH 活性升高，表明 GH 短环反馈作用在下丘脑。但 GH 的大多数生物效应都是通过靶组织生成的 IGF-1（即生长素介质，somatomedin C）介导的。早就有人注意到，有一种蠕虫的裂头蚴能生成一种蠕虫因子，它能刺激生长素介质生成，却不影响 GH 水平。将这种幼虫植入去垂体鼠可使垂体 GH 降低。提示了由生长素介质参与的长环反馈的可能性，近年来的研究已证实了这一见解。观察表明，循环 IGF-1 水平降低时，血 GH 水平升高，脑室注入 IGF-1 可抑制 GH 的脉冲式分泌。IGF-1 在体外可抑制 GHRH 引起垂体细胞 GH mRNA 增加和 GH 释出的效应。此外，IGF-1 还可刺激下丘脑生成 SS，也是其抑制 GH 分泌的机制之一。

5. PRL　PRL 也没有明确的靶腺。外源性 PRL 或肾包囊下植入异体垂体可引起高催乳素血症时，原位垂体 PRL 含量降低。正中隆起植入 PRL 可增加下丘脑 PIF，阻断动情前期和吮乳引起的 PRL 释放，降低垂体和血浆 PRL 水平。这些都提示存在 PRL 的短环负反馈。血 PRL 升高可使下丘脑弓状核 DA 神经元 DA 的更新增强，DA 释出增多，抑制垂体 PRL 的进一步分泌。现在已证明，部分 PRL 细胞有 PRL 受体，可能接受垂体局部 PRL 的自分泌调节，血中 PRL 是否也能通过这一途径实现负反馈作用尚待确定。因为垂体细胞在体外培养时，不断释出和聚集的 PRL 似乎并未抑制 PRL 的继续分泌。

二、腺垂体激素分泌的旁分泌调节

原始的多细胞生物是靠细胞生成的化学物质弥散至邻近细胞、传递细胞间信息而调节这些细胞的活动（即旁分泌调节，paracrine regulation），由此协调整体的功能与活动。随着进化过程，出现了血液循环系统、内分泌系统及神经系统，实现了更加快速、广泛及特异的协调机制（图 12-5）。

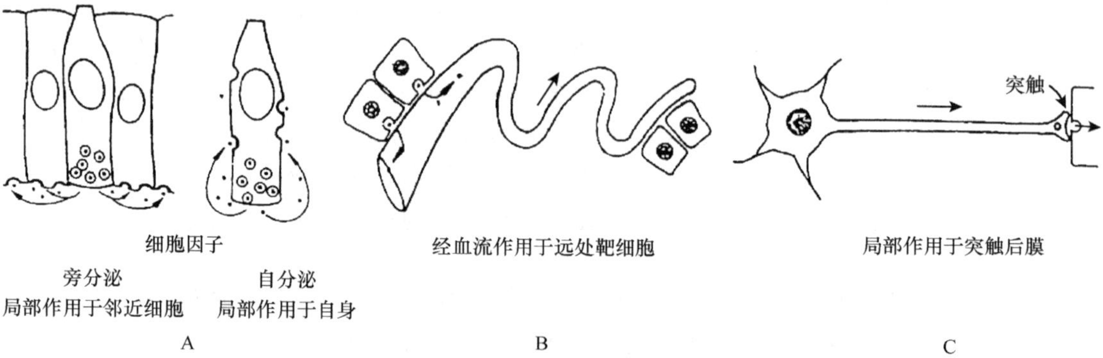

图 12-5　细胞间化学传递信息的类型

A. 旁分泌或自分泌传递；B. 内分泌传递；C. 神经传递

因此，多年来人们对旁分泌调节机制已逐渐淡漠。对腺垂体激素分泌调节的研究，一直着重于下丘脑促垂体激素（因子）和靶腺激素的反馈调节两个方面。但近十年来，由于研究的深入和方法学的进步，对腺垂体内各种细胞间的相互作用，即通过旁分泌因子的调节重新引起人们的极大兴趣，再次成为研究的热点。本部分简要介绍腺垂体激素分泌的旁分泌调节的证据及由各种垂体细胞生成的可能的旁分泌因子及其作用。

（一）腺垂体可能存在旁分泌调节的形态学旁证

旁分泌调节既然是细胞产生化学信使并在分泌局部作用于邻近细胞而实现的，因此产生旁分泌因子的源细胞和接受其作用的靶细胞必须在解剖学上相互邻近，甚至直接接触。当然，单纯解剖学的接近只为旁分泌机制的存在提供了有利的旁证，最终证明其存在还需要有生物化学和生理学的证据。

腺垂体至少有 6 种细胞：ACTH 细胞、GH 细胞、促性腺激素细胞、PRL 细胞、TSH 细胞和滤泡星形细胞（FS 细胞）。观察表明，它们在垂体内的分布不是随机的。大鼠的 GTH 细胞和 PRL 细胞常常聚在一起，特别是在垂体背侧、头侧的所谓“性区”。一些 PRL 细胞呈杯形，半包绕或全包绕着促性腺激素细胞。有人描述过 PRL 细胞和促性腺激素细胞间特殊的黏附连接。因为 PRL 分泌增强时促性腺激素的分泌受抑制。有人认为 PRL 细胞能通过旁分泌机制直接抑制促性腺激素细胞是其机制之一。ACTH 细胞可以有细胞质突起包绕 GH 细胞，TSH 细胞也有同样情况。第三脑室的室管膜细胞与垂体结节部的促性腺激素细胞邻接，细胞间的连接很像神经分泌性神经元末梢的突触样连接，这些室管膜细胞含 5-HT，促性腺激素细胞可摄取 5-HT。又已证明吲哚胺能减弱 GnRH 诱发的 LH 释放。这就提示这些室管膜细胞可通过旁分泌机制调节促性腺激素的释放、大鼠垂体的促性腺激素细胞还聚集在垂体背侧表面及中间叶的两侧。这里是短门静脉血管区域，可能不受分泌入长门静脉血管的下丘脑 GnRH 的控制。但已发现在这个区域内有一些具有明显 GnRH 免疫活性的非促性腺激素细胞，有人认为它们是通过旁分泌机制调节邻近的促性腺激素细胞的。在非哺乳动物的硬骨鱼，其 PRL 细胞位于垂体的吻侧。在性成熟前，促性腺激素细胞位于垂体的尾侧，与 PRL 细胞不能接触；但性成熟后，促性腺激素细胞出现在吻侧的 PRL 细胞之间。

（二）腺垂体旁分泌调节的免疫化学与体外实验证据

细胞间的邻近只为旁分泌调节提供了条件，但远不能证明细胞间的相互作用。从理论上讲，证明细胞间的旁分泌调节必须满足以下条件。①用物理或药理方法消除可能存在旁分泌作用关系的一方（源）细胞或其活性，将导致另一方（靶）细胞活性的改变。当旁分泌因子的靶细胞就是源细胞本身时，即“自分泌调节”时，无法分离源细胞与靶细胞，但不断稀释该细胞、应有同样效果。②通过共培养或再聚合重新加入被消除的细胞，应能翻转消除细胞的效应。③作为源细胞应显示生成及分泌旁分泌因子的证据，作为靶细胞应能识别生理浓度的旁分泌因子并呈现反应。④免疫中和或药物阻断旁分泌因子，应能减弱或消除其作用（③与④要求分离、纯化与鉴定该旁分泌因子）。满足上述全部要求相当困难，因为垂体中多种细胞混合存在，如不能分离，实验结果有时很难分析。旁分泌因子的量极少，分离纯化十分困难。近年来在方法学上有了巨大进展，如分离、富集各种垂体细胞的单位重力梯度沉降法，不同垂体细胞重组再聚体表面灌流，能检测单个细胞分泌的反相溶血斑检测法，分子探针的原位杂交及 PCR 等分子生物学技术的应用等，极大地推动了旁分泌机制的研究，这也是近年来旁分泌机制又受到重视的一个原因。

（三）腺垂体激素的旁分泌调节

1. ACTH 有人测定雌鼠去卵巢后，垂体分散细胞 ACTH 的基础分泌减少，补给雌二醇后恢复正常。另外，去卵巢后垂体分散细胞对 AT-Ⅱ结合力和 AT-Ⅱ诱发的 ACTH 分泌也减少，给雌二醇后可恢复正常。提示 AT-Ⅱ在 ACTH 基础分泌中的作用。正常垂体细胞在培养时能生成 IL-6，cAMP、IL-1、VIP 和佛波酯等增加 ACTH 分泌时，垂体内 IL-6 也增加；地塞米松抑制 ACTH 分泌时，IL-6 也减少。提示 IL-6 的旁分泌中介作用。垂体生成 EGF，也有 EGF 受体。EGF 可刺激 ACTH 分泌，并使培养的垂体细胞中呈 ACTH 免疫反应阳性细胞数增加。激活素可抑制小鼠垂体瘤 AtT-20 细胞的 ACTH 分泌，但对垂体 ACTH 细胞是否有同样作用尚待研究。

2. GH 激活素抑制 GH 细胞的基础和 GRF 诱发分泌、增殖及 GH 合成。在垂体细胞重组聚合体实验中，FS 细胞分泌的某种因子（不是卵泡抑素）使 GH 细胞对 GRF 的反应性降低。而 PRL 细胞（或 ACTH 细胞）分泌的某种因子则使其对 VIP 的反应增强。在主要是 GH 细胞的重组聚合体中加入嫌色细胞成分，可使 GH 对 VIP 的反应更增强。ACTH 细胞能分泌 ACh，地塞米松可促进其分泌。ACh 可抑制 GH 分泌，IL-1β 可促进 GH 分泌。由于 IL-1β 能抑制 AtT-20 细胞的 ACh 合成，因此它对 GH 分泌的作用很可能也是通过抑制 ACTH 细胞的 ACh 分泌而实现的。IL-6 刺激 GH 细胞的基础及 GRF 诱发分泌。AT-Ⅱ 既能促进也能抑制 GH 的分泌，因此垂体内 AT-Ⅱ 的变化可能对 GH 分泌有旁分泌调节作用。用未成年鼠垂体细胞做再聚合体实验时，AT-Ⅱ 刺激 GH 分泌的能力随鼠的日龄增加而减少。用成年鼠的垂体细胞，则 AT-Ⅱ 可降低 GH 的分泌。令人感兴趣的是，如用分散细胞做实验，AT-Ⅱ 无作用，由此明显提示旁分泌作用。甘丙肽的实验结果相互矛盾，尚待进一步研究。

3. 促性腺激素 促性腺激素细胞能生成激活素、抑制素、AT-Ⅱ、卵泡抑素、GnRH，同时又是这些因子的靶细胞，因此这些因子既可参与旁分泌调节，又可参与自分泌调节。激活素促进垂体细胞 FSH mRNA 的表达，增加基础和 GnRH 刺激的 FSH 分泌及 FSH 免疫阳性细胞的数目。激活素 B 的单克隆抗体可降低培养垂体细胞的 FSH 分泌和 mRNA 水平，提示存在生理作用。改变培养垂体细胞的密度可改变激活素的效应，细胞密度增加时，激活素刺激 FSH 分泌的能力也降低，表明存在细胞间负性作用因子。但也有人报道，细胞密度增加时，FSH 的基础分泌增加，可见还有正性作用因子。加入 SS 可消除增加细胞密度的影响，提示 SS 能改变此因子的释出或作用。有迹象显示，此因子可能是卵泡抑素。它可选择性抑制 FSH 的分泌，但来自垂体和性腺的抑制素各起多大作用尚未能确定。卵泡抑素是腺垂体中的 FS 细胞及 GH、促性腺激素细胞合成和分泌的一种蛋白质，最初发现于卵巢滤泡液中，可抑制垂体 FSH 的分泌和基因表达，故也称为 FSH 抑制蛋白。卵泡抑素也是激活素结合蛋白，与激活素结合后降低其活性。因此，在垂体内任何与激活素有关的细胞间作用均可受卵泡抑素的调节。IL-6 和 ET-3 可增加 FSH 和 LH 的分泌。甘丙肽刺激 LH 分泌，并促进 LH 对 GnRH 的反应。免疫中和甘丙肽可显著降低雌鼠的 LH 高潮。

4. PRL 已证明 GnRH 在体外可刺激 PRL 分泌，而且与 LH 同样迅速。用分散的 PRL 细胞与促性腺激素细胞重组的再聚合体进行的表面灌流实验表明，促性腺激素细胞能生成刺激 PRL 细胞分泌的物质，GnRH 可以促进这种物质的分泌。此物质的化学性质尚未明，但不是 LH 或 FSH。促性腺激素细胞还释出 AT-Ⅱ，AT-Ⅱ 也刺激 PRL 分泌。PRL 细胞可以合成及分泌 VIP，同时 PRL 细胞有 VIP 受体，VIP 在体外可刺激 PRL 分泌，因此 VIP 在垂体内既起旁分泌调节作用又起自分泌调节作用。抗 VIP 血清使垂体 PRL 分泌减少，提示其生理意义。免疫组织化学证明 ACTH 细胞有胆碱乙酸转移酶，能生成及分泌 ACh，体外实验证明，ACh 通过 M 受体抑制 PRL 分泌。PRL 细胞和 ACTH 细胞重组再聚合体表面灌流时，阿托品可使 PRL 分泌增加，且有剂量-效应关系，可见 ACTH 细胞通过旁分泌对 PRL 的分泌有紧张性抑制。激活素可降低 PRL 细胞对 TRH 的分泌反应，再加上卵泡抑素对激活素的结合，可能有更精细的调节。甘丙肽与 PRL 共存于雌鼠或雌激素处理雄鼠 PRL 细胞的分泌颗粒中，免疫中和甘丙肽可降低大鼠动情前期 PRL 的分泌。由于大鼠动情前期外周血中雌激素水平升高是 PRL 细胞中甘丙肽表达增加的条件，这就提示垂体内甘丙肽调节 PRL 的生理作用的可能性。垂体可合成 ET-3，对 PRL 的基础和 TRH 诱发分泌有抑制作用。IL-6 也有同样作用。IL-1β 对 PRL 的分泌作用可能就是由垂体内 IL-6 旁分泌作为中介的。最后 PRL 也可能是调节 PRL 分泌的自分泌因子。已发现部分 PRL 细胞有

PRL 受体的 mRNA，而在体外 PRL 可抑制 PRL 的分泌。

5. TSH 垂体细胞中有 TRH，在体外培养时仍继续存在，表明其是垂体细胞生成的。但正常情况下垂体细胞生成的 TRH 量甚少，大概只能作用到邻近细胞，对 TSH 的分泌起旁分泌调节作用。其他可能调节 TSH 分泌的旁分泌因子还有 NT、AT-Ⅱ、ET-3 等。

（四）体内的观察

以上的结果主要是体外的研究，特别是纯化、分散的垂体细胞重组再聚合体表面灌流的结果，在体内是否有相应的情况发生呢?

1. GnRH 和 PRL 释出 向损毁了下丘脑、去卵巢的猕猴脉冲式给予 GnRH，可使 PRL 与 LH 同步分泌。绝经期或正常周期的女性给予 GnRH 也可使 PRL 分泌增加，男性给予 GnRH 时也有 PRL 和 LH 的分泌增加，在去势或给雌激素时更显著。

2. AT-Ⅱ和 PRL 释出 静脉注射 AT-Ⅱ能引起血浆 PRL 短时升高（继之降低）。这些虽然不是直接证据，但也表明在体内 GnRH、AT-Ⅱ、GTH 和 PRL 细胞间存在相互作用。

总之，垂体不同细胞间解剖学分布上的邻近或密切接触，细胞生成多种化学物质（递质、多肽、生长因子、细胞因子等）及这些物质在体外对垂体激素分泌的影响，提示垂体激素分泌的旁分泌或自分泌调节机制存在的可能性。由于近年来方法学的突破，特别是分子生物学方法的应用，使极微量调节因子的分离和鉴定成为可能。纯化垂体细胞及不同细胞的重组再聚合体的构建及其表面灌流研究，为证明旁分泌机制提供了直接证据。抗血清免疫中和及拮抗剂的实验为这种机制的生理意义提供了资料。有些情况也可找到体内的相应观察。但从总体上看，关于垂体激素分泌的旁分泌调节机制的研究还处于初期阶段，许多问题仍有待深入研究。

（安 平 薛一雪）

第四节 神经-内分泌-免疫调节网络

生物体具有识别内外环境并对其做出适当反应的防御体系。构成这一体系的中心是神经系统、内分泌系统和免疫系统，神经系统通过其外周传出纤维释放的神经递质及通过调节内分泌系统的激素释放，协调全身器官的功能活动。免疫系统在维持机体的稳态和健康方面也起着重要作用。它感受外来细菌、病毒的刺激和体内组织畸变的信息，因而被称为“第六感官”。免疫系统通过自身复杂的调节网络，以多种形式对内外“抗原”刺激进行适当的应答，因而又被称为“游动脑”。很早就有学者发现，免疫系统的活动并非“自主”，也和其他系统一样，受神经内分泌系统的调控，其实验依据是同一抗原在不同神经类型动物体内产生的抗体效价水平不同；强烈应激可通过神经和内分泌系统功能的急剧变化而使免疫功能受到抑制。所以，免疫系统在体内也不是一个孤立、自主或独立的系统。它也像其他系统一样，受神经系统和内分泌系统的调控。

20 世纪 50 年代以来，神经、内分泌、免疫 3 大系统间关系的研究受到重视，一系列实验研究为它们之间存在相互作用的临床现象提供依据。Besdovsky 发现，用绵羊红细胞（SRBC）免疫大鼠，大鼠血中的皮质酮浓度与抗体生成水平呈平行升高。他根据这个现象并结合前人的研究结果，在 1977 年首次提出体内存在免疫-神经-内分泌网络（immuno-

neuro -endocrine network）的假说，1979 年 Spector 将神经内分泌与免疫系统相互作用称之为神经免疫调节（neuro-immuno-modulation），随后相继又提出了精神神经免疫学（psycho-neuro-immunology）、心理免疫学（psycho immunology）、行为免疫学（behavioral immunology）、免疫精神病学（immuno psychiatry）、思维与免疫力（mind and immunity）等新名词概念。从不同角度探讨了神经-内分泌-免疫之间相互关系，从而出现了一个崭新的边缘学科。1982 年，Blalock 将该学科命名为神经免疫内分泌学（neuroimmunoendocrinology），该学科已成为生物医学研究中发展最快的领域之一。目前形成的共识是神经系统和内分泌激素具有重要的免疫调节功能；而免疫活性物质也对神经和内分泌系统的功能状态产生影响。神经内分泌和免疫系统之间的相互作用，对机体在不同条件下稳态的维持起着决定性的作用，这两大系统之间的相互关系的研究目前已成为免疫学界和神经科学界研究的重要热点之一。

神经-内分泌-免疫调节网络主要研究神经内分泌及免疫之间复杂联系及其相互影响。研究成果可以归类为以下几方面：①免疫器官具有丰富的神经支配；②免疫器官及免疫活性细胞能表达多种激素、递质、神经肽和它们的受体；③内分泌细胞可表达各种细胞因子受体，又能生成和分泌各种细胞因子；④神经肽及激素能调节免疫功能，免疫因子也调控神经内分泌系统功能。

一、功能表达模式与细胞组成

神经系统和免疫系统表达功能的模式是相似的，都可识别内外环境变化并发生调节性反应。虽识别的信息种类不同，但都是识别自己或非己。神经系统和免疫系统在信息处理上都有感受、中枢处理和传出效应几个环节，都有记忆环境因素、为未来相同刺激作准备的功能。此外，神经系统的活性物质神经递质与调质、内分泌系统的活性物质激素与免疫系统生成的细胞因子的作用方式，都是通过与相应受体接触，引起膜内外离子的移动，进而触发细胞内的级联事件。

在细胞构成上，神经系统和免疫系统都由主要功能细胞和辅助支持细胞组成。神经系统的主要功能单位是神经元，支持细胞是神经胶质细胞；免疫器官中的主要功能细胞是淋巴细胞，支持细胞是上皮性网状细胞（胸腺）。另外，某些类型的细胞是免疫和神经内分泌系统共有的，如在脾、淋巴结、胸腺和肝脏中都发现有含嗜铬颗粒蛋白的细胞，而这些蛋白是神经内分泌细胞的分泌性蛋白标记物之一。另外，神经组织和淋巴组织中的一些细胞有共同的胚胎起源及平行的发育过程。

二、神经内分泌-免疫作用的物质基础

（一）受体

神经内分泌系统表达免疫系统分泌的细胞因子的受体，免疫系统同样也表达神经内分泌系统的受体。

1. 免疫组织中激素、神经肽、神经递质的受体

（1）胸腺具有肽类激素和神经肽受体：1969 年首先发现了胸腺细胞上有 GH 受体存在。1983 年 Grossman 等发现了胸腺细胞上雌激素受体。1986 年 Dardenne 证明了胸腺细胞具有

糖皮质激素受体，进一步发现了胸腺细胞上存在肾上腺素受体。近年来，由于实验手段的进步，且已证明胸腺上皮细胞及胸腺细胞存在多种肽类激素或神经肽特异性受体（表 12-2）。

表 12-2　胸腺内肽类激素和神经肽受体

激素	缩写	胸腺细胞	胸腺上皮细胞
催乳素	PRL	+	+
三碘甲状腺原氨酸	T_3	+	+
促肾上腺皮质激素	ACTH	+	不确定
缩宫素	OT	+	—
抗利尿激素	AVP	+	—
神经生长因子	NGF	+	+
促性腺激素释放激素	LHRH	不确定	—
β-内啡肽	β-END	+	+
生长激素	GH	+	+

（2）免疫细胞具有激素和神经肽受体：免疫细胞，尤其淋巴细胞和巨噬细胞上存在神经内分泌肽相应的受体。几乎所有的免疫细胞上都有不同的激素及神经肽受体存在，特别是活化的免疫细胞，表 12-3 列出免疫细胞上主要的激素和神经肽受体。

表 12-3　免疫细胞上激素和神经肽受体

肽类	缩写	影响细胞反应浓度（mol/L）	表达受体细胞
脑啡肽	ENK	6×10^{-10}	T 细胞和 B 细胞
内啡肽	END	$5\times10^{-9}\sim5\times10^{-8}$	T 细胞和 B 细胞
促肾上腺皮质激素	ACTH	2×10^{-7}	T 细胞和 B 细胞
促甲状腺激素	TSH	1×10^{-12}	T 细胞
促甲状腺激素释放激素	TRH	1×10^{-11}	单个核白细胞
催乳素	PRL	1×10^{-9}	T 细胞 B 细胞巨噬细胞
促肾上腺皮质激素释放因子	CRF	7×10^{-10}	单个核白细胞
生长激素释放激素	GHRH	1×10^{-9}	单个核白细胞
生长抑素	SS	$1\times10^{-11}\sim1\times10^{-8}$	T 细胞和 B 细胞
血管加压素	VP	$1\times10^{-11}\sim1\times10^{-8}$	单个核白细胞
血管活性肠肽	VIP	$1\times10^{-10}\sim1\times10^{-8}$	T 细胞
P 物质	SP	$1\times10^{-11}\sim1\times10^{-8}$	T 细胞
生长激素	GH	1×10^{-8}	单个核白细胞

尽管免疫细胞上有神经肽、激素、神经递质的受体，但它们的受体表达有如下特点。①不同免疫细胞表达不同神经肽类等的受体。②同一免疫细胞在不同状态下表达神经肽类等受体也不尽相同。③对于某一特定神经内分泌介质而言，它所产生的效应大小并不一定与免疫细胞上所表达的受体数目呈正相关。

2. 神经-内分泌系统中细胞因子受体　目前证实，在神经内分泌组织中存在多种细胞因子受体，其中最主要的是细胞因子 IL-1 的受体，在下丘脑神经元，腺垂体、甲状腺、胰岛、睾丸和卵巢等内分泌组织中发现 IL-1 受体，同时在垂体还发现了 IL-2、IL-6 的受体或结合部位，另外，在脑组织中还发现 IL-4、IL-6、TNF-α、IFN-γ、单核细胞集落刺激因子（M-CSF）、干细胞因子（SCF）受体。

（二）免疫系统、神经系统和神经内分泌组织中免疫和神经内分泌产物

1. 免疫系统产生的神经内分泌肽 以往的研究认为，神经内分泌肽只有神经内分泌系统才能分泌，近来的研究发现免疫细胞可直接分泌肽类激素，这类激素被称为免疫反应性激素（immunoreaction hormone）。在淋巴细胞中已发现的激素多达 20 多种，包括 ACTH、生长激素、催乳素、绒毛膜促性腺激素、促卵泡素（FSH）、促甲状腺素（TSH），促黄体素（LH）等。淋巴细胞生成的内分泌激素多在病毒感染或毒素刺激下才产生和释放出来。Blalock 等发现，病毒可以刺激淋巴细胞产生内啡肽和 ACTH，而葡萄球菌肠毒素 A 可引起 TSH 释放。这些结果表明，免疫细胞对不同的刺激可产生不同的反应。并已证实免疫反应性激素与神经内分泌细胞分泌的激素具有相似的结构和功能。表 12-4 列出免疫系统产生的神经内分泌肽。

表 12-4 免疫细胞产生的神经内分泌肽

激素	缩写	产生部位
生长激素	GH	淋巴细胞
催乳素	PRL	淋巴细胞
内啡肽	END	淋巴细胞和巨噬细胞
促甲状腺激素	TSH	T 细胞
绒毛膜促性腺激素	HCG	T 细胞
血管活性肠肽	VIP	单核细胞、肥大细胞、多形核白细胞
生长抑素	SS	单核细胞、肥大细胞、多形核白细胞
催产素	OT	胸腺
促肾上腺皮质激素	ACTH	淋巴细胞和巨噬细胞
脑啡肽	ENK	辅助性 T 细胞

这些由免疫细胞生成的肽类激素在免疫系统内部具有多种重要的调节作用。Weigent 等证明由淋巴细胞产生的生长激素可以促进淋巴细胞的分裂。而催乳素可能作为 IL-2 刺激淋巴细胞分裂的中间信使。Carr 等的实验证明，肾上腺皮质激素释放激素（CRH）可使自然杀伤（NK）细胞的活性升高，其机制可能是 CRH 首先作用于 B 淋巴细胞，由 B 淋巴细胞产生 β-内啡肽，再作用于 NK 细胞而加强其功能。Kruger 等的研究表明，甲状腺素释放激素（TRH）可作用于 T 细胞，促使其合成和释放甲状腺素刺激素（TSH），TSH 再作用于 B 细胞使抗体的产生增加。这些研究从不同角度证明免疫细胞所产生的激素对免疫细胞的自身功能进行调节。由免疫细胞产生的 β-内啡肽（β-endorphin）也可以作用于外周神经产生镇痛作用，因此免疫系统也参与镇痛的调节。

2. 免疫细胞可以产生神经递质或调质样物质 1981 年 Lolait 等用免疫荧光法在小鼠部分脾巨噬细胞观察到 β-内啡肽免疫反应性，他们后来将小鼠脾巨噬细胞在液氮中经冻溶处理。再经 HPLC 分离，放射免疫法测定，发现有 β-内啡肽前体 POMC（阿黑皮素）的存在，从而证实脾脏中的巨噬细胞可以合成 β-内啡肽。Zurawski 等亦在 ConA 刺激的小鼠 T 辅助细胞株中观察到脑啡肽前体 mRNA 的表达，在免疫细胞已发现的其他神经递质/调质还有 γ-内啡肽、血管活性多肽、生长抑素、精氨酸加压素、催产素等。

3. 神经组织可以产生免疫性细胞因子 近十年来，应用分子生物学和免疫细胞化学技术发现，中枢神经系统许多部位的胶质细胞或神经元在正常或是病理情况下可生成“免疫

性”细胞因子（cytokine）。1986 年，Glulian 等在神经胶质细胞中发现了白细胞介素-1（interleukin-1，IL-I）；1988 年 Breder 等在下丘脑室旁核和背内侧核神经元也染出了 IL-1β 免疫反应阳性细胞。现已证明 IL-1 免疫活性物质亦见于丘脑、海马、嗅球、下丘脑弓状核等处。目前可在中枢神经系统检出的细胞因子有 IL-1、IL-2、IL-3、IL-4、IL-5、1L-6、IL-8、肿瘤坏死因子（TNF）和干扰素（IFN）等。

中枢神经系统内的细胞因子可在局部合成，也可来自外周血液循环。例如，脂多糖（LPS）和嗜神经病毒可刺激星形细胞产生 IL-1、IL-6、TNF 和 IFN-r，而外周病变也可使脑脊液内细胞因子浓度有所增高。由中枢神经系统合成的 IL-I 可以激活穿过血脑屏障进入中枢神经系统的 T 细胞。活化的 T 细胞能与脑细胞相互作用产生并释放细胞因子。

4. 神经内分泌产生的细胞因子 神经内分泌细胞能够分泌一些细胞因子，如小鼠和大鼠腺垂体细胞能够自发地分泌 IL-6，而且在体内、体外条件下 LPS、IL-1β、IFN-γ 等均可诱导其合成增多，在正常情况下中枢神经系统存在 IL-1、IL-2、IL-3、IL-6、IL-8、IL-12 和 IFN-γ 等多种细胞因子。

二、神经-内分泌-免疫调节

（一）下丘脑-垂体-肾上腺轴免疫调节环路

20 世纪 70 年代人们就提出了下丘脑-垂体-肾上腺轴（HPA）与免疫系统联系，尽管当时对其作用机制还不甚了解。以后人们首先在淋巴细胞和巨噬细胞中发现了神经内分泌肽 ACTH 和内啡肽，并影响自身及内分泌功能，表明下丘脑-免疫系统之间的环路联系。淋巴源性 ACTH 与垂体源性 ACTH 比较相同之处：①相似的抗原性；②相似的分子量；③氨基酸序列一致；④生物活性一致（均可使肾上腺细胞分泌皮质醇）。不同之处是 ACTH 分泌受到的调节方式不同：垂体源性 ACTH 受下丘脑分泌的 CRH 调节；淋巴源性 ACTH 则受 CRH 及 GC 调节。CRH 可使巨噬细胞分泌 IL-1 增多，IL-1 使 B 淋巴细胞分泌 POMC 增多，进而使 ACTH 增多；GC 使巨噬细胞分泌 IL-1 减少，IL-1 使 B 淋巴细胞分泌 POMC 减少，进而使 ACTH 减少。

1. HPA 的免疫调节作用

（1）ACTH：作为垂体分泌的免疫抑制类激素，ACTH 影响多种免疫功能。①使抗体产生减少；②抑制 T 细胞分泌 IFN；③拮抗 IFN 活化巨噬细胞作用；④减弱易发生自身免疫病；⑤迅速促进胸腺素释放。ACTH 作用可能是通过刺激肾上腺皮质激素的分泌而实现的，ACTH 本身也可直接发挥一部分免疫抑制功能。

（2）糖皮质激素（GC）：表现为免疫抑制效应。①抑制血细胞、单核细胞、巨噬细胞向炎症区聚集，抑制细胞因子生成；②干扰体液免疫，使抗体生成减少；③促进淋巴细胞的凋亡；④使巨噬细胞吞噬能力减弱；⑤干扰淋巴细胞的识别及抑制其增殖；⑥加速致敏淋巴细胞的破坏和解体。糖皮质激素免疫调节作用的机制：①通过染色体缺失，GC 可阻滞特异性淋巴细胞功能，导致淋巴细胞凋亡；②GC 影响细胞代谢导致淋巴细胞功能丧失；③GC 可增强并维持免疫抑制环路；④阻滞非特异性炎症反应。

2. 细胞因子对 HPA 轴的作用 目前认为，细胞因子可从下丘脑、垂体、肾上腺 3 个水平作用 HPA 轴，构成了免疫系统对神经内分泌系统的调节。

（1）细胞因子对下丘脑有如下作用。①IL-1 对 HPA 轴的主要作用部位在下丘脑 CRH

神经元，通过激活 CRH 神经元，进一步激活 HPA 轴，引起 CRH、ACTH、皮质醇升高。IL-1 分子量为 15～19kDa，很难通过血脑屏障，IL-1 可能是从下丘脑终板血管器（OVLT）部位进入中枢。②TNF-α：生物活性与 IL-1 相似，多数研究结果表明 TNF-α 作用点在下丘脑，通过释放 CRH 而激活 HPA 轴。③IL-6：外周注射 IL-6 可激活 HPA，作用部位在下丘脑。

（2）细胞因子对垂体的作用：IL-1 对垂体的作用目前尚有争论，但多数学者认为 IL-1 可直接作用于垂体，增加 ACTH 释放。

（3）细胞因子对肾上腺的作用：有关细胞因子对肾上腺直接作用的研究结果存在差异，但多数学者认为 IL-1 可直接作用于肾上腺皮质细胞，引起皮质醇分泌增高。

总之，细胞因子在不同水平对 HPA 起到调节作用，在免疫应答早期，激活 HPA 的细胞因子起主导作用，作用快速，作用点多在下丘脑、垂体水平，最终导致 GC 增加，GC 增加后反馈抑制免疫细胞活化，导致细胞因子产生减少；而在免疫应答晚期，抑制 HPA 轴的细胞因子起主导作用，作用缓慢、持久，作用部位多在肾上腺皮质水平，最终导致 GC 减少，终止对免疫应答的限制。

（二）下丘脑-垂体-催乳素轴、下丘脑-垂体-生长激素轴与免疫系统

PRL、GH 具有广泛的免疫增强作用，它对免疫器官发育、免疫系统的功能调节均是不可缺少的，而且与移植排斥反应、自身免疫病等特殊免疫现象密切相关。

1. PRL、GH 的免疫调节作用 20 世纪 30 年代，就有人报道去垂体大鼠出现胸腺萎缩、脾萎缩，体液免疫和细胞免疫都出现严重缺陷，给予 PRL 和 GH 可使上述现象逆转，而其他垂体激素不能恢复这些功能。给动物注射溴隐停（DA 受体激动剂，抑制 PRL 释放），也能发生类似去垂体大鼠的免疫缺陷，给予 PRL 或 GH 也能使上述现象逆转。

（1）PRL 对免疫器官影响如下所示。①胸腺：PRL 可以刺激胸腺上皮细胞生长及胸腺激素的分泌，刺激胸腺细胞的增殖；促进脾和胸腺的 RNA 和 DNA 合成，促进胸腺素的合成。依据：大鼠切除垂体出现脾和胸腺萎缩，补充 PRL 可使脾和胸腺重量增加。②骨髓：PRL 提高 RBC、WBC 和血小板生成和骨髓 DNA 和 RNA 合成。依据：去垂体大鼠的 RBC、WBC 和血小板生成下降，DNA 和 RNA 合成下降，而垂体移植可反转这些变化。

（2）PRL 对免疫细胞影响：①促进免疫细胞增殖，PRL 和免疫细胞上受体作用，使免疫细胞生长、增殖；②促进 IL-2 分泌及其受体表达；③提高巨噬细胞的吞噬能力；④促进 B 细胞分化及分泌 IgM、IgG；⑤拮抗 GC 加速的促凋亡作用。

（3）GH 对免疫功能的影响：①促进胸腺发育；②刺激胸腺上皮细胞分泌胸腺素；③刺激 T 细胞、NK 细胞活化；④逆转应激、外源性 GC 引起的体液和细胞免疫功能的抑制；⑤部分纠正去垂体动物或先天性侏儒的免疫功能低下和胸腺萎缩。

2. 细胞因子对下丘脑-垂体-催乳素、生长激素调节

（1）IL-1 使 PRL 分泌减少。

（2）IIFN-γ 拮抗下丘脑释放因子诱导的 PRL、GH 释放，直接刺激垂体细胞促使 PRL 的分泌。

（3）TNF-α 使 PRL 和 GH 分泌增加。

（4）IL-2 和 IL-6 刺激垂体细胞释放 PRL、GH，IL-6 可刺激 GHRH 释放。

（三）下丘脑-垂体-甲状腺轴与免疫系统

1. 下丘脑-垂体-甲状腺轴免疫调节作用　TSH 是最早被发现具有免疫调节作用的激素。TRH 可作用于 T 细胞，促进其合成和释放出 TSH，TSH 再作用于 B 细胞使抗体的产生增加。甲状腺素即 T_3 和 T_4 使免疫球蛋白合成增加，通过自分泌或旁分泌促进免疫反应。

2. 细胞因子对下丘脑-垂体-甲状腺轴的调节　IL-1 对甲状腺功能的调节表现为双向，小剂量 IL-1 可加强 TSH 的作用，使甲状腺球蛋白 mRNA 合成、甲状腺球蛋白的分泌、球蛋白的碘化及甲状腺激素的释放都增加；而大剂量 IL-1 则起抑制作用。IL-1 还能抑制 TSH 刺激甲状腺细胞生长的作用。TNF-α 对甲状腺激素的释放和甲状腺细胞的生长有抑制作用，TNF-α 注入动物体内后，血清 T_3、T_4 均下降，TSH 刺激的 T_3 和 T_4 分泌减少，甲状腺碘吸收率减少。IFN-γ 通过影响微丝的活化，使微绒毛和伪足形成障碍，从而影响甲状腺的分泌，拮抗 TSH 刺激人甲状腺细胞表面 TSH 受体的表达，使角质层细胞对 ^{125}I 的摄取减少及碘化甲状腺原氨酸释放也减少。

（四）下丘脑-垂体-性腺与免疫系统

1. 下丘脑-垂体-性腺轴免疫调节　人绒毛膜促性腺激素是胎盘滋养层细胞分泌的激素，它是维持妊娠的激素，具有重要的免疫调节功能，如妊娠早期自身免疫病的发病率增加与人绒毛膜促性腺激素的刺激有关。它又是一种免疫抑制因子，可抑制细胞毒性 T 细胞及自然杀伤细胞的杀伤功能，T 细胞对分裂-刺激的增殖反应、混合淋巴细胞反应及 IL-2 的合成。

性激素包括雌激素、孕激素、雄激素。孕激素同糖皮质激素一样能够抑制免疫反应，而雌激素则既能抑制免疫反应，又能刺激免疫功能。一方面雌激素对辅助性 T 细胞 1 介导的免疫反应的抑制，刺激辅助性 T 细胞 2 介导的免疫反应，即最终为抑制细胞免疫功能而增强体液免疫功能；另一方面雌二醇可以抑制外周免疫器官的功能，而增强中枢免疫器官的功能。脱氢表雄酮能够抑制 IL-6 的产生，恢复 T 细胞 IL-2 的分泌功能。脱氢表雄酮尚能拮抗糖皮质激素诱导的胸腺萎缩，而且它能抑制小鼠体内自身抗体的形成。

2. 细胞因子对下丘脑-垂体-性腺轴的影响

（1）IL-1 体外试验时抑制下丘脑释放促性腺释放激素（GnRH）。

（2）IL-2 抑制垂体释放 FSH 和 LH。

（3）对性腺的影响：抑制性腺内类固醇激素的合成，影响性腺细胞分化。①TNF-α 抑制雌激素和孕激素合成释放，使卵巢的 LH 受体数目减少。②IFN-γ 抑制睾丸间质细胞产生睾酮。③IL-1 抑制 FSH 促卵泡分化，抑制 LH 促黄体作用。

（五）其他神经内分泌肽的免疫调节作用

一些神经内分泌肽的免疫调节作用见表 12-5。

表 12-5　一些神经内分泌肽的免疫调节作用

肽类	免疫功能
血管活性肠肽（VIP）	抑制 T 细胞增殖，使 ConA 刺激淋巴细胞 IL-2 生成减少，促进 B 细胞产生抗体
β-内啡肽	增加 Ig 和 IFN-γ 合成，调节 T 细胞增殖，增加细胞毒性 T 细胞的产生，增加 NK 细胞活性，增加单核细胞和白细胞趋化性
α-内啡肽	抑制 Ig 合成和分泌，抑制抗原特异性 T 细胞辅助因子的产生
P 物质	促进 T 细胞增殖，促进巨噬细胞吞噬作用。促进肥大细胞和嗜酸性细胞脱颗粒

上述3个系统尽管存在着相互调控组成的完整而精密的调节环路，但平时仍各自分别以其“特色”而坚守各自岗位。3个系统中的任何一个不能取代另外两个，如神经-内分泌系统不能取代免疫系统的特异性，反之，免疫系统不能取代神经-内分泌系统的应激性。

（六）神经内分泌对胸腺功能的调节作用

越来越多的研究证明激素、神经肽、神经递质作为有力的免疫调节物，无论在生理状态还是病理条件下参与了多方面的免疫功能调控。其中包括通过内分泌、旁分泌、自分泌形式调节胸腺的功能。

1. 影响胸腺内 T 细胞分化和胸腺微环境 胸腺实质主要是由胸腺细胞、胸腺上皮细胞和少量的巨噬细胞组成。上皮细胞对胸腺淋巴细胞的增殖、分化和选择性发育起主要作用。已知上皮细胞分泌多种激素样物质如胸腺素（thymosin）、胸腺生成素（thymopoietin）、胸腺刺激素（thymulin）等均与胸腺细胞分化成熟有关。胸腺是T细胞分化成熟的场所，经血流来至骨髓的部分淋巴干细胞在胸腺微环境中经过复杂发育成熟过程，这种分化过程包括各种膜标志表达及T细胞受体基因的排列。然后经阳性选择存活的淋巴细胞成为具有免疫活性的T细胞。能使胸腺内T细胞分化的关键问题是胸腺微环境的作用，胸腺上皮细胞是胸腺微环境的重要组成，对T细胞分化过程具有多种影响。其影响途径：①分泌各种多肽，包括胸腺激素和巨噬细胞因子；②形成细胞与细胞间接触。例如，通过典型的黏附分子引起相互作用，包括胸腺上皮细胞表达的主要组织相容性复合物（MHC）Ⅰ型和Ⅱ型蛋白及 CD_8 或 CD_4 淋巴细胞受体分子之间相互作用：胸腺上皮细胞与成熟淋巴细胞也能通过细胞外基质与各自受体连接使两者结合并相互作用，调节胸腺内T细胞游走和分化，而胸腺上皮细胞和胸腺细胞作用是双向的，它代表胸腺内部的生物学环路，但从整体功能观点看，神经内分泌控制胸腺生理功能。

2. 神经内分泌对胸腺激素的影响 广泛研究显示胸腺激素是T细胞分化的调节者，包括胸腺刺激素、胸腺素 α_1 和 β_4、胸腺生成素、胸腺体液因子（thymic humoral factor γ_2, THF-γ_2）。这些激素除激发成熟胸腺细胞末端脱氧核苷酸转移酶活化及表达膜标志外，胸腺肽也可诱发几种T细胞活化，包括辅助性T细胞、细胞毒作用、促进细胞增殖。然而，胸腺激素，尤其胸腺刺激素无论在自然状态还是在实验条件下均能被调节，体内外研究均表明，胸腺上皮细胞分泌胸腺刺激素是在肽类激素和神经肽影响下产生的。甲状激素引起胸腺激素上调，甚至在老年个体也如此。典型的垂体激素如PRL和GH在不同种属均可引起胸腺激素分泌的增加。在人类，垂体高活动状态下（如催乳素瘤、肢端肥大），血清胸腺刺激素平行增高，相反，在GH分泌不足的儿童亦伴有一个低胸腺激素水平，继续给予GH可恢复胸腺的内分泌功能。GH对胸腺刺激素的调控显然是通过IGF-1介导的，体外胸腺上皮细胞培养时，IGF-1或其受体的特异性抗体可阻止GH诱发的胸腺刺激素分泌；IGF-1则刺激胸腺上皮细胞胸腺刺激素的分泌；肢端肥大患者血清胸腺刺激素和IGF-1水平正相关。此外，ACTH和内源性阿片样物质（β-内啡肽和甲脑啡肽）亦可调节胸腺刺激素的产生。

3. 神经内分泌对胸腺上皮细胞的影响 激素和神经肽除影响胸腺内分泌功能外，还可调整胸腺上皮细胞生理功能，如甲状腺素和垂体激素可增加细胞外基质配体和受体。体外实验显示PRL和GH促进胸腺上皮细胞生长。与体外实验结果相一致，体内实验亦表明，DA受体拮抗剂甲氧氯普胺（metoclopramide，刺激PRL分泌）也能刺激胸腺上皮细胞的生长。

4. 神经内分泌对胸腺上皮细胞与胸腺细胞相互作用调节 胸腺内T细胞分化与胸腺上皮细胞与淋巴细胞之间相互作用直接相关。T_3 可增加胸腺细胞黏附到胸腺上皮细胞上，

用 T_3 处理的抚育细胞（nurse cell）和从 T_3 处理的动物分离的胸腺上皮细胞促进淋巴细胞分裂增殖。用 PRL 和 GH 处理抚育细胞或胸腺上皮细胞也可观察到同样的结果。GH 作用同样依赖于 IGF-1，因为抗 GH 抗体、抗 IGF-1 受体抗体可阻碍上述作用。

5. 神经内分泌对胸腺细胞的分化作用　由于激素和神经肽能够影响与胸腺细胞分化密切相关的胸腺上皮细胞，因此胸腺细胞的分化显然是在神经内分泌的调控下进行的，这种作用除通过影响胸腺微环境而间接作用。此外，激素、神经肽的直接作用已有很多报道，如 PRL 通过增加 IL-2 产生及 IL-2 受体表达而刺激胸腺细胞的分化，进一步发现胸腺细胞膜上具有代谢催产素和血管加压素等的酶，而且内源性阿片肽如甲脑啡肽直接作用胸腺细胞、增加细胞膜 thy-1 抗原的表达。一系列体内实验也证明在神经内分泌影响下，胸腺细胞分化有重要变化，最初证明是通过切除垂体引起胸腺的显著萎缩；注入抗 PRL 抗体的小鼠胸腺细胞数量显著改变，注入 DA 激动剂溴隐亭，胸腺细胞及各种 T 细胞均发生改变。GH 注入老年小鼠可使其胸腺淋巴细胞总数和 CD_3^+细胞百分比增加，促进 ConA 诱发的促有丝分裂反应和胸腺淋巴细胞的 IL-6 的产生，给予 IGF-1 的老年动物也可观察到类似的作用，而且体内研究证明 GH 和 IGF-1 能够阻止环孢素 A 诱发的胸腺萎缩，IGF-1 使糖尿病的大鼠萎缩的胸腺恢复，GH 对胸腺发育的影响作用是通过对 GH 分泌不足的侏儒小鼠的研究证实的，这些鼠除了血清胸腺刺激素水平过早下降外，出现进行性的胸腺发育不全并伴有 CD_4^+、CD_8^-胸腺细胞数目降低。这些功能不全可通过长期给予 GH 而得到纠正。另外由松果体分泌的褪黑素（melatonin），对胸腺细胞似乎也具有调节作用，因为去松果体动物较对照组出现明显胸腺细胞数目降低；并且褪黑素还可刺激胸腺淋巴细胞产生 β-内啡肽和甲脑啡肽。以上的事实有力证明在神经内分泌调控下，循环中不同肽类激素和神经肽水平对维持胸腺内环境及胸腺细胞相关的一系列生化功能是必要的。

三、神经递质和内分泌激素的免疫调节作用

（一）儿茶酚胺类递质

去甲肾上腺素（noradrenalin，NA）对免疫功能有双向调节作用。在含 SRBC 和小鼠脾细胞悬液中分别加入 NA 能 α 或 β 受体激动剂或拮抗剂的研究发现，α_1、β_1 和 β_2 受体激动剂都能增强免疫应答，促进单核/巨噬细胞 Ⅰa 抗原表达及增强其抗原提呈作用，但主要是 β_2 受体起作用。现已证明，淋巴细胞上的肾上腺素能受体与低剂量（10^{-8}mol/L）的 NA 特异结合可导致免疫增强。与高剂量（10^{-1}mol/L）的 NA 结合则发生免疫抑制，抑制淋巴细胞对有丝分裂原（PHA、PWM 等）的增殖反应。后一种作用可被 α 肾上腺素能受体阻滞剂所阻断。DA 是另一种被认为在免疫反应过程中起作用的中枢儿茶酚胺能递质，然而只发现一些间接的免疫指标与 DA 系统的作用有关，这些实验支持 DA 能增强免疫作用的观点。

（二）乙酰胆碱

T 细胞和单核/巨噬细胞表面有毒蕈碱型受体（M 型受体）而无烟碱型受体（N 型受体）。一定量的 ACh 在体外作用于大鼠腹腔巨噬细胞时，细胞表面 I-A 和 I-E 抗原的表达显著增加。将胆碱能激动剂卡巴胆碱（carbachol）加入人外周血 T 细胞悬液后，活性 E 花环形成细胞明显增多；M 型受体拮抗剂阿托品可完全抑制该效应。卡巴胆碱（carbachol）能增强 CTL 杀伤肿瘤细胞，M 型受体拮抗剂可阻断此作用。大鼠胸腺细胞表面有 M 型受体，卡

巴胆碱与此受体结合后，能促进细胞内 cAMP 的合成。上述结果表明，胆碱能受体激动剂主要影响细胞免疫功能，可增加淋巴细胞和巨噬细胞的数量。

（三）5-羟色胺

5-羟色胺（5-HT）也参与免疫反应过程的调节。据报道，给予 5-HT 的前体 5-羟色胺酸后能导致免疫抑制；相反，给予色胺酸羟化酶的抑制剂对-氯苯丙胺对 T 细胞的免疫反应有易化效应，如使过敏反应延迟，损毁中脑中缝核免疫反应有明显增加。这些实验都支持 5-HT 抑制免疫反应的假说。很可能这种影响部分是通过皮质甾醇类激素起作用的，因为 5-HT 能维持 CRH 的释放。

（四）神经肽

神经肽中研究得最充分的是阿片样肽。阿片样肽（opioid peptide）是 1975 年发现的第一种肽类神经递质，它包括内啡肽、脑啡肽和强啡肽等。目前已有很多实验证明，阿片肽在免疫调节中有重要作用，因而有人甚至称其为神经免疫肽。阿片肽对淋巴细胞转化、T 淋巴细胞玫瑰花环反应、NK 细胞的活性、多形核白细胞及巨噬细胞功能、干扰素的产生等都有调节作用。这些作用能被阿片受体阻断剂纳洛酮阻断。

P 物质（substance P，SP）是一种广泛分布于神经系统的神经肽，其有多种生理效应，SP 能促进 T 细胞的增殖和巨噬细胞的代谢爆发。代谢爆发亦被称为呼吸爆发（respiratory burst），是指吞噬细胞在进行吞噬时氧利用、产生 H_2O_2 和超氧阴离子的突然增加，表明吞噬细胞的杀菌能力增强。此外，SP 能刺激人外周血单核细胞释放 IL-1、IL-6 和 TNF，也可使免疫球蛋白的合成增加。高于生理浓度的 SP 能促进对特异性免疫反应的诱导作用。其他神经肽，包括血管活性肠肽（VIP）、生长抑素（SS/SOM）、降钙素基因相关肽（CGRP）等也对免疫系统有影响。

（五）内分泌激素

前已述及，中枢神经系统调控免疫的一条重要途径是通过内分泌腺释放激素作用于免疫细胞。激素作用于靶细胞是通过受体介导的。

大多数激素如 ACTH、糖皮质激素、生长抑素、雄激素、前列腺素等均有免疫抑制效应，少数激素如生长激素、催产素、催乳素、甲状腺素、胰岛素等则增强免疫应答。

肾上腺皮质激素具有下列作用：①稳定溶酶体，防止其释放多种酶破坏自身组织；②抑制单核-巨噬细胞功能，减少因加工抗原引发的免疫应答；③一般剂量可抑制初次免疫应答，大剂量则溶解淋巴细胞；④抗炎作用，减少中性粒细胞等炎症细胞的积聚和炎性渗出；⑤抑制淋巴细胞产生 IL-2、IL-4、IFN-r 等，阻断巨噬细胞表面表达 Ia 分子。外周血淋巴细胞数的昼夜节律也与血中皮质醇浓度有关。另外，肾上腺皮质激素亦可影响 B 细胞。

生长激素与肾上腺皮质激素相反，几乎对所有免疫细胞，包括淋巴细胞、巨噬细胞、NK 细胞、中性粒细胞、胸腺细胞等，都具有促进分化和加强功能的作用。生长激素能促进巨噬细胞活化，使 TH 细胞增殖并产生 IL-2，还能增加抗体合成。甲状腺素也有免疫促进作用，能促进 T 细胞活化，增加腹腔渗出细胞数量。催乳素也是重要的增强免疫应答的激素，可促进巨噬细胞活化和 TH 细胞产生 IL-2，也是联结中枢神经系统与免疫的重要介质。Tayler 在 1989 年提出，松果体分泌的褪黑素（melatonin）能逆转应激所致的免疫抑制。Khansari 在 1990 年也发现，褪黑素还有调节抗体生成和混合淋巴细胞反应，中和糖皮质激素抑制免疫的效应。雌二醇可抑制外周免疫细胞的功能，因将大鼠去卵巢后，其脾脏增生，重量增加，脾细胞数增多，增强 ConA 增殖反应并诱生 IL-2；补充雌二醇可逆转这些变化。相反，雌二醇对中枢性免疫细胞的功能却呈增强作用。给去卵巢大鼠补充雌二醇后，胸腺细胞出现自发增殖，对 ConA 反应亦增强。

血液循环中的硫酸表甾酮（dehydro-epiandrosterone sulphate，DHEAS）受到 DHEA 硫酸酶的作用变成 DHEA 可增强 TH1 的活化，此时 TH1 与 TH2 的比值趋向于 THl 占优势。随着年龄的增加 DHEA 水平的下降，可能是机体随着年龄的增长免疫功能下降的重要原因之一。动物实验中也发现，老年鼠体内 DHEA 含量明显低于对照组；如果补充 DHEA 后老年鼠的免疫缺损状态可以得到明显改善。如 DHEAS 在血清中的含量降低，预示 TH1 的功能下降。在临床上如果是人类免疫缺陷病毒（HIV）阳性患者，血清中 DHEAS 下降，很可能促使患者向艾滋病转化。

（马　珺　薛一雪）

第五节　松果体激素及其分泌调节

人类对松果体的认识经历了比较漫长的过程，松果体曾被认为是个退化器官，似乎没有明显的生理作用。1896 年 Otto Heuber 发现一名患松果体肿瘤的 3 岁男孩有性早熟现象，并推测可能是由于肿瘤的出现抑制了松果体中延缓性成熟的激素的释放，但由于研究手段的限制，对松果体的研究一直未得以深入。

1958 年美国耶鲁大学的皮肤病专家 Aaron Lemer 等首次从牛松果体中分离得到该物质，并证明了其生物活性。这种激素能够使一种产生黑色素（melanin）的细胞颜色变浅，因此这种松果体激素被命名为褪黑素（melatonin，MLT），松果体重新唤起人们的关注。目前认为松果体是重要的神经内分泌换能器，神经纤维末梢进入松果体内，并接受视网膜传入的光信号神经冲动，通过 NA 作用，使之松果体释放褪黑素。松果体作为一个重要的神经内分泌器官，具有广泛的生理功能，对机体生殖系统、免疫系统、内分泌系统及生物节律都有明显的调节作用。

一、松果体

松果体的解剖特征有明显的种属差异，有的动物没有松果体，如鳄鱼。低等脊柱动物的松果体与哺乳动物之松果体相比，较为复杂。除了脑内松果体外，两栖动物还有位于颅骨外的松果体，被称为“前器官”。

人类松果体形似松果，为长 5～9mm、宽 3～5mm 的灰红色椭圆形小体，重 120～200mg，在头部的正中，位于中脑上丘之上，其后部有大脑大静脉，胼胝体后部覆盖其上，位于第三脑室顶，故又称为脑上腺，并通过一条细柄与第三脑室相连，其大部分被软脑膜所包裹，软脑膜的结缔组织向内伸入松果体分割成不规则的小叶。松果体起源于神经外胚层第三脑室的室管膜细胞，由此向上突起而成。胚胎发育后的第 2 个月此突起就已经出现，并随着胚胎的发育，松果体由囊性转变为滤泡状，最后由于松果体细胞的不断增生，而成为实质性器官。出生后松果体细胞停止增殖，但细胞则继续增大，其他支持细胞如神经胶质细胞等则不断增多。

人类松果体是单一实质性器官，细胞排成团索状，由大量的松果体细胞和少量的胶质细胞及一些间质细胞组成。人类的松果体细胞呈多边形或不规则形，细胞质为嗜碱性，核较大，圆形、不规则形或分叶状，着色浅，核仁明显。神经胶质细胞数量较少，位于松果体细胞之间，细胞胞体小，形态不规则，细胞核小，染色深。细胞有突起，末端附着在松果体细胞或伸到血管周围间隙。

一些低等脊椎动物的松果体细胞可直接感受光照的刺激，被称为“光感受性细胞”（photoreceptor cell，PCS），这些动物的松果体细胞呈杆状，具有类似视网膜细胞的外节样结构，能够直接感受光照刺激。两栖类动物中很多具备 PCS，蛙的松果体细胞与其视锥细胞在功能上极为相似，蜥蜴等的松果体细胞除保留了其感光功能外，还有分泌松果体激素的功能，而哺乳类动物的松果体细胞完全丧失了感光功能，成为一种神经分泌细胞。因此从进化角度讲，低等和高等脊椎动物松果体是来源于同一种细胞群，随着生物的进化，这种原始细胞的感光功能逐渐退化，分泌功能逐渐完善。

支配松果体的神经主要是颈上神经节 NA 能纤维,另外还受室旁核和岩大神经的支配。哺乳动物的松果体细胞不能直接感受光刺激，它们对光刺激的反应是通过视网膜到松果体的神经通路完成的。

二、褪黑素

松果体可生成多种生物活性物质，如褪黑素、GnRH、TRH、OT、ADH、AVT、LH、儿茶酚胺、GABA 等，其中褪黑素最多，其生理作用十分广泛。

（一）褪黑素合成及代谢

褪黑素是哺乳类动物松果体合成的重要激素，其结构为 5-甲氧-*N*-乙酰色胺。褪黑素合成共分 4 步：第一步是色氨酸在 5 位羟化形成 5-羟色氨酸。这一过程需要色氨酸羟化酶（TPH）的催化，辅助因子为 O_2、Fe^{2+}和四氢蝶啶。色氨酸羟化酶位于松果体细胞的线粒体内，其浓度较体内其他部位该酶的浓度都高。此酶与其底物呈现不饱和结合，松果体内色氨酸浓度增高使此酶活性增高。松果体内的色氨酸由血液运输而来，因此循环血中色氨酸的水平影响松果体内色氨酸含量。色氨酸羟化酶可被苯丙氨酸和对氯苯丙氨酸所抑制。第二步是 5-羟色氨酸在芳香族氨基酸脱羧酶作用下转化为 5-羟色胺（5-HT），辅助因子是磷酸吡哆醛。外源性 5-羟色胺酸能够明显地促进 5-HT 合成。第三步是 5-HT 在 5-羟色胺-*N*-乙酰转移酶（serotonin-*N*-acetyltransferase，NAT）作用下被转化为 *N*-乙酰-5-羟色胺，辅助因子是乙酰辅酶 A，NAT 是合成褪黑素的限速酶，松果体内 NAT 与肝细胞 NAT 不尽相同，并受交感神经的调节及光照的影响。光照的变化可使啮齿类动物（如大鼠）松果体的 NAT 活性和含量发生变化，影响褪黑素的合成。第四步是 *N*-乙酰-5-羟色胺在羟基吲哚-氧-甲基转移酶（hydroxyindole-*O*-methltransferase，HIOMT）的作用下转化为褪黑素（图 12-6）。HIOMT 亦是褪黑素合成的关键酶，与 NAT 一起控制褪黑素的合成。HIOMT 主要存在于松果体和视网膜，松果体内 HIOMT 浓度最高。

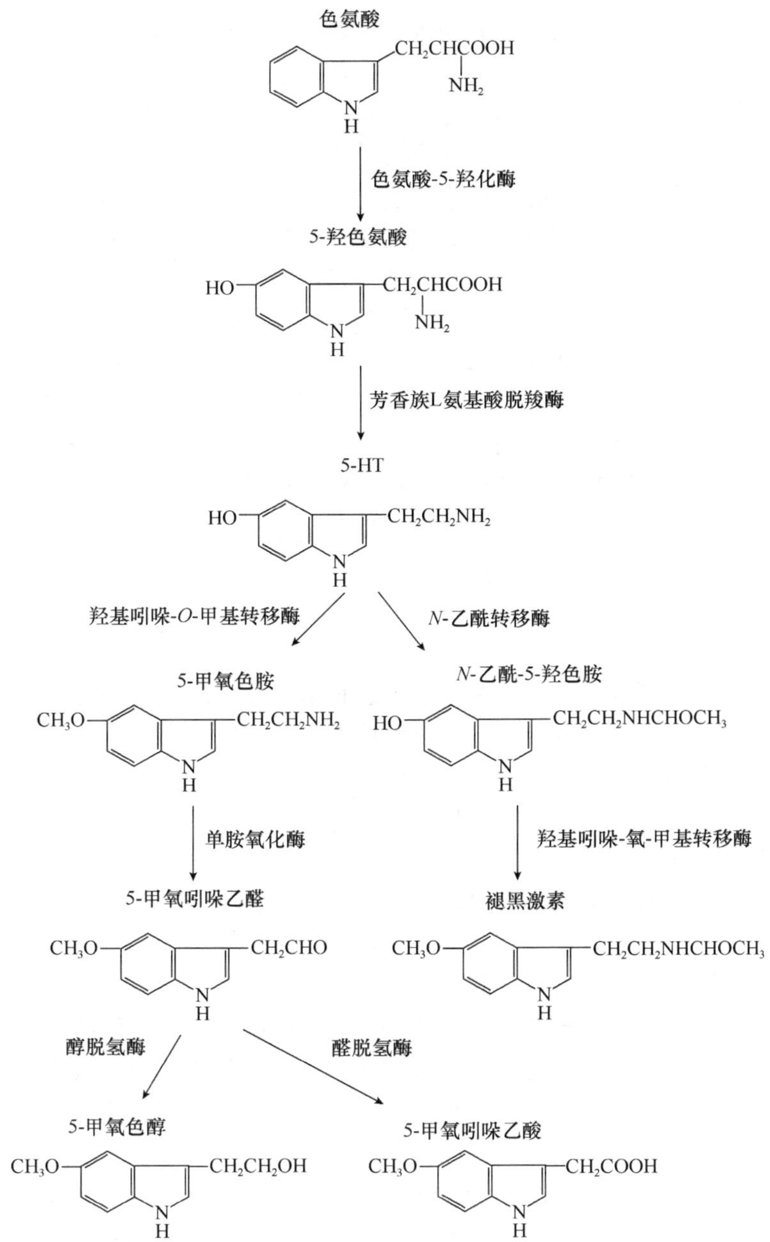

图 12-6　褪黑素的合成和代谢

褪黑素的主要代谢途径是在肝线粒体羟化酶催化下，羟化成 6-羟褪黑素，进而与硫酸盐或葡萄糖醛酸结合，由尿中排出。因此尿中 6-羟褪黑素的复合物水平可反应血中褪黑素浓度的改变。

（二）褪黑素分泌及其机制

松果体是哺乳动物、人类体液褪黑素主要来源。当切除松果体后，血中褪黑素的含量明显降低。此外，哺乳动物的视网膜和眼球外腺体能产生少量的褪黑素。某些变温动物的眼睛、脑、皮肤（青蛙）及胃肠道也能合成褪黑素。

松果体分泌褪黑素的途径被认为有两种：一种途径是松果体分泌褪黑素进入脑脊液，这与松果体位于第三脑室旁有直接的关系；另一种可能是松果体分泌褪黑素直接进入血液循环，在进入全身循环之前先流入窦汇之中。在大鼠和兔的实验中发现，窦汇血浆中褪黑素浓度是外周血及脑脊液中 2～8 倍，提示松果体直接分泌褪黑素进入血液循环。但在绵羊、山羊和牛的脑脊液与血浆中的褪黑素浓度之比却在 2：（6～18.4）。可能是偶蹄动物的松果体能够将褪黑素直接分泌进入脑脊液，或者其脉络丛能够从血液中摄取褪黑素并释放到脑脊液中。褪黑素分泌机制尚未完全清楚，目前研究表明，松果体褪黑素基础分泌既有简单扩散，也可能先储存在囊泡中，在相应信号控制下，使之褪黑素以脉冲形式释放。大鼠与兔的窦汇中褪黑素浓度波动频率为每小时 3～5 次，这个频率高于青年和成年人，但低于羊的频率。各种内分泌激素脉冲式释放对其不同生理功能具有重要影响，但目前对褪黑素的脉冲式释放的生理意义尚未完全清楚，有待进一步探讨。褪黑素广泛存在体液中，血液、脑脊液、尿液中的褪黑素均呈昼夜周期变化，夜间浓度达到最高峰，而白天浓度则低，褪黑素这种变化是松果体褪黑素昼夜节律变化的结果。此外，唾液中、丧失生殖能力的男性精液中、羊水中均可检测到褪黑素。

（三）褪黑素的节律变化

褪黑素的节律变化可概括为如下 3 种。①近日节律（circadian rhythms）：近日节律指褪黑素合成和分泌呈 24h 周期性变化，其高峰值在夜晚。②月节律：主要表现为女性血液中褪黑素波动与月经周期同步。③季节或年度节律：哺乳动物生殖年度周期的特点是生殖力的高潮与垂体、性腺系统静止时期交替出现，这一交替现象可能由于日照期长短通过松果体激素影响生殖系统而实现的。

1. 近日节律 是周期大约 24h 的内源性波动。一系列生理功能都有近日节律，如大多数垂体前叶激素分泌模式中有近日节律，人 ACTH 和皮质醇分泌高峰在清晨，而 TSH 分泌高峰在傍晚，褪黑素分泌高峰在夜间。

光照刺激是影响褪黑素近日节律的主要因素。光照刺激通过视网膜下丘脑束到达视交叉上核（suprachiasmatic nucleus，SCN），使 SCN 的节律与光照合拍或同步。缓慢持续光照抑制褪黑素合成，但是黑暗却并不引起持续的褪黑素的分泌。改变原来的光照节律，将黑暗开始时间推迟 12h，松果体褪黑素分泌高峰并不马上与黑夜同步，大鼠和人都需要 3～4 日才能与黑暗期再次吻合。因此，光照合拍作用发生较缓慢。与褪黑素合成有关的 NAT、HIOMT、色氨酸羟化酶、5-羟色氨酸脱羧酶及 *N*-乙酰-5 羟色胺均有昼夜节律性变化。白天时 5-HT 水平高，而 NAT 活性低。夜晚后 NAT 活性增强，5-HT 下降，*N*-乙酰-5 羟色胺升高。将动物剜去眼球或在持续黑暗中饲养，其松果体内 NAT、5-HT 和褪黑素仍呈现近日节律，故 NAT 的活性变化是内源性的。正常情况下，NA 受体水平在黑暗初期最高，同时颈上神经节神经末梢释放大量 NA，NAT 的含量和活性也迅速升高。在黑暗中突然给予光照，可迅速降低 NAT 的活性，但 NAT 的含量则不受影响。然而，若在光照时给予一定时间的黑暗则不影响 NAT 的活性，可能是在白天动物松果体内 NAT 含量较低。松果体中 HIOMT 在夜间活性和含量增加，而长期光照可使其活性下降，强烈光照最终可使其破坏。

松果体褪黑素近日节律虽受光照的影响，但光照/黑暗周期并不是近日节律的真正原因，一般认为光照/黑暗周期只是合拍性（entraining）刺激。当动物或人处于无任何外来刺激的情况下（如将受试者置于密封、防声的房间，给予持续光照或持续黑暗），褪黑素近日节律依然存在，但与自然界的昼夜失去同步，成为“自由运行”（free running）节律，因此近日节律是内源性的节律。节律的频率与动物的种属、个体的自然状态（年龄等）和其他因素有关。当“自由运行”节律受到光照变化（昼、夜的交替）的影响，就与光照/黑暗周期紧密合拍。因此夜间活动的动物（例如大鼠）其内源性节律与白天活动的动物（通常为人）有大约 12h 的位相差。例如，在大鼠，ACTH 和皮质酮的高峰发生在傍晚，而人体内这两种激素的血中水平在清晨最高。目前认为控制近日节律的神经中枢或节律起动者是下丘脑及视交叉上核。若在视交叉下横断破坏瞳孔反射和眼肌运动，但保留视网膜下丘脑束，SCN 的活动规律不变；若切断 SCN 与视网膜之间联系，则近日节律变为“自由运行”节律；破坏成年啮齿动物 SCN，许多过程的近日节律消失。出生后 3 周内破坏 SCN，则大部分近日节律无法形成。

2. 月节律　主要表现为女性血中褪黑素波动与月经周期同步。当排卵前血浆 LH 达高峰时，血褪黑素水平则降到最低水平，月经来潮前夕，褪黑素升高至排卵前 5 倍左右。褪黑素的周期性变化可能是参与女性月经周期的体液因素和月经周期的形成。对大鼠尿褪黑素变化的研究表明：在动情前期，雌激素水平明显升高，褪黑素和 NA 降低。在妇女即将排卵前，雌激素水平升高抑制褪黑素的合成。其机制一部分是影响松果体的交感神经释放 NA，一部分则是由于雌激素对松果体细胞的直接作用。褪黑素水平降低减弱对性腺的抑制，结果性激素水平进一步升高导致排卵。

3. 年度节律　褪黑素年度节律主要体现在哺乳动物生殖年度周期与其关系。详见褪黑素对生殖系统的调节作用。

（四）褪黑素分泌的调节

1. 褪黑素分泌的神经调节　哺乳动物松果体褪黑素的分泌节律依赖于视网膜接受光信号触发的内源性自律结构。光的刺激经视网膜转换为神经冲动后，经视神经传到视交叉，又在视交叉后面离开主视索，经下丘脑外侧部的内侧前脑束到达中脑被盖，然后由被盖脊髓系统到达脊髓的上胸部，节前神经纤维终止于双侧的颈上神经节，由神经节发出去甲肾上腺素能的节后纤维，沿着血管进入松果体内（图 12-7）。褪黑素分泌的神经调节通路（也称视网膜-松果体通路）的途径为光刺激减少→视网膜→视网膜下丘脑束→视交叉上核→下丘脑外侧部内侧前脑束→中脑背盖→脊髓上胸部→节前纤维终止于双侧颈上神经节→发出肾上腺素能节后纤维→松果体→释放 NA→进入松果体细胞→β_1 肾上腺素能受体→刺激 MLT 合成、分泌。

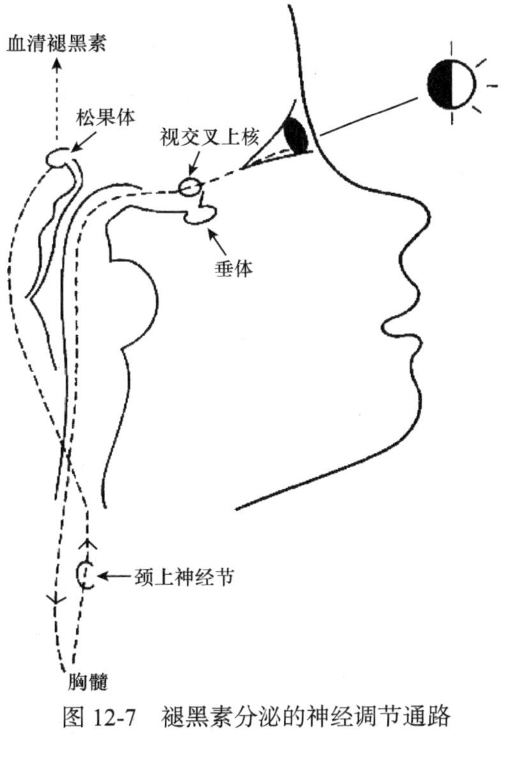

图 12-7　褪黑素分泌的神经调节通路

神经纤维进入松果体后并非与松果体细胞形成突触，而是分布在松果体实质细胞周围。节后纤维末梢释放的 NA 经渗透方式作用到松果体细胞，刺激褪黑素合成与分泌。松果体上的 α_1 和 β_1 肾上腺能受体起介导与调控作用，其中主要通过 β_1 受体促进褪黑素的释放。虽然肾上腺素系统在哺乳动物松果体分泌褪黑素中起重要作用，但不是唯一调节因素，神经肽 A、SP、降钙素基因相关肽、VIP、催产素及血管加压素都对松果体有影响，如 VIP 和阿片肽能刺激大鼠松果体释放褪黑素，其拮抗剂则能抑制褪黑素的分泌。在人类及鼠类动物视网膜-松果体通路在褪黑素分泌的调节中起重要作用，而在鸟类及其他低等动物其作用只是次要的，光照主要是直接影响松果体褪黑素的合成和分泌。因为松果体细胞是感光细胞。

2. 光照对褪黑素合成、分泌的影响 哺乳动物松果体细胞已不具备光感作用，但仍可通过神经联系间接地接受光照刺激。交感神经节后纤维末梢释放的 NA 是实现光照影响松果体褪黑素合成、代谢和分泌的重要中介。松果体体外培养研究表明：向培养液中加入 NA 可以促进 ^{14}C-色氨酸合成 ^{14}C-褪黑素。NA 作用松果体细胞 β_1 受体后，通过增加松果体腺苷酸环化酶的活性进而增加 cAMP 的含量等细胞内一系列变化，最终影响了褪黑素的合成酶系，其中 NAT 和 HIOMT 活性最易受光照影响，使松果体内褪黑素水平出现变化，进而影响外周褪黑素水平。

（1）对 NAT 活性的调节：NAT 很不稳定，在光照/黑暗周期的情况下，NAT 的活性变化较大。正常情况下，松果体细胞的 NA 受体在黑暗初期水平最高，同时颈上神经节释放大量 NA，NAT 的含量和活性亦迅速升高，NAT 的活性在晚间达到高峰。光照可降低 NAT 的活性和抑制 NAT 的合成。

（2）对 HIDMT 的影响：不论是夜间还是白天活动的动物，其松果体褪黑素水平在黑暗时最高。在冬季动物松果体褪黑素水平逐渐升高。夜间 HIOMT 活性往往增强，褪黑素的季节性变化与 HIOMT 合成速率有一定关系。当 *N*-乙酰-5-羟色胺大量堆积时，HIOMT 起到限速酶之作用。长时间光照可使 HIOMT 下降，强烈光照最终可使 HIOMT 破坏。

（3）对色氨酸羟化酶活性的影响：色氨酸羟化酶是合成褪黑素第一步酶，它在体内半衰期约为 75min。在黑暗周期中，当到中期时动物松果体内的色氨酸羟化酶活性可达基础值的 1.5 倍。强光照射抑制色氨酸羟化酶夜间活性升高，进而影响褪黑素合成，使松果体内褪黑素下降。

3. 其他因素的影响 褪黑素除受光照影响外，还有许多其他因素，如食物中的氨基酸，应激、蛋白抑制剂和性激素等。服用含大量色氨酸的食物可提高褪黑素合成中必需的 5-HT 的含量。氯苯丙氨酸（PCPA）则抑制松果体色氨酸羟化酶，使松果体的 5-HT 减少。

NA 可增加松果体细胞内的牛磺酸含量。牛磺酸可与 β 肾上腺素受体结合增强 NAT 的活性。NAT 活性增强可促进褪黑素的合成。在松果体内有 VIP 免疫阳性物质分布于神经末梢内。实验表明：外源性 VIP 可以增强 NAT 活性，此作用不通过肾上腺素能受体。但是光照和 β_1 受体激动剂预处理影响 VIP 之作用。

许多严重的应激如强迫制动、胰岛素性低血糖等能够激活交感神经系统，促进褪黑素的合成。即使在持续光照时应激亦能使褪黑素合成增加，当阻断 NA 的摄取后，应激的作用更明显。外源性左旋多巴亦能促进褪黑素的合成，左旋多巴的作用可能是左旋多巴刺激松果体交感神经末梢释放 NA；左旋多巴在脑内转化成 NA 再起作用。

几种激素亦能影响松果体内褪黑素等吲哚类物质的含量。雌二醇可影响 HIOMT 活性。松果体细胞表面有雌二醇受体，当雌二醇作用于受体后被转运至核内。雌二醇对 HIOMT 活性影响呈双相性。低浓度雌二醇使松果体褪黑素水平升高，因为此时雌二醇可增加 RNA

多聚酶的活性，促进氨基酸掺入蛋白质。放线菌素 D 和嘌呤霉素等可阻断雌二醇这种作用。雌鼠切除卵巢后，HIOMT 活性呈下降趋势，补给低剂量的雌二醇可恢复 HIOMT 至正常水平。高剂量雌二醇则抑制 HIOMT 活性，使松果体褪黑素含量降低。动情前期时，血浆雌二醇水平最高，而此时 HIOMT 活性和尿中褪黑素趋于下降。大剂量雌激素的抑制作用不被上述几种蛋白制剂所阻断，其作用机制可能是雌二醇干扰了 NA 对松果体细胞腺苷酸环化酶的活化作用。摘除卵巢可以增强 NA 诱导 cAMP 生成，注射雌激素后作用则相反，对于雌性动物，大剂量雌二醇可通过抑制 LH 和 FSH 抑制 HIOMT 活性。松果体细胞的雌二醇受体受到肾上腺素能神经调节，破坏颈上神经节后，受体数目下降。孕激素对 H1OMT 起抑制作用，使褪黑素生成减少。

（五）褪黑素的生理功能

1. 褪黑素对生殖系统的调节作用 褪黑素重要生理功能表现在对生殖系统的功能的影响，它可调节动物的青春期发育，延缓未成年动物的性成熟；控制促性腺激素的合成、分泌；降低促性腺激素诱发的排卵反应；阻断绒毛膜促性腺激素引起的排卵与子宫增殖反应、缩短黄体寿命、降低孕酮含量；褪黑素也可使性腺（睾丸、卵巢）及附性腺器官（前列腺、精囊和子宫）萎缩。

实验表明，褪黑素对生殖系统作用主要在下丘脑-垂体轴上。在下丘脑可测得高浓度褪黑素，表明下丘脑是褪黑素作用的主要部位及靶组织。在啮齿类动物、蜥蜴和人的正中隆起或结节部存在高浓度的褪黑素受体。褪黑素受体水平最高部位是在哺乳动物的结节部，而结节部又是垂体促性腺部分的一个组成部分，受褪黑素作用的结节部可能在协调生殖系统对光照同步方面起重要作用。此外，生物体的其他组织包括生殖系统也存在高亲和力受体，表明褪黑也可能直接作用于外周组织。

褪黑素对生殖系统的功能影响在季节性繁殖的动物表现更为突出，具有代表性的季节性繁殖动物主要指仓鼠、羊，因为它们对光照时间的改变、松果体切除和注射松果体激素的反应敏感，尤其仓鼠，故人们常用仓鼠作为研究光照、褪黑素与生殖功能的动物模型。仓鼠实验表明，短日照（光照时间短于 12.5h/24h）时，成年雄性仓鼠的睾丸萎缩、生精作用停止、睾酮和催乳素水平降低、附性腺器官萎缩。垂体促性腺激素含量和下丘脑 GnRH 也下降。通常还伴有血浆 LH、FSH 水平降低。在同样条件下雌性仓鼠的动情周期停止，子宫成为幼稚型，卵巢不再形成排卵前滤泡或黄体，血浆催乳素下降。在一年中其他时间内持续黑暗和使动物失明都可引起上述变化。一旦器官出现萎缩，通过延长光照时间不能迅速逆转。但超过约 20 周短日照，性腺对短日照的抑制作用变得不敏感。例如，冬眠的仓鼠在洞穴里时性腺就已开始恢复，待结束冬眠后，其生殖功能就已完全正常，此时即便给予持续黑暗或使动物失明亦不能阻断性功能的恢复。约过 22 周长光照期仓鼠才能重新获得对光剥夺作用（短光照或无光照）的敏感性。因此，内源性因素在调节机体对环境变化的反应中更重要。松果体切除、损毁视交叉上核或颈上神经节和切断视交叉后视束都能干扰黑暗引起的性器官的萎缩。仓鼠接受上述手术处理后再给予短日照周期刺激，则其全年都有繁殖能力。

褪黑素是短日照周期对生殖系统作用的主要中介物质。黑暗期（夜间）褪黑素的生成和释放均增高和加快。短日照能够延长松果体褪黑素保持在高水平的时间，如冬季 HIOMT 活性增高，促进 HIOMT 合成。每日接受 12.5h 或更长时间光照动物，若每日下午给予褪黑素，连续几周可见其生殖器官出现萎缩。将含有褪黑素的埋藏物埋藏在白足小鼠视交叉上区、内侧视前区和视交叉后区，每日释放 45ng 的褪黑素（与正常小鼠每日自然释放量基本一致），动物接受光照周期 16h/24h，一段时间后可见小鼠的性腺功能完全被抑制，而在其他脑区埋藏或在上述区埋藏蜂蜡对照均不能抑制性腺发育。

仓鼠的实验表明外源性褪黑素作用与给药的时间有密切关系。如同一剂量的褪黑素下午给药有效、上午给药就无效。因为夜间褪黑素分泌量大，午后注射褪黑素可与内源性褪黑素作用叠加，作用增强。此外，有些靶细胞的敏感性有近日波动，脑内许多部位褪黑素受体表现有昼夜变化。松果体本身也是褪黑素的靶器官，松果体上已分离出褪黑素的受体。褪黑素对松果体的分泌有正反馈作用，在 NAT 和 HIOMT 活性最高时，外源性褪黑素正反馈作用更加明显。

短日照和褪黑素的作用可能是增高垂体对性腺类固醇激素负反馈作用的敏感性。对于生活在短日照周期里的去势仓鼠，只需微量的外源性睾酮就可抑制 LH 和 FSH 的释放。而生活在长日照周期里的去势仓鼠，增大睾酮剂量才能抑制 LH 和 FSH 的释放。注射褪黑素的去势仓鼠与生活在黑暗中的仓鼠相比，两者对睾酮的敏感性相同。上述事实提示，褪黑素和短日照的作用使垂体对性激素的敏感性增强。静脉注射褪黑素通过其作用在下丘脑 LHRH 神经元抑制 LH 和 FSH 的释放。垂体内埋藏褪黑素可降低促性腺激素细胞对 LHRH 的敏感性，这与褪黑素直接作用于前叶细胞有关。性腺可能亦是褪黑素的靶器官之一，因为去垂体动物接受褪黑素注射后，性腺亦出现萎缩。卵巢对促性腺激素反应性的下降可能是光剥夺作用造成的仓鼠动情周期停止的原因。

光照变化对人类生殖活动的影响较对其他许多哺乳动物的作用弱。在芬兰北部冬季日照期很短，夏季则相当长。连续 4 年的观察结果表明：此地妇女的怀孕率在 6～8 月份最高，1 月份时最低。爱斯基摩妇女一年中在 4 个光照最少的月份里没有月经出现。有报道表明生活在温带的妇女的怀孕率与生活在寒带的妇女的怀孕率确有差别。所有这些现象与松果体参与的短日照对生育力的抑制作用一致。

人类褪黑素的节律性活动与其他哺乳类动物的褪黑素节律活动一样。夜间血浆褪黑素浓度最高。尿中褪黑素在睡眠期，黑暗期比醒来时褪黑素水平高出 7 倍左右。进行人工光照时，每日褪黑素的节律将产生相移（phase shift），但是年节律依然存在。光照是褪黑素合成和节律的控制因素。强太阳光照射可抑制褪黑素合成，尤其在冬季更为明显。失明使褪黑素节律紊乱。出生时即失明的女孩青春期发动时间提前，可能是由于失明后褪黑素长期保持在高水平，最终使性腺器官对褪黑素的抑制作用的敏感性丧失的缘故。老年人松果体内，脑脊液和血浆褪黑素均下降，尤其是夜间褪黑素升高幅度明显降低，生殖功能亦同步下降。患有松果体肿瘤的儿童可表现出性早熟或性发育迟缓。大量观察表明，青春期间褪黑素的变化与此时性功能受褪黑素抑制相一致。

上述观察充分说明松果体对人类生殖过程起到一种微细调节的作用。松果体在一年中依光照时间的不同，分泌的褪黑素量亦有差别，对性腺器官就产生不同的影响，使人类生殖能力高潮呈现一定的规律。

2. 褪黑素对免疫系统的调节作用 实验结果表明褪黑素有免疫调节作用。Maestroni 等首先提供了明确的证据，证明褪黑素对小鼠的免疫系统有刺激作用。他们将小鼠在持续光照情况下饲养 3～4 代，发现生活在这样环境的第 3 代或第 4 代小鼠发育得很差，并且对依赖 T 细胞传递抗原而产生抗体的能力下降。此外，胸腺皮质细胞耗竭，脾脏的白髓明显萎缩。这些小鼠血中褪黑素峰值较小，持续时间也短，一般在黑暗期 5～6h 出现。傍晚给普萘洛尔（propranolol）可终止这一褪黑素峰值的出现，并伴随对羊红细胞初级反应抑制；如果傍晚给予褪黑素则可逆转上述情况。他们的工作还表明给予褪黑素可以增加小鼠对羊红细胞初级和次级抗体反应，以及对抗疫苗病毒的继发性细胞毒性 T 细胞的反应。其他研究人员也证明了褪黑素的免疫增强作用。长期注射褪黑素可增强抗体反应，增加 IL-2 的产生，诱导辅助性 T 细胞活性增强。一些资料同样表明，给予褪黑素能增加辅助性 T 细胞与抑制性 T 细胞的比值，提高自然杀伤细胞的活性，增强依赖抗体的细胞毒性反应及淋巴细胞的分裂能力等。

在人的体外实验所得到的某些结果与上述结果存在差异，褪黑素抑制淋巴细胞的免疫作用，降低自然杀伤细胞的活性、IFN-γ 和 TNF-α 的合成及 T 细胞的增殖。这些差异的部分原因可能是给药剂量、时间及动物种属、体内和体外的试验所造成的。

根据已有的实验结果表明，褪黑素的免疫调节作用可能通过下列途径介导：①阿片受体网络，实验表明褪黑素的免疫增强和抗应激作用可被阿片肽受体拮抗剂所逆转，β 内啡肽可模拟褪黑激素免疫增强作用，褪黑素也可以刺激辅助性 T 细胞释放阿片肽；②其他内分泌系统，如下丘脑-垂体-性腺、肾上腺轴等；③褪黑素直接作用于淋巴组织，迄今为止，已在鸟类和哺乳类动物的初级、次级淋巴器官，大鼠脾细胞，人的外周淋巴细胞、中性粒细胞等多种参与免疫的细胞上找到与褪黑素特异结合的位点；④抗氧化作用。一些临床资料支持褪黑素直接作用于人的淋巴细胞，以提高其免疫力，并且可升高化学治疗患者的血小板和白细胞计数。褪黑素还可辅助 TNF 或 IL-2 等治疗癌症患者。这一联合免疫疗法可增加血中 T 细胞、自然杀伤细胞和嗜酸性粒细胞的数目，并可保护巨噬细胞介导的血小板破坏。

3. 褪黑素对中枢神经系统的作用　研究表明，褪黑素具有镇静、催眠、抗惊厥、影响下丘脑神经内分泌激素的释放及调节昼夜节律等多种作用。褪黑素对人和动物均有催眠作用。日间给小鼠 0.01～10mg/kg，可有催眠作用并具剂量及时间依赖性。日间给志愿者服用 80～240mg，用药 1～2h 使志愿者迅速进入睡眠状态，其作用可持续 5h 左右；晚 21：00 每次服用 3mg 可得到类似结果。故褪黑素被认为是一种生理性睡眠诱导剂和镇静剂。

4. 褪黑素对心血管系统的影响　心血管系统的功能与褪黑素水平密切相关。研究表明，切除大鼠松果体可造成高血压。褪黑素治疗可以预防去松果体大鼠高血压形成，缓解自发性高血压大鼠的血压水平，降低正常大鼠动脉压和心率。鸽子如果受到冷或高声刺激，褪黑素能降低其心率的升高。褪黑素能降低心房颤动的发生。褪黑素还能调节血管活性，它能舒张被 VIP 拮抗剂阻滞的猪肺动脉，但又能收缩被 α 受体拮抗剂阻滞的冠状动脉。褪黑素能松弛主动脉 α 肾上腺素能的收缩反应，而不能改变主动脉对异丙肾上腺素的舒张反应；能舒张猪肺动脉血管环，却又收缩大鼠的尾动脉。显然，选择不同组织和不同实验条件，将有不同的结果。褪黑素对心血管调节的作用机制尚未阐明。常被认为是通过中枢神经系统间接起作用。但近年来也有不少褪黑素对心血管系统直接作用的报道。

5. 褪黑素对其他系统的调节作用　从目前一些资料看，褪黑素对尿液形成、肾小管浓缩和稀释功能、电介质排泄和再吸收及肾素分泌均有一定的调节作用。褪黑素与呼吸系统的关系报道较少，有文献报道褪黑素能减少肺阻力，增加肺顺应性，抑制组胺诱发的支气管收缩，并可参与夜间哮喘发作。褪黑素周期性变化与呼吸系统昼夜节律也有密切关系。

有关褪黑素对消化系统的研究表明，药理剂量的褪黑素抑制 5-HT 所诱导的离体兔胃肠的收缩；减弱离体胃段的自主性收缩；抑制回肠的缩短及十二指肠、回肠和空肠自律性收缩频率。实验显示，饥饿可使小鼠胃、回肠、空肠和结肠的褪黑素水平增加，减轻大鼠因乙醇所致的胃损伤。

6. 褪黑素的抗肿瘤作用 褪黑素能够促进肿瘤细胞凋亡，同时保持正常细胞的生存活力，被认为是一种很有前景的抗肿瘤剂。褪黑素作为重要的生理性抗肿瘤抑制剂，其抗肿瘤作用机制主要为阻断雌激素作用通道、影响细胞分裂周期、调节生长因子的分泌和释放、干扰钙调素和微观蛋白功能、增加细胞间缝隙连接等。

血管是肿瘤扩散的重要媒介，当肿瘤扩散时，现有的血管供应量增加，导致缺氧癌细胞的扩散，而缺氧诱导因子-1（hypoxia-inducible factor-1，HIF-1）是重要的缺氧诱导血管调节器。Park 等研究发现褪黑素在人结肠癌细胞株 HCT1 16 中能够破坏 HIF-1 蛋白水平，并在缺氧条件下抑制 HIF-1 的转录活性，导致血管内皮生长因子表达减少。因此，褪黑素可通过抑制 HIF-1 介导的血管形成来阻止肿瘤的产生。Kim 等研究发现褪黑素能够抑制小鼠体内肿瘤的生长，阻断肿瘤新生血管，并能在肿瘤发生过程中减少 HIF-1 蛋白的表达。考虑到 HIF-1 在大多数人类癌症中的过度表达，作者认为褪黑素可以作为一种强效的癌症治疗剂。

Uguz 等研究了在大鼠胰腺肿瘤细胞株 AR42J 中褪黑素对 3 种化疗药物：氟尿嘧啶、顺铂和多柔比星导致的细胞毒性和细胞凋亡的影响。结果表明，褪黑素和 3 种化疗药物均能够导致 AR42J 时间依赖的活性的降低，在 48h 时细胞毒性达到最高。此外，褪黑素能够明显增强化疗药物的细胞毒性。说明褪黑素能够促进化疗诱导的 AR42J 鼠胰腺肿瘤细胞的毒性和凋亡。

（尚　超　薛一雪）